陕西出版资金资助项目

中国西北边疆研究丛书

清代新疆社会变迁研究

华立 著

西北大学出版社
·西安·

图书在版编目(CIP)数据

清代新疆社会变迁研究 / 华立著. —西安:西北大学出版社,2021.12
ISBN 978-7-5604-4863-3

Ⅰ.①清… Ⅱ.①华… Ⅲ.①社会变迁—新疆—清代—文集 Ⅳ.①K294.5-53

中国版本图书馆 CIP 数据核字(2021)第 221137 号

清代新疆社会变迁研究
QINGDAI XINJIANG SHEHUI BIANQIU YANJIU　　华　立　著

出版发行	西北大学出版社
地　　址	西安市太白北路 229 号　　邮　编　710069
网　　址	http://nwupress.nwu.edu.cn　　E-mail　xdpress@nwu.edu.cn
电　　话	029-88302607
经　　销	全国新华书店
印　　装	西安华新彩印有限责任公司
开　　本	787 毫米×1092 毫米　1/16
印　　张	31.25
字　　数	528 千字
版　　次	2021 年 12 月第 1 版　2021 年 12 月第 1 次印刷
书　　号	ISBN 978-7-5604-4863-3
定　　价	120.00 元

如有印装质量问题,请与本社联系调换,电话 029-88302966。

总　　序

由西北大学出版社组织出版的"中国西北边疆研究丛书"（以下简称"丛书"）付梓在即。承出版社美意嘱我为书作序，我既忝列"丛书"主编，实无理由推辞，考虑到在"丛书"中我具有主编和作者的双重身份，"丛书"的学术水准还是由读者评说，我想借此写些主编本"丛书"过程中的感悟。

2015年初春，已在西北大学任教的我的学生陈跃博士，转达西北大学出版社有意请我策划一套以西北边疆民族研究为主题的学术丛书。我很赞赏出版社的魄力，也很感谢出版社对我的信任，虽说百事缠身，还是欣然受命。

几经商议，我确定了有关"丛书"编选的如下共识：一是定名为"中国西北边疆研究丛书"，确定西北边疆民族历史研究为各册选题的主题；二是延请学术上有建树的资深专家担当"丛书"选题的作者；三是各选题采用"专题性学术论集"模式，选编作者已刊历年研究之上乘之作或未刊之新作，前置作者学术自述为前言。

"专题性学术论集"一般是指个人的研究论文汇编或选编，此类作品具有下列学术上的优势：一是所收论文均是个人研究中的上乘之作，有的属其成名之作，学术含量高，并经过了时间的检验，有些文章已成为后来者研究入门的必读之作；二是所收论文刊发时间跨度长，刊载于不同刊物或论文集，寻觅不易，集中汇编成集，于某一专题研究而言，具有研究成果积累之功效。

"专题性学术论集"的编选在我国有悠久的传统，历来为学界所重视，也颇受专业读者的垂青，在我个人学术生涯中也多有这方面的学术实践。早在20世纪90年代，我在策划、组织由中国社会科学院中国边疆史地研究中心主持，黑龙江教育出版社出版的"边疆史地丛书"时，即含有"专题性学术论集"这一类选题,尽管其在全部59种选题中所占比例并不高,但其学术含量一直为业内同行所看重,可视为该套丛书的一大特色。这方面选题有吕一燃《中国北部边疆史研究》,马大正《边疆与民族——历史断面研考》《中国边疆研究论稿》,周伟洲《边疆民族历史与文物考论》,纪大椿《新疆近世史论稿》,孟广耀《北部边疆民族史研究》等。同类选题中还包括日本学者若松宽编选的论文专集《清代蒙古的历史与宗教》。该书编译者马大正1991年末为本书所撰"代编者序"中指出:"若松宽教授是当今活跃于日本史坛的蒙古史学家。近三十年笔耕不息,在清代蒙古历史与宗教研究领域内,以其选题新颖,资料丰富,研考严谨,在当代日本蒙古史研究中独树一帜,颇享盛名,同时赢得中国蒙古学界的称道,在国际蒙古学界也有广泛的影响。"该书所收论文如作者在"中译本自序"中所言:"本书虽然以《清代蒙古的历史与宗教》命题,但内容的重点是卫拉特蒙古史,尤集中于准噶尔王国史的研究。宗教篇所收论文也有半数以上是与17至18世纪卫拉特蒙古史有直接关联的各位高僧的事迹考订。"该书出版后受到卫拉特蒙古历史研究者的关注。直至今天,仍不时有研究卫拉特蒙古史的青年学子,将该书作为研究的必读参考书,四处寻觅早已脱销的这本印数仅为1 000册的作品。进入21世纪后,中国社会科学院专门组织出版了"中国社会科学院学术委员文库"丛书,其中包括了41位中国社会科学院的资深专家的专题学术论文汇集。时任中国社会科学院院长陈奎元同志在其总序中指出:"学术事业的发展有如长江大河,前浪后浪,滔滔不绝,又如薪火传承,代代相继,光焰愈盛。后人做学问,总要了解前人已经做过的工作,继承前人的成就和经验,在此基础上继续前进。中国社会科学院学术委员会集中了我院几十个学科的几十名资深专家,他们在相关学科都有几十年的研究经历,大都在各自领域内卓有建树。现在出版的文库,由每位专家自选学术生涯中的代表作,结集面世,既可以显示他们孜孜矻矻辛勤走过的学术道路,又可以从中看出几十年,特别是改革开放以来我国哲学社会科学各个领域的部分成就和发展,是一件很有意义的事情。"

据我所知,故宫博物院、吉林省社会科学院、辽宁省社会科学院、新疆维吾尔自治区社会科学院等先后资助资深专家出版"专题学术论集"。中国社会科学院老干部局还专设基金为退休专家出版个人"专题性学术论集",持续有年,已成规模。这是一项惠及个人、功在后人的十分有意义的学术工作。

基于上述共识和感悟,经过多方协调,我确定了五种"丛书"选题,现对五种"丛书"选题的内容做简要介绍。

马大正《卫拉特蒙古历史论考》,主要内容分为四个部分:第一部分为"综论",从宏观上论述了卫拉特蒙古历史上重大事件的历史影响和当代启示;第二部分为"人论",着重评议了卫拉特蒙古历史重要人物如顾实汗、噶尔丹、渥巴锡、帕勒塔等的历史功过;第三部分为"考论",着重考证了卫拉特蒙古遗址、系谱,特别是土尔扈特东归时间、路线、人户数、札萨克印和人物等问题;第四部分为"研论",涉卫拉特蒙古历史文献、图书和研究者的评议。

苗普生《新疆历史论衡》,主要内容分为三个部分:第一部分为"历史发展总论",就新疆历史发展及研究概况进行了系统性回顾;第二部分为"民族历史研究",以新疆历史的具体史实为研究中心,不局限于一朝一代,上至两汉时期的匈奴,下至辛亥革命时期的新伊大都督府;第三部分为"资源开发与地方志文献研究",着重研究了清代新疆的资源开发和地方志文献资料。

华立《清代新疆社会变迁研究》,主要内容分为三个部分:第一部分为"移民与流动篇",主要论述了清代新疆人口流动、移民出关、跨地域迁徙的情况;第二部分为"地域社会篇",主要论述了清代新疆的社会状况,以相应的史实和政策为研究内容;第三部分为"经济文化篇",主要介绍了新疆地区的农业、贸易等情况,使西北边疆地区的研究更加鲜活丰富。

成崇德《清代西北边疆与卫拉特蒙古历史研究》,主要内容分为三个部分:第一部分为"卫拉特蒙古历史文献篇",对卫拉特蒙古历史文献进行了细致的译注和研究;第二部分为"卫拉特蒙古部落篇",以卫拉特蒙古部落为切入点,对其起源、政权、法典、文献等进行了论述;第三部分为"清朝边疆政策与西北边疆篇",对清代的疆域和边疆民族政策进行了论述。

段连勤《中国古代北方民族史论著选集》,对中国古代北方民族进行了综合研究,既有对维吾尔族远古史,如丁零、高车、铁勒的丰富研究,又有对回纥汗国建立前蒙古草原历史发展大势的研究和概括,还包括一些为秦汉史研究者所注意的关于秦嬴的起源地、族属问题,以及犬戎和中山国历史方面的文章。

西北边疆研究是一个庞大的研究领域,研究成果丰厚,如浩瀚的大海,"丛书"所选的五种仅仅是大海中的五滴水珠,至于水珠的优劣尚待读者评议。

在序文结束之时,我要向西北大学出版社下决心出版本"丛书"的出版家情怀,表达由衷的钦佩之情。我还要向为"丛书"的出版劳碌奔波的我的学生陈跃博士,以及"丛书"的责任编辑李华同志和为"丛书"出过力的众多不知名的朋友表达自己的感激之意。

权充序。

马大正

2020年6月20日于北京自乐斋

学术自述:在清代新疆史里耕耘

一、结缘新疆

屈指算来,和新疆结缘快40年了。说起和这片广袤而多彩的土地的相识过程,要回溯到1981年的盛夏8月。那一年,中国蒙古史学会年会在乌鲁木齐市召开,会场设在白杨掩映的新疆昆仑宾馆。昆仑宾馆是当时乌鲁木齐市最高的建筑,但也只有八层楼,当地老百姓都叫它"八楼"。也正是这个缘故,尽管这些年,我人在海外,但每当听到歌手刀郎用苍凉沙哑的嗓音唱着"停靠在八楼的二路汽车"时,我的心都禁不住被打动,"思乡"之情油然而生。

当年参会时,我刚到而立之年,有着几个不同的"身份":既是中国人民大学历史系七八级的本科生(刚结束三年级的课程),又是本次大会的与会代表兼会务工作人员,还是一个一岁多小男孩的母亲。众所周知,七七、七八两级是经历了十年"文革"后得以回到大学课堂的最初两届大学生。班里的老大哥是老三届的高三学生,不少人已经"拖家带口",小老弟则是当年的应届毕业生,年龄相差足有十三四岁之多。而我自己,也属于老三届里的"老初二"学生,曾在内蒙古锡林郭勒草原上牧羊七载有余,回北京后进入一家区办工厂当了两年冲床工。历经上山下乡的种种周折,在几乎对重回课堂不抱希望的时候,我迎来了继续求学的机会,心中的那份惊喜,以及对这个失而复得的宝贵机会的珍惜,真的难以用语言来形容,恐怕也不是后辈的学子们所能想象的。

学业进入第三个年头,系里要求我们每人撰写一篇学年论文作为练手文章,以便为今后写作毕业论文奠定基础。我选择了《清代的满蒙联姻》这个题目,这也是我有生以来第一次尝试学术论文的写作。没想到的是,论文完成后,得到了老师们的大力肯定,并由此破格推荐我参加即将在乌鲁木齐召开的中国蒙古史年会,真可谓荣幸之极,幸运之至!不过由于我还只是一名在校本科生,差旅费无从筹措。正在为难之时,老师们又为我想到了兼做会务工作人员的妙策,负责会议文件的英文打字工作(因为这一次会议是"文革"结束以来中国蒙古史学会首次举办的大型国际性学术会议)。在临时抱佛脚地苦练了一个多星期英文打字之后,我抱着借来的英文打字机,满怀兴奋地踏上了西去的路程。

这次参会对于我的学人生涯来说,意义十分重大。首先,这是一次高水平的国际盛会,会上云集了中外各国的蒙古史、中亚史顶级学者,国内的翁独健、杨志玖、金启孮、蔡美彪等大师级教授,还有当时正活跃于学界的中坚一代,以及德国的海西希,美国的傅礼初、施瓦茨,日本的村上正二、萩原淳平等教授,可谓济济一堂。大师名家的学术风范,给我留下了深刻的印象。丰富而多元的学术讨论,不仅开拓了我的学术视野,也激励我更加努力向学。同时,经过这次会议,我有幸结识了多位国内学界的前辈师长,在此后的学术道路上,我一直得到了他们的关怀与悉心指点。要特别提到的是后来成为我的博士学位副导师、对我多有教诲的马汝珩老师,和当时在中国社会科学院任职,后来担任中国边疆史地研究中心主任,如今蜚声中外的马大正老师。我的处女作《清代的满蒙联姻》,就是经马大正老师的指点和修改,于1983年在《民族研究》杂志上公开发表。马汝珩老师数年前因病去世,那时我人在国外,未能亲送,深感歉疚。马大正老师多年来的提携与帮助,一直令我深深感铭在心。

二、清代新疆开发史之研究

大学毕业时,我即有意攻读清代边疆民族史,但由于一些原因,未能立即踏入这个领域。真正将清代边疆民族史作为自己的学术方向,并以新疆史为主要研究领域,是在1985年夏,取得中国人民大学明清史专业硕士学位,进入清史研究所任教,并考取恩师戴逸教授的清史专业在职博士生之后。

跟随戴师攻读博士学位不久,一次在讨论我的学位论文题目时,戴师提出,清朝的一大特色是不仅拥有前所未有的广袤国土由此形成空前的统一多民族国家,并且采取了一系列有效的治边政策和开发措施。他认为,在这当中,清朝对新疆的治理和开发着力尤多,内容丰富,而目前的研究状况尚属薄弱,是一个迫切需要开拓的研究领域。他又指出,中国今后必然要加强对边疆特别是西部地区的开发,研究清代新疆开发史,对于当代的西部建设亦将具有重要的借鉴意义。时光流转,进入21世纪时,中国政府正式制定并实施西部大开发战略,戴师的这番话,高屋建瓴,不仅为当时的我指明了研究方向,也充分显示出他作为当代史学大家的前瞻眼光。

历史上,历代王朝为了配合驻军守土,多在边地实施屯田,清朝在新疆的开发举措不仅延续了这个传统,而且远远超越了前代。清代新疆的开发不仅表现为多种形式并举的农业屯垦,还涉及畜牧业、工矿业等各种经济活动,覆盖范围由北疆至南疆,参与者既有来自内地的各种移民,也有当地的维吾尔人众,而经济活动的背后,是清朝当政者经营方针的制定与实施。研究者必须结合起来进行多层面的考察,方能形成全面完整并具有动态过程的认识。

以这一思路为框架,经过反复推敲,我将博士学位论文的题目确定为《清代新疆农业开发研究》,力求以清中叶至清末的农业开发活动为主线,兼及其他方面,把开发既看作一种生产活动和经济活动,又看作一种社会活动,注重考察各种开发要素在不同阶段的表现、相互关系及由此产生的客观后果,并在此基础上归纳和总结出清代新疆农业开发的历史特点和功效得失。这是一种不同于传统屯田史著述的研究思路和阐述角度,从完成结果来看,大体实现了自己的预想。

1990年年初,我顺利通过博士学位论文答辩,取得了中国人民大学研究生院授予的历史学博士学位。学位论文经过修订,以《清代新疆农业开发史》为书名,纳入中国边疆史地研究中心主编的《边疆史地丛书》,于1995年由黑龙江教育出版社出版,又于1998年再版。全书共20万字,分为七章,依次为:一、新疆农业开发的自然条件和历史基础;二、清政府统一新疆与农业开发问题的提出;三、统一后农业人口的大规模移入与北疆多种屯垦形式的出现;四、乾隆、嘉庆年间天山北路农业区的形成与南疆农业的恢复;五、道光、咸丰年间天山南北的全面开垦与传统绿洲农业区的扩大;六、建省时期重建农业经济的努力;七、农业的复苏与近代农业因素的出现。

在兼顾教学与博士生学业的同时,1986—1990年,我还参加了由戴逸、马汝珩老师主持的"七五"期间国家历史科学重点项目"近代中国边疆开发史"课题组。这是一段非常愉快且充实的学术经历,课题组内既有名师引领指点,又有同辈学人互相鼓励切磋,除了戴逸、马汝珩二师,课题组成员还有许淑明老师,成崇德、潘向明、何瑜、张晓虎等几位同龄人,以及更年轻的张世明。我们分工负责清代东北、蒙古、新疆、西南、海疆及西藏等各个区域的课题研究,无论是学术方法的养成,还是对清代边疆开发的总体驾驭和分析,都令我受益匪浅。课题组集体研究的成果,先出版为两本论集,一本是《清代边疆开发研究》(马汝珩、马大正主编,中国社会科学出版社1990年版),我撰写了书中的《清中叶新疆与内地的贸易往来》一文;另一本是《清代的边疆政策》(马汝珩、马大正主编,中国社会科学出版社1994年版),我承担了书中第三篇"分论"中的第二节《满蒙联姻》和第四节《新疆的军府制度》的写作,并作为编辑组成员之一,对全书进行了加工、润饰。1998年,《清代边疆开发》一书由山西人民出版社出版,全书分上、下两册。作为编委会的成员之一,我负责上册中的新疆篇,详略得当地阐述了有清一代新疆开发的各个方面的情况及其历史进程与活动特点,计8万余字。以上成果在当时都具有一定的学术领先意义。

三、清代西向移民与新疆社会之研究

在从事清代新疆开发史研究的过程中,我深切地感到,当历史进入18世纪,随着清朝国家疆域的外展和大一统局面的形成,内地与新疆之间日益频繁和具有规模的人口流动,是推动新疆地区社会面貌不断发生变化的重要动力,反过来其也影响着内地的历史进程。考察清代新疆史,既要关注当地土著居民的生存状况与社会演变,也要关注外来移入人群在新疆的活动和融入所带来的社会变迁,二者皆不可或缺。在《18世纪中国的人口流动和边疆开发》(载《清史研究》1993年第1期)和《18—19世纪中国的人口流动和边疆地区的发展变化》(载《大阪经济法科大学综合科学研究所年报》第13号1994年)两文中,我宏观地阐述了自己的看法,又沿着上述思路,开始了此后10多年的研究。

清代人口的西向流动以多种形式出现,在其早期,多为国家组织下的有计划、大规模迁移,而发展到一定阶段则更多地表现为民间自发性的流移。西向迁移人群的民族性、地域性亦十分多样,包括了满蒙八旗和锡伯、察哈尔、索伦、厄鲁特四营兵,以及绿营兵和统称为"民人"的内地各省汉族及回民移民等,在其过程中,还伴随着新疆区域内,天山南北各地之间的局部性流动,如维吾尔人众组成的伊犁回屯。各种人群的移出移入过程、族群身份与认同及在移入地社会的融入方式等,都对后来新疆社会的人文面貌产生了影响,值得我们深入探讨。具体来说,可分为以下几个方面。

1. 农业移民

1987年,我发表在《西北史地》第4期上的《乾隆年间移民出关与清前期天山北路农业的发展》(1992年收入殷晴编《新疆经济开发史研究》),第一次详尽地揭示了乾隆二十六年到乾隆四十五年(1761—1780)约20年间清政府大力组织、推动的以甘肃省为中心的农业移民活动全过程。该文不仅对此类农业移民的来源地、迁移批次、移入地分布,以及当局的移民政策予以完整说明,还分析了该移民活动对清代天山以北农业区域,乃至城镇兴起所产生的重要作用。

农业移民还包括由绿营官兵组成的新疆兵屯。我除了在拙著《清代新疆农业开发史》中对此进行了较全面的论述外,还分别撰写了《道光年间天山南路兵屯的演变》(载《新疆社会科学》1988年第2期)、《清代新疆屯垦方式重心的转移及其意义》(载《西域研究》1991年第4期)、《清政府与新疆农业开发——兼谈国家政权在边疆开发中的地位和作用》(载《清史研究》1991年第2期)等论文,将兵屯和民屯两种农业移民及开发形式结合起来进行考察,揭示了清代新疆开发不同于前代的特色。

2. 内地商人在新疆

1990年的《清中叶新疆与内地贸易往来》(载马汝珩、马大正主编《清代边疆开发研究》)、1994年的《乾嘉时期新疆南八城的内地商民》(载马大正等主编《西域考察与研究》)、1999年的《清代の天山南路に進出する内地商民——人口移動と邊疆地域の視点から》(载《地域と社会 大阪商業大学比較地域研究所紀要》第2号)和2012年的《清代新疆玉石交易中的商人与商路》(载北京大学中国古代史研究中心编《舆地、考古与史学新说——李孝聪教授荣休纪念论文集》)等论文,是一组有关内地商人在新疆的研究。其中以较多篇幅讨论了内地商人在天山南路即南疆的活动情况,以大量史实论证乾隆、嘉庆年间,内地商人的足迹不仅遍布北疆各地,也深入南疆八城,成为当地经济活动中值得重视的一部分。新疆与内地之间的长距离贸易还推动了商路的发展,形成从南疆至中原乃至东南沿海的多条商路。在此基础上,我也指出,《剑桥中国晚清史》等一部分著述中,对清朝在南疆实施的所谓"隔离政策"的描述不尽准确,甚至有误解和夸大之处,需要纠正。

3. 清代发遣制度下的新疆遣犯

因清代发遣制度而被流放新疆的遣犯是西向人口流动中的一个特殊群

体。乾隆中期以后,新疆成为最主要的遣犯服刑地,其中又包括了官员发遣(称"废员")和民人发遣(即一般意义上的遣犯)。遣犯在数量上远少于其他类型的移民,但其对当地社会经济、文化以及行政管理的影响却不容忽视。《清代发遣制度在新疆的实施》一文系对以日文发表的《清代新疆における発遣について》(载《東アジア研究》第62号2014年)加以增订而成,收入《澹澹清川:戴逸先生九秩华诞纪念文集》(杨念群编,中国人民大学出版社2016年版),全面考察、阐述了发遣新疆条例的形成,遣犯在新疆的服刑与生活,以及遣犯的出路等基本问题。本篇文章既吸收了前人的研究成果,又进一步辨明史实,对空白或薄弱部分加以补充,并在一些问题上提出了自己的创见。《论林则徐与南疆屯垦》一文则聚焦"废员"当中最具代表性的人物之一林则徐。他在广东禁烟抗英,却无罪遭谴,谪戍新疆,虽被贬为"废员",仍心系天下,积极参与当地的屯田水利事业。有关林则徐在新疆的研究不在少数,我通过对档案的爬梳,搜集到最新的第一手资料,较为完整准确地还原了他在新疆的作为。此文先在1986年的《林则徐遣戍新疆145周年学术讨论会》上报告,受到与会学者好评,同年刊发于《新疆社会科学》第5期,后又收入《林则徐在新疆》(谷苞等编,新疆人民出版社1989年版)一书。

4. 西向流动中的内地回民

内地人口向边疆地区流动,其主体多为汉族,研究者每每习惯于将内地移民等同于汉族移民,形成"内地移民=汉族移民"的固定表达模式,其实并不妥当。流向新疆的人口,具有一个非常突出的特点,即移民中包含了大量的、在宗教信仰和生活习俗上都明显有别于汉族的内地穆斯林人群即回民(清代的"回民",不仅指今天的回族,也指撒拉、东乡等其他内地穆斯林族群),其中绝大多数来自陕西、甘肃两省。这对于理解后来新疆的人文结构,以及清末至近代的各种社会现象,都具有重要意义,然而在既往的有关研究中,这一特点往往被忽略了。

1993年,我离开清史研究所,赴日本从事大学教育和研究。1995年至2000年,我以客座研究员的身份先后受邀参加日本国立民族学博物馆小长谷有纪和塚田诚之两位教授主持的研究班,从中受到启发,开始构思以内地回民为对象的研究课题。2001年,我申请的《清代回民の新疆移住史の研究》课题得到日本学术振兴会科学研究费补助金(基盘研究C)为期三年(2001—2003)的资助,一系列研究工作进一步展开。

与本课题相关的主要研究成果如下:

(1)《从福康安"奏稿"看清代丝绸之路上的人口移动——乾隆年间甘肃回民迁移新疆30例浅析》,载马大正编:《西域考察与研究续编》,新疆人民出版社1998年版。

(2)《清代甘粛陝西回民の新疆進出——乾隆期の事例を中心に》,载塚田誠之编:《民族の移動と文化の動態——中国周縁地域の歴史と現在》,風響社2003年版。

(3)《乾隆年间甘肃新教回民起义后清政府对新疆回民政策的变化》,载陈捷先等主编:《清史论集》,人民出版社2006年版。

(4)《乾隆朝の新教回民弾圧と新疆への波及》,载《東アジア研究》第45号2006年。

(5)《从赵钧瑞及其商业网络看乾隆时期活跃于新疆的内地商人》,载《中国边疆史地研究》2019年第4期。

在上述论文中,我一方面以翔实的档案记载,具体揭示乾隆年间陕甘回民迁移新疆的发生和发展过程,并对他们在新疆各地的分布、生计状况进行追踪和分类,勾勒出回民移民的流动特点;另一方面则着眼考察清朝当局对回民政策的阶段性变化,指出甘肃新教回民起义后,清朝将镇压措施扩大至新疆。随着清朝当局与回民群体之间的矛盾日渐加深,在新疆的回民处境也变得险恶,同治初年蔓延全疆的大规模穆斯林武装反清运动首先由在新疆之内地回民发难,并非偶然。

5. 新疆的内地移民社会

其实,以上前四项的研究中均包含了移民社会的有关内容。不过,从地域社会研究的角度,我还撷取了两个典型,一是伊犁,二是吐鲁番。

清代新疆的地方行政大致可分为三个地理单元:北路伊犁、东路乌鲁木齐、南路八城各为其中心。北路伊犁为全疆军政重心之所在,有满蒙八旗及锡伯等四营携眷驻防,又迁移维吾尔人兴回屯,加之内地人口流入,人口构成多元化。内地移民以自发流移的商民为主,这和东路乌鲁木齐大力实行农业移民,广开民屯,形成对照。吐鲁番地在天山以南,位置偏东,行政上划入东路,当地需处理维吾尔人与内地移民的关系,内地移民中又存在汉族与回民的冲突甚至械斗,其特点为他处所少见。《从档案记载看清代伊犁社会中的内地商民》(载陈熙远编:《覆案的历史:档案考掘与清史研究》,台北"中央研究院"2013年版)一文,对乾隆至道光年间内地商民在伊犁地区的聚集过程、经济活动和生活方式做了尽可能具体的实证性考察,在还原这一移民群体历史面貌的同时,也努力深化对清代伊犁地域社会形成及其特点的认识。《从档案史料看清代吐鲁番的移民社会》(载中国第一历史档案馆编:《明清档案与历史研究论文集》下册,新华出版社2008年版)一文,则着重探究内地移民如何在当地构筑自己的共同体,以及其与土著维吾尔社会之间的相互关系,并以汉回械斗案为例,思考在这一过程中出现了怎样的文化冲突与融合。

四、向档案求据,让历史鲜活

几年前我蒙台北的刘铮云教授惠赠其新著《档案中的清代社会》,深为书名所打动。因为我自己的治史之路,从某个意义上讲,也是与档案相伴、向档案求据的过程。

我清楚地记得,开始博士课程后,戴师明确指示:时至今日,要做好清史的学问,绝不能止步于已有的历史文献,必须向档案中求史料,才可能深入和出新,你做清代新疆开发史,尤其应该如此。从那时起,到档案馆去,搜集第一手史料,成了我的行动指南。一晃三十多年过去了,我的初心未改,注重对档案史料的开发和利用已经成为我个人的学术习惯,也可以说是研究风格。

20世纪80年代的中国第一历史档案馆,阅档条件很简陋,一间大屋,几排长桌,冬冷夏热,远没有今天这么宽敞舒适,当然也没有电脑可以利用,一切皆靠手工,目录也很不完备。但是有一点,是今天的阅档人所无法企及的,那就是我们可以亲手触摸档案原件(尽管沾满纸屑和灰尘),置于面前,逐字阅读,沉浸在档案带来的历史氛围中。从库房拿来的档案多用白纸包成一个个大纸包,里面再按年月日和上奏人分装在不同的袋子里,每包件数不等。一次看不完,可以借用靠墙的铁柜,用锁锁住,次日再看,直到用毕归还。

由于博士论文题目的关系,我最初几年借阅的档案多为汉文的《官中档朱批奏折》或《军机处录副奏折》的农业屯垦类和民族事务类,后来拓展到《上谕档》和《刑部题本》的一部分。只要时间允许,我必自西郊中国人民大学骑车至西华门,风雨无阻,手抄档案达数十万字。正是这番努力,让我的博士学位论文变得血肉丰满,内容翔实,既串联起新疆开发进程中的各个侧面,又看到其内在的层次关系。又如撰写《论林则徐与南疆屯垦》一文时,经过一个多月的不懈爬梳,我最终在《上谕档》里发现了转述林则徐意见的大臣奏折原文,证实了我关于"改屯兵为操防"并非所谓"合兵农为一"的看法,澄清了长期以来的误解,那时的兴奋之情如在昨日。首发于本书的《道光年间伊犁的水利与开垦》,利用了近年从档案中找到的三幅地图。这一发现帮助我解开了存疑多年的几处渠工的走向问题,也再一次印证了档案史料的重要和必要性。

2000年申请到日本学术振兴会科研费的资助后,我开始在北京和台北两地进行档案调查,以推进清代回民新疆迁移史的研究,利用的档案文种也从以往的汉文扩展到满汉文并用。要特别指出的是,在当时,这个课题还极少有人涉及,史料极度匮乏是其重要原因之一。可以说,中国第一历史档案馆所藏《军机处满文录副奏折》(月折包和月折档)对本课题的突破起到了十分关键的作用。诚然,受个人满文水平的局限,我的调查工作进行得相当辛苦,但始终乐此不疲,因为我在其中看到了数量丰富的回民事例,从中感受到这些人物的生活经历。每个事例都自成故事,又相互关联,历史的面目因此变得鲜活而生动。而且,满文语境中的叙述和汉文语境的表达,存在一定程度的语义及语感的差异,这些绝非无足轻重,而是研究者必须捕捉的历史信息。

《〈军机处满文录副奏折〉与居留新疆之内地回民研究》一文原以英文发表在日本东洋文库出版的 *Studies on Xinjiang Historical Sources in 17-70th Centuries*(Toyo Bunko Research Library 12,2010)上,原题作 *Materails in the Manwen lufu regarding Hui Muslim Migrants to Xinjiang*,总结了我运用《军机处满文录副奏折》进行该课题研究的一些心得,发表后受到国外同行学者的好评,一些教授甚至将这篇文章作为学习如何利用满文录副的基础读物推荐给学生。文中我也指出,就新疆部分而言,乾隆、嘉庆、道光、咸丰四朝的满文录副中,"乾隆朝在其中所占比重最大,超过一半,嘉庆朝次之。乾隆朝的满文录副不仅数量多,内容也丰富而详细,史料价值最高。因此满文录副对于乾隆朝新疆问题的研究尤其具有重要意义,而对于清代后期的新疆问题,汉文录副的史料价值则有可能超过前者"。

除了集中藏于北京、台北等地的清代档案以外,散见于国内外的满汉文档案抄本也值得注意。在日本,东洋文库和天理图书馆在此方面都收藏颇多,我也加以利用。《〈塔尔巴哈台奏稿〉与嘉庆时期新疆北部边政研究》一文,对位于奈良县的天理大学图书馆所藏《塔尔巴哈台奏稿》抄本做了初步研究,并首次向学界介绍其篇目内容与史料价值。又如《嘉庆四—五年哈萨克王位承袭问题与清廷的对应方针》(载《故宫博物院八十华诞暨国际清史学术研讨会论文集》,紫禁城出版社 2006 年版)一文,则将《塔尔巴哈台奏稿》中的满文奏折抄本与中国第一历史档案馆藏满文录副进行比对,发现两者之间可以很好地互相补充,从而对围绕哈萨克王位发生的纠纷与解决经过给出了令人信服的说明。

今天,随着档案整理和数字化的加速进行,搜寻、利用档案史料的时效性被大大提高,当年的艰苦一去不复返了,我对此感到由衷的欣喜。但是,开发档案依然是一项费工夫的学问,不贪图捷径,不心浮气躁,坐得住板凳(未必是冷的了),能慧眼识宝,仍是治史者所必需的基本素质。

五、人在东瀛,心系西陲

岁月倏忽,寓居东瀛已经是第二十七个年头了。

从北京到大阪,生活环境和工作环境的改变不啻是巨大的。单是必不可少的日语能力这一项,经过了不知多少努力,我今天才得以基本使用自如。学问的定位也起了变化。走出国内的中国史,变成了"世界史"范畴的一部分,清史研究则成为"东洋史学"框架下中国史研究的一个子类,而新疆史更跨界在中国史与内陆亚洲史两个领域之间。这一切对我来说,不仅新鲜,也具有挑战性。幸运的是,在新的学术圈里,不乏多年情谊的同道,我们可以坦诚地交流切磋,也彼此信任和提携,共同进行多项研究。感谢同行们的信任,近十年,我还担任了日本内陆亚洲史学会的理事、常任理事,以及日本满族史研究会的运营委员,为推动学术发展和国际间交流贡献自己的力量。

这些年,从同行的日本学者身上,我学到很多。日本的东洋史学根基深厚,治清史和治满学者大家辈出。他们很早就注意到清朝治下的国家具有族群与文化的多元性,强调用多层次、多侧面的视角进行观察;注重对汉文、满文及其他有关民族语言门类的掌握,以求全面驾驭史料,是从老一辈到新生代,一以贯之的学风和传统。治学戒浮躁,戒功利之心,其中体现出来的是对学问本身的敬重与守护。

我很庆幸,虽然人在东瀛,但这些年来仍有不少机会,能够重返新疆进行实地考察,让我觉得自己离新疆未远。

1981 年初到新疆后,我又于 1986 年、1992 年、1996 年、2002 年、2007 年

(同年内两次)、2013 年,先后七次"旧地重游"。其中后五次均在来日本以后。

2002 年,为完成清代回民新疆迁移史的研究课题,我先赴吐鲁番、喀什、莎车等地考察,返回北疆后又在乌鲁木齐市内和昌吉回族自治州做调查,先后与当地的干部、学者、阿訇、农民老乡、商店店主、打工者进行交谈、采风。这也是继 1992 年参加马大正老师等组织的《20 世纪西域考察与研究》学术考察活动之后,我第二次有机会深入南疆,收获颇丰。

2007 年的两度入疆,考察地点均在北疆。第一次为参加中国边疆史地研究中心组织的对昭苏、温泉等地清代史迹和民族社区情况的考察;第二次是作为日本大学加藤直人教授领衔的科研项目组成员,周历阿勒泰、塔城、克拉玛依、察布查尔等地。

古人有言"读万卷书,行万里路",本意说的是读书与实践的关系,用在边疆史地研究中,可谓恰如其分地表达了实地调查的重要性及其与史料研究相辅相成、互为促进的辩证关系。虽然我的足迹尚未能遍及全疆,但对主要地区,特别是与自身研究密切相关的大部分地区,我都能有所亲见亲闻,这不仅加深了我对新疆社会人文与自然环境的直观认知,也为检验自己的研究所得提供了依据,为拓展研究思路提供了更多的视角。

我常想,一个人,有一项学问是自己钟情并愿意一直为此努力的,那是一种幸福,于我而言,它就是清代新疆史。回首过去的三十多年,虽取得了一些成果,但远谈不上丰硕;对一些课题虽有所开拓,但研究还有待进一步深入。这篇学术自述,既是总结过去,也是勉励今后。感谢策划本套丛书的西北大学出版社,感谢担任本套丛书主编的马大正老师,是你们给了我这个宝贵的机会,重温与新疆结缘、相识,及在清代新疆史里耕耘的每一段经历,也使我有机会把自己的心得与更多的学人朋友特别是新生代朋友进行分享,希望今后与大家一起在这个学术天地里继续耕耘,有新的收获。

华立
2020 年 12 月改定于大阪东来西往斋

目 录

移民与流动篇

18—19世纪中国的人口流动和边疆地区的发展变化 ……………（3）
乾隆年间移民出关与清前期天山北路农业的发展………………（19）
清代陕甘地区回民向新疆的迁徙流动
　　——以乾隆时期的事例为中心………………………………（42）
清代新疆玉石交易中的商人与商路………………………………（67）
乾嘉时期新疆南八城的内地商民…………………………………（98）
清代发遣制度在新疆的实施………………………………………（114）
论林则徐与南疆屯垦………………………………………………（144）
从赵钧瑞及其商业网络看乾隆时期活跃于新疆的内地商人……（161）

地域社会篇

新疆的军府制度……………………………………………………（179）
新疆军府制下的理民体制与满汉员的任用………………………（205）
从档案记载看清代伊犁社会中的内地商民………………………（220）
从档案史料看清代吐鲁番的移民社会……………………………（257）
乾隆年间甘肃新教回民起义后清政府对新疆回民政策的变化…（277）
嘉庆四—五年哈萨克王位承袭问题与清廷的对应方针…………（295）
《军机处满文录副奏折》与居留新疆之内地回民研究 …………（313）
《塔尔巴哈台奏稿》与嘉庆时期新疆北部边政研究 ……………（329）

经济文化篇

清政府与新疆农业开发
　　——兼谈国家政权在边疆开发中的地位和作用……………(353)
清代新疆屯垦方式重心的转移及其意义………………………(363)
清中叶新疆与内地的贸易往来…………………………………(380)
道光年间天山南路兵屯的演变…………………………………(405)
道光年间伊犁的水利与开垦……………………………………(415)
19世纪前中期清政府南疆农业政策的转变……………………(430)
清季新疆建省后农业经济的复苏与发展………………………(447)
日野强和他的《伊犁纪行》评述…………………………………(463)

附录　华立研究成果目录(1983—2016)………………………(472)
后记………………………………………………………………(479)

移民与流动篇

18—19世纪中国的人口流动和边疆地区的发展变化

说到清代中国社会的人口现象，人们几乎无一例外地会首先想到这个时期中国的人口膨胀，以及它所带来的人口重负和种种社会矛盾的加剧，这当然是明白无误的事实。但是除此之外，清代的人口现象，还有引人注目的另一个方面，那就是本时期特有的大规模人口流动。同历史上曾经出现的人口流动相比，清代的人口移动有如下的突出特点：人口流动普遍化，成为全国性的不可阻挡的历史潮流；内地人口向边疆地区辐射扩散，是人口移动的基本趋向，其规模之大，分布地域之广，持续时间之长，均非前代所能比拟。

近年来，清代人口现象吸引了越来越多的学者进行研究，局部区域人口迁移的探讨也有了可喜的进展，本文拟以已有的研究成果为基础，对清代内地人口向边疆的迁移活动做综合性考察，探讨这一现象产生的时代条件、发生发展的过程、人口迁移的共性及地区差异，进而分析它对边疆地区社会发展的作用和影响。鉴于人口迁移的潮流出现于18世纪初叶，且持续到19世纪末20世纪初，本文采用了18—19世纪这样一个时间段，大体相当于清王朝的康熙中期至清末的光绪、宣统之际。

一、18 世纪以降中国的人口激增和人口压力

清代人口迁移浪潮的出现，是同时期社会历史条件的产物。在影响人口流动的诸多因素中，有两项因素最为关键，那就是18世纪以后中国人口的急速增长和同时期中国作为统一多民族国家的高度发展。

有清一代的人口演变，大体经历了如下的周期：明清之际，由于连年战争，人口一度大量损耗，人口数字降至低谷；在这之后，随着清朝政治秩序的

稳定和经济的不断恢复,人口开始回升并日见增长,进入18世纪中叶即乾隆朝初年以后,全国人口更以前所未有的速度持续大幅度增长,远远超过了历史上的最高纪录。

考察人口增长,不能不涉及人口统计制度和统计数字。中国历代封建王朝都很重视对人口的掌握,清政府也不例外。早在入关后不久的顺治五年(1648),清廷便宣布仿照明制实行三年(后改为五年)一度的人丁编审。谕令说:

> 责成州县印官,察照旧例造册,以百有十户为里,推丁多者十人为长,余百户为十甲,城中曰坊,近城曰厢,在乡曰里,各有长。凡造册人户,各登其丁口之数……民年六十以上开除,十六以上增注。①

在这段话里,最值得注意的是末尾处的"民年六十以上开除,十六以上增注"。它表明,尽管清政府表示欲借编审"周知天下生民之数",但实际被确定为统计对象的只是年龄在十六岁至六十岁之间的负有纳税义务的成年男子,也即文献所称"人丁"。妇女、老人、幼童,按例不纳粮,也不承担差徭,因此不入编审之列,这就决定了编审册中的统计数字无法反映全部人口数量,且必然大大低于实际人口数量。

人口统计制度的改变始于乾隆初年。由于在这之前清政府已顺应经济发展形势对赋役制度进行了改革,取消了人丁税,将人丁税摊入地亩税中征收,人口统计不再服务于财政税入,五年一届的人丁编审失去了意义。而现实生活中的人口膨胀,开始对社会造成压力,致使清政府感到有必要掌握全国的实际人口数字来筹划对策,对户口统计的注意力遂从纳税人丁转向全部人口。乾隆五年(1740),乾隆皇帝在上谕里强调各省督抚务必查报户口实数及谷数。次年冬,《清实录》中第一次出现了"会计天下民谷数,各省通共大小男妇一万四千三百四十一万一千五百五十九名口"的全国人口数字。② 乾隆二十二年(1757),清政府进一步整顿完善用作户口调查基础的保甲组织,对人口管理全面立法,规定不仅编查土著,对各种职业的流寓人口及融合程度较深的西南少数民族,也要纳入统计,并根据人口的出入变动随时增减修正,从而使人口统计有了更高的可信性。这也是研究清代人口

---

① 《清朝文献通考》卷一九《户口考一》。
② 《清高宗实录》卷一五七,乾隆六年十二月。

问题的学者都着重使用乾隆六年(1741)以后人口统计数字的原因。

表1是根据《清实录》有关各卷卷末记载编制的人口数字简表(其中仅康熙末年数字采用了胡焕庸先生的推算,以修正官修史书的人丁数)①。

表1 《清实录》记载的人口数字

时间	人口/千人	时间	人口/千人
康熙三十一年	115 000	道光元年	355 540
乾隆六年	143 411	道光十四年	401 008
乾隆十六年	181 811	道光二十四年	419 441
乾隆二十七年	200 472	咸丰元年	432 164
乾隆四十年	264 561	咸丰十一年	287 963
乾隆五十五年	301 487	同治十年	273 110
嘉庆五年	295 237	光绪八年	307 431
嘉庆十五年	345 717	光绪二十七年	426 447

表1清楚地反映了18—19世纪中国人口增长的轨迹:以乾隆六年(1741)的1.4亿为全国在册人口突破1亿大关之始,以后持续上升,乾隆二十七年(1762)达到2亿,乾隆五十五年(1790)超过3亿。也就是说,在18世纪后半叶的五十余年间,中国至少净增统计人口1.6亿,平均每年增加320万,超过历史上任何一个朝代。嘉庆、道光以后,人口增长减缓,咸丰、同治两朝一度上下徘徊,但因人口基数较大,数字仍增加到4亿以上。

一般说来,人口持续增长是国家安定、社会经济力量不断发展的一种表现,因为如果没有不断提高的农业生产力,就不可能养活成倍增加的人口。但是,如果人口增长过快,超过了同时期的经济增长幅度,再加上其他社会因素,就会带来很多问题,造成沉重的人口压力。特别是18世纪中叶急速增长的清代人口,在地域分布上极不平衡,90%以上的人口集中在内地省份,尤以华北、黄河中下游的直隶、山东、河南、山西及长江中下游的江苏、浙江、安徽、江西、福建数省人口最为稠密,人口压力在这些省份集中地体现出来。

人口压力首先表现为耕地不足,人多地少。作为一个农业大国,土地是农民谋生的最基本手段,在人口急速增长的同时,耕地的增长却没有像人口

---

① 胡焕庸:《中国人口地理》上,华东师范大学出版社1984年版,第53页。

那样快,内地省份的人均耕地占有面积,乾隆十八年(1753)为6.89亩,乾隆三十一年(1766)为3.53亩,较前减少一半,嘉庆十七年(1812)再减至2.19亩。① 人均土地的减少又与地主豪强的土地兼并相交织,使得大量贫苦农民被排挤出土地,生计无着。

人口压力其次表现为民食紧缺,粮价腾踊。米价的上涨在康熙、雍正之际已见端倪,进入乾隆朝,米贵之势有增无减。乾隆十三年(1748)据各省奏报,粮价已普遍上浮一至两倍。朝廷内外就米贵缘由展开大讨论,督抚们各抒己见,但都认为生齿日繁是米价上涨的主要原因,所谓"盛世滋生人口日众,岁时丰歉各处难一,以有限有则之田土,供日增日广之民食,此所以不能更有多余"②。在正常年景,百姓尚有可能勉强充饥果腹,但中国各地气候相差悬殊,旱涝虫害无岁无之,要维持如此庞大规模的人口的生存,谈何容易。

人地比例失调,民生艰难,又导致社会矛盾紧张,引发各种冲突。康熙末年到乾隆中正是清朝全盛时期,各地的抗租抗粮、抢米截漕、哄闹公堂的风潮层出不穷,太平表象下孕育着深刻的危机。乾隆皇帝在一首诗里表达了自己对人口问题的深切忧虑:

> 民数谷数国之本,每岁各省令具奏。
> 因命司农计损益,观之持盈惧益懋。
> 谷数较于初践阼,增才十分一倍就。
> 民数乃增二十倍,固幸太平滋生富。
> 以二十倍食一倍,谷价踊贵理非谬。
> 谷贵因之诸物贵,何怪近利居奇售。
> 返淳拟欲禁奢费,游手谋食恐难副。
> 设曰驱之尽务农,哪得许田供耕耨。
> 水旱赈济数逾万,无过补苴其罅漏。
> 三免正供两免漕,未见闾阎生计茂。
> 长此安穷不敢言,薋目怵心吁天佑。
> 绥丰或尚可支持,惕息中丰又难遘。③

① 梁方仲:《中国历代户口田地田赋统计》,上海人民出版社1980年版,第394—400页。
② 《皇朝经世文编》卷三九《户政十四》。
③ 《八旬万寿盛典》卷四三《民数谷数》。

二、内地人口流向边疆的态势及地区特点

在内地省份人口压力不断加剧的同时,清代的广大边疆地区则日益具备了适宜人口迁移的各种条件。

清代的边疆在地理概念上通常用指关外东北、内外蒙古、新疆天山南北、西藏、西南部分地区(云南、贵州、广西)及东南沿海的台湾、海南岛等地。这些地区历史上就与中原内地有着多种多样的政治、经济、文化联系。清王朝在巩固了对内地的统治后,全力经营边疆,清除割据西北的准噶尔势力,统一天山南北,消除内外蒙古及青藏高原的动乱隐患,并在东北击退沙俄入侵,订立《尼布楚条约》和《布连斯奇条约》。在18世纪中叶建立起空前的大一统局面,东起库页岛、台湾,西迄巴尔喀什湖、葱岭,北至外兴安岭,南达南海诸岛的广大地域,都被置于清政府的有效管辖之下。

历史上,不同地区的割据对立、兵戎互见、动乱纷争,曾是内地与边疆之间人员往来交流的巨大障碍。清代的大一统,带来了国内长时期的安定与和平。清政府还对各地因俗而治,如在东北、蒙古、新疆设立将军,向西藏派遣驻藏大臣,在西南实行改土归流,进一步加强了对边疆的行政管理,给内地人口迁移边疆创造了十分有利的社会环境。正如乾隆皇帝本人所说:"古北口外一带,往代皆号岩疆,不敢尺寸逾越。我朝四十八部,子弟臣仆,视同一家,沿边内地民人前往种植,成家室而长子孙,其利甚溥。"①

从经济上看,边疆地区虽然地理位置偏远,经济发展程度落后于内地,但是地域广阔,人口稀少,大量资源有待利用。占全国总面积的2/3的广大边疆地区,其人口按当时的最高数字计算,也不超过总人口的3%,这对内地的贫苦农民有极大的吸引力。如果说人口压力集中在内地省份,形成相对于边疆的人口"高压区",是促使内地人口持续向外流动的内在动因,那么政治上稳定的大一统局面和边疆地区的开发潜力,便是吸引人口流入边疆地区的外部条件。

当清廷君臣还在为人口膨胀忧虑不已和苦无良策时,广大民众已经自发地踏上了边疆的征程。由于中国地域广阔,不同地区间差异很大,受各种条件的制约,内地人口迁移边疆的活动也具有明显的地区差异和进程的多

---

① 《清高宗实录》卷六一二,乾隆二十五年五月壬子。

样性。就流向而言,人口迁移虽然都是从人口密集的内地迁往人口稀少的边远地区,但是不表现为单一中心的向外扩散,而是多方位的人口运动。如果以地理学上的秦岭—淮河分界线划界,大体可以区分为北、南两个相对独立的地区体系,每一体系中又包括若干个比较稳定的迁出—迁入的区域组合。从流量规模和人口成分看,不同地区、不同时期也呈不同态势。

为叙述便利,下面按流向的区域组合,对人口迁移的实际情况分别加以说明。

(一) 北方区

北方区以华北及黄河中下游的山东、直隶、山西、河南、陕西、甘肃数省为迁出地,分别向关外东北、蒙古及西北新疆等地流动。

1. 从直鲁晋豫地区迁往东北三省

山海关外的东北地区是清王朝的龙兴之地,设有盛京、吉林(初称宁古塔)、黑龙江三将军分辖镇守,但在经济面貌上,除辽东地区,明朝曾在此驻军屯田,农业较为发达外,其他地区均为人烟稀少之地。清朝入关时,从辽东地区带走大批八旗官兵及所居人口,致使一度繁盛的辽河平原也变得"沃野千里,有土无人"。顺治十年(1653)清政府颁布《辽东招民开垦条例》,鼓励缙绅地主、文武官员出资招徕关内人口前往辽东居住和耕作,以充实自己的后方,这为清代内地人口移往东北之始。

但是这项由官方出面号召移民的条例,只实行了十余年便告停止,在这之后,清政府对内地人口迁移东北的态度从鼓励变为戒惧,又从戒惧发展到下令严禁。其理由是防止发祥重地被不断进入的汉族人口侵犯,维护旗人对关外土地及特产资源的垄断特权。乾隆十五年(1750)谕令称:"山海关、喜峰口及九处边门,皆令守边旗员、沿边州县严行禁阻,庶此后流民出口,可以杜绝。"

谕令给内地民人出关设置了障碍,却未能阻挡住人们出关谋生的脚步。随着人口的不断增长和土地兼并活动的加剧,土质肥沃、河流纵横、农业地理条件优越的东北平原很自然地吸引了华北各省苦无生计的贫苦农民。内地民人出关,有陆路、海路两途,陆路经山海关、喜峰口等处,海路乘船至辽东半岛上陆,乘风扬帆,交通亦便,故自发迁移的农民络绎不绝,势不可挡。

---

① (光绪)《大清会典事例》卷一五八。

特别是人口密度较高的直隶、山东两省的过剩人口,想方设法闯关渡海,令边官防不胜防。如山东的登州府,"与辽东对峙仅隔海,而土瘠民无恒业,多航海种地为生"①。乾隆初"直隶民人,虽当丰收之年亦多出关、出口以谋生"②。清政府多次下令清查违禁前来的流民,而当地官府、八旗贵族出于对劳动力的需要,对禁令阳奉阴违,这又促使更多流民的到来,结果是"禁而不绝,愈查愈多"。流民的地域分布情况,也从初期的奉天一带向吉林、黑龙江等地扩展。

如表2所示,根据《盛京通志》《大清一统志》所载,开列乾隆至嘉庆时期的东北民户数字。

表2　乾隆至嘉庆时期的东北民户数字

单位:口

时间	地域			
	盛京	吉林	黑龙江	总计
乾隆六年	359 626	—	—	—
乾隆三十六年	754 906	56 637	35 284	846 827
乾隆四十六年	779 083	135 827	36 408	951 318
嘉庆二十五年	1 757 248	566 574	167 616	2 491 438

上面的数字并非全部移民人口,事实上有大量的流民没有入籍,但仅从这些数字已能了解流民在关外大量聚集及向吉林、黑龙江两省扩展的态势。

东北人口的进一步飞速增长是在1860年后。在第二次鸦片战争中,沙俄趁火打劫,强行割占了中国黑龙江以北和乌苏里江以东一百多万平方公里的土地。面对咄咄逼人的侵略者,清政府不得不放弃以往的封禁政策,大力提倡移民实边以加强边防实力,从咸丰十年(1860)起,吉林舒兰和黑龙江呼兰等边区相继放垦招民,到光绪三十三年(1907),整个东三省的人口已达1 445万人。③

2. 从直鲁晋豫陕地区迁往长城口外蒙古地区

山西、直隶以北长城口外古称塞外,是蒙古部落游牧之地。内地民人流向这一地区种地谋生的首推山东人,其次是直隶、山西、河南、陕西诸省

---

① (民国)《闽侯县志》卷八四。
② 孙嘉淦:《孙文定公奏疏》卷四《安插流民疏》。
③ 参见姜涛:《中国近代人口史》,浙江人民出版社1993年版,第208页。

民人。

　　康熙年间因缺少土地或遭受天灾而出口求生的人数已相当可观。据巡行塞外的康熙皇帝说，他在途中多处遇到来自山东的流民，"或行商，或力田，至数十万人之多"。又说"今河南、山东、直隶之民往边外开垦者多"①。康熙五十一年（1712）他表示："伊等皆朕黎庶，即到口外种地生理，若不容留，令伊等何往？"承认事出有因，不宜阻拦，但又要求加强稽查清厘，"不得任意往返。"②雍正元年（1723），黄河决口，河南、直隶等省受灾，为疏散灾民，清政府特颁令乏食民人可往口外耕垦蒙地，要求各旗容留。③ 此令一开，加速了内地人口进入塞外的过程。

　　内地民人进入蒙古地区后，多停留在东起卓索图盟、昭乌达盟，西迄归化城土默特、伊克昭盟河套一带靠近长城沿线的广大地带，其中东部卓索图盟喀喇沁三旗和西部的归化城土默特地区，内地农民聚集较早。闯关东的流民中有一部分出喜峰口或古北口后到南部的喀喇沁地区停留下来，向蒙古王公租种土地。蒙古王公生财有道，视为利源，乐于招募，故人数愈众。由于清政府不准民人携眷前往，勒令每年秋收后入口，流民起初被迫春来秋去，做季节性佣工，被称为"雁行"。久而久之，就不顾禁限，或携妻子或娶蒙妇，成为定居人户，并建立起一个个移民村落。乾隆十三年（1748），仅喀喇沁中旗已有汉佃丁42 924口，共计103屯。④ 喀喇沁的西邻热河，原系蒙古牧场，自从清廷在此建立行宫，很快"聚民至万家"。乾隆四十三年（1778），清政府在此设承德府管辖包括喀喇沁在内的移民人户，府属及一州五县达到109 805户、557 406口。嘉庆二十五年（1820），再增至144 646户、783 867口。⑤

　　归化城土默特因在地域上邻接山西，有大批穷苦的山西百姓前往耕种，雍正初仅大同等府民人散居该处各村落的就不下两千家。雍正十三年（1735），清政府在土默特开放4万顷，从山西等地招民垦荒，官给牛具籽种。

---

　　① 《清圣祖实录》卷二三〇，康熙四十六年六月戊寅；《清圣祖实录》卷二四〇，康熙四十八年十一月庚寅。
　　② 《清圣祖实录》卷二五〇，康熙五十一年五月壬寅。
　　③ 《清世宗实录》卷六，雍正元年四月乙亥。
　　④ 伪满地籍局整理：《锦热蒙地调查报告书》下卷。
　　⑤ 《热河志》卷九一；（嘉庆）《大清一统志·承德府》。

乾隆中,归化城郊"开垦无复隙土",出城西行至黄河河套,向北直到大青山下,都有山西人携家开垦。据乾隆八年(1743)普查,土默特两旗原有75 048顷土地,其中牧地仅占14 268顷,其余土地多已开垦。① 山西口外东部的察哈尔牧地,也出现大量的内地移居过去的汉民。在与陕西延安、榆林等府交界的伊克昭盟,"山陕北部贫民由土默特而西,私向蒙人租地垦种,而甘省边氓亦复逐渐辟殖,于是伊盟七旗境内,凡近黄河、长城处,所在多有汉人足迹矣"②。

内地汉民的大量涌入及向北渗透,在乾隆年间出现高潮。随着土地开垦面积的逐步扩大,蒙古各部放牧地慢慢缩小,在一些地方产生了农牧矛盾和蒙汉矛盾。乾隆十三年(1748)以后,清政府开始三令五申限制口内民人出边,嘉庆年间又限定垦界,不准增开。然而,禁者自禁,耕者自耕,禁令的一再重申恰恰证明口内人众在继续不断外移。据《中国人口·内蒙古分册》估计,19世纪初归化六厅等四处的内地汉民已逾百万。光绪中,继东北之后内蒙古也获令放垦,东部哲里木盟和西部察哈尔至归绥,都又一次掀起移民热潮。

3. 从甘陕地区迁往西北新疆地区

清政府统一新疆的努力,历康熙、雍正、乾隆三朝才最终完成。在用兵西北期间,虽然有少量服务于军事行动的人口流动,如军流人犯屯垦、商人随军转运、车夫脚夫流寓佣作等,但规模有限,持续时间亦短。大规模的人口迁移始于乾隆中期天山南北安定以后。由于新疆的统一来之不易和新疆在西北的重要战略地位及其与内地相距遥远,向新疆的移民活动得到了清政府的大力倡导和扶持。

首先,从内地及关外盛京调遣八旗和绿营兵到新疆驻防或屯垦。八旗兵由满洲、蒙古、锡伯、索伦、察哈尔、厄鲁特各营组成,一律携眷迁移。绿营兵以屯田为主,原定五年与陕甘驻军换防,以后也改为携眷永驻。这些兵丁大部分驻扎在天山北路的伊犁、乌鲁木齐、巴里坤、塔尔巴哈台及天山南路的吐鲁番、哈密等地,少量以换防形式前往南路喀什噶尔、叶尔羌等城,合计总兵额约4万名,连同眷口应超过十数万之众。

兵屯的同时又开展民屯和遣屯。遣屯即流放人犯屯种。大抵自乾隆中

---

① 《清高宗实录》卷一九八,乾隆八年八月壬子。
② 潘复:《调查河套报告书》,京华书局1923年版,第219页。

期以后,内地遣犯便主要发往新疆,刑满之后就地安插,转为民籍,目的是"投畀远方,既不至渐染民俗,而新疆屯垦方兴,又可力耕自给"。鉴于平定准噶尔战争中原居天山北路的卫拉特蒙古人口严重损耗,耕牧俱废,清政府从乾隆二十六年(1761)起招募甘肃省无业贫民举家迁移至乌鲁木齐等地垦种立业,由官府提供盘费、车价、必备用品,并代建住房和预筹耕畜籽种,称为民屯(也称户屯)。是年十月,第一批应招的206户,男妇大小730名上路。自此,几乎每年都有大量甘肃人户有组织地携眷西出嘉峪关。到乾隆四十五年(1780),迁到人户已超过一万数千户,五万数千人。 在应募移民的带动下,自发移民也日趋踊跃,邀朋携侣,络绎不绝,除了务农民人以外,还有经商或当工匠者。据途经该地的官员、文人说,巴里坤城内外"烟户铺面比栉而居","晋民尤多";乌鲁木齐"优伶歌童、工艺技巧之人,无一不备";南疆大邑叶尔羌也有山陕、江浙之人不辞险远,货贩其地。据《户部清册》统计,乾隆五十六年(1791),乌鲁木齐、巴里坤民人数字为12.4万,嘉庆二十五年(1820)为18.4万,至咸丰七年(1857)为31万。

(二)南方区

相形之下,南方区没有北方那样明显和稳定的人口迁出中心地,人口流动更加多极和多样化。一方面,经济发达的江南城镇和苏、皖、闽、浙、赣、粤等省交界山区,接纳了相当数量的过剩人口转为城市雇佣劳动者或入山开荒;另一方面,南方区出现了向西南、台湾及海外流动的趋向。

1. 从华南和中南省份迁往西南(云南、贵州、广西)地区

清初曾有"湖广填四川"的移民运动。四川并非边疆,只是因为明清之际遭受战乱破坏过重,人口锐减,极度萧条,于是湖广(清时对湖南湖北的统称)以及广东、福建等省人众"携家入蜀者不下数十万"。这一运动在18世纪初已渐告停止,代之而起的是华南和中南诸省及四川的过剩人口大量流向云南、贵州、广西等地。

贵州地区一向"土瘠民贫,夷多汉少",康熙、雍正之际湖广闽粤等省流民向四川迁移,不少人取道贵州,但很少有人留居于此。到乾隆中期以后,情形便大不相同,内地人口不断聚集。乾隆六年(1741),官府册载人口240

---

① 华立:《乾隆年间移民出关与清前期天山北路农业的发展》,载《西北史地》1987年第4期。

余万,到乾隆四十一年(1776)则已超过500万。大约从乾隆后期起,进入贵州的人口又开始向南移动,流入云南。云南的人口增长也很可观。据道光《云南通志》记载,该省乾隆七年(1742)人口为91.78万,乾隆三十年(1765)达216.95万,嘉庆二十年(1815)为574.06万,道光十年(1830)为655.31万。也就是说,在第一阶段的23年中增加人口125万,在第二阶段的50年中增加人口357万,在第三阶段的15年中又增加81万。另据美籍学者李中清计算,乾隆中至道光初,全国在册人口的平均年增长率为7.3%,而同期云南的在册人口年增长率为14.6%,高出全国平均增长率一倍。① 这样高的增长率显然不单单是自然增殖,而是包含了大量的外来移民。

广西的外来移民主要来自广东,移民高潮出现于嘉道年间,比云贵两省稍晚。像梧州、浔州、郁林三府,嘉庆中从广东入境"贸易往来及寄居入籍者,几占土著之半"。道光年间客籍比重迅速上升,有人记载,当时广西全省土著约占总人口的十分之三四,余为客籍,南半部广东人最多,其间还有福建人,中北部有湖南人。上述迁入人口中,垦山开荒和从事商贩活动的不在少数;与此同时,西南的矿冶业也吸引了大批人口。尤其是云南的采铜业,关系到政府的钱币铸造,规模巨大,是南方各省移民奔赴的目标所在,如乾隆三十一年(1766)云贵总督杨应琚称,云南各处大小矿厂聚集的外省矿丁不下数十万人,犹在"闻风而至"。光绪年间任职当地的官员岑毓英也说:"大厂动辄十数万人,小厂亦不下数万,非独本省穷民,凡川湖两粤力作功苦之人,皆来此以求生活。"清政府对自发流向西南的大批人口在原则上不予限制,但要求当地州县保甲等基层政权严加控制,防"患"于未然。

2. 从闽粤地区迁往台湾及海外

福建、广东两省傍山面海,多山地和丘陵,闽南的漳州、泉州二府和粤东的潮州、惠州、嘉应三府州,"人稠地狭,田园不足于耕"。受自然条件限制,福建和广东的发展优势不在陆地而在海洋。从交通上看,闽粤沿海一带赴台湾及南洋诸岛,比赴内地更加便利。厦门到台湾,水程六百余里,顺风二日夜可达;泉州的蚶江与台湾彰化的鹿港隔海相望,顺风时半日可达。这为

---

① 李中清:《明清时期中国西南的经济发展和人口增长》,载《清史论丛》1984年第5辑。
② 《宫中档朱批奏折·工业类》,乾隆三十一年六月云贵总督杨应琚奏;岑毓英:《奏陈整顿滇省铜政事宜疏》,载《皇朝经世文续编》卷四九《户政二十六》。

两省民人渡台创造了有利条件。

清初,郑成功渡海以台湾为根据地武装抗清,从大陆带去一批官兵家口。为切断郑氏与大陆沿海的联系,清廷曾下令禁海。清政府统一台湾后,很多郑氏官兵回到内地,不少百姓也回大陆与家人团聚,台湾人口一度有所减少。但是过后不久,就有大批闽粤贫民渡海赴台谋生。雍正五年(1727),一位官员分析贫民渡台原因时称:"漳、泉内地无籍之民,无田可耕,无工可佣,无食可觅,一到台地,上之可以致富,下之可以温饱,一切农工商贾以及百艺之末,计工受值,比内地率皆倍蓰。"①

清政府对待流民渡台的态度,不同时期不尽相同。康熙年间只准许男性单身入台,意在限制渡台人数,并使其无法久居,防止结成反清势力。雍正末年起解禁,允许携眷入台,由此出现一个移民高潮。乾隆时,政策时紧时松,总的要求是加强盘查,予以控制,但渡台的浪潮滚滚而来,不能取得官发凭照的流民就非法偷渡。面对这一事实,清政府终于在乾隆五十五年(1790)宣布开放鹿耳门至厦门、鹿港至蚶江、八里垄至南台的官渡,正式承认了渡台的合法性。

下面的数字可以大致说明康熙以来大陆向台湾的移民规模:据率军收复台湾的施琅称,其时在台湾的汉民约十万人;乾隆四十七年(1782)时统计全台湾土著流寓民户共912 920名;嘉庆十六年(1811),全台湾民户(不含土著)241 217户、2 003 861口;道光二十三年(1843),全台汉番合计250万人;光绪十三年(1887)为320万人。② 直到1894年中日甲午战争后,台湾被日本割占,大陆人口才停止迁台,原来打算迁台者多改赴南洋了。

三、人口移动对边疆地区发展进程的作用和影响

18世纪以降中国流动人口大量涌向边疆,对边疆地区的发展有重要的推动作用。

人类是开发活动的主体,在开发建设中起到能动、主导的作用。对于地广人稀、经济发展相对迟缓的广大边疆地区来说,保证当地人口达到一定的

---

① 《皇朝经世文编》卷八四《兵政十五》。

② 《明清史料》戊编第二册,第128页。连横:《台湾通史》卷三《经营志》、卷七《户役志》,商务印书馆1983年版。

数量和具备相当的素质,就意味着拥有足够数量的掌握一定技能的劳动力,这是当地经济得到发展的重要前提。由于缺少足够的统计数字,要对18—19世纪移入边疆的人口总数做出准确估计,是十分困难的事。目前,一般意见认为,从17—18世纪之交到19世纪中叶鸦片战争前,至少有不下1 000万的内地人口迁往边疆各地。除新疆受地理条件的局限,移民数量较少外,其余各地移民数量都超过了100万,其中云贵两省在300万到400万之间(统计数字含接境的川西部分人口),台湾不低于150万,蒙古地区可能高于台湾,东北三省则应达到200万以上。① 笔者对此亦持赞同意见。鸦片战争后到清末的五六十年间的人口迁移情况,尚没有完整的统计数字。鉴于清政府在此期间进一步放宽对人口流动的限制,并在北疆大力推行移民实边,使东北等地的人口迁移以前所未有的速度发展起来,这一时期的移民增长幅度应超过前一百余年。再考虑到事实上还有数量可观的流动人口由于时来时去、往返不定未能纳入当地户籍,似乎可以认为到清末为止,人口向边疆的移动规模已在1 500万到2 000万人之间。这些移民的共同特征是年力精壮,富于生产技能者居多。他们来自经济、文化程度较高的内地,其到来不仅填补了边疆劳动力数量的不足,也有力地改善了劳动力的素质结构。绝大多数移民最终融入当地社会,成为本地居民,在东北和台湾,外来移民甚至成为当地人口的主要成分。

移民对边疆地区发展建设的贡献,突出表现在以下几个方面。

(一)农业经济的扩大和农业生产能力的提高

有清一代,农业经济发展最快的边疆地区应推东北。如前所述,明末清初,东北的农业区集中在辽河流域,吉林、黑龙江的大部分地带都还是一片荒原。然而经过移民们二百余年的辛勤开垦,清末的东北平原已经是田连阡陌,村镇林立。顺治十四年(1657)至乾隆二十三年(1758),盛京升科民地从48 165亩增至1 256 121亩,增加二十几倍。乾隆以后,吉林、黑龙江的农田以民地、旗地、官庄三种形式扩展,清末放荒移民后发展更快,至光绪末,全东北已有熟地10 801 420垧。

---

① 郭松义:《清代人口流动和边疆开发》,载《清代边疆开发研究》,中国社会科学出版社1990年版。

② 田志和:《关于清代东北流民》,载《社会科学辑刊》1983年第5辑。

口外蒙古在清代以前曾有少量农业区散布于河套地区,但面积很小,时耕时辍。稳定的农业区域的出现,则是清代流民大量移居之后。随着长城沿线土地的逐步开垦,东起科尔沁草地、北沿直隶、山西口外,西到归化城周围、黄河河套,村落聚集,田畴纵横。内蒙古地区开始从单纯的游牧经济转变为牧业为主,或半农半牧及以农为主多种经济结构并存的格局。新疆地区也经历了类似变化。入清以前,以天山为界,基本上是南农北牧,自乾隆年间兴办兵屯和移民认垦起,至嘉庆、道光之际,天山北麓一带已作为一个新兴的农业区得到巩固,农田规模达到一百数十万亩。

随着榛莽之区的不断开垦,边疆地区的粮食产量大幅度增加,传统的"内地—边疆"粮食流通走向发生了前所未有的改变。东北、口外、台湾等地所产之粮不仅保证本地之食,还大量外运,供应内地。如奉天府"土宜稼穑,收获之多既倍于他省,粮价之贱亦半于内地",雍正起即由海路贩运至直隶、山东、河南接济民食。乾隆后关东麦、豆更大批运往江浙闽广等省。向来依靠中原供给粮食的蒙古地区于康熙末年开始粮食外运,热河的八沟、山西口外归化城,每年有大批内地商贩前去采买,转销至直隶、山西、陕西。山西民间称土默特所产麦制成的面粉为"北面"。气候温润、一年数熟的台湾则是江浙闽粤几省仰赖的商品粮基地。乾隆十五年(1750)秋,台湾米因遭灾减产,暂停向内地贩米,漳州、泉州、福州等地粮价腾跃,人情汹汹,几致酿成动乱。新疆的天山北路在乾隆年间曾是全国粮价最低地区,自给之余还向毗邻的漠北喀尔喀蒙古输出,直到清末仍是乌里雅苏台、科布多一带蒙古牧民食粮的基本来源。

(二)商业、手工业的活跃与交通、城镇的发展

流向边疆的人口中,除从事耕垦的农民外,还有数量可观的贸易商人和手工工匠。由于职业特点,商民的足迹分布更广,更为活跃,对沟通内地与边疆地区之间的经济联系起着举足轻重的作用。

在东北,商贩、工匠和开荒农民同时流入吉林、宁古塔、船厂等地,乾隆十五年(1750)时,东北聚集直隶、山西、河南等省流入的商贾、工匠、佣人有三四万人。乾隆五十六年(1791)有奏报说,奉天锦州沿海地方有搭棚居住的福建人万余户,皆系"在彼贸易营生",地方官因利其商税,均加以容留。盛京将军阿兰泰亦表示:"商贾工匠及单身佣工五项之人,为旗民所资借,势

难禁阻。"①另据道光中贵州对省内户口的一次调查,外省客户已达到71 300余户,若以口计,约在30万人上下,其中商人和手艺用工者占有不小的比重。②

在大漠南北和新疆地区,商业的兴盛和驿路交通的发展完善互为影响,相互促进。早在清廷用兵西北期间,山西、直隶的商人就踊跃随军贸易,平定准噶尔以后,昔日的进军线路成为商业通路,内地商人赴蒙古经商,大都取道宣化、张家口至归化城,然后北上库伦、恰克图,或从中途分道西行至乌里雅苏台、科布多,人称"旅蒙商"。赴新疆的商人也常分两路进入新疆,一路走张家口、归化城经蒙古草地至巴里坤,再赴乌鲁木奇、伊犁,即通常所说的"北路"。从北路来的以直隶、山西商人为多,蒙古商队也不时往返,纪昀诗中"敕勒阴山雪乍开,辎汗队队过龙堆"的诗句,就描写了蒙古商队到来的情景。另一路由河西走廊经肃州出嘉峪关,至哈密后分道进入天山南北,是陕甘、江浙、四川等省客商的必由之路。这两路都是官方的驿递干线,有台站相接。乾隆中陕甘总督文绶还特别建议整修道路,延长嘉峪关的开放时间,以方便商旅。

各地商贩经营的商品项目,因地、因人、因其资本财力而有差异,但总的来说品种繁多,相当丰富。他们一方面把内地货物输往边疆,另一方面将边疆的农牧土特产贩入内地,以盈补缺,互通有无。以新疆为例,内地出产的砖茶、绸缎、铜铁制品、水产海鲜、药材及新疆出产的牲畜、皮货、棉花、玉石等,都是经营的基本商品。在西南地区,商贾们还为边疆带来加快开发所必需的宝贵资金,以云南为例,采矿业能在18世纪蓬勃兴起,除因劳动力的大量涌入外,还和大商巨贾每每"携资来滇开采"分不开。

人口的聚集,商业的兴盛,经济的发展,带动了边疆的城镇建设。东北的宁古塔、吉林、齐齐哈尔、墨尔根、黑龙江诸城,蒙古的归化城、多伦诺尔、张家口、热河,新疆的巴里坤、乌鲁木齐、古城、伊犁,都在这一时期先后兴起。乾隆年间的归化城已颇具规模,有"小北京"之称;乌鲁木齐为天山北路第一富庶之区,"字号店铺,鳞次栉比,市衢宽敞,人民辐辏"。③

---

① 《清高宗实录》卷一三七六,乾隆五十六年四月辛亥;《盛京通志》卷一二九。
② 罗绕典:《黔南职方辑略》卷一至六,转据郭松义:《清代人口流动与边疆开发》,载《清代边疆开发研究》,中国社会科学出版社,1990年,第28—29页。
③ 夏之璜:《塞外橐中集》、《入塞橐中集》卷三;椿园:《西域闻见录》卷一。

(三)行政建置的演进与社会风貌的变化

随着内地人口不断迁往边疆,边疆的社会面貌也在逐渐发生变化。

行政体制与内地省份逐渐接近。在东北、台湾等农业经济已占主导、外来移民为人口主体的地区,清廷相继设府置县,进而建立省制;在云南、贵州、广西等地,明末已经建省,但保留了大量的土司辖区,清代改土归流,为客民移居创造了条件,客民的聚集又推动了改土归流的进一步实行和州县制的增设、完善。为管理种地民人,口外蒙古的长城沿线从雍正年间开始设立同知、通判官员,而后置厅,又从厅升格为府县。

在流入边疆的内地人口中,汉族最多,也包括一些其他民族,如回、满、蒙古等族,不同民族在密切的接触交往中,相互影响,彼此渗透,带来了文化习俗的相应变化。在口外生活的汉民中不少人已经与蒙古族相融合,他们"依蒙族,习蒙语,行蒙俗,入蒙籍,娶蒙妇",①由交往发展到互通婚姻,从学习语言到学习文字,和睦相处,共同生活。活跃在大漠南北的山西旅蒙商与蒙古、达呼尔等族人众进行交易,都能通其语言,对答如流。蒙古族人也学习汉人的生活方式,建造房屋,演戏听曲,聘请内地书吏教读。喀喇沁地区的蒙古牧民经过几代的耳濡目染,完全掌握了农耕技术,成为以耕垦为业的农民。光绪三十二年(1906)陈祖墡在其《东蒙古纪程》里写道:"过毛金坝后,山势复开,道路平坦,村民皆垦山为田。"广西全州的不少瑶民生活风俗与汉民相同,送子弟入塾读书,优秀者名列前茅。云南、贵州的众多州县汉族和苗族错处或彝族和汉族杂居,大都"各勤其业,各安其居"。

当然,在大规模的人口流动中,也出现了矛盾和冲突。清政府对部分地区人口流动的禁限和对不同民族间交往的戒惧,曾是人口迁移的阻力和障碍。此外,生活习俗、宗教信仰的差异,对土地、牧场、水利资源的占有和使用,也在一定程度上引起主客矛盾和民族纠纷。这些作为有益的历史借鉴,同样值得我们重视和深入研究。

(原载《大阪经济法科大学综合科学研究所年报》第13号 1994年)

---

① (民国)《朝阳县志》卷二六。

乾隆年间移民出关与清前期天山北路农业的发展

在边疆地区的开发中,移民活动一直具有重要意义。随着大量的人口迁入边远地区,边远地区不仅劳动人口得以增加,生产技术也得到了传播,从而推动这一地区的经济向前发展。

清朝统一新疆后,为加快当地农业生产的恢复和发展,曾大力提倡内地农民移居新疆。自乾隆二十六年至乾隆四十五年(1761—1780),数以万计的甘肃农民在清政府的组织下,举家西出嘉峪关,源源不断地进入天山以北各地。这种有组织、持续的大规模移民活动,在清代边疆开发史上是不多见的。移居农民在迁入地安家立业,力事耕垦,为清代天山北麓农业区的形成及农业经济的发展做出了突出贡献。

然而迄今为止,对于乾隆年间这一移民活动,尚无专文论述。移民出关不同于其他自发的人口流动,系在清政府的主持下进行的。因此,本文拟从两个方面对之加以探讨,既考察清政府移民出关政策的制定及有关措施,也考察应募人户的迁徙经过、落户分布与规模,并拟将这一活动置于新疆农业发展史的范畴,来认识其作用和意义。

一、移民出关方针的制定

移民出关活动始于乾隆二十六年。这一方针的酝酿和形成,是在乾隆二十四年至乾隆二十五年(1759—1760)。

乾隆二十四年(1759),随着阿睦尔撒纳和大小和卓之乱的相继平定,清朝最终完成了对新疆的统一。于是,如何经营和治理这一地区的问题,提上了清政府的议事日程。为了巩固来之不易的统一成果,清政府必须立足久远,妥善规划:在政治上改革完善新疆的行政管理体制,设官驻军,加强中央政府的直接管辖;在经济上实行"以边养边",就地解决驻军所需的军粮供应,为巩固统一、加强国防提供坚实的物质基础。

然而与上述要求不相适应的是,统一之初的新疆地区,土地荒芜,耕牧俱废,经济凋敝。被清朝统治者视为战略要区,准备加以经营的天山北部（又称北疆）,情况尤为严重。原居此地的厄鲁特蒙古,在多年战乱和疫病流行,人众或亡或散,以致"千里空虚,渺无人烟"。① 战争造成的人口锐减,劳力缺乏,成为恢复和发展生产的突出障碍。在这种情况下,要想尽快改变当地的残破局面,除了在遭受战乱破坏较轻的天山南路（又称南疆）农业区招集流亡,规复本业,和征调部分南疆的维吾尔农民到北疆兴垦外,还必须通过多种途径,从内地向天山以北大量输入劳动力,以增加开发建设的有生力量。其中,迁徙内地农民前来耕垦立业,就成为解决北疆劳动力不足问题、充实边防、发展生产的有效方法。

最先发出"移民开垦"呼声的,是受命在新疆筹办善后及屯田事宜的某些官员。他们身在当地,对地方情况体会较深,要求也最迫切。乾隆二十四年秋,原任副都统范时绥奉命查看乌鲁木齐屯田。他见途中所经"地多肥壮,水亦充足,雨露霜雪俱有",而各处仅以绿营兵丁屯种,地利未尽,供给不足,深感"急宜招民开垦纳粮,以抵岁需兵饷",因而上疏朝廷,亟请"敕下陕甘总督,将新辟疆土详加妥议,作何招民开垦纳粮,不致各省岁岁协拨,为一劳永逸之举,俾兵无冗食,边疆永定"②。

不久,乾隆皇帝在一道上谕里也肯定了向新疆移徙内地民户的意见,并把移民一事与缓和内地人口压力的全局需要联系起来,指出移民新疆不仅具有必要性,也具备了可能性。上谕说:"今日户口日增,而各省田土不过如此,不能增益,正宜思所以流通,以养无籍贫民。……西陲平定,疆宇式廓,辟展、乌鲁木齐等处在在屯田,而客民之力作、贸易于彼者日渐加增,将来地利愈开,各省之人将不招自集,其于惠养生民,甚为有益。"③

但是,当时的清廷内部对移民新疆问题的认识并不统一。像乾隆皇帝、范时绥这样的赞成者固然有之,而怀疑乃至反对者也不乏其人。一部分官

---

① 椿园:《西域闻见录》卷一。
② 中国第一历史档案馆藏:《宫中档朱批奏折·农业屯垦类》,乾隆二十四年八月四日范时绥奏。
③ 《清高宗实录》卷六〇四,乾隆二十五年正月庚申。

僚士大夫从经营边疆得不偿失的错误观念出发,认为新疆"取之虽不劳,而守之或太费",①反对做出长久治理的规划,因而对移民之举颇有烦言。乾隆二十四年(1759),当范时绥的条陈上达朝廷,不少军机大臣不以为然,称"所奏无庸议",不了了之。②乾隆二十五年(1760)五月,朝廷为新科进士举行廷试,又有人在对答策问时,公开声称西北屯垦是"劳民"行为,对移民提出异议。按清代定制,廷试由皇帝亲自出题并主持,策问题目多为时人关注的重大政治、经济问题。应试者敢于在这种场合指责新疆屯垦为"劳民",充分说明这一看法在当时的士大夫阶层中有相当的影响力,是不可小视的舆论阻力。

面对反对者的种种议论,乾隆皇帝态度坚决。他首先表示,"现在新疆垦种,实无一劳民之事",不容非议怀疑。同时,鉴于"以书升论秀者,尚不免形诸廷对,何况蚩蚩无识之徒,以讹传讹,伊于胡底"对移民宗旨,"有不得不明白宣示者"。为此,他以长篇上谕的形式,再次全面阐述了向新疆移民开垦的必要性和可能性。

上谕强调指出:"朕规划此事,更有深意。国家生齿繁庶,即自乾隆元年至今二十五年之间,滋生民数岁不下亿万,而提封止有此数,余利颇艰。且古北口外一带,往代皆号岩疆,不敢尺寸逾越,我朝四十八部,子弟臣仆,视同一家。沿边内地民人前往种植,成家室而长子孙,其利甚溥。设从而禁之,是厉民矣。今乌鲁木齐、辟展各处,知屯政方兴,客民已源源前往贸易,茆檐土锉,各成聚落。将来阡陌日增,树艺日广,则甘肃等处无业贫民前赴营生耕作,污莱辟而就食多,于国家牧民本图,大有裨益。"③

在这里,乾隆皇帝就移民出关提出了三点值得我们注意的见解:

第一,在清代大一统局面形成后,内地人口向边疆流动,不仅为边疆的经济发展所需要,也是全国政治、经济发展的客观要求,它能在一定程度上调整全国人口与土地的不合理配置,改善国计民生,"其利甚溥"。

第二,作为当政者,只有顺应这一要求,才谈得上"惠民""养民",如果"从而禁之",就是"厉民""害民",全不可取。

第三,具体到新疆地区,乾隆皇帝认为应以甘肃等处无业贫民就近"前

---

① 魏源:《圣武记》卷四《乾隆荡平准部记》。
② 《宫中档朱批奏折·农业屯垦类》,乾隆二十四年(残件)。
③ 《清高宗实录》卷六一二,乾隆二十五年五月壬子。

赴营生耕作",以便"污莱辟而就食多",从而符合国家的"牧民本图"。

应当说,乾隆皇帝的这三点见解都是合乎实际、颇有见地且切实可行的。

经过这场辩论,"劳民"之说受到有力的批驳,清廷内部的混乱认识得到纠正,观点趋于统一,而移民出关的方针也就此确定下来。

乾隆二十六年(1761),乌鲁木齐的兵屯大获丰收,"谷石赢余",但"折给官兵,愿领者少"①。乾隆皇帝认为,这正是移民出关、发展民屯的大好机会,不如"令腹地愿往无业流民,量为迁移……俾垦种日就展拓,兵民渐次蕃庶"②。八月,他将这一意图传谕陕甘总督杨应琚,命其将甘肃无业贫民迁移至乌鲁木齐垦种立业,"酌量官为料理前往"。③ 由此揭开了乾隆年间大规模移民出关活动的序幕。

二、迁徙经过及其规模

第一批移赴新疆的甘肃人户是乾隆二十六年(1761)九月、十月间正式招募的。据主管此事的陕甘总督杨应琚奏报,招徕工作进行得十分顺利,仅仅一个来月,就在安西、肃州等处招得愿往贫民"二百六户,男妇大小七百三十名口"④,"此外河西附近一带,闻尚有数百户,情愿挈眷前往"⑤。这第一批人户被分编为四起,陆续发送登程,经过近两个月的跋涉,于当年冬底送到乌鲁木齐,"逐一点验安插在案"。⑥ 自此以后,几乎每年都有大量甘肃农民在官府的组织下,举家西出嘉峪关,相继进入天山以北各地。这一活动一直持续到乾隆四十五年(1780)。为了更清楚地反映移民出关的具体过程,现就清代档案及其他史料所载,将历次迁移事件制表开列于下(表1)。

① 《清高宗实录》卷六四二,乾隆二十六年八月壬申。
② 《清高宗实录》卷六四二,乾隆二十六年八月辛未。
③ 《清高宗实录》卷六四二,乾隆二十六年八月壬申。
④ 《宫中档朱批奏折·农业屯垦类》,乾隆二十六年十一月六日杨应琚奏。
⑤ 《平定准噶尔方略续编》卷一四,乾隆二十六年十月辛卯。
⑥ 《宫中档朱批奏折·农业屯垦类》,乾隆二十七年正月十二日杨应琚奏。

表1 移民出关事例一览

时间		迁出地（甘肃）	移民数量		移民身份	迁入地	备注	资料出处
出发	抵达		户	口				
乾隆二十六年九月至十一月	乾隆二十六年冬末	安西、肃州、高台	206	730	无业贫民	乌鲁木齐	—	《宫中档朱批奏折·农业屯垦类》，乾隆二十六年十一月六日杨应琚奏；乾隆二十二年五月二日温福奏
		武威	3	—	寄籍客民	乌鲁木齐	由哈密回籍搬眷起程	
		—	7	—	寄籍客民	乌鲁木齐	俟肃州移民至哈密时上路	
		—	6	—	不详	乌鲁木齐		
乾隆二十七年正月	乾隆二十七年三月	甘州府属张掖、山丹、东乐	204	780余	无业贫民	乌鲁木齐	—	《宫中档朱批奏折·农业屯垦类》，乾隆二十七年正月十二日杨应琚奏；乾隆二十二年五月二日温福奏
乾隆二十九年	—	敦煌等三县	180余	—	无业贫民	巴里坤	—	《清朝文献通考》卷——

续表

时间		迁出地（甘肃）	移民数量		移民身份	迁入地	备注	资料出处
出发	抵达		户	口				
乾隆二十九年十月	—	肃州、张掖	518	—	缘边孳土民人	乌鲁木齐	—	《清高宗实录》卷七二一
乾隆三十年八月	乾隆三十年十一月	敦煌	190	—	无业贫民	迪化、阜康、昌吉、罗克伦	—	《清高宗实录》卷七四八；《清朝文献通考》卷一
乾隆三十二年正月	—	肃州	150	683	无业贫民	东吉尔玛太、奇台、西葛根	大口718, 小口171	《宫中档朱批奏折·农业屯垦类》,乾隆三十二年二月十九日吴达善奏
		安西	50	206				
乾隆三十三年	—	甘州	300	—	无业贫民	木垒	—	《宫中档朱批奏折·农业屯垦类》,乾隆三十四年正月十一日明山奏
乾隆三十三年十二月	—	肃州	150	两地共1 149	无业贫民	奇台、吉布库、更格尔	—	《宫中档朱批奏折·农业屯垦类》,乾隆三十四年正月十一日明山奏
		张掖	150					
乾隆三十四年十二月	乾隆三十五年	肃州、高台	250	1 129	无业贫民	木垒河、奇台	—	《宫中档朱批奏折·农业屯垦类》,乾隆三十五年正月二十一日明山奏
		张掖	100	476	无业贫民	东葛根		

续表

时间		迁出地（甘肃）	移民数量		移民身份	迁入地	备注	资料出处
出发	抵达		户	口				
乾隆三十六年十二月	乾隆三十七年年初	凉州、甘州、肃州	400	2 430	无业贫民	济木萨	安置东北旧城处	《宫中档朱批奏折·农业屯垦类》，乾隆三十七年正月十九日文绶奏
乾隆四十一年	乾隆四十二年二月	甘肃	642	2 609	无业贫民	阜康、呼图壁、玛纳斯	初议移送伊犁，后改置乌鲁木齐各处	《宫中档朱批奏折·农业屯垦类》，乾隆四十二年二月十二日索诺穆策凌奏
乾隆四十一年底	乾隆四十二月至乾隆四十三年春	甘肃	695	—	无业贫民	古城、木垒、土古哩克	—	《宫中档朱批奏折·农业屯垦类》，乾隆四十三年三月二十二日索诺穆策凌奏
—	乾隆四十二年冬至乾隆四十三年春	内地	1 136	—	只身出关民人回籍搬眷	迪化、昌吉、阜康、济木萨、玛纳斯、呼图壁	原呈报者1540户，实到1136户，陆续移来	《宫中档朱批奏折·农业屯垦类》，乾隆四十三年四月十三日索诺穆策凌奏
乾隆四十三年	乾隆四十三年十一月至十二月	凉州、肃州、甘州	1 255	6 206	愿往新疆户民	昌吉、玛纳斯、土古哩、阜康、奇台、宜禾	—	《宫中档朱批奏折·农业屯垦类》，乾隆四十三年十二月二十六日索诺穆策凌奏

续表

时间		迁出地（甘肃）	移民数量		移民身份	迁入地	备注	资料出处
出发	抵达		户	口				
乾隆四十三年十二月至乾隆四十四年三月	乾隆四十四年二月至四月	武威	500	—	内地民人自请迁移	迪化,昌吉,阜康,绥来,呼图壁,济木萨,奇台,宜禾	包括自口外递呈及在内地呈请愿住人户,实共出关1887户	《地丁题本·甘肃四》;《宫中档朱批奏折·农业屯垦类》,乾隆四十四年五月二十六日索诺穆策凌奏
		永昌	340	—				
		镇番	450	—				
		抚彝	60	—				
		靖远	353	—				
		灵州	48	—				
		中卫	55	—				
		环县	61	—				
		其他	15	—				
乾隆四十四年十二月至四十五年正月	乾隆四十五年四月以前	镇番	186	—	口外具呈愿住民人	乌鲁木齐等处	—	《宫中档朱批奏折·农业屯垦类》,乾隆四十五年三月三十日及四月二十日勒尔谨奏
		平番、静宁、中卫	131	—				
乾隆四十五年七月至四十六年正月	乾隆四十六年春以前	肃州、镇番	330	—	口外递呈愿住	乌鲁木齐等处	—	《宫中档朱批奏折·农业屯垦类》,乾隆四十六年正月九日勒尔谨奏
		平罗	28	—	内地具呈愿住			
合计			10 454	约5 227			按一户五口推算	

表1提供了历次移民的时间、来源、人数及迁入后分布地等基本情况。从该表可以看出,移民出关是分期分批逐步进行的。移民的迁出地集中在毗邻新疆的甘肃河西地区,后期才扩大到甘肃中部和东部的部分府县。迁入地则因天山以北各地的具体条件不同,而在不同阶段各有侧重。大体说来,乾隆二十六年至乾隆三十年(1761—1765),以迪化及其附近的乌鲁木齐地区为主;乾隆三十一年至乾隆三十七年(1766—1772),安置重心东移到巴里坤所属的木垒地区;乾隆四十二年(1777)以后,在全面安置的同时,着重充实乌鲁木齐以西地区。

乌鲁木齐位于天山北麓中段,为北疆"四达之区",东连巴里坤,西接伊犁,西北通塔尔巴哈台,具有发展农业的良好条件。在平定阿睦尔撒纳之乱时,清政府就在此大力发展兵屯,连年获得丰收,不仅能够供给自身食用,还有一定积储,可以为初到当地的移民提供口粮和籽种。正是这种优越的地理位置和相对成熟的安置条件,使乌鲁木齐成为北疆各地中最先兴办民屯的地方。继乾隆二十六年(1761)第一批移民到达乌鲁木齐,清政府便一再下令"将甘省与新疆接壤居民,迁移乌鲁木齐开垦"①,落户人数逐年增加。到乾隆三十一年(1766),乌鲁木齐的甘肃籍移民已达3 000户左右,初步形成以迪化为中心,包括昌吉、罗克伦(昌吉县属)、阜康(即特讷格尔)在内的民屯垦区。

在向乌鲁木齐大力移民的同时,巴里坤也从甘肃移入一定数量的农户。乾隆二十八年(1763),因巴里坤"近水易垦之地甚多",当地的屯兵和遣犯每岁仅能种地一万四五千亩,奏准照乌鲁木齐之例,招民"送至彼处垦种立业"②。第二年就从敦煌等三县招募了180户。不过,由于巴里坤是北疆各地中位置最东的一处,距内地较近,清廷经营较久,且已有不少内地商贾在此寓居,清政府主要依靠就地招募认种来发展这里的农业,不作为从甘肃移民的重点地区。

木垒东距巴里坤300余里,西接"乌鲁木齐新屯之特讷格尔",是连接上述两个地区的中间地带,行政上归属巴里坤管理。这里"十余处地土肥沃,泉水畅流,可垦地数十万亩"③。根据"由近及远"和"声势联络"的安置原

---

① 《清高宗实录》卷七四二,乾隆三十年八月戊申。
② 《清高宗实录》卷七一一,乾隆二十九年五月。
③ 《清朝文献通考》卷一一《田赋考十一》。

则,乾隆三十一年(1766)以后,安置移民的重心向东转移到这一地区。

首先建议"募民屯田于木垒"的是陕甘总督杨应琚。乾隆三十年(1765),他在奏疏里详细分析了木垒的水土条件和开垦前景,得到朝廷的认可,一年后着手实施。① 安户计划前后曾有变化。起初,经过派员履勘,准备自东吉尔玛太至三音他拉(特讷格尔东)安民人 2 700 户。② 但在乾隆三十四年(1769),当移来户民累计达 800 户时,由于特讷格尔和济木萨之间增开兵屯,使木垒安户改为于济木萨以东"相度安插",并减为以 1 150 户为满额。③ 乾隆三十五年(1770),额定招募的人户全部到齐。当地官员先后在木垒河、东西吉尔玛太、奇台、东西葛根、吉布库、更格尔八处"分屯安插","驻经历一员,俾管八屯一切民屯事务"④。

木垒安户完成后,乾隆三十六年(1771),清政府决定在济木萨也移置内地民户。经陕甘总督明山奏请,从"凉州、肃州、甘州三府招获民人四百户,通共二千四百三十名口",安插于济木萨东北旧城处落户垦种。⑤ 木垒和济木萨的移民设屯,使乌鲁木齐与巴里坤之间的民屯聚落和农垦区彼此衔接起来,除巴里坤到木垒的 300 余里地多戈壁,不堪屯种外,其余各处"壤境毗连,兵民烟村相望","声势亦皆联络"。⑥

乾隆四十一年(1776),甘肃各地遭遇旱灾,民食艰难。乾隆皇帝感到甘省"地瘠民贫,灾欠几无虚岁,惟将赈济周给,赖以生全,年复一年,究非长策",⑦"与其频年周赈,不如送往乌鲁木齐安插"⑧。于是再次重申移民新疆的重要性,并接连降旨陕甘总督,命其设法"多办",⑨从而把移民活动推向了高潮。在这以前,历次移民的规模通常都在数百户上下,仅乾隆三十年(1765)超过 1 000 户;而在乾隆四十二年至乾隆四十五年(1777—1780)的

---

① 《清朝文献通考》卷一一《田赋考十一》。
② 《宫中档朱批奏折·农业屯垦类》,乾隆三十一年十二月十六日吴达善奏。
③ 《宫中档朱批奏折·农业屯垦类》,乾隆三十四年正月十一日明山奏。
④ 《宫中档朱批奏折·农业屯垦类》,乾隆三十五年九月五日明山奏。
⑤ 《宫中档朱批奏折·农业屯垦类》,乾隆三十七年正月十九日文绶奏。
⑥ 《清朝文献通考》卷一一《田赋考十一》。
⑦ 《清高宗实录》卷一〇一〇,乾隆四十一年六月壬子。
⑧ 《宫中档朱批奏折·农业屯垦类》,乾隆四十二年八月十三日索诺穆策凌奏。
⑨ 《宫中档朱批奏折·农业屯垦类》,乾隆四十二年十一月二十八日索诺穆策凌奏。

四年中,共迁移甘肃户民 5 648 户,平均每年移民 1 400 户,速度明显加快。从安置情况看,此时乌鲁木齐以东的移置工作已告一段落,而乌鲁木齐以西,特别是昌吉至玛纳斯之间尚待充实。因此除继续向已有屯点移入人户外,清政府将安户重点再次转向乌鲁木齐以西地区。

玛纳斯与库尔喀喇乌苏、精河并为乌鲁木齐以西三大屯所,先已有兵屯开垦。乾隆三十七年(1772)有人勘报玛纳斯城南一带地肥水足,有地 2 万余亩,可以招民开垦。① 乾隆四十二年(1777),甘肃招得愿往新疆贫民 642 户,原拟送往伊犁,后经廷议认为,"必须由乌鲁木齐一带安足,次及库尔喀喇乌苏、精河,逐渐安设,再至伊犁,始觉声势联络",于是改送玛纳斯、呼图壁、阜康等地。② 其中玛纳斯一处就安置 428 户,占这次移民户数的 67%。③ 第二年,又在"适当玛纳斯、呼图壁二站之中,地宽水足,向未安有户民"的土古哩克安插 165 户,使"阡陌村墟更为联络"。④ 乾隆四十四年(1779),镇番县等 1 800 余户出关赴垦,再命"酌量迪化以西安插"。后因户数较多,担心一时难以安置妥当,才将其中一部分改拨给迪化以东济木萨等处。⑤ 乾隆四十五年(1780),玛纳斯的内地移民超过 1 200 户,北疆地区基本形成了以乌鲁木齐为中心,东起巴里坤,西至玛纳斯的移民分布格局。

乾隆四十六年(1781)以后,有组织的移民出关活动不再见诸记载。由于移民新疆的局面已经打开,分布格局奠定,不待招募而主动出关的内地民人与日俱增,移民形式从前期的官府招募资送转变为依靠民间自发流动的条件臻于成熟。就在此前一年,清政府宣布:将来"此等闻风愿往户民日多……不过官为查照存案,听其自行前往而已"。这样,历时 20 年的移民出关活动在达到高潮后走向结束。

乾隆年间移民出关的总规模如何,究竟有多少甘肃农民在这一活动中进入北疆落户,由于清代官方文献对此语焉不详,确切数字不得而知。在目前所见档案中,也只有索诺穆策凌、明亮二人先后提到当时的户民人数。前

---

① 《皇朝经世文编》卷八一,文绶《陈嘉峪关外情形疏》。
② 《宫中档朱批奏折·农业屯垦类》,乾隆四十二年正月十五日伊勒图奏。
③ 《宫中档朱批奏折·农业屯垦类》,乾隆四十二年二月十二日索诺穆策凌奏。
④ 《宫中档朱批奏折·农业屯垦类》,乾隆四十三年三月二十二日索诺穆策凌奏。
⑤ 中国社科院经济研究所藏:《地丁题本·甘肃四》,第 235 页。
⑥ 《清高宗实录》卷一一〇一,乾隆四十五年二月丙子。

者于乾隆四十三年(1778)闰六月奏称:"内地贫民节年搬眷前来者已有一万一千八百五十四户。"①后者则称:"截至四十六年止,陆续安插户民一万九千七百余户。"②然而索诺穆策凌的数字止于乾隆四十三年(1778),明亮所奏又未说明是否专就有组织的移民而言,因此还不能贸然引用。如根据本文所列事例试做统计,以历次迁移户数相加,则有确切记载的乾隆年间累计移民出关户数达到10 454户。这个数字少于索诺穆策凌于乾隆四十三年(1778)所报数字,或不完整。再从有户、口数对照的记载来看,每户的平均人口为4-5人,少数达到6人。兹以每户5人推算,则移民总人数为52 270人。虽然由于年代久远和资料湮佚,尚无法得到更准确全面的数字,但据上述情况,推断移民出关的总规模在1万数千户、5万余口上下,应该与事实相差不多。

三、清政府的鼓励、扶持政策

在甘肃省实施的移民出关政策之所以能够持续20年,且取得可观的成效,清政府对应募移民的鼓励、资助在其中起了不容忽视的作用。从乾隆二十六年(1761)实施迁徙之初,清政府就制定了一系列政策措施,对招募、移送、安置及落户后的生产等各个环节,做出了妥善安排。归纳起来,主要有以下几项。

(一)携眷贫民自愿应募与随事制宜、灵活变通相结合

历来由封建官府出面组织的人户迁徙,大多存在强制从事的现象。这种强制性移民虽然在短时间内可能奏效,但从长远来看,缺乏稳定性,往往一遇变故人员就大量逃亡,导致前功尽弃。因此,清政府在组织甘肃贫民迁徙出关时,十分强调"自愿应募"。要求地方官"悉心体察,随民情所愿,设法开导,善为经理"③。使民户"自知新疆一带有自然美利,到彼耕作,即可共享丰饶"④,从而踊跃报名前往。

---

① 《宫中档朱批奏折·农业屯垦类》,乾隆四十三年闰六月初四日索诺穆策凌奏。
② 《宫中档朱批奏折·农业屯垦类》,乾隆四十七年八月二十二日明亮奏。
③ 《清高宗实录》卷七一六,乾隆二十九年八月辛巳。
④ 《清高宗实录》卷一〇二二,乾隆四十一年七月辛未。

清政府招募的对象,主要是甘肃省缺乏土地、难以谋生的无业贫民,也包括部分"佃人地亩,耕种输租,情愿迁往自垦立业"的佃农。① 但无论何者,都须以能够携眷迁移为应募前提。这是因为,乌鲁木齐招徕垦辟,原是为了充实户口,而全家迁移的巩固率,通常较单身移民高。至于前来应募的只身贫民,"毫无系恋,诚恐一时觊觎……难保其安心立业",一律不招,愿出关者听其自往。②

对于家境较好,能自费携眷搬迁的人户,清政府虽不列为招徕对象,却也通过其他方式大加鼓励。乾隆二十六年(1761),寄籍肃州经商的山西临晋县民卢文忠,"情愿自备车辆路费,挈眷前往认垦","堪为腹地商民之倡率"③,特诏奖其"监生顶带"④,并安排与应募户民一同上路。此外在招募资送对象的掌握上,还注意因事变通,以取得更好的效果。在这方面,对只身出关民人回籍搬眷及内地民人至口外递呈请求出关两事的处理,就是很好的例子。

只身出关民人是自发流移到新疆谋生的内地人口,"始则佣耕,继而营运",生计渐有改观。他们目睹甘肃贫民落户耕种,"俱觉殷实可羡",也产生了回籍搬眷认垦的愿望。乾隆四十一年(1776),乌鲁木齐1 540名只身民人"禀恳接搬眷口,认地耕种"。该处官员请求援引招募户民之例办理,遭到军机大臣议驳。理由是其中多数已非内地赤贫之户可比,不应仰赖官府移送,仅同意对"俱无资本,佣趁糊口"的张锦等346户,照例"资送出口"。⑤乾隆皇帝得知后,认为处理欠妥。他指出,只身出关民人"今欲接取眷口"是好事,正宜"格外加恩"。"俾若辈咸皆感激欢欣,即远近闻之,亦必鼓舞踊跃,动其趋赴乐土之心,较之劝谕招徕,尤为有益"。 当即降旨一律由官府资助料理,使其作为新的移民,加入出关大军中。

内地民人至口外递呈请求携眷出关,始见于乾隆四十三年(1778)。是年春,甘肃镇番县民柴彪等五人代表114户,赴乌鲁木齐联名递呈,要求"前

---

① 《清高宗实录》卷七一六,乾隆二十九年八月辛巳。
② 《宫中档朱批奏折·农业屯垦类》,乾隆二十六年十月十六日杨应琚奏。
③ 《宫中档朱批奏折·农业屯垦类》,乾隆二十六年十月十六日杨应琚奏。
④ 《清朝文献通考》卷一一《田赋考十一》。
⑤ 《宫中档朱批奏折·农业屯垦类》,乾隆四十二年正月初四日索诺穆策凌奏。
⑥ 《清高宗实录》卷一〇二五,乾隆四十二年正月甲午。

来认垦"。此后,递呈者接踵而至。同年六月,镇番、武威、永昌、靖远、中卫、灵州、盐茶厅等处1 300余户"造具户口清册,呈请移眷安插"。① 次年,又有郭永重等200余户及吴成等500余户分别前来递呈。② 清政府认为,尽管历来移民出关俱系在原籍应募,由本县呈请,督臣资送,到屯后查收安插,口外具呈与办理之例未符,但不必拘泥成案,应转饬原籍各地方官妥为办送。③ 这种灵活的做法不仅扩大了移民来源,调动了内地民人赴新疆落户的积极性,也加速了移民出关的进程。

(二)迁移方式实行官费资送,派员料理

清政府规定,凡举家出关的应募贫民,均由官府出资供给途中盘费、车价及其他必需的生活用品。关于资送的具体条例,官书典章阙载,但从现存的供支起程奏销题本中,仍可以窥知大概内容。

以乾隆四十三年(1778)和乾隆四十四年(1779)的两份奏销题本为例,可知迁移资助包括如下四项:

(1)口食银。区别大小口给予。十岁以上为大口,九岁以下为小口。每大口每百里给减半口食银六分,小口给银三分,各计支程途远近不等。

(2)车价银。不分大小口,每三名给车一辆。口内(指嘉峪关以内)每辆每百里给减半车价银二钱二分五厘,口外,每百里给减半车价银八钱。按乌鲁木齐程途核发。

(3)御寒皮衣。每大口一件,折给减半价银四钱八分。

(4)铁锅。炊煮用。每户一口,折给减半价银二钱二分五厘。

以上银两由"各本地方官按程一总支给"各户,车辆、皮衣、锅具等物责成兵、工两部分别准备,届时各户以银雇佣或购置。④

这里需要说明的是,清政府的资送标准在不同时期依人户情况而有所变化。总的来说,对应募贫民待遇最优,上述四项为全额发给;对乾隆四十二年(1777)后回籍搬眷及自动具呈请往的移民,除特别申明的赤贫人户,原

---

① 《宫中档朱批奏折·农业屯垦类》,乾隆四十三年闰六月四日索诺穆策凌奏。
② 《宫中档朱批奏折·农业屯垦类》,乾隆四十五年正月三十日、乾隆四十六年正月九日勒尔谨奏。
③ 《宫中档朱批奏折·农业屯垦类》,乾隆四十三年闰六月四日索诺穆策凌奏。
④ 《地丁题本·甘肃四》,第231—235页。

则上只给前者的一半。上面引用的题本中的数字即是乾隆四十二年(1777)减半酌发时的标准,故每每出现"减半"字样,而非全额。到乾隆四十五年(1780),又下令从已经减半之数中再减一半给予。① 当然,即便是全额给发,移民所得到的资助也是有限度的,但这毕竟为背井离乡远徙的贫苦农户创造了最起码的搬迁条件。据记载,自乾隆二十九年至乾隆三十五年(1764—1770),清政府为"办供招往乌鲁木齐、木垒等处垦田户民盘费"等项,共动帑281 700余两,平均每户用银近90两。② 标准减半以后,每移一户的需费,仍在50两上下。③

应募人户赴新疆路线,系由招募地经河西走廊出嘉峪关,取道哈密,前抵天山以北各地。虽然路程较来自他省者稍近,但至少也有三四千里之遥。当时途中荒凉,店房极少,交通设施未备,补给供应皆有困难。为减少移民的不便,清政府一方面对应募人户实行"分批续发"每起不超过百户,同时命招募州县委派"妥干文武官各一员"护送上路。④ 带队官员既受命监督催促,也兼负管理照顾、协助解决途中困难之责。如哈密以西,道路漫长,戈壁绵亘,罕有人烟,为免除移民露宿之虞,经办官员提出"帐房一顶在所必需",奉准"于军需余帐房内酌拨带往",后成为定例。⑤ 乾隆三十二年(1767),安西、肃州户民移垦木垒,地方官"沿途照料,以资买食",沙州、哈密二协暨巴里坤镇还派出官兵,"各在本境接替护送"。⑥ 由于措施得宜,移民们尽管扶老携幼长途跋涉,十分辛苦,但总的来说较少出现非正常的伤亡减员。以乾隆四十三年(1778)移送玛纳斯等处的1 255户为例,动身时大口4 905人,小口1 308人,到屯所时大口4 900人,小口1 305人,虽有减员,且要考虑途中婴儿出生的可能,但基本上做到了全员到达。⑦

---

① 《清高宗实录》卷一一〇一,乾隆四十五年二月丙子。亦见《宫中档朱批奏折·农业屯垦类》,乾隆四十五年四月二十五日勒尔谨奏。
② 《地丁题本·甘肃二》,第155页。
③ 《地丁题本·甘肃四》,第231页。
④ 《宫中档朱批奏折·农业屯垦类》,乾隆二十七年正月十二日杨应琚奏。
⑤ 《清高宗实录》卷六四五,乾隆二十六年九月丁巳。
⑥ 《宫中档朱批奏折·农业屯垦类》,乾隆三十二年二月十九日吴达善奏。
⑦ 《地丁题本·甘肃四》,第231页。

(三)借给牛种,代建房屋,从优安置

移民一抵新疆,便作为民屯(也称户屯)的劳动力,被安置在事先勘定的屯区内。这里所说的民屯,只是相对于军士为主体的兵屯而言,是对以一般民人为劳动力的农业开垦活动的称呼,并不具有以往朝代所出现的民屯的那种专门组织形式,以及国家对于屯民的特殊的强制性人身隶属关系。户民仍采取内地通行的乡里编制,即里(保)甲组织形式。在分配土地和升科问题上,清政府亦从优待遇,每户分给垦地30亩,领种后即为己业;照水田之例,六年始行升科。巴里坤地区亩征正粮及草折七升五合有零,其他各地为亩征细粮八升,折合小麦九升六合三勺。①

除分给土地和放宽起课年限,清政府还在基本生产资料和必备生活资料两方面,向新到移民提供帮助。乌鲁木齐都统索诺穆策凌在谈到有关规定和执行情况时说:"乌鲁木齐所属各州县……自二十六年移驻户民之时……每户拨地三十亩,农具一全副,籽种一石二斗,又每户给马牛一匹只,作价银八两,建房价银二两,照水田例六年升科后,分年征还归款。又每户于到屯之初,按每大口日给白面一斤,小口减半,秋收后交还归款。奴才历年俱遵此例,亲查办理。"②

在规定供给的各项中,耕畜以马为主,多调自伊犁、塔尔巴哈台两地与哈萨克贸易换获的马匹,遇到冬季雪大草枯,远调不及,为不误春耕,临时从附近的满汉营所用马匹为通融暂拨。③户民住房则抽派当地绿营官兵代为盖建。乾隆三十一年(1766),为准备木垒安户,巴里坤镇所属塔尔湾营调兵120名,赴木垒赶造住房、仓库及衙署用房600余间。④乾隆四十二年(1777),原定移送伊犁的户民改为安插乌鲁木齐,迪化等州县闻讯,立即"采办木植,照依勘定村庄处所,每户代为建房一间"。⑤乾隆四十三年

---

① 乡里编制见《宫中档朱批奏折·农业屯垦类》,乾隆三十一年十二月十六日吴达善奏。科则见《钦定皇舆西域图志》卷三四《贡赋》;《宫中档朱批奏折·农业屯垦类》,乾隆三十二年五月二日温福等奏。

② 《宫中档朱批奏折·农业屯垦类》,乾隆四十二年八月十二日索诺穆策凌奏。

③ 《宫中档朱批奏折·农业屯垦类》,乾隆四十二年二月十二日索诺穆策凌奏。

④ 《宫中档朱批奏折·农业屯垦类》,乾隆三十一年三月十三日舒赫德奏。

⑤ 《宫中档朱批奏折·农业屯垦类》,乾隆四十二年二月十二日索诺穆策凌奏。

(1778)安户时,除住房于秋暖之际"建盖齐全",还"按户捐给柴薪、家居器具等物"。① 户民初到之年的口粮、籽种,亦由兵屯负责提供。木垒系新辟垦区,原无兵屯之设,清政府特地从巴里坤、沙州拨兵500名前去建屯,收获粮石借给户民,以解决其籽种、口粮之需。②

由于新疆官员的积极筹办,安置准备工作一般在移民到来之前都已就绪。虽然马匹、农具、籽种、口粮、房屋等物都是官府借贷的,并非无偿提供,但这些措施使得移民"到屯即有房间栖止,又有口粮度日,得领地亩、农具、马匹、籽种",因而受到移民的普遍欢迎。③

(四)落实生产,加强管理,遇灾救助

为使户民生产尽快走上正轨,清政府不仅重视移民的招募、办送和安插,对落户以后的情况也予以关注,发现问题随时处理。

土地是农业最基本的生产资料。按规定,移民认垦以每户30亩为率,但事实上,"丁多有力之户自三十亩陆续垦至数十亩,丁少无力之户,亦有仅垦十五至二十余亩不等"。对此,清政府不强求认垦数量划一,只要总面积"较之每户三十亩有增无减",允许量力而行,"愿多者听"④。

然而,有时垦地的多寡不均是其他原因造成的:"旧户"也就是先到的移民随意额外占垦,致使后来的"新户"土地无着。对此,清政府就不能掉以轻心,听之任了。乾隆四十七年(1782),济木萨和绥来(即玛纳斯)都发生安插新户到屯两年,仍有"尚未拨给地亩者";或虽拨给,"多系沙碱田地,并渠水缺乏,难以耕种"。经查明,问题出在旧户身上。"从前原安旧户,除每户应拨地三十亩外,往往多占近水余地";此外各处商户栽种蔬菜,也多"占据好田,堵截渠水"。清政府对这一现象十分重视,斥责原办官员"玩视民瘼,办理不善",立即派人按土地广狭,泉源水势大小,重新分拨地亩,立定界址,"兼为相度形势,疏通沟洫,俾得均沾水利"。又通饬其他州县普查"有

---

① 《宫中档朱批奏折·农业屯垦类》,乾隆四十三年十二月二十六日索诺穆策凌奏。
② 《清高宗实录》卷七五七,乾隆三十一年三月。
③ 《宫中档朱批奏折·农业屯垦类》,乾隆四十二年八月十二日索诺穆策凌奏。
④ 《宫中档朱批奏折·农业屯垦类》,乾隆三十二年五月二日温福等奏。

无似此安置未妥之户,一体赶紧妥协办理"。①

水利是农业的命脉,新疆处于内陆干旱地区,农业更要以灌溉为先。正因如此,开垦中的争水现象较争地问题更为严重。"移驻户民与安置屯工,每有因水纷争,互相控诉之案"。严重时,还"有一种狡诈之徒,于附近水源截水断流,惟图利己,甚至引类连群,招集妇女,肆行堵截",造成事态升级,引起大规模殴斗。为了合理分配水利资源,当地官员除组织人力开挖水渠,兴修水利外,还出面调解纠纷,制定屯田水利章程。州县官与兵屯主管大员"公同计亩分水",严禁滋生事端,以保证开垦活动正常进行。②

对于生产中遇到灾害的移民,官府也注意及时救济赈恤,避免其因一时受灾而陷入困境。乾隆二十七年(1762),乌鲁木齐的移民到屯不久,却因"雨泽稍欠,又有野鼠食禾,被灾自一二分至七八分"。乾隆皇帝考虑到"伊等俱系新迁,并无积蓄,若不加以救济,则伊等拮据口食,不能尽力耕耘",当即降谕"加给升斗,俾无失所"。③ 以后又声明对续借口粮可不用归还。④ 乾隆三十二年(1767),乌鲁木齐办事大臣温福因户民甫经招徕,春播"恐乏籽种",奏请每年开春借给籽种,以保证及时播种,也奉旨允行。由于这项措施对户民有益,直到嘉庆年间仍"历久遵行"。⑤

清政府采取上述政策措施,用意十分清楚,即通过大力扶持,提高内地人民移居新疆的积极性,达到发展生产、实边裕饷的目的。虽然这些措施主要是综合和吸收前人的做法,没有太多创新,但由于清政府的高度重视和持之以恒,取得了显著的效果。在历时 20 年的移民出关中,应募者始终"尽有其人",规模不断扩大;落户移民"各安耕凿""景象恬熙"⑥。各处屯点"连阡距陌,棋布星罗,安堵盈宁,渐成内地景象"⑦。

---

① 《宫中档朱批奏折·农业屯垦类》,乾隆四十七年八月二十二日明亮奏。
② 《宫中档朱批奏折·农业屯垦类》,乾隆四十八年十二月二日海禄奏。
③ 《清高宗实录》卷六六五,乾隆二十七年六月甲寅。
④ 《清高宗实录》卷六六九,乾隆二十七年八月庚戌。
⑤ 《宫中档朱批奏折·农业屯垦类》,嘉庆十二年正月十五日和宁奏。
⑥ 《皇朝经世文编》卷八一,文绶《陈嘉峪关外情形疏》。
⑦ 《宫中档朱批奏折·农业屯垦类》,乾隆四十七年八月二十二日明亮奏。

四、移民出关与天山北麓农业的发展

乾隆年间移民出关的成功,对清前期新疆农业,特别是天山北麓农业的发展,具有十分重要的意义。

首先,它为亟待发展的北疆农业提供了大量劳动力。

在封建时代,一个地区的农业开发,除必须具备适宜农作物生长的土壤、水源外,劳动力的数量和质量是居首位的条件。乾隆中期的北疆地区,对后者的需求尤其迫切。但是,由于新疆地理位置偏远,与内地有高山戈壁阻隔,交通不便,又处在战事甫定、百废待兴的阶段,一般农民仅靠个人力量很难由内地长途迁徙至新疆并定居下来。同时,封闭自守、安土重迁的传统意识,及长期以来对新疆地理气候严酷性的过分渲染,也成为迁徙者的心理障碍。因此,虽然有少数内地民人自发地流迁新疆,但在迁移距离、速度、规模及居留方式上,都受到种种局限,远远不能满足当地农业发展的需要。在这种情况下,清政府及时动用国家政权的力量,大力倡导组织甘肃农民迁移出关,到天山以北落户垦荒,不能不说是一种有识之举。由于移民出关活动得到国家财力、物力的支持,有比较周密的招募安置措施,且能以较大规模持续不断地进行,在不过20年的时间里,就使数以万计的内地农户,络绎不绝地进入天山以北,有力地改变了统一初期地广人稀、耕垦乏人的空虚状况。

乾隆年间,这种有组织的移民出关,构成了北疆民屯生产力量的主要来源。为了说明问题,现将据表1统计的移民出关人数,与《钦定皇舆西域图志》和《乌鲁木齐事宜》所载户口数字加以比较,制成表2列于下:

表2 《钦定皇舆西域图志》和《乌鲁木齐事宜》所载户口数字比较

时 间	户民总数/户(口)		移民出关人数	后者占前者比例/%	资料来源说明
乾隆四十七年	户	17 192	10 454	61	《钦定皇舆西域图志》卷三三,该书成于乾隆四十七年,故以此为时间下限
	口	72 267	52 270	72	
乾隆六十年	户	20 662	10 454	51	《乌鲁木齐事宜·户口地粮》
	口	129 642	52 270	40	

表2显示,乾隆四十七年(1782)前后,天山以北各地(含伊犁)的户民

统计数字为1.7万余户、7.2万余口,而有记载的移民出关人数为1.04万余户、5.2万余口,分别占总户数的61%和总口数的72%,此后有组织移民不再增加,而其他来源(主要是自发流移)的户民渐多,比例有所变化,但到乾隆末年,从户数看,经移民出关而来的户民仍占乌鲁木齐及巴里坤地区户民总户数的一半以上。仅此一点,我们已可以看到移民出关对于充实北疆人口、发展农业生产的重要性。

有组织移民的又一重要作用,是作为移居新疆的先行者,吸引了大批内地民人自发流移前来从事农业生产。许多记载表明,在移民出关的早期,新疆的自发移民不但人数少,而且时来时去,落户认垦者数目寥寥。随着移民出关的发展,情况很快发生了变化。应募户民在迁入地"安置耕种,年获丰收,俱各得所"的事实,及天山以北"阡陌广辟,堡舍日增"的兴盛景象,极大地激发和鼓舞了内地贫民移居开垦的愿望。他们或者邀朋携伴,投亲靠友,或联名具呈,自请迁移,从早期的观望、等候,一变而为主动出关赴垦。原来只身出关的民人商贾,也纷纷"移眷来屯",耕种立业。乾隆三十七年至乾隆三十八年(1772—1773)以后,认垦形式趋向多样化,就地招募的人户比重不断增加。据不完全统计,乾隆四十二年至乾隆五十年(1777—1785),仅迪化、奇台、济木萨、昌吉和玛纳斯,就有户民及眷兵的子弟分户认种以及贸易商民要求认种者一千数百户以上。① 到乾隆四十六年(1781),有组织的移民出关基本停止,而自行出关的热潮仍方兴未艾。虽然在此之后的移民不再具有应募出关的身份,但是毋庸置疑,他们的踊跃前来与前期有组织的移民的成功是分不开的。

其次,大量农业人口在天山以北落户聚居,从事生产,奠定了这一地区农业分布的基本规模。

在新疆历史上,天山南路一向是传统的农业生产区,"田土良沃,人习耕种";而天山以北由于种种原因,则长期以游牧经济为主,逐水草而居,农业始终未有显著发展。准噶尔统治时期,该部首领策妄阿拉布坦等人曾下令推进农业,但终因各方面条件所限,除伊犁一处有较大规模的农业生产外,其他如吉尔玛太、安济海、济木萨、乌鲁木齐、罗克伦、玛纳斯等地,都只是零星分布,且处于从属游牧业的次要地位。加上后来的战争动乱,到清朝完成对新疆的统一之前,天山以北地区已是田渠皆废、遗迹仅存了。

 华立:《清代新疆农业开发史》,黑龙江教育出版社1995年版,第116—119页。

完成统一后,清政府从甘肃等地向新疆移置民户,开发北疆农业,并对天山以北各地的地形地貌、环境位置、水源分布、开垦历史等,做了深入细致的实地勘查,进而结合具体条件,有计划、有步骤地分配劳力,大力开发和利用土地,使得农业区域以乌鲁木齐为中心,逐步向东、向西全面拓展开来。随着移民人数的增加,屯点日趋密集,到乾隆后期,在库尔喀喇乌苏、精河以东,巴里坤以西,开拓出三个互相联系的垦区。即以镇西府宜禾县为主的巴里坤垦区;以奇台为中心,包括了镇西府所辖木垒、东西吉尔玛太、东西葛根、吉布库等处的奇台垦区;以迪化为中心,包括阜康、昌吉、济木萨、玛纳斯、呼图壁等处的乌鲁木齐垦区。这些垦区再经由库尔喀喇乌苏、精河向西,与由南疆移来的维吾尔农民屯种为主的伊犁垦区相衔接,第一次在天山北麓形成了农业的整体布局。它不仅奠定了有清一代北疆农业区的基本格局,还改变了长期以来新疆地区"北牧南农"的经济结构,对新疆地区后来的经济发展产生了深刻影响。

垦区扩展的同时,垦地面积和农业产量也在迅速增加。以垦地面积论,乾隆四十一年(1776),北疆各地民屯已垦出土地35.1万余亩;嘉庆中达到100余万亩,较上个时期又增长两倍(表3)。到北疆落户垦种的农民,绝大多数来自内地甘肃等省。他们具有农业生产经验,那些先单身来此佃耕进而搬眷认种、自愿落户的户民,对"口外种地尤为熟悉"①,能够将自身的经验与新疆的生产特点相结合,促进了农业技术的交流和生产力的提高。据档案记载,乾隆四十二年至乾隆五十六年间(1777—1791),乌鲁木齐各州县连获丰收,历年粮食收成分数均在十分以上。由于泉渠充足,农作得法,有些年成还高达十五六分之多。镇西府宜禾县气候偏寒,收成也常在八分左右。乾隆六十年(1795),上述三垦区户民纳粮7.3万余石,连同官府向民间采买的部分,户民每年向国家提供粮食近10万石。再加上当地兵屯的农业收入,所产粮食不仅足敷自给,还有盈余。乾隆末年,乌鲁木齐及巴里坤地区共设仓房1 700多间,贮粮125.5万石。③ 农业生产的规模及产量,于此可见一斑。

---

① 《宫中档朱批奏折·农业屯垦类》,乾隆四十二年正月四日索诺穆策凌奏。
② 北京大学图书馆藏:《乌鲁木齐事宜·户口地粮》。
③ 北京大学图书馆藏:《乌鲁木齐事宜·仓粮》。

表3　乾隆四十一年与嘉庆十年北疆民屯垦地及升科情况表

垦　区	乾隆四十一年			嘉庆十年		
	垦地/亩	征粮/石	征银/两	垦地/亩	征粮/石	征银/两
乌鲁木齐	178 561	17 193.3	—	683 533.1	57 818.94	—
奇台	77 005	5 857.2	—	208 901.7	12 452.2	—
宜禾	43 901	3 339.03	—	54 577	3 893.6	—
伊犁	52 417.2	—	3 154.29	60 193.2	550.08	3 199.29
合　计	351 884.2	26 389.53	3 154.29	1 007 205.4	74 714.82	3 199.29

注：①表中各数字据《三州辑略》卷三及《钦定新疆识略》卷二、卷六统计；②个别粮额缺载者依科则亩数推算；③两书数字有出入者以《钦定新疆识略》为准；④嘉庆朝数字截止年代不一，此处取其下限。

兵屯是清政府最早在天山北麓开设的屯垦形式，以绿营兵丁为主体，采用军事编组，可随时调遣部署，从事垦种，接济军粮。在康熙、雍正两朝用兵准噶尔部的过程中，这一屯垦形式首先得到发展。乾隆朝统一新疆后的最初阶段，兵屯更是大力推而广之，不但开创了北疆的屯垦局面，还为移民出关兴办民屯创造了条件。兵屯作为军事性屯田组织，对于发展农业固然有其历史作用，却又存在很大的局限性。一方面，兵屯的设置大多不固定，一旦军队调动或军事行动中止，屯地往往随之转移或废弃；另一方面，兵屯以保障军粮为生产目的，当军粮满足需要，其规模就不再扩大甚至趋于缩小，因而在发展生产方面的作用是有限的。同时，屯兵身份的强制性和人员的不断更替，也会影响生产效果。民屯的情形就完全不同。户民举家携眷进入新疆，落户认垦后便不再轻易移动，与土地的结合相当紧密。更重要的是，户民耕垦，目的在于保障并改善自身的生活境况，只要水土条件许可，他们就会尽量多地开垦土地，从而推动生产规模不断扩大。因此，从长远来看，只有屯垦从以兵屯为主发展到以民屯为主，才能真正形成长期稳定的农业生产能力。

北疆屯垦重心的转移是一个逐渐的过程，它与内地向新疆移民的规模、速度恰成正比。两种屯垦形式的消长，在移民集中的乌鲁木齐、巴里坤地区表现得特别明显。请看下表(表4)。

表4 乌鲁木齐、巴里坤兵屯民屯情况表

时　间	兵屯亩数/亩	民屯亩数/亩	兵屯民屯亩数比	数字来源
乾隆三十一年	127 338	4 588.5	1∶0.036	《西域图志》卷三二、卷三四
乾隆四十一年	149 744	299 467	1∶1.99	《西域图志》卷三二；《三州辑略》卷三、卷四；《钦定新疆识略》卷二
乾隆六十年	89 510	987 789.2	1∶11	《乌鲁木齐事宜·户口地粮》《乌鲁木齐事宜·屯兵地粮》
嘉庆十年	60 580	947 011.8	1∶15.65	《三州辑略》卷三、卷四；《钦定新疆识略》卷二

表4说明，在新疆统一后的前10年，由于移民活动实施未久，民屯创办伊始，兵屯是当时农业的主导形式，并呈进一步发展趋势。但随着移民出关达到高潮，各个屯区渐次形成，民屯亩数迅速上升，很快就超过兵屯而占居首要地位。关于民屯在北疆农业经济中的重要性，乾隆四十二年(1777)已有新疆官员上疏表示："此项户民若能多多移驻，将来纳粮既多，即可酌量渐次抽撤屯兵。俾边疆营伍得以常川专事操演，所遗屯地又可安插民户……将来日益繁盛，诚为一劳永逸之盛举。"① 在此之后，移民愈多，当地官员以主要力量经营民屯，各处兵屯不再发展，甚至屡次裁员减额或"全行裁撤"，转办民屯。② 到嘉庆中期，北疆民屯面积高达100余万亩(表3)，而同期的兵屯地亩，包括伊犁、塔尔巴哈台在内，也只有11万—12万亩。 这一悬殊的数字对比表明，至此，屯垦方式重心的转移已经完成，民屯成为北疆农业生产的基本形式。

(原载《西北史地》1987年第4期，收入本书时有增补和修改)

---

① 《宫中档朱批奏折·农业屯垦类》，乾隆四十二年八月十二日索诺穆策凌奏。
② 玛纳斯、济木萨两处兵屯分别于乾隆五十年和乾隆五十六年全部裁撤，事见《钦定新疆识略》卷二《北路舆图》。
③ 《钦定新疆识略》卷二《北路舆图》、卷六《屯务》。

清代陕甘地区回民向新疆的迁徙流动
——以乾隆时期的事例为中心

　　清代中国在进入18世纪以后,随着版图的扩大和经济的发展,人口也急速增长,并伴随全国范围内的大规模人口流动。在这当中,内地省份人口向周边地区,特别是向边疆地带的流动乃至移居,可以看作是本时期人口流动的一大特点。无论是流动方向的多样性、地理范围上的大面积扩散,还是规模上的量化增长,都十分引人瞩目。广域的人口流动带来了边疆地区人口与民族构成的新变化,对当地后来的社会面貌也产生了重要影响。

　　在西北新疆,乾隆二十四年(1759)以后,随着对天山南北军事行动的结束,为了尽快确立对这一地区的统治秩序,清朝当局采取了一系列措施,如调派八旗、绿营驻防镇守,提倡兴办屯垦,鼓励内地与新疆之间的商业流通,等等。这些政策措施促进了多种形式的人口迁移,以北疆地区为中心,出现了内地移民大量聚居的现象。这一人口动向始于18世纪,并绵延至20世纪以后。

　　本文的讨论聚焦于乾隆中期以后的内地民人,特别是内地回民向新疆的迁徙流动。笔者之所以将内地回民作为加意考察的对象,是基于以下理由。

　　在清代的人口流动和扩散中,由于多数情况下其主体为汉族人口,研究者也每每习惯于用"汉族移民"来对此类现象进行定位,进而形成"内地移民 = 汉族移民"的表达模式,这其实不尽妥当。就向新疆的人口流动而言,它就具有另一个非常重要的特征,那就是移民人群中存在着大量的、在宗教信仰和生活习俗上都明显有别于汉族的内地穆斯林,即回民,而且绝大多数来自陕西和甘肃两省。

　　回民在清代文献中有时也被称为"汉回",满语作 hoise irgen。这个称谓比较宽泛,除了今天的回族,还包括了其他一些信仰伊斯兰的内地穆斯林族群,如撒拉、东乡、保安等族。19世纪以后的一些外国文献或称从新疆进入中亚的回民后裔为"东干"(Dungan 或 Tungan,也写作 Tungeni)。他们在新疆与内地之间频繁往来,进而居留天山南北,成为此后新疆人口的重要组成部分之一。虽然他们与内地汉族一起进入新疆,但在居留方式和形成的社会关系上,具有自身的特点,不宜简单混一而论。较早关注居留新疆之内地回民的日本学者佐口透指出,1862年的陕甘回民起义在1863—1864年波及天山南北,随后在维吾尔民众响应下扩大为全疆范围的战乱,这一事实显示了内地回民在新疆的影响力。为了深入理解这一现象,他认为需要对其移民过程和实况进行考察,如了解"回民商人"和"回民兵士"如何聚集新疆,如何带来当地人口结构的变化,等等。他的话可谓点到了关键。不过也如佐口透所坦承,在他从事此项研究的20世纪60年代,可用的资料非常有限,多为实录或方略一类的官修典籍中的零星记载。因为在多数情况下,回民不会作为值得记录的对象出现在官方文献中,仅在涉及统治者关心的问题时才被提及。因此只留下不多的文字线索,以致这一研究迟迟难有相应的进展。①

近二三十年来,随着档案文书的陆续公布,清史研究的史料来源得到极大丰富。原始的第一手档案记载,让我们有机会比较具体地了解内地回民在新疆的种种情形。由于中国第一历史档案馆编《乾隆朝惩办贪污案件选编》和日本东洋文库藏佚名《奏稿》抄本中,均出现不少回民在新疆活动的事例,笔者受此启发,自关注此课题后,一直着意在档案中用功,尽力搜集发掘,也确实收获可观。除汉文档案外,笔者以《清代边疆满文档案目录》一书为指南,在《军机处满文录副奏折》(月折包和月折档)中也有许多发现。鉴于这些史料多为初次利用,其中信息又很丰富,笔者拟在对其进行梳理分类的基础上,透过一个个具体事例,尽可能翔实地探讨乾隆中期以后陕甘回民向新疆流动的契机,迁移的兴起与大势,以及回民们是如何在新疆落脚、谋生并融入当地的。②

一、乾隆中期以后内地人口向新疆的迁移

陕西、甘肃两省地处黄土高原的中、西部,地理上较其他省份距新疆更近,甘肃省更是与新疆毗邻。在清代,甘肃一省的管辖范围远超过今天的行

---

① 佐口透:《新疆民族史研究》,吉川弘文馆1986年版,第292-296页。
② 在利用档案来关注和考察居留新疆之内地回民问题上,美国学者 James A. Millward(米华健)的成果也提供了一定的参考。参见 James A. Millward. *Beyond the Pass*, *Economy*, *Ethnicity*, *and Empire in Qing Central Asia* 1759—1864[M]. Stanford University Press, 1998.

政区划,还包括了今天的宁夏回族自治区及青海省的东部。陕西、甘肃两省是清代屈指可数的回民大省,清人文献中甚至有"陕则回三汉七,甘则回七汉三"①的说法。虽然当代研究者对此有所质疑,认为夸大了回民在两省人口中的比重,但对于清代回民人口的分布相对集中于陕、甘两省,甘肃尤多,则看法一致。② 即便按照今人推算的数字,两省峰值期(大约在道光时期)的回民人数也达到七八百万,仍然十分可观。

那么,清代的陕甘回民是在怎样的背景下踏上西去的路程,具有规模的流动大约始于何时呢?可以肯定地说,这一趋向出现在乾隆中期以后。

清初顺治五年到顺治七年(1648—1650),甘肃曾发生回民米喇印、丁国栋领导的反清军事行动,打出反清复明的旗号,攻陷兰州等地,甚至得到哈密维吾尔人的援助。但在起义失败后,没有记载明确显示陕甘回民与嘉峪关外或哈密以西地区有经常性的往来。有人提到清政府于康熙五十七年(1718)向西吉木、锡拉谷尔等地,雍正时期向沙州等地迁移、安插过陕甘民人,其中当然有可能包括回民在内。然而这些安插均止于河西一带,并未远至新疆,与本文要讨论的向新疆的迁移意义不同。③ 事实上,陕甘回民持续地流向新疆,是乾隆二十四年(1759)以后内地人口西出嘉峪关的迁移潮流的一个组成部分,发生在清朝平定天山南北,将统治地域扩展到伊犁、喀什噶尔一线之后。换言之,它是以清朝对新疆的统一为前提的。

乾隆二十四年(1759)以后,随着军事行动的结束,如何治理新疆的议题提上日程。乾隆皇帝在上谕中多次表示,配合在新疆设治驻兵,需要大力开办屯田,鼓励内地人口以不同形式向新疆流动,这不仅可以从经济上解决军粮的筹措,实现以边养边,还有助于缓解内地日益加重的人口压力。除了南疆作为维吾尔民众聚居区,顾及当地的宗教与民情,限制内地民人前往务农及携眷居住外,多种形式的移民举措以北疆为主全面展开。

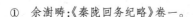

① 余澍畴:《秦陇回务纪略》卷一。
② 如路伟东在《清代陕甘回民峰值人口数分析》(载《回族研究》2010年第1期)中推算,同治以前峰值期的陕西回民人口大约占该省人口的10%~15%,约200万,同期甘肃回民人口则占30%以上,至多不超过50%,应为550万到600万。即使如此,这也是非常可观的数字。
③ 路伟东:《清代前中期陕甘地区的人口西迁》,载《中国历史地理论丛》2008年第4期。该文将陕甘人口西迁的地理东界划在了河西、安西一带加以阐述,与本文以新疆为讨论范围不同。

总的来说,乾隆中期以后内地人口向新疆的迁移,主要有以下几种形式。

(一) 军事移民

为了镇守西陲,保持在当地的军事防御力量,统一新疆后的大约20年间,有多达两万名满蒙八旗兵及锡伯、索伦、察哈尔、厄鲁特四营兵,分别从东北、张家口、西安、宁夏等地奉调移驻。他们都属于八旗系统,为携眷永驻。其中的主要兵力(约1.2万人)部署在最高军政长官伊犁将军所在的伊犁地区,连同移来的眷属和家丁人等,达到7万余人;其余则分驻乌鲁木齐、塔尔巴哈台,并以换防形式驻守南疆各城。与此同时,作为兵屯生产的劳动力,又从内地调派大批绿营兵丁进入新疆,至乾隆四十二年(1777),兵屯遍布北疆各地,南疆也有少量分布,总人数达到1.1万余人。屯田绿营兵起初为换班制(先为三年一换,后改五年),其所属原营多为陕甘各提镇标营,其中派自甘州、凉州、肃州、安西等标营的最多,①后仿照八旗,也逐渐实行携眷永驻,不再轮换。鉴于屯兵的军伍身份,这里划入军事移民,但同行的家属都编入民籍,人称"兵户",成为当地民籍人口的一部分。

(二) 农业移民

由内地移入民人进行屯田的生产形式称为民屯或户屯。户籍管理上称此类务农者为"户民",也称"屯民"。户民进入新疆的方式大体有两种,一是官方组织的移民出关,二是民间自发的流动。有组织的移民出关以甘肃省无业贫民为对象,经过招募,在官府组织及资助下分批前往新疆,安置于事先勘查好的屯区(主要是乌鲁木齐及其周边),每户分给30亩土地,届期升科纳粮。从乾隆二十六年到乾隆四十五年间(1761—1780),至少一万数千户、5万余口的甘肃农民通过这一方式移入了天山北麓的各个垦区。

对于自发流入北疆,要求加入民屯的内地民人,当局也允许其就地认垦,成为户民,按照有组织移民的规定分给土地,届期升科,在牛具、籽种等方面也适当给予帮助。在兴办民屯的初期,户民以有组织的农业移民为主,但随着自发移民要求认垦者日众,后者所占比重不断上升。乾隆四十五年(1780)以后,清政府停止了历时近20年的移民出关活动,但民人自发出关的势头不减,民屯

---

① 王希隆:《清代西北屯田研究》第二章,兰州大学出版社1990年版。
② 华立:《清代新疆农业开发史》第三章第二节,黑龙江教育出版社1995年版。

进一步扩大。据乾隆末年(1795)的人口统计资料,乌鲁木齐地区的民人数量达到3万余户、17.2万余人。① 这当中,户民占绝大多数,还包括了一部分商民。

(三)商业移民

清廷对准噶尔用兵期间,已有一部分随军商人频繁出入前线军营。天山南北安定后,商人的足迹更是扩大延伸至新疆各地,北疆自不待言,南疆各城也聚集了大批来自内地的商人(即商民)。乾隆二十七年(1762),奉命管理回疆事务的永贵表示:"自回部荡平,内地商民经由驿站及回人村落,彼此相安,台站回人又疏引河渠,开垦田地,沿途水草丰饶,行旅并无阻滞。"②这反映出商人对前赴南疆也相当踊跃。曾亲履新疆的椿园(七十一)在其游记即成书于乾隆四十二年(1777)的《西域闻见录》中,更是生动地描写了天山南北的商业活动,称乌鲁木齐"字号店铺,鳞次栉比,市衢宽敞";在南疆阿克苏,"内地商民,外番贸易,鳞集星萃,街市纷纭,每逢八栅尔会期,摩肩雨汗,货如雾拥";叶尔羌也是内地商人云集,"山陕江浙之人,不辞险远,货贩其地"。③

笔者之所以在开篇部分用较多笔墨说明乾隆中期以后内地人口向新疆迁移的大势,是因为上述各类形式的人口移动中都能看到陕甘回民的身影,可以说,他们是作为内地人口的一个部分,通过上述方式加入这一潮流当中来的。在向新疆迁移的问题上,无论汉人或者回民,在政策上都是作为内地民人来对待;同样,回民兵弁也是作为绿营官兵的一员进入新疆的。了解这个大的时代背景,是全面把握陕甘回民向新疆的迁移活动的基本前提。正因为回民大多仅作为民人的一部分来对待,很多史料在记载上并不细致区分移民在民人身份之下的"汉"或"回",这给研究时的统计带来很大困难。不过在一些涉案的事例里,则常会留下有关民族身份的记录,很有参考价值。这也是为什么笔者要从档案的个例入手,在大量搜集的基础上进行探讨的缘由。

二、乾隆年间回民迁移事例

上节已经说明,陕甘回民进入新疆,是清代内地人口西进潮流的一部

---

① 达林、永铎:《乌鲁木齐事宜·户口(商民附)》。
② 《平定准噶尔方略续编》卷一六,乾隆二十七年三月甲子。
③ 椿园:《西域闻见录》卷一、卷二。

分。经过翻检档案,笔者梳理出八十余例与乾隆年间回民迁移有关的事例,按史料形成经过,大体可分为三组。第一组为乾隆四十三年到乾隆四十四年(1778—1779)审办叶尔羌办事大臣高朴私卖玉石案而形成的记录,第二组为乾隆四十九年至乾隆五十一年(1784—1786)陕甘总督福康安与新疆当局奉旨缉拿与甘肃新教回民起义有关人员而形成的记录,第三组为除以上两组之外散见于档案中的回民事例。兹将各组中的事例摘要开列于下,并综合档案内容,述其大要(表1、表2、表3)。

表1 审办叶尔羌办事大臣高朴私卖玉石案记录中出现的回民事例①

姓名	籍贯	年龄	经历	史料出处
赵钧瑞	陕西渭南县	46岁	乾隆十二年在肃州做靴子卖,乾隆二十一年到乾隆二十四年分别在巴里坤、辟展、喀喇沙尔卖靴子。乾隆二十五年赶羊到库车去卖,并在那里当了乡约。乾隆二十七年四月辞乡约,回到渭南家中。同年九月又到肃州,买了骡子15个驮脚。乾隆二十八年六月到阿克苏,九月又到肃州。乾隆二十九年买粗瓷器、绸子、茶叶等货到阿克苏开杂货铺,乾隆三十年买棉花到伊犁去卖,次年又到阿克苏。乾隆三十四年由哈密往叶尔羌,乾隆三十五年正月到。起票到肃州卖玉石亏本,乾隆三十七年躲债到叶尔羌。乾隆三十九年被债主在肃州告发,有文书将其关回肃州,众亲友帮忙还清账,六月回到阿克苏,驮茶叶到叶尔羌,在那里开了一个饭铺,买了两所房子。乾隆四十年从阿克苏买货回叶尔羌。乾隆四十一年及次年陆续买了官玉,交儿子赵世保到肃州售卖。乾隆四十三年结清账目回渭南,因私贩玉石事发而被捕。关于其资产,在叶尔羌有杂货铺1间,客店3处,饭馆2处,庄子1处。阿克苏有客店饭馆3处,骆驼70头,肃州有骆驼90头	①536、676—678、714—715

---

① 本表共14例,史料来源:①中国第一历史档案馆编:《乾隆朝惩办贪污档案选编》第一册,中华书局1994年版;②台北故宫博物院图书文献馆藏:《清代宫中档及军机处档折件》;③中国第一历史档案馆藏:《军机处满文月折档》。表中简注各有关史料出处,其中①后之数字为页码,②后之数字为文件号,③后之数字为胶片的缩微号。

续表

姓名	籍贯	年龄	经历	史料出处
赵金海	甘肃肃州	67岁	肃州东关家中有老母、妻、子。自幼做靴匠生意。乾隆十年在安西镇吃粮，乾隆二十年辞粮在肃州住家，结识赵钧瑞之父，联宗认亲。乾隆四十二年赵世保经过肃州，邀其同往苏州讨账，遂同行	①722、725、917
赵世保	陕西渭南县	26岁	赵钧瑞养子（从巴里坤抱养）。乾隆三十七年从渭南县老家到叶尔羌父亲赵钧瑞处协助打理生意。乾隆四十二年同赵金海回渭南看望祖父并成亲，后与赵金海及伙计数人赴苏州卖玉，用所得货款置办江南货物71箱包回程	①668、722、769、935；②21503
蓝世洪	陕西渭南县	29岁	赵钧瑞表弟。乾隆四十一年到叶尔羌，乾隆四十三年赵钧瑞回内地时将叶尔羌所有店铺交其经管。赵钧瑞事发后仍居留该地，直至乾隆四十七年	①715；③201—281—060
马万龙	甘肃灵州	26岁	向来赶车度日，乾隆四十三年四月赶车送货到叶尔羌，遂在彼处受雇为赵钧瑞赶车	①679、763
马士宾	甘肃靖远县	28岁	向来赶车度日，乾隆四十三年六月在肃州受雇为赵钧瑞赶车	①679、763
马万金	甘肃灵州	39岁	向来赶车度日，乾隆四十三年八月在肃州受雇为赵钧瑞赶车	①679
马花奇	陕西咸宁县	49岁	平日贩羊度日，与赵世保熟识，受其委托，代为保管玉石	①680；②21503
黄虎儿	陕西长安县	43岁	乾隆三十一年到肃州赶羊生理。乾隆三十五年往阿克苏开吃食铺（又作熟食铺）。乾隆三十六年受雇于赵钧瑞，往叶尔羌做饭。乾隆三十八年因工钱不敷辞工，仍在肃州放羊。乾隆四十二年跟赵世保往苏州	①717、895；②21443
牛四	山西永宁州	31岁	常在肃州做皮货生意，经人介绍认识赵钧瑞等，后运玉石到扬州出售	①722

姓名	籍贯	年龄	经历	史料出处
白文海	陕西渭南县	32岁	乾隆四十年出口,到阿克苏,受同乡赵钧瑞雇佣,后跟到叶尔羌,每月得工价银。乾隆四十二年十一月赵钧瑞给其一些绸缎、瓷器、烟茶等,让其往和阗做买卖。赵钧瑞事发后留居和阗,摆摊做生意,又用赚下的钱买了四辆车,雇人上下赶脚,直到乾隆四十七年	③201—281—060
马交临	—	—	在哈密田登杂货铺内,欠孙全德货账,以玉石抵银	①646
马天怀	—	—	在哈密开皮货铺,曾将玉石卖给同在哈密的商民雷英	①646
阎子贵	甘肃肃州	—	住肃州东关外,赶骆驼为生(又称骆驼客),曾到阿克苏,替两个马姓回民(兰州人)说合,将玉石卖给江南商人	①707、709

注:本组事例以陕西渭南籍赵钧瑞为中心,多为从事商业或运输业的回民,主要反映清统一新疆初期到乾隆四十三年(1778)为止陕甘回民进入南疆经商,以及在南疆和肃州之间往来活动的情形。有关人员的原籍基本上都是陕西或甘肃,少数人并未亲身到口外,而是以肃州为纽带,彼此发生商业上的联系。

表2 陕甘总督福康安与新疆当局奉旨缉拿与
甘肃新教回民起义有关人员记录中的事例①

姓名	籍贯	年龄	经历	史料出处
苏旺成	甘肃西宁县	33岁	绿营屯兵。早年充当余丁在金川军营顶食名粮,后来拨补喇课营马兵,乾隆四十四年携眷(妻及一儿一女)赴伊犁屯田,粮名苏万成	④17册,乾隆四十九年十月二十八日

① 本表共31例,史料来源:④日本东洋文库藏《奏稿》抄本(检索号:Ⅱ—13—B—182—0),数字为册次和具奏年月日;⑤中国第一历史档案馆藏《军机处满文录副奏折》,数字为缩微号。人名加下线者为据满文档案译出。

续表

姓名	籍贯	年龄	经历	史料出处
田奇	甘肃盐茶厅	30岁	乾隆四十二年出门,在口外地方趁食	④17册,乾隆四十九年八月八日、乾隆四十九年十月二十八日
王之得	甘肃靖远县	33岁	乾隆三十六年出门,在口外各处寻工度日。后受雇帮人牵骆驼。乾隆四十年拉骆驼驮官茶到伊犁,在当地向做皮货的工匠学手艺,又租赁了房间,买卖骆驼	④17册,乾隆四十九年十月二十八日 ⑤132—1101
哈明	甘肃靖远县	65岁	乾隆三十七年出口到迪化州,卖奶茶为生	④18册,乾隆四十九年十一月二十四日
马宗	甘肃靖远县	48岁	乾隆四十年出门,乾隆四十一年到迪化州,从事毛毛匠(缝制皮毛)为生	④18册,乾隆四十九年十一月二十四日
穆守荣	甘肃靖远县	52岁	乾隆四十五年出口,到迪化州做皮匠	④18册,乾隆四十九年十一月二十四日
刘天俸	甘肃靖远县	56岁	乾隆四十六年出口,到迪化州从事苦营生(指受雇出卖劳力)	④18册,乾隆四十九年十一月二十四日
妥江	甘肃靖远县	53岁	乾隆四十二年同儿子妥六十五出口,先到哈密,乾隆四十三年到迪化州与人佣工	④18册,乾隆四十九年十一月二十四日

续表

姓名	籍贯	年龄	经历	史料出处
妥六十五	甘肃靖远县	22岁	乾隆四十二年与父亲妥江一起出口,先到哈密,再到迪化州,做毛毛匠	④18册,乾隆四十九年十一月二十四日
黄宣	甘肃靖远县	39岁	乾隆四十年前往塔尔巴哈台,寻见其兄黄彩	④18册,乾隆四十九年十一月二十四日
黄彩	甘肃靖远县	—	乾隆四十年在塔尔巴哈台卖羊肉营生。乾隆四十八年回家	④18册,乾隆四十九年十一月二十四日
哈治娃子	甘肃靖远县	34岁	乾隆三十三年出门,一向在阿克苏卖羊肉,无妻小	④17册,乾隆四十九年十月二十八日
哈义	甘肃靖远县	—	哈治娃子二哥。曾在赤金堡开店,后与其子哈阿利子在乌什贸易	④17册,乾隆四十九年十月二十八日;⑤132—0093
哈阿利子	甘肃靖远县	27岁	原为哈义长兄之子,其父早死,由哈义抚养,即认哈义作父。在赤金堡佣工后,乾隆四十三年独自往乌鲁木齐做买卖,乾隆四十六年到乌什做皮匠,自出外以来不曾回乡	④17册,乾隆四十九年十月二十八日
拜一相	甘肃靖远县	40岁	乾隆四十六年出口,在喀什噶尔、阿克苏卖羊肉	④17册,乾隆四十九年十月二十八日

续表

姓名	籍贯	年龄	经历	史料出处
铁阿都子	甘肃靖远县	24岁	乾隆四十二年出口做买卖	④18册,乾隆四十九年十一月二十四日
铁印	甘肃靖远县	28岁	乾隆四十四年出口	④18册,乾隆四十九年十一月二十四日
哈礼	甘肃靖远县	47岁	乾隆三十三年赶骆驼往口外觅营生	④18册,乾隆四十九年十一月二十四日
马中相 马呼腮子	甘肃靖远县	45岁 26岁	马中相乾隆三十七年出门,与长子马呼腮子(别名马成)同行。在乌什开饭铺	④18册,乾隆四十九年十一月二十四日
马辉德	甘肃秦安县	35岁	乾隆四十九年五月内到阿克苏做贸易生意。随身携带手抄回经四本	④20册,乾隆五十年三月二十九日 ⑤132—2284
韩得	甘肃西宁县	31岁	人称韩阿浑,车户。自幼随父亲韩永贵出口谋生,韩永贵病故后回到肃州。乾隆四十一年再度出口,赶车为生。乾隆四十九年自喀什噶尔揽载赴京入觐伯克行李车	④20册,乾隆五十年三月二十九日 ⑤132—2284
马国英	甘肃盐茶厅	37岁	乳名伊斯玛依尔。乾隆三十二年出口,在阿克苏做贸易生意,与韩得熟识	④20册,乾隆五十年三月二十九日 ⑤132—2284

续表

姓名	籍贯	年龄	经历	史料出处
马起蛟	甘肃灵州	46岁	又名伊底尔斯,人称二阿浑。祖籍灵州,寄居肃州。乾隆三十二年出门,在阿克苏、叶尔羌等处做贸易生意。乾隆三十六年回家一次,乾隆四十二年又到口外。乾隆四十六年回家时,因行李过重,将随带回经七本留存马国英铺内。乾隆四十九年再出口,至库车,寄信向马国英索取寄存的回经	④20册,乾隆五十年三月二十九日 ⑤132—2284
马应见	甘肃伏羌县	—	在哈密开皮坊。与马辉德熟识。马辉德欲托韩得将自己的回经带交马应见保管	④20册,乾隆五十年三月二十九日
马廷相 马文禄 马如能 马仓	甘肃靖远县	—	四人均为贸易商民,乾隆四十九年十月在喀什噶尔被捕,后释放	④18册,乾隆四十九年十一月二十四日 ⑤132—2925
铁文喜	甘肃靖远县	28岁	乾隆三十六年出门到肃州,乾隆四十一年出口到辟展,乾隆四十五年五月到阿克苏。乾隆四十八年五月到叶尔羌开杂货小铺,离家已十三四年。乾隆四十九年十月在叶尔羌与其他八名靖远县籍回民一起遭逮捕,后释放	⑤132—3413
<u>马士品</u>	甘肃靖远县	—	贸易商民,乾隆四十九年十月在叶尔羌与铁文喜等一起遭逮捕,后上吊身亡	⑤132—3413

注:本组事例发生在乾隆四十九年(1784)甘肃新教回民起义遭到镇压后,陕甘总督福康安和新疆各地官员奉命严缉居留新疆的回民起义者家属,故奏报日期集中在乾隆四十九到乾隆五十一年(1784—1786),通缉对象多为盐茶厅、靖远县、伏羌县出身者,而以靖远县最多。虽然地域性不够普遍,但从中可以具体看到各当事人在出关谋生年代、所从事的职业及经历上的多样性。

表3　散见于档案中的回民事例表①

姓名	籍贯	年龄	经历	史料出处
韩忠	—	—	与堂兄弟、侄子、伙计等四人在乌鲁木齐南山中伐木,贩卖度日。乾隆四十五年一月,与邻人杨某因口角互殴致伤,十数日后身死	⑤119—763
伊士耀	陕西渭南县	—	乾隆四十五年来叶尔羌,卖羊肉为生	⑤122—0068
马云	甘肃阶州	—	乾隆四十三年来叶尔羌,卖羊头肉为生	⑤122—0068
喇进举 喇进建	甘肃巩昌府		两人同在和阗卖杂货为生	⑤122—1393
王天斗 王天禄	甘肃灵州	33岁	王天斗,乾隆二十九年到昌吉县种地,有妻王韩氏同居。王天禄是王天斗从堂弟,乾隆四十一年出口,在昌吉地方佣工度日。乾隆四十八年寻找割麦的雇主,见嫂子一人在家,起意强奸未遂,将其砍伤多处	③208—293—361
麦宗朋	甘肃固原州	—	先在乌鲁木齐卖羊肉为生,后到奇台佣工为生。乾隆五十年在客店与马金虎等人合谋,盗走该县西葛根户民的骡马数头,行至哈密被拿获	⑤133—2110
马金虎 马定贵 马仓有 李文福	甘肃	—	四人在奇台佣工度日。乾隆五十年,四人与麦宗朋合谋盗取西葛根户民骡马,欲骑回家乡,行至哈密被拿获	⑤133—2110

① 本表事例史料来源以⑤《军机处满文录副奏折》为主(数字为缩微号),兼采自⑥台北故宫博物院出版的《官中档乾隆朝奏折》(数字分别为辑次和页码),以及前引④日本东洋文库藏《奏稿》抄本(数字为册次和具奏年月日)。人名加下线者为据满文档案译出。

续表

姓名	籍贯	年龄	经历	史料出处
马天福	—	—	绿营屯兵,在库尔喀喇乌苏屯田,家有妻马氏及一女。因在屯所干活,不常回家,托卖羊肉的马仲良帮忙照看家小	⑤136—1454
马仲良	甘肃秦州	—	乾隆五十年在库尔喀喇乌苏卖羊肉。屯兵马天福托其照看家小,趁机与其妻马氏私通。后因马氏拒绝继续通奸,用短刀将其扎死	⑤136—1454
李应福	甘肃固原州	73岁	向在叶尔羌卖杂货为生	⑤136—0445
马世德	陕西陇州	31岁	在叶尔羌做皮匠为生	⑤136—0445
木俊	甘肃固原州	26岁	向在叶尔羌卖(羊)肉为生	⑤136—0445
金柱健	甘肃灵州	42岁	向在叶尔羌卖羊肉为生	⑤137—1373
赵世洪	陕西长安县	41岁	乾隆三十七年到叶尔羌开店为生。乾隆四十三年回肃州一次。乾隆四十七年复到叶尔羌开店。又据称为车户	⑤135—0115
杨子福	甘肃灵州	32岁	乾隆四十八年来伊犁寻找在此做贸易生意的父亲,后雇给固尔扎磨坊做工。一年后父亲病死,本人赶车拉面到清水河发卖	⑤122—1397
张进忠 马成幅 罗文贵 明启华	甘肃灵州 甘肃灵州 甘肃固原州 甘肃固原州	37岁 34岁 35岁	四人于乾隆四十五年、乾隆四十六年、乾隆四十八年先后到叶尔羌。张进忠、马成幅赶车,罗文贵曾为人缝制皮服,明启华做佣工。乾隆五十一年叶尔羌办事大臣离任回京,雇四人拉马赶车进口	⑤136—3309
吴魁	甘肃秦州	41岁	向在叶尔羌摆巴扎尔度日	⑤137—1381
海生莲	甘肃武威县	—	平素做毛毛匠为生。乾隆五十三年出口至叶尔羌寻觅生意	⑥73辑,第200页

续表

姓名	籍贯	年龄	经历	史料出处
马良孝 马吉元 景天凤 吴成彩	甘肃西宁、肃州、灵州	—	平日赶车度日。在喀什噶尔拉拽客货	⑥67辑,第236页
马成保	甘肃灵州	—	车户。从喀什噶尔揽载撤回屯兵	⑥73辑,第200页
马得举	甘肃巩昌府	—	在和阗卖杂货为生	⑤137—0575
蓝贵宝	陕西渭南县	—	赶车度日。乾隆四十八年拉拽客货到叶尔羌,即在彼处摆摊贩卖杂货	⑥67辑,第214页
赵金有	甘肃固原州	—	乾隆五十二年贩得杂货赴口外阿克苏一带	⑥71辑,第143页
李生贵 马有德	甘肃西宁县 甘肃西宁县	28岁 29岁	乾隆五十二年伙贩雨缨子等杂货出口,沿途售卖,至乌鲁木齐,买大黄等再往阿克苏、喀什噶尔售卖	⑤143—2646 ⑥71辑,第778页
曹志	甘肃武威县	—	向在叶尔羌卖肉为生。乾隆五十年往吐鲁番寻兄	④22册,乾隆五十年七月二十六日
胡魁	甘肃河州	—	向在乌什佣工,乾隆五十年起身回乡	④22册,乾隆五十年七月二十六日

注:本表内容散见于不同时期的档案记载中,因而无论从移出、移入地域和身份、经历都更具有多样性。特别是乾隆年间回民移居北疆务农的事例,在目前的搜集所得中尚不多见,故颇为珍贵。

三、回民迁移新疆的特点分析

通过分析和归纳上述回民事例,笔者试图对乾隆时期陕甘回民迁移新疆的基本动向和特点做初步探讨。

按照清朝规定,民人需持路票出入嘉峪关,而西出嘉峪关即意味着告别内地,走入原为"异域"的新天地。档案中多称之为"出口"或"到口外"。这里的"口"就是嘉峪关。

表4中收录了有具体出口时间记载的回民34人,结果显示,乾隆二十一年至乾隆三十年(1756—1765)共2人,乾隆三十一年至乾隆四十年(1766—1775)共13人,乾隆四十一年至乾隆五十年(1776—1785)共19人。乾隆三十年(1765)以后,几乎每年都有多个出口事例,乾隆四十年(1775)以后更加密集。这反映出从统一之初的流动开始阶段,到乾隆三十年(1765)以后,内地回民向新疆的流动日益频繁,逐渐成为一种常态。

表4　乾隆朝回民出口时间分布表

迁移年代	人员及具体时间	总人数
乾隆二十一年至三十年	赵钧瑞(乾隆二十一年) 王天斗(乾隆二十九年)	2人
乾隆三十一年至四十年	马国英、马起蛟(乾隆三十二年) 哈礼、哈治娃子(乾隆三十三年) 黄虎儿(乾隆三十五年) 王之得(乾隆三十六年) 赵世保、马中相、马呼腮子、哈明、赵世洪(乾隆三十七年) 白文海、黄宣(乾隆四十年)	13人
乾隆四十一年至五十年	王天禄、马宗、铁文喜、蓝世洪(乾隆四十一年) 田奇、妥江、妥五十六、铁阿都子(乾隆四十二年) 哈阿利子(乾隆四十三年) 铁印、苏旺成(乾隆四十四年) 穆守荣(乾隆四十五年) 刘天俸、拜一相(乾隆四十六年) 杨子福(乾隆四十八年) 张进忠、马成幅、罗文贵、明启华(乾隆四十五年至乾隆四十八年)	19人

再来看回民的移出地。表5收录可知籍贯的68人,移出地按省别论,均在陕甘两省,其中甘肃59人,陕西9人。这是不完全统计,因此我们很难据此就得出两省回民向新疆流动的比例悬殊的结论,但相比之下甘肃出身者所占比重突出,应是可以肯定的。再从表中甘肃省内的地域分布来看,除了河西地区的3例,几乎都集中在省会兰州府以东的甘肃中东部地区。出现这样的数字并非偶然,应与清代该省内回民聚居地偏东部的特点直接相关。当时属于甘肃东部的灵州、盐茶厅、固原州,今已划入宁夏回族自治区,秦安、秦州、伏羌(今作甘谷)几县邻近宁夏的地区,在20世纪50年代设立了张家川回族自治县,当代行政区划的这些变化也反证了清代甘肃回民人

口集中于东部的事实。至于河州、西宁等地,今天已经划入青海省,为撒拉、东乡等穆斯林族群的聚居地,因此表中的河州、西宁回民很可能就是撒拉、东乡等穆斯林族群的移民。至于靖远出身者尤多的缘由,应与当时缉拿起义回民家属有关,前已说明,不再赘述。

表5 乾隆朝出口回民移出地分布表

地域	甘肃			陕西	
	河西地区	兰州府周边	甘肃东部及南部	陕西西部	西安府周边
地域	肃州2人、武威县1人	靖远县25人、河州1人、西宁县5人、巩昌府3人	灵州10人、盐茶厅2人、固原州6人、秦安县1人、秦州1人、伏羌县1人、阶州1人	陇州1人	渭南县6人、长安县2人
小计	3人	34人	22人	1人	8人
合计	59人			9人	

见于这些事例的又一项重要内容,是近半数的回民在供词中对自己当时的年龄有所供述。不过移出时的年龄多不见于供述,笔者根据档案记载之年的年龄减去在新疆居留年数后算出,经过整理制成表6。表6中的35人,出口(或作"出门")时年龄在50岁以上的2人,年龄在40到49岁之间的2人,30到39岁之间的8人,20到29岁之间的16人,19岁以下的4人,仅知道档案记载时的年龄而无从推断者3人。这一数字分布显示,当回民从内地向新疆迁移,其主体是40岁以下、20岁以上年龄段的人。这一特点并非回民独有,应是内地移民的共同特征。作为相对年轻的一辈,这一年龄段的人能够较好地忍受长途跋涉的辛劳,从无到有地打拼,也较能承受人在异乡的种种艰辛,以及因之而来的身心双重的压力。

表6中所有人均为男性,但其中很多人系与亲友同行。当然,携有妻女的例子不多,仅可见到在伊犁、乌鲁木齐从事屯田的绿营兵苏旺成、马天福,以及作为户民移居昌吉的王天斗,他们均属于北疆移民,符合清朝鼓励携眷永驻

---

① 严格来说,事例中"出门"与"出口"的意思不完全等同,从有些事例可以看出当事人用"出门"指离乡,离乡后未直接到新疆,而是先在肃州、安西等地逗留,然后到"口外",即进一步西行进入新疆。笔者摘录事例时对能够区分者尽量做了区分,无从区分者按出口对待。

或携眷屯垦的政策,故为举家迁移。其他人多为商民身份,在南疆活动者居多,政策上不允许携眷,不过父子、兄弟一同出关,或一方先行,另一方随后来投靠的例子不少。如父子关系的有赵钧瑞和赵世保,妥江和妥六十五,马中相和马呼腮子,韩永贵和韩得,哈义和哈阿利子,杨子福及其父亲,这应当是比较普遍的现象。有几例为十几岁的少年人出口谋生,但他们都是在父亲或叔辈带领下来到新疆的,如妥六十五到口外时年仅15岁,但其父妥江已45岁,为父子同行。同样,马呼腮子出口时14岁,其父马中相33岁,也是两人同来。至于兄弟相伴的事例,则可举出黄彩和黄宣,哈义和哈治娃子,曹志及其兄,喇进举和喇进建,王天斗之从堂弟王天禄,韩忠及其堂侄子等。正如许多研究者所指出的,清朝曾规定内地民人出入南疆不得携眷,直到道光初年才正式解除此禁,也因此而有只准单身商民进入南疆之说。不过要弄清楚的是,单身仅指不带女眷,而男性家族同行之例,则比比皆是。

表6还让我们对回民在新疆的居留年数有了一定的了解。从中可知近半数的人自出关以来在新疆居留的时间已经超过10年。其中时间最长者为赵钧瑞,达22年。他是最早进入新疆的内地回民之一,在当地经营顺利,发展甚好,只因为卷入了叶尔羌办事大臣高朴私卖玉石的案件而获刑。其他如哈明、马中相和马呼腮子父子、马国英、马起蛟、赵世洪等人,也都在十数年以上,显示出相对稳定的居留状态。又如表6中的李应福,虽然其出口时的年龄阙载,但乾隆五十年(1785)时他以73岁的高龄在叶尔羌经营店铺,如果不是在当地拥有较好(或较稳定)的生活环境,就很难解释这一现象。

表6 乾隆朝移出回民年龄情况表

回民名	移出时年龄	居留新疆年数	当时年龄(史料记载年份)
赵钧瑞	24岁	22年	46岁(乾隆四十三年)
赵世保	20岁	6年	26岁(乾隆四十三年)
黄虎儿	35岁	—	43岁(乾隆四十三年)
蓝世洪	23岁	6年	29岁(乾隆四十七年)
白文海	25岁	7年	32岁(乾隆四十七年)
王天禄	28岁	5年	33岁(乾隆四十八年)
苏旺成	28岁	5年	33岁(乾隆四十九年)
田奇	23岁	7年	30岁(乾隆四十九年)

续表

回民名	移出时年龄	居留新疆年数	当时年龄(史料记载年份)
王之得	20岁	13年	33岁(乾隆四十九年)
哈明	53岁	12年	65岁(乾隆四十九年)
马宗	39岁	9年	48岁(乾隆四十九年)
穆守荣	48岁	4年	52岁(乾隆四十九年)
刘天俸	53岁	3年	56岁(乾隆四十九年)
妥江	45岁	7年	52岁(乾隆四十九年)
妥六十五	15岁	7年	22岁(乾隆四十九年)
黄宣	30岁	9年	39岁(乾隆四十九年)
哈治娃子	18岁	16年	34岁(乾隆四十九年)
哈阿利子	21岁	6年	27岁(乾隆四十九年)
铁阿都子	17岁	7年	24岁(乾隆四十九年)
铁印	23岁	5年	28岁(乾隆四十九年)
哈礼	31岁	16年	47岁(乾隆四十九年)
马中相	33岁	12年	45岁(乾隆四十九年)
马呼腮子	14岁	12年	26岁(乾隆四十九年)
马国英	20岁	17年	37岁(乾隆四十九年)
马起蛟	29岁	17年	46岁(乾隆四十九年)
铁文喜	20岁	8年	28岁(乾隆四十九年)
拜一相	37岁	3年	40岁(乾隆四十九年)
李应福	—	—	73岁(乾隆五十年)
马世德	—	—	31岁(乾隆五十年)
木俊	—	—	26岁(乾隆五十年)
赵世洪	27岁	14年	41岁(乾隆五十年)
杨子福	29岁	3年	32岁(乾隆五十一年)
张进忠	35岁	2年	37岁(乾隆五十一年)
马成幅	28岁	6年	34岁(乾隆五十一年)
罗文贵	30岁	5年	35岁(乾隆五十一年)

四、乾隆时期居留新疆回民的地域分布和谋生情况

在考察、分析了陕甘回民移出情况之后,本部分着重讨论回民在新疆的地域分布和谋生情况。

前面所列事例充分表明,乾隆年间回民在新疆的分布已经遍及天山南北。在北疆,东路乌鲁木齐所属地区(如迪化州、昌吉县、奇台县、库尔喀喇乌苏等)及巴里坤、北路的伊犁、塔尔巴哈台等,都有回民居留。在南疆,从地理位置偏东的哈密、吐鲁番,到沿塔里木盆地北缘向西分布的库车、乌什、阿克苏、喀什噶尔,再到盆地西南缘的叶尔羌、和阗,回民的足迹无处不在,而相对较为集中的是南八城中东四城之一的阿克苏和西四城之一的叶尔羌。

可以与上述情况相印证的,是乾隆四十九年(1784)十一月二十四日陕甘总督福康安的一份奏报。其中讲道:

> 伏查此案咨缉回民,因从前审办逆回时,据各供出亲属人等,均已先期出口贸易,随经各该州县开列姓名,详请前督臣李侍尧移咨新疆各处查缉,解甘办理,并有各属径自关移查拿者。嗣准乌鲁木齐、塔尔巴哈台、阿克苏、喀什噶尔、乌什、哈密等处,陆续按名拿解前来。

是年四月,甘肃新教回民第二次发动武装反清起义。起义者在盐茶厅举事,先后攻略靖远、安定、会宁、伏羌、隆德、静宁、秦州、秦安、华亭、庄浪等地,最后在通渭县石峰堡与清军对峙,历时两个多月而失败。福康安此奏旨在向朝廷汇报新疆通缉甘肃起义回民家属的情形。当时在新疆的通缉行动已经严重扩大化,许多不在名单内的无辜贸易回民也相继遭到逮捕。同时,奏疏中提到的多个缉查地点恰与前文所举事例中回民的分布地域相吻合,这从侧面提示我们回民在新疆的广泛分布。

如前指出,陕甘回民进入新疆,乃与内地汉族向新疆的迁徙同步并行,并非孤立现象。不过由于回民的宗教信仰及生活习俗,他们除了与汉族人一样,或务农,或当兵,或经商外,也从事某些有特色的行业,并在生活方式上保持着自身的特点,与当地维吾尔社会有较多接触。总的来说,回民在新疆的谋生方式表现为以下数种。

----

① 日本东洋文库藏:《奏稿》第18册,乾隆四十九年十一月二十四日福康安奏。

(一)经商或从事手工业

各事例中,从事与商业有关活动的人最多,这或许是回民在新疆最多见的谋生方式。很多研究者都曾指出,受历史传统影响,回族素有商业民族之称。这种擅长经商的特质,在新疆也得到充分表现。当然,按通常概念,经商又有"行商"与"坐贾"的区分,前者流动性大,后者则开店经营,比较稳定,规模上也容易发展。不过从乾隆年间的新疆事例来看,两者的界限不是很清晰,长途贩卖与店铺经营兼而有之的事例也不少,这与新疆地处西陲,而商人经营的多为内地商品,因此必然伴随长途转运,应当有很大关系。

以开店经营的具体例子来看,杂货店相当多见。"杂货"一语泛指各种日用商品,此类商品的货源一般来自内地省份,通常有瓷器、丝绸、布匹、药材、铁器、茶叶以及各种日用物件。据赵钧瑞之子赵世保供述,他从苏州购进的货物包括了濮院绸30箱以及瓷器、顾绣衣服和其他杂货,零星杂货类更是多种多样,小到手帕、小荷包、缎子绒领等维吾尔妇女亦喜爱的东西。① 此外,从赵钧瑞派人从阿克苏送往叶尔羌后来被没收入官的货物看,他还经营着黑糖、白糖、冰糖及银鱼、海参、鱼翅等内地产的海鲜类商品。②

乾隆五十三年(1788),因违禁贩卖大黄而被捕的西宁回民李生贵、马有德等,则是典型的行商方式。两人于前一年贩卖雨缨子等杂货出口,沿途售卖,遂来到乌鲁木齐。货物售完后,听说茶叶、木碗、大黄等贩往南路可以获利,又私买大黄1300多斤到阿克苏售卖,然后继续西行,来到喀什噶尔贩卖余货。③

除了杂货店,回民经营较多的还有肉铺和饭馆。从事例可知,许多回民自述卖羊肉或卖肉,两者同义,都指卖羊肉,有时兼营屠宰,或加工熟食。出于宗教信仰和生活习惯的不同,非穆斯林的汉人难以染指此类经营,而回民以此为生的十分多见。饭馆也称饭铺、吃食铺。嘉庆十六年(1811),喀什噶尔参赞大臣铁保在奏疏中表示,城内"所有售卖者俱系吃食、碎小器用物件,并非大本商人",并指出这是乾隆年间以来的现象。④ 其中也有黄虎儿这样

---

① 《乾隆朝惩办贪污档案选编》第1册,第718、722页。
② 《乾隆朝惩办贪污档案选编》第1册,第851—852页。
③ 《宫中档乾隆朝奏折》第71辑,第778页。
④ 中国第一历史档案馆藏:《军机处录副奏折·民族事务类》,嘉庆十六年铁保附片。

的例子,先开饭铺,继而受雇为人做饭,后来回到肃州放羊,职业上相对流动。再如居住在迪化州的哈明,系售卖奶茶为生。

在清代的华北、西北地区,与家畜业并行的是皮毛业,这两个是回民从事较多的行业,同样的情况也见于新疆。在档案中,既可以看到类似萨金海这样的"卖羊回民"或回到肃州放羊的黄虎儿,还可以看到许多回民在新疆从事皮毛的鞣革、加工、缝制以及皮货买卖等。如乾隆四十三年(1778)因私买玉石被查问的马天怀,系在哈密开皮货店;乾隆四十九年(1784)被卷入"回经搜查事件"的马应见也是在哈密"开皮坊"。回民的手工业者也以加工皮毛的匠人居多,按照工序分工,鞣革制革者称皮匠,缝制皮活者称毛毛匠。前者可以举出迪化州的穆守荣、叶尔羌的马世德等例,后者如迪化州的马宗、妥六十五、叶尔羌的罗文贵等。

(二)运输业与佣工

在西北省份及新疆的贸易活动中,运输业的重要性不言而喻。用于运输的运力或为骡马或为骆驼,而对于担任运输的人员,称呼上又有车户、脚户、车夫、驼夫、骆驼客等多种。名称的多样不全是任意,它体现着从业者的劳动方式。一般来说,车户、脚户自己拥有生产资料,如车辆、畜力,他们雇佣车夫、驼夫、骆驼客为其赶车或拉拽骆驼、骡马。直到近代,西北地区的这个行业仍以回民为主,而本文的众多事例也体现出这一特点。如西宁回民韩得,自幼随父亲出口,父亲死后一度返回肃州,乾隆四十一年(1776)再度前来,在天山南路赶车,不仅拉货,还承揽了要入京觐见的喀什噶尔伯克的行李车,他的身份应属于车户;同时,受雇的车夫可举出明启华、王之得二人为例。明启华原在叶尔羌佣工度日,因办事大臣离任回京,需要车夫,便雇了他和其他几人"拉马赶车进口"。王之得自乾隆三十六年(1771)起在口外各处"受苦",即出卖体力为生,乾隆四十年(1775)受雇为运送官茶的驼队拉骆驼,因此来到伊犁。类似此二人以出卖体力为生的佣工者相当普遍。他们大多处于生活贫苦、缺少保障的状态,因此也最不安定,对异乡并无留恋,当衣食无着时,容易铤而走险。乾隆五十年(1785)发生在奇台县西葛根的盗窃户民骡马案,就是以麦宗朋为首的几个佣工回民结伙而为,他们在骑行至哈密时被拿获。

(三)驻防屯田兵

新疆统一后移驻当地的绿营兵力有一万数千人,主要派自陕西、甘肃各提标,他们当中有相当一部分为回民兵弁。

佐口透曾在其《新疆民族史研究》书中专辟一节讨论新疆绿营中的回民兵士问题。苦于缺少乾隆、嘉庆时期的史料,他举出年代较晚的《清宣宗实录》、璧昌《守边辑要》中的道光年间的若干例子,并引用同一时期或更晚些进入该地区的 V. 拉德洛夫、Ch. Ch. 瓦里汗诺夫、H. 兰斯代尔等人的旅行见闻。19 世纪 50 年代到过伊犁的 V. 拉德洛夫称伊犁地区有"汉兵"(指绿营兵)3000 人,由汉人和东干人(即回民)组成;1882 年到该地的 H. 兰斯代尔则称发生新疆穆斯林民众大规模反清起义之前的 1862 年,伊犁河谷的东干人估计达到 6 万。 这些记载无疑都有参考价值,佐证了 19 世纪中叶以后北疆的驻防屯田绿营里有相当数量的回民兵士及家眷。然而若要探究这一现象的源头,仍要回溯到乾隆中期以后。

在为数不多的相关档案中,在伊犁的屯兵苏旺成和在库尔喀喇乌苏的屯兵马天福是乾隆年间的两个代表性事例。籍贯甘肃靖远县的回民苏旺成早年在金川军营顶食名粮,后来在西宁镇总兵辖下的喇课营充当马兵,于乾隆四十四年(1779)携眷赴伊犁屯田。我们知道,绿营兵进入伊犁的历史与驻防八旗兵基本同步,自乾隆二十六年(1761)开设兵屯以来,人数逐年增加,乾隆三十四年(1769)已达到 2 500 名。这时的绿营为换班制,官兵均单身赴任,定期更代。乾隆四十三年(1778),经将军伊勒图奏准,改为与驻防八旗一样的携眷永驻,以节省费用和减少绿营官兵的负担,次年正式实施。据奏报,乾隆四十四年(1779)原定派往伊犁的陕甘绿营官兵 3 000 余名,连同家属,共迁徙了 11 800 余人。很显然,苏旺成的携眷赴伊犁就发生在这一背景下。不难想象,在携眷赴屯的队伍里,像他这样的回民兵弁不在少数。

马天福所在的库尔喀喇乌苏屯田始于乾隆二十七年(1762),也在乾隆四十年(1775)前后实行携眷。玛纳斯裁撤兵屯后,一部分屯兵并入库尔喀喇乌苏、精河屯点。虽然仅根据目前档案内容,尚无法判断马天福系何时派到当地,但可以看出他为了从事屯田劳动,需要长时间留在屯点而与家人分离,这才使得马仲良有机可乘,与其妻勾搭成奸。这条史料也让我们看到了屯兵的部分生活细节。

---

① 佐口透:《新疆民族史研究》,第 303—305 页。

(四)户屯劳动者

乾隆二十九年(1764)起到昌吉种地的户民王天斗,可以看作是农业移民中回民的代表性事例。笔者曾经专文研究乾隆年间清政府在甘肃实行的移民出关活动,这项有组织的农业移民活动开始于乾隆二十六年(1761),在乾隆四十五年(1780)宣告结束,应募而来的1万多户移民被有计划地安置在天山北麓以乌鲁木齐为中心,东起巴里坤、奇台、济木萨、昌吉、阜康,西至玛纳斯、库尔喀喇乌苏的各个屯区,昌吉便是内地农业移民较为集中的一处。这当中无疑包含了大量内地回民,只是囿于史料,尚难以单独就回民户民做更深入的考察。在当代,昌吉是新疆唯一的回族自治州,成立于1955年,这一行政建置可以间接佐证清代以来内地回民在此大量聚集的事实。2002年笔者造访当地时,曾与昌吉州属的米泉市①回族耆老交谈,他们一致认为回民迁入当地的历史要追溯到乾隆年间,而在清末陕甘回民起义之后又有大批回民陆续迁入。不过当地所编文史资料多采自口述史,尚需要第一手史料的记载与之印证。② 笔者通过爬梳档案,第一次发现了王天斗、王韩氏、王天禄等回民户民的实例,这固然令人兴奋,但还远远不够,还需要今后持续地耐心搜寻。

五、余论

以上各部分以乾隆时期为中心,尽可能全面地考察了来自甘肃、陕西的回民如何进入新疆并在当地落脚谋生的情形。其中所涉及的回民移居新疆事例堪称丰富多样,有助于生动展现这一移民群体在当时的西迁大潮中的样貌与动向。

当然,这些考察对于清代回民的新疆迁移研究这一课题来说,还都只是

---

① 米泉市于2007年划入乌鲁木齐市,改称米东区。
② 米泉市政协文史资料编辑室编《米泉回族》书中收入邓菁所撰《米泉回族的来源与分布》一文,称乾隆年间曾由甘肃河州迁来回民2万余户,其中550余户迁居乌鲁木齐地区,未注明所据,而笔者在档案及其他史书中亦未得见类似记载,似不足于信。而苏永德《略谈新疆回族源流》(载《回族研究》1994年第4期)谈到昌吉二六工乡军户村一些回族老人称他们的先辈是乾隆四十一年(1776)被发配到昌吉的屯犯,则提示我们遣屯中的回民遣犯也构成了昌吉回民的一个源头。

初步的和有限的。就现阶段的进展而言,至少还有以下问题值得积极关注。

第一,目前掌握的回民事例,绝大多数居住在南北疆各城及其周边,从事有关商业或其他流动性较强的职业,而较少有与农业相关者。应当如何理解这种情况,是视其为回民在新疆居留的一个特征,抑或纯属史料阙载所致? 这个问题还需要继续追踪观察。

第二,移民进入他乡,势必面对如何与当地社会相处乃至融入的重大考验,回民也不例外。我们知道,回民经过与内地汉族长时期的杂居共处乃至有条件的通婚,无论在日常用语、服装穿着上,还是相貌上都逐渐接近。然而在他们向西迁移,进入新疆时,除了作为内地移民的一部分与汉族移民具有共性之外,作为来自内地的穆斯林,从生活习俗、宗教信仰到心理认同,又与汉族具有明显差异,而与当地的穆斯林社会具有共通之处。当他们在新疆重新进行社会构建,这种差异如何影响到他们与汉族移民群体以及与当地土著穆斯林群体之间的关系,也是值得我们进一步认真探究的问题。

第三,乾隆后期,由于清廷未能妥善处理西北回民社会内部的新老教派之争,轻易介入并偏袒一方,导致新教回民武装抗清。第一次起义发生在乾隆四十六年(1781),乾隆四十九年(1784)又爆发了更大规模的武装反抗。面对回民的反抗,清廷采取了极为残酷的镇压措施,并将镇压范围扩大到在新疆的起义回民亲属,对回民在新疆的宗教生活也严加监管。此后清朝虽然没有直接限制内地回民出入新疆,但回民所处的社会环境较之前恶化,是不争的事实。这一切不可避免地加重了新疆的回民移民与清朝统治者之间的对立,甚至演变为同治初年穆斯林反清大起义的一个导火索。① 这一点,也是观察清中后期居留新疆之回民移民群体时需要格外关注的一点。

(原载《清史研究》2017 年第 2 期)

---

① 研究同光年间新疆穆斯林事变的张中复及 Kim Ho – dong(金浩东)均指出,本次回民起事的导火线之一是当时新疆各地盛传"洗回"的流言,使得回民人心浮动。见张中复《清代西北回民事变:社会文化适应与民族认同的反思》,中国台北联经出版事业公司,2001 年,第 119 页;Kim, Ho – dong. *Holy War in China:the Muslim Rebellion and State in Chinese Central Asia 1864 – 1877*[M]. Stanford Press,2004:3 – 4.

清代新疆玉石交易中的商人与商路

中国的玉文化源远流长。"玉,石之美者"。在中国古代,美玉不仅被看作天地灵气之所聚,成为权力与财富的象征,也被赋予美好的精神道德内涵。但是,就产地而论,中国内地出产有限,受历代帝王和上流社会青睐的美玉大多来自周边,其中塔里木盆地南缘昆仑山麓出产的和田玉更是几千年来闻名遐迩。据考古发现,早在3 000多年前,新疆的和田玉就已输入内地,因此西去的丝绸之路也曾是一条东来的玉石之路。不过,直到17世纪,受时代条件的种种局限,我们还很少能看到关于大规模的民间渠道的玉石流通的记载。然而到了18世纪中叶也即乾隆年间,随着清朝平定天山南北,形成前所未有的大一统格局,加之最高统治者乾隆皇帝本人对玉极度推崇痴迷,一场前所未有的"逐玉"热潮随之兴起。无数内地民间商人(史料中多称其为"商民")竞相出入嘉峪关,奔走于新疆和东南沿海之间,不仅开创了新疆玉石流通的新纪元,也从侧面反映出清代跨地域远距离商业活动的新面貌。

关于清代新疆玉石交易的兴盛,不少学者曾予以关注并撰文述及,但迄今为止讨论较多的仍是乾隆四十三年(1778)发生的叶尔羌办事大臣高朴私鬻玉石案,研究也多偏重该案件的过程及其政治意义。① 笔者认为,对于乾隆中期以后蓬勃兴起的新疆玉石交易,需要从更广阔的视野上来把握,尤其要关注这一现象所具有的经济和社会意义。由于清代档案里保存了相当丰富的第一手史料,我们有可能具体考察当时活跃于边疆和内地之间的那些商人群体,透过一组组鲜活的事例,了解他们的商业行为和商路状况,并由此进一步认识大一统格局下,清代长程贸易的特点及新疆与内地社会日益紧密的各种联系。

一、乾隆中期新疆玉石交易的兴盛及其背景

塔里木盆地南缘昆仑山麓的和阗及叶尔羌一带是新疆主要的玉石产地。根据玉矿的所在和开采方式,玉石又有山产与河产的区别。叶尔羌的密尔岱山、和阗的哈朗归山等处开采的玉石称为山玉(又称碴子玉、渣子玉、山料),而和阗的玉龙哈什河、哈喇哈什河以及叶尔羌河等河中采捞的玉石称为河玉(又称玉子、子玉、子料)。其中玉龙哈什河所产之玉色泽通透,质地温润,手感细腻,是新疆玉中的极品,即世人所赞的"羊脂玉"。

清朝平定天山南北后不久即将和阗玉定为岁贡之物。从乾隆二十六年(1761)开始,清廷每年春秋两季派回部民众在河中采捞,每季定期15天,"所产玉石视现年采取所得缴纳",不设定额②。与此同时,清朝又下令在哈

① 这方面的研究成果颇多,如傅乐治:《清高朴盗卖官玉案考实》(上、下),载《故宫学术季刊》1979年第3—4期;江珊:《乾隆帝惩处高朴私贩玉石述略》,载《历史档案》1993年第1期;周轩、齐清顺:《乾隆帝与新疆高朴玉石案》,载《新疆大学学报》2001年第2期;中西直子:《高樸玉石案捜査からみた乾隆帝の官僚統制》,载《史峯》第11号,2010年等。另一方面,关注玉石贸易本身与商人活动状况较早的有日本学者佐伯富的《清代新疆における玉石問題》,载《中国史研究》第2卷,1971年;其后有赖惠敏的《从高朴案看乾隆朝内务府与商人》,载《新史学》13卷1期,2002年;及 James A. Millward. *Beyond the Pass, Economy, Ethnicity, and Empire in Qing Central Asia* 1759—1864[M]. Stanford University Press,1998. 佐伯富论文发表较早,主要依据《清实录》中的资料考察与高朴有关的山西商人,后两位则大量运用档案史料,且更广泛地关注商人在玉石贸易中的表现,对笔者有借鉴意义。但赖氏的重点在于商人和内务府的关联,另一位限于书中的篇幅,有些问题未能充分展开,还有进一步探讨的必要。

② 《清高宗实录》卷六〇二,乾隆二十四年十一月辛巳。

朗归山和密尔岱山等处不定期地开采山玉,用来制作玉磬、玉雕等大型物件。河玉系从山上被河水带到平地屡经冲刷而形成,所以形状圆浑而个体较小。山玉则不然,因为进山开采,常可采得数千斤的大块,虽然色泽质地可能不及河玉,但各有用途,不可替代。所有以上的开采活动,都在清朝官方的严密控制下进行,开采现场有官兵监督,运送出入的路径设卡伦台站稽查。因为采玉为国家垄断事业,此项玉石被称作"官玉"。官玉用于进贡,本不具备商品的性质,即便不能杜绝少数违法的私采私贩,但由于没有其他条件的推动,一般来说也难以达到大量进入商业流通的程度。然而,乾隆中期以后,在后一方面出现了许多新因素,新疆玉石作为极具吸引力的商品,被内地商人竞相追逐贩运,在新疆与内地的商业流通里占据了重要的位置。

首先,随着新疆纳入清朝版图,明代以来新疆与内地之间的畛域消除,越来越多的包括商人、工匠、农民等多种职业身份的内地民人出嘉峪关而络绎西来,改变了以往新疆与内地关系的格局。

早在清朝对准噶尔用兵之时,就已有众多的内地商贩、工匠跟随清军逐步西进。战事结束后,清朝为了加强对新疆的治理,重建当地经济以保障日用之需,更是积极鼓励内地民人出关。如乾隆二十五年(1760)正月的一道上谕就宣称:"西陲平定,疆宇式廓,辟展、乌鲁木齐等处在在屯田,而客民之力作、贸易于彼者日渐加增,将来地利愈开,各省之人将不招自集,其于惠养生民,甚为有益。"①在清朝的倡导下,内地民人只要持有路票,就能够出入嘉峪关,不仅进入天山北路,也可以深入天山南路各地。一则满文寄信档表明,清朝平定天山南路不过三四年,和阗、叶尔羌一带已有不少内地商人来往,而其目光正是对准了当地盛产的玉石。据该档案引用的乾隆二十八年(1763)七月二十日上谕称:"据闻,南省民人等凭借一项买卖,前往和阗、叶尔羌等处私买玉石。和阗乃官采玉石之所,若听此等奸民如此随意私买,则官采玉石必难寻得品质优良者。著传谕额尔景额、纳世通、贺成,令其留心访察,将所有私买玉石者,务必严加查处。"

要特别指出的是,内地商人之所以会踊跃深入玉石产地,其实还和驻扎此地的清朝大臣的一项措施有着密切关联,那就是负责和阗、叶尔羌之官玉

---

① 《清高宗实录》卷六〇四,乾隆二十五年正月庚申。
② 中国第一历史档案馆藏:《军机处满文寄信档》,乾隆二十八年七月二十一日条(03—130—2—072)。

开采与进贡事务的叶尔羌办事大臣,曾在当地一度实行"废玉变价"。正是这项措施为商人们购买玉石开启了方便之门,为玉石的"合法商品化"提供了契机。而这样一个非常重要的环节,在以往的有关研究中大被忽略了。

根据笔者目前所见史料,"废玉变价"的动议应始于乾隆二十八年(1763)叶尔羌参赞大臣额尔景额任上。他的主张是:"和阗、叶尔羌采获玉石内,其挑剩废玉,酌情折价,卖给官兵,拨入公费,以备赏赉之用。"①

额尔景额所说的"废玉",有时也叫"劣玉",指成色、形状或重量达不到贡玉标准的残次品,每年在当地都会大量剩余这类废玉。额尔景额建议将废玉折价卖给驻扎当地的官兵,相应扣除对方的一部分盐菜银即生活津贴,再将变价所得款项归入公费,以备赏赉之需。

清廷对额尔景额的主张如何批复,限于记载目前尚不得而知,但从同折内永贵奏称"嗣后各卡台站经发觉拿获及自首交出之玉石,其中有块大色优者解送京城,其色劣块碎之少量玉石,均照此变价,卖给官兵,其价银拨入公费,年终奏销"来看,此举确曾实施,并被其后任者沿袭。如乾隆三十四年(1769)叶尔羌办事大臣期成额就上奏称:"拟将每年选剩之玉石皆定价,一体卖给官兵,仍将玉石颜色、斤两数、定价钱数交付办理粮饷同知、逐块写小条钤以图记给予买者,以为凭证。"②这说明仍在沿袭旧例。虽然乾隆皇帝在批复中认为将无用废玉卖给官兵,扣除官兵的盐菜银,势必影响其生活,未免不妥,但期成额随后申辩说:废玉变价并未加重官兵负担,因为商人也参与其中,而且"如照前例于废玉变价时给以官方照票,则官兵及商人皆乐于购买,以奴才愚见,凡购玉者请允许一体发给照票",第一次道破了"变价"一事中的奥秘。原来,废玉变价的购买者不只是官兵,还有内地来的商人,③而乾隆皇帝也在同年二月八日批复"知道了",表示认可。

允许商人购买废玉,即一部分奏折中所说的"招商变价",④对于后来玉石交易的走向有着十分关键的影响。

----

① 《乾隆朝惩办贪污档案选编》第一册,中华书局1994年版,第796—797页。
② 《军机处满文寄信档》,乾隆三十四年十一月二十九日条(03—133—3—022);《清高宗实录》卷八四七,乾隆三十四年十一月丙午。
③ 中国第一历史档案馆藏:《军机处满文录副奏折》,乾隆三十五年正月初六日叶尔羌办事大臣期成额奏(088—1583)。
④ 《乾隆朝惩办贪污档案选编》第一册,第634页。

据有关记载,我们可以将乾隆三十八年至乾隆四十三年(1773—1778)与商人购玉有关的规定归纳如下:

(1)乾隆三十八年(1773)期成额奏订两条。所产玉石,"除挑选进呈外,编列号数,令官兵商民认买";"无论山玉河玉,总以五十斤为度,发给照票,其五十斤以外者概不估变"。①

(2)乾隆四十三年(1778)高朴增改订两条。所采玉石"选取色润而整重者办理送京,其余六成令商民领票认买,四成赏给采玉回众";"期成额原议五十斤为度,未免将整块者势必凿破,亦觉拘泥可惜,嗣后河玉仍照原议五十斤,其山玉变价改为一百五十斤为度"。②

不难看出,乾隆三十八年(1773)以后,允许商人介入玉石交易被纳入明文规定,只要买者持有照票,也称官照,就为合法。同时,对于发卖玉石的重量尚有限制,最大不得超过50斤。到了乾隆四十二年(1777),在新任叶尔羌办事大臣高朴的积极主张下,各项规定又进一步放宽。首先,挑剩玉石的六成都允许商人购买,另外四成虽然作为对参与开采的回部民众的赏赉,但实际上也辗转被商人买走。其次,山玉的重量限制放宽到150斤。这一切都为新疆玉石在合法形式的掩护下进行大规模流通开拓了道路。

商品交易必须建立在买卖双方的供求关系上,作为商品进入市场的新疆玉石也不例外。新疆"逐玉"热潮能够兴起的又一个重要因素,是乾隆时期内地省份特别是东南沿海地区的玉石市场高度发达,对玉料有极大的需求量,而这一点,又与当时上流社会的尚玉风气密切相关。

众所周知,乾隆皇帝爱玉成癖,几乎达到痴迷的程度,清代宫廷所藏玉器的半数以上来自乾隆时期。他对新疆之玉的钟爱程度也是无可比拟的。一个极具代表性的例子是今天故宫里的"大禹治水图玉山"。该玉雕采用密尔岱山产青玉,重达万斤,因体积过于巨大,拖拽的车辆每天只能行进二十到三十里,从新疆运到北京就花费了3年多时间,而后又将其运到扬州由玉匠进行雕琢,前后历时10余年才告竣,可谓工程浩大,耗资无算。

皇帝对玉的偏好也极大地影响到官僚大臣。高级官员不仅自己玩赏玉器,更争相网罗宝物进贡以博取皇帝欢心。据研究,官员个人向皇帝进献方

---

① 《乾隆朝惩办贪污档案选编》第一册,第672页。
② 《乾隆朝惩办贪污档案选编》第一册,第672—673页。
③ 杨伯达:《清代宫廷玉器》,载《故宫博物院院刊》1982年第1期。

物的风气在乾隆年间达到顶峰,此举名义上是"任土作贡",实际上并不限于各地特产,举凡金银器皿、书画古董、宝珠珍奇等都可用来进献,为了投皇帝所好,进贡玉器者尤为普遍,对此连乾隆皇帝本人也不讳言。如在谈到玉如意时他说:"督抚等于呈进方物时,间有以玉如意附进者,朕因如意寓祥占,且计所值无几,间亦赏收,以联上下之情。"又如谈到新疆官员贡物时说,"回疆办事大臣从无进贡之事,或伊等因所赏养廉优厚,积有盈余,将回部玉碗及痕都斯坦所做玉器购买数件呈进,朕亦间为收存。"①

乾隆四十年(1775)以后,随着乾隆皇帝七旬大寿的临近,朝廷上下更是不遗余力地多方搜罗贡物,人们的目光每每投向玉坊集中、玉匠高手云集的江南,特别是苏州和扬州。在清代,苏州阊门内的专诸巷和扬州的梗子街一带玉行林立,史料称苏州"五方杂处,百货聚集,自蒙皇上天威开拓新疆以来,各处商人时有私贩玉石来苏之事"②;扬州也呈同样景象,"间阎繁庶,其借售卖玉石玩器以资糊口者甚多"③。长期以来,内地对玉石的需求量居高不下,刺激了苏州、扬州等地玉市场的行情上涨。乾隆四十三年(1778)苏州售出的一支玉如意标价4 000两,几近通常市价的3倍,连乾隆皇帝闻讯都感到吃惊。④ 这一切足见玉石在流通过程中产生了高额的利润,这也是为什么内地商人愿意不避险远前往新疆的缘故。在玉石流通的带动下,一个自叶尔羌到苏州、扬州的商业活动网络日益壮大。

二、从高朴私鬻玉石案的相关资料看玉石商人和商路

所谓高朴私鬻玉石案,是乾隆四十三年(1778)被揭发出来的。高朴一族原为内务府包衣,因祖父高斌之女为乾隆皇帝之慧贤皇贵妃,一门以皇室姻亲而显赫,抬入满洲镶黄旗。高朴于乾隆四十一年(1776)派驻叶尔羌任办事大臣,次年四月到任后,立即发现买卖玉石可以带来巨额收入,于是利用职务之便染指此事,一方面上奏修订废玉变价条例,使各种限制条件放宽,同时勾结当地的阿奇木伯克鄂对等人役使数千名民众进密尔岱山采玉,

---

① 《乾隆朝惩办贪污档案选编》第一册,第634、656页。
② 《乾隆朝惩办贪污档案选编》第一册,第480页。
③ 《乾隆朝惩办贪污档案选编》第一册,第726页。
④ 《乾隆朝惩办贪污档案选编》第一册,第637页。

获玉达10万斤之多。随后他又指使在叶尔羌的内地商人为其运送玉石到内地售卖,以牟暴利。这件事在乾隆四十三年(1778)因新任阿奇木伯克揭发而暴露,接到奏报的乾隆皇帝大为震怒,下令将高朴抄家并处死,又展开全国性大搜捕,不仅捉拿与高朴勾结的内地商人,还严令各地查办所有私自携带或售卖新疆玉石之人。这场缉查历时近一年,牵连范围极广,许多与此案并无直接关联的内地商民也被捉拿审讯,因此形成了一大批由官员奏报和当事人口供组成的档案,而这些也恰好成为我们研究当时状况最直接且生动的第一手资料①。笔者拟分两部分进行考察,首先考察与高朴联手帮其卖玉的那些商人及其同伙,把对与高朴案无直接关联的一般商人的考察放到第二部分。

(一) 与高朴联手的玉石商人

高朴在叶尔羌非法获得了大量玉石,但要在内地出手并完成交易,就必须依赖有一定实力的内地商人及其团队才能实现。而从事玉石交易的内地商人也乐于借助高朴的权力来帮助自己获得便利、减少风险,因此,两者互为利用。参与高朴私自售玉的主要是两个商人及其同伙,一个以山西人张銮为代表,另一个以陕西回民赵钧瑞为代表。

1. 张銮②

张銮,又作张名远,山西省右玉县民人,案发当年31岁,他代表的是从旅蒙商起家发展到新疆贸易的晋商势力。

张銮自述从乾隆三十一年(1766)起就在同乡贾有库开的归化城三义号杂货铺内当伙计,三义号在乌鲁木齐、阿克苏、伊犁设有多处分号及货栈,张銮常被派往"口外"(指新疆)打理生意。他精明能干,羽翼丰满后便谋求独立,于乾隆四十一年(1776)辞工单干。③

据张銮供称,他于乾隆三十五年(1770)贩丝绸、梭布到叶尔羌,得知当

---

① 有关档案的绝大部分集中收入了1994年由中国第一历史档案馆整理出版的《乾隆朝惩办贪污档案选编》第一册内,但仍有一部分现存于中国台北故宫博物院图书文献馆,研究时需要用两方面的档案来比照和补充。

② 以下有关张銮的叙述参见《乾隆朝惩办贪污档案选编》第一册,第514—521、539—540、557—560、654、751—752页。又《乾隆朝惩办贪污档案选编》第一册中的满文档案将其名译作"张鸾",此处遵从了多数汉文档案中的姓名。

③ 《乾隆朝惩办贪污档案选编》第一册,第557页。

地正在发卖官玉,敏锐地感到这是一个机会,立即买入一百二十斤,每斤价钱五两五钱,运到阿克苏每斤卖了十一两,翻了一番。此后乾隆三十八年、乾隆三十九年、乾隆四十二年等又多次到叶尔羌,从官局购买或从当地回人手里私买玉石,卖价仍然十分可观。如乾隆三十九年(1774)从官局购得变价玉石一百斤,每斤价银一两,到了肃州卖得每斤八两,比乾隆三十五年的回报更丰厚,只是仅通过上述渠道能够买到的玉石数量仍然比较有限。随着乾隆四十二年(1777)高朴的到来,情况为之一变。张銮通过高朴家人和担任通事的郭普尔见到高朴,高朴从张銮手中多次购买绸缎等物,没有付钱而答应以玉石支付,条件是张銮要与家人李福一起把高朴的玉石拿到内地出售,张銮接受了这个条件。

乾隆四十二年(1777)九月,张銮带着装载了大批玉石的车队共计十数辆(其中玉车六辆)从叶尔羌出发,车上高朴的玉石计二千八百斤(包括说定作为货款还给张銮的八百斤),张銮自身则另有阿奇木伯克鄂对抵账给他的五十一块玉石,计一千二百斤,这样他和高朴的玉石计四千斤。车队打出高朴的旗号,一路上经过阿克苏、库车、喀喇沙尔、辟展,浩浩荡荡进关,毫无阻滞。进嘉峪关后,他们在肃州把车队改成骡驮子,张挂"兵部左堂"(因高朴以兵部侍郎衔出任叶尔羌办事大臣)的灯笼。① 此后的行走路线:由凉州府境到兰州府境,为了不惹人眼目选择了"走边墙"即长城沿线,过宁夏府中卫县,经过陕西吴堡县,到山西汾州,再经河南到安徽,过临淮关至浦口,在此换船改走水路,一路下江宁到镇江口后,为了绕过浒墅关的盘查,特意换小船走"泗安小路",经过无锡、宜兴、湖州,于乾隆四十三年(1778)四月到苏州,前后历时半年。②

张銮乾隆四十一年(1776)在苏州置买顾绣丝绸等货物时,已在专诸巷内租赁了房屋,还养了妾,他在当地是知名的玉客,人还未到,"西客张名远(即张銮)"将至,带来上好大玉的消息已经传开。由于结交广泛,人缘很熟,高朴的 2 800 斤很快售出,共作价 128 850 余两,张銮拿到了属于自己的本利银 30 281 两。他自己的 1 200 斤一部分做成玉器,一部分售出,但因高朴案发,未及完全脱手就被查抄。

---

① 高朴家人李福供称"兵部左堂",而张銮供称"兵部右堂",分别见《乾隆朝惩办贪污档案选编》第一册,第 526、558 页。

② 《乾隆朝惩办贪污档案选编》第一册,第 580—582、654 页。

2. 赵钧瑞①

与张銮相比,籍隶陕西省渭南县的回民商人赵钧瑞则代表了乾隆以后向新疆流动的内地回民势力。

案发之年46岁的赵钧瑞进入新疆的时间比张銮更早。乾隆十二年(1747),还是少年的他就与当靴匠的父亲一起离开家乡寓居肃州,乾隆二十一年到乾隆二十四年(1756—1759),他前往清军大营所在的巴里坤、辟展、喀喇沙尔一带贩靴子,乾隆二十五年(1760)又赶羊到库车去售卖,并留在当地充当乡约。两年后他一度辞去乡约回渭南老家,但没有多久就再度出口,此后有近20年再未还乡。

赵钧瑞在南疆经商多年,积累了可观的资产。乾隆二十九年(1764),他从肃州买了粗瓷器、绸子、茶叶到阿克苏开杂货铺做买卖,乾隆三十年(1765)把南疆的棉花拿到伊犁去卖,后来又到叶尔羌开杂货铺、客店、饭馆,并买下庄子。乾隆四十三年(1778)时,他的资产是叶尔羌杂货铺1间、客店3处、饭馆2处、庄子1处,阿克苏客店饭馆3处、骆驼70头,肃州有骆驼90头。一般来说,内地商民在新疆多属小本经营,与这些人相比,既有店铺、房产又有运输脚力的赵钧瑞可谓实力不凡。

据赵钧瑞供称,他也是乾隆三十五年(1770)到叶尔羌,赶上当地在"废玉变价",当即买下1 300斤,拿到肃州出售。然而肃州的玉石行情不好,他赔了本。乾隆四十一年(1776),他再次购入4 200多斤官玉,全部都有照票,交给儿子(实际是养子,从巴里坤抱养的)赵世保拿到肃州去卖。这次获利,以每斤不到1两购进,以2两到3两卖出。他在供词中说:"我系做买卖的人,希图赚钱,因到叶尔羌贩买杂货,见买玉石的利息甚重,别人赚钱很多,我就陆续收买转卖,积得利多,本钱既重,买的玉也就多了。"②乾隆四十二年(1777)赵钧瑞到十三台迎接赴任的高朴,因为自身有债务纠纷,想要寻求高朴的庇护,为此向高朴馈赠了各种财物,两人之间的关系也日益密切。

乾隆四十三年(1778)三月,赵钧瑞带着积攒的300余斤官玉和从当地回人手中买下的400斤私玉准备回乡(后来在路过库车时又收购了300多斤,总计超过1 000斤)。高朴要求赵钧瑞将自己及侍卫纳苏图、家人常永

---

① 以下有关赵钧瑞的叙述参见《乾隆朝惩办贪污档案选编》第一册,第536、676—678、714—715页。

② 《乾隆朝惩办贪污档案选编》第一册,第715页。

的玉石共计3 000斤也一并带到内地出售,指示要卖15两一斤,后来又提高到20两一斤。常永和赵钧瑞同行,到肃州等候了一段时间,因为玉价达不到高朴的期望不能出手,只好继续东进。这时,常永建议赴苏州出售,而长期以来主要在肃州和新疆之间出入往来的赵钧瑞,或许是觉得对江南不够熟悉或有其他原因,总之他不同意立即前往苏州而主张先到自己的老家渭南再作商议,并与常永分开行动。然而就在此后不久,高朴私鬻玉石案东窗事发,九月末十月初,常永和赵钧瑞在去渭南的路上先后被捕。

赵钧瑞本人虽然没有亲到苏州,但是从审讯中得知,赵世保和伙计们曾到苏州卖玉讨账并办回头货,一次就购置了4 000多匹绸子及手帕、小荷包、缎子绒领等货计71个箱包,还买了十几篓茶叶,①所以他的商业活动在地域上同样连接着新疆和江南。不过,赵钧瑞的经商队伍很有特点,除了依靠亲友,如儿子赵世保、表弟蓝世洪、族叔赵金海②等,还借助了内地回民的关系网络。贸易往来不可或缺的伙计、马夫、伙夫等,都雇用内地出身的回民,堪称一支回民商队(图1)。同时,他说自己之所以能在叶尔羌得心应手,还因为和当地民众同为穆斯林的这层关系。他本人会说当地语言,在被问及如何认识阿奇木伯克鄂对时,他回答:"我因同是回教,从前时在叶尔羌过年,替他们拜节就认得的,送他们些绸缎茶叶瓷器是有的,他们也给我们些羊只面米柴油。"③从史料记载看,赵钧瑞经手的玉石数量大于张銮,常能超过千斤甚至达到数千斤。之所以出现这样的情况,除了因他在南疆经营年久、根基比较牢固以外,宗教意义上的"地利"条件显然对他也有相当大的帮助。

据审讯结果可知,除了上述张銮和赵钧瑞,从高朴手中买了玉石的还有在叶尔羌的其他三名内地商人,分别是袁炳堂、徐茂儒和周星若。不过,他们没有参与为高朴倒卖玉石的活动,故在性质上与张銮、赵钧瑞两人有所区别。这三人中,袁炳堂具有长随的身份,不是单纯意义上的商人,暂且不论,徐茂儒、周星若二人可以视作一般商人,作为下一部分内容进行考察。

---

① 《乾隆朝惩办贪污档案选编》第一册,第722页。

② 关于赵金海,各供单的说法有些许出入,另一说称他是赵钧瑞认的联宗兄弟,并无直接亲缘关系。

③ 《乾隆朝惩办贪污档案选编》第一册,第678页。

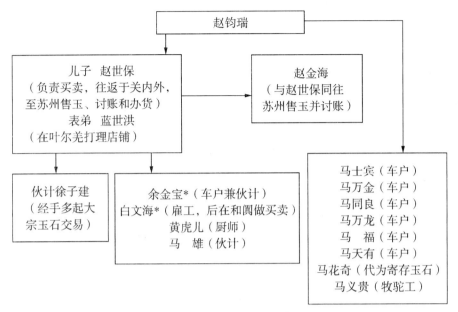

图 1　赵钧瑞经商队伍①

(二) 一般玉石商人

在大搜捕中,至少有六七十名与高朴案无直接关联的一般内地商人也相继受到追究。原因是他们在这一时期也不同程度地从事了新疆玉石的买卖,有私贩玉石之嫌。虽然最终证明他们并未卷入该案,但大多数人的玉石来自私玉,少数有官票者系从张銮或赵钧瑞的渠道辗转流出,所以都被定为违法,一律没收入官并处罚金。透过几十份商人供单,我们不难看到在那个"人皆逐玉"的时代里新疆与内地之间热络的商业往来,以及活跃于其间的商人个体或群体。

为了便于叙述,笔者先将有关事例整理为表1,再根据表1来分析一般商人的地域分布、贩玉契机、交易方式以及商业路线等。

---

① 除了徐子建民族不明外,其他人均为内地回民,加 * 者为渭南县籍。

表1　一般商人的地域分布、贩玉契机、交易方式及商业路线汇总表①

序号	姓名	别名	贩玉概要	史料来源
1	杨添山 赵绳武 朱大川 张福保 武积贮 张绛贵 马玉贵 庄栋臣 张振然 吕胜吉 李士元	—	杨添山，江苏长洲县人，乾隆四十二年同赵绳武贩绸缎到西安，后转往肃州卖完。因遇见朱大川、张福保、武积贮、张绛贵（武积贮之伙计），商议贩玉往苏州售卖。凭肃州人刘吉议价，向该地回民阎子贵等买得玉石数十块，又在兰州收买二三十块。马玉贵、庄栋臣、张振然、吕胜吉、李士元五人原各贩驼只杂货，因向杨添山等借本凑买玉石，所以也跟往苏州。杨添山此前多次在肃州买玉贩往苏州，乾隆三十六年伙同张福保买了180斤，乾隆三十八年伙同朱大川买了200斤	②491、766—767、886
2	吴苞洲 汪茂元	—	二人均为江南徽州人。吴苞洲45岁，乾隆四十一年在扬州用银4 000两买入绸缎赴甘肃，乾隆四十二年冬在肃州卖完后买官茶去阿克苏售卖，在此遇到贩卖绸缎的同乡汪茂元。汪茂元41岁，乾隆四十一年带着价值约千两的绸缎等货赴陕甘，先到兰州，又到肃州，因货未卖完，出口到阿克苏。二人经骆驼客阎子贵介绍从马姓处买230斤玉石作价2 170两，均无官票。乾隆四十三年七月归途中在西安被捕	②453、513、634、707—708
3	王德章	—	36岁，苏州元和县人。乾隆四十二年十一月从江南带绸缎到西安、兰州货卖，因未卖完又往肃州，卖完后买当地回民张姓玉石19块共87斤，带到泾阳时被拿	①21442；②646
4	徐舜如	—	苏州人，乾隆三十八年从苏州贩杂货到甘肃，乾隆四十一年赴阿克苏、叶尔羌，见过周星若兄弟，乾隆四十二年回阿克苏，向兰州回民马姓买过玉料两块，重220斤，乾隆四十三年三月在扬州经宝玉行说合卖得7 000两	②694

---

①　表中事例来自两类史料，①为台北故宫博物院图书文献馆藏《清代宫中奏折及军机处档折件》，表中只注明档案文件号；②为《乾隆朝惩办贪污档案选编》第一册，表中只注明页码。

续表

序号	姓名	别名	贩玉概要	史料来源
5	周星若	—	苏州人,在叶尔羌经商近10年,会制玉器,曾求高朴买官玉,案发后从其住处搜出玉石500斤,皆有官票	②734
6	徐茂儒	—	江南商人,本在关外经商,因听说准许商贾购买叶尔羌山玉,于乾隆四十三年四月来叶尔羌。经高朴家人沈泰引见,与高朴议定买上好玉石3 000斤,共交银9 500两	②733
7	贾文经	—	47岁,山西右玉县人,为贾有库远房侄子,在归化城三义号铺内做伙计,乾隆四十年被派到乌鲁木齐,于乾隆四十一年陆续收得玉石200斤,乾隆十二年到苏州卖给卫全义,价银5 500两,置买绸缎等货寄回。又称阿克苏有赵钧瑞以玉石抵账,卖到苏州,得价7 000两	①21748;②751—752
8	赵明珠 武积贮	—	赵明珠,山西介休县人,武积贮,山西孝义县人,均为三义号伙计。乾隆四十三年二月武积贮赴乌鲁木齐途中在口外遇到赵明珠,赵明珠称在阿克苏用茶叶、梭布等抵换得玉石550斤拟带回出售,武积贮遂接手将玉石运到北京,卖给北京开古玩店之舒二,得银7 150两	②751—752、935—936
9	柴安国 李以挺	—	二人均为山西曲沃县人,表兄弟。领张銮资本贩运瓷器。乾隆四十三年从江西景德镇运140余桶瓷器往叶尔羌,经汉口、樊城到龙驹寨,听说张銮案发后自首	②768、770
10	冯致安	—	32岁,山西汾阳县人。先在杀虎口三义号,后替张銮将杂货贩往叶尔羌。乾隆四十三年与张銮一起贩玉至苏州	②580
11	卫全义	卫和斋	山西曲沃县人,从小贩卖绸缎杂货,亦通晓玉器制作。乾隆二十三年曾到哈密。乾隆三十五年起长住苏州,见贩玉利润息甚厚,就陆续收买玉料做成玉器转卖。曾与甘肃人魏佳士合贩绸缎杂货赴甘肃贩卖,后认识张銮,为其说合生意	②628、779

续表

序号	姓名	别名	贩玉概要	史料来源
12	任孝曾	任效曾	44岁,山西右玉县人,曾在杀虎口关当书吏。乾隆四十一年,听往来归化城的人说新疆生意好做,遂借当了千数两银子置买绸缎,于乾隆四十二年到叶尔羌售卖。后贩回黑羊皮在肃州、凉州出售,又贩往北京、苏州,受张銮之托帮其出售玉器	②549
13	李尚贤 任廷林 张正元	张振远	李尚贤,山西太平县人,向在苏州长顺号做伙计,又同张善贵、任廷林等合开任公栈。张正元,山西太原人,在肃州做绸缎生意,让李尚贤代其在苏州买货发往肃州。后张正元、张善贵租苏州房子伙开任公栈,因张正元不在苏州,由李尚贤代为管理	②692、805、861—862
14	张善贵	—	山西曲沃县人,与李尚贤等合开任公栈。乾隆四十三年五月在肃州向口外来人买玉带到苏州出售	②861—862
15	赵爱	—	山西盂县人,在肃州张振远绸缎店内做伙计,又同张善贵等在苏州合开栈房	②861—862
16	董伯易	—	山西曲沃县人,向在甘州凉州做买卖,乾隆四十二年七月贩杂货到阿克苏,买玉料4块,带至苏州,在鲍万顺行内卖给卫全义,得价银1 000余两	②861—862
17	彭信义	—	山西曲沃县人,向在陕西泾阳县贩杂货到肃州卖。乾隆四十三年六月与张善贵伙计陈宏德合买三块玉料作价9 500两,带到苏州存在任公栈,有已卖的也有未卖出的	②861—862

序号	姓名	别名	贩玉概要	史料来源
18	张连 李若楷	—	张连,39岁,山西安邑县人。乾隆三十二年到李若楷在肃州开的杂货铺做伙计,乾隆三十九年带茶叶绸缎到阿克苏售卖,以货作价3 000两,与赵钧瑞合伙买玉300余斤,带到苏州鲍万顺行内出手。又用李若楷之资本与魏良弼、朱锦瑜、徐子建(代赵钧瑞)合伙买玉1 400斤,在苏州卖得56 000余两。李若楷,55岁,山西太平县人,在肃州开常顺魁号杂货铺,毛欣扬在铺掌柜管事,张连是出外贩货的伙计	②888—889
19	樊迎吉 李文芳	—	樊迎吉28岁,山西夏县人。乾隆三十七年随父亲到肃州开杂货铺为生。乾隆四十三年四月带绸缎杂货出口,六月至阿克苏,凭山西临县某人说合买江南人周秀忠玉石,回到肃州后因乏脚价,经徐子建说合邀李文芳合伙贩玉	②646—647
20	梁清标	—	40岁,山西汾阳人,向在肃州同史登标开过客店。乾隆四十二年八月与柴均平、史登标合伙用市平色银1 820两向田生英买玉132斤,交史登标带往苏州发卖。因史登标久不回来,梁清标与柴均平去南边找他,路上又买一些过客之玉,到兰州时遇到相识的吴芭洲,将玉托给吴芭洲代卖,不想吴芭洲在西安被捕。	②23815
21	柴均平	—	44岁,山西太平县人,在肃州开杂货铺。乾隆四十二年与梁清标、史登标合伙买玉	①23815
22	史登标	—	33岁,山西襄陵县人,在肃州同梁清标合开客店。乾隆四十二年与柴均平、梁清标合伙买玉,由史登标带往苏州发卖,得银2 520两市平色银。回到扬州病了半年不曾寄信,故柴均平、梁清标二人来找,在回到潼关时被抓	①23815
23	孙全德	—	31岁,陕西蒲城县人,哈密恒顺杂货铺伙计。带玉石42块,重309斤2两,部分系哈密住家之回民马交临拿来抵账,部分买自住在辟展的刘统子,在泾阳协成店内被拿	②646

续表

序号	姓名	别名	贩玉概要	史料来源
24	田如鹅	—	65岁,山西太平县人,向在甘州肃州一带发卖油酒,零星向口外回来之人买了250余斤玉石,拿到西安去卖时被抓	②708
25	屈元	—	24岁,山西曲沃县人,从湖广贩布到肃州,买了蘑菇拟往西安,向肃州一回民买青玉1块,在西安被抓	②708
26	郭同兴 范康		郭同兴,37岁,山西太谷县人,向在凉州府开布铺为生。同乡范康赊了500多两银子的货去肃州售卖,亏本不能还,以玉折抵	②707
27	孟理中	孟履中 孟礼中	43岁,山西太谷县人,向贩杂货为生。乾隆四十三年五月置45筒梭布及靴袜、烟袋、荷包各项杂货到甘肃去售卖,并带6 500两银子欲置皮货。杂货未卖出,皮货亦难买,经所住店家说合,买下33块玉石作价6 850两,九月带到扬州,未及出售即被起获	②826—827、886
28	兰彦魁	—	41岁,山西夏县人,向在陕西泾阳县卖糖纸为生。乾隆四十三年到肃州,客店店主马大汉劝其用货换玉以获利。兰彦魁拿玉石去西安售卖,被抓	②707
29	徐子建	徐三	46岁,陕西长安县人,向在口外贩卖绸缎杂货为生,一说是赵钧瑞伙计,先后参与多起大宗玉石交易。徐子建向赵世保赊玉作价5 000两,与魏良弼、朱锦瑜、张连合伙贩卖,共本银21 000两。魏良弼又领魏佳士资本与徐子建合伙贩玉,徐子建也以玉本共银16 200两。这些玉都由魏良弼带往苏州变卖。乾隆四十三年,徐子建在阿克苏伙同董蟠、傅德、史绵世等向赵钧瑞买玉1 000余斤(徐子建出银2 000两)。乾隆四十二年八月赵钧瑞之子赵世保从叶尔羌带来玉石44块,在肃州与王洪绪等讲价,做本银27 500两,赵世保出银10 800两,由徐子建作中间人,与王洪绪等写立伙约。	①22289、22428附件、22631;②935

续表

序号	姓名	别名	贩玉概要	史料来源
30	魏良弼	卫良弼	33岁,甘肃张掖人,寄居江苏吴县,参与数宗玉石交易。与徐子建、朱锦瑜合伙贩玉,得银后在江宁置买茶叶绸缎经浦口运往山西。领叔祖魏元章资本与徐子建、毛益茂合伙贩玉	②789—792、868—869
31	魏元章	魏佳士	自出资本在陕西和苏州间往来做生意,业务由侄孙魏贵和伙计代办,魏贵带玉料到扬州出售后去苏州,在船上中暑病故。魏元章之伙计张扇桂(张成)、彭信、尹玉堂从口外贩回玉石,先后发往江南去售卖,又交资金给侄孙魏良弼代贩玉石	②829、836—838
32	毛益茂	毛有恒 毛浙	在阿克苏开店贸易,与魏良弼等合伙贩玉,在阿克苏买下400余斤玉,交伙计李攀龙办理,后病故	②829、836—838
33	朱锦瑜	朱锦玉	41岁,安徽旌德县人,未到过口外。乾隆四十二年出银3 650两在肃州与牛四、王时中、高端五、祝文相、徐子建、王洪绪、叶青等人合伙,共本银27 500两,买玉1 500余斤,到苏州售后分得银4 637两及玉料8块。又与徐子建、魏良弼等合伙,锦瑜出银9 000两、魏良弼出7 000两、徐子建以玉作本折银5 000两,共本银21 000两,买玉81块,到苏州卖玉,照股均分。所买玉石俱有印票	①21747;②790—791
34	高端五 祝文相	—	二人与朱锦瑜、王洪绪等人伙贩玉石。赵世保供称高端五乃苏州人	①22631;②790
35	王时中	王九	原籍河南,移居甘肃皋兰县,与朱锦瑜等伙贩玉石	②790
36	王洪绪	—	34岁(一说33岁),陕西蒲城县人,向在肃州开日新杂货店,伙同牛四等在肃州徐子建家买玉到苏州贩卖	①21747;②756、790
37	叶青	叶五	在甘州开瓷器铺,常发货赴肃州贩卖,遂与朱锦玉等伙买玉石。又因赵钧瑞之子赵世保以玉石600斤抵所欠货账,以此作为资本入伙贩玉分利	②804

续表

序号	姓名	别名	贩玉概要	史料来源
38	牛四	牛梅	32岁(一说31岁),山西永宁州人,回民。常在肃州做皮货生意。乾隆四十二年在肃州同王洪绪等六人在徐子建家中买玉1 500余斤,到苏州贩卖后分得3 650两。徐子建名下应分银1万余两,因徐子建未到,交赵金海带回	①21749;②708—710
39	董蟠	董焕然	山西代州人,伙同李步安、傅德、史绵世等贩玉到苏州	②839、871
40	傅德 李步安	—	傅德,甘肃固原州人,向在口外贩卖杂货,认识赵钧瑞。乾隆四十三年五月在阿克苏伙同徐子建、董蟠、史锦世向赵钧瑞买玉。傅德的资本系与李步安合伙借毛欣扬的6 500两。玉石由史锦世、董蟠及其伙计带到凉州,师四又叫伙计杜文孝同行运至苏州发卖。傅德九月从肃州回家,在家乡被捕	①22429附件
41	史绵世	师四 史四	陕西咸宁县人,和杜文孝在肃州凉州两处伙开瓷器铺,常往口外发卖瓷器。乾隆四十三年四月到阿克苏,卖瓷器布匹得银1 500两,五月同董蟠、傅德、徐三凑本银14 000两在阿克苏买了赵钧瑞1 000斤玉石运回凉州,后运到苏州卖出	①22429附件
42	杜文孝 严恭和	窦姓	杜文孝,38岁,陕西咸宁县人,与史绵世、李登科们在凉州伙开瓷器铺,同董蟠及傅德伙计严恭和一同把玉石发往扬州售卖,得知查拿后在扬州自首。严恭和已先行回原籍山西曲沃	①23008附件
43	雷英 刘贵	—	雷英,40岁,陕西合阳县人,哈密万盛杂货铺伙计。从哈密开皮铺回民马天怀、卖羊回民萨金海、骆驼客丁子彦等手中买得玉石129块,共重620斤带进关,从肃州到泾阳住义和店,被查获。刘贵,万盛铺小伙计,与雷英一起押运玉石	①21442;②646
44	田生英	—	35岁,陕西渭南县人,与山西人毛学周合伙在肃州开杂货店,买下过路客人玉石132斤转卖给梁清标等	①23815

84

续表

序号	姓名	别名	贩玉概要	史料来源
45	刘大魁	—	30岁,肃州人,在本地开估衣铺。有宁夏回民苏大赊其货银1 700两,拿玉石抵账,刘大魁拿到西安去卖时被抓	②707—708
46	胡之成	—	37岁,甘肃静宁州回民,向来赶脚度日。母舅马宗光欠胡之成300多两银子,胡之成乾隆四十一年来兰州讨账,马宗光拿青玉一块抵算	②708
47	鲍万顺	—	苏州人,在本地开杂货行兼玉行,遇有口外玉石陆续收购	②692、861
48	童韶成	—	浙江绍兴人,寓居扬州,多次从苏州贩玉器至扬州出售,因此认识张銮	②427
49	戴殿侯	—	在苏州与魏良弼合伙出资制作玉器出售	②791
50	舒二	—	顺天府宛平县人,在京城开古董店,住将军教场胡同,从三义号伙计武积贮处买玉	②752、763

首先来看商人的出生地。

表中可以看出,玉石商人的籍贯大多集中于四个地区,即江南、山西、陕西和甘肃。江南的苏州、扬州是深受新疆市场欢迎的绸缎、杂货等商品的输出地,也是新疆玉石的主要输入地,在"从绸缎到玉石"的贸易模式中,江南既是流通的起点,也是终点。同时,山西、陕西、甘肃三省则是联结新疆与江南的必经之地。因此,商人籍贯的分布与玉石流通的经由路线大体是一致的。值得注意的是,山西商人在当时的交易活动中表现突出。他们活动能力强,范围广,不仅继承了明代以来出塞贸易的传统,也积极向江南地区发展,在苏州开设客栈和玉行,提供给同乡商人歇脚、存货和洽谈生意。他们互相提携,形成强有力的商业网络。与此同时,陕、甘两省在地理上较其他内地省份更接近新疆,乾隆中期以后这两省人口向新疆的流动十分普遍,其中包括了大量回民。这种密切的地域联系对推动新疆玉石向关内流通具有重要作用。

玉石交易的最大魅力在于其无可比拟的巨大商业利润。商人们在审讯时相继交代,因为其他生意不好赚钱而玉石利润甚厚,于是争相投身其中。有学者指出,玉石的商业利益甚至超过了一向被看好的盐业,相对于盐商

39%的平均收益,玉石的平均收益则可能达到78%或更高(关于玉石利润将于后文具体涉及)。① 不过,虽然逐利是玉石商人共同的动力,但贩玉的契机和方式却因事例而有异。

来自江南的几组商人,如例1杨添山等,例2吴苊洲等,例3王德章,例4徐舜如,都属于长距离贸易中的行商,他们从江南出发后逐渐西进,从西安、兰州等地进至肃州,货物出手后再以货款购入玉石,也有人从肃州出关进一步前往阿克苏等地,如汪茂元等。杨添山供述乾隆三十六年(1771)伙同张福保,乾隆三十八年(1773)伙同朱大川在肃州买玉,这说明他有多年从事玉石买卖的经验。与这些行商相比,许多山西、陕西、甘肃籍的商人则在地处玉石流通要道的甘肃或新疆沿线拥有自己的店铺,一方面从事绸缎、杂货、瓷器等内地商品的零售业务,同时选择时机介入玉石贩卖,如果需要,他们也亲身前往江南交易。如例8的赵明珠在三义号阿克苏分店打理生意,例18的张振远和李若楷分别在肃州开绸缎店和常顺魁号杂货铺,例20的梁清标在肃州同史登标开过客店,例23的孙全德为哈密恒顺杂货铺伙计,例32的毛益茂在阿克苏开店贸易,例36的王鸿绪在肃州开日新杂货店,例37的叶青在肃州开瓷器店,等等,都属于这方面的事例。

那么商人们是通过何种方式获得玉石的呢?据表1,笔者归纳为以下几种情况。

(1)以玉抵账。"赊买"行为在清代商业活动中很普遍,在当时的新疆和西北,流行以玉石抵账的做法,先赊入商品,然后用玉石折算货款,这就给玉石的广泛流通创造了更多机会。以玉抵账可能是大宗生意,如例7的贾文经和例37叶青,都称赵钧瑞拿玉石抵其货账,因而获得数量可观的玉石。以玉抵账也适用于小本的生意人,如例26的郭同兴,本在凉州开布店,因为同乡范康欠其货款,拿玉石抵账,遂将玉石拿到西安去售卖。又如例46的甘肃静宁州回民胡之成,原本赶脚度日,母舅马宗光因为欠他300多两银子,用一块60多斤的青玉抵账。

(2)零散收买。事实上,在玉石买卖之风盛行的乾隆三四十年代,出入新疆的各种人员,上至官员及其家人随从,下至换防兵丁、车户、佣工,都可能持有一定数量的大小及成色不等的玉石,为此商人们向不同的人分次买

  赖惠敏:《从高朴案看乾隆朝的内务府与商人》,载《新史学》13卷1期,2002年。

入玉石,即所谓"陆续收买"的例子十分常见。在此过程中往往有人专门从中说合。例1、2、4、11、19、20、27、28里都可看到这个环节。充当中介角色的或是客商住歇的店家,或是其他身份的捐客。如例28的兰彦魁原在陕西泾阳县卖糖纸,到肃州贩货时,经客店店主马大汉说合,用货物换了玉石到西安去卖。例27的孟理中,于乾隆四十三年(1778)带了梭布、靴袜、烟袋、荷包等货到肃州去贩卖,原欲购置皮货,经店家说合,买下33块玉石作价6 850两到扬州去贩卖,因为高朴案追查得很紧,未及出售即被起获。再如例20的梁清标等人,是经开杂货店的田生英说合,用银1 820两买下玉石132斤带到苏州去卖。还有例19的樊迎吉,贩卖绸缎至阿克苏,凭山西同乡说合买下江南人周秀忠的玉石。例1的杨添山说自己是凭肃州人刘吉议价,陆续向该地回民阎子贵、马龙等买得玉石数十块,①而阎子贵的名字还出现在例2吴芑洲、汪茂元的供词中,两人称赶骆驼的回民阎子贵在阿克苏为他们介绍两个马姓回民买玉。② 笔者判断这两处的阎子贵应该同为一人,系脚户兼作玉石买卖,从中赚取收入。例4的徐舜如也说他带到扬州的玉石是经宝玉行内焦姓等说合,卖给了淮关监督尹某。通过中介玉石买卖而谋利的还可举出例11的卫全义。他本是山西人,乾隆三十五年(1770)以后常住苏州,自己不但收玉料做成玉器转卖,还兼作中介,"凡有家乡做生意的人到苏州就住在我家,替他说合经纪,分些佣钱"。③

(3)大宗"批发"。上面所说的商人们分别收买的玉石多属于零散流通的私玉。与此相比,例29的陕西人徐子建经手的数桩玉石交易则另具特点,所有交易都堪称大宗,玉质优良,且多有官票为其"护身",其原因是这些玉石的源头都来自赵钧瑞,换言之,这些玉石是从赵钧瑞手中"批发"出来的。关于徐子建的身份,他先供述自己仅与赵钧瑞熟识,故从中牵线说合,后来承认自己是赵世保的伙计。处在大搜捕中的当事人为了自保,很多供词都会有所掩饰甚至前后出入,从他在各桩交易中的出资都采取了"以玉作本"的形式而没有直接投入资金,以及本人并未亲到苏州卖玉,事后又由赵钧

---

① 《乾隆朝惩办贪污档案选编》第一册,491页。
② 《乾隆朝惩办贪污档案选编》第一册,第707页。
③ 《乾隆朝惩办贪污档案选编》第一册,第779页。
④ 《乾隆朝惩办贪污档案选编》第一册,第935页,徐子建供称:"我平日与赵钧瑞的儿子赵世保做伙计,所有玉石都是向他赊来。"

瑞的儿子赵世保代其收银来看,我们基本上可以肯定他是代替赵家出面交易。

因为玉石交易需要大量资本,商人们集资买玉的情况十分普遍,徐子建经手的都是大宗交易,动辄需银上万两,所以无一例外是"合伙贩玉"。如表2所示,参与此项交易的几组商人有①魏良弼、朱锦瑜、张连、徐子建,共集本银21 000两,买玉81块,1 400余斤;②魏佳士(由魏良弼领本代办)、徐子建、毛益茂,共集本银16 000余两,买玉1 070斤;③朱锦瑜、牛四、王时中、高端五、祝文相、徐子建、王洪绪、叶青,共集本银27 500两,买玉1 500余斤;④徐子建、董蟠、史绵世、傅德,共集本银14 000两,买玉1 000余斤。

表2　商人集资买玉具体情况表①

合伙商人姓名	出资总额/两	玉石数量	售得银额	利润率/%	史料来源
魏良弼、朱锦瑜、徐子建、张连	21 000	玉石81块,计1 400余斤	56 000余两	167	第888—889、856—857页
魏佳士(魏良弼代办)、徐子建、毛益茂	16 200	1 070斤	30 500两	88	第836—839、935页
朱锦瑜、牛四、王时中、王洪绪、祝文相、高端五、叶青、徐子建	27 500	1 500余斤	48 950余两	78	第756—757页
李步安、傅德、史绵世、徐子建、董蟠	14 000	1 000余斤	未及卖出即被没收		第802、839、896页

还需指出,商人们之所以采取"合伙贩玉"的形式,不仅因为玉石买卖需要巨额资本,还由于玉石这一商品的特殊性质。我们知道,玉石的价格取决于多种因素,重量、成色、质地、形状都直接影响玉石的价位。一般来说,碎小玉石质次价低,能卖得高价的玉石除了成色,还必须具有相应的大小和形状以便于雕琢加工,这些决定了商人们在找到买主之前不能切割玉石而必须整体出售。此外,表2还向我们具体显示了玉石交易可能产生的高额商业利润。所谓合伙,不仅指出资,还包括运送和出售等一系列环节,表2

---

　① 史料均来自《乾隆朝惩办贪污档案选编》第一册,表中"史料来源"一栏为页数。

中关于利润的计算没有考虑运费因素,是因为当事人张连的供词说,在分利润之前已经将运费扣除①。在上述四起合伙贩玉事例中,利润率最高的是第一组,高达167%,第二组和第三组的利润率分别为88%和78%,也很可观,第四组未及出售,故没有数据。

最后来看玉石流通的集散地。先将各事例之商人获得玉石的地点整理为表3。

表3　商人获得玉石地点概况表

买玉人	玉石入手地							
	新疆				内地			
	叶尔羌	阿克苏	哈密	其他	肃州	兰州	苏州	其他
杨添山、赵绳武等					✓	✓		
吴芑洲、汪茂元		✓						
王德章					✓			
周星若	✓							
徐茂儒	✓							
徐舜如		✓						
贾文经		✓						
赵明珠		✓						
梁清标、史登标					✓			
卫全义							✓	
樊迎吉、李文芳		✓			✓			

---

① 据《乾隆朝惩办贪污档案选编》第一册,第888页,张连供称"乾隆三十九年八月带茶叶、绸缎到阿克苏去卖,把货物卖了三千两银,赵钧瑞也出银三千两,伙买三百余斤玉石,张连带到苏州鲍万顺行里卖了八八兑色银一万八千两,扣除盘缠四百两,李若楷名下分得八千八百两"。据此可知,分利润前扣除了运费。

续表

买玉人	玉石入手地							
	新疆				内地			
	叶尔羌	阿克苏	哈密	其他	肃州	兰州	苏州	其他
董伯易		✓						
彭信义					✓			
雷英			✓					
孙德全			✓	✓(辟展)				
郭同兴					✓			
兰彦魁					✓			
胡之成					✓			
田如鹅						✓		
屈元					✓			
李步安、傅德、史绵世、董蟠		✓						
徐子建	✓				✓			
毛浙		✓						
张连、李若楷		✓						
孟理中					✓			
张善贵					✓			
鲍万顺							✓	
戴殿侯							✓	
童韶成							✓	
卫全义							✓	
淮关监督尹某								✓(扬州)
舒二								✓(北京)

从此表可知，自西向东的玉石流通经过了三个区域，第一区域为南疆，主要交易地是叶尔羌、阿克苏。虽然叶尔羌是玉石产地，和阗的玉石也汇集到这里，但阿克苏地处南路东西孔道，商贩聚集，交易活动更频繁。第二区

域为进入嘉峪关后的陕甘地区,主要交易地在肃州,肃州为连接关内外的最大枢纽,其次是兰州和西安。第三区域是江南,苏州和扬州都是清代玉料、玉器的制作、交易中心,而苏州的集散作用更突出。苏、扬之间玉商往来频繁,有人先贩到苏州再转卖扬州,也有人先到扬州再顺运河而下到苏州。总而言之,乾隆中期在玉石流通的带动下,天山南路与内地之间的商业往来日益密切,形成了一条西起叶尔羌,经由阿克苏(哈密、辟展)、肃州(兰州、西安)、远达东南之苏州、扬州的万里商路。当然这还是仅就主干线而言,事实上,玉石商路还会从主干线进而扩散到多个省份,北至京师,南下广州,辗转流通,在全国形成网状分布。

三、乾隆四十三年以后的玉禁与商人们的应对

方兴未艾的贩玉活动因为高朴案而受到沉重打击。乾隆四十三年(1778)十一月,在就地处死高朴之后,清廷宣布永远封禁密尔岱玉山,废止官玉变价,严禁民间染指新疆玉石。"此次查办之后,复有私赴新疆偷贩玉石者,一经查获,即照盗窃满惯例计赃论罪","传谕回疆办事大臣等,嗣后凡盘获偷带玉石之回民商贩,即行具奏治罪"。①

乾隆四十四年(1779),新疆官员加紧盘查,各地连续奏报多起查获私玉以及商民自首的案件,仅就笔者所见,就有以下记录:②

二月二十五日,商民马义康在乌什自首。

五月八日,喀喇沙尔有商民数人自首,交出玉石。

六月二十二日,商民高保在哈密自首,交出有官票的玉石十六块,一百四十三斤。

八月十八日,阿克苏奏报,共计截留八十名内地商民的"自首玉石"一千一百三十四块,计四千三百三十五斤。

八月二十六日,阿克苏盘获私带玉石之商民李度等三名。

九月十日,库车从车户杨华虎车上搜出私玉。

---

① 《清高宗实录》卷一〇六七,乾隆四十三年九月癸丑;卷一〇七〇,乾隆四十三年十一月丁亥。

② 本处均据《军机处满文录副奏折》,胶片缩微号依次为:116—364、116—1810、116—2429、117—1214、116—3390、116—3479、117—141、117—1246、117—812。

九月二十四日,商民洪尚文在阿克苏自首,交出私带玉器。

事实上,以上查出或自首的玉石都是在高朴案发之前买卖的。涉案人数之多,案件之频发,再次印证了玉石交易曾经的兴盛状况;而大批商人纷纷到官府自首交玉,也表明随着玉禁变得严厉,持玉者感受到了巨大的压力。如果仅看表面,新疆的玉石交易似乎从此一蹶不振甚至销声匿迹,然而事实并非如此。乾隆四十四年(1779)以后,公开的玉石交易固然不复得见,但暗中的玉石走私仍在继续。

乾隆四十六年(1781),英吉沙尔官兵抓到了几名私带玉石过境的内地商民。经审问,几人分别是在叶尔羌卖羊肉的陕西回民尹士耀、马云,同在当地卖饼的甘肃民人邹谋及打工为生的肖伏。四人分别向本地"不识姓名回民"偷买了玉石,从叶尔羌结伙还乡途中被截获。①

乾隆四十九年(1784),在阿克苏开杂货铺的甘肃人王明在库车被截获。他供认自己用布匹、茶叶换获当地不识姓名回人的渣子玉大小24块,"暗藏车底",带到库车。②

乾隆五十年(1785),库车又抓获私带玉石通过的一行六人,包括在阿克苏贩卖杂货的山西商人李得全、张大魁、李格,同城种菜为生的甘肃人宋良第及在乌什佣工的甘肃回民胡魁等。他们也都坚称自己是在阿克苏向不知姓名的当地人购买。③

商人们众口一词说卖玉人乃不识姓名的回人,这是个值得注意的现象。原来,乾隆四十三年(1778)高朴案后,清廷对内地商民加强管理,严格执行玉禁政策,但对于南疆当地民众持有玉石没有严加追究,理由是"既已严禁商人卖玉,回人即得有玉石,亦难转售",④认为只要堵住去路,就可阻止玉石流通。然而实际情况却出乎清廷的预料。由于内地市场对新疆玉石仍然有很高的需求,商路也已经形成,纵然不能公开交易,暗中的走私也无法避免。当地民众懂得了玉石可以生财的道理,乐于私采私卖,虽然规模上和当年不能相比,但他们手中的玉石一直是商人们获玉的源头。

　《宫中档乾隆朝奏折》第49辑,第784—785页。又见《军机处满文录副奏折》,乾隆四十六年闰五月二十二日喀什噶尔办事大臣景福奏(122—0068)。

② 东洋文库所藏抄本:《奏稿》第15册,乾隆四十九年九月初三日福康安奏。

③ 《奏稿》第22册,乾隆五十年七月二十六日福康安奏。

④ 《乾隆朝惩办贪污档案选编》第一册,第639页。

不过,对这个时期的玉石商人来说,最大的困难是如何把到手的玉石千里迢迢地运入内地,途中关卡重重,他们必须用高明的手段"瞒天过海"才能达到目的。

商人们的手法之一是雇用回人完成在新疆境内的运送。

事例之一:陕西渭南县回民蓝贵宝用马匹和茶叶,向叶尔羌当地人换得两块共重141斤的玉石后,暂时埋入城外空地。乾隆五十二年(1787),他将玉石起出,托认识的回人托克塔等二人带至阿克苏,许给普尔钱先付5 000文(折合五十两),俟自己领路票过阿克苏时将余下的一半付清。托克塔等人还未到阿克苏,就在半路上被查获。①

事例之二:前述李得全等山西商人为了运送所买私玉,共凑银190余两加上普尔钱6 160文,雇回人多拉特莫特运送至吐鲁番,再给银100余两。多拉特莫特应允,和儿子从阿克苏把玉石带往库车,原计划再托另一回人买玛特西里普设法带至吐鲁番,却在库车交接时被查获。②

当然,雇回人运玉也会产生其他风险,如以下事例:

事例之三:在叶尔羌开客店的甘肃回民田义于乾隆四十七年(1782)买下七块玉石后因当地风声很紧,一直不能出手。乾隆五十四年(1789),他遇到来住店的英吉沙尔人萨木萨克等二人,托其先行运到英吉沙尔,许诺卖出后各给普尔钱250文。但等田义赶到英吉沙尔,却被告知七块玉石中的六块已被擅自卖出且所得银两遭巡防伯克诈去,已经货、款两空。③

商人们的手法之二是借助在新疆和内地之间跑长途运输的车户,来帮助藏匿和运送玉石。对于车户来说,这是一笔回报颇丰的生意,为了不致在过关卡时被发现,车户们挖空心思各出奇招。

乾隆五十四年(1789),甘肃武威回民海生莲在叶尔羌的集市上买下六块小玉石,雇人送到阿克苏后遇到了给换防官兵拉行李的车户马成保。他以银30两为酬劳托马成保将其玉石运到肃州,马成保遂在车辕上挖出一个

---

① 《军机处满文录副奏折》上,乾隆五十三年三月十六日叶尔羌办事大臣塔琦奏(141—1723)。

② 《奏稿》第22册,乾隆五十年七月二十六日福康安奏。

③ 《军机处录副奏折》,乾隆五十七年正月二十八日陕甘总督勒保奏(03—1443—008)。

洞,将玉石藏入其中。①

无独有偶,第二年九月,在阿克苏的甘肃回民马天龙托车户马自隆将自己偷买的玉石运往肃州,马自隆也同样在车辕上掏洞以藏玉。②

不过,无论是将玉暗藏车底还是掏洞埋入,都不能容纳大量的玉石,也难以应付严密的盘查,商人们因此寻找更安全的庇护,那就是官员离任回京或年班入觐之伯克的进京车队。首先,此类车队大多由多辆车组成,队伍庞大,容易藏匿。其次,这些车辆过关卡时享受运送官物的待遇,手续比较简便,便于蒙混。如此良机,商人们当然不会放过。乾隆五十年和乾隆五十二年(1787)接连发生的两起大案可谓此手法的典型事例。

乾隆五十年(1785)四月,叶尔羌办事大臣特通额病重将要回京。在当地经商并兼营运输的陕西回民赵世洪闻讯,当即找来熟人陈来贵等合谋,通过乡约阎自勇买通该大臣之家人郭三,并支付了150两的酬金,把自己的400多斤玉石装车(赵世洪自办车辆),混在特通额车队里一起进关。赵世洪、陈来贵又有意将这一信息透露给周围的内地商民,让更多人入伙以收取揽带之费,结果消息不胫而走,仅在叶尔羌一地,托带的玉石就增至千斤。到达阿克苏后,山西商人刘琮、徐渭等闻讯也来加入,又拉入其他商人,如此反复,偷运的玉石如滚动的雪球,最终超过了5 000斤,托带者也达到四五十人。车队到达库车后,因玉石数量过于庞大,难以掩藏,终致败露。③

乾隆五十二年(1787),侍卫常关、那保、吉尔玛善三人分头带领年班入觐的伯克在阿克苏会齐,准备进京。这时常关之家人寇三提议乘机揽带商民的玉石,以便牟利。寇三和在当地开旅店的蓝五密谋,引领"玉客"到常关寓所密谈,以每斤三两的运价接受了商人任绍质等八人的600斤玉石,吉凤林等十人的1 200斤玉石,张大友等两人的120斤玉石,及车户马夫自带玉石,总计3 500斤,藏在伯克们的行李车内。车队平安通过库车,却在喀喇沙尔被发现。④

总体来看,乾隆四十四年(1779)以后的玉石交易因受禁令影响而转入

---

① 《宫中档乾隆朝奏折》第73辑,第200页。

② 《军机处满文录副奏折》,供单(乾隆五十五年九月五日)(148—2123)。

③ 《军机处满文录副奏折》,乾隆五十年八月初九日库车办事大臣阳春保奏及所附供单(135—0115);《奏稿》第24册,乾隆五十一年四月二十一日福康安奏。

④ 《宫中档乾隆朝奏折》第67辑,第87—92页。

地下,限于条件,单项交易的规模不如以前,多为少量的十数斤至一百多斤,少数可达到数百斤,在史料中看不到上千斤的大宗交易。尽管如此,就交易活动本身而言,依然十分活跃。乾隆五十年(1785)和乾隆五十二年(1787)的两宗揽带玉石大案更是给我们以重要启示。根据审讯记录,卷入赵世洪贿托郭三揽带玉石案的内地商人有叶尔羌的 9 人,阿克苏的 33 人,加上车户杂役人等,总计持玉者达 48 人。其中能判明原籍的 24 人:山西省 12 人,陕西省 3 人,甘肃省 8 人,浙江 1 人。又如寇三揽带玉石案,有阿克苏的内地商人 28 人以及车户马夫十数人,计 40 人借机运送私玉。这两组数字,一方面说明了玉石交易行为的普遍,另一方面则显示出内地商人在新疆具有广泛的社会网络,可以互通信息,彼此提携。在两宗案件里,承揽玉石的官员家人都索要高价酬金或运费,瞒着主子私揽的郭三每斤索价一两五钱(从叶尔羌到肃州),而得到侍卫常关许可的寇三更开出每斤三两的高价(从阿克苏到肃州),较前者加了一倍。运费如此高昂,商人们也都趋之若鹜,其中的道理,除了前面提到的关卡重重,商人自身无力通过外,恐怕还因为他们确信,玉石一旦进关,进入内地玉石市场,便能获得高额的利润回报,且足以补偿不菲的运费。

四、嘉庆初年解除玉禁与"玉石热"的走向

　　玉石交易的蓬勃展开,是清乾隆中期以后时代的产物。内地商人踊跃进入新疆,建立商路,带动整个物流的活跃,使新疆与内地的相互关系出现了前所未有的新气象。

　　从物流模式来看,内地输往新疆的商品种类丰富,包括了绸缎、布匹、茶叶、瓷器、各类杂货等,这不仅支撑着驻扎新疆的清朝官兵的经济生活,也受到当地民众的欢迎;而同一时期从新疆输往内地的,除了一定数量的皮货、银钱等,最大宗的商品便是玉石。美国学者 James A. Millward 曾就玉石贸易问题指出,18 世纪到 19 世纪初叶的新疆和内地之间形成了一种"绸缎 VS 玉石",或者"茶叶瓷器 VS 玉石"的交易模式,成为主力商品的玉石"对于平衡内地与新疆的贸易发挥了作用"。 笔者对他的这一见解十分赞同。同

---

① James A. Millward. *Beyond the Pass, Economy, Ethnicity, and Empire in Qing Central Asia* 1759—1864[M]. Stanford University Press,1998:191.

时笔者还认为,玉石交易带动的不只是经济关系层面的进展,也在一定程度上推动了新疆社会关系的变化。正如当地官员所奏报:"现在回人皆知玉石有用,而内地商民不辞万里辛勤,甘心跋涉,携来绸缎布匹茶叶等物,冀图易换银钱,转卖玉石,以增厚利。"①玉石商品所具有的"魅力"或称"魔力",强烈吸引着不同地域、不同民族、不同社会身份的各种群体,为了完成交易,在内地商人和当地回人之间,在驻扎官兵、各级伯克和一般商人之间,出现了错综多元的相互联系,促进了彼此间多种形式的日常性接触。

新疆的玉石交易在嘉庆四年(1799)迎来了新局面。终于亲政的嘉庆皇帝决意刷新政治,解除玉禁也成为其中的一环。他一反自己父亲的作为,宣布允许民间交易玉石,释放因此获罪的相关人犯。上谕称:"叶尔羌、和阗等处出产玉石,向听民间售卖,并无例禁明文,因高朴串通商贩采卖玉石案内始行定例,凡私赴新疆偷贩玉石,即照窃盗例计赃论罪,原非旧例所有,况仍有偷带货卖者。今查前案因此拖累多人,朕心殊为不忍。著照刑部议,嗣后贩卖新疆玉石,无论已未成器者,概免治罪。其从前办过贩玉案内各犯,准其报部核释。"②玉石产地叶尔羌、和阗的官员也闻风而动,提出:"今既弛禁,应将各卡官兵撤回归伍,免致借端扰累,更每年请于官玉采竣之后,准商民请票出境,相互售买玉石";嗣后回人得有玉石,"准其自行卖与民人,无庸官为经手,致滋纷扰。惟民人起票进关时,仍应照向例,于票内注明,造册移付嘉峪关,以凭查核"。③ 也就是说,从此玉石交易走向自由化,官方不再干预,撤销为查缉私玉而设的卡伦,民人只要领取出关路票,就可以通行,仅需在入关时注明是否携带了玉石,以备查核。以上建议都被采纳,嘉庆皇帝批复:"所办甚是。"

解除玉禁带动了新一轮的"玉石热"。

嘉庆六年(1801),喀什噶尔参赞大臣富俊奏报天山南路各城的货币普遍呈现"钱(普尔钱)贵银贱"的态势。"去岁六月复奏时,据各城札复到,市价均仍在二百五十文以外……乃自秋令以后,闻叶尔羌钱价渐贵,乃至岁暮奉到部复时,喀什噶尔市价亦觉渐昂。"他说的"去年"即嘉庆五年(1800),变化始于叶尔羌,银一两可兑换的普尔钱从250文减少到220文甚至200

---

① 台北故宫博物院图书文献馆藏:《军机处档折件》,第19607号。
② 《清仁宗实录》卷三九,嘉庆四年二月甲午。
③ 《清仁宗实录》卷四三,嘉庆四年四月;卷四五,嘉庆四年五月甲戌。

文,而后波及喀什噶尔、英吉沙尔、阿克苏等地,比价均降到了每两250文以下。富俊经过调查,发现起因乃是玉石开禁。"致贵之由,实缘玉禁初开,内地商民趋利,携银踊跃而来,自库车、阿克苏、叶尔羌,转至喀什噶尔,携银易钱,回民居奇,以致钱价腾踊"。①原来,商人受到解禁的鼓舞,纷纷持银前来。他们为了购买玉石,需要将手中的银两换成当地通用的普尔钱,从而导致了钱价上涨。

开禁虽然带来一时的钱价上涨,但总的来看,嘉庆以后的玉石贸易并未恢复到乾隆时期的盛况。一方面,由于允许民间自由贸易,官方不再干预,减少了阻滞,玉石得以充分流通;另一方面,嘉庆皇帝自己对玉石兴趣淡薄,甚至将宫中造办处每年的贡玉数量从4 000斤减半为2 000斤,从而使得玉石商品头顶上的那轮特殊光环也逐渐暗淡,这两方面的因素都不可避免地引起玉石市场供需关系的新变化。清人姚元之《竹叶亭杂记》里有一则故事,说的是某个冷姓商人,"携玉碗四口,径五寸,索值五千两",迟迟不肯出手,然而等到嘉庆初年玉禁开放,情况陡变,"玉大贱,年余犹见前索五千之四碗,只须八十两矣"。 这个故事也许有夸张的成分,但确实反映了时代的变化,乾隆年间的"逐玉"盛况已成为历史的一页。

(原载《舆地、考古与史学新说:李孝聪教授荣休文集》,中华书局2012年版)

---

① 《军机处录副奏折》,嘉庆六年八月二十五日喀什噶尔参赞大臣富俊奏(45—1448—3)。

② 姚元之:《竹叶亭杂记》卷三。

乾嘉时期新疆南八城的内地商民

清王朝完成对新疆的统一后,降谕鼓励内地商民进入天山南北广大地区从事贸易,以此为契机,乾隆至嘉庆年间,新疆与内地的贸易往来进入了空前活跃的新阶段。在以往的研究中,人们对内地商民在天山以北的活动情况关注较多,对往来于天山南路各地,也即通常所说"南八城"(喀什噶尔、叶尔羌、英吉沙尔、库车、阿克苏、乌什、喀喇沙尔、和阗)的内地商民情况,则由于史料缺乏和受某些看法的局限,很少注意。其实,乾隆、嘉庆年间,内地商民的足迹不仅遍布北疆各地,也深入南疆八城,成为当地经济生活中值得重视的一部分。他们的活动为后来南疆与内地经济往来的进一步发展奠定了基础。本文拟就档案记载所见,结合其他清代文献,对该时期活跃于南八城的内地商民试做阐述。

一

清初,卫拉特蒙古准噶尔部割据西北,天山南路亦在其控制之下,嘉峪关以西战和不定,商路受阻,内地商民无缘进入这片地区。乾隆二十年(1755),清政府决定出兵伊犁,完成对新疆的统一。经过四年的艰苦努力,清廷终于在乾隆二十四年(1759)平定了天山南北的动乱,结束了新疆长期以来的割据状态,使其归于清中央政府的直接管辖之下。这一重大的历史转折不仅具有深远的政治意义,也为新疆与内地贸易往来提供了极其有利的时机。第二年,乾隆皇帝在筹划新疆善后事宜、部署驻兵屯田的同时,还特别指出开展商业贸易对推动新疆经济、巩固西陲边防的重要性,他认为新疆驻兵屯田,商贩流通,所关最要"。① 又说:"西陲平定,疆宇式廓,辟展、乌鲁木齐等处在在屯田,而客民之力作、贸易于彼者日渐加增,将来地利愈开……于惠养生民,甚为有益。"②

为了加快新疆的开发,活跃当地经济,清政府鼓励内地商贩大量进入天山南北经商,以期"耕牧日开,懋迁日众,则中外生计更饶"。来自内地的商贩,清代文献称之为"商民",乾隆二十七年(1762),以礼部尚书衔负责南疆事务的永贵在给清廷的奏报里说:"自回部荡平,内地商民经由驿站及回人村落,彼此相安,台站回人疏引河渠,开垦田地,沿途水草丰饶,行旅并无阻滞。"③由此可知,内地商民已陆续前赴南疆。为了唤起更多内地商民前往南疆,他建议将道路通畅、行旅无阻的情况晓谕商民,使其"不时往返贸易"。乾隆皇帝对他的奏报欣然赞同,"回部既已平定,内地商贩,自应流通",但也指出"贸易一事,应听商民自便,未便官办勒派……若有愿往者,即办给照票,听其贸易"。④

从永贵的奏报和乾隆皇帝的批复可以看出两点:第一,清政府对南疆与内地的民间贸易持积极态度;第二,清政府在管理上只要求商民办理照票(也称印照或路票),持票出入各地,未附加其他限制,相当宽松。同年十一月,清政府又下令,要求南疆各城仿照北疆之例,向商民铺面征收房租地基银。这不仅表明当局承认内地商民寓居南疆的合法性,也反映出这时内地商民在南八城的贸易活动可能已经具有了一定规模,清政府希望通过征税增加财政收入。

这种宽松原则下的贸易活动持续了四五年时间。乾隆三十年(1765),乌什城发生民变,清政府在派兵镇压之后,下令追查原因,寻找对策,加强防范。受其影响,内地商民在南疆的境遇也出现了相应的变化。

乌什事变起因是清朝驻该城办事大臣素诚的宣淫盘剥,和哈密出身的阿奇木伯克阿卜都拉对乌什民众的肆意欺凌。当年二月,被强派差役的240名维吾尔人在搬运沙枣树途中暴动,攻击守军,杀死阿卜都拉,逼迫素诚自尽,又占据乌什城对抗前来围剿的清军达五个月之久,直到城破失败。这是

① 《清高宗实录》卷六一〇,乾隆二十五年四月己卯。
② 《清高宗实录》卷六〇四,乾隆二十五年正月庚申。
③ 《平定准噶尔方略续编》卷一六,乾隆二十七年三月甲午。
④ 《清高宗实录》卷六五六,乾隆二十七年三月甲午。

清朝治理南疆以来第一次遇到重大的挫折,乾隆皇帝十分震怒,事后严令伊犁将军明瑞等人追查原因,制定对策。明瑞随后拟定了《乌什善后章程》八款,其中绝大部分属于限制阿奇木伯克的权限,减轻对民众的征敛差徭等内容,但他又把事变原因部分归咎于驻军及内地民人与当地维吾尔人众的杂居共处,提出了"民人之居处宜别"的防范措施。具体主张为:"内地贸易商民将来渐多,所居或与官兵相近,尚可弹压,不令生事。若听其随意栖止,与回人相杂,不免易滋事端。请交该大臣等彻底清查,俱令赴驻兵处所贸易,若仍与回人杂处,即行治罪。"①乾隆皇帝采纳了明瑞所提的八条建议,并于此后加强了对内地商民的照票查验,还坚持内地商民不得携眷,只准单身前往南疆的做法,②直到道光时期,上述政策才有所变化。

如何看待乾隆三十年(1765)以后清政府的政策变化,它对后来南疆与内地的民间往来产生了怎样的影响?这是本文试图回答的问题之一。有一种意见认为,这些规定是清政府在南疆实行民族隔离,即所谓的"汉回隔离"政策的典型表现。由于清政府坚持"汉回隔离",内地商民难以进入南疆各城,贸易无法开展,长期处于停滞状态,直到道光初年平定张格尔之乱后才有改变。这种意见曾相当流行,国内外不少研究者都发表过类似的看法。如美国学者约瑟夫·弗莱彻在《剑桥中国晚清史》里这样写道:"(清政府)采取一种严禁六城与汉人接触的政策","不允许平民移民和商人进入哈密以西各地","在政策上汉商是不准进入六城的"。③ 在这种看法的影响之下,研究者往往不去注意乾嘉时期内地商民在南八城的活动,认为其无足轻重。

笔者在研究中感到,上述观点并未准确把握住历史事实,把隔离政策绝对化了,并夸大了贸易受阻的程度,从而偏离当时的实际情况。

① 《平定准噶尔方略续编》卷三二,乾隆三十年十月甲寅。
② 《清宣宗实录》卷二六七,道光十五年六月己丑条,军机大臣转引喀喇沙尔办事大臣额勒锦所奏,称"前因回疆甫经戡定,恐民回交涉生事,是以不准商民携眷安家"。又据《回疆则例》规定:"内地汉民,前往回疆各城觅食佣工者,如无原籍、年貌、执业、印票及人票不符,即行递解回籍,倘回户私自容留,查出治罪。"
③ 费正清:《剑桥中国晚清史》上卷,中国社会科学出版社,1985年版,第81—82、87页。又如台湾学者林恩显的《清朝在新疆的汉回隔离政策》(中国台湾商务印书馆1988年版),将清朝在新疆的统治政策全面定义为"汉回隔离"政策,是否妥当,尚值得商榷。

首先,我们从善后章程内容可以看出,所谓"隔离",主要是"民人之居处宜别"一条,即要求商民与本地维吾尔人分城居住,保持距离,减少接触,将商民的活动置于驻城大臣和驻防官兵的严密控制之下,以期杜绝事端。此外,清朝在南疆规定商民不得携眷,是为了不让商民在此定居,减少内地人口与本地人口相混杂的情况出现。因此,清政府并非一概禁止内地商民进入南八城,而是力图在准许贸易的前提下,隔离双方居住地并对其活动范围、规模、方式加以限制,从原来的相对宽松变为严加控制。清政府的这一政策变化无疑是消极的,反映了清朝统治者对于不同民族间交往的深刻猜忌和戒备心理,这势必给商民在南疆的活动造成不便。但是如果就此断言清政府下令隔绝内地商民与当地维吾尔人的接触,不准贸易,甚至不允许商民进入哈密以西地区,则无论如何是过甚其词,甚至是一种误解。

许多史料表明,乾隆三十年(1765)以后,尽管存在一定限制,如果内地商民持有照票,单身(指不携眷)赴南疆各地,法律上是合法的,得到允许。据成书于乾隆五十九年(1794)的《喀什噶尔事宜》记载,为出入本境的商民办理起票和查验手续,是该城官员的例行公务之一,由城守营具体负责。"商民起票出境,由城守营查明具报,印房给票;启行时由城守营查验放行。其由各城前至本处贸易商民,亦一体按票查验所持路票,由城守营具报印房查销"。① 在嘉庆九年(1804)成书的《回疆通志》卷七"喀什噶尔"的"办事章程"部分里,不仅几乎原文重申了上述有关商民领票、按票查验的规定,还针对驿站、军台的设置变化而有所补充,如规定"本处贸易商民,或由叶尔羌军台或由牌素巴特两路起票行走,听其自便"。由此亦可看出,隔离居住与隔绝往来、不准进入各城之说,绝非同一含义,不应混为一谈。

乾隆中后期至嘉庆年间南八城内地商民人数的增长及铺面规模的逐渐扩大,也证实了这一点。笔者在中国第一历史档案馆查阅资料时,发现了嘉庆年间有关征收南八城贸易商民铺面房租的一组奏报,为我们提供了十分难得而又令人信服的第一手数据。 先以数字较完整的喀什噶尔为例列表对比(表1)。

---

① 永保、范建中:《喀什噶尔事宜附英吉沙尔》。
② 表1至表3所引数字分别见中国第一历史档案馆藏:《宫中档朱批奏折·民族事务类》,嘉庆十六年一月十日、四月五日铁保折;《军机处录副奏折·民族事务类》,嘉庆十六年一月十日铁保折附片,及同年二月二十四日那彦宝折。

表1　乾隆至嘉庆年间喀什噶尔商民铺面发展情况表

时间	一等铺面	二等铺面	三等铺面	铺面总数
乾隆二十八年	8 处	11 处	14 处	33 处
	42 间	32 间	17 间	91 间
乾隆三十二年	8 处	14 处	28 处	50 处
	46 间	40 间	46 间	132 间
嘉庆十四年	15 处	22 处	59 处	96 处
	—	—	—	—

从表1可知,乾隆二十八年(1763),喀什噶尔的商民铺面总数为33处,乾隆三十二年(1767)增加到50处,嘉庆十四年(1809)再增至96处。其中三等铺面增加最多,从14处增至59处,是乾隆二十八年(1763)时的四倍多,二等铺面从11处增至22处,一等铺面从8处增至15处,也大体是乾隆二十八年(1763)时的二倍。

再看叶尔羌。据奏报,叶尔羌在乾隆二十八年(1763)时仅有商民19名,铺房44处。嘉庆十五年(1810)达到铺面180余处,商民人数超过150人。表2是嘉庆十六年(1811)时的统计数字。

表2　嘉庆十六年叶尔羌商民铺面统计表

类别	铺面数/处
乾隆年间旧有店铺	84
新建铺面	57
商民租赁回房所开铺面	38
使用礼拜寺施舍房屋所开铺面	5
合计	184

再来看嘉庆十六年(1811)南八城中除喀什噶尔、叶尔羌两城外,有关乌什等六城的奏报数字,见表3。

表3中喀喇沙尔、阿克苏、乌什的数字是商民的房屋间数,不直接反映铺面数量,但可以间接判断这三处的商民铺面都具有一定规模。英吉沙尔是八城中最小一处,向无铺面房间,乾隆五十九年(1794)前后"始有小铺五处",至嘉庆十六年(1811)扩展至32处,十余年间增长了五倍多。和阗无统

计数字,但可知商民在回城内居住,与维吾尔民众杂居。①

表3　嘉庆十六年乌什等六城商民铺房情况表

城别	房屋间数	城别	房屋间数
乌什	746间	喀喇沙尔	1417间（又,军台铺房446间）
阿克苏	989间	英吉沙尔	铺房32处,间数不详
库车	169间	和阗	商民租赁回房居住

二

本节拟根据档案等史料记载,对乾嘉时期南八城内地商民的来源构成、经商内容和方式、规模做更深入的探讨,进而认识其活动特点。

（一）来源构成

本时期活跃于南疆各城的内地商民,根据其原籍所在,可分为两大来源,分别为山西、陕西、甘肃三省和江苏、浙江两省。

山西、陕西、甘肃三省商民,是南八城商民队伍的主体。其中邻近新疆的甘肃省,来人最多,且回民占有相当比重。这与三省的地理位置相对其他省份更靠近新疆,来往路程较近,历史上就与西域存在较多的经济联系,以及生活方式和民族习惯多有相通之处密不可分。换言之,地理、交通、民族、历史联系等诸多有利因素,使南八城首先吸引了甘肃和山西、陕西的贸易商民。下面是笔者从日本东洋文库所藏《奏稿》(抄本)中辑出的部分乾隆时期南八城商民的个例材料(表4)。

由于这部分奏稿的上奏时间是乾隆四十九年(1784)甘肃新教回民第二次起义之后,其主旨是向朝廷报告通缉起义回民家属,以及查获出关回民所携"回教经卷"的情况,故明确提到姓名的商民几乎全为回民。虽然这部分奏稿不足以全面反映三省贸易商民中的汉、回比例,但用来说明有不少内地回民寓居南疆多有,则是极好的例证。江浙商人在南八城的人数远不及甘

---

① 《军机处录副奏折·民族事务类》,嘉庆十六年四月五日铁保奏。
② 未署撰人,据笔者考订,具奏者应为福康安。商民事例分别见于该书的第17、20、25册。

肃和山、陕等省,但其能量不能低估。东南沿海发达的经济使他们具有一般陕甘商人难以匹敌的雄厚资本,也激发起他们不辞险远、万里逐利的兴趣和欲望。乾隆四十七年(1782),清人椿园在其《西域闻见录》里描写叶尔羌的内地商人说:"中国商贾,山陕江浙之人,不辞险远,货贩其地。"不仅道出了众商踊跃前来的盛况,也概括了内地商民出身省份的基本特点。

表4　部分南八城商民事例表

姓名	年龄	原籍	民族	出口时间	居留地	职业
田奇	30岁	甘肃盐茶厅	回	乾隆四十二年	—	—
王之得	33岁	甘肃靖远县	回	乾隆四十六年	喀什噶尔、阿克苏	卖羊肉
哈治娃子	34岁	甘肃靖远县	回	乾隆三十三年	阿克苏	卖(羊)肉
哈义	—	甘肃靖远县	回	—	乌什	贸易营生
哈阿利子	—	甘肃靖远县	回	—	乌什	贸易营生
韩得	—	甘肃西宁县	回	自幼随父出口外,一度回乡,乾隆四十一年复来	喀什噶尔等地	赶车拉脚
马国英	—	甘肃西宁县	回	乾隆三十二年	阿克苏	贸易
马起蛟	—	甘肃灵州	回	早年出口,乾隆四十六年回籍,乾隆四十九年复来	库车	贸易
马辉德	—	甘肃秦安县	回	乾隆四十九年	阿克苏	贸易
罗文贵	—	甘肃(固原或灵州)	回	乾隆四十五至四十八年间	叶尔羌	拉脚
张进忠	—	甘肃(固原或灵州)	回	乾隆四十五至四十八年间	—	拉脚

续表

姓名	年龄	原籍	民族	出口时间	居留地	职业
马成幅	—	甘肃（固原或灵州）	回	乾隆四十五至四十八年间	—	拉脚
明启华	—	甘肃（固原或灵州）	回	乾隆四十五至四十八年间	—	拉脚
岳淮泉	—	山西或陕西	—	—	库车	开杂货酒铺
郑禄	—	山西或陕西	—	—	库车	开杂货酒铺
赵魁	—	山西或陕西	—	—	库车	开杂货酒铺

内地商民在南八城的商业活动包罗多样，十分丰富，按其经营特点，可分为三种类型。

第一，面向当地民众日常生活的买卖行为。从事这类商业活动的多为陕甘商民，且多为小本经营。他们或操持饮食小吃，或出售肉类（主要是羊肉）、蔬菜，或经销日用杂货并兼营旅店（也叫歇店），或为人赶脚运输。一言以蔽之，其商业活动紧密围绕当地居民的衣、食、住、行。

铁保在奏折中曾转引前任喀什噶尔参赞大臣永贵的话，称较早进入该地的内地商民，"所有售卖者俱系吃食、碎小器用物件，并非大本商人"①。表4列举的商民事例也反映出同样的情形。如靖远县回民王之得和哈治娃子，两人分别在喀什噶尔和阿克苏卖肉（牛羊肉）为生。西宁县回民韩得是车户，为过往官员和进京朝觐的伯克拉运行李，同时兼做买卖。籍隶山西或陕西的岳淮泉等三人则向在库车"开张杂货酒铺"，烧酒生意是其大宗。

由于南八城驻扎官兵，每日三餐需要大量新鲜蔬菜，自种自销的卖菜商户应运而生。据嘉庆十六年（1811）那彦宝奏折称，因叶尔羌向无菜蔬上市，驻军自雇民人在衙署附近开地种菜，自二三亩至十余亩不等，所产菜除供应官兵食用，余下部分给该民人折抵工钱，菜农运菜入市销售变价，历年已久。

---

① 《军机处录副奏折·民族事务类》，嘉庆十六年一月十日铁保折附片。
② 《奏稿》第25册，乾隆五十一年六月十六日折。

随着时间的推移,商民还自行开垦菜园,拿到市集售卖。①

自从清朝统一新疆,内地货物就不断流入西陲。纪昀谪居北疆乌鲁木齐时,曾惊叹该处的内地吃食丰富多样,内地客商生意兴隆。在南疆各地,内地商民"时来时去,常川贩货",沟通着内地与南八城的商品交换。乾隆五十八年(1793),清政府又进一步废除了钢铁制品出口(指出嘉峪关)之禁。上谕称:"新疆民人,所有种地应用器具,钢铁铜锡等物,在所必需,既非本地所产,而内地又不准其贩卖,于生计未免有碍,即照所奏,准由内地贩卖,其禁止出关之处,著停止。"②各种为民生服务的铁制工具和其他金属日用器物越来越多地进入天山南北贸易市场,成为内地商民经销的重要内容之一。

第二,追逐厚利的玉石贸易。玉商中既有江浙商人,也有山、陕、甘商人。

新疆盛产玉石,叶尔羌、和阗两处的玉石尤负盛名,"色白而大",是玉料中的上品。乾隆年间,东南沿海经济繁荣,奢华成风,为迎合达官贵人的玩赏需求,苏州等地玉铺争相收购回疆玉石制作玉器,引起江浙商人争赴南八城贩玉之热。所谓"内地商民不辞万里辛勤,甘心跋涉,携来绸缎、布匹、茶叶等物,冀图易换银钱,转买玉石,以增厚利","商民非为贩卖货物而来,实系望买玉石,以图厚利",③点出了内地商人的注意力之所在。

对于南疆的玉石交易,清政府起初规定,所采玉石除挑选上品交官,其余均可发售变价。其形式有两种,一为兵丁认买后转售,二为直接招商变卖。玉石贸易集中于叶尔羌、阿克苏两处,阿克苏尤为"回城售卖玉石之地,……玉石皆聚于彼"。④ 为数众多的玉商来此设铺开业,出售内地货物,同时向当地民众和驻防官兵收买玉石。《清实录》里记载的苏州玉商吴荅洲等人,即是在阿克苏售卖丝绸之后,用货款购置玉石运入关内的。由于玉石生意利润惊人,在江浙商人的带动下,一批山陕商人以及在南疆的清朝官员、兵丁和其随从、家人,也都卷入了这一活动。叶尔羌办事大臣高朴甚至公开利用职权,役使维吾尔人众进山采玉,并串通山陕商人张鑾、赵钧瑞等,将优质玉石带到内地出售,牟取暴利。乾隆四十三年(1878),高朴私鬻玉石

---

① 《军机处录副奏折·民族事务类》,嘉庆十六年二月二十四日那彦宝奏。
② 《清高宗实录》卷一四三七,乾隆五十八年九月丙午。
③ 台北故宫博物院图书文献馆藏:《军机处档折件》,第19607号。
④ 《清高宗实录》卷一○七○,乾隆四十三年十一月己丑。

案发,乾隆皇帝大发雷霆,痛斥高朴"明目张胆偷卖官玉,价逾钜万,实出情理之外",①应立即正法,同时下令从此严禁玉石贸易。但是,民间的暗地交易仍然十分活跃,禁而不绝,而且形成了更加庞大的转运网络。最常见的做法是,商人从维吾尔人手里零星购买玉石,积累到一定数量后,借各种机会、名目偷运入关。江浙玉商为使沿途不出差错,往往串连山陕商人途中接应。一些山陕商人还合伙贩卖,再按本银股数分利润。乾隆五十一年(1786),在库车查获一起商民贿求叶尔羌办事大臣手下的家人带玉进关的案件,牵连数十人之多,起因就是商民赵世洪、刘琼,利用在叶尔羌、阿克苏等地贸易营生之便,陆续私买了玉石数百斤,贿托离任回京的大臣特通额的家人郭三,藏在行李车上带到肃州。而后郭三又不断沿途揽载,先后收玉近4 000斤,后在经过库车时,被查获。②

玉禁持续到嘉庆四年(1799),被当年亲政的嘉庆皇帝下令解除。玉禁一开,南疆的玉石贸易立即重现热潮。内地商民趋利,携银踊跃而来。由于玉石市场流通的是南疆的普尔钱,商民纷纷以银换钱,以便交易,竟致叶尔羌银钱比率逆转,一时间"钱价腾踊"③。

第三,转手或跨境贸易。转手或跨境贸易指经内地商民之手转贩境外商人或从境外商人处转手贩入内地的贸易活动。进入这类贸易的商品主要有来自内地的大黄、茶叶和俄产的皮张等。

茶叶是南疆民众的日用必需品,"汉、蒙、哈、回均以茶为养命之源"④。清政府规定,除北疆伊犁、塔尔巴哈台和南疆乌什三城向例兵饷搭放茶封,其余各城均为甘司引地,由官商运至甘肃凉州存放,听任往来客商购买,携带出关转贩阿克苏、叶尔羌、喀什噶尔等地。玉商从内地携至南疆销售的货物之一就是茶叶,地位仅次于绸缎。道光初年,据那彦成估计,乾嘉时运销南八城的茶叶数量,每年不下20余万封。⑤ 不过,运入南八城的茶叶,并非只在南八城范围内消费,其中有相当一部分被来自浩罕、安集延的中亚商人转购,销到境外。在清朝下令关闭恰克图贸易期间,浩罕商人还将从内地商

---

① 《清高宗实录》卷一〇七〇,乾隆四十三年十一月丁亥。
② 《奏稿》第24册,乾隆五十一年四月二十一日折。
③ 《军机处录副奏折·民族事务类》,嘉庆六年八月二十五日富俊奏。
④ 《新疆图志》卷三三《食货志二》。
⑤ 《那文毅公奏议》卷七七。

民处购来的茶叶转销到俄国市场。张格尔事件发生后,那彦成指责新疆官员对贸易管理不善,"从前外夷与口内商民私相授受,漫无觉察,以致安集延等盘踞各城渔利作奸,酿成巨案",又说"向来安集延进卡贸易,转贩内地大黄、茶叶、硝磺,接济外夷渔利"。① 这两段话恰好说明自乾嘉以来,中亚商人与南八城的内地商民间有着相当频繁的商业往来。

大黄属于药材,性凉味苦,有清热助消化的功效,深受中亚地区和俄国的欢迎。各省商民针对这一需求,将大黄从内地大量贩至南八城,转卖给入卡贸易的安集延商人。乾隆五十四年(1789),因恰克图贸易闭关,禁止大黄出口,经盘查却发现,各处皆囤有数量惊人的大黄。如这年正月,阿克苏查出原存并新到安集延商人所贩大黄 7 000 余斤,商民马成孝等五人所贩大黄800 余斤,"皆奸商希图重利,特从内地贩出,售与安集延回子,转售俄罗斯等地方"。② 同月,喀什噶尔查出大黄 1 000 多斤;二月,叶尔羌查出商民老三转卖大黄 600 多斤,哈密私贩 5 000 余斤;三月,查出喀什噶尔维吾尔商人大黄 4 000 余斤;五月查出商民李生贵转购大黄 1 300 余斤运至喀什噶尔。③ 由以上数字,已可推想大黄贸易之兴盛。

除了向境外商人出售内地货物,商民也通过境外商人转买中亚和俄产货物,来自俄罗斯的皮张是内地商民青睐的商品之一。据军机处档案记载,乾隆五十四年(1789),阿克苏共查获民人购买的各种俄产皮张 11 000 张。④ 乾隆五十五年(1790),查出商民张子敬等六人私贩俄罗斯土产灰鼠皮20 000张、水獭海龙皮 200 余张、香龟貂皮 1 000 余张,"系由喀什噶尔、叶尔羌、乌什入境"⑤。这三处都毗连浩罕或布鲁特,所以有理由认为,这批货物是通过中亚商人转手进来的。

(三) 贸易方式及其规模

清政府的隔离措施和其他限制规定,给这一时期内地商民的贸易方式打上了乾嘉时代特有的印记。

① 《那文毅公奏议》卷七三、卷七七。
② 《清高宗实录》卷一三二〇,乾隆五十四年正月辛酉。
③ 《清高宗实录》卷一三二一、卷一三二三、卷一三二五、卷一三三〇等。
④ 《军机处档折件》第 42145 号。
⑤ 《清高宗实录》卷一三六六,乾隆五十五年十一月壬午。

首先,各城商民均为单身男性,流动性较强。为了相互有个照应,他们常常父子、兄弟结伴,或者邀乡党友人同行。如前面提到的西宁回民车户韩得,自幼随其父韩永贵出口谋生;在乌什贸易的靖远县回民哈义和哈阿利是父子,哈义又与在阿克苏的哈治娃子是兄弟。另据军机处档案记载,甘肃巩昌府人晁进宝,自幼随父在喀什噶尔谋生,其父晁荣"向在城内西街城隍庙门开设小铺生理"①。乾隆四十三年(1778),因高朴玉石案牵连而受惩的陕西回民商人赵钧瑞携儿子(养子)赵世保在阿克苏、叶尔羌等地开店,又和肃州住家的回民赵金海联宗认亲,让后者参与经商。② 他还与其他同乡合伙贩卖玉石,置办内地货物,往来于南八城和江南的苏州、扬州等地。

单身商民的共同苦恼是政府禁止携眷,他们只能抛下妻儿,孤身远行;由于常年在外,他们苦于无法照料家室,不得不心悬两头,往返奔波。正如后来道光年间喀喇沙尔商民递呈恳请回籍搬眷时所说,由于单身出外做买卖,"家遗老小,无人顾养,迨至十数年方能周流回家探望一次,往来盘川所费不赀,且在家多住,既恐生意无人照料,而久客在外,又虑家小失养,实属顾此失彼,苦无良策"。③ 库车铺商也递呈表示:"(来南疆)贸易已经多年,家遗老幼,无人赡养……常受冻馁,况民等小本生意,不能分身顾养。"④这些都真实地道出了南八城单身商民的为难处境。由于这一缘故,乾嘉时期南八城内地商民的流动性大大高于同时期北疆的携眷商民,店铺的稳定性亦差。嘉庆时期任叶尔羌办事大臣的那彦宝说:"南路各城商民非携眷久居者可比,时来时去,其开设铺房,耕种地亩,不免有启闭垦荒情事。"⑤可谓一语中的。

其次,遵照清政府的要求,商民店铺多设在靠近驻军和官署的满城(又叫镇城或汉城)的城外关厢地带,但因各城的建筑形制不尽相同,店铺分布也有差异。库车商民"均在环城附近地方建盖铺面房间,每月交纳租课";喀喇沙尔亦环城设铺建房。 但叶尔羌城系满、回复城,满城建在回城内的西

---

① 中国第一历史档案馆藏:《军机处录副奏折·农业屯垦类》,道光十六年七月二十二日寿昌折附片。
② 《清高宗实录》卷一○七○,乾隆四十三年十一月乙未、丙申、辛丑。
③ 《军机处录副奏折·民族事务类》,道光十五年四月二十四日额勒锦奏。
④ 《军机处录副奏折·民族事务类》,道光十六年九月二十六日庚福奏。
⑤ 《军机处录副奏折·民族事务类》,道光十六年二月二十四日那彦宝奏。
⑥ 《军机处录副奏折·民族事务类》,道光十六年九月二十六日庚福奏。

隅,地仅一角,东南北三面"均倚回户住屋为垣",贸易商民大部分居住城外,小部分租住本城维吾尔人户的房屋,或借用清真寺的空闲场址。① 阿克苏建有汉(也叫满城)、回两城,汉城在回城西北,相去不远,故商民多在汉城东南关厢建房开铺,以便与来自回城的维吾尔民众交易,久而久之,两城之间便形成市肆,人称买卖街。

乾隆三十年(1765)乌什民变后,各城官员根据隔离居住的规定,曾要求原在回城内与维吾尔人杂处的内地商民脱离回城迁往汉城,但实际执行并不严格,也非一步到位。以喀什噶尔为例,直到乾隆五十九年(1794),仍有80余户贸易商民留居旧城(即回城)。后经参赞大臣永保下令在新建满城外关厢添设官铺房150间,旧城内的商民才全数迁出。② 而有些城市直到嘉庆年间还有商民继续留在回城居住开业,如叶尔羌。又如和阗,系在回城内一区建满城,又因商民数量不多,也只是听任其"租赁回屋居住",未另设官铺房令其搬迁。③

再次,南八城的商民店铺以中小规模居多,各地的发展程度亦不平衡。

自乾隆二十七年(1762)以来,南八城亦仿乌鲁木齐定例,分头、二、三等,向商民铺面征收房租地基银两,划分等次的依据是商民拥有房屋(铺面房加住房)的数量。通常头等店铺有房五间至六间以上,二等在三间上下,两间或不足两间列为三等。等次愈低,表明经营规模愈小。小铺居多是各城的普遍现象,这从各城拥有铺面房屋总数与年征房租地基银的比率可以看出。这里,我们不妨再以有详细记载的喀什噶尔为例来进一步考察。

从本文第一部分所列表1可知,乾嘉时期该处商民铺面的总数有很大发展,四十余年中增长了两倍。但如果结合等次分析,则增加最多的是三等铺面,从14处变为59处,占增加总数的71%,而头等、二等铺面增长幅度较小,两者合计仅占增加总数的29%。这种增长比率与本时期南疆商民的构成及贸易方式的特点是一致的。在小本经营,流动不定的贸易商民占优势的情况下,店铺的经营规模必然受到局限。

如果再就各城情况做横向比较,则商民人数、店铺数量及其增长速度还有明显差异。阿克苏、叶尔羌、喀什噶尔是南疆大城,商业基础较好,商民聚

---

① 《那文毅公奏议》卷七六。
② 永保、范建中:《喀什噶尔事宜附英吉沙尔》。
③ 《官中档朱批奏折·民族事务类》,嘉庆十六年四月五日铁保奏。

集亦多,喀喇沙尔地近北路,是内地民人进入南八城的第一站,交通条件较好,也容易吸引商民。在内地与南疆的民间贸易尚受到多种条件制约,内地商民来南疆人数尚属有限的乾嘉时期,这些城市遂成为内地商民相对集中的地区。

四

乾嘉时期内地商民相继进入南八城经商贸易的意义在于,它从一个侧面反映出统一多民族国家高度发展的形势下,边疆与内地在经济、文化、社会生活各方面联系日益紧密的趋势。

汉代以来,天山南北作为丝绸之路的重要枢纽,留下了一代又一代中外商旅的往来足迹。但是来自内地各省的商民以自发方式陆续进入南疆各城从事贸易,并在此居住、活动,却是清乾隆中期统一新疆之后才有的现象。虽然贸易商民的来源、成分、具体经商背景各有不同,或为谋生,或为逐利,或者为了逃避原籍地方官府的政治迫害(如乾隆四十六年(1781)、乾隆四十九年(1784)因起义失败遭到镇压后的回民),但他们能够邀朋唤友、父子相携地奔走于南八城和内地之间,则无不得益于这个时代所创造的大一统格局和比较安定的社会环境。尽管乾嘉时期清政府从封建统治者的出发,给南八城的内地商民设置了某些人为障碍,但不能从根本上动摇或改变这一历史趋向,而内地商民在南八城经商、居住、活动,又反过来加强了南疆与内地的有机联系,使双方的关系更加密切。

南八城原有自己的商业体系,其中巴札集市堪称繁盛。乾嘉时期内地商民的到来,给当地的经济生活注入了新的活跃因素,成为一支不容忽视的经济力量。来自内地的丝绸、茶叶及多种日用商品,商民们面向本地民众社会的形形色色的商业经营,改善和丰富了当地的物质生活。不论维吾尔农民还是驻防官兵,都借此获得了生活所需的物品。正如嘉庆中那彦宝所说:"商民、回户俱各安居乐业,所有内地商民往来贩货,回民取用者亦多,而民人亦可借此获利息,是以彼此相安,络绎不绝。"作为民间贸易,商民经营商品注重商业经营的内在规律,价格比较合理,较官方贸易更受南疆民众欢迎。如丝绸一项,嘉庆六年(1801)喀什噶尔参赞大臣富俊就说:"现在各城

---

① 《军机处录副奏折·民族事务类》,嘉庆十六年三月二十八日那彦宝奏。

市集俱有货卖绸缎",而"官价与市卖价值较昂",所以后者更有销路。① 商民在南疆与内地之间"年来年往,常川贩货",不仅沟通了南疆与内地的经济联系,也促进了南疆各城之间,以及南八城与境外的交易活动,扩大了新疆的商品流通范围。

我们注意到,内地商民在南疆经商具有随处销售的特点,各城之间相互流动是很常见的现象。如乾隆五十五年(1790)查出私带玉石的商民李世才等,就是先在阿克苏等处采买,然后由伊犁走北路私带进关的。② 前面表4所列的商民事例中,也不乏先后辗转几城从事贸易的现象。另据《喀什噶尔事宜》,规定凡"由各城前至本处贸易商民,亦一体按票查验",又称"来本处贸易商民,向由军台及牌素巴特两路起票来往,民多便之",也表明流动的常态化。随着商民在各城"云集辐辏"又往来流动,南疆各地的城镇建设也有相应发展。如阿克苏,地居要冲,"为南路各回城四达之区",贸易商民在汉城外关厢列肆骈居,"茶房、酒肆、旅店,莫不整齐",使汉城和回城之间形成了新的买卖市集。③ "内地商民,外番贸易,鳞集星萃,街市纷纭,每逢八栅尔会期,摩肩雨汗,货如雾拥"。④ 道光八年(1828),阿克苏汉城拓宽城垣时,"东南均系贸易铺户,势难逐户迁移",⑤已成为稳定的商业区域。喀什噶尔也有类似变化。自从乾隆后期于徕宁城外置立关厢,修葺墙屋,迁民人商户居住,"市肆列陈,同都鄙焉"。⑥ 叶尔羌则城外有市列,"八栅尔街长十里,每当会期,货若云屯,人如蜂聚",⑦街旁有内地商民所设店铺字号,光鲜整齐。

乾嘉时期内地商民在南八城的往来活动,对增进不同民族间的相互了解也有积极作用。作为内地移民的先行者,他们当中不少人就此融入当地社会,为日后南疆与内地民间贸易的进一步发展奠定了良好基础。道光十一年(1831),清政府总结张格尔之乱的经验教训时,宣布在西四城(喀什噶尔、叶尔羌、英吉沙尔、和阗)实行招民开垦、屯田戍边政策,招募内地民人前

---

① 《军机处录副奏折·民族事务类》,嘉庆六年八月二十五日富俊奏。
② 《清高宗实录》卷一三五四,乾隆五十五年五月壬午。
③ 和宁:《回疆通志》卷九。
④ 椿园:《西域闻见录》卷二。
⑤ 《那文毅公奏议》卷七六。
⑥ 永保、范建中:《喀什噶尔事宜附英吉沙尔》。
⑦ 椿园:《西域闻见录》卷二。

来认垦土地,"有愿携眷者听之","商民携眷前来亦听其便",解除了延续半个世纪之久的禁令。此令一下,南疆各城商民立即群起响应,不但西四城内地民人增多,携眷者日众,地理划分上属于南疆东四城的库车、喀喇沙尔、阿克苏等城的单身商民也纷纷呈请回籍接眷。呈文说:我等"在此贸易多年,向与本处大小回子彼此甚属相安","创修产业,历经有年","情愿遵照西四城携眷之例,自备斧资,各搬眷口前来,就近迎养,以济生业"。① 此后,南八城的内地商民数量出现了大幅度增长,单是喀什噶尔一处,其发展速度之快即足以令人吃惊。据奏报,至道光后期,该城在册的内地商民已达到1 968名,其分布不限于城乡地带,而且大量活动于各个村庄,至于未能统计在册的"年年续次来喀者",还有"约计数千余人"之多。② 这一事实表明,道光中期以后,南疆与内地的人员和贸易往来,在规模、水平上都呈现出一种新的局面。

(原载《西域考察与研究》,新疆人民出版社1994年版)

---

① 《军机处录副奏折·民族事务类》,道光十五年四月二十四日额勒锦奏、道光十六年九月二十六日庚福奏。

② 珠克登:《喀什噶尔略节事宜》。

清代发遣制度在新疆的实施

　　清代刑律的体系继承明代而来,分"笞、杖、徒、流、死"五种,即传统的五刑。流即流放,是仅次于死刑的重刑,所谓"流者,不忍加诛,则放流之,使之一去不返也";或谓"去死一间,不忍杀之,流之远方"。这些解释,都清楚地指出了流刑在清代刑罚体系中的位置。同时,清代流刑的内容,包括了正刑和闰刑两个部分,互为补充。正刑的"流"分流二千里、二千五百里、三千里三等,也称三流,而正刑之外的闰刑,则有迁徙、充军以及本文将着重讨论的发遣等数种。量刑上,迁徙较流稍轻,指将犯人及其家属迁至离开原籍地千里之外处安置;充军分为五等,附近二千里,近边二千五百里,边远三千里,极边和烟瘴均为四千里,也称五军,其惩处明显重于正刑的流。而清代创设的发遣这一刑种,被认为是清代流刑中最为严厉的一种。这是因为"军罪虽发极边、烟瘴,仍在内地,发遣则发边外极苦之地。"①也就是说,尽管充军可能被发至云贵两广的烟瘴之地,毕竟仍在直省,未出内地范围,而发遣是将免死减等的重罪犯人发配至黑龙江、吉林以及新疆等"边外极苦之地"去充当苦差或为奴,待遇更加严酷。

　　中国历史上将罪犯发配边疆地区的做法起源甚早,除了重加惩罚,减少此类罪犯对内地社会秩序的恶劣影响外,利用罪犯作为屯田劳力,开发边地,充实人口,也是历代统治者的重要意图之一。在清代,闰刑发遣的实施,更是将这一意图发挥到极致,为前代所未见。需要特别指出的是,发遣制度滥觞于清初而盛行于乾隆以后,其契机乃是清朝完成对新疆的统一和对当地经营的全面展开。随着新疆成为清代发遣的主要实施地,无论是发遣条例的扩充丰富,还是发遣规模的扩大,都达到了一个高峰。

---

① 刘锦藻:《清朝续文献通考》卷二五〇《刑考九》。

关于清代发遣新疆这一制度,自20世纪80年代以来受到关注,已陆续涌现出一批研究成果。较早涉及这一课题的,在大陆地区有张铁纲、叶志如、齐清顺、周轩等人,在台湾地区有吴佳玲、廖中庸等人,在海外则有日本的川久保悌郎、加藤直人;美国的 Joanna Waley-Cohen(卫周安)等人。① 此外,王希隆和笔者也曾先后论及发遣与清代新疆屯垦的关系。近年还可见到青年学者王云红等人的研究。② 经过上述一系列研究,有关清代发遣新疆的基本轮廓和主要史实已大体清晰。但是在一些方面,如确定以新疆为主实施发遣后,发遣条例的扩充与调整如何展开,其具体过程与背景如何;遣犯的来源、构成,清朝对遣犯在服刑地如何安置并进行管理,其供役与生活的实际状况如何;服刑期满后的遣犯有怎样的出路或去向;所谓"遣犯为民"的政策究竟如何付诸实施;发遣对清代新疆当地社会产生了怎样的影响等环节上,都还存在不少值得更深入且细致探讨的空间。鉴于此,笔者拟在吸收已有成果的基础上,聚焦上述问题,充分运用第一手的档案史料并结合其他文献再做探讨,以期推动研究的进一步深化。

一、乾隆年间实施发遣新疆与发遣条例的制定

如许多先行研究所指出,清代早期的应遣罪犯主要发往东北边地。顺

---

① 张铁纲:《清代流放制度初探》,载《历史档案》1989年第3期;叶志如:《清代罪奴的发遣形式及其出路》,载《故宫博物院院刊》1992年第1期;叶志如:《从罪奴遣犯在新疆的管束形式看清代的刑法制度》,载《新疆大学学报》1994年第4期;齐清顺:《清代新疆遣犯研究》,载《中国史研究》1988年第2期;周轩:《清代新疆流人研究》,新疆大学出版社2004年版;吴佳玲:《清代乾嘉时期遣犯发配新疆之研究》,(台湾)"国立政治大学民族研究所"硕士论文,1992年;廖中庸:《清朝官民发遣新疆之研究(1759—1911)》,(台湾)东海大学历史研究所硕士论文,1992年;川久保悌郎:《清代における辺疆への流罪配流について:清朝の流刑政策と辺疆 その一》,载《弘前大学人文社会》15号,1958年;川久保悌郎:《清代满洲の辺疆社会:清朝流刑政策と辺疆 その二》,载《弘前大学人文社会》27号,1962年;加藤直人:《清代新疆の遣犯について》,载《清朝と東アジア 神田信夫先生古稀記念論集》,山川出版社,1992年;Joanna Waley-Cohen, *Exile in Mid-Qing China : Banishment to Xinjiang*, 1758—1820[M]. Yale University Press, 1991.

② 王希隆:《清代西北屯田研究》,兰州大学出版社1990年版;华立:《清代新疆农业开发史》,黑龙江教育出版社1995年版;王云红《清代流放制度研究》,人民出版社2013年版。

治时期的事例多见于盛京地区及其周边,其中包括了尚阳堡、铁岭等地,同时抑或发遣至吉林的宁古塔。至康熙朝,黑龙江地区作为重要发遣地逐渐取代了原来的盛京和尚阳堡,除了宁古塔,发遣地点扩大至黑龙江、三姓、伯都纳、乌喇、墨尔根等处。这一时期的发遣案例主要与政治因素相关,如有名的科场案、奏销案,有浓厚的政治流放意味,这也与后来在新疆地区以刑事犯罪为主的发遣形成区别。康熙末年至雍正时期,清廷为了防范准噶尔部入侵,曾在漠北的科布多、乌兰固木一带设立北路军营,同时开设屯田,将一部分原遣东北的罪犯改发该地耕种役使,但仅为临时之策,并未改变以东北为主实施发遣的一贯方针。然而到了乾隆二十三年(1758),随着平定准噶尔部和镇压大小和卓反清势力战事的节节胜利,清朝基本确立了对新疆的统治格局,清初以来的发遣制度也在此时出现了重大转变,新疆作为新的发遣实施地,开始进入清朝君臣的视野。

乾隆二十三年(1758)二月初四日,湖北道监察御史刘宗魏率先向清廷建议在新疆实施发遣。此奏折受到乾隆皇帝关注,立即指示军机大臣与刑部详议具奏。九天后的二月十三日,经军机大臣、大学士傅恒领衔将议复结果上奏,奉旨"着为定例",正式确定了在新疆实施发遣的方针。对此事,《清高宗实录》卷五五六有如下记载:

> 军机大臣等议奏,御史刘宗魏奏,请嗣后盗贼、抢夺、挖坟应拟军流人犯,不分有无妻室,概发巴里坤,于新辟夷疆并安西回目札萨克公额敏和卓部落迁空沙地等处,指一屯垦地亩,另名圈卡,令其耕种。其前已配到各处军流等犯,除年久安静有业者照常安插外,无业少壮、曾有过犯者,一并改发种地,交驻防将军管辖。应如所请,并将此外情罪重大军流各犯一体办理。从之。①

应该说,以上文字大体反映了发遣新疆方针问世的梗概,迄今为止,很多研究据此进行叙述。但是需要指出的是,本条记载并非刘宗魏奏疏和傅恒等议复的原文而是内容概括。而在概括时,又略去了许多作为研究原本值得关注的要点,也因为过于概略,甚至带来文中部分字句的不易理解,故仍有回到原始史料的必要。所幸的是,笔者经过翻检档案,分别找到了刘宗魏和傅恒的原奏,又见到了实施早期的发遣款项单,给进一步还原历史原貌提供了可能。

 《清高宗实录》卷五五六,乾隆二十三年二月己巳。

首先来看刘宗魏奏疏的内容。

奏疏开篇以"请杜盗贼之流蔓以靖盗源"破题,称"稂莠不剪,必害嘉禾,盗贼者,民之稂莠,而抢夺、发冢,更盗贼中之尤堪发指者也。祗以罪分首从,情别重轻,除死罪外,定为军流徒杖,全其生命而惩创之,原欲使其改恶易行以安善良",此乃军流等刑的本意。但是接下来又指出,由于国家境况的变化,考证军流等刑的实施现状,已难发挥其原来应有的作用。

> 三流有宅自二千里、二千五百里至三千里,而充军地方则有边卫、边远、极边、烟瘴及黑龙江等处等名目。亦以若辈罪孽深重,必投诸水土恶劣之区,使任夫困苦难堪之役,以赎其死。今国家承平日久,生齿日繁,和气翔洽,无论二三千里之近,在在皆成沃土,即向所称烟瘴者,已渐化为泉甘土肥矣,向所指黑龙江等处者,今且既庶而富矣。是以定例内载应发黑龙江等处者,各按罪名,或照名例徒流迁徙地方条下,分别发遣之例问发,或照军卫道里表,分别极边烟瘴问发。而应问烟瘴充军者,若该犯离家四千里外并无烟瘴,即以极边为烟瘴,定卫发遣。其有应发遣之卫所已改设州县者,照旧发遣,仍注军籍当差,以该州县为专管等语。查近今数十年,卫所多改州县,配往军犯并无应当之差,全与安插徒流无异。况直隶、江南、山东、山西、河南、浙江、江西、湖广、广西、四川、贵州、云南等省,俱以陕西为极边,浙江、江西、福建等省人以直隶为极边,而直隶、山东、陕西、河南、陕西、湖广、四川、贵州等省,且以江南、浙江为边远。极边本系腹地,顾加以边远、极边之号者,盖最重之军罪,亦止以该犯离家四千里为断。里数既足,法无可加,不得不迁就其名也。

据上可知,刘宗魏认为现行的军流起不到应有惩罚作用的原因,一是随着国家承平,生齿日繁,原来流刑中的边远乃至烟瘴之地逐渐开发,转成沃土,使得"任夫困苦难堪之役以赎其死"变得有名无实;二是与明代不同,清代不再实行卫所制,军犯到配无差可应,"与安插徒流无异"。而且流放地的规定及军流道里计算混乱、内陆省份与沿海省份互为极边,造成"极边本系腹地"的怪相。而大量军流人犯聚集内地各省,败坏当地风气,带来社会治安的严重隐患,正所谓"犹移植稂莠,往害嘉禾,不可不重防其弊也"。

铺垫至此,刘宗魏话锋一转,点明了上奏的主题。

> 钦惟皇上天威远播,讨平准噶尔,辟地数千里,中多可垦之旷

土,而安西回目札萨克公额敏和卓部落,业已迁往吐鲁番,空出沙州地亩,现在招徕耕种,议设将军驻防。臣愚请在巴里坤等处指一屯垦地方,另立名色圈卡,以示区别。将嗣后凡犯盗贼、抢夺、挖坟,应拟军流人犯,不分有妻室无妻室,与例应佥妻,并例听该犯情愿携妻与否者,一概发遣彼处种地。其从前定案业已到配之军流人等,并令直省督抚查明,除到配年久安静有业者照常安插外,其无业少壮、曾有过犯人等,亦一并改发口外种地处所,交与该将军管辖。①

很显然,刘宗魏认为,随着讨平准噶尔,辟地数千里,新疆作为悬绝关外有待开拓的一片新土,是不折不扣的"边外极苦之地"。加之开展屯种急需劳动力,将重罪犯人发遣至此役使,正符合发遣的惩处原则;同时也因其地遥远,与内地相隔,可以减少对内地社会的不良影响。"夫惕以重法以绝其为恶之心,资其筋力以收此屯田之利,于新辟疆境不无裨益,且使内地人民知所警惧,不敢复为盗贼、抢夺、挖坟等事",一举而两得。在具体实施方法上,则提出了以下几点:

第一,关于何种罪犯适用于新疆的发遣,刘宗魏着眼盗贼、抢夺、挖坟一类应拟军流的恶性犯罪,主张不分有无妻室,连同例应佥妻并例听该犯情愿携妻与否者,一概按发遣新疆办理。第二,除今后拟罪发遣犯人外,已在内地配所服刑中的军流犯人,凡无业少壮、曾有犯罪行为者,也均实行改发,令至口外种地。第三,关于具体安置地点,他提议发至巴里坤等处,指一屯垦地方,另立名色圈卡,以利管理。此处指名"巴里坤等处",应是鉴于当时新疆其他地区新定或尚未全定,巴里坤在新疆东部,地近甘肃,经营已久,屯种亦有规模,故而有此建议。笔者前读《清高宗实录》卷五五六中所记刘宗魏关于遣犯安置建议,见有"概发巴里坤,于新辟夷疆并安西回目札萨克公额敏和卓部落迁空沙地等处,指一屯垦地亩,另名圈卡,令其耕种"等语,曾疑惑前后文之语意牵强混杂,不知何以既言"概发巴里坤",又将安西之"迁空沙地"与"新辟夷疆"并列。现经比照奏疏,得以解惑,知道实录这段文字中的"安西"云云,并非刘宗魏原文,而是他人的概括,也因此产生了文字上的偏离。

---

① 中国第一历史档案馆藏:《宫中档朱批奏折》,乾隆二十三年二月初四日刘宗魏奏(04—01—08—0001—001)。

刘宗魏的建言,迎合了正在考虑大力经营新疆的乾隆皇帝的想法,他当即以赞赏的口吻批复:"此奏确有所见,军机大臣会同该部详议具奏。"以傅恒为首的军机大臣等秉承旨意,也以积极的态度讨论,一方面肯定该建议颇多可取,同时指出"该御史所奏专重强盗窃贼而言,夫贼盗中如鼠窃狗偷或懦弱疲惫,不皆堪以驱役之人,而军遣各犯内桀骜顽梗不由盗贼获谴而情节较重者尚多,若去此留彼,固不足以创惩凶恶,即一例改发,亦未得乎轻重权衡"。为纠正刘宗魏所奏过分拘泥于强盗窃贼等少数犯罪类型的不足,傅恒等人"详加酌议",针对军流人犯全面权衡,拿出了一个包括20余款发遣条例的详尽方案。

请于军流遣犯内,如造谶纬妖书传用惑人不及众者、师巫降邪神并一应左道异端之术煽惑人民为从者、军民吏卒殴伤本管官者、采生折割人已行而未伤人为从者、谋叛未行为从者、逃避山泽不服追唤为从者、凶徒因事忿争执持军器殴人至笃疾者、放火故烧人空闲房屋及田场积聚之物者、聚众十人以上带有军器兴贩私盐拒捕伤人为从者、开窑诱取妇人子女勒卖为从者、并该御史所奏强盗免死减等、强盗已行而不得财者、强盗窝主造意不行又不分赃者、窃盗临时拒捕伤非金刃伤轻平复者、积匪猾贼、抢夺伤人为从者、捕役养贼一二名至五名者、发掘他人坟冢见棺椁为首及开棺见尸为从者、窃赃数多罪应满流及三次犯窃罪应充军者,以上各项,除实系老弱残疾不能耕作之人毋庸改发外,余均发往巴里坤等处种地管束。此外,寻常军流案内有情节较重者随时酌量请旨改发。至于现在各省已经到配之军流遣犯内,如有怙恶不悛为匪脱逃者,亦照此办理。

据此可知,刘宗魏原奏提议有9款,傅恒等酌议后增加了10款,作为今后发遣新疆时遵循的条例规定,在此基础上又加入了"各省到配军流遣犯中怙恶不悛为匪脱逃者照此办理"一款,达到20款,并规定寻常军流案犯情节较重者可"随时酌量请旨改发",为实施发遣新疆提供了法律依据。在此之后,稍经增补,形成了"应发新疆项款二十二条"。关于这22条的存在,我们从中国第一历史档案馆藏乾隆朝"原议改发巴里坤款项单"中也能得到印

---

① 《宫中档朱批奏折》,乾隆二十三年二月十三日傅恒等奏(04—01—08—0001—005)。

证。该单逐条开列发遣条款，除原样收入经傅恒等议定的以上各条外，在最后增补了"窃赃满贯拟绞三次缓决以上者"和"私铸铅钱不及十千情轻者"两条，共计22项。①

不过对于发遣新疆，当时大臣中的认识并不尽一致，下令实施未久即出现反对声音，而这种反对声音的背后，其实还隐含了对乾隆皇帝经营新疆战略的不理解。六月，御史朱嵇以"递解多费口粮及渐染边地习俗"为由，奏请将"改发巴里坤人犯酌量仍复旧例发遣"。十二月，御史李绶再上奏，称巴里坤为屯田要地，不宜令薰莸共处。乾隆皇帝痛斥持此等意见者对于发遣新疆一事毫无理解，愤然掷还李绶之折。② 同时，他又利用各种场合反复说明在新疆实施发遣的意义和必要。如当年五月，乾隆皇帝即在一次上谕中表示："此等人犯本系情罪重大应死之人，因有一线可原，未即置之于死，其实与黑龙江等处为奴人犯无异。不过因西陲平定，是以发往巴里坤等处给屯田绿旗兵为奴耳。"指出这并非另创新刑罚，而是顺应西陲平定的新形势，将发遣地重点转至西北。乾隆二十五年（1760），朝廷为新科进士举行廷试，条对策问专门议论"以古之屯田为劳民，今之屯田，劳民正所以惠民"。乾隆皇帝于此再次颁布上谕，驳斥朱嵇、李绶二人之谬并宣示向新疆发遣乃至鼓励内地移民的深远意义。③ 乾隆二十六（1761）三月，他又以更加明确的口吻谕示："此等发遣人犯，本属去死一间之匪类，以之投畀远方，既不至染腹地民俗，而现在新疆屯垦处所，在丰收，该犯等到彼，又可力耕自给，实为一举两得。"④强调无论从维护内地治安或充实边疆人手角度出发，发遣新疆都势在必行。

在乾隆皇帝的大力推动下，发遣新疆很快在内地各省着手实施。乾隆二十四年（1759）六月，由各省解送至甘肃的遣犯及家属人数已经累计达到1 200余名口之多。甘肃巡抚衙门对其随到随发，按照由近及远的方针，陆

---

① 《宫中档朱批奏折》，无上奏人及年月日，题名《原议改发巴里坤款项单》（04—01—08—0158—017）。
② 朱嵇上奏事见《清高宗实录》卷五六五，乾隆二十三年六月乙亥；李绶上奏事见《清高宗实录》卷五七六，乾隆二十三年十二月癸亥。
③ 《清高宗实录》卷六一二，乾隆二十五年五月壬子。
④ 《清高宗实录》卷六三三，乾隆二十六年三月辛酉。

续发往安西、哈密、巴里坤等地安置。① 如此迅猛的势头也带来了意想不到的难题。一方面,对于遣犯的起解、途中押送等问题,各地州县对应不及,产生各种混乱;另一方面,新疆的用兵尚未收尾,作为出入新疆之门户的甘肃省还须支应军务。一个更现实的困难是,这一年甘肃歉收,仓储匮乏,无力为汇集此地的遣犯提供口食,这一切都迫使刚起步的发遣不得不暂时中止。

两年后的乾隆二十六年(1761),平定新疆已大功告成,驻军屯田从巴里坤一带扩展至乌鲁木齐、伊犁等地,加之甘肃年谷时熟,各方面的条件已经具备。是年三月,清廷下令恢复发遣新疆,从此遣犯不断西去。不过,在经历了前番周折后,刑部认识到此前制定的发遣条例过多,不宜执行,遂对22条酌量删减,确定了以重犯为主,"择其桀骜难驯,屡惩屡犯,如强窃盗贼及抢夺发冢凶徒等项,渐染甚易,驯化又难,请照原议发巴里坤给种地绿旗兵丁为奴,其余仍依各犯本律应配地方分别充配"的方针。②

需要指出的是,发遣新疆条例在乾隆二十六年(1761)之后还屡经修订,条例时增时减,头绪纷繁,要说清其变动细节并不容易。乾隆时期之变动大者,除了乾隆二十六年(1761),还有乾隆三十二年(1767)、乾隆四十四年(1779)、乾隆四十八年(1783)数次。它反映出清廷力图"因时损益",既要保持新疆的遣犯数量以便役使,又要兼顾当地的弹压能力以防止失控。以下概述其要。

乾隆三十二年(1767),由于重开发遣以来每年改发新疆的遣犯人数不下六七百人,伊犁、乌鲁木齐等地遣犯"积而愈多",且此类遣犯"多系顽梗性成,约束非易",决定在旧定应发各款中酌量情节,选择"其非积凶,尚易约束"者6条照例遣发,而将积匪猾贼、回人行窃等情节较重的16条各照本律地方发配。③

经过节年减发,乌鲁木齐等地转而出现了屯田遣犯数量不足的问题。乾隆四十四年(1779),经乌鲁木齐都统索诺穆策凌奏请,决定恢复一度停发新疆的16条,其中情节较重者给兵丁为奴,情节较轻者发巴里坤等处补耕

---

① 中国第一历史档案馆藏:《军机处录副奏折》,乾隆二十四年闰六月十三日吴达善奏(03—1350—005)。
② 《清高宗实录》卷六三二,乾隆二十六年三月庚子。
③ 《清高宗实录》卷七八二,乾隆三十二年四月乙巳。

屯缺额。① 根据乾隆末年成书的《新疆条例说略》,可知积匪猾贼、抢夺满贯、回民行窃、发冢见棺或开棺见尸、窃赃数多罪应满流、抢夺金刃伤人等凶恶犯罪都在此次重新列为发遣新疆的对象。

由于重罪发遣者的数量可观,恢复 16 条后仅四年即乾隆四十八年(1783),伊犁将军伊勒图便上奏表示伊犁遣犯积有 4 000 余名,除去回籍、病故及已正法等项外,实有三千数百余名,"类多顽梗积匪,不安分之徒",最易滋事。他认为照此趋势发展下去,将导致遣犯多于防兵,不可不慎重考虑。② 为此,清廷再度修订发遣条例。伊勒图提议将对象缩减到从前的"易于约束者六条",而刑部经过斟酌,再从以前改发内地 16 项(条)及乾隆四十七年(1782)增入的一项共 17 项内选出情节相对稍轻、约束尚易的 5 项,如强盗窝主造意不行又不分赃等,连同乾隆三十二年(1767)以来实施的 6 条(项),共计 11 项作为发遣新疆对象,以其余 12 项改发内地。如吴佳玲所指出,这次规定的改发内地 12 项条例,成为日后发往新疆遣犯增拨减删时首先考虑的罪名。③

乾隆五十年(1785)以后,条例的局部增改仍时有所见,但不再出现大幅度的调整,由"原例遣罪""流刑改遣""军罪改遣""免死改遣"四部分构成的新疆发遣条例形成体系。根据吴翼先对历次奏发条例所做的辑录,可知迄至乾隆末,先后共出现过 66 项原例发遣及由军流等罪改遣的规定,乾隆末年仍在实行的有 30 余条。④

纵观新疆发遣条例可知,发遣对象的重点始终是刑事性罪犯,这也是清代发遣新疆的一大特点。以刑事犯为主发遣新疆,对清朝在新疆的政治统治不易产生不利影响。而就一般社会的罪犯构成而言,刑事罪犯的比重远高于政治性犯罪,这又使遣犯来源得有较充分的保证,符合清朝在新疆屯田等经济生产活动中大量役使遣犯的基本意图。为此我们看到,在执行有关发遣条例的同时,清廷对发遣新疆人犯的年龄、身体条件也一再做出规定,

---

① 《清高宗实录》卷一〇九〇,乾隆四十四年九月乙未。
② 《宫中档朱批奏折》,乾隆四十八年十一月十七日伊勒图奏(04—01—30—0366—015)说得更为明确,第十六条中,"情节较重者八条给兵为奴,情节较轻者酌拨种地当差"。
③ 吴佳玲:《清代乾嘉时期遣犯发配新疆之研究》,第 26 页。
④ 吴翼先:《新疆条例说略》卷一。

以保证遣犯到配服役时的劳动能力。如："凡老弱残疾,不能耕作之人,毋庸发往新疆";发遣之人年龄不得超过五十岁,即使情节恶劣,有意从严惩治者,亦不得超过六十岁;"各犯年在六十以外及废疾者,仍照例发往四省"。同时,为使遣犯能够安定于新疆当地,提倡携眷到配即金妻发遣,"除老弱残疾及年逾五十不能耕作之人仍照原例办理外,余均金妻改发乌鲁木齐等处"。①

二、遣犯在新疆的服役与生活

乾隆二十六年(1761)新疆重开发遣以来,遣犯不断西来,发遣地也从最初的东部巴里坤、哈密等少数地点扩展到天山北部各地。总的来说,对遣犯的安置和管理,与新疆军政体制的构成及屯田之分布关系密切。对天山以北,大体可分作两个区域来考察,一是乌鲁木齐都统辖制的东路地区,包括乌鲁木齐及其周边(后设迪化州领辖昌吉、阜康、济木萨、玛纳斯、精河、库尔喀喇乌苏、吐鲁番等),以及巴里坤(后设镇西府领辖古城、木垒以及哈密);二是伊犁将军驻节的北路地区(含伊犁九城与塔尔巴哈台)。至于天山以南的回疆(清代也称南路或南八城),出于对当地穆斯林居民在民族与宗教上之特殊性的考虑,初期鲜有发遣之事,直到乾隆五十年(1785)之后才有所增加,但其人数规模与东路乌鲁木齐及北路伊犁完全不能同日而语。

关于遣犯在新疆的服役情况,较早研究这一课题的齐清顺将其区分为种地、当差、为奴三种供役类型。种地即屯田耕种,当差即从事耕种以外的开矿、运输、土木、河工等劳役,为奴即发给驻防官兵或回疆各城伯克为奴。他是在援引乾隆四十四年(1779)刑部议奏的基础上进行归纳,但对刑部奏议的理解似乎还不够准确。在齐清顺之后探讨此问题的日本学者加藤直人指出,他同意齐清顺将对遣犯的役使大体归纳为三类,但同时又指出,就刑部奏议中的分类本身而言,多是在遣犯脱逃时用作进行惩罚的量刑标准,因此不应简单看作只是对遣犯的供役进行分类。笔者也认为加藤直人的见解值得重视,刑部所说的种地、当差、为奴三种处置,不应浅显地理解为役使内容的区分,更应看到其在法律上的量刑意义,即根据遣犯的犯罪情节轻重、是否一般常犯(民人有犯)或官犯(官员有犯)以及是否具有旗人身份等情

---

① 吴翼先:《新疆条例说略》卷二。

况而做出的,对该犯到配后惩罚的轻重及服刑待遇上的区分。一个明确的事实是,分配给绿营屯田官兵的为奴遣犯都随同主人从事耕作即种地,而分配给察哈尔、厄鲁特等营官兵的为奴遣犯则随同主人游牧,乌鲁木齐、伊犁的矿山劳作也大量使用为奴遣犯,因此很难把"为奴"简单解释为供役内容。相反,把"种地"和"为奴"作为量刑标准,就可以很好地理解发遣条例中的有关规定。如乾隆二十七年(1762)定,犯"盗砍围场内木植"罪者,"初次、二次发往乌鲁木齐等处种地,至三次发往乌鲁木齐等处给与种地兵丁为奴",①"种地"和"为奴"显然在法律的惩罚程度上具有递进加重的关系。

根据笔者对史料的研读,新疆遣犯的发遣身份主要由为奴和当差两种构成。一般民人罪犯即常犯中,为奴遣犯占多数,官犯中的多数则为当差或效力当差遣犯。这一点从清代新疆政书类史料的记载中也可以得到证实。乾隆中期成书的《乌鲁木齐政略》设"遣犯"门,内有"自乾隆二十六年九月起,截止四十三年九月止,通共发来当差、安插及为奴各项遣犯□□名"②的记载。虽然原应写有人数的部分缺载,令人遗憾,但可知管理上对遣犯分为当差、为奴及安插,而不见种地。所谓安插,系指清朝对部分内地民人的强制性迁徙,其人身受到限制,类似遣犯,但在安插地作为民户对待,有关情况将在后文涉及。又如美国哈佛大学燕京图书馆藏《伊犁低册》③记载乾隆末年伊犁遣犯情况称,"每年各营脱逃兵丁闲散家奴并当差、为奴遣犯,年底造册汇咨兵、刑部"。又在"册房应办事宜"条中记载,此时册房存有"管理现在复用官员并效力当差废员册四本""管理现在当差人犯册三本""管理现在种地安插以及金川缅甸余丁册一本""管理现在为奴人犯册二十七本""管理金川逃兵册一本""管理金川溃兵册一本""管理河州逆回犯妇册一本""管理山东逆案胁从人犯册一本""管理闽省溃兵册一本""管理甘肃案官员子嗣当差册一本"。名册的种类及册数也清楚地表明,为奴人犯是伊犁遣犯的主体,其次是各类当差人犯。这种遣犯构成在嘉庆以后也维持不变,

---

① 《清朝文献通考》卷二〇〇《刑考六》。

② 本书作者佚名,有抄本,藏北京大学图书馆。另有王希隆的《新疆文献四种辑注考述》(甘肃文化出版社1995年版),据辑注者考证,此书应完成于乾隆四十四年或乾隆四十五年。

③ 本书为抄本,佚名,共四册,无卷页。笔者2004年在该馆访书时得见。书中记事年代最晚可至乾隆五十八年,应为乾隆末年的记载。抄本封面的书名系后人手书,作《伊犁低册》,但"低"字不通,疑为"底"字之误。

据成书于嘉庆初年的《总统伊犁事宜》,册房的管理对象为当差、为奴各犯,每年十二月底止,查明一年内收除各项人犯并随带子侄总数,开单交印房查办。①

在新疆实施发遣的初始阶段,正值清朝在当地大力推动屯田,力求就地保障军粮供给。屯田的重心在东路乌鲁木齐一带,遣犯作为屯田急需的劳动力,早期多以这一地区为中心进行安置,命其从事耕种,这就是研究者常常提到的遣犯屯田,又称遣屯或犯屯。

遣犯作为身份特殊的屯田者,必须置于官兵的严密监管之下,因此遣犯屯田始终采取兵犯合屯的形式,附属于各个绿营兵屯。根据不同的犯罪情节,遣犯又分成承种份地和在屯田兵丁的份地上随同力做两种。②

承种份地的对象,多是犯罪情节稍轻,发往种地当差的遣犯,此外还包括一部分携眷的为奴遣犯。③ 各屯区对份地亩数的规定不完全一致,在乌鲁木齐、玛纳斯、精河、库尔喀喇乌苏及伊犁等地,承种份地遣犯每名给地12亩,少于屯兵的20亩;对有眷遣犯多拨地5亩,用作家属的赡养。④ 而巴里坤、古城、木垒在乾隆年间给地22亩,与屯兵同额,嘉庆年间才改为12亩。⑤ 除了土地,屯区还拨给遣犯少量牛具籽种等生产资料,并酌给盐菜钱。乌鲁木齐所属各屯,每三名承种份地遣犯给马牛一匹(头),农具一副(后减为每六名给农具一副);巴里坤、哈密遣犯因承种地亩数与屯兵同额,每名给马牛一匹(头)。 在早期,作为"补耕屯缺额"的劳动力,巴里坤和哈密的种地遣犯曾设定额,但实际上因所属遣犯人数时有变动,并不始终保持足额状态,

---

① 永保:《伊犁总统事宜》,载马大正等编《清代新疆稀见史料汇辑》,全国图书馆文献缩微复制中心1990年版。本史料为研究清代新疆必不可少的重要资料,可惜在进行铅字重排时出现多处错字,断句亦有错误,故引用时要加以甄别,以求准确。

② 《清高宗实录》卷一〇九〇,乾隆四十四年九月乙未条称:"请交部择其中情节重者给兵丁为奴,轻者即发巴里坤等处,补耕屯缺额。"据此可知区别对待的原则。关于遣屯(犯屯),王希隆《清代西北屯田研究》第四章的论述颇为翔实,值得参照。

③ 吴元丰:《清乾隆年间伊犁遣犯为民后的屯田》,载《中国边疆史地研究》1994年第4期。

④ 佚名:《乌鲁木齐政略·遣犯》。

⑤ 达林、龙铎:《乌鲁木齐事宜·屯田》。亦参见《三州辑略》卷四;格琫额:《伊江汇览·屯政》。

⑥ 达林、龙铎:《乌鲁木齐事宜·屯兵地粮》。

其他各屯则似乎并无定数。笔者据《钦定皇舆西域图志》对乾隆三十年至乾隆四十年(1765—1775)东路各屯种地遣犯人数的记载,取其最高值,得出如下数字:乌鲁木齐1747名,玛纳斯207名,库尔喀喇乌苏105名、精河103名,巴里坤350名,哈密180名。①

遣犯在份地上的生产所获,规定"其收获之粮,除给一岁口粮三百六十斤外,所余尽数交纳"。② 乾隆四十年(1775),为保证收获量,清廷议准新疆的"屯田分数赏罚例",各屯的赏罚标准因土地条件而有所差别。乌鲁木齐种地遣犯收获细粮四石以上为功过相抵,不赏不罚,六石六斗以上者每日加赏白面半斤,达到十石以上时加倍,每日加赏白面一斤,而不及四石时将受到重责。伊犁地区水土条件优于乌鲁木齐,故功过相抵的标准提高到六石以上。巴里坤和哈密则"所有劝惩之处,俱照该处兵丁分数一例办理"。③ 毫无疑问,对从事耕种的遣犯来说,每日口粮一斤的定量远不足以糊口,那么是否有可能通过加倍努力来获取条例规定的奖赏呢?笔者根据史料考察了乾隆二十六年至乾隆四十二年(1761—1777)共计十六年间乌鲁木齐所属各屯种地遣犯的收获量,结果是:收成四石功过相抵不赏不罚十一年,不足四石一年,六石六斗以上四年,达到十石以上的年份一次也没出现。④ 这也说明岁收四石基本上是乌鲁木齐遣犯生产能力的极限。由于靠提高收成来增加口粮并不现实,而种地遣犯确实面临"口粮不敷,衣履无出"的严重困境,当局曾允许遣犯在规定亩数(也称正地)之外加种土地以谋补贴。然而这部分土地往往又成为管屯官员盘剥侵吞的对象。乾隆三十二年(1767)五月经乌鲁木齐都统吴达善揭发出来的哈密道员萨瀚虚冒案就是一例。当地蔡巴什湖屯的遣犯节年增垦余地达数百亩,原为"粘补遣犯衣履等项",而主管官员萨瀚却将余地所得补入正地产量之中,使屯地收成分数虚高,进而制造丰收增产的假象,以图邀功。⑤ 由于种地遣犯生活确实苦累,当局不得不

① 《钦定皇舆西域图志》卷三三《屯政二》。
② 格琫额:《伊江汇览·屯政》;载马大正等编《清代新疆稀见史料汇辑》,第69页。
③ (光绪)《大清会典事例》卷一七八《户部屯田》;华立:《清代新疆农业开发史》,黑龙江教育出版社1995年版,第93页。
④ 数字参见《乌鲁木齐政略·屯田》。
⑤ 《宫中档朱批奏折》,乾隆三十二年五月十六日吴达善奏(04—01—23—0057—003)。

考虑对其进行补贴。乾隆五十年(1785),经福康安等奏准,巴里坤种地遣犯照哈密屯田遣犯例,于月支面三十斤之外,增给十斤,并岁给鞋脚等银。

与承种份地的遣犯相比,发给绿营屯田兵丁管束的为奴遣犯的境遇就更为严酷。所谓"赏给屯兵为奴,自有该兵丁督课取力,牛具籽种,毋庸另为办给,所居土屋,听自行盖造"①,指的就是这种情况。为奴遣犯没有份地,不另给生产工具,由屯兵直接管束,配合屯兵劳作。因不提供官给口粮,须靠屯兵养活,他们的生活最无保障。伊犁将军明瑞就承认:"赏给屯田兵为奴人犯,皆系积恶盗贼,绿营兵得项无几,或难养赡约束。"②

关于东路种地遣犯的总数,受史料局限,笔者无法举出确切完整的数字。就乌鲁木齐所属五堡、昌吉、罗克伦、玛纳斯、济木萨各屯来看,乾隆三十一年(1766)有1 219名,乾隆三十三年(1768)进而达到1 747名。③ 这是种地遣犯人数的高峰期,考虑到还应加入兵丁管束下的为奴遣犯,则这个数字将更加庞大。同时期乌鲁木齐地区绿营屯田官兵人数在三千数百名到四千数百名之间。负责弹压的官兵与遣犯的比例低于3∶1,引起了当地官员的不安。乾隆三十一年(1766),乌鲁木齐办事大臣伍弥泰奏称"乌鲁木齐遣犯太多,兵丁甚少,不敷管辖,请将遣犯暂停发往",却遭到乾隆皇帝斥责,称其过于姑息,传旨申饬。不过第二年四月,清廷还是同意调整发遣数量,将积匪猾贼等16项凶恶犯罪停发新疆。事实上,伍弥泰等人的担心并非过虑,乾隆三十三年(1768)九月,昌吉发生遣犯暴动,约200名遣犯半夜起事,打开城门,杀死把总和通判,并连夜向乌鲁木齐进发,后被赶来的官兵镇压。有关这场暴动的官方记载甚少,关于引发暴动的直接原因和参与暴动的遣犯构成情况,至今难详。来自纪昀《阅微草堂笔记》的说法是昌吉屯官醉酒后调戏遣犯的女眷,以致遣犯们忍无可忍,愤起而反抗。纪昀获谴事在乾隆三十三年(1768),他于次年到达乌鲁木齐配所,而此时距暴动过去不到一年,应该有可能听到真相,故他的记载有较高的可信度。不论真相的细节如何,我们都不难想象是悲惨的生存状况逼迫遣犯们铤而走险去冒死一搏。昌吉暴动失败后,清朝受到极大震动。除了处死所有与事遣犯,乌鲁木齐地

---

① 《清高宗实录》卷五六四,乾隆二十三年六月癸亥。
② 《清高宗实录》卷七六一,乾隆三十一年五月乙酉。
③ 《钦定皇舆西域图志》卷三三《屯政二》。
④ 《清高宗实录》卷七五六,乾隆三十一年三月戊寅。

区的发遣规模也有变化。加上由内地移民组成的民屯在当地不断发展,兵屯趋向收缩,乾隆三十五年(1770)以后,在乌鲁木齐各屯种地的遣犯人数一路下行。乾隆四十四年(1779),因当地存留的遣犯劳力不敷分配,遂又奏请朝廷修改发遣条例,重新增加遣犯数量。

前已提到,《乌鲁木齐政略》"遣犯"门中除了当差、为奴外,还有"安插"这个类别,也称安插户。如王希隆指出,依照清律,遣罪有"边外为民"的规定,但具体不详。在被安插的人员中有不少人,其本身行为尚未触犯刑律,但清朝当局认为他们类非良善,对社会治安构成威胁,不宜留在内地,故强制迁徙至边远之地落户。乾隆年间新疆的安插事例主要有如下数次:

(1)乾隆二十八年(1763),以湖北武昌府属马迹岭地方吴姓大族"盘踞为匪,怙恶不悛","久为地方之害",将该族30余户男妇大小近百人分批迁徙边外,先后递发乌鲁木齐、巴里坤、安西等地安置。①

(2)乾隆三十二年(1767),因甘肃固原州徐帽儿庄有巨盗团伙,除将巨窝马得鳌及其家属等重犯拟问发遣外,同庄其余人户也分三批发巴里坤、木垒、乌鲁木齐安插。②

(3)乾隆三十六年(1771),安南国黄公缵在国内不能立足,率眷属请求内附。清廷认为黄公缵等"实非安静之人",便将其14户120余名口,悉数迁至乌鲁木齐安插。③

(4)乾隆四十年(1775),在安南开矿的内地民人发生械斗,先后逃回国内2 000余人,时称"厂徒案"。清廷除将"滋事悍黠者"六十三名定为发遣,发往伊犁给种地兵丁为奴,另将"迹涉犷悍"者900余名发往乌鲁木齐所属各地安插。④

以上安插各例在待遇上与一般遣犯最大的不同,就是在安插地落户后,比照民屯待遇,拨给土地,借给牛具籽种,按民屯例升科纳税,在偿清借项后可拥有土地等生产资料,管理系统隶属地方官府。换言之,安插户在新疆是民户身份,其生存环境远胜过屯田遣犯。从这个意义上说,他们不同于一般

---

① 《清高宗实录》卷六九〇,乾隆二十八年七月丁卯;《清高宗实录》卷七七九,乾隆三十二年二月丁巳。
② 《清高宗实录》卷七七九,乾隆三十二年二月丁巳。
③ 《清高宗实录》卷八八八,乾隆三十六年七月癸卯。
④ 《清高宗实录》卷九九二,乾隆四十年十月丙子。

遣犯而介乎遣犯与民户之间,是清代新疆发遣中的特殊群体。

遣犯除了被用于屯田,还大量地被驱使于各种苦差劳役,在史料中通称为"当差"。值得注意的是,充当这些苦差劳役的不限于发遣身份为"当差"的遣犯,还包括了大批为奴遣犯。在"设有重镇,统率六营,幅员辽阔,差务殷繁"①的伊犁,对供役遣犯的需求量尤为巨大,遣犯的"当差"(指充当苦差)内容也因此而十分多样。如果说东路乌鲁木齐地区对遣犯的役使主要体现在屯田方面,那么北路伊犁地区对遣犯的役使则更多地体现在充当苦差方面。下面就以伊犁地区为重点来对此进行考察。

从乾隆中期到同治初年新疆大乱之前为止,伊犁一直是统辖全疆的军政中心。伊犁河谷地带共建九城,以最高军政长官伊犁将军坐镇的惠远城为中心,拱卫呼应。在兵力上,由满蒙八旗组成的满营以及锡伯、察哈尔、厄鲁特(亦作额鲁特)、索伦四部落兵构成的四营,加上绿营屯田兵,占全疆驻军半数以上的清朝精锐部队都集中于此。乾隆三十一年(1760),陕甘总督舒赫德就根据伊犁的兵力以及当地对供役遣犯的需求,建议将发到新疆的遣犯按照伊犁三人、乌鲁木齐一人的比例分配,被清廷采纳。② 此后,伊犁便一直成为新疆最大的遣犯收容地。笔者看到两组有关乾隆后期伊犁遣犯(含官犯)的数字。一为乾隆五十五年(1790)时的数字。这一年,伊犁计有当差项下遣犯361名;为奴项下遣犯2 523名;"现在四厂力作捐帮者"897名。以上合计为3 781名。③ 另一记载为乾隆五十七年(1792)时的数字,称"自乾隆二十六年起至五十七年底止发来,现在遣犯共三千六百四十二名,随带子侄共三百八十名"④。两组数字的时间前后相差两年,总数相去不远,应该说大体反映了这一时期伊犁遣犯的人数状况,即维持在三千数百名的规模上。不过,从第一组中为奴项下有关常犯部分还附带了"为奴常犯一千六百一十二名","已为民者八百七十一名"的说明来看,以上应是现役遣犯与已经年满为民遣犯的合计数字。

伊犁遣犯的当差供役,主要的大宗派拨有"四厂局",即铜厂、铅厂、船工

---

① 格琫额:《伊江汇览·差徭》。
② 《宫中档朱批奏折》,乾隆三十一年五月十八日舒赫德奏(04—01—01—0265—007)。
③ 永保:《伊犁事宜·册房》,北京大学图书馆藏乾隆年间抄本。
④ 《伊犁低册·册房应办事宜》。

和钱局四处。

铜厂先设在伊犁哈尔海图,乾隆四十一年(1776)由伊犁将军伊勒图奏请开采,后因哈尔海图地方铜矿不旺,在哈什另开新矿,嘉庆六年(1801)又从哈什移至巴彦岱呼巴海地方开挖。铅厂之设早于铜厂,乾隆三十一年(1766)即在惠远城东南的沙拉博和齐山开始采挖黑铅。所产之铜和黑铅,皆为伊犁铸币不可或缺的原材料。矿洞多在深山危岭之中,遣犯"或历危巅,或入深井,酷暑严寒,劳苦万状"①。船工主要在伊犁河上从事与水运有关的作业,最主要的运输任务为运粮和运送军需用品。伊犁满营的口粮主要由回屯供应,回屯的粮仓设在固尔扎城,空载船只顺流而下至固尔扎,载粮后重船返回上游的惠远、惠宁等城,因逆流而行,不仅需要水手驾船,还需要大量遣犯拉纤助力。伊犁河水湍急,又多砂石,浅滩磕碰,遣犯等还要随时修补船只,所以船工也是极重的苦差。② 钱局即宝伊局。乾隆四十年(1775)起,设炉两座铸币,工作兵丁从绿营调补,另有遣犯名额,"从各处当差、为奴人犯内选择充当"。③ 当然,除了以上四厂局,各种与九城驻军日常生活相关的劳役也会驱使遣犯从事。如惠远城、固尔扎皆有渡口,每处设渡船两只,令遣犯常川伺候,以备往来行人并运送官物品之需。惠远城距伊犁河北岸不远,洪水时节要派遣犯护堤,甚至伊犁军民筑城建房所用砖瓦石灰等材料,也多由遣犯烧制。④

乾隆后期在四厂局供役的遣犯有八九百名。以《伊犁低册》所记人数为例:⑤

铜厂　遣犯八十余名当差打矿,每年约得铜八千四五百斤不等,耕种遣犯一百余名,另有捐帮衣履遣犯三十三名。

铅厂　额派遣犯一百五十余名当差打矿种地,另设捐帮衣履人犯二十名、捐帮口粮人犯十三名。每年约采获铅一万至一万二三千斤不等。

------

① 《宫中档朱批奏折》,乾隆四十九年二月二十六日伊勒图奏(04—01—01—0409—020)。

② 格琫额:《伊江汇览·船运》。

③ 永保:《总统伊犁事宜》抚民同知应办事宜。

④ 齐清顺:《清代新疆遣犯研究》,第87页。

⑤ 四厂局遣犯人数分别见前引《伊犁低册》的有关部分。

船工　设船十六只,派遣犯四百余名,内三百六十余名驾船运粮及当各项差使,四十名耕种。另有捐帮衣履遣犯四十名。

钱局　派工作遣犯二十九名,由各处当差为奴人犯内选择充当,与绿营调派的工作兵丁二十二名协同作业,开炉期间日给口粮二斤,停炉期间日给一斤。

据上可知,四厂局中除钱局外,各处供役遣犯还要自筹口粮,为此设有专门从事种地的遣犯名额,以所产粮食供应矿夫船工的口食。这里还出现了捐帮衣履或捐帮口粮遣犯的名目。充当此类的多是官犯或常犯中一些家境较好有经济能力的遣犯,获准以出资协助解决遣犯衣履口粮的方式来代替体力劳动的服刑。由于遣犯捐资帮办有助于减轻清朝在新疆当地的财政经费困难状况,这类措施不仅在伊犁,在乌鲁木齐等处也被普遍采用。乌鲁木齐铁厂规定,从遣犯内派拨 200 名,以 150 名挖铁,每日额交荒铁 300 斤,所获铁斤用于打造各处屯田农具之用,另以 50 名种地,所收粮食作为挖铁人犯的口食,而铁厂中一切杂费,则于遣犯内酌募有力捐资者,每名每年捐银 30 两,以供厂费。铁厂开厂之初捐资遣犯曾达到百余名或七八十名,后来因为人数渐减,不敷支出,于是规定捐银不拘 30 两之数,有愿捐 20 两或 10 两者,也准许呈报。①

遣犯供役情况考察到此,其实还留下一个重要疑问,那就是除了坐给绿营兵随同种地以及被派拨四厂局等处承担苦差的为奴遣犯,那些规定坐给伊犁驻防八旗兵(满营以及察哈尔、锡伯、厄鲁特、索伦等四营)的为奴遣犯如何供役。齐清顺和吴佳玲都将北疆为奴遣犯区分为给绿营兵和给驻防八旗兵两种,将后者列为种地与当差之外的又一种供役类型,但对于这类为奴遣犯是不是一直跟随主家官兵受其役使,其劳役内容为何,是否因主家生计需要或时代演变而有所不同等,都言之泛泛,难得要领。 笔者近来通过进一步搜检档案,发现了一些案例,对目前的研究状况或可有所补充。首先,在乾隆时期,坐给伊犁驻防八旗官兵的为奴遣犯,特别是分在察哈尔、厄鲁特等营的为奴遣犯,确实随同主家劳动,受其驱使。如乾隆四十九年(1784)九月发给察哈尔营的为奴遣犯马氏脱逃案即此一例。马氏因"河州逆回"案

---

① 吴佳玲:《清代乾嘉时期遣犯发配新疆之研究》,第 139—140 页。
② 齐清顺:《清代新疆遣犯研究》,第 88 页;吴佳玲:《清代乾嘉时期遣犯发配新疆之研究》,第 141 页。

连坐发遣,她为主家放羊,因惧怕主家责打而逃走,后被捉拿正法。① 其次,为奴遣犯多为重罪犯,凶悍难驯不服管束,又要主家负担其衣食,且一旦脱逃,身为主家的官兵也要受到责罚,所以很多官兵并不情愿接受为奴遣犯。乾隆三十一年(1766),因为绿营不愿收容为奴种地的遣犯,清廷下令"改赏能约束之满兵为奴";②乾隆五十二年(1787),因发给厄鲁特营的为奴遣犯与兵丁"彼此语言不通,难于役使,未免不能约束,易致脱逃",下令今后发给伊犁驻防官兵为奴的遣犯主要发往满营及察哈尔营。再次,至嘉庆、道光时期,情况又有变化,即便是坐给满营或察哈尔、索伦等营官兵的为奴遣犯,也出现了到营后派往船工或各厂当差而非跟随主家役使的情况。以道光四年(1824)十二月的一起遣犯纠伙入室行窃案为例,参与此案的朱亚牛和谢肥古,皆系行劫案内照免死减等例发遣伊犁的为奴遣犯,于嘉庆十九年(1814)和嘉庆二十一年(1816)先后到配。朱亚牛坐给索伦营披甲额尔阿楞为奴,谢肥古坐给察哈尔营披甲索伦为奴,但两人均被派往船工当差。当时两人因船厂隆冬停运,"告假偕至瞻德城佣趁,冀图得钱,添补衣履",在已免罪释放的遣犯李葵泩的鼓动下起意行窃。③ 同时也可见到吴亚三这样的案例。该犯系嘉庆二十一年(1816)到配,坐给惠远城满营正白旗马甲柯什布为奴,派旗屯当差,道光元年(1821)十月十六日因误差惧责,乘间脱逃。④ 以上虽然只是部分事例,但提醒我们关于坐给驻防八旗兵为奴遣犯的供役,还有进一步探讨的空间,其情形很可能多样化并随时代而有变化,要慎下结论。

最后还要说到发往南疆为奴的遣犯。内地各省的为奴遣犯进入南疆,大体始于乾隆五十三年(1788)。是年清朝在直隶、山东等地查办震卦教等"邪教案",认为南疆回众信仰的伊斯兰教,与内地的民间秘密宗教"另是一教",故决定将有关人犯"分发回城如乌什、叶尔羌、阿克苏等处"给伯克及回人为奴。⑤ 此后,又陆续将天地会、白莲教、清茶门教、天理教等秘密结社案内人犯及闽广等省海洋盗匪案内人犯陆续发往此处。据嘉庆二年(1797)

① 中国第一历史档案馆藏:《军机处满文录副奏折》,乾隆五十年九月二十五日奎林奏(135—1974)。
② 《清高宗实录》卷七六一,乾隆三十一年五月乙酉。
③ 《宫中档朱批奏折》,道光五年六月二十二日庆祥奏(04—01—01—0678—049)。
④ 《军机处录副奏折》,道光二年四月二十一日庆祥奏(03—4022—005)。
⑤ 《清高宗实录》卷一三〇六,乾隆五十三年六月甲辰。

奏报,截止上年末为止,发给回疆八城伯克为奴者累计已达六百余人之多,每名伯克须分领二三名。然而伯克们对这些人犯难以约束,不能很好地驱使供役,因此喀什噶尔参赞大臣长麟请求今后发遣仍以伊犁、乌鲁木齐为主,减少南路遣犯数量。① 道光以后,从便于管理出发,清廷再将发往南疆为奴遣犯的役使顺序定为以发给各城之官员衙署供役为主,其次为各级伯克。② 这些遣犯本应承担各项杂差苦役,但事实上由于管束松散,似乎不乏就地自行谋生的例子。③

三、遣犯的出路:关于遣犯"年满为民"与"释罪回籍"的一些考察

受史料所限,关于新疆如何管理到配遣犯,有怎样的规定,我们一直难得其详。近20年来,史料汇编的陆续出版与档案发掘的深入为此方面的研究提供了可能性。收入《清代新疆稀见史料汇辑》的永保《总统伊犁事宜》对此更是言之颇详,值得我们重视。加藤直人是较早利用该史料探究新疆遣犯到配后管理办法的学者之一,近几年王云红也在其《清代流放制度》一书中有所叙述。但该史料在铅印出版时出现了一些错讹(包括断句错误),因此这里除了结合上述已有的研究来加以说明以外,还参照档案等相关史料酌加订正,对错字的更正用〔〕标出,以期还原史料的本来面貌。该史料虽然仅就伊犁而言,但可以由此窥见新疆遣犯管理制度的大概面貌。

(1)遣犯到配,按规定记入档册,分发管理。

发来效力当差、充当苦差的官犯,于到配之日,查明原文,摘叙简明案由并原定罪名、原任职衔、现在年岁、籍贯及派往何处当差,详记档册。凡当差、为奴常犯,于到配之日,查取原文,摘叙简明案由及何司案呈、年岁、籍贯、到配年月、有无家属、坐给何营、分发管主、派拨何处当差,详细记册。凡

① 《宫中档朱批奏折》,嘉庆二年正月二十一日长麟奏(04—01—08—0139—001)。

② 《清宣宗实录》卷一四三,道光八年九月己未。

③ 和阗遣犯孙尔男重利放贷案即为一例。该犯于乾隆六十年发遣和阗,拨给伯克为奴,却"在配营运为生",当地伯克及回民多人均曾向其借贷。见《军机处录副奏折》,道光四年闰七月初三日那清安奏(03—4029—024)。

收到种地编管安插人犯,于到配之日,查取原文,摘叙事由、年岁、籍贯及到配年月记册。种地者,交绿营安插者,交抚民同知衙门管束。遇有事故,随时报明注册。发来充当半分步甲,到配之日,查明年岁、经过摘叙案由,派拨惠远、惠宁两满营,交步军营当差,遇有事故,该管处报明注册。以上各项人犯内,有签〔佥〕妻发遣,及自带眷口者,即于本犯名下,分别注明。到配后所生子女以及女人出嫁,子又娶媳者,均有该管处呈报册房,随时注册。

(2)发给腰牌和《普化易知》手册。

收到当差、为奴各犯,册房即发大〔火〕烙腰牌一面,注明该犯姓名、籍贯、到配年月、坐给何管〔营〕,交给该管处给领。如有遗失,该管处报请补给。如该犯当差年满为民,换给民牌。如有病故、回籍,各该管处随时将牌呈缴,册房注销。新收当差、为奴各犯,册房按名发给《普化易知》一本,令其熟读,并令同伙识字之人互相讲解。

(3)定期呈报查核。

各厂局当差人犯,每月据该管厂员造册呈报,交册房查核,如有新收、开除、随时填注。各处所管当差、为奴人犯,饬令按季造具四柱清册,送交册房查核。如有不符,随时饬驳更正。册房于每月底,将前一月内收到人犯若干名,及年满回籍、减徒、起解、病故、脱逃等例,开列花名,除总数,缮稿呈堂,立案备查。册房于每年八月终查造四厂当差年满报请为民各犯,造具底册,交印房办咨报部。册房于每年十二月底止,查明一年内收除各项人犯并随带子侄总数开单,交印房查办。

(4)把握遣犯刑期,对年满者分别造册呈报。

废员,原犯为徒者,三年期满,奏请释回。原拟军流以上者,例应十年期满,奏请释回。调派各厂局当差之犯,以供差之日起,期满五年并无过犯者,该管厂员于每年八月中查明,造具花名清册,保送为民。交册房查核原犯轻重,入厂年分久暂,汇造总册,粘签注明,分别准驳,呈堂咨报刑部核复。凡当差人犯,五年期满,例应保送为民,分别旗、民办理。

以上四项,反映出新疆对于遣犯管理,从到配后造册,发给腰牌及《普化易知》手册,到派给各处,定期查核,乃至年满之后呈报等一系列的规定。同时也说明,当局不仅要负责遣犯服刑期间的监管,年满即服刑达到规定年限

---

① 永保:《总统伊犁事宜·册房应办事宜》,见马大正等编:《清代新疆稀见史料汇辑》,第218—222页。

后的出路去向,也是遣犯管理的一个重要组成部分。

传统五刑关于"流",有"流者,不忍加诛,则放流之,使之一去不返也"①的解释。但发遣作为清代流刑中的闰刑之一,并非绝对遵循"使之一去不返"的古意。服刑者在满足一定条件后,可以获准改变身份,从而结束刑期。这当中,最基本的是年满为民,就地落户,在年满为民的基础上,也有条件地允许遣犯回籍,当然回籍条件相当严苛,能争取到这种机会并非易事。

遣犯的"年满为民"问题在乾隆三十一年(1766)提上日程。当时的对象为乌鲁木齐等地屯田的携眷遣犯。是年四月军机大臣议奏:

> 乌鲁木齐地土肥美,招募民人一时难以足数,且起程一切需费亦繁,不如将应遣人犯悉令携眷遣发该处。其能改过者,拟定年限,给与地亩,准入民籍,不费帑项,地方渐至富庶,日久即可编成卫所。②

这项议奏采纳了雅尔(即日后的塔尔巴哈台)办事大臣阿桂的提议。从其内容不难看出,阿桂上奏的初衷是将遣犯就地转化为民户,以充实新疆迫切需要的农业人手。他主张让遣犯携眷赴乌鲁木齐等屯田处所,并将其中能改过者拟定年限,编入民籍,认为这是少费帑项而让地方渐至富庶的一条捷径。随后,经乌鲁木齐办事大臣温福等人奏请,进而制定出实施细则:其一,视遣犯原犯情罪轻重,分别设定为民所需年限。原犯死罪减等发遣者满五年,原犯军流改发及种地当差者满三年,如果在规定期限内毫无过犯,则准入民籍。其二,定地安插。地点为昌吉河东旧堡(后来扩大至三处),指给地亩,次年即令升科,照民人每亩纳粮八升。第二年,温福在"酌定遣犯为民章程"中除重申以上原则外,又追加了对为民遣犯设立保甲进行编管,以及拣选千把一员,刊给"管理昌吉头屯民户事务字样条记"作为专管官员等内容。③ 不久后,伊犁也开始对种地遣犯实施年满为民的规定。

"年满为民"实施之初,对象仅限于有眷种地遣犯而将单身者排除在外,理由是一旦允许无眷遣犯改入民籍,恐或乘隙逃脱。然而面对单身遣犯较之有眷遣犯在遣犯总数中所占比重更大,以及遣犯数量日增的现实,清廷要

---

① 刘锦藻:《清朝续文献通考》卷二五〇《刑考九》。
② 《清高宗实录》卷七五九,乾隆三十一年四月庚申。
③ 《宫中档朱批奏折》,乾隆三十二年闰七月初一日温福奏(04—01—01—0272—040);《清高宗实录》卷七九一,乾隆三十二年闰七月辛酉。

让单身遣犯"守分"服刑,不至铤而走险,就不能不适当给其以出路。乾隆三十五年(1770),署理乌鲁木齐提督巴彦弼上奏表示,现在乌鲁木齐有眷遣犯年满为民者共 235 户,无眷遣犯年满者数百余名,"其已知悔悟守分当差者,徒以无力娶妻,遂永无复作良民之望,似于劝惩之道尚有未尽",请求与有眷遣犯一体改入民籍;并强调今后对于年满遣犯,应当"不论有眷无眷,但论其有过无过,其现有过犯以及耕作懒惰者,虽有眷亦不准为民,其实在悔过迁善尽心屯种者,悉照原议三年五年之例,与有眷遣犯一体改入民籍",这样才能起到敦促遣犯"感激天恩,自必群相劝勉,共效善良"的作用。①

遣犯年满为民改入民籍,落户当地,待遇有所改善,却并非就此完全摆脱曾经的遣犯身份。为了便于监管,在乌鲁木齐种地的为民遣犯被集中安置于三处,"将迪化为民遣犯于头屯地方、昌吉为民遣犯于芦草沟地方拨地耕种,玛纳斯及库精二屯为民遣犯于玛纳斯地方拨地耕种"。据乾隆四十二年(1777)的奏报,三处的为民遣犯加上被作为"安插户"移居此地的安南厂徒数百户,共计达到 2 341 户之多。② 巴彦弼也在奏疏中表示,为民遣犯"虽归民籍,刺字犹存,仍与常人有别"。即使回到当地社会,他们始终有别于一般民人,必须接受当局的严密监管。

在头屯、芦草沟、塔西河(即玛纳斯)三处集中安置乌鲁木齐为民遣犯的做法一直延续到嘉庆、道光年间以后。为民遣犯的大量聚居也使得这些地区形成了独特的流人文化风貌。纪昀《乌鲁木齐杂诗》中就有不少描写。如关于户籍之别,有"户籍题名五种分,虽然同住不同群。就中多赖乡三老,雀鼠时时与解纷"之句,诗下有注称:乌鲁木齐之民凡有五种,"原拟边外为民者,谓之安插户,发往种地为奴当差,年满为民者,谓之遣户"。关于遣户居住地,诗称:"鳞鳞小屋似蜂衙,都是新屯遣户家。斜照衔山门早掩,晚风时袅一枝花。"下注:"昌吉头屯及芦草沟屯,皆为民遣户所居。"又有"蓝帔青裙乌角簪,半操北语半南音。秋来多少流人妇,侨住南城小巷深"之句,并注

---

① 《宫中档朱批奏折》,乾隆三十五年正月初四日巴彦弼奏(04—01—08—0003—012)。亦见《清高宗实录》卷八五一,乾隆三十五年正月甲辰条。
② 《宫中档朱批奏折》,乾隆四十二年七月初三日索诺穆策凌奏(04—01—01—0366—029)。另据前引《乌鲁木齐政略》之"户民"门记载:"历年为民人犯内,头屯五百一十二户、芦草沟五百五户、塔西河二百二十五户,共为民人犯一千二百四十二户。"此处数字所属时间应为乾隆四十三年前后,故可以与索诺穆策凌之奏相互参照。

称"遣户有妻者,秋成之后多侨住旧城内外,开春耕作乃去。"这些诗句都非常形象而写实。① 关于为民人户在乌鲁木齐人口中占据的比重,据《乌鲁木齐事宜》中的数字,乾隆六十年(1795)底止,乌鲁木齐各属户民(商民除外)计有 20 662 户,男妇子女共129 642口,其中为民人户1 367户,男妇子女4 330口,约占户民户数的1/15和人口数的1/30。②

相比于屯田种地的遣犯年满为民,对在各厂局等处供役遣犯的年满为民的规定要复杂得多。其特点是,在屯田遣犯的根据情罪轻重分别三年、五年准入民籍的规定基础上,增加了"减年为民"和"奏请回籍"的内容,而在执行过程中又屡经修改。

乾隆三十八年(1773),经索诺穆策凌奏请,乌鲁木齐铁厂所需劳动力从调用兵丁改为役使遣犯。当局共派拨遣犯200名入厂,以150名挖铁,50名种地,并准许老弱力不能作者,捐资用作众遣犯的衣履口食及杂费等项。与此同时,承诺原应三年为民者改为两年,应五年者改为三年,缩短年满期限,为民之后在厂服役八年,可进而准其奏请回籍。③ 伊犁的铅厂、船工等处也采取了同样的原则。据伊犁将军伊勒图追述其前任舒赫德之上奏内容,可以窥知更多详情。

> 乾隆三十七年经前任将军舒赫德具奏,伊犁铅厂打矿耕作遣犯劳苦万状,未为民者,分别减年为民,已经为民及当差种地之人,能八年坚忍受苦,可否免罪回籍,出自圣恩。其秉赋软弱,不能耕凿,情愿捐输衣履口粮者,一例办理。又,派运官兵粮石船只纤夫水手,寒暑涨溜,动关性命,亦请照例一体查办。俱经先奏奉谕旨允准,钦遵在案。嗣于乾隆四十六年三月,经臣查明,铅厂耕凿帮捐二十六名,船工纤夫水手三十三名,俱已八年期满,循例开列案由清单,恭请圣训,奉旨饬令军机大臣会同该部议奏。随经议复,准令一体回籍。④

---

① 纪昀:《乌鲁木齐杂诗》,以引用先后为序,分别是"典制"部分其九和"民俗"部分其十六、其十五。
② 人口数字据达林、龙铎的《乌鲁木齐事宜》之民户户口统计。
③ 佚名:《乌鲁木齐政略·铁厂》。
④ 《宫中档朱批奏折》,乾隆四十九年正月十七日伊勒图奏(04—01—01—0409—019)。

由上可知,在乌鲁木齐和伊犁之矿厂及船工服役的遣犯,不但其为民所需年限分别减少为两年和三年,为民后继续在厂服役满八年者,甚至可以经过上报刑部奏请施恩,获得梦寐以求的"回籍"机会。那么,这些优待条件为何与屯田遣犯无缘而独针对在矿厂船工的服役者(包括为挖矿人员种地以及捐资效力的遣犯)呢? 其理由可以从以下两个方面来分析:一方面,让从事屯田的遣犯就地转化为新疆本地的农业人口,是清朝决定在新疆实施发遣之初就已明确持有的构想。因此,让年满遣犯就地落户,最为符合清朝的利益需要,是清朝力图推行的方向。另一方面,为满足维持地方经济发展和清朝驻军的需用,采矿和水运等劳作不可或缺,而这些劳动的强度与环境之恶劣程度都超过屯田。为了提高这部分遣犯供役的积极性,清廷需要采取不同的政策,示以奖励,而最能打动遣犯的莫过于将来某日可以返回内地原籍的许诺。

乾隆四十八年(1783)末,乌鲁木齐铁厂曾发生一起为民遣犯因捐资报效已满八年却未获准回籍,愤而上告的案件。呈告人高相原籍山东,呈告时年已七十八岁。他于乾隆三十年(1765)发遣乌鲁木齐,因冀望年满回籍,报入铁厂效力八年,"称贷按季呈纳资银",今已期满,却不料被告知奉部文称其情罪过重,不准释回,以致"前功俱消归为乌有"。他质疑既属情罪过重不得释回之例,当初就应查明,不准入厂,故今日之困境,系主事官员怠玩所致。① 以高相的为民遣犯身份可知,其呈告自然不会有好结果,审理以"该犯系发遣罪人,敢生异议,毁谤大臣,刁恶之极",改发伊犁给厄鲁特为奴"以昭炯戒"而告终。② 但这件事也成为促使当局整顿有关规定的一个契机。乾隆四十九年(1784),乌鲁木齐铁厂将在厂遣犯为民及回籍章程修订为:"查明悔过安分方能入厂,果能实心悔过,五年期满,准其为民,内,当差情罪轻者,再限十年,准其回籍,为奴情罪较重者,五年后即令出厂,不准回籍。"③伊犁将军伊勒图还建议对在厂满五年的遣犯是否为民,要根据其表现进行甄别,不应一概而论;并强调要在入厂之初即对遣犯之情罪轻重先行

---

① 《军机处录副奏折》,高相呈词,原件无年月日(03—1429—006)。
② 《宫中档朱批奏折》,乾隆四十九年正月十七日海禄奏(04—01—30—0366—009)。
③ 《宫中档朱批奏折》,乾隆四十九年六月二十五日图思义奏(04—01—01—0409—025)。

查核,区别办理,以使其"知所凛遵"。① 经过此次整顿,为民遣犯为争取回籍而继续留厂服役的期限从八年被延长为十年,而为奴遣犯情节较重者即便五年后能够为民也不准留厂,永远不得释回。

有关回籍的条例此后还有多次变化。嘉庆六年(1801),当局对以往历次条例再次加以修订统合:

> 其有到配后呈请愿入铅、铁等厂效力捐资者,除奉特旨发遣为奴及有关大逆缘坐发遣为奴人犯不准做工帮捐外,其余无论当差、为奴,罪由轻重,咨部记档,准其入厂。设日久怠惰滋事,随时惩治逐出。若果能始终实心悔过,入厂五年期满,俱准其为民,改入该处民户册内。查系当差人犯,再效力十年,准其回籍。为奴人犯,详核原犯罪由,罪重者不准留厂,罪轻者报部核复,再加十二年,如果始终效力奋勉,准其回籍。②

本次定例,对发遣身份为当差遣犯者,重申留厂报效年限为十年,同时明确了为奴遣犯之罪轻者可以留厂报效十二年,如始终奋勉,准其回籍。嘉庆十一年(1806),清廷再次对七十岁以上遣犯根据在配年数酌情减释。其为奴一项内,未经入厂及只令种地不准为民者,如在配二十年安分守法而又年至七十岁,或在配已满二十年安分守法年已七十岁,都即行释回。在配已满二十年而年未及七十岁者,减为内地充徒三年后释放。其当差一项内,无力入厂种地为民,及为奴一项内,入厂年满不准留厂止准为民各犯,如年至七十岁在配十五年安分守法,或年已七十岁安分守法而在配未满十五年,也都即行释回。在配满十五年安分守法而年未至七十岁者,减为内地充徒三年,再行释放。现在入厂期满准其留厂各犯中,如年已七十岁,按其例定十年、十二年期限酌减三年,准予释回。未及七十岁者,仍照留厂年限办理。③

事实上,尽管嘉庆以后政策略有松动,但对在厂服役的遣犯来说,通往回籍的道路仍然十分艰难而遥远。就捐资效力者而言,如果没有足够的经济实力就难以实现。嘉庆九年(1804),在伊犁拨厂当差年满为民的为奴遣犯赵炳,告称母亲年迈恳请施恩,以加倍捐资纳银2 400两的方式,获得了回

---

① 《宫中档朱批奏折》,乾隆四十九年闰三月十九日伊勒图奏(04—01—01—0409—023)。
② (光绪)《大清会典事例》卷七四二《刑部·名例律徒流迁徙地方二》。
③ 《清仁宗实录》卷一五六,嘉庆十一年正月丁巳。

籍许可。道光四年(1824)发遣伊犁充当苦差的遣犯石廷侯,被派在宝伊局服役年满,后纳银1 200两,被准许回籍。如此巨大的数额,绝非一般遣犯力所能及。① 档案中也可见到遣犯主动报入铁厂从事劳作,以换取回籍机会的例子。但入厂后却每每"因工苦不过",不堪忍受而逃走。② 回籍对广大遣犯来说,更多的还是一种渺茫难及的期盼。

  道光以后,随着新疆政局的变化,遣犯的年满回籍有了新途径,即充当遣勇,因立军功而免罪回籍。自嘉庆末年张格尔之乱以来,南疆连续发生和卓后裔的叛乱与浩罕势力的入侵,而清朝当局财政困难,八旗兵战斗力下降,动辄需从内地调集大军,花费浩大且鞭长莫及。面对如此困境,为弥补军力的不足,清朝开始大量利用在新疆服刑的遣犯作为遣勇,随军作战。道光以后,更是频繁征用,几乎成为常态。作为奖励,清廷允许从征遣勇不计年限,提前释罪回籍。为平定前后历时八年的张格尔之乱,从伊犁派往南疆前线的民人及遣犯多达1 500名,其中"已赦遣犯"即为民遣犯163名,"未赦遣犯"即服刑中的遣犯939名,军事行动结束后,两者都被允准回籍。③ 道光十年(1830),和卓玉素普入卡骚扰,战事结束后经有关官员"奏请施恩"的伊犁遣勇达969名。④ 道光二十七年(1847)的七和卓之乱及咸丰八年(1858)的倭里罕之乱也多次征集千名以上规模的遣勇,事后作为奖励,都下

---

① 赵炳事见《宫中档朱批奏折》,嘉庆九年三月初一日松筠奏;石廷侯事见《宫中档朱批奏折》,道光七年八月二十九日德英阿奏。石廷侯的捐资并非用作矿厂或钱局经费,而是援引了"作为公用,援例纳赎"的规定。

② 如照免死减等发遣新疆的孙四,拨派乌鲁木齐巩宁城守营给兵为奴,道光十二年报入铁厂效力,因工苦不过逃走,后被抓获(见《军机处录副奏折》,道光二十一年二月十二日惠吉奏)。又如照免死减等发遣新疆的黄安儿,到配后也拨派城守营给兵为奴,道光二十五年报入铁厂效力,"旋因穷苦",一年后即乘间脱逃,后被抓获(见《宫中档朱批奏折》,道光二十七年九月三十日惟勤奏)。

③ 《宫中档朱批奏折》,道光七年六月二十日长清奏(04—01—01—0695—011),已赦遣犯人数参见长龄奏片,原件无年月日(04—01—16—0129—061)。

④ 《清宣宗实录》卷一八一,道光十年十二月丙申。

令将其"免罪释回"。①

既然清朝当局屡次下令准许大批遣勇回籍,那么是不是大量遣犯就此离开新疆了呢?有研究者甚至据此认为,"乾隆中后期以后,大部分的遣犯刑满可回籍是事实,因此就整个清代史而言,'遣犯后来基本上成为新疆永久居民之说'是不成立的"②。这个见解又是否成立呢?笔者认为,关于遣犯在多大程度上转变为新疆永久居民,以及如何估算清代遣犯落户新疆之规模等问题,确实还有进一步探讨和商榷的余地。不过想要得出更接近史实的判断,其前提是更充分地占有和利用第一手资料。如果只因为看到了铅厂、铁厂对遣犯的规定,以及道光以后曾数次下令释回遣勇,就下结论说清代新疆的大部分遣犯都得以刑满回籍,则可能有些草率。首先,我们应当看到,相对于年满后就地落户的为民遣犯,留厂继续效力进而取得回籍许可的遣犯在人数上有限,而前者是为民遣犯的主体,这是一个基本事实。其次,考察遣犯为民时,要通观乌鲁木齐和伊犁两地,才能全面。加入民籍认垦的乌鲁木齐遣犯在乾隆末年已经达到4 000余口,嘉、道、咸时期仍在增加,档案中还屡见遣户子弟成年后分户认垦的记录,可知遣户在当地已趋于安定。道光以后南疆的军事行动多次征用遣勇,都是募自伊犁,除了地理位置的因素(从伊犁翻越冰岭赴南疆较为迅捷)外,与乌鲁木齐已落户的遣犯数量较多而有待回籍的遣犯人数较少,或不无关联。总之,不能只着眼伊犁而忽略了对乌鲁木齐等其他地区的考察。再次,即便遣勇获准释回,是否真的就此离开新疆而回到了内地,其实也还存在很大的疑问,我们不能只看奉旨时提到的数字。咸丰七年(1857),伊犁将军札拉芬泰为新疆遣犯壅滞,请饬设法调剂。奏疏称查新疆遣犯人数,除乌鲁木齐及各城(指南疆各回城)不计外,"即伊犁现存各项遣犯并已奉文释免因系无资本未能回籍者,通计

---

① 据《宫中档朱折奏折》,道光二十八年四月十八日萨迎阿奏报,从伊犁派遣勇一千零三名赴南疆作战,"随同打仗搜捕,尚属奋勉,均著加恩,准其释回"。后又续派遣勇五百名赴巴尔楚克防堵,后者虽未经接仗,"往返三月有余,亦甚劳苦",也恳请准予释回。另据札拉芬泰奏,咸丰七年为平倭里罕之乱,伊犁又有遣勇1 400余人被征集,除去因病未到前线及阵亡者,1 370名获准提前释回原籍。

② 见胡铁球、霍维洮《清代新疆遣犯移民研究的几个误区》,载张海鹏、陈育宁编:《中国历史上的西部开发》,中国商务出版社2007年版,第177页。

约近万名之多"。① 足见当时伊犁遣犯何等壅滞,"近万名"这个数字,堪称惊人。获释遣犯(除遣勇外,还包括遇到恩赦或其他有立功行为者)由于缺少资金等未能回乡,不得不继续滞留新疆。笔者还可以举出一些档案中所找到的案例。如原籍广东饶平的为奴遣犯麦如哲,"道光六年告充遣勇协剿逆回释罪",但并未回籍,一直在惠远城北关给人佣工。道光十七年(1837)十一月,他因起意纠约他人抢夺行人衣物而再度犯罪,这时距其获得释罪已经过去了10年多。② 又如原籍四川纳溪的杨鱼鳅,嘉庆十九年(1814)到配,坐给察哈尔营为奴,被派在稻屯当差,于道光十二年(1832)十月奉文释放,"因无盘费,未能回籍,在霍尔果斯佣工度日"。③ 再如原籍云南的遣犯杨春,嘉庆二十三年(1818)到配,道光元年(1821)奉赦免释放,于道光三年(1823)由伊犁请领路照回籍。但他走到乌鲁木齐呼图壁一带就停下来给人佣工,"希图趁得银钱以作路资",直到道光十年(1830)仍滞留在当地。④ 总而言之,鉴于遣犯为民后的情形非常多样,需要下功夫把握其实态,而目前我们对此了解还远远不够,无论从研究发遣制度本身,还是为了深入探究发遣给清代新疆社会带来的多方面影响,都值得我们将此作为今后的课题而继续努力。

四、结语

以上三节,笔者重点运用档案中发现的大量史料,结合其他官私典籍,探讨了乾隆年间实施发遣新疆的时代背景及发遣条例制定与扩充的过程、遣犯在新疆的服役与生活,以及遣犯的出路特别是"年满为民"政策的形成与实施状况。如川久保悌郎等人所指出,将罪犯流放到边地,加以惩戒的同时也借以充实边地的劳动力以推动开发,这在古今中外都有先例。在中国,其源头至少可以追溯到秦汉时期。不过,清代通过闰刑之一的发遣,将这种

---

① 《宫中档朱批奏折》,咸丰七年四月十三日扎拉芬泰奏(04—01—01—0865—052)。

② 《军机处录副奏折》,道光十八年四月初四日奕山奏(03—3941—036)。

③ 《军机处录副奏折》,道光十八年正月二十七日奕山奏(03—3882—017)。

④ 《宫中档朱批奏折》,道光十一年四月十五日成格奏(04—01—26—0058—046)。

做法发挥到了极致。就清代本身而言,如果说早期向东北地区的发遣还带有一定的政治流放色彩的话,乾隆中期以后向新疆的发遣,则借遣犯来充实当地屯田开发的意图更为鲜明。在以乾隆皇帝为首的最高决策层的大力推动下,新疆在被收入版图不久便取代东北在发遣地中占据主导地位,并一直保持到清末。有清一代发遣新疆的人数规模之大,由此而陆续生成的相关条例之多,是前所未见的。可以说,在实施发遣新疆的过程中,清代发遣制度本身也达到了其产生以来最完备的状态。

当然,清代向新疆的发遣也一直伴随着各种大大小小的问题。因长途押解而产生的高额费用,因遣犯壅滞而给遣犯管理及地方治安带来的严重压力,始终伴随着这一过程。一旦新疆当地的统治秩序发生动摇,发遣更是必然受阻。同治元年(1862)陕甘地区爆发回民起义,起事风潮继而蔓延至新疆。同治三年(1864)开始的全新疆范围的穆斯林民众起义历时多年,其间又发生浩罕军官阿古柏率军入侵和沙俄出兵占领伊犁等一系列重大事件。随着清朝在新疆的统治全面崩塌,持续了上百年的发遣也因此中断。直到光绪十年(1884),新疆建省,形势趋于稳定,恢复新疆发遣的事宜才重新提上日程。然而时过境迁,清朝统治能力的全面衰退使得向新疆的发遣再也无法如前一样施行而最终走入末路。

最后要说明的是,有清一代的新疆遣犯由常犯和官犯两部分组成。限于篇幅,也为了讨论时主题更加集中和突出,本文将考察的重点放在了构成遣犯主体的常犯,即"民人有犯"部分。至于官犯(也称"废员")即"官员有犯"部分,其获罪缘由及获罪后的服役形式与待遇均与常犯有较大区别,是遣犯中的另一类型,不便与常犯混在一起阐述,容今后另行撰文探讨。

(载《澹澹清川:戴逸先生九秩华诞纪念文集》,中国人民大学出版社2016年版)

论林则徐与南疆屯垦

有清一代,不少官员因获罪而被发遣新疆,他们被称作官犯,也通称"废员"。他们当中,固然不少人是罪有应得,但也有一些人是作为政治斗争的牺牲品而被流放至新疆的。后者中最具代表性也最为知名的,当推林则徐。

19世纪40年代,林则徐奉命赴广东查禁鸦片。当鸦片战争爆发后,他又全力抵御外侮,立下卓著功劳;而最终,却被强加莫须有的罪名,先在广东遭贬革职,继而派往河工效力,之后又被从重发往伊犁"效力赎罪"。① 林则徐于道光二十二年(1842)九月经星星峡进入新疆境内,十一月初到达戍所伊犁惠远城,直到道光二十五年(1845)十一月奉旨获释,于当月中旬出新疆境,前后在新疆停留了三年零两个月。在这期间,他并未意志消沉,仍然心系国家,积极参与当地的屯田水利事业。其中,奉命履勘南疆②各城垦地,是林则徐在遣戍新疆期间的主要活动之一,也是清代南疆屯垦史上的重要事件。在林则徐周历履勘的推动下,南疆各城于道光二十五年至道光三十年(1845—1850)间出现了规模空前的开垦热潮,并取得显著成效,对当地的经济开发和边防建设都产生了积极的作用和影响。

关于林则徐南疆之行,以往已有文章论及,但受文献资料的限制,大多偏于简略。本文试图根据最近接触到的档案史料,结合其他文献记载,对林则徐的履勘活动及其在南疆屯垦史上的贡献,做较为细致具体的探讨和论述,未当之处,敬请方家指正。

---

① 《清宣宗实录》卷三六七,道光二十二年二月丙戌。
② 本文所说"南疆",系指天山南路维吾尔族聚居的喀什噶尔、英吉沙尔、叶尔羌、和阗、乌什、阿克苏、库车、喀喇沙尔等城,亦即"南八城"地区。至于吐鲁番、哈密两处,虽然也地处天山以南,但习惯上划入东路,其屯垦特点与南八城有别,在此不予论列。

一

清代新疆的屯田,创始于康熙、雍正两朝用兵准噶尔之时,而大规模屯垦的兴起,则是乾隆二十五年(1760)正式统一新疆地区之后。为了巩固统治,保证驻军兵粮,恢复和发展当地经济,清政府大力提倡开办屯田,除派遣兵丁进行屯种外,还大量迁徙内地农民实边,逐步形成兵屯、户屯(民屯)、回屯、旗屯、遣屯多种形式并举的局面。据粗略统计,到嘉庆年间,全疆仅户屯一项的垦种面积已超过100万亩。①

但是,乾嘉时期方兴未艾的屯垦活动,基本集中在天山北部地区,至于维吾尔群众聚居的南疆各城,则为数寥寥。据《钦定新疆识略》记载,嘉庆末年南八城有确切数字可考的屯田,仅兵屯三处,民屯一处,即乌什兵屯地5 000亩,喀喇沙尔兵屯地6 040亩,阿克苏兵屯地150亩,喀喇沙尔所属曲惠地方民垦地1 993亩,②不及同期北疆迪化州一州民屯亩数的1/10。③

屯田分布的"北重南轻",是多种原因造成的。清政府开设屯田的最初用意,是解决进兵西北时的军粮供应。从康熙朝到乾隆朝,历次重大的统一战争多在北疆进行,这就使屯田点首先在天山以北的交通沿线设置起来。全疆底定后,清廷以北疆伊犁为控制全新疆的军事和政治中心,以伊犁将军总统全局。北疆地区素以游牧为主,又加迭经兵燹,经济残破,满目荒凉,亟待恢复和经营,而南疆战事无多,又"土田良沃,人习耕种"。因此,清廷把屯垦的重点放在天山以北,甚至从南疆征调维吾尔农民来此兴办回屯。除上述情况之外,清朝统治者实行隔离政策也是南疆屯垦未获发展的重要原因。为减少内地民人与当地维吾尔民众的往来接触,清政府非但不鼓励各族人民聚集开发,而且多方进行限制。如规定内地民人不得进入回疆认垦,贸易商民只准单身前往等,连派驻八城的官兵也采取限年更替的换防制度,严禁携眷长住。

道光初年平定张格尔之乱后,由于边疆局势的变化,南疆屯垦开始引起清政府的重视。道光七年(1827)九月,御史钱仪吉奏称:"此次南路办理善

---

① 据《钦定新疆识略》卷二、卷三、卷六统计。
② 《钦定新疆识略》卷三《南路舆图》。
③ 迪化州户屯地为1 818顷66亩,见《钦定新疆识略》卷二《北路舆图》。

后,非增驻兵丁不足以壮军威。而官兵既多,难尽取给于回部,自应仿照北路,开设屯田。"①而后,负责办理善后事宜的将军长龄提出试垦设想:"喀什噶尔大河拐一带有空地一百余里,来春令原设回兵先行试垦,如有成效,陆续添设屯兵,以岁获粮石供支兵饷。"②与长龄大体同时,将军武隆阿也主张屯田,但建议同时招民屯种,"仿照伊犁、乌鲁木齐,移眷驻防……商民携眷前来,亦听其便。其中倘有认垦开荒者,并准拨给地亩,试种纳粮"③。他的意见得到朝廷采纳,道光十一年(1831),上谕宣布"将西四城可种之闲地招民开垦,有愿携眷者听之",回人地亩,"亦不禁其租给民人耕种"。④

不过,这次开垦并未遍及西四城,招民只限于喀什噶尔的喀拉赫依与叶尔羌辖下的巴尔楚克,办理过程亦反复再三。谕令下达之初,认垦之民相继而至,道光十四年(1834),喀拉赫依已有垦地20 200余亩,认种民人506名,巴尔楚克也垦出24 000余亩,招民360余人,试种收成良好。⑤正当这两处屯田拟请"按亩升科"、大力垦种之时,道光皇帝忽然一改前态,声称:"以荒地招民试垦,俾贫民既可谋生,兵食亦有可赖,固属筹边要务,然亦必当计及久远。民人日聚日众,必有室家妻孥,即耕种无碍于回田,人既众多,回民能否相安,亦当豫为料及……将来内地无业贫民,纷至沓来,易滋扰累,不但回民生计日蹙,恐至别生事端,不可不防其渐。"⑥于是,经办官员迎合其意,奏请将喀拉赫依屯田"乘此兴办之始,早为裁撤"⑦。事过几月,道光皇帝又感到屯民甫招即撤,未免不妥,且屯民"室家聚处,安为世业,即有缓急,究属内地民人,各顾田庐,自知捍卫,于边务亦大有裨益",又指示有关人员"不可拘泥前奏","照旧办理,毋庸更张"。⑧但这时原招屯民已遣散大

---

① 《清宣宗实录》卷一二五,道光七年九月戊申。
② 《清宣宗实录》卷一三〇,道光七年十一月戊午。
③ 《平定回疆剿擒逆裔方略》卷五五,道光七年十二月癸酉。
④ 《清宣宗实录》卷一九七,道光十一年九月戊寅。
⑤ 《清宣宗实录》卷二四九,道光十四年二月丙申。
⑥ 《清宣宗实录》卷二五二,道光十四年五月丁亥。
⑦ 中国第一历史档案馆藏:《宫中档朱批奏折·民族事务类》,道光十四年十月九日苏清阿奏。
⑧ 《清宣宗实录》卷二六七,道光十五年六月己酉;《清宣宗实录》卷二七〇,道光十五年八月癸未。

半,屯内只剩下不足百人。①

巴尔楚克屯田没有经历上述撤而复办的变故。然而由于章程未备,管理不善,也有种种周折。最严重的一次是道光十八年(1838),屯民田世英等15户76口因"房间衣食不能散给充足,且屡报屡催不理","日受枵腹之殃",集体北逃,引起全屯哄动,人心惶惶,屯务陷入混乱。②

屯垦政策的出尔反尔和变化不定,反映了统治者在这一问题上的矛盾心理:既希望屯田裕饷,充实边防,又囿于民族隔离的传统政策,对各族人民的接近深感不安。在这种思想状态下,清政府不可能认真对待南疆屯垦不同于北疆的特点,无法形成具体有效的措施方案,屯垦活动也就难以取得显著进展。

道光二十二年(1842)前后,伊犁将军布彦泰以北疆伊犁为中心发动屯田,历时三四年,大见成效,开出荒地近20万亩,安设屯户上千,每年征粮可达万石。道光皇帝以其"忠诚为国,督率有方",③钦命嘉奖,并指示其他各城"如有旷地"应效仿其例,相机开垦。④

这一次,在北疆的带动和影响下,南疆各城普遍掀起报垦热潮。经过踏看荒地、筹划水源、捐集资金等一系列准备,道光二十四年(1844)八月,阿克苏办事大臣辑瑞率先奏报"查出荒地,捐廉开垦,酌给回户"。接着,和阗、乌什、库车、喀什噶尔、叶尔羌及喀喇沙尔也纷纷请求修渠筑坝,安户垦种,声势之大,前所未有。

面对南疆日益高涨的开垦呼声,道光皇帝又一次表现出迟疑和动摇。在给阿克苏的批复中,他极为不满地指斥辑瑞:"本年所降谕旨,原系查明一律奏办,何以并未具奏即定有章程,业于六月内兴工矣?!"⑤"所办实属冒昧,辑瑞著交部严加议处,该处开垦事宜著暂行停工,候旨办理"。⑥ 对和阗等城也以"与阿克苏事同一律"为由,一概下令停工候旨。一时间,刚刚起步的开垦活动全部停顿下来。

---

① 《宫中档朱批奏折·民族事务类》,道光十五年五月十六日兴德奏。
② 中国第一历史档案馆藏:《军机处录副奏折·民族事务类》,道光十八年(原件缺月日)金和奏。
③ 《清史稿》卷三八二《布彦泰》。
④ 《清宣宗实录》卷四〇二,道光二十四年二月丙午。
⑤ 《军机处录副奏折·农业屯垦类》,道光二十四年八月一日辑瑞奏。
⑥ 《清宣宗实录》卷四〇九,道光二十四年九月丁亥。

兴垦之事中途受阻,看起来是辑瑞等人"未经具奏,率即兴工"所致,实际上是长期以来清政府对南疆屯垦迄无定策问题的再次暴露。辑瑞等人请求对南疆垦务变通办理,如将垦地酌给"回户"即维吾尔人户耕种,与道光皇帝原意不合;①而究竟应当如何处理,道光皇帝又心中无数,无从决断。对于这种心情,我们可以从他指示履勘的有关上谕中清楚地看到。如同年九月丁亥日上谕称:"喀什噶尔等处开垦,向系招集眷户认种。此次该大臣声请毋庸招觅眷民,所奏情形果否属实……何以与喀什噶尔情形不同? 其招徕内地眷户,认地垦种,何以碍难办理之处,务当详细体察。"②十月壬戌日又强调:"阿克苏等城,民回杂处。现在开垦荒地,若令民户认种,究竟能否相安,及酌给回户承种,日后有无流弊之处,必须另行派员亲历各该城,体察情形,熟筹定议。"③

通观以上可知,这时的南疆屯垦正处在一个微妙而关键的当口。由于道光皇帝决定委派专人前赴南疆,"将可垦之地逐加履勘","熟筹定议",能否打开屯垦僵局,便在很大程度上取决于受命履勘者的态度。是像以往许多奉派官员那样揣摩上意,敷衍了事,还是亲历考察,针对南疆的地理、社会、民族的具体实际,拟定切实可行的开垦方案和实施细则,并说服皇帝采纳实行,将直接关系到这次兴垦的成败。同时,由于这次兴垦的规模远远胜过以往任何一次,它的实际成效还将对今后的屯垦进程产生影响。因此,无论从哪一种意义上说,即将开始的履勘都是至关重要的一举。正是在这种形势下,林则徐代替因病开缺的伊犁参赞大臣达洪阿,肩负起了前赴南疆,实地勘垦的任务。

林则徐是道光二十二年(1842)十一月抵达戍所伊犁的。他在广州主持禁烟,在鸦片战争中坚决抵抗外来侵略,却遭到投降派的打击,被谪发新疆。无罪而受重谴,林则徐的心情十分悲愤,但他的爱国意志并未就此消沉。到戍不久,他便着手研读新疆的历史地理,密切关注西陲的戍边事业,尤其重视屯田备边活动。据与他同在当地的旧属黄冕回忆,两人见面时,所谈"皆

---

① 《清宣宗实录》卷四一七,道光二十五年五月己巳条载道光皇帝上谕称:"因思回疆各城,开垦荒地,朕意原以内地民人生齿日繁,每有前往各城营生谋食者……原非为该处回户另筹生计。"

② 《清宣宗实录》卷四〇九,道光二十四年九月丁亥。

③ 《清宣宗实录》卷四一〇,道光二十四年十月壬戌。

御夷之事……及塞上屯田水利,中外地形,南北水土之胜,往往至夜分始散"①。林则徐手辑的《衙斋杂录》一书,详尽地摘录了清代尤其是道光年间经营新疆屯田的成案资料,供自己参与屯垦时参考。道光二十四年(1844)布彦泰奏请垦复伊犁惠远城东的阿齐乌苏旗屯废地,林则徐积极协助筹划,还亲自认修最艰巨的龙口首段水利工程。这一切为他后来履勘南疆,推动屯垦,提供了重要的历史借鉴和实践经验。

尽管有以上准备,对林则徐来说,南疆之行仍非易事。此时他已年逾花甲,病体孱弱,而勘垦,"事体既属繁重,道路又复绵长"②。特别是这次的"周历履勘",并非正式起用,他作为遣戍革员,既无相应头衔,又无奏事之权。正如他自己在诗中所形容:"羁臣奉使原非分","头衔笑被旁人问",③所面临的困难和压力可想而知。这一点连伊犁将军布彦泰也有所顾虑。布彦泰之所以同时荐举喀喇沙尔办事大臣全庆与林则徐会办此事,就是考虑"林则徐虽系曾任大员,目下尚无品秩,得一现任办事大臣会同履勘,自觉呼应较灵"④。然而林则徐本人没有畏缩,他以"但期绣陇成千顷,敢惮锋车历八城"⑤的决心,勇敢地接受了这一使命。

道光二十四年(1844)十一月,林则徐由伊犁启程,取道乌鲁木齐转赴南疆,次年二月在喀喇沙尔与全庆会合。两人通力合作,开始了历时半年的履勘活动。根据就近顺道勘垦的原则,履勘的第一站为库车,然后渐次而西,至乌什、阿克苏、和阗、叶尔羌、喀什噶尔,最后向东折返,勘查喀喇沙尔。⑥为搞好查勘,切实推动当地的农业开垦,林则徐和全庆认真分析了开垦形势,认为勘垦的中心问题有三:"一系此项荒地是否可开,一系有无民户可以招垦,一系招集回户有无流弊。"⑦归纳起来,不外两个基本环节,一是从生产的角度,相度山川水利,严格查核各城所报土地的可垦性,确保开垦落实;二是从经营的角度,实事求是地处理新垦之地,采取适当的屯种形式,"不敢

---

① 黄冕:《书林文忠公逸事》。
② 《致惟勤书》载杨国桢编《林则徐书简》,福建人民出版社1981年版,第231页。
③ 林则徐:《次韵寄酬高樨庵(步月)》《东全小汀》,载《云左山房诗钞》卷七。
④ 《宫中档朱批奏折·民族事务类》,道光二十四年十二月十四日布彦泰奏。
⑤ 林则徐:《东全小汀》,载《云左山房诗钞》卷七。
⑥ 此次报垦共计七城,英吉沙尔未参与,故林则徐在南疆途经八城而实勘七城。
⑦ 中国第一历史档案馆藏:《军机处上谕档》,道光二十五年七月八日。

稍有成见,亦绝不粉饰迎合"①。两个环节相互联系,开垦是屯种的前提,合理的屯种方式又是开垦长期持久的保证。基于上述认识,他们始终抓住这两个环节,全力以赴。

清丈地亩是查核可垦性的第一步。各处荒地大多距城较远,有些远在200里之外,往返需三四天。林则徐总是不畏劳苦,深入实地,亲视勘丈。逐段丈量的结果证实,各垦地不仅于原奏亩数无亏,不少还有盈余。如库车,"核与原奏六万八千余亩之外有赢无绌,土脉腴润,易于发生"②;阿克苏新垦荒地119 000余亩,"除沙冈等处不堪耕种外,核与原奏十万亩之数,尚余地二千余亩。"③乌什原奏为83 400亩,"兹按四至通盘围估",扣除沙碛碱地,尚有十万三千余亩。④ 从而落实并扩大了可垦面积。

"农田以水利为首务"。南疆各城坐落在沙漠边缘的绿洲,雨水稀少,人工灌溉是开垦土地必不可少的先决条件。林则徐每到一地,都把水利条件列为考察重点,在他的日记里,"先勘水势"、"先观水渠形势"的记载比比皆是。⑤ 不仅如此,他还利用自己丰富的治水经验,帮助各城解决困难,完善水利设施。叶尔羌新垦地和尔罕,"地本膏腴",但与西北、东南两道大渠中隔大小沙梁五道,"有阻遏渗漏之虞"。林则徐查看当地试行挑挖的部分渠道后指出,这里的渠身为沙土质地,"坝工倍须坚固,挑工更要宽深护",特别应注意不让沙土坍塌入渠:"于沙梁冲要之处砌护块石,挖钉排桩,则沙土自不至坍卸入渠,而渠道亦愈刷愈深,良田足资灌溉。"⑥喀什噶尔垦地所引用的锐列普曲克河之水,水量丰富,"惟水性浑浊,日久不免停淤"。林则徐敏锐地观察到这一点,提醒有关人员完善岁修制度,"所有渠工坝座,尚须加以岁修,乃可永资利用"。⑦ 喀喇沙尔渠道原系署理办事大臣常清所筹划,林则

① 杨国桢:《林则徐传》,人民出版社1981年版第404页。
② 《宫中档朱批奏折·农业屯垦类》,道光二十五年三月二十四日布彦泰奏。
③ 《军机处上谕档》,道光二十五年六月二十三日。
④ 《军机处上谕档》,道光二十五年六月七日。
⑤ 林则徐:《乙巳日记》,载《中山大学学报》1984年第1期。
⑥ 《军机处上谕档》,道光二十五年七月二十六日。
⑦ 《军机处上谕档》,道光二十五年八月四日。

徐经查勘发现,其中库尔勒一处①的支渠"漏未估计",便帮助重新规划,将工程"略为变通,其大渠取直挑挖,即以所省之工添挖支渠",完善了渠道系统,又大大减省了工费支出。②

为立足久远,林则徐对渠道质量要求严格,容不得任何苟且凑合。他在库车量验所浚渠道,发现"间有丈尺未敷",立即责成承办之官吏、伯克等"速再加挑,务令多为容纳,以利灌输"。③阿克苏朗哈里克渠道经查核与原奏里数不符,垦地内"尚多树株",他毫不容情,督令如式修挖水渠,并限期一年将地内树株全部刨净。④同时,对于吸取当地人民有效经验的水利措施,林则徐则热情地予以支持和推广。如和阗垦地,除修筑达瓦克大渠引玉河水灌溉外,又从洋阿里克至达瓦克一带觅得泉源50余处,接引入渠,以便冬春河水消减时利用地下水补充水源。林则徐认为,这是使垦地"终年皆堪灌注"的好办法,十分称赞,并肯定地表示"此项荒地实系可以开垦,并无格碍"。⑤由于措施得宜,这些水利设施在此后相当长的时间里,在南疆的农业生产中发挥着重要作用,直到清末,和阗达瓦克等渠工修建的大渠、支渠依旧存在。⑥

在开垦计划落实的基础上,林则徐和全庆以主要力量研究拟定新垦之田的分配方案。从历次所奉谕旨当中,久任疆吏的林则徐早已洞悉道光皇帝的想法。但他抱着"明诏筹边要至公"⑦的态度,决心从南疆的具体实际和兴垦实效出发制定方案。在他看来,以往为了隔绝不同民族间的交往联系,阻挠内地民人进入回疆垦种的做法虽然不可取,但现在如只强调招集内地民户兴垦而完全忽视当地维吾尔民众的屯种能力和需要,同样是偏颇不当的。正确的态度是:"因地制宜,毫无成见,惟应给回户者,仍不能强招民

---

① 据档案记载,喀喇沙尔渠道工程共两处,一是为喀喇沙尔环城荒地引北大渠灌溉,二是为距城二百余里的库尔勒北山根垦地引开都河水灌溉。有的著作(如杨国桢的《林则徐传》)称林则徐接北大渠之水灌溉库尔勒环城新垦荒地,系混淆地名之误。
② 《军机处上谕档》,道光二十五年八月十八日。
③ 《宫中档朱批奏折·农业屯垦类》,道光二十五年三月二十四日布彦泰奏。
④ 《军机处上谕档》,道光二十五年六月二十三日。
⑤ 《军机处上谕档》,道光二十五年七月八日。
⑥ 《新疆图志》卷七五《沟渠三》。
⑦ 林则徐:《次韵寄酬高樨庵(步月)》,载《云左山房诗钞》卷七。

人。"①只要对当地生产和人民生活有利,不论"民屯""回屯",都是适当的形式。

本着这一原则,林则徐对各城情形做了深入的调查,他所经历的地方"不仅从来谪臣所未到,即武臣边帅亦鲜有躬亲周历者"②。根据所掌握的大量事实,林则徐进而提出了将垦地"全部给回""民回兼顾"及"全部招民"的三种分配设想,具体如下:

(1)"全部给回",即如数拨给当地维吾尔农民垦种的,主要是库车、乌什、阿克苏、和阗四城。林则徐在呈文中详尽地分析了它们各自的人户构成状况。

关于库车,他指出:"回疆距内地甚远,库车尤属褊小,非比伊犁、乌鲁木齐等处,为边外户民众多之区,即比之喀喇沙尔,亦更在千里之遥。虽有内地民人,小本营生,只能只身到此,往来贩运,去住无常……今蒙拨地给种,原为有利可图,但牛具籽种及一切人工资本无从设措,若向内地转招农民,实系费无所出……是以伊等不敢承种,亦难转招。"③

阿克苏是南疆大城,"内地之人在此处者为数多于他城,然皆未能携眷。就中约分三种:其一系遣人犯,现有六十余名,此等本应重罪发给伯克为奴,自毋庸议;其一系佣趁游民,约可招集百人,只寻短工度日,即给以地亩,亦无耕种之资,诚恐粮欠身逃,非徒无益。其一系贸易商民,俱不谙农务,实不能再赴二百里外兼顾耕田"④。

乌什、和阗在南疆均属偏隅,乌什须由阿克苏而入,和阗则由叶尔羌而入,道路不便,民人稀至,"即使设法招集,亦恐难以强致"。而且和阗蚕棉并产,以纺织为业者甚多,有恒产的回户亦难兼营,"惟与新地较近之处以及无田、田少之人,则皆欣欣然希图承种"⑤。

与北疆相比,居留南疆当地的内地民人仍为数无多,且携眷者寥寥,这既有地理条件的限制,更有政策上的原因。但这种状况并非一时所能改变。林则徐认为,既然眼下不能招民认垦,若不酌给本地回户,"地利未免抛荒",

---

① 杨国桢:《林则徐传》,第405页。
② 黄冕:《书林文忠公逸事》。
③ 《宫中档朱批奏折·农业屯垦类》,道光二十五年三月二十四日布彦泰奏。
④ 《军机处上谕档》,道光二十五年六月二十三日。
⑤ 《军机处上谕档》,道光二十五年七月八日。

有关官员奏请给回户承种,实为因地制宜起见,应予允准。①

(2)"民回兼顾",即将垦地分别给予民户和回户耕种的,主要是喀什噶尔和叶尔羌。

喀什噶尔和叶尔羌都是道光初年曾经招户兴屯之地,已有一定数量的民人在此定居。这次喀什噶尔所报垦地,分河东、河西两处,该城官员初议,全招回户承种。林则徐认为,"除河东之六万七千余亩与回庄处处毗连,兼无许多民户可招"外,"其河西之一万六千余亩,与回庄尚有界限可分,若将该处地亩设法招民,或不至有不能相安之处",遂决定分别处置,以河东地分给回户承种,以河西地招募民户,"多方劝导环城一带承种官田之民户,令其招朋引类,庶可渐次招徕"。②

叶尔羌新开垦地为城西七十里处的和尔罕,另有巴尔楚克为旧有民屯。林则徐分析两地情况指出,巴尔楚克是位于叶尔羌、喀什噶尔之间的交通要道,"水泉甚足"③,自道光十二年(1832)兴办民屯以来,陆续招户,"而未种之地极多,并无回庄夹杂",应继续发展。"如目下有民可招,似应先尽巴尔楚克安插,以成巨镇而固藩篱"。④ 至于和尔罕地亩,"地处偏隅,与回庄错杂,招民认种既多未便,不若转给回户,转可相安"⑤。

(3)"全部招民",即全招民户承种的,仅喀喇沙尔一处。

南疆八城中,喀喇沙尔的地理位置偏东,是连接北路的通道,距关内及北疆乌鲁木齐等地较他城为近,民人来往较多。嘉庆年间这里是八城中唯一招有民人屯垦的地方。道光二十三年(1843)全庆到任后,以原有兵屯地亩及扩垦荒地全部改招民户耕种,得户600余,安置当年即行升科,十分顺利。⑥ 为此,林则徐与全庆议定,对道光二十四年(1844)以后续行勘出的1万余亩荒地,仍照前例继续招民,发展户屯,派章京常寿"速赴乌鲁木齐等处认真招致"。⑦

---

① 《军机处上谕档》,道光二十五年五月九日。
② 《军机处上谕档》,道光二十五年八月四日。
③ 林则徐:《乙巳日记》,三月十三日。
④ 《军机处上谕档》,道光二十五年七月二十六日。
⑤ 《军机处上谕档》,道光二十五年七月二十六日。
⑥ 《官中档朱批奏折·农业屯垦类》,道光二十四年三月二十六日、十一月二十一日全庆奏。
⑦ 《军机处上谕档》,道光二十五年八月十八日。

林则徐等人所拟方案,充分考虑了南疆地区的实际情况,因地制宜,既有益于生产,也有益于民生,还能节省国家用于垦务的财政支出。应当说,这一方案是正确可行的,然而上述意见并没有立即得到朝廷应有的支持。库车地亩折稿是林则徐履勘中发出的第一份折稿,关于"给回给民"的利弊得失,稿文有极其透彻的剖析。但军机处会同户部的议复"虽已准予给回耕种,而语意甚为勉强"①,"挑剔责备之处,不一而足,且强将粮赋定为按亩平分入官,其末后结穴,又虑及各处捐办开垦有勒派苦累情事,不许迁就,仍令陆续招民"②。很显然,朝廷对此方案是持反对态度的。不久,道光皇帝又下令将阿克苏办事大臣辑瑞"革职示惩",理由是"并未先查奏,率即兴工,以致回疆各城相率效尤"③。面对朝廷的压力,林则徐没有动摇,他坚定地表示,所奏折稿"于六月初五日以前,由伊江全行奏出,此时势难再改"。为使合理意见被采纳,他非但不改,还再作一文,"缕析登答,声请复奏"④。由于他的极力陈请,这一方案最终获准施行,"给回"地亩的科则也得到较为恰当的制定,由原来廷议的平分入官改为亩征五升,减轻了承种者的负担。

　　林则徐履勘活动的圆满成功,消除了兴垦道路上的主要障碍,南疆地区很快出现全面兴垦的空前盛况。到道光三十年(1850),不仅林则徐等勘报的地亩全数垦成,还开出续勘的上万亩荒地,经过试种、减半征收,进入全行升科的正式耕种阶段。据粗略统计,这次南路各城共垦出土地632 500余亩。具体如表1所示:⑤

① 林则徐:《乙巳日记》,六月十四日。
② 《林则徐书札》,道光二十五年六月十八日致奕经书,转引自来新夏:《林则徐年谱》,上海人民出版社1985年版。
③ 《清宣宗实录》卷四一八,道光二十五年六月癸丑。
④ 《林则徐书札》,道光二十五年六月十八日致奕经书,转引自来新夏:《林则徐年谱》,上海人民出版社1985年版。
⑤ 据中国第一历史档案馆藏《宫中档朱批奏折·民族事务类》和《军机处录副奏折·民族事务类》有关内容统计。

表1 南疆七城兴垦情况表①

城别	垦地名称	垦成亩数/亩	安插户数/户	每户给地/亩
库车	托依伯尔底	120 393	1 306	100
	阿哈吐拉	12 000	120	100
和阗	达瓦克	72 000	892	80
	阿提巴什	28 100	300	80
叶尔羌	和尔罕	98 000	800	120
阿克苏	朗哈里克	102 300	512	200
乌什	骆驼巴什	103 000	1 300	79亩2分3厘
喀什噶尔	河东巴依托海	67 200	400	—
	河西阿奇克雅黑	16 098	59*	
喀喇沙尔	喀喇沙尔环城	3 600	两处共 75*	—
	库尔勒北山根	9 900		
合计		632 591	5 764	

像这样的开垦成绩,无论在规模、速度上,还是地域范围上,在清代南疆屯垦史上都是前所未有的。就是与同期的北路各地相比,也堪居前列。所以,清人金安清曾高度评价林则徐的南疆之行,称赞他"浚水源,辟沟渠,教民耕作","大漠广野,悉成沃衍,烟户相望,耕作皆满……为百余年入版图未有之盛。"② 若说这时南疆"悉成沃衍","耕作皆满",未免有些夸大,但屯垦活动在林则徐等人的推动下,达到"百余年入版图未有之盛",则是无可怀疑的事实。

三

"驻兵屯田,自古备边之良策"。历来边疆地区的屯垦活动,大都与戍边需要密切相关。林则徐的周历履勘,不仅在南疆屯垦史上占有重要地位,对加强当时的西陲边防也具有积极的作用和影响。

---

① 表格中*者为民户,余者皆回户。
② 《续碑传集》卷二四《林文忠公传》。

19世纪以来,清朝政事陵夷,国势日衰,外国资本主义势力则不断崛起,日谋东来。随着国内外形势的变化,我国边疆地区面临的局势也发生了重大变化。鸦片战争后,我国的东南沿海门户首先被英国侵略者用武力打开,与此同时,西北的新疆地区也受到英国、俄国等殖民主义者及中亚封建汗国日益严重的威胁。1830年以后,沙俄加紧了对我国巴尔喀什湖以东、以南地区的蚕食,在这一地区构筑堡垒,将其作为扩大侵略的据点。1839年,沙俄远征中亚希瓦汗国,企图打开夺取南疆叶尔羌的通道。英国殖民者一面与沙俄争夺中亚,一面积极策划入侵新疆,其军队曾逼近"中国西藏之西界,相距叶尔羌、戈什哈地方不远"。更有甚者,英国殖民者与中亚浩罕统治者一起,极力拉拢和收买少数南疆上层贵族,妄图借他们之手分裂中华民族。道光初年的张格尔叛乱及浩罕入侵事件,都得到了英国的暗中支持。边疆危机的加重,使西陲边防的战略地位日益突出。以南疆而论,"不惟西四城为东道藩篱,南八城为西陲保障,即前后藏及西北沿边蒙古、番子部落,皆赖以巩固"①。在这种形势下,加强边防建设,首先具有抵御外来侵略的意义,而发展屯垦则是筹边活动的重要组成部分。

履勘之后,南疆土地开垦面积扩大,农业产量增加,丰富了兵粮军饷的来源,为边防驻军提供了更坚实的物质基础。

清政府自乾隆年间在新疆驻兵,为省内地输挽之烦,一直力求就地解决兵粮供应,在北路主要依靠各类屯田,在南路兼取各城粮赋。但官兵协饷等大宗经费仍需要内地筹措,经陕甘总督拨解来疆,每年所费不下一二百万两。道光年间边境不靖,经费更有不断增加的趋势。以南疆为例,道光六年(1826)以前八城每年共调经费9万余两,道光八年(1828)加增7万余两,道光十二年(1832)又增8万余两,"较之旧额,不啻倍蓰"②。而清政府在鸦片战争以后财政捉襟见肘,对新疆兵饷日感"不暇拨给"③。就地提供更多的经济支持,以保持边境的武备力量,就显得更加必要。

根据林则徐及其他有关人员的建议,这次新垦地亩一律"按亩征银,以裕经费",即按每亩征粮五升,每石折银五钱,每银一两合普尔钱四百文的比率将科粮折银或钱交纳,充作当地官兵经费,再从请调经费银内"折扣抵减,

① 《清史稿》卷三六七《玉麟》。
② 《官中档朱批奏折·民族事务类》,道光十八年五月二日恩特亨额奏。
③ 《皇朝经世文编续编》卷八九《兵政十五·统筹西路全局疏》。

以归核实"。① 由于各地垦成时间不一,折银的起始年分略有先后,全部征收后每年折银 14 400 余两,数目颇为可观,如表 2 所示②。

表 2　南疆新垦地亩征科情况表

城别	起征时间	每亩科则/升	应征粮总额/石	应折银总额/两	备　注
库车	托尔伯底垦地起征于道光二十七年、阿吐哈拉垦地起征于道光二十九年	5	6 019.65	3 309.83	—
阿克苏	道光二十八年	5	5 115	2 557.5	—
乌什	道光二十七年	5	5 150	1 000	以扣除官兵口粮所余之 2 000 石折征
和阗	达瓦克垦地起征于道光二十八年、阿提巴什垦地起征于道光三十年	5	4 800	2 400	—
叶尔羌	道光二十九年	5	4 900	2 450	—
喀什噶尔	道光三十年	5	3 360	1 680	为河东垦地征额
喀喇沙尔	道光二十九年	6.5	—	1 012.5	每亩折征银 7 分 5 厘
合计				14 409.83	

新垦之地的折银征纳,在一定程度上缓和了边防经费的紧张状况。道光二十七年(1847)以后,由内地调往南疆的经费数额基本呈下降趋势,如表 3 所示③。其中,和阗和喀喇沙尔的下降幅度最大,库车、阿克苏次之。诚然,影响经费变化的因素不止一端,但兴垦的发展增加了经费来源,无疑是主要原因之一。

---

① 《宫中档朱批奏折·民族事务类》,道光二十七年十月十五日德全奏。
② 据《宫中档朱批奏折·民族事务类》和《军机处录副奏折·民族事务类》有关记载统计。
③ 据《清宣宗实录》道光二十四年至道光三十年有关记载统计。

表3　内地调往南疆经费情况表(单位:两)

城别	道光二十五年	道光二十六年	道光二十七年	道光二十八年	道光二十九年	道光三十年
库　车	8 000	8 000	8 000	8 000	5 000	5 000
阿克苏	22 098	25 000	22 498	25 623	19 900	19 900
乌　什	29 039	29 039	29 039	29 039	28 039	28 039
和　阗	6 100	5 410	—	1 988	—	1 940
叶尔羌	64 851	75 400	64 851	—	—	58 282
喀什噶尔*	81 553	80 044	89 466	76 000	79 537	96 030
喀喇沙尔	14 307	—	8 000	8 000	8 000	8 000
合　计	225 957	—	—	—	—	217 241

注:*内含英吉沙尔经费。

不仅如此,开办民屯和拨地给维吾尔农民耕种,还促进了屯兵的归营操防,充实了武备力量。

关于林则徐在南疆的活动,不少史书如《清史稿》《清史列传》都提到他曾"请改屯兵为操防",被道光皇帝采纳,"均如议行"。① 但对这项建议的具体内容,由于各书阙载,一直不甚明了。有的文章和著作将此解释为"合兵农为一"②,或"将固定的屯兵制改为驻军,分期分批轮流进行耕作和训练的操防制"。③ 各说是何依据,不得而知,但从笔者接触到的有关档案来看,上述说法与事实明显不合。"改屯兵为操防"的真正含义是撤销兵屯,屯兵回营,专事操演防守。

如前所述,南疆的喀喇沙尔、乌什、阿克苏原设有兵屯三处,其中阿克苏仅屯兵十五名,影响较大的是前两处。由于民屯的发展和防务上的需要,道光二十三年(1843),喀喇沙尔实行"撤屯改户",屯兵各归原营,所遗屯地交农户耕种,获得成功。继此之后,乌什于道光二十四年(1844)报垦时也请求撤销兵

---

① 《清史列传》卷三八《林则徐》。

② 陈胜粦:《林则徐在被遣戍期间和在此前后的思想与活动》,载《历史教学》,1961年第8—9期。

③ 殷晴:《林则徐与新疆》,载《新疆社会科学》1984年第1期;来新夏《林则徐年谱》也持同样说法。

屯,将地亩转给本地维吾尔农户耕种,①得到林则徐的大力支持。他在"逐屯查看"当地情形后指出:"乌什三面环山,地气寒冷,连遭冰雹,收成甚欠,一年之亏,遂贻数年之累。又,屯防兵丁派出时,并不分别屯、操,大抵不谙耕作者居多,不免佣工回子,禁之则恐误官粮,听之则已乖名实,是以屯务不得不改。"变动办法是"将屯兵归城操演","至各屯熟田及久荒旧地……拨给回户耕种纳粮"。② 事实证明,在当时的条件下,改屯兵为操防是完全正确的。屯地给回户耕种后,耕地面积扩大,产粮"有盈无绌",每年交粮5 100余石,而原给屯兵的籽种牛粮"均可归于节省",比起原来岁纳屯粮2 700余石之数,几乎翻了一番。除支付官兵口粮外,尚剩余2 000石左右,可折银抵充经费。③ 屯兵免除耕种之责,回营专事操防,充实了战斗兵员,防边汛地也随之增加。如原兵屯所在的骆驼巴什,"地处临边",裁屯后添设汛地,以原设屯兵改为汛兵,派武官带兵分驻,随时巡防查界,提高了防御外来侵扰的能力。④

林则徐等人因地制宜地处理垦地,对改善当地维吾尔民众的生活状况也起到了积极作用。

南疆八城素以"物产丰富,土地膏沃"著称西陲,但在封建势力的层层盘剥之下,没有得到应有的开发,民众生活十分困苦。林则徐在南疆曾目睹八城回民"生计多属艰难,沿途未见炊烟,仅以冷饼两三枚便度一日,遇有桑葚瓜果成熟,即取以充饥。其衣服褴褛者多,无论寒暑,率皆赤足奔走"。⑤ 当地大小伯克倚仗清朝官府势力,"务以朘剥自肥",或逾额追缴应差钱文,或强占官私田地,攘为己有,以致民怨沸腾。林则徐路经和阗时,附近哈拉哈什回城"有千人来此递呈",控告明伯克科派;在哈密勘地时,又遇到"军民数万人环跪具呈",恳求为之清厘土地。⑦ 在这种情况下,如不设法纾解民困,改善当地民生,便无法安定社会,也谈不到边防巩固。

正因为如此,当清政府接受林则徐的建议,下令将大部分新垦土地拨给维吾尔人户耕种时,受到南疆各城人民的普遍欢迎,"赏给新开地亩,渠水畅

---

① 《清宣宗实录》卷四〇九,道光二十四年九月丁亥。
②④ 《军机处上谕档》,道光二十五年六月七日。
③ 《军机处录副奏折·民族事务类》,道光二十六年十一月五日维禄奏。
⑤⑦ 《林则徐集·奏稿》下,中华书局1965年版,第892—893页。
⑥ 林则徐:《乙巳日记》,三月二十七日。

茂,收获丰盈,穷回籍有恒产,是以皆踊跃愿种"①。安户工作进展很快,不过三年时间,各城就安置本地农户5 600多户;土地分配数量因城而异,稍有不同,多者高达200亩,少者也有七八十亩。为保证生产,有些地方还贷给牛具籽种,如阿克苏,每户分给籽种二石,牛二头,②叶尔羌除耕牛外"并与每户修盖房屋一间",散给若干开地镘、镰刀、铧犁等农具。③

经过认种农户的辛勤劳动,垦地的面貌和人民生活状况都出现了可喜的变化。道光二十八年(1848),有人到和阗的达瓦克垦地视查时,见该处"除沙碛冈梁之处,均已搭盖房屋,陇亩相望,俨然一大村落"④。每当秋征届期,各地的维吾尔农民"逐日输纳,络绎不绝"⑤,往往一月之内就将应征钱文全数交齐。毋庸讳言,纳课是清政府为认种者规定的封建义务,带有强制性,但维吾尔农民努力交纳而不拖欠,也表明他们珍惜自己得到的土地,具有生产的积极性。

随着屯垦的兴盛,清政府对内地民人进入南疆的限制也在放宽。道光初年,清廷准许民人携眷到南疆居住,这时林则徐与布彦泰进一步建议,由官府资送眷民到回疆领种地亩,并请留换防兵丁及遣犯家眷在本地常住。后因官给盘费有所不便,改为由原籍地方官印给路票,鼓励民人自行前往。道光二十七年(1847),四川安县和彭县一批民人携眷前赴回疆,即照此例办理。⑥ 此后,南疆的民人数量逐渐增多。光绪时期,阿克苏有内地民人男大小856丁,女大小342口,计一千数百人在此定居,或佣工或务农,或经商贸易。⑦ 喀什噶尔的八屯数百户屯田民人自道光以来,父子相仍,世代居住,"无事听其耕种,有事入城助守",至清末,已"居然土著矣"。⑧ 各族人民同地共处,彼此往来,势必增进相互间的了解,密切不同地区经济文化上的联系。虽然这种了解和联系还很有限,但毕竟在发展之中,值得我们重视和肯定。

(原载《新疆社会科学》1986年第5期)

---

①⑤ 《宫中档朱批奏折·民族事务类》,道光二十七年十月十五日德全奏。
② 《军机处录副奏折·民族事务类》,道光二十六年十一月三日扎拉芬泰奏。
③ 《宫中档朱批奏折·民族事务类》,道光二十八年三月十六日奕山等奏。
④ 《宫中档朱批奏折·民族事务类》,道光二十八年正月十九日德勒克呢玛奏。
⑥ 《清宣宗实录》卷四二三,道光二十五年十一月壬戌;《清宣宗实录》卷四四二,道光二十七年五月壬寅。
⑦ 《温宿府乡土志》之《户口》,载《新疆乡土志29种》。
⑧ 《疏勒府乡土志》之《人类》,载《新疆乡土志29种》。

从赵钧瑞及其商业网络看乾隆时期活跃于新疆的内地商人

乾隆时期,新疆成为清朝一统疆域中的西陲重地,这不仅带来了清代国家格局的重大变化,也给18世纪中叶以后中国的人口流动与商业活动提供了新的广大空间。在不断加大的内地人口的西向流动中,回民商人是一个重要的群体。他们既具有经商传统和在内地的人脉网络,作为内地穆斯林,又与南疆回城民众在宗教信仰上彼此相通,因而在新疆与内地的商业往来中表现活跃。本文要讨论的赵钧瑞等人,就是其中有代表性的一群人。

了解乾隆朝"高朴私鬻玉石案"的人,对回民商人赵钧瑞的名字都不会陌生。在这个惊动当时朝野的贪污大案中,来自陕西省渭南县的赵钧瑞,与另一位山西右玉县籍汉族商人张銮一起,充当首犯叶尔羌办事大臣高朴的左右手,在协助高朴将国家管制的新疆玉石私贩至内地牟取暴利的同时,自身也获得了巨大的利益。当然最终他们也因案发而获重罪。赵钧瑞之所以在私贩玉石活动中受到高朴倚重,是因为其在新疆经营多年,已积累起不凡的经济实力。但他所取得的成功不仅得益于其个人的才干及时代的机遇,还得力于在他周围聚集了一个以内地回民为主的经商队伍。

由于赵钧瑞在高朴案中的重要性,在审办过程中,围绕他形成了一系列以供词为主的档案记录,为我们深入了解他本人及相关回民的活动经历提供了极为有利的条件。因此,本文将主要利用这些档案对赵钧瑞及其团队做尽可能详尽的考察,力求还原他们在当时社会中的行为表现,并通过这一典型案例来深化我们对清代特别是乾隆时期活跃于新疆的回民商人的认识。本文所用史料,主要来自两岸的档案文书,多数为中国第一历史档案馆藏,少数为中国台北故宫博物院图书文献馆藏。鉴于前者的大部分内容已汇辑在中华书局出版的《乾隆朝惩办贪污档案选编》第一册,文中史料有相当一部分引自该书,同时根据需要,也配合以笔者掌握的档案原件。

一、赵钧瑞其人与从商经历

根据审办高朴案时赵钧瑞及其身边人员的供述内容,我们可以对赵钧瑞本人的家庭构成、从商经历有相当具体的了解。

赵钧瑞的家乡渭南县,位于陕西省西安府东部,史志有"蒲、富、临、渭,陕省著名四大县,地处渭北,一望平坦,辽阔无垠,东北连同州府附郭首邑大荔县,五县犬牙相错,回庄居其大半"①之谓,可知该县回民人口众多。赵家在良天坡(凉天坡)一带,属于该县主要回民村落之一。② 赵钧瑞的父亲赵进贵会制靴,家有继母吕氏、妻子马氏。赵钧瑞为赵进贵独子,其妻马氏似乎未育,儿子赵世保系赵钧瑞从巴里坤抱养,在渭南长大。

赵钧瑞的离家远行始于乾隆十二年(1747),系跟随当靴匠的父亲至肃州做靴子营生,娶亲后,在家乡和肃州之间时来时往。③ 在肃州寄居近 10 年后,于乾隆二十一年(1756)离开父亲进入新疆。至高朴案发的乾隆四十三年(1778),他在新疆已达 20 余年。据供,案发之年赵钧瑞 46 岁,④按此推算,则他应是少年离家,在二十三四岁时开始单独到新疆谋生。他在新疆的从商经历,又可以大体分为三个阶段:

第一阶段,乾隆二十一年至乾隆二十四年(1756—1759)。这几年正值清朝平定准噶尔之役,赵钧瑞抓住了这个商机,前往清军大营所在的巴里坤、辟展、喀喇沙尔等地卖靴子,贩卖的对象应是清军官兵。因此,他属于较早进入新疆的内地商人,而这种经商方式也被后人称为"赶大营"。

第二阶段,乾隆二十四年到乾隆三十四年(1759—1769)。这 10 年间,

---

① 余澍畴:《秦陇回务纪略》卷一。
② 良天坡应是凉天坡,本处按供词中的写法,见中国台北故宫博物院藏:《军机处档折件》,第 22994 号。据马天寿《同治年间陕西回民起义调查记录》,凉天坡为清代渭南县三十三个回民村落之一,参见张永帅《清代陕西渭南县回民村落与人口分布的特征和变迁》,载《兰州学刊》2009 年第 4 期。
③ 《军机处档折件》,第 21443 号之附件,赵妻马氏供词。
④ 一说 42 岁,见《军机处档折件》第 21443 号之附件赵钧瑞供,此或为录供者之笔误,待考。赵妻马氏乾隆十三年嫁到赵家,按赵钧瑞 46 岁推算,则成婚之年为 16 岁,如按 42 岁推算,则成婚之年仅 12 岁,似乎 46 岁更合乎情理,亦见《军机处档折件》,第 21200 号附件。

赵钧瑞主要以南疆的阿克苏为据点经商,亦频繁往返于南疆各地及南疆和肃州之间。

赵钧瑞在一处供词中称:"小的于二十四年出口,在阿克苏等处地方做杂货买卖糊口,后来回库车新立买卖,众人保举小的当了乡约。"①又在另一供词中称:"(小的)乾隆二十五年赶羊到库车去卖,就在那里当了乡约,二十七年四月就不当了。"②这两条记载虽字数不多,但值得我们注意。赵钧瑞所说在库车"新立买卖",表明他此时已不局限于赶大营式的贸易,而是有意识地扩大在南疆的经商活动。从乾隆二十七年(1762)永贵奏报近年内地商民踊跃进入回疆,以及清廷为此指示陕甘总督杨应琚对内地商民前往回疆贸易"应听其自便"③来看,当时正有越来越多的内地商人进入南疆。出于对商民进行管理的需要,效仿内地社会设立乡约一事应运而生。在这一背景下,进入新疆较早的赵钧瑞在库车被众人推为乡约。④ 乡约虽非官职,但作为基层行政组织最末端的管理人员,身份高于普通商民。尽管赵钧瑞担任乡约一职的时间并不久,仅到乾隆二十七年(1762)四月,但"赵乡约"从此成为对他的一种尊称。

乾隆二十七年(1762)离开库车后,赵钧瑞曾短暂回到渭南老家,但很快就再度出口,此后近20年再未还乡。简单概括他之后的活动轨迹:⑤

乾隆二十七年(1762)九月,从肃州买了骡子15个驮脚。

乾隆二十八年(1763)六月到阿克苏。九月内又回到肃州。

乾隆二十九年(1764),买了粗瓷器、绸子、茶叶等货,到阿克苏开了杂货铺做买卖。

乾隆三十年(1765),买了南疆的棉花拿到伊犁去卖。

乾隆三十一年(1766)十二月,回到阿克苏。

乾隆三十二年(1767),到肃州置货。

乾隆三十三年(1768),回到阿克苏。

---

① 《军机处档折件》,第21443号。

② 《乾隆朝惩办贪污档案选编》第一册,中华书局1994年版,第676页;亦见《军机处档折件》,第22628号。

③ 中国第一历史档案馆藏:《寄信档》,乾隆二十七年三月初一日。

④ 他人供词有称赵钧瑞在叶尔羌当乡约的(见《乾隆朝惩办贪污档案选编》第一册第535页常永供词),但赵钧瑞自己的供词始终只提到库车,应以库车为准。

⑤ 《军机处档折件》,第22628号。

乾隆三十四年（1769），由哈密往叶尔羌。

以上表明，这期间赵钧瑞主要是把在肃州置办的内地杂货如粗瓷、绸缎、茶叶等，运至其在阿克苏开的杂货铺出售，他本人拥有一定的运输能力，同时也以行商方式游走新疆其他各地，如赴伊犁卖棉花，也曾到哈密等地，商业规模逐渐扩大。

第三阶段，乾隆三十五年（1770）至高朴案发的乾隆四十三年（1778）。赵钧瑞于乾隆三十五年（1770）到叶尔羌，以后多在此地活动。就南疆八城的地理位置而论，阿克苏等六城分布在塔里木盆地北缘绿洲一线，背靠天山，南临沙漠。其中阿克苏位置居中，西有乌什、英吉沙尔、喀什噶尔，东有库车、喀喇沙尔，又扼守自南疆入伊犁的要道——穆素尔达坂（即冰岭），而叶尔羌与和阗两城则偏处塔里木盆地南缘，交通更为不便。赵钧瑞为什么离开地当要冲的阿克苏而亲身深入到叶尔羌并长期逗留此地呢？究其原委，是玉石贸易之利的驱使。

清朝平定天山南路后，将和阗及叶尔羌等地所产之玉定为岁贡之物，每年派人从河中打捞或入山开采，命官兵监督，作为国家管制之物，原本严禁私人出售。然而在当地主管此事的清朝官员随后提出，每年采玉数量甚大，不少玉石的成色或形状欠佳，不足以充作贡品，属于"废玉"，建议就地变价，卖给驻防官兵，以所得作为公项，用于对官兵的赏赉。此事最初见于乾隆二十八年（1763）叶尔羌参赞大臣额尔景额的奏请，获得朝廷允准。但是官兵的购买力有限，且若无商人介入，玉石不能作为商品进入流通，变价之事也难以有效实施。于是在乾隆三十五年（1770），经继任叶尔羌办事大臣期成额等人奏请，进而公开允许商人参与变价，购买玉石，对持有者一体发给照票，承认其为合法。此令一出，"废玉变价"的热潮随之兴起，各省商人趋之若鹜，赵钧瑞本人也是得知叶尔羌发卖玉石的消息后，认为有利可图，遂决定前往的。

玉石交易的利益何以如此吸引人？其中有两个至为关键的因素。第一，随着新疆纳入清朝版图，玉石作为商品，在内地省份拥有足够广大的市场，特别是在江南地区，已经形成了一个成熟的玉石加工销售体系，用以满足皇室、贵族及官宦等上流阶层对玉石的需求。乾隆皇帝本人对玉石的偏好，更是让玉石显得奇货可居，成为炙手可热的商品。第二，玉石不同于一般商品，有暴利可图。这是因为玉石变价时的定价有很大的任意性，在主管官员的控制下，人为操作的余地很大。商人低价格购进后转手高价售出，就能获取丰厚的回报。如赵钧瑞所说:"我是做买卖的人,希图赚钱,到叶尔羌后见买玉石的利息甚重,别人赚钱很多,我就陆续收买转卖,积得利多,本钱既重,买的玉也就多了。"①

赵钧瑞在供述中称,他最初贩卖玉石并不顺利。乾隆三十五年(1770)到叶尔羌后买下1 300多斤玉石,拿到肃州出售,因那里行情不好,以致赔本。乾隆三十七年(1772)赵钧瑞回叶尔羌躲债,被人在肃州告了官,有文书将其关回肃州,靠众亲友帮忙还清了账目,又给了他39头骆驼,赵钧瑞遂于当年六月到阿克苏驮了茶叶到叶尔羌,在叶尔羌开了一个饭铺,买了两所房子。乾隆四十年(1775),他在阿克苏买了货后仍回到叶尔羌。乾隆四十一年至乾隆四十二年(1776—1777),他又陆续买了一些玉石,约有4 000多斤,每斤一两或七八钱买进,在肃州以二两或三两售出,获得了一倍以上的利润。乾隆四十二年(1777)赵钧瑞到十三台迎接来叶尔羌赴任的高朴,因为自身有债务纠纷,欲寻求高朴的庇护,为此向高朴馈送了各种财物,并接受了高朴的要求,代其售玉。

赵的这番话是在接受审问时的供词,话里不无闪烁其词避重就轻之感,但从中仍能看到事实的梗概,即他在叶尔羌的事业虽不无挫折,但随着经营,正逐渐扩大;他一直在寻找贩玉获利的机会,并在乾隆四十一年(1776)、四十二年(1777)后开始有明显起色;他刻意结交官员,为自己寻找靠山,随着高朴的到任,两人之间的关系日益密切。在审讯过程中,还有更多的事实浮出水面。赵钧瑞贩玉获利的方式,远不止于自身买卖玉石一项,他还利用自己对当地的熟识,借助与高朴及当地伯克的关系,通过接受请托、说合买卖的办法来谋利。如他曾居间为叶尔羌人阿布都拉和内地商人傅德说合玉石买卖,在叶尔羌向阿布都拉讲定每斤价银12两,到阿克苏后向傅德讲定每斤价银14两,赵钧瑞则从这笔1 000斤的玉石生意中赚取了2 000两的回报。

经过20余年的经营,赵钧瑞在新疆开创出可观的局面,在家乡也置办起了一笔产业。据乾隆四十三年(1778)有关官员清查其资产后的奏报,赵钧瑞在新疆的"阿克苏、叶尔羌等处买有客店四座、饭铺一所、住房一所、骡

---

① 《乾隆朝惩办贪污档案选编》第一册,第715页。
② 《乾隆朝惩办贪污档案选编》第一册,第727页。

马十五头。又,阿克苏有骆驼七十头。肃州有出雇骆驼九十余只。"①赵钧瑞自己也供述,由于"积了银钱",陆续在叶尔羌置买客店3处、饭馆2处、庄子1处,同时在阿克苏有客店、饭馆3处,骆驼70头,肃州有骆驼90头。②他自己的供述与官方上报内容虽然细节上稍有不同,但资产数目大体吻合。在渭南县,家人用他寄回的钱置办房屋和田产,有旱地78亩,雇人耕种,由堂弟赵京图打理,住房24间,半系新修半系旧有。父亲赵进贵又在镇上新买店房1所,计房22间,收取租钱。③此外,案发当时他还有大量资金正用于商业运作,儿子赵世保从苏州购回的,价值上万两的绸缎瓷器杂货及茶叶等货物还在运回新疆的路上,留在南疆阿克苏、叶尔羌两地店铺内的现货及交人驮送的货物等估价折银也在数千两以上。④ 以上的资产数目,虽然与内地的富商大贾尚不能相比,但在小商小贩居多的新疆,已属不同凡响。

二、赵钧瑞的经商队伍

赵钧瑞在南疆的商业经营包括了客店、饭铺、杂货店等多项内容,分在阿克苏和叶尔羌两地,还拥有近两百头骡马和骆驼。他在南疆贩卖的杂货,既有从肃州进货的,还有直接购自江南苏州的。除了打理店面,为了实现货物的购进和销售,还需要在新疆和内地之间长途运输,这样的经营规模决定了他必须拥有相应的人手来协助配合。应该说,赵钧瑞的经商队伍很有特点,除了依靠家人、同乡,他还借助了内地穆斯林的关系网络。贸易往来中不可或缺的伙计、马夫、伙夫等,大都雇用了内地出身的回民,堪称一支回民商队。

首先,负责打理铺面、赴内地办货、回收欠账等涉及核心业务的是他的家人或亲友,如儿子赵世保、表弟蓝世洪、族弟(一说族叔)赵金海等人。从这个角度看,他的经营仍以个体家族为单位,没有形成商号,与同案的山西商人张銮背后曾有三义号作为支撑有所不同。

儿子赵世保,案发之年为26岁,如前所述,他是赵钧瑞在巴里坤抱养的

① 《乾隆朝惩办贪污档案选编》第一册,第676页。
② 《乾隆朝惩办贪污档案选编》第一册,第714—715页。
③ 赵家在渭南的资产详情见《军机处档折件》,第21443号附件。
④ 《乾隆朝惩办贪污档案选编》第一册,第851—852页。

养子。赵世保在渭南长大,乾隆三十七(1772)年到叶尔羌帮助其父打理业务,乾隆四十二年(1777)带玉石往肃州售卖并短暂回乡后再赴苏州办货及向其父的合伙人讨账,是赵钧瑞最重要的帮手。他于乾隆四十三年(1778)初在家乡成亲,之后前往苏州。妻子是同县蓝(兰)家村蓝(兰)兴山之妹。蓝(兰)赵两家有联姻的历史。①

渭南县回民蓝世洪为赵钧瑞表弟,他先至阿克苏,乾隆四十一年(1776)到叶尔羌,在店里帮忙。乾隆四十三年(1778),赵钧瑞因自己要回渭南老家并代高朴售卖玉石,将叶尔羌的货物等项暂交蓝世洪经管。赵钧瑞伏法后,叶尔羌的店铺货物都被查封入官,但蓝世洪并未立即回乡。据他供述,没有回乡的原因是缺少盘缠,不能回家,只好"向素识的买卖人央恳,赊欠些烟茶瓷器等物在叶尔羌等物买卖",一直滞留到乾隆四十七年(1782),这一年他29岁。②

赵金海本是肃州回民,曾在安西营吃匠粮,因和赵钧瑞父亲都是靴匠而在肃州相识,遂"联宗认亲"。联宗认亲本是内地汉族基于宗族观念的行为,久居内地的回民社会受其影响,也濡染了这种习俗。关于赵金海认亲后的辈分关系,各史料记载不一,总的来说,有两种说法,多数的他人供词称他为赵钧瑞之弟,赵进贵和继母吕氏也称他为侄子;但从他在供述时自报年龄67岁,系认赵进贵为兄,且赵世保称他为"族叔祖"来看,似乎后者更为合理。何以出现如此矛盾,目前尚无从判断。总之,由于认亲,赵金海被赵家视同亲族,赵世保请他和自己同往苏州讨债,自己从苏州带货上路后,仍留赵金海在苏州继续收账。

出于长途转运的需要,赵钧瑞使用最多的是车夫和驼夫。车夫赶骡马拉车,驼夫拉骆驼运货,这个行当也称车户或脚户。据史料记载,有下述人员在乾隆四十三年(1778)时正受雇于赵钧瑞。

马万龙,甘肃灵州回民,26岁,向来赶车度日。是年四月在叶尔羌受雇,从叶尔羌出发,六月到肃州,住了两个月后继续前行。

马万金,甘肃灵州回民,39岁,向来赶车度日。是年八月在肃州受雇,赶玉石车。据马万金说当时共雇了七辆车来拉玉石,车子做了一些伪装,

---

① 据《军机处档折件》第21443号附件蓝兴山、蓝同贵供词。
② 中国第一历史档案馆藏:《军机处满文月折档》,乾隆四十七年六月初四日。
③ 《乾隆朝惩办贪污档案选编》第一册,第722、917页。

"底下装的是玉石,上头是衣包皮箱"。

马士宾,即马守宾,28岁,甘肃靖远县回民(另一供词中作陕西泾阳县回民,似误,因为马士宾自供家在糜子滩,此为靖远县地名①),曾在口外拉骆驼度日,经马万龙介绍,是年六月受雇赶玉石车,八月二十二日从肃州出发,九月事发。②

赵七,31岁,陕西渭南县人,乾隆四十一年(1776)到肃州替人赶车,乾隆四十三年(1778)八月有"同姓不宗的赵乡约雇小的赶车","使着一辆口粮车,与马万金们同行"。③

以上车户四人,工银按月计算,每月三两。赵七是赵钧瑞的渭南同乡,是否回民未见明言,笔者推测其为回民。其余三人则均在供词中明确了自己的回民身份。对于这些从事运输业的人来说,肃州是内地商人进出新疆的必经要地,货物在此集散,物流活跃,商家众多,故很多车户集中在肃州揽活,根据雇主的需要或向东往内地各省,或向西进入新疆各地。马万龙说其之所以在叶尔羌受雇,是因为在上一年为高朴赶车来到当地,遂就地接活,可知他是往返于甘肃、叶尔羌之间的。马士宾则供称自己是在吐鲁番遇到了马万龙,因赵钧瑞车队中的一个赶车人患病,经马万龙介绍,由马士宾顶替,负责从肃州出发赶玉石车。④ 已有的很多研究都指出,中国西北地区的回民有从事运输业的传统,有贸易就有运输,"车户""脚户"是西北历史上特有的运输业者,也是一种以回民为主体的行业。⑤ 一般来说,车户和脚户还分大、小两种,大车户或大脚户自身拥有车辆或骡马驼只,小车户或小脚户多不具备生产资料,只是受雇赶车或拉驼。本文仅根据上述史料还无法

① 《乾隆朝惩办贪污档案选编》第一册,第680页供词记作陕西泾阳县,而第500页明确提到靖远县糜子滩马守宾家。
② 马万龙、马万金、马士宾三人,事见《军机处档折件》第21299号。亦见《乾隆朝惩办贪污档案选编》第一册,第679—680页。
③ 《军机处档折件》,第23070号。
④ 《军机处档折件》,第21200号附件。
⑤ 今永清二讲到清代回民的经济活动一般状况时列举了农业、商业、贸易、家畜业、屠宰业、皮毛制造业、运输业、矿业以及捕役、武人、兵役。他称与农业相关的回民职业是家畜业,又指出商业由于是边境贸易,必须依赖商队,在新疆及西北地区,回民商人的驼商队占重要地位。见今永清二:《中国回教史序说——その社会史の研究》,弘文堂1965年版,第12、14页。

准确判别几名受雇人的身份状况,但属于后者的可能性较大,特别是马士宾,时而拉骆驼,时而赶车,显然是只身受雇的雇工。

除了上述赶玉石车、口粮车的车户,赵钧瑞还提到他另外雇了四辆行李车,比玉石车先行,行李车的车户为马同良、马天有、马福、杨宾。途中马福生病,临时雇了郭才娃子替他赶车。从姓名和职业特征来看,他们也应是回民。还有一位放驼人马义贵,为甘肃固原州人,他于乾隆三十九年(1774)去阿克苏,受雇为赵钧瑞放骆驼,每月得身价银。前已提及赵钧瑞供认自己在阿克苏有70头骆驼,应即是由马义贵牧放的。赵钧瑞用这支驼队贩运货物,又在肃州养了90头骆驼出雇,阿克苏的骆驼"自己也用,也雇给客人驮脚"。①从这个意义上说,他本人既是商人也具有大脚户的身份。

清朝为防止内地商民在南疆与本地穆斯林居民有过多接触,进而引起摩擦,在乾隆三十一年(1766)对乌什事变进行善后时即明确规定"民人之居处宜别",并限定只许单身商民往来南疆,不得携眷,防止久住定居。赵钧瑞常年在南疆经商,身边没有女眷,出于宗教信仰和回民独特的生活习惯,为照料起居饮食,还雇佣回民厨师及一些杂工。目前可知姓名的如黄虎儿,为陕西长安县人,案发之年43岁,乾隆三十一年(1766)到肃州赶羊,乾隆三十五年(1770)往阿克苏开吃食铺,乾隆三十六年(1771)起,赵钧瑞雇他到叶尔羌做饭,每月给工钱一两。因为工钱不够用,黄虎儿两年后辞工,仍回到肃州放羊。赵世保一行前往苏州时,又雇他同行去苏州做饭。黄虎儿先后从事的赶羊、开吃食铺等职业,都是西北回民中常见的谋生手段。他受雇为赵家做饭,可以保证伙食的清真性质,由此也就不难理解为什么赵世保在前往苏州时要专门雇佣黄虎儿同行。又如余金宝(又写作佘金宝,或系录供者笔误),案发之年39岁,是赵钧瑞的渭南同乡,先在肃州开靴铺,乾隆三十五年(1770)回家娶亲,乾隆三十八年(1773)又到肃州,遇见赵钧瑞,遂替他赶车。乾隆四十二年(1777)因赵世保要回内地,赵钧瑞让余金宝同行照料,一行先到渭南,又到苏州,余金宝赶车并兼做伙计。②

类似例子还有白文海等人。白文海,乾隆四十七年(1782)时32岁,渭南县人。他于乾隆四十年(1775)到阿克苏后,因与赵钧瑞认识,"言定小的

---

① 《军机处档折件》,第21351号。
② 据《乾隆朝惩办贪污档案选编》第一册第895页称,因赵世保回陕西,让余金宝同行照料,黄虎儿随行炊煮。

服侍他佣工,后又跟随他在叶尔羌,仍然佣工,每月给我工价银二两"。笔者从上述关系推测白文海亦是回民。乾隆四十二年(1777)二月,赵钧瑞给他一些绸缎、瓷器、烟茶等物,共算了103两银子,让他去和阗做买卖。和阗没有铺面房,就在巴扎上摆摊子出售。据白文海供称,去和阗一事,是赵钧瑞看他"在跟前受苦出力"、"老实殷勤",所以给了一些货物,叫他做个生意,是赵钧瑞对他的笼络关照,"这就是他(指赵钧瑞)莫大的好处",①十分感恩。而在叶尔羌看守店铺的蓝世洪则认为这是赵钧瑞为将来在和阗的发展做铺垫,这项资本仍应看作赵氏的出资。和阗是新疆玉石的重要产地,乾隆四十二年(1777)正值玉石贸易兴盛之时,赵钧瑞叫白文海去和阗探路,以便将来向彼处发展,这于情理上看不无可能。但是如白文海所申辩,如果货物是赵氏交办,应见于账面,然而这些并未记入赵钧瑞的账册,故属于赵氏对他个人的施恩,也言之成理。正因未入账册,在高朴案发后的大清查中,白文海逃过了一劫,非但保全了自己,还得以借此在和阗做起小买卖,并稍有积蓄,自己的兄弟也前来投靠。乾隆四十七年(1782),他与同在和阗的弟弟白伏金一起回陕西渭南家乡娶亲,路过叶尔羌时被蓝世洪追讨资金。两人纠缠不休,事情闹到官府,查出白文海接受并私藏了赵钧瑞留下来的玉器,包括蓝世洪在内的相关人员均被捉拿拷问,财物入官,这场纠纷遂以当事人两败俱伤的结果而告终。

在赵钧瑞的经商活动中,他还注意结交南疆当地的伯克和做买卖的"回人"。赵金海曾将赵钧瑞的成功之道归结为"为人能干"、"与伯克们相好",以及"高大人待他有脸",②可谓切中关键。伯克是清朝在南疆各城任命的土著官吏,他们在驻扎大臣的监督下管理当地事务,在叶尔羌,玉石开采也由阿奇木伯克及其下属的伊什罕伯克负责,玉石交易过程中伯克们所处的重要地位是不言而喻的。

审讯赵钧瑞时,有如下一段问答颇能说明问题。③

又问:你怎么认得伯克鄂对、阿布都舒库尔,还有郭普尔,你怎样熟识的,一一供来。

又供:我因同是回教,从前时在叶尔羌过年,替他们拜节,就认

① 《军机处满文月折档》,乾隆四十七年六月初四日。
② 《乾隆朝惩办贪污档案选编》第一册,第722—723页。
③ 《乾隆朝惩办贪污档案选编》第一册,第678页。

得的。送他们些绸缎茶叶瓷器,是有的。他们也给我们些羊只面米柴油,此外更没别的东西。至郭普尔,因他在伯克要当我通事,我们到去,他替传话,所以熟识的。

供词中的鄂对是叶尔羌三品阿奇木伯克,早在清朝用兵伊犁之时就投诚归顺,一直深得当局重用,在叶尔羌的阿奇木伯克任上长达近20年。阿布都舒库尔为伊什罕伯克,地位次之,有协助阿奇木伯克之责。高朴到任后就与两人勾结,授意阿布都舒库尔征调3 000回众入密尔岱山开采,以期多得好玉用于私贩。赵钧瑞为了经商获利,也与他们走动频繁。值得关注的是,赵钧瑞与伯克们交往,不仅是一般的送礼拉拢,更利用了"同教"即同为伊斯兰信仰的身份特点,在回历过节时拜节问候,①增进彼此的亲近感,而这一点也得到了对方的认同。他甚至还"会回语"。阿布都舒库尔的属下在供词中称,赵钧瑞"与我同教,且会回语,在叶尔羌经商多年,阿布都舒库尔家用所有银两、普儿、缎布等物,皆取用于赵钧瑞之店铺,未见给伊银两"。将伊什罕伯克家的日用等物全部包揽下来,赵钧瑞用心经营的程度可见一斑。还值得玩味的是,关于赵钧瑞"会回语",他本人并未供认,而强调与伯克的交往主要通过充当通事的郭普尔来传话,这或许是他有意避过不提。因为清廷一直对内地民人与本地回人的来往十分戒备,赵钧瑞与伯克等熟悉到可以用"回语"沟通的地步,难免有违碍禁令之嫌,可能招致不必要的责罚。

三、赵钧瑞与内地商人的合作

如一些学者所指出,中国西北回民的经济活动,受伊斯兰教义和地域特点的影响,所从事的行业有集中于家畜业、屠宰业、皮毛制造业、运输业等数种的倾向,回民与汉族之间由于宗教信仰和社会伦理观念的差异,在经济活动中也存在一定的对立关系。但当双方之间存在需要共同追求的经济利益时,他们也会跨越穆斯林的范围,与非穆斯林人群相互合作,这尤其体现在

---

① 据《军机处档折件》第21352号,赵钧瑞自述乾隆四十三年返回内地途中路过肃州,九月初三正逢"回教过年",就在当地停住了几天。这说明回民商人即使在外经商,仍按习惯过回历节日。

② 《乾隆朝惩办贪污档案选编》第一册,第817页。

商业活动中,即所谓"宗教是宗教,买卖是买卖"①。赵钧瑞在新疆的经商活动,特别是他的贩玉活动,也体现了这样的特点。

笔者在其他论文中探讨过乾隆时期内地商人贩卖新疆玉石的方式,指出清代商业活动中"赊买"行为很普遍,在当时的新疆和西北省份,流行以玉石抵账以及合伙贩玉的做法。② 一方面,赵钧瑞由于较他人掌握更多的玉石来源,在逐玉热潮的大背景下居于有利地位,可谓"货源充足",这令其他内地商人羡慕不已;另一方面,玉石买卖需要巨额资本,特别是当成色好的大玉作为商品进入流通,必将成为大宗交易,动辄需银上万甚至数万两,这一点又与玉石的商品特性有关。我们知道,玉石的价格取决于多种因素,重量、成色、质地、形状等都直接影响玉石的价位。一般来说,碎小玉石质次价低,能卖出高价的玉石除了成色,还必须具有相应的大小和形状,以便雕琢加工,对玉石中的山料来说尤其如此。这就决定了商人们在找到买主之前轻易不会切割玉石,而力求整体出售。

基于上述原因,赵钧瑞也积极寻找贩玉的合伙人。通过其子赵世保等人的供述,至少可以看到四组合作事例。③

(1)赵钧瑞与苏州人高端五(又作高代五)及祝文相、直隶人在兰州住家的王时中(即王九)、陕西蒲城人王洪绪(即王二)、山西平阳府人牛四(即牛梅)、徽州人在苏州住家的朱锦玉(又作朱金玉、朱锦瑜)、西安人叶青(即叶五)等人合伙。赵世保供词中有"七人合伙"之语,其实因高端五拉祝文相入伙,总计八人。

这笔交易,赵钧瑞本人似乎并未出面,由陕西人在肃州住家的徐子建(即徐三)从中说合,在肃州徐子建的住处洽谈成交,故审问时其他人只供出徐子建,而不见赵钧瑞之名。赵世保称父亲赵钧瑞以玉作本,出银1万两,徐子建则交代是10 800两。④ 有关人员共带玉44块,分别在扬州和苏州售出后,照本分利。本银27 500两,卖得49 720两,除去杂费,净得48 950两,

----

① 今永清二:《中国回教史序说——その社会史的研究》,第15页。
② 华立:《清代新疆玉石交易中的商人与商路》,载《舆地、考古与史学新说:李孝聪教授荣休文集》,中华书局2012年版。
③ 《军机处档折件》,第21503号附件2。
④ 《军机处档折件》,第22428号。本件档案为乾隆四十四年一月三日审案记录,供单人名作"私贩玉石人犯徐玉",应为徐三之笔误。

按本银每100两分利78两。其中徐子建名下分利8 400余两,但他本人并未亲到苏州,银两由赵世保收去,用以置买绸缎等苏货。① 这足以说明徐子建并非真正出资人,而是代替赵家出面。关于徐子建与赵家的关系,审案初期,徐子建否认自己与赵家有雇佣关系,但到后来又承认自己给赵世保做伙计,"所有玉石都是向他赊来的"②。

(2)赵钧瑞与甘州人在肃州、阿克苏两处开市(又作世③)兴隆号杂货铺的魏良弼(即卫良弼④)及苏州人徐盛如合伙,各出银5 000两,共银15 000两,买了1 000多斤的玉石到苏州出售。据赵世保供述,这笔玉石系分批出手,先卖了一宗,得银6 000多两,他分得2 000多两;又卖一宗,得银16 000两,因买主分四季兑交,只收了春夏两季,分得2 600余两,尚有未收银8 000两。又将玉石做成器皿卖了一宗,得价银4 000两,分得1 330两,还有一部分做成而尚未卖出。⑤

(3)赵钧瑞与山西人张连各出银3 000两,共6 000两,买玉石300多斤,由张连带往苏州,出售后得银18 000两,扣除盘费400余两后平分,赵世保连本带利分得银8 800两。

张连,山西解州安邑县人,是在肃州开常顺魁号杂货铺的山西人李若楷的伙计。他拿茶叶、绸缎到阿克苏去出售时与赵钧瑞谈成这项生意。合伙虽系张连起意,但资本是李若楷的。张连把带去的货物作了3 000两本银,赵钧瑞也出3 000两本银伙买玉石,由张连带到苏州鲍万顺行里卖得八八兑色银18 000两。⑥

(4)赵钧瑞、魏良弼(卫良弼)、朱锦玉、张连(实则李若楷)四人合伙。这一次李若楷名下出本2 500两,赵钧瑞出本2 500两,魏良弼出本7 000两,朱锦玉出本9 000两,买了1 400斤玉石,由魏良弼、朱锦玉、赵世保带到苏州,卖得56 000多两。李若楷和赵世保名下合本利银算,都收了7

---

① 《乾隆朝惩办贪污档案选编》第一册,第708,756—757页。
② 《乾隆朝惩办贪污档案选编》第一册,第962页。
③ 《乾隆朝惩办贪污档案选编》第一册,第831页作"世兴隆号杂货铺"。
④ 《乾隆朝惩办贪污档案选编》第一册,第789—792页作卫良弼,自供甘肃张掖人。
⑤ 《乾隆朝惩办贪污档案选编》第一册,第836页;《军机处档折件》,第21560号。
⑥ 《乾隆朝惩办贪污档案选编》第一册,第888—889页。

500两。①

以上四组事例中的交易数字有些琐碎,且第二组中合伙人魏良弼的供述内容与赵世保存在矛盾,尚待今后继续细考。但透过赵钧瑞与合伙人的关系,我们不难看出当时在内地和新疆之间,存在着一个相当活跃的长程贸易网络。赵钧瑞的合伙人来自内地不同省份,既有原籍山西、陕西、甘肃等省、地理位置距新疆稍近的,也有原籍直隶,甚至远自江南的苏州、徽州者。其中如陕西人徐子建、王洪绪,山西人李若楷,离开原籍到肃州住家开店铺,并以此处为经营的立脚点;直隶人王时中寓居兰州,徽州人高端五寓居苏州又每每亲往肃州,出身西北的甘州人魏良弼领魏佳士(即魏元章)的资本,寄居江苏吴县的同时,又在肃州和阿克苏开有店铺。② 这一切凸显了清代商业活动范围的广阔和跨地域的性质,而他们的共同之处就是都不辞万里地奔波于这条连接新疆和内地的商路上。

乾隆四十三年(1778),赵钧瑞携带自身及高朴托售的玉石回到内地,因为在肃州无法按照高朴要求的价格出手,高朴的家人、侍卫常永于是提议一起前往苏州,遭到赵钧瑞的拒绝,赵钧瑞表示"如到苏州,我不能去",主张先到渭南自己家中,再想办法。此后他与常永分头行走,却在到家之前被捕。长期以来。赵钧瑞一直在肃州与新疆之间活动,从未亲自到过江南,那里不是他熟悉的经商环境,这也许就是他对前往苏州态度消极的原因。然而这并不意味着他的商路与江南无缘。我们看到,他正是通过儿子赵世保和同行的伙计等人,以及贩卖玉石的合伙人,借助合伙人在江南的商业关系,完成了从叶尔羌到扬州和苏州的玉石流通。赵世保还果断地将售玉所得货款购买了价值不菲的濮院绸、顾绣、茶叶以及其他江南杂货,运回销售。我们有理由相信,如果不是卷入高朴案,赵世保作为较父亲一代更年轻的回民商人,很可能将进一步拓展自己的商业活动,将新疆、西北和江南都纳入运作范围。然而随着高朴案发,一切都戛然而止。乾隆四十三年(1778)十二月,在首犯高朴问斩之后,赵钧瑞和同案的山西商人张銮被处绞刑,资产全数入官。③ 其他商人虽未获重刑,但财产被大量没收,也遭受到极其沉重的打击。

---

① 《乾隆朝惩办贪污档案选编》第一册,第888—889页。
② 魏良弼见《军机处档折件》第21743号,其他人见《军机处档折件》第21560号。
③ 赵钧瑞与同案的张銮于乾隆四十三年十二月被问绞。事见《乾隆朝惩办贪污档案选编》第一册,第714—715页。

四、结语

陕西渭南籍的赵钧瑞无疑是早期进入新疆而获得较大发展的内地回民商人的典型。迄今为止的研究中,虽然也有不少学者言及赵钧瑞,但大多是从与高朴案关联的角度出发,有些学者虽然从清代新疆商业或商人史的角度给以关注,也多是点到为止。正是鉴于这种情况,本文着眼于个案研究,通过对有关史料的进一步收集和细致研读,大体还原了赵钧瑞为首的回民商人群体的基本面貌。

笔者认为,赵钧瑞成功的原因之一是抓住了时代赋予的机会。赵钧瑞在少年时代随父亲寄寓肃州,那里当时是清朝与准噶尔对峙的前线城市。而后,随着清军战线的前移,他也步步紧随,从肃州到巴里坤再到喀喇沙尔,最后在南疆落脚,正式拓展和经营商业,可谓抢得先机。另一原因应是他个人的商业才干。从乾隆十二年(1747)起,前十年为赵钧瑞的肃州时代,虽尚未深入新疆,但对关外的种种情形应该有相当的了解;而后以南疆为主经营20余年,网罗家人亲友形成商业团队,逐步发展到杂货铺、饭庄、客店、运输等多业并举,可谓有魄力有才干。这个过程中,他除了自己一度充任乡约,更积极借助清朝驻扎大臣的权势,以官商联手的方式助推了自己的商业活动。此外,他以内地穆斯林的身份,与当地伯克交好,为在南疆经商创造了有利条件,这也是值得注意的重要特点。令人感叹的是,他与清朝驻扎大臣、伯克的结交营私,最终也成为罹祸的根源,造成他的覆灭。

总的来说,我们在清代史料里能够看到的进出于新疆各地的回民商人,多是小商小贩,小本经营,势力单薄,像赵钧瑞这样的事例,可谓凤毛麟角。在赵钧瑞之后,再未看到能与其匹敌的回民商人案例。是什么原因导致这一现象,笔者目前尚无从解释,今后将继续探求,希望有所发现。

个案研究最重要的基础和前提是充分占有具体资料。本文所依据的主要是档案文书,保留下来的记载数量不少,绝大多数属于审讯时的供词记录。作为史料,其优点在于当事人口述的原始资料直接而具体,其缺点亦较多。首先,笔录者的书写质量参差不齐,导致记录中的人名、地名互歧,一名多字。其次,涉案的人员多,又经过多次反复审讯,同一事件之供词彼此不统一,同一人之供词前后有出入,亦不少见。这当中除了记忆出错、口误外,还不排除因案情的利害关系而有人为的隐瞒或推诿,由此对史料甄别提出了很高要求。在本文的写作过程中,笔者经过仔细比对史料,得以澄清了以往的一部分误解,但仍有一些疑点未能解决,只能暂时存疑。

(原载《中国边疆史地研究》2019 年第 4 期)

地域社会篇

新疆的军府制度

新疆地处我国西北,居于欧亚大陆腹心,幅员广袤,具有重要的战略地位。自汉代以来,历代比较强大的中央政府都对这一地区加以经营。乾隆二十五年(1760),清政府完成对天山南北的统一后,在借鉴和吸取前代军政建置措施的基础上,建立起完整的军政合一的行政管理体制——军府制度。军府制度在组织结构上,以伊犁将军等各级驻扎大臣为主干,下辖民政、军事两套系统;在管理职能上,兼顾军事、政治、经济、财政、外交各个方面,形成了一套颇具特点的管理体制,成为清代边疆治理政策的重要组成部分。

一、清统一新疆与西北边陲战略地位的提高

一种行政管理体制的建立,离不开一定的政治社会环境。乾隆中期清政府完成对新疆的统一及随之而来加强巩固西北边陲的战略需要,是新疆军府制度得以建立的历史前提。

1644年,当清军从山海关外进入中原内地,新疆地区尚处在两大势力的割据之下,天山以北是以游牧为生的卫拉特蒙古四部,其中的准噶尔一支迅速崛起,称雄诸部;天山以南是察合台汗后裔建立的、以维吾尔族为主体的叶尔羌汗国。康熙初,噶尔丹夺得准噶尔部统治权后,加紧扩展本部势力,四出征伐,不仅越天山南下征服叶尔羌汗国,统有全疆,还屡次兴兵侵扰青海、西藏及漠北喀尔喀蒙古等地,甚至扬言欲举兵内入,"以图大事"[①],成为严重威胁统一多民族国家安定团结的强大割据势力。

为了维护国家的安定统一,清政府从康熙中期开始大力经营西北。对

---

① 《亲征平定朔漠方略》卷一七。

准噶尔部的统一战争于康熙二十九年(1690)起拉开序幕,历经三朝,费时数十载,终于在乾隆二十二年(1757)取得决定性胜利。次年清军乘胜入南疆作战,历时年余,平定大小和卓之乱。至此,清政府统一新疆、安定西陲的大业宣告完成。

完成对新疆的重新统一,是清代统一多民族国家发展史上最重大的成就之一,对清代西北边疆乃至全国的历史进程产生了深刻影响。众所周知,新疆自从隶入汉代版图,就是中国统一多民族国家不可分割的一部分。但用历史发展的眼光看,其与祖国的整体关系,客观上有一个从相对松散到日益紧密的渐进过程。清朝对新疆的统一,是在清前期统一多民族国家高度发展的历史条件下,以彻底剪除地方割据势力的方式而进行的,这不但最终结束了新疆地区自元明以来绵延数百年的分裂状态,造就了"拓疆万里,中外一统"的空前盛况,也使得清中央政府对这一偏远广袤地区实行全面直接管辖成为可能。同时,随着新疆与祖国整体关系的进一步密切,作为统一多民族国家的西北边陲,新疆也获得了较之前代更加重要的战略地位,在客观上向清政府提出了巩固统一成果、切实加强对这一地区的有效管理的重大课题。

对于统一后新疆的战略地位,可以从两个方面来认识。首先是新疆与国内全局的关系。清代统一多民族国家的发展,使得每个边疆局部都与全国大局息息相关。在这当中,新疆以其地理位置"东捍长城,北蔽蒙古,南连卫藏,西倚葱岭……居神州大陆之脊,势若高屋之建瓴"①,恰处在西部陆疆与北部陆疆的交结点上,格外显得举足轻重。统一前的历史已表明,清政府与准噶尔关系的每一变化,都会牵动西北、青藏乃至全国政局,引起连锁反应。统一完成后,新疆的形势动向、安危盛衰、取舍进退,不仅关系这一地区本身的发展,也更为直接地影响着周围各地区诸如漠南、漠北、青海、西藏、陕甘乃至中原内地的发展。正如左宗棠回顾乾隆以来西北历史所指出:"重新疆者所以保蒙古,保蒙古者所以卫京师,西北臂指相连,形势完整,自无隙可乘。若新疆不固,则蒙部不安,匪特陕甘山西各边时虞侵轶,防不胜防,即直北关山,亦将无晏眠之日。"②

其次,从国际环境看,统一后的新疆处在保卫国家安全、维护疆土完整的国防第一线。18世纪中叶,就世界范围而言,已进入资本主义时代,西方

---

① 钟广生:《新疆志稿》卷一《新疆建置志序》。
② 《左宗棠全集·奏稿》卷五〇。

殖民势力日谋东来。在当时的早期殖民势力中,尤以来自北方,与我国多处疆界毗连的沙皇俄国最具威胁。早在17世纪下半叶,沙俄就向我国东北和北部边疆发动扩张。遭到阻遏后又将侵略矛头指向新疆北部。为了"把卫拉特王公和执政者变为俄国的臣民……并把他们居住的地方变成俄国领土"①,沙俄一面派人到准噶尔部游说活动,一面侵入该部传统游牧地,构筑要塞,强征赋税,激起了准噶尔牧民的抵制和武装反抗。因此,当清政府完成统一新疆的任务,便不可避免地直接面对沙俄在西北边境咄咄逼人的扩张势头。乾隆二十五年(1760)以后,沙俄军队继续进入原准噶尔部属地,"造屋树栅",图谋侵占,②甚至企图通过新疆染指西藏。国防边境的严峻现实表明,沙俄的侵略意图与行径已构成对清朝国家安全和疆域完整的巨大威胁,"我同俄罗斯所有交界之处,俱应暗中警惕,加以防范","断不可轻忽"。③"北边万里,与俄罗斯为邻"的新疆首当其冲,成为国家的西北屏障和北门锁钥,"得之则足以屏卫中国,巩我藩篱,不得则关陇隘其封,河湟失其险,一举足而中原为之动摇"④。

从西北边陲的战略地位出发,清朝统治者对统一后新疆的善后和经营表现出极大的关切和重视。乾隆皇帝本人一再强调:"伊犁既归版章,久安善后之图要焉,已定者讵宜复失也!"⑤"一应事宜必期熟筹可久","为边圉久远之计"⑥。他要求各有关官员站在"西北塞防乃国家根本"的高度,不是一时一事,权宜措置,而是立足久远,妥善筹划,以切实可行之策确保中央政府在这一地区的全面有效治理。经过君臣上下的反复商讨,清廷最终决定采取政治上设官分职,军事上驻扎大军与经济上屯垦开发以边养边等措施。而政治和军事方面这一意图的具体实施,就是军府行政管理体制的建立。

清代新疆的军府行政管理体制,由以伊犁将军为首的各级军政长官及其辖下的民政、军事两套系统构成,建置上有一个逐步形成和完善的过程。

---

① 兹拉特金:《准噶尔汗国史(1635—1758)》,商务印书馆1980年版,第168页。
② 《清高宗实录》卷六九二,乾隆二十八年八月乙酉。
③ 中国第一历史档案馆藏:《满文月折档》。转引自《历史档案》1983年第3期,第87页。
④ 钟广生:《新疆志稿》卷一《新疆建置考序》。
⑤ 《平定准噶尔后勒铭伊犁碑文》,载《钦定皇舆西城图志》卷一二《疆域五》。
⑥ 《清高宗实录》卷五五五,乾隆二十三年正月丙午,卷六〇一,乾隆二十四年十一月甲戌。

(一)伊犁将军与各级军政大臣的设置

征讨达瓦齐之役结束时,乾隆皇帝对今后新疆的行政建制,曾设想沿用"众建以分其势"的做法,对天山北路的准噶尔地区,"就其四部,分封四汗",对天山南路维吾尔地区则命大小和卓统属旧部,基本精神是"以示羁縻而已"①。然而清军内撤不久,阿睦尔撒纳降而复叛,大小和卓乘机反清,新疆政局重新陷入混乱。这一事实使乾隆皇帝受到了巨大震动,意识到羁縻手段不利于维护来之不易的统一局面,用兵之后必须有强有力的政治、军事、经济措施作为后继和保障,因而很快放弃了分建的想法,将目光转向了设官驻兵的直接治理方式。

乾隆二十三年(1758),清廷酝酿善后方案,乾隆皇帝提出:"厄鲁特余贼既除,则回部亦易于平定,惟明岁驻兵屯田,最关紧要。"②"伊犁入我版图,控制辽阔,不得不驻兵降压……其驻防伊犁大臣,即兼理回部事务。"③表示了将采用军政合一管理体制的意向。乾隆二十五年(1760),鉴于已完成统一,陕甘总督杨应琚请求在新疆"设立文武大员,使分地驻扎",上谕批复:"伊犁及回部,非巴里坤、哈密内地可比,即须驻兵屯田,仍当以满洲将军大员驻守,非镇道绿营所能弹压。"④于此第一次明确做出了以将军大臣统辖全疆的决定。

经过近两年的积极准备,乾隆二十七年(1762)十月,清廷正式宣布在新疆设立总统伊犁等处将军(简称伊犁将军),明瑞被授为首任伊犁将军。是月乙巳日上谕云:"伊犁为新疆都会,现在驻兵屯田,自应设立将军,总管事务。昨已简用明瑞往膺其任,著授为总管伊犁等处将军,所有敕印旗牌,该部照例颁给。"⑤

伊犁将军即为清政府在新疆的最高军事、行政长官,驻节伊犁惠远城,代表清廷总揽全疆各项军政事务。伊犁将军之下,设都统、参赞大臣、办事大臣、领队大臣等职,分驻天山南北各地,管理本地军政事务。各级军政长

---

① 《清高宗实录》卷五四八,乾隆二十二年十月辛酉。
② 《清高宗实录》卷五六〇,乾隆二十三年四月己未。
③ 《清高宗实录》卷五七〇,乾隆二十三年九月戊戌。
④ 《清高宗实录》卷六一〇,乾隆二十五年四月己丑。
⑤ 《清高宗实录》卷六七二,乾隆二十七年十月乙巳。

官的分布,根据形势和治理需要,在不同时期有所变化。

乾隆二十七年(1762)以前,随着大军的进驻,不少地方已有清朝官员驻城理事。喀什噶尔参赞大臣,阿克苏、叶尔羌、和阗、库车、喀喇沙尔、乌鲁木齐、哈密、辟展的办事大臣均初设于此期间。伊犁在设将军前也驻有办事大臣。伊犁将军设立后,以上各职也相应变为军府体制的正式建置,并不断有所调整和增补。乾隆二十七年(1762)十一月,清廷在伊犁设参赞大臣、领队大臣,协同将军办事。次年正月,喀什噶尔参赞大臣受命"总理回疆事务"。乾隆三十年(1765),设塔尔巴哈台参赞大臣、领队大臣各一员。同年二月,南疆乌什发生维吾尔族民众起义,事定即移喀什噶尔参赞大臣至乌什,喀什噶尔改设办事、协办大臣,又分设英吉沙尔领队大臣一员。乾隆三十七年(1772),乌鲁木齐由办事大臣改设参赞大臣,一年后以其"所属地方宽阔,而距伊犁遥远,兵民辐辏,应办事件甚繁"①,由参赞大臣改为都统一员,听伊犁将军节制。后于库尔喀喇乌苏、巴里坤、古城各设领队大臣一员。乾隆四十四年(1779),诏裁辟展办事大臣,改为领队大臣,移驻吐鲁番。乾隆五十二年(1787),清廷将参赞大臣从乌什移回喀什噶尔,改乌什为办事大臣。经过上述变动,到乾隆末年,全疆军政大臣的建置基本定型,其结构层次如图1所示。

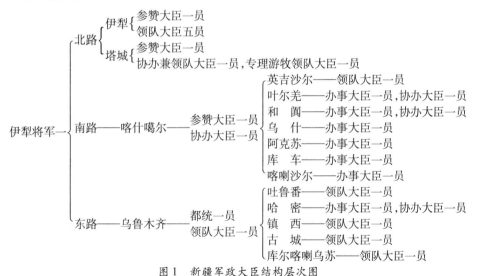

图1 新疆军政大臣结构层次图

① 《清高宗实录》卷九三五,乾隆三十八年五月丁丑。
② 据《钦定新疆识略》卷二至卷五编制。

由图1不难看出全疆各级军政大臣的建置原则:①视地方之冲要繁难程度,分别派驻不同级别的军政官员,战略要区委以都统、参赞大臣,其余各城,大者派驻办事大臣,以协办大臣为其辅佐,小者派驻领队大臣。②各级大臣层层钤制,递相统属,使统治网络达于全疆而总于伊犁将军。③新疆地域辽阔,为减少不便,将全疆划分为三大地理单元,北路伊塔地区归将军直辖,南路八城和东路乌鲁木齐地区(北疆库尔喀喇乌苏以东,南疆吐鲁番、哈密以北)由喀什噶尔参赞大臣和乌鲁木齐都统分别综理,听伊犁将军节制。④官员配置北重南轻,军政重心放在北疆。

伊犁将军和各城大臣俱建衙署,各有属员。将军衙署又称伊犁将军府,内设印房、粮饷、驼马、营务、功过五处。印房司官两员,笔帖式两员;粮饷处司官两员,笔帖式一员;驼马处司官、笔帖式各一员;营务、功过两处"无额设司官,酌派侍卫、章京暨满营协领"等综理,①委署笔帖式一或两人不等。其余都统、参赞大臣、办事大臣辖下,治北疆者设印房及粮饷、驼马、营务等处章京、笔帖式若干人,治南疆者设印房、回务处、经收处章京、粮饷同知或章京及笔帖式若干人。

(二)军政长官辖下的三种民政系统

各城驻扎大臣管辖地方而不直接理民,为了具体办理地方事务,清政府针对新疆的地方、民族特点,因俗施治,因地制宜,在军政长官辖下,分别建立起三种不同的民政管理系统。

1. 州县制度

州县制度主要施行于北疆各地及南疆东部内地民人移居较多的地区。天山北路原系卫拉特蒙古游牧之区,统一战争中,原居此地的蒙古部众或散或亡,北疆千里空虚,罕有人烟。统一后,内地民户在清政府的号召下源源而来,大量定居于乌鲁木齐为中心的东路地区,以及南疆的哈密、吐鲁番等处,故当地民政系统采取了与内地相同的州县制度。

建置之初,由于民人稀少,体制简陋,清廷仅派驻同知、通判、巡检等辅佐性质的文员。乾隆二十四年(1759),清廷首先在最靠近内地的巴里坤、哈密设立文员,前者以安西同知移驻,后者由靖逆通判移置。② 次年初,乌鲁木

---

① 参见《钦定皇舆西域图志》卷二九《官制一》;格琫额:《伊江汇览·官制》。
② 《清高宗实录》卷五九三,乾隆二十四年七月丁丑。

齐仿哈密、巴里坤之例设同知、通判、仓大使各一员,另以巡检两员分驻昌吉、罗克伦,统听哈密兵备道管辖。① 是年十月,巴里坤、哈密被定为直隶厅,有关事宜均照内地办理。随着屯民、移民的增加,建置自东向西推进。乾隆二十八年(1763),清廷向特讷格尔(即阜康)、呼图毕(即呼图壁)派驻巡检,乾隆二十九年(1764),在伊犁设理事同知,惠远、绥定两城添设巡检,兼理典史、仓大使事,并在奇台、东吉尔玛太先后设立经历、同知、巡检诸职。至此,设立州县的条件基本成熟。乾隆三十八年(1773),清廷于巴里坤置镇西府,改设知府,附府建宜禾县,改乌鲁木齐为迪化州,置昌吉县,均归镇西府管辖。不久,清廷将巴里坤道移驻乌鲁木齐巩宁城,设镇迪道,升迪化为直隶州,领昌吉、阜康、绥来(即玛纳斯)三县,设呼图壁巡检一、济木萨县丞一;以镇西府领宜禾、奇台二县;设吐鲁番、哈密二厅;又设库尔喀喇乌苏、精河、喀喇巴尔噶逊粮员各一。北疆州县体制至此大备。

清政府对镇迪道及其所属州县采取双重归属体制,一方面在建置上就近划入甘肃省,令陕甘总督辖制,另一方面在行政上归乌鲁木齐都统管理。乾隆三十八年(1773)改设府州时,上谕即要求"一应事宜,该督会同巴里坤、乌鲁木齐办事大臣详细议奏"②。乾隆四十年(1775),清廷进一步申明,"乌鲁木齐所属地方命盗钱谷一切案件,由该道转呈都统办理"③,更加重了都统的管理事权。

2. 伯克制度

伯克制为新疆维吾尔社会固有的政治制度。伯克一词的本意为首领,初指军事长官,后渐不区分,统称地方长官为"伯克"。清朝统一天山南北后,对南疆各城和北疆伊犁的维吾尔聚居区因俗而治,在沿用其制的同时加以改造,使之成为清政府在当地的一种地方官制。

乾隆二十三年(1758),统一战争尚在进行,乾隆皇帝即想到一旦南疆平定,"仍循其旧制,各城分设头目,统于驻扎伊犁之将军"④。次年初,参赞大臣舒赫德将调查所得的"和阗等六城大小伯克职名、户口、粮石、牲只开单呈

---

① 《清高宗实录》卷六一二,乾隆二十五年五月丙午。
② 《清高宗实录》卷九二六,乾隆三十八年二月癸亥。
③ 和宁:《三州辑略》卷二《官制门》。
④ 《清高宗实录》卷五七一,乾隆二十三年九月丙午。

报"①。而后定边将军兆惠详细开列了喀什噶尔地区的15种伯克职名及职掌分工:"查回部头目曰阿奇木,总理一城,曰伊沙噶,协办阿奇木事;曰商伯克,管理租赋;曰哈子,管理刑名;曰密喇卜,管理水利;曰讷克布,管理匠役;曰帕察沙布,查拿盗贼;曰茂特色布,承办经教,曰木特洼里,管理田宅;曰都管,管理馆驿;曰巴济格尔,管理税课;曰阿尔巴布,派差催科;曰市珲,协办都管事,曰巴克迈塔尔,专管园林,曰明伯克,其职如千总。"②随着调查的进行,清政府在南疆31个城镇地区先后任命了大小260余名各级伯克,"各取其名,各司其事"。据《钦定皇舆西域图志》《西域同文志》《回疆志》(又名《新疆回部志》)等书记载,被保留下来的伯克职名约有35种,而上面列出的15种为主要伯克,被普遍任命使用。

清政府虽然沿用伯克制度,但并非原封不动地承袭。为了加强中央集权,减少乃至消除可能产生的离心倾向,清政府采取了一系列措施。首先,废除伯克世袭,由朝廷任免升调。乾隆二十四年(1759)定:"办事之阿奇木等员,亦应如各省大臣之例,遇缺补授,或缘事革退,则开缺另补。……即阿奇木等缺出,亦拣选贤员,或以伊什罕升补,不准世袭。"③第二,选任标准强调对清政府的效忠态度,"于归顺人内择其有功而可信者,授以职任"④。统一过程中立有军功,受封爵秩者优先。第三,实行回避制度。高、中级伯克回避本城,下级伯克回避本庄。⑤ 第四,制定品级,颁发印记。伯克品级自三品至七品不等,其中喀什噶尔、叶尔羌、和阗、阿克苏、库车、沙雅尔、轮台、库尔勒及伊犁等九处的阿奇木伯克为三品级别,其余小城及附城村镇阿奇木伯克为四品至六品,阿奇木以下伯克品秩依次递减。伯克按品级享受规定数量的养廉地、燕齐农民(种地人)和养廉银。第五,各城伯克均统于当地驻扎大臣,各城大臣有权监督、过问乃至直接参与民政事务,决定伯克的升迁黜陟。经过一系列改造,伯克在身份上发生了重大变化,从原来的贵族官僚逐渐转化为清政府的地方官吏。

3. 札萨克制度

这是清政府在漠南漠北蒙古各部广泛实行的一种行政管理体制。蒙古

---

① 《清高宗实录》卷五七八,乾隆二十四年正月丁酉。
② 《平定准噶尔方略正编》卷七五,乾隆二十四年七月庚午。
③ 《清高宗实录》卷五九七,乾隆二十四年九月甲戌。
④ 《清高宗实录》卷五七〇,乾隆二十三年九月戊戌。
⑤ 《清宣宗实录》卷一三八,道光八年七月辛丑;那彦成:《那文毅公奏议》卷七八。

部众编旗设佐,每旗设札萨克一人亦即旗长,一旗或数旗合为一盟,设立盟长。札萨克可以世袭,对所辖本部事务有比较充分的自主权,但必须经过清廷任命,并服从理藩院的各项政令。这种体制比较适合游牧部落的社会特点,故统一后被运用于新疆的卫拉特蒙古游牧部落。

乾隆三十六年(1771),土尔扈特部在首领渥巴锡、舍楞的率领下,偕和硕特一部从伏尔加河远徙归来。诏命渥巴锡所部设十札萨克,旋分乌讷恩素珠克图南北东西路四盟十旗,称旧土尔扈特;命舍楞所部设二札萨克,建青色特奇勒图一盟二旗,称新土尔扈特;随渥巴锡归来的和硕特恭格所部设三札萨克,建巴图色特奇勒图中路盟三旗。旧土尔扈特十旗及和硕特恭格部三旗游牧于喀喇沙尔、和博克萨里、库尔喀喇乌苏、精河等地,隶当地大臣兼辖,归伊犁将军节制。新土尔扈特部二旗游牧于科布多,与早年投归清廷,编旗设佐,后徙牧乌兰古木的杜尔伯特部赛音济雅哈图左右翼二盟十六旗均归科布多大臣管辖。

作为农业地区的哈密、吐鲁番也曾实行这一制度。康熙三十六年(1697),清廷封哈密回王额贝都拉为札萨克一等达尔汗,并编旗队。雍正十年(1732),清廷封吐鲁番回王额敏和卓为札萨克辅国公,编制旗队,下设管旗章京、佐领等官。① 乾隆以后,仍而未改。不过,与游牧部落的札萨克相比,哈密、吐鲁番札萨克的册封,不是源于当地社会组织的历史和现状,而是基于这两处封建主率先投附清廷的政治态度,因而带有较多的褒奖色彩。

(三)军政长官辖下的军事驻防系统

在建立、完善民政管理制度的同时,清政府从镇边守土的角度出发,陆续从全国各地大批抽调满洲、蒙古八旗及绿营兵丁进疆驻守。驻军分为携眷永成的驻防兵和定期更代的换防兵,配置于天山南北,由各处军政大臣统率而总辖于伊犁将军,形成庞大有序的军事管理系统。在武职营官及兵额的分配上,北路伊犁最重,东路乌鲁木齐次之,南路八城又次之。

1. 伊犁—塔尔巴哈台地区

统一之初伊犁所驻八旗兵,或系西征大军凯旋时的留守部队,或系内地遣往新疆换防之兵。乾隆二十七年(1762)十二月,清廷认为伊犁既已设立将军总经全局,需驻重兵,"与其三年一次派兵更番戍守",不如"携眷迁移,

---

① 和宁:《回疆通志》卷二、卷三。

较为省便"，①遂决定移驻各地满洲、蒙古八旗眷兵，令其永远戍守。乾隆二十九年（1764），甘肃凉州、庄浪旧驻满蒙官兵3 200余名举家迁徙，编为三队，分三年前往。同年，清廷选黑龙江索伦、达呼尔及张家口外察哈尔兵各1 000户移往伊犁。乾隆三十年（1765），清廷拨盛京锡伯兵、热河满洲兵各1 000户，热河达什达瓦厄鲁特兵500户移驻。乾隆三十五年（1770），再移驻西安满蒙眷兵2 200余名，又陆续收容卫拉特人众编旗。至乾隆三十六年（1771），伊犁共移到八旗官兵11 000余名②，建立惠远、惠宁城两满营及锡伯、索伦（含达呼尔）、察哈尔、厄鲁特四营。据稍晚的《西陲总统事略》记载，六营额设官兵情况如下：惠远城满营设协领8员，佐领、防御、骁骑校各40员，官兵4 770员名，惠宁城满营设协领4员，佐领至骁骑校各16员，官兵1 870员名。锡伯、索伦营各设总管1员，副总管1员，佐领、骁骑校各8员，官兵1 024员名，察哈尔营分左右翼，每翼总管、副总管各1员，佐领、骁骑校各8员，官兵1 844员名；厄鲁特营左翼为上三旗右翼为下五旗，亦各设总管、副总管1员，佐领、骁骑校员额6—10名不等，合计披甲2 700余名。除惠远城满营与将军、参赞大臣同城驻扎，不设领队外，其余五营各统以专辖之领队大臣。③

伊犁绿营官兵由陕甘两省各标派出，自乾隆二十五年（1760）陆续调拨，"驻守开屯，按期更换"，更代年限先定三年，后改五年。乾隆四十三年（1778），将军伊勒图以往返更代"徒滋繁扰"，奏准携眷永驻。④次年，绿营官兵3 098人由陕甘携眷移驻，设立伊犁镇标，以总兵官1员统辖本标左、中、右三营及霍尔果斯、巴彦岱、塔勒奇诸分防营，建绥定、广仁、瞻德、拱宸、熙春、塔勒奇六城分驻，各营领以参将、游击、都司、守备诸官不等，听乌鲁木齐提督并伊犁将军节制。

塔尔巴哈台"地居北境，边防较重"，乾隆二十九年（1764），奉命设雅尔参赞大臣，由乌鲁木齐率绿营兵600名屯种筑城并派兵驻扎防守。乾隆三十一年（1766），因雅尔冬季雪大，将城址移至山阳面的楚呼尔即今塔尔巴哈台，同时派驻换防兵。八旗兵自伊犁派出，"设营总委署参领、佐领、骁骑校

---

① 《清高宗实录》卷六七七，乾隆二十七年十二月甲寅。
② 据《清朝文献通考》卷一九一《兵考十三》统计。
③ 祁韵士：《西陲总统事略》卷四《官制兵额》。
④ 《清高宗实录》卷一〇五六，乾隆四十三年五月戊辰。

等员分辖之,以次换班"①。满营兵700名,锡伯兵100名,两年一换,每年换一半;索伦兵100名,察哈尔、厄鲁特兵各150名,每年一换。绿营官兵800名由甘肃派拨,五年一换,设副将或参将衔总理屯务官1员,游击、都司或守备衔协理屯务兼管城守营官1员统带。

2. 乌鲁木齐—巴里坤地区

乌鲁木齐于乾隆二十六年(1761)开始驻扎满洲八旗兵,初仅200名,次年增察哈尔兵200名,索伦兵100名,旋又调往塔尔巴哈台,至乾隆三十七年(1772)才大量移驻。是年,甘肃凉州、庄浪满蒙兵3 000名携眷移驻乌鲁木齐,建立本城满营,设协领6员,佐领以下至骁骑校各24员。同年议定自西安、宁夏两处驻防各裁拨1 000名驻巴里坤,后因巴里坤兵粮转运困难,仅移驻西安满兵1 000名,另以宁夏兵1 000名分拨古城,建立满营,各设协领2员,佐领以下至骁骑校各8员。②

乌鲁木齐为全疆绿营官兵最集中之地区。初曾实行换防,乾隆二十七年(1762)起逐步改为携眷永驻,由安西提标所属甘州、凉州、河州、延绥、宁夏、兴汉、西宁、固原等营移徙前来。初时定制,以提督1员驻巴里坤,总兵1员驻乌鲁木齐,乾隆二十九年(1764),移提督驻治乌鲁木齐,以总兵驻巴里坤,体制遂定。提督辖乌鲁木齐提标中、左、右三营,迪化、巩宁两城守营及济木萨、喀喇巴尔噶逊、玛纳斯、库尔喀喇乌苏、精河诸营,官兵总计6 600余员名。巴里坤镇总兵统辖本标中、左、右三营及巴里坤城守营、哈密协营、古城营和木垒营,官兵3 800余人,听提督节制。③

吐鲁番也在天山之南,但靠近东部甘肃,为内地通往南疆之门户,军事体系隶属北疆乌鲁木齐。乾隆四十四年(1779),清廷改辟展办事大臣为吐鲁番领队大臣,于此地设立满营,设协领2员,佐领、防御、骁骑校各4员,官兵578人,由乌鲁木齐定期换防。绿营由陕甘派出换防,内防兵330名,屯兵700名,各统以都司、守备,官兵合计1 000余员名。

3. 南疆八城地区

清政府在南疆八城一律派驻换防兵,八旗及绿营兵均少于北疆,究其原因主要有以下两个方面:一方面,清政府从南疆的社会、民族特点出发,力求

① 《清朝文献通考》卷一九一《兵考十三》。
② 《钦定新疆识略》卷二《北路舆图》。
③ 《清朝文献通考》卷一八八《兵考十》。

减轻当地维吾尔民众的财政负担,安定社会;另一方面,因担心携眷驻扎会引起不同民族"交涉生事",危及清政府在这一地区的统治,故有意加以防范隔离。南疆换防八旗兵全部来自北疆,调出地有伊犁、乌鲁木齐、巴里坤、古城,偶尔亦调自吐鲁番。换防绿营兵主要来自陕甘各营,少量来自乌鲁木齐。

驻兵之初,清政府以阿克苏为"回部适中之地",喀什噶尔、叶尔羌为"回部诸城之冠",英吉沙尔"境属边圉,外藩邻接",于这四城兼设满营、绿营,分兵防守,其余各城只酌留绿营,以求捍卫。乾隆三十年(1765)平定乌什事变后,阿克苏满营防兵大部移驻乌什。各城满营统以协领、佐领、防御,绿营统以副将、参将、游击、都司,而"总以将军大臣兼辖"①。兵力配备情况如下:喀什噶尔满蒙八旗及索伦、锡伯营兵 643 名,绿营兵 641 名;叶尔羌满营兵 210 名,绿营兵 702 名;乌什满营兵 151 名,绿营兵 796 名;阿克苏满营兵 68 名,绿营兵 714 名;英吉沙尔满营兵 81 名,绿营兵 205 名;喀喇沙尔绿营兵 620 名;库车绿营兵 320 名;和阗绿营兵 228 名。②

二、军府制度的主要职能

作为军政合一的全疆行政管理体制,军府制度的职能包括军务与民政两大部分。其施政内容涉及新疆的政治、军事、经济、财政、人事、司法、外交各个方面,全面代表清中央政府在这一地区行使治理职权。从施政方式看,军事事务多由各军政大臣直接掌管,民政事务则在军政大臣主持或监督下,交由各地民政官员进行办理。其主要职能大体如下:

(一)统率驻军,保持武备

清政府多次强调,新疆地处极边,驻有重兵,为了镇守地方,防范外敌,必须健全军营体制。统率驻军、整饬营伍以保持强大的边防武备,是以伊犁将军为首的各级军政长官的重要职责。

乾隆二十七年(1762),清廷宣布设立伊犁将军之初,军机大臣即议拟了将军的统军职权:"(伊犁)奉旨设立将军,一切管辖地方,调遣官兵,自应酌

① 《钦定皇舆西域图志》卷三一《兵防》。
② 据《钦定新疆识略》卷三统计,兵数中含营官人数。

定成规。臣等谨议,凡乌鲁木齐、巴里坤所有满洲、索伦、察哈尔、绿旗官兵,应听将军总统调遣,至回部,与伊犁相通,自叶尔羌、喀什噶尔至哈密等处驻扎官兵,亦归将军兼辖。"①稍后,《钦定皇舆西域图志》则更为明确地规定:总统伊犁将军"统辖天山南北各新疆地方驻防官兵调遣事务",以下各级军政大臣,或总理本地满洲、绿营事务,或分统驻防各营事务。

所谓"总统调遣",首先是对全疆驻兵事宜的筹划部署。乾隆二十五年(1760),驻扎各城的军政官员奉旨商议驻兵大计。伊犁将军设立后,即遵照清廷重点驻兵、以北制南的设想,全力从事大规模的官兵移驻工作。在这一过程中,伊犁将军不仅要就官兵的驻扎地点、驻守方式、兵额多寡、移驻进度及营制组合等事项咨商各地大臣奏定办理,还具体负责移到官兵的接收安置,筹建城垣营房,筹措兵粮军饷,确保驻兵格局的尽快形成。大规模移驻活动完成后,调遣事务转向换防兵丁的定期更代和已有驻兵的随时调整。按照规定,每届换防之期,北疆派出官兵由将军、都统通知所属,及时更代,陕甘绿营兵丁由将军大臣行文知会陕甘总督照例办理。根据新疆屯种、筑城等项工作的需要,主管大臣有权奏明朝廷,部分更换兵丁或推迟换防时间,以免影响边疆兵员和执行任务的能力。至于各地兵额增减,"令将军大臣等随时较量情形,酌加变通"②。如果发生突然事变,各地大臣及伊犁将军要率兵征讨。如乾隆三十年(1765),乌什民众起义,阿克苏办事大臣卞塔海即领兵镇压,伊犁将军明瑞随后调集各城人马驰援。几年后,北疆昌吉发生遣犯暴动,又由伊犁将军飞檄北疆兵马会剿,以维护清政府在新疆的统治秩序。

操练营伍以保持武备,是军营事务的重要内容。清政府认为:"伊犁为边疆重地,训练一事最属要务。虽驻防之八旗……并屯镇绿营官兵,皆国家劲旅,操演务臻纯熟,纪律端贵严明。"③因此要求将军大臣从严治军。乾隆三十八年(1773),清廷因将军伊勒图操演不力,专门降旨申饬,并指示将军选择谙练之领队大臣悉心训练,"不可虚套塞责"④,只有训练讲习,"实力整

---

① 《清高宗实录》卷六七三,乾隆二十七年十月壬子。
② 《钦定皇舆西域图志》卷三一《兵防》。
③ 祁韵士:《西陲总统事略》卷六《训练》。
④ 《清高宗实录》卷九四三,乾隆三十八年九月甲戌。

顿,方为无忝厥职"。① 此后演练体制渐备,除领队大臣督饬各营日常操演外,将军亦"随时亲赴教场阅看",每年八月、十月,将军还会亲自带领外出演围,查阅军械。嘉庆初,松筠就任伊犁将军后,又增加阵法演练项目,"且进马步甲于前,亲为指示"②。乌鲁木齐以东各绿营的操练,原定陕甘总督轮年查阅,自乾隆四十四年(1779)起改为乌鲁木齐都统就近查阅,随时督饬。③

军营的日常管理工作,由将军衙署各机构分工进行。营务处管边防卡伦、官兵出缺挑补及将军阅操事宜;印房负责日常事件的处理及折奏文报往来稿案;功过处专管八旗官员的功过登记;粮饷处掌钱粮俸饷的支发与造册报销;驼马处管理牧厂牲畜及官兵口食牲只;满营档房总司八旗官兵一切事务。通过这样一套严谨有序的办事机构,将军的统军职能深入日常营务的各个方面,这对整饬营伍、管辖全军发挥了积极作用。

(二) 考察官吏,定其升迁

考核官吏,奖优惩劣,定其升迁,是军府职能在行政人事管理上的表现。清政府规定,除将军、都统、参赞大臣等职由皇帝特旨简放,其他新疆官员包括一般武职、文员、佐杂人等以及各城伯克,其升迁黜陟、奖惩待遇,均经过驻扎大臣查明奏请,以整饬吏治"用昭劝激"。依据官员的不同类别,具体方式有所不同。

武职官员一般由主管大臣直接派放。如八旗驻防人员,在按旗按翼验看技艺拣选后,即由本处大臣奏明补放。非合旗移驻之处,先于应放之人内酌量拣选,造册移送伊犁将军,拟定正陪,再会同各该大臣,奏请补放。④ 乾隆三十七年(1772)又定,凡武职拣放,翼长、章京咨参赞大臣指放,前锋校、骁骑校、催总由领队大臣拣放,于年终汇奏。⑤ 管理台站、屯田、牧厂之绿营各官,或由陕甘原营派出,或由伊犁将军调拨,遇有缺出,都司以上官员送京引见,守备以下将军、都统定其补放。

---

① 《清高宗实录》卷九九一,乾隆四十年九月癸酉。
② 祁韵士:《西陲总统事略》卷六《训练》。
③ 《清高宗实录》卷一〇八〇,乾隆四十四年四月丙寅。
④ 《清高宗实录》卷六九二,乾隆二十八年八月癸巳。
⑤ 《清高宗实录》卷九一三,乾隆三十七年七月辛亥。

文职官员的情况比较复杂。将军大臣衙门所属司官、笔帖式,多系自京调任,三年期满,例由各该大臣保举议叙;后又进一步定为三年期满,该处大臣出具考语,送部引见,按缺升用。北疆道府州县各官,因其体制上的双重归属,由陕甘总督或乌鲁木齐都统提名,相互会商办理。凡任满三年者,"秉公甄别,才能出众,办事奋勉之员,请照差员之例,出具考语,具折保奏,于伊等应升之缺即行升用,如系循分供职者,仍照原议五年俸满之例办理"①。乾隆四十年(1775)以后,乌鲁木齐地方官员升迁调补,多由都统提名办理,但仍须按例与陕甘总督会同具奏。

南疆各城驻扎大臣对各级伯克的考选任免起重要作用。为了将伯克改造为类同内地的地方官,将其置于清政府的有效控驭之下,清廷责成各城大臣掌管伯克的任用黜陟。由于各级伯克人数众多,乾隆二十七年(1762)规定,凡伯克升迁降革,"五品以上著各该大臣专折具奏,六品以下,著年终汇奏"②。之后又对这一规定加以补充完善:南疆三品至五品伯克缺出,由参赞大臣拟定正副候选人员,奏请皇帝定夺,六品以下伯克,各城大臣提名,呈报参赞大臣咨部补授,按季造册,咨报理藩院,于年终汇题。③ 对于伯克人选,强调政治标准,要求大臣就应调应升人员出具考语,说明有无才干、劳绩及世袭爵秩,"开注谁优",以便皇帝选择。由于遴选之权关系重大,清政府要求各城大臣恪尽职守,"若将不肖之人瞻徇妄保,日久滋事,较内地妄保府道者,加倍治罪"④。

(三) 屯田置牧,组织生产

在新疆大规模地设官驻兵以加强政治上的治理,必须有相应的物质基础。所谓"筹边之策,将使兵食兼足,舍屯政无由",只有发展农业生产,就地筹措数额庞大的军粮兵糈才有保证。为此,当善后问题提上日程,乾隆皇帝即谕示新疆官员"武定功成,农政宜举","驻兵屯田,最关紧要",并将"广辟

---

① 台北故宫博物院藏:《宫中档》,乾隆二十九年十一月廿二日杨应琚奏。转引自罗运治:《清高宗统治新疆政策的探讨》,台北里仁书局1983年版,第150页。
② 《清高宗实录》卷六五七,乾隆二十七年三月癸亥。
③ 《钦定回疆则例》卷二。
④ 《清高宗实录》卷一一一〇,乾隆四十五年七月己丑。

屯田"明文列入伊犁将军职掌，①作为经济建设方面长期的基本任务。

屯垦活动随着劳动人手的不断迁入而逐步展开。根据劳动者的身份特点，各地的屯垦采取了兵、民、回、遣、旗屯五种形式，实行不同的生产组织管理。

兵屯由绿营兵丁组成，按军队编制，营官统带。屯点自巴里坤、哈密而西，遍布天山北麓各地及南疆吐鲁番、喀喇沙尔、乌什、阿克苏诸城。屯兵人数最高曾达10 700余名，屯地219 000余亩。乌鲁木齐以东绿营屯田事务归提督专办，伊犁由镇总兵官负责。屯兵使用的屯地、耕畜、农具、籽种，都由国家分配供应，并有严格的管理制度。后经伊犁将军奏请，于乾隆四十二年（1777）全面颁行收成分数与赏罚章程，视收成情况，分功过相抵、叙赏、加倍叙赏、处责、加重处责五等，分别劝惩。②

户屯成员为内地出关认垦的农户，多集中于北疆，道光以后南疆也有设置。出关农户的招募迁移由陕甘总督负责，由乌鲁木齐都统商同伊犁将军，督饬各州县官员办理。落户安插通常的做法是，每户拨地30亩，给农具一全副，借给牛种，代建房屋，作价归还，六年升科。据乌鲁木齐都统索诺穆策凌奏称，"历年俱遵此例，亲查办理"。③

南疆各城维吾尔人户向伊犁迁徙设屯，称为"回屯"。此种迁徙始于乾隆二十五年（1760），止于乾隆三十三年（1768），由各城大臣主持，召集伯克商定分批移送人数，筹集所需农具、口粮及其他生活、生产资料，资送上路。后一度改为官办起程，即由国家负担资金和装备，并护送登程。这些人在伊犁落户后，分九屯耕地纳粮，照南疆之例设立伯克，并于将军衙署设立回务处，安排专员加以管理。至于遣屯和旗屯，前者利用内地发来的流遣人犯役使屯田，附于乌鲁木齐、伊犁等地兵屯；后者以移驻伊犁的八旗官兵（锡伯、索伦、察哈尔、厄鲁特四营及两城满营）为劳动力，酌拨耕畜农具，实行自耕自食。

在经营屯垦活动中，除了组织管理外，生产措施也是将军大臣所应检查

---

① 《钦定新疆识略》卷五《官制兵额》。

② （光绪）《大清会典事例》卷一七八；祁韵士：《西陲总统事略》卷七《屯务成案》；和宁：《三州辑略》卷四《屯田门》。

③ 中国第一历史档案馆藏：《官中档朱批奏折·农业屯垦类》，乾隆四十二年八月十二日索诺穆策凌奏。

和关心的内容。如屯址的查勘,要求派人"勘明地脉厚薄,考验天时寒暖,较量收成分数",再按地面广狭,水源多少,确定屯址与开屯规模,并"绘图贴签,恭呈御览"①。水利灌溉是新疆农业的命脉,清政府强调,"堤工为屯田要务,办事大臣等自应亲往查勘"。不仅兵屯水利工程是主管大臣分内之责,民屯水利亦应随时倡导,积极组织。官员交接工作,应"将屯田水利事宜,细为……指授"②。

屯垦之外,从发展生产、以边养边、满足国防需要的角度出发,清政府还要求新疆官员主持或参与其他经济活动。

(1)主持贸易。乾隆二十三年(1758)起,清政府与哈萨克部在北疆乌鲁木齐、伊犁、塔尔巴哈台三处(乌鲁木齐后停止)长期开展商业贸易,以丝绸、布匹换取哈萨克牧民的驼、马、牛、羊,一方面补充军用马匹和屯田牲畜,并供应驻军食用,另一方面借此满足哈萨克牧民对各种纺织品的需要。贸易所用绸缎,责成伊犁将军提前预估,行文内地调取,或奏明朝廷转咨江南织造织办解送。布匹由伊犁将军行文南疆各城大臣采买备办,岁有定额。哈萨克商队前来贸易,须经守卡官兵验明人数货物,察报营务处派兵送至交易地点。伊犁及塔尔巴哈台城内专门设有贸易亭,交换时,将军委派章京、协领前往该处,"跟同该台吉头人等估看牲畜等第,官定价值,将官库绸缎、布匹合定价值",与之易换。③ 据粗略统计,乾隆年间每年自江南调取的绸缎少则四五千匹,多则一万数千匹,每年购买牲畜三四次,仅马牛大畜一项,以伊塔两处合计,不下一千数百匹(头)。

(2)经营牧厂。天山北路水草丰美,农牧皆宜。与哈萨克首次贸易之后,清政府即指示新疆大臣将贸易所得及从内地、漠北购买调拨而来的牲畜"设厂牧放",以便屯田处所就近拨用。⑤ 北疆的乌鲁木齐、伊犁、塔尔巴哈台、巴里坤、古城、木垒、济木萨及南疆乌什、喀喇沙尔、库车、喀什噶尔、英吉沙尔先后设立官牧厂,内分备差厂与孳生厂两大类,又按牲畜种类区分为

---

① 中国第一历史档案馆藏:《军机处录副奏折·农业屯垦类》,乾隆三十一年四月十二日德昌奏。
② 《清高宗实录》卷六四〇,乾隆二十六年七月己亥。
③ 《钦定新疆识略》卷一〇《购买》。
④ 永保:《伊犁事宜·驼马处》;《塔尔巴哈台事宜·孳生》。
⑤ 《清高宗实录》卷六二〇,乾隆二十五年九月己酉。

马、牛、驼、羊厂四种。伊犁官牧厂牲畜由察哈尔、厄鲁特、锡伯、索伦四营及回屯人户牧放,巴里坤及南疆牧厂交绿营兵丁管理。驼马处司员掌管各厂牲畜册籍。各厂还定有取草标准,每三年或五年清点核对,称作"均齐","有余者量加赏赐,不足则令赔补"①。每岁青草茂盛时,将军亲往牧厂查看牲畜,奖优惩劣。

（3）官办采冶。新疆矿藏丰富,铁、铜、金、煤、玉、铅、硝磺等矿的采冶,或是屯垦生产所需,或与兵民生计相关,或服务于财政、国防的需要,因而绝大多数矿厂由官方经营管理。具体有三种情况：一为官办兵采,矿厂由将军大臣查明奏设,派绿营官员或效力废员带领兵丁、遣犯开采冶炼,阿克苏铜厂、乌鲁木齐铁厂、伊犁哈什铅厂等都属此类;二为官办民采,如乌鲁木齐金厂,都统奏设,建司金局总理其事,招募金夫,发给路票,在课长带领下入山淘金,按月征课;②三为官督民采,如喀喇沙尔铅厂,民人采获铅斤,"课长查明数目,呈报参赞大臣,给票带往别城售卖"③。

（四）核征赋税,奏调经费

各种赋税是新疆本地财政收入的基本来源。为了控制财政,量入为出,清政府完成统一后不久即命各驻扎大臣查核新疆租赋所入,酌定屯驻官兵经费。④ 按照这一要求,各项税目税则均由将军及各城大臣查核确定,督饬地方民政官员征收。

田赋为新疆赋税收入之大宗,而南疆各城为新疆传统农业区,故清政府对这一地区的赋税制度极为重视,屡次下令参酌旧制,定其贡赋。在各城大臣详细调查的基础上,清廷确定南疆田赋为耕种私有土地的维吾尔农民"视岁收数目交纳十分之一",承种入官土地者,"岁收粮石,平分入官"⑤。同时,删繁汰苛,简化税目。乾隆三十一年(1766),经乌鲁木齐办事大臣奏定,对当地认垦户民亩征细粮八升,折收小麦九升六合三勺;巴里坤照甘肃安西、渊泉县例,亩征正粮及草折粮七升五合有零;乾隆三十七年(1772),伊犁

---

① 《清高宗实录》卷六五一,乾隆二十六年十二月丙戌。
② 和宁:《三州辑略》卷九《物产门》。
③ 《清高宗实录》卷一二一〇,乾隆四十九年七月丙辰。
④ 《平定准噶尔方略续编》卷三,乾隆二十五年六月丁丑。
⑤ 《乾隆户部则例》卷一八《田赋》。

将军舒赫德奏请本地报垦户民每亩完银五分至一钱;乾隆五十三年(1788),乌鲁木齐都统尚安请求对户民丈出新垦余地减半征粮以"加惠边黎"①,均获准施行。其他税收方面,乾隆二十七年(1762),乌鲁木齐办事大臣旌额哩以该处商民云集,请求酌量买卖大小,分三等按月征收房租地基银两,当即奉旨"所办甚好",命伊犁及南疆各城一体办理。② 其后又应伊犁将军之请,官设税局,征收牲畜交易税。"其收税银两若干,应抵经费之处",由各城大臣年终造册咨部核销。③ 南疆于田赋之外并征正赋普尔钱、果菜园税及红铜、火药、硫黄、硝、铅等税,大体自乾隆二十五年至乾隆三十二年(1760—1767)陆续奏定,历久遵行。

与征税工作相关联,各城大臣还奉命汇报雨雪年成,查灾兴赈,以维护民力,培植税源。乾隆二十七年(1762)乾隆皇帝即指示:"将来各城回人所种地亩,有成灾者,著各该驻扎大臣详悉查勘收成分数,定议办理,俾回众咸知朕轸念新附之意。"④后规定,南疆受灾,各城阿奇木伯克查明灾情,随时禀报本城大臣,请旨豁免或缓征。北疆乌鲁木齐等地,例由都统饬令道府详加踏勘,照内地之例缓征或量减。乾隆四十二年(1777)起,新疆照内地省份之例奏报粮价,乌鲁木齐各属由都统具题,雨雪旸情命各城大臣分别奏报。

自内地调拨的协饷,是清代新疆财政的又一重要支柱。尽管清政府一直力求"以西域治西域","经费不取支于中土",但事实上能够就地解决的主要是军粮供应,官兵俸饷及办公费用等大宗开支,仍须由内地筹措供给,且其中的绝大部分来自内地省关的协济。由于奏调事关财政,清廷起初规定,新疆每年所需经费,由伊犁将军衙门估计,咨行陕甘总督调取,用过数目亦造具细册,由总督销算。嗣后划一事权,无论伊犁一年估计兵饷及年终销算事件,均"不必咨行总督,即由将军衙门承办"⑤。迪化州钱粮及哈密、辟展两处钱谷,归乌鲁木齐都统核办具奏。嘉庆以后,清朝国势由盛入衰,在财政上日益感到力不从心,为减轻内地负担,清廷一再降谕将军大臣"将新

---

① 《清高宗实录》卷一三〇三,乾隆五十三年四月辛亥。
② 中国第一历史档案馆藏:《宫中档朱批奏折·民族事务类》,嘉庆十六年正月十日铁保奏。
③ 《宫中档朱批奏折·民族事务类》,道光二十九年十月五日萨迎阿奏。
④ 《清高宗实录》卷六七〇,乾隆二十七年九月辛酉。
⑤ 《清高宗实录》卷九四三,乾隆三十八年九月甲戌。

疆南北各城及镇西、迪化二府州所属每年出纳大数通盘核计,并就该处情形悉心筹划……即不能以该处岁入给该处之用,但能使新疆岁有所减,则于国用不无稍裨"①,从而又把财政经费的筹划管理与组织发展当地生产联系了起来。

(五)管理台卡,巡边守土

台站和卡伦都是清代边疆地区的重要设施,前者重在沟通联络,后者重在巡查防范。新疆的台站卡伦由伊犁将军及各级军政大臣派人设置并负责管理。

新疆台站以军台为主干,初仅设于哈密、巴里坤以东,后渐向西延伸。统一战争结束后,为发展经济和加强边防实力,大力辟治交通,清政府对原有军台进行增置调整,又添设营塘、驿站,形成东起星星峡,西至伊犁、喀什噶尔,南达和阗,北抵塔尔巴哈台,贯通天山南北,连接新疆与内地的交通网络。台站的主要任务是递送文报、运送官物、转解人犯及为过往官员、商旅提供食宿之便,并有一套完整的管理制度:"军台以营员及笔帖式领之……其驻兵多寡,则视其地之大小、简要为差,驼马车夫,分别安设,复以时酌量增裁移置。"②乌鲁木齐地区台站由笔帖式、外委或把总驻扎,兵丁二三名至20名不等,车辆每年小修,四年大修,年底派满营官员"挨台查验"③。塔尔巴哈台的驻台站兵丁以满洲八旗及察哈尔蒙古兵居多。南疆军台除绿营兵外,派驻维吾尔人户10户至15户。各台站定期维修道路,递送文报物件,皆有程限,贻误者按例处分。

卡伦则设于"岩疆要隘,毗连外藩处所",南北两路皆有,内又分为三类:历年不移而设有定地者谓常设卡伦,按季递移者谓移设卡伦,时安时撤者谓添撤卡伦。全疆卡伦数目虽有变化,但其基本规模在250座上下,分别由各城参赞、办事、领队大臣管辖。每卡置官派兵,"领以前锋校、骁骑校,而以侍卫统之"④。

① 中国第一历史档案馆藏:《宫中档朱批奏折·农业屯垦类》,嘉庆十八年(缺月日)长龄奏。
② 《钦定皇舆西域图志》卷三一《兵防》。
③ 祁韵士:《西陲总统事略》卷一〇《乌鲁木齐所属事略》。
④ 《钦定皇舆西域图志》卷三一《兵防》。

各地卡伦的具体职责有稽查游牧,防止私越,稽查遣犯,防止逋逃,稽查贸易,盘诘行人等多项,依其设置地点而有侧重,其共同之点在于"内稽逃人,外控荒服,沿边定界,几察森严"①。结合卡伦的设置,清政府要求各地参赞、领队大臣定期巡查所属卡伦及卡伦外的边境地区,并实行会哨制度。早在乾隆二十八年(1763),伊犁将军明瑞即派兵前往吹河、塔拉斯河、特穆尔图淖尔一带巡查。巡查路线分为两路,南路自特穆尔图淖尔之南,由巴勒浑岭至塔拉斯、吹河,北路沿伊犁河,由古尔班阿里玛图至沙喇伯勒。乾隆四十二年(1777)经伊犁将军伊勒图奏定,"令各领队大臣分管卡伦,每年春秋二季各巡查所属卡伦一次"②,遂为定制。与定期巡查相结合,每年春季巴里坤、古城还会派兵与科布多官兵会哨。道光以后,清廷规定伊犁的察哈尔、厄鲁特、索伦、锡伯四营,每月派出总管、副总管或佐领官一员,带领本营兵丁挨次巡查所管卡伦,至各营交界处会哨,进一步加强了对边界的防范守卫。

(六) 办理王公入觐及藩属事务

有清一代,凡边疆地区少数民族王公贵族,都要定期进京觐见皇帝,这一制度被称为"年班"。这既是清廷笼络、安抚少数民族上层的一种表现,也是维系和加强中央政权与边疆地区政治关系的重要手段。清统一新疆后,当地维吾尔族伯克及蒙古土尔扈特、和硕特诸部王公开始轮班入觐,有关事项责成各驻扎大臣安排处理。南疆伯克年班,最初分为4班,每班20人,乾隆三十九年(1774)改为6班,每班10人,后再改分9班,每班8人,间隔两年入觐一次,"由各城驻扎大臣派定具奏"③。伯克起程时,驻扎大臣查核人数,具报行期,并通知沿途各地派兵护送,安排食宿及代为喂养、更换马匹。随行携带的行李包裹,在哈密称重,移咨内地,给以车辆。土尔扈特及和硕特王公年班分为4班,班少者以2人为率,由宁夏、榆林沿边行走。"其遇朝贺,于何时起程,何处会齐,并同赴避暑山庄之处",皆命伊犁将军定议具奏。④ 入觐完毕,各王公贵族回至各自游牧处,亦须该管大臣咨部备核。

① 《钦定新疆识略》卷一一《边卫》。
② 《钦定新疆识略》卷一一《边卫》。
③ (嘉庆)《大清会典》卷五三《理藩院·徕远清吏司》。
④ 《清高宗实录》卷九六九,乾隆三十九年十月丙午。

清于乾隆年间统一天山南北后,周边诸中亚汗国、土邦、部落也相继表示臣服,与清廷建立藩属关系。其中往来较多的有浩罕(又作霍罕)、安集延、布哈尔、爱乌罕、巴达克山等处。对于上述属国、部落,清政府通过新疆军政大臣颁布敕谕,接见来使,传递公文,处理有关事务。乾隆二十八年(1763),清廷谕示霍罕额尔德尼伯克及巴达克山首领素勒坦沙汗,要求对方"谨守天朝法度,约束属人,和睦邻封,一切事务,俱遵驻扎喀什噶尔、叶尔羌大臣等节制"①。对于周边部落、藩属的边境事务纠纷,如互侵牧地、抢夺商旅、劫掠人口等,清政府亦责成伊犁将军、塔尔巴哈台参赞大臣及喀什噶尔参赞大臣出面调解,平息事端。

浩罕、安集延等部与清廷建立政治关系,目的之一在于谋求通商许可,获得经济利益。清廷视贸易为羁縻外藩的手段,也准予进行,但要求置于当地官员的监督之下,并定有路票、商税、呼岱达、侨商管理等多项制度。《回疆则例》规定,维吾尔商人出卡前往外藩贸易,要视其路途远近,勒限给票,"如有逾限者,即行治罪"。浩罕等地商人出入卡伦或赴南疆各城贸易,须在营务处办理路票,各关卡验票放行,随时呈报。关于商税,清廷初定外来商人二十分取一,后又降低为三十分取一甚至四十分取一。清廷又委派阿奇木伯克在浩罕商人中挑选头目即呼岱达,管束浩罕商人的活动。对侨寓南疆的安集延商人,责成阿奇木伯克按月编查,将增减人数具报大臣衙门查考。不过嘉道以后,浩罕封建主支持和卓复辟势力在南疆制造事端,屡次入扰,清政府一再退让,上述管理措施逐渐形同具文。

对俄事务在新疆军府职能中也占有重要地位,这种对外交涉已超出藩属事务范畴,属于外交活动的一部分。早在乾隆二十五年(1760),因俄国军队擅入准噶尔传统游牧地,侵占疆界,清廷即指示当时的伊犁办事大臣阿桂与喀尔喀将军加强防范,带兵巡察,拆毁所立标记,驱逐擅入人员。②乾隆四十四年(1779),清廷再次通谕伊犁、塔尔巴哈台及喀尔喀蒙古等处将军、参赞、办事大臣,严查边界,遇有非法越境之事,"无论是否贼匪,即行擒拿"③。道光二十九年(1849),伊犁将军曾就俄国军队私入边界,阻拦清朝官兵巡边

① 《清高宗实录》卷六七八,乾隆二十八年正月己巳。
② 《清高宗实录》卷六一七,乾隆二十五年七月己巳。
③ 《清高宗实录》卷一〇九〇,乾隆四十四年九月壬午。

查道,提出严正抗议,并行文交涉,①后又就通商问题派员至伊犁、塔尔巴哈台、喀什噶尔三城调查,参加中俄通商章程的谈判并受命管理中俄贸易事务。但是,由于道光中期以后清廷在西方列强的不断入侵面前态度软弱,伊犁将军等面对沙俄日益加剧的凯觎和蚕食也显得越来越无能为力,逐渐丧失了其应有的作用。

三、军府制度的历史局限及其演变

采用军政制度管理新疆,在以往的历史上不乏先例,汉代的西域都护府和唐代的安西、北庭都护府都属于这一类型。清朝完成统一新疆后,结合当时当地的实际条件,吸取和发展了前代的有效经验,建立起军府行政管理体制,取得了很大的成功。与前代的军政建置相比,清代新疆军府在组织结构上以伊犁将军和各级军政大臣直接统辖全疆民政、军事管理系统,去除了以往地方行政建置中的羁縻色彩,在更高程度上达到了政令的统一,有利于中央政府对这一地区的统筹治理,也有利于边疆与内地交流往来的不断发展。在管理职能上,军府制度比前代都护府承担了更为广泛全面的行政职责,大大提高了地方民政事务在职能中所占的比重,将经营治理的注意力从军事方面更多地转向政治、经济的积极建设。而设置大员与派驻大军相结合,提高了当地捍卫国家领土,防范外敌侵扰,稳定巩固统一局面的能力,这一点对于统一之初甫经动乱,百废待举,而又地接边徼,有多民族聚居的新疆来说,无疑也是至关重要的。可以说,正是军府制度的成功施行,保证了乾隆中期以后新疆地区长达百年的和平安定与开发建设的蓬勃兴起。左宗棠曾高度评价新疆军府的历史作用:"我朝定鼎燕都……百数十年无烽燧之警,不特前代所谓九边皆成腹地,即由科布多、乌里雅苏台以达张家口,亦皆分屯列戍,斥堠遥通,而后畿甸宴然。盖祖宗朝削平准部,兼定回部,开新疆,立军府之所贻也。"

但是,在充分肯定军府制度历史作用的同时,我们也必须指出,这种军政合一的管理方式毕竟不是完全意义上的地方行政管理制度,与行省州县

---

① 中国第一历史档案馆藏:《军机处录副奏折·外交事务类》,道光二十九年九月萨迎阿奏。

② 《左宗棠全集·奏稿》卷五〇。

体制相比,尚处在较低的建置层次。随着历史的发展和时代社会条件的变化,军府制度的缺陷和不足日渐暴露,成为阻碍加强新疆治理的消极因素。

第一,管理体系层次重叠和事权多元化。清政府一方面规定,伊犁将军为全疆最高军事行政长官,"节制南北两路",总揽各项事务;但同时又命陕甘总督节制乌鲁木齐以东地区,分其权责,相互牵制。军府体系内部的隶属关系也十分复杂,喀什噶尔参赞大臣与乌鲁木齐都统受命在伊犁将军节制下分理南、东两路,主政行事有很大的独立性。各城大臣统理地方而不直接理民,民政事务交州县、伯克、札萨克三种民政系统分别办理,但奏请上报之权仍握于大臣之手。将军、都统与参赞、办事大臣,协办大臣与领队大臣品秩接近,"一旦持节临边,各不相下,稽查督责,有所难行"①。凡此种种,都造成管理上叠床架屋,头绪纷繁,职权分工不清,彼此掣肘,遇事推诿。

第二,官员结构偏重武职,职掌重心偏在军事,"治兵之官多,治民之官少"。将军、都统、参赞、办事大臣等重要官吏均为武职官员,系以军事长官身份管辖地方,过问民事,但其军事职责仍占有突出位置。就其仕宦经历与素质才干论,这些大员或出身禁闼,或来自军旅,久握兵符,往往"民隐未能周知,吏事素少历练"②,很难适应地方施政和开发建设的发展需要,甚至将军大臣衙署所属文员以及东路镇迪道州县文职各官,也绝大多数出身满蒙八旗,与内地州县官吏来自地方者情形迥异。军府建立初期,清廷励精图治,慎选边臣,严于督饬,多数官员勤于职守,上述问题尚不严重。嘉道以后,承平既久,选官多用宗室、侍卫及左迁满员,素质更加低下,或习于骄惰,才干平庸,或作威作福,为虐地方,地方政事益形弛坏。

第三,地方民政因俗施治,导致各地治理程度参差不齐。北疆地区早在乾隆年间就设立州县,而维吾尔族聚居的南疆各城一直沿用伯克制度。虽然清政府废除了伯克的世袭规定,但因驻扎大臣不直接理民,地方"一切事务悉委之阿奇木伯克"办理,王公伯克在地方拥有极大的统治权力,往往从中弄权,各行其是,甚至"鱼肉乡民,为所欲为,毫无顾忌"。对于这种现象,乾隆年间已有人加以揭露,道光八年(1828)那彦成所奏《各城阿奇木伯克陋规》更详细地列举了种种事实。各级伯克借官府之势,巧取豪夺,横征暴敛,既破坏了南疆的社会生产力,又扩大和激化了清政府与维吾尔人民之间

---

① 《左宗棠全集·奏稿》卷五三。
② 《左宗棠全集·奏稿》卷五三。

的矛盾,加剧了社会动荡。因此,民政事务悉由王公伯克治理的结果是"官民隔绝,民之畏官不如其畏所管头目,官之不肖者,狎玩其民,辄以犬羊视之,凡有征索,头目人等辄以官意传取,倚势作威,民知怨官不知怨所管头目"。① 道咸以后,伯克制度已成为南疆地区社会发展的桎梏,到了"计非裁去回官,实无以苏民困而言治理"②的地步。

嘉道之际,已有人看到军府制度的上述弊病,建议改设行省,取代军府。嘉庆二十五年(1820),龚自珍写下《西域置行省议》,首先呼吁在新疆设总督、巡抚、布政使、按察使、提督,裁撤将军、大臣、章京等官,改军府制为州县制,他稍后又在《御试安边绥远疏》中提出"夺伯克之权"的设想。魏源在其《圣武记》中也主张新疆建省,"列亭障,置郡县",但均未能引起清廷的足够重视。道光中期鸦片战争爆发后,西方列强不断加紧对中国的侵略,清政府面临内忧外患双重危机,政事陵夷,每况愈下,更无暇顾及新疆的治理改革。同治初,在太平天国革命和陕甘回民起义的推动下,天山南北爆发各族人民武装起义的风潮,清廷在新疆的统治濒临崩溃,当地封建贵族和宗教上层纷纷建立互不统属的地方割据政权,为扩张地盘彼此攻伐,兵戎相见。极度混乱的分裂局面给外来侵略势力以可乘之机。同治三年(1864)末,浩罕军官阿古柏率军侵入南疆,随后成立"哲德沙尔"汗国,又将势力扩展到天山北路许多地区。同治十年(1871),沙俄军队分两路攻入伊犁,悍然实行军事占领,使西北的危急形势达到顶点。

光绪三年(1877),左宗棠率师收复天山南北(仅伊犁的收复迟至光绪七年),如何治理新疆的问题重新提上日程。从新疆地处边陲,俄英等国逼近,当地久经战乱,军府制度的弊病已充分暴露,原有体制亦被破坏殆尽,治内治外事同草创的实际状况出发,左宗棠再次要求朝廷顺应时代的变化,及时建省。他的意见得到继任陕甘总督谭钟麟和督办新疆军务钦差大臣刘锦棠的一致响应。刘锦棠强调指出:"新疆当久乱积罢之后,今昔情形判若霄壤,所有边疆一切事宜,无论拘泥成法,于时势多不相宜。且承平年间旧制,乱后荡然无存,万难再图规复。欲为一劳永逸之计,固舍增设郡县,别无良策。"③

---

① 《左宗棠全集·奏稿》卷五三。
② 刘锦棠:《刘襄勤公奏稿》卷一〇。
③ 刘锦棠:《刘襄勤公奏稿》卷三。

光绪十年(1884),清政府采纳刘锦棠的方案,正式批准新疆建省,刘锦棠被授为第一任新疆巡抚。与此同时,清政府对原有军府制度做出重大变革决定。其一,各地原设都统、参赞、办事大臣等官"概予裁撤",南北疆统一设立府、厅、州、县,地方行政交各道及府、厅、州、县办理。其二,保留伊犁将军和塔尔巴哈台参赞大臣之职,但大大缩小其权限,仅负责伊塔地区边防事,不再参与民政。其三,全疆旗绿兵额3.1万人,旗丁归伊犁将军统辖,于伊犁设满营及锡伯、索伦、察哈尔、厄鲁特各营,塔城亦挑留旗兵设营驻防,乌鲁木齐、古城、巴里坤、吐鲁番各处旗丁并为一营,移驻古城。绿营均归巡抚节制,于乌鲁木齐、喀什噶尔、伊犁、巴里坤、阿克苏、塔城设立抚、提、镇、协诸标。① 其四,废除南疆伯克,只准其保留原品顶戴,"略如各省州县之待所辖绅士"②。

行省取代军府制度,是新疆历史上的重大事件,它使新疆第一次实现了与祖国内地行政制度的统一,也实现了新疆地区内部天山南北行政制度的统一。从此,新疆与祖国内地的政治关系更加密切,新疆内部也更为有机地联为一体。地方治理大权统归于巡抚,有关事务"责成各厅州县而道府察之",实现了事权的一元化,无论开发、治理均便于集中领导和统一部署,对于防止外来侵略也有积极意义。随着行省的建立,军府制度结束了自己的历史使命,新疆的治理掀开了新的一页。

(原载《清代的边疆政策》,中国社会科学出版社1994年版)

---

① 《新疆图志》卷一《建置一》、卷五〇《军制二》。
② 刘锦棠:《刘襄勤公奏稿》卷五。

新疆军府制下的理民体制与满汉员的任用

用自成体系的八旗军驻扎要害,镇守全国,由武职从一品的驻防将军加以统领,以收监视地方而拱卫中央之效,是清王朝创造性的统治手法之一,彰显了其统治集团的民族特色。各地驻防的设置时间不一,至乾隆朝而集大成,全国共设驻防将军十四员,而伊犁将军是其中最晚设置的一员。从这个意义上说,乾隆二十七年(1762)对伊犁将军的任命,不但是清朝平定天山南北的收官之举,也标志着八旗全国驻防体制的最终奠定。

正如许多研究者所指出,清代八旗驻防按照其驻扎之地,又可区分为直省(内地)驻防和边疆驻防,其职掌也因此有所不同。直省驻防将军的职责和权限比较明确,主要统管本地驻防八旗的训练和旗务,不参与当地民政事务,也不节制绿营,与本地督抚、绿营各成体系,互不统属。而边疆驻防将军则不然,由于边疆地区未设督抚,驻防将军成为当地最高军政长官,不得不于军事任务之外兼负民事职责。① 这样一种管理体制,既体现了清朝治理边疆政策上"因俗制宜"的变通,也使得边疆驻防将军的职掌内容与权限更形错综复杂,使得当地社会的构成与发展具有各自的演变轨迹。

驻守新疆的伊犁将军与驻守东北的盛京、吉林、黑龙江三将军同为边疆驻防将军,其职掌内容有相通之处。不过伊犁将军所辖地域广袤达二百多万平方公里,兵权独重,受节制的高级军政官员数量庞大,且当地民族成分众多,又是清朝锐意经营、移民开发的西陲重地,这一切都决定了新疆以伊犁将军为首的军政管理体制,呈现出与其他边疆驻防将军不同的面貌和走

---

① 定宜庄的《清代八旗驻防研究》(辽宁民族出版社2003年版),就全面探讨了这一制度的兴起和发展,分析了直省驻防将军和边疆驻防将军职责上的异同,对笔者多有启发。不过,对于伊犁将军是否干预民事,笔者持肯定态度,与该作者的见解尚有不同。

向。从清朝将新疆收入版图到清末新疆建省,前后一百数十年,清朝如何在军府体制下实现对当地社会的有效管理,特别是如何管理从内地进入新疆的民人群体,处理旗民两方面的事务,无疑是解读清代新疆治理中一个值得关注的环节。鉴于目前尚少有具体论述,笔者拟对此试做探讨。要说明的是,限于篇幅,为了使考察焦点相对集中,本文将只讨论"理民体制"中与内地移民有关的部分,并将时间限定在同治大乱前的乾嘉道咸时期。文中粗浅不足之处,请各位方家指正。

一、伊犁将军的"总统"职权与政区分划

乾隆二十七年(1762)十月,清廷正式任命明瑞为首任伊犁将军,所授职衔名号为"总统伊犁等处将军"。尽管此后的行移公文里多以"伊犁将军"的简称出现,但这一名号明确地载入清代的各种文献。如《钦定皇舆西域图志》称:"总统伊犁等处将军一员,乾隆二十七年设,统辖天山南北各新疆地方驻防官兵遣调事务。"①《清朝通典》称:"总统伊犁将军一人,统掌新疆之军政,山北山南皆听节制。"②《西陲总统事略》称:"设将军于伊犁,为南北总统。"③

在清代,驻防将军的头衔之前冠以"总统"二字的,不论直省或边疆地区,只有伊犁将军一人,可谓绝无仅有。"总统"二字,既凸显了伊犁将军作为最高军政长官而统辖新疆的首重地位,也清楚地表明了清朝欲采用军府体制来管理新疆全域的基本构想。

伊犁将军的"总统"之责,顾名思义,应包括三层含义。其一是地域上的"总统",即所谓"山北山南皆听节制";其二是驻防兵力的"总统",即掌握"新疆地方驻防官兵遣调事务";其三是军政各项事务的"总统",即"统掌新疆之军政"。既然除了伊犁将军再无最高行政长官,于军务之外统摄新疆的地方事务也就理所当然地成为伊犁将军职掌之所在。

不过,上面的分析仅是针对伊犁将军的法定权限。事实上,从实际运作情形来看,如一些研究已经指出,面对地域空前辽阔的新疆,由于驻扎兵力

① 《钦定皇舆西域图志》卷二九《官制一》。
② 《清朝通典》卷三六。
③ 祁韵士:《西陲总统事略》序。

的庞大和复杂,加上民族、地理、人文的多样性,伊犁将军无法实现一元化的军政管理,不能不对辖下地域进行区域划分,让多位高级军政长官来分担治理任务,以收控制之实效。所以,伊犁将军的总统权限随着区域分划和建制规范的展开而有变化,总的来说其实际权限要小于法定权限。

细读乾隆二十七年(1762)任命伊犁将军时军机大臣的具奏就会发现,分划区域的设想在任命之初就已显露端倪。

> 军机大臣等奏:伊犁当勘定之初,为新疆总汇,奉旨设立将军,一切管辖地方,调遣官兵,自应酌定成规。臣等谨议:凡乌鲁木齐、巴里坤所有满洲、索伦、察哈尔、绿旗官兵,应听将军总统调遣;至回部与伊犁相通,自叶尔羌、喀什噶尔至哈密等处驻扎官兵,亦归将军兼管,其地方事务,仍令各处驻扎大臣照旧办理,如有应调伊犁官兵之处,亦准咨商将军,就近调拨。开明职掌,载入敕书。从之。①

由上文可知,清廷在强调伊犁将军之最高统率权的同时,已经考虑因地制宜和就近处理地方事务的必要性。这里,清廷首先想到了天山以南的回疆,因此给南路各城驻扎大臣以"照旧办理"地方事务的权责,由伊犁将军最终加以"节制"或"统辖"。而后,随着乌鲁木齐都统一职的设立,这一思路进一步适用到了以乌鲁木齐为中心的天山北路东段,即东路地区。

一种看法认为,清廷曾在伊犁将军之下,将新疆划分为伊犁、塔尔巴哈台、喀什噶尔和乌鲁木齐四个辖区。从军务的角度特别是兵力配置和军队统辖关系来看,这一看法有其道理。但是,如果从地方行政、民事治理的角度看,笔者更倾向于传统的三大地理单元的划分,也就是由伊犁地区和塔尔巴哈台地区构成的,有深厚游牧文化背景的北路;由乌鲁木齐及其周边地区构成的,经内地移民大力开发的东路;天山以南由突厥语系穆斯林构成的,以绿洲农业文化为主的南路也即回疆。由于这三个大区各有其社会经济模式及民族、人文上的特征,决定了清朝对当地的治理必须各有对策,形成相对独立的民事行政的体系单元。这种相互关系,到了后来也被表述为"专辖"和"统辖"的关系。如道光八年(1828)的这条上谕:

> 新疆西南两路,分设大臣驻扎,皆受伊犁将军节制,自应分隶

---

① 《清高宗实录》卷六七三,乾隆二十七年十月壬子。
② 王希隆:《关于清代新疆军府制的几个问题》,载《西域研究》2002年第1期。

考察，以期抚驭得宜。著照托津等所议，嗣后哈密办事大臣与吐鲁番、巴里坤、古城、库尔喀喇乌苏归乌鲁木齐都统专辖，喀喇沙尔、库车、阿克苏、乌什、叶尔羌、和阗、英吉沙尔等七城归喀什噶尔参赞专辖，均属于伊犁将军统辖。①

上述三个区域中，清廷在南路的地方行政，在基层依靠当地社会固有的伯克制度来管理占人口绝大多数的突厥语系穆斯林，其上，有驻扎各城的办事大臣或领队大臣，统掌南路各城负"专辖"之责的是喀什噶尔参赞大臣（一度为乌什参赞大臣）。由于南路地区直到嘉庆年间都未开放内地民人的携眷移居，只允许单身人员往来，人员流动性大，人数亦受到限制，故迟迟未形成有体系的内地民人管理机制。

在天山以北的北路和东路，由于两个区域内都有内地民人不断聚集，从而很自然地将如何理民作为军府制下的课题之一提上了日程。不同的是，东路进行了有组织大规模的农业移民，开发方式很快从以绿营兵屯为主转变为以户屯（也称民屯）为主，而北路未进行这类活动，民人特别是商民的自发流入长期占据主流。② 这一特点又决定了两个区域在理民体制的形成和演进上出现了明显的差别。前者在乌鲁木齐都统之下，建立起较为完整的内地州县体系，而后者则长期停留在伊犁将军辖下的抚民同知管理的过渡形式上。

二、乌鲁木齐都统的设立与东路州县体系的形成

乌鲁木齐于乾隆二十四年（1759）设立办事大臣（后曾一度改为办事副都统），任务为"总理屯田贸易事务"。这一时期，当地主要驻扎绿营官兵，从事兵屯生产，所以绿营建制发展较快，而军府色彩较弱。乾隆二十五年（1760），清廷在倡导鼓励内地民人向这一地区迁移的同时，开始着手配置民政官员。同年年初，清廷应乌鲁木齐办事大臣安泰之请，"著陕甘两省拣选

---

① 《清宣宗实录》卷一三二，道光八年正月乙丑。
② 伊犁地区由商民认垦而形成的屯田称商屯，也称户民或民屯，但须注意其与东路民屯的形成过程的特点有所不同。参见华立《清代イリにおける民人社会の形成とその諸相》，载《イリ河流域歴史地理論集～ユーラシア深奥部からの眺め》，松香堂2009年版。

满洲道员一人,同知通判州县四员,县丞杂职八员,发往乌鲁木齐",由道员总办收支各屯粮饷事务。① 五月,设同知一员管理地方,通判一员收放粮饷,设仓大使一员以供差遣出纳,并设巡检二员,分驻昌吉、罗克伦两处。② 乾隆三十三年(1768),鉴于乌鲁木齐同知一员治理地方人手不足,添设巡检一员,而将特讷格尔改设县丞,共额设同知一、通判一、县丞一、巡检二、仓大使一。③ 总的来说,清朝平定新疆后最初的十来年,东路的民政官员随着民人的聚集在逐渐增加,不过整体上还远未具备州县的格局。

乌鲁木齐及其周边地区地方行政体制的重大变化,发生在乾隆三十六年到乾隆四十一年(1771—1776)之间。乾隆三十六年(1771),由于土尔扈特蒙古跋涉万里回归新疆,清廷重新调整新疆的驻兵布局,伊犁将军舒赫德遵旨筹划,建议将原驻凉州、庄浪的满洲蒙古八旗兵3 000余名,携眷移往乌鲁木齐(于次年实施),以与伊犁相互呼应。配合这一兵力部署的变动,清廷添设乌鲁木齐参赞大臣,下辖领队大臣,从而使当地的最高军政长官由原来以屯田贸易为主要任务的办事大臣,改为与喀什噶尔、塔尔巴哈台规制相同的,伊犁将军节制下的参赞大臣,强化了东路地区的军府建制。不久,清廷再次做出新的重大决定,将乌鲁木齐参赞大臣改为乌鲁木齐都统。

> 今乌鲁木齐所属地方宽阔而距伊犁遥远,兵民辐辏,应办事件甚繁,将参赞大臣一缺改为都统一员,于管辖兵丁,办理诸事,尤为有益,而于体制亦属相符。索诺穆策凌……即著补授乌鲁木齐都统;嗣后作为乌鲁木齐都统缺,仍属伊犁将军节制,听其调遣。所有应奏应办之事,一面奏闻,一面知会伊犁将军。④

改参赞大臣为都统的最主要的原因在于移驻大批八旗官兵后,乌鲁木齐建立了满营,按体制需要设立将军或都统管辖,但如从地方管理的角度看,其意义远不止上述军务方面,可以说,乌鲁木齐都统的设立成为东路地方行政体系建设的重要一步。

首先,在新疆的八旗武职系统中,都统与将军品级相当,均为武职从一

---

① 《清高宗实录》卷六〇四,乾隆二十五年正月庚戌。
② 《清高宗实录》卷六一二,乾隆二十五年五月丙午。
③ 《清高宗实录》卷八〇四,乾隆三十三年二月庚午;《清高宗实录》卷八四七,乾隆三十四年十一月戊申。
④ 《清高宗实录》卷九三五,乾隆三十八年五月丁丑。

品。虽然清廷规定乌鲁木齐都统仍属伊犁将军节制,听其调遣,但事实上,都统辖区的建制相当完备,可自成体系,伊犁将军对其之节制也已经是形式意义多于实质意义。前引上谕指示乌鲁木齐都统对"所有应奏应办之事,一面奏闻,一面知会伊犁将军",表明授权乌鲁木齐都统可以独立处置各种事项,只是出于节制关系,还需知会伊犁将军,使其了解。正是根据这一特点,王希隆曾经撰文主张清代新疆有两个军府,认为应该把乌鲁木齐的都统府和伊犁的将军府等同看待。①

其次,根据乌鲁木齐"所属地方宽阔而距伊犁遥远,兵民辐辏,应办事件甚繁"的现状,清廷明确规定了乌鲁木齐都统的职责是兼治军民,即除了军务,还总理本区域内州县制度下的行政和民事,这种职权规定成为八旗都统中一个罕见的特例。有关表述见诸多处文献,而以《三州辑略》卷二《官制门》中的表达最为清晰。

> 乌鲁木齐都统,驻扎巩宁城,统辖满汉文武官员,督理八旗绿营军务,总办地方刑钱事件。②

乾隆三十八年(1773),索诺穆策凌由乌鲁木齐参赞大臣改授都统。还在改授之前,他就以参赞大臣的身份会同陕甘总督勒尔谨具奏,要求在巴里坤、乌鲁木齐等处改设府州县,"将巴里坤改设为府,乌鲁木齐改为属州",对其他官职也相应进行调整。③ 经过几番整合,至乾隆四十一年(1776),东路的地方建制初具规模,共设一道(镇迪道),一州(迪化直隶州),一府(镇西府),五县(昌吉县、阜康县、绥来县由迪化直隶州辖,宜禾县、奇台县由镇西府辖),二厅(哈密、吐鲁番),形成了较为完整的州县体系。

以乌鲁木齐都统总办东路地方民政事务,又一次体现了清廷对西陲新疆的变通治理原则。

我们知道,自从清朝平定天山南北后,就积极倡导移民出关,兴办户屯(也称民屯),而东路是内地民人落户最早也最多的地区。乾隆四十年代初,这一地区的移民人口已超过7万,据乾隆末年的户口统计,户民加商民的总

---

① 王希隆:《关于清代新疆军府制的几个问题》,载《西域研究》2002年第1期。
② 和宁:《三州辑略》卷二《官制门》。
③ 《清高宗实录》卷九二六,乾隆三十八年二月癸亥。

人数更增至17万上下。① 如此庞大的民人群体,无疑需要完备的民政机构来管理,设立州县势在必行。按照常例,州县应当隶属直省,受辖于督抚。出于这一考虑,清廷也企图将东路州县划分给邻近的甘肃省,赋税、户籍等事归入甘肃布政司的职司范围,上受陕甘督抚管辖,以达到体制上的统一。然而在实际的行政运作当中,相去较远的地理位置决定了陕甘督抚对东路鞭长莫及,甘肃布政司也无法真正履行有关的日常职能,最终不得不把地方事务交给乌鲁木齐都统就近办理,这就导致了都统对本地民政的总办之权。当然,这样的变通也经历了一个根据实际而调整的过程,乾隆四十年(1775),在将"乌鲁木齐所属地方命盗钱谷一切案件"定为"由该道(即镇迪道)转呈都统办理"后,索诺穆策凌又奏请将巴里坤、奇台、古城地方事务也全归乌鲁木齐都统办理,理由是该处距甘肃的省城兰州有四千余里,如果硬性坚持由该道往报总督办理,则"鞭长莫及,难免贻误"。军机大臣在斟酌实情之后,采纳了他的建议。② 由于上述原因,新疆东部的州县体制出现了"双重领导"的现象:一方面在直省体系上隶属于甘肃,另一方面却在实际管理上直辖于乌鲁木齐都统,成为清代边疆管理中的一个特例。

三、北路伊犁的理民体制:从理事同知到抚民同知

清代伊犁是全疆的首重之区,伊犁将军驻节于此,清廷在经营上重视有加,从乾隆二十五年(1760)起就不断派驻八旗和绿营兵丁,至乾隆二十九年(1764),更是相继调遣各地满洲、蒙古八旗以及锡伯、索伦、厄鲁特、察哈尔四营兵万里跋涉,携眷永驻,使伊犁各城的八旗驻防总人口达到五万余口③。

为了解决如此大规模的驻防兵力的军粮供应,清廷在伊犁地区也大力开展农业屯垦。但由于伊犁偏处西陲,距内地的路途比乌鲁木齐更加遥远,交通十分不便,清廷没有在当地实行类似东路的移民出关,而是借鉴准噶尔时期的经验,选择了迁移南路突厥语系穆斯林农民来此兴办回屯的做法。

---

① 《钦定皇舆西域图志》卷三三《屯政二》;达林、龙铎:《乌鲁木齐事宜·户口(商民附)》。
② 和宁:《三州辑略》卷二《官制门》。
③ 据格琫额《伊江汇览·户籍》中的数字计算。

在这一过程中,清廷也曾几度议及是否有必要效仿乌鲁木齐在伊犁推广移民开垦的做法,但最终还是认为条件未备而作罢。只是从乾隆三十七年(1772)开始,清廷允许已在当地的内地商民自发认垦土地,转为户民身份,是为伊犁户屯之始。

由于史料匮乏,早期居留伊犁的内地商民数字不得而知。不过乾隆四十年(1775)撰成的《伊江汇览》里的一段话,可以让人窥其大概。书中称"自伊犁之设兵驻防,商贾往来,军民辐辏,数城寰市,鳞次雁排,附郭郊坰,星罗棋布",又称"至于所集民人,半系雍凉秦晋,其以贸易来者,各安其业,以技艺至者,亦自食其力,嗜好无殊,狡诈者少"①。由此观之,此时来自山西、陕西、甘肃等省的商民在伊犁地区已相当活跃,他们或经商或靠手艺谋生,其足迹遍布伊犁各城。

由于内地商民多分布在八旗驻扎的各城附近,清廷首先想到效仿其他将军驻防之地,设立理事同知来处理旗民交涉事件。就在开始移驻携眷八旗兵的乾隆二十九年(1764),伊犁将军明瑞未雨绸缪,"现在伊犁挈眷官兵跟役,与商民杂处,必有词讼交涉事件",奏请于兵丁到齐之后设立理事同知一员,军机大臣也援引"各省驻防,旗民杂处之地,例设理事同知或通判一员,承办审理词讼"的成例表示赞同,②拟将原设凉州的理事同知一员裁移伊犁。③

这里值得注意的是,八旗驻防地区的理事同知,其职责通常规定为审理旗民诉讼,但在伊犁,根据当地需要,还受命维护治安,弹压地方。乾隆三十二年(1767),随着八旗驻防布局的完成,携眷官兵及屯田回民将近两万户,屯田绿营兵及发遣人犯亦达数千名,民事任务的繁重程度远超出最初的预想。鉴于"所有讼狱案牍、弹压地方等事,惟同知一员经理,而监狱亦系该同知管辖,未免过烦,恐有顾此失彼之患",伊犁将军请求仿照乌鲁木齐之例,在惠远城和绥定城各添设巡检一员,前者兼理典史事,管理监狱,后者除了弹压商民,还兼理仓大使事,两巡检遇有地方不法之事,即行查拿解送同知衙门审拟定罪。④ 因此,伊犁的理事同知实际上具有了地方民政官员的权

① 格琫额:《伊江汇览》之《赋税》《风俗》。
② 《清高宗实录》卷七一四,乾隆二十九年七月甲子。
③ 《清高宗实录》卷七一六,乾隆二十九年八月丙戌。
④ 《清高宗实录》卷七九一,乾隆三十二年闰七月戊申。

限。从档案记载看,伊犁理事同知的头衔上明确冠有"兼管伊犁民人"的字样,他们不仅理讼和弹压地方,还负责办理商民认垦等事宜。比如,成为伊犁户屯之滥觞的两起认垦,即乾隆三十七年(1772)民人庄世福等48户,和乾隆三十九年(1774)民人张成印等23户的认垦,就是经由理事同知报请伊犁将军批准后实施的。①

伊犁的理民体制在乾隆四十五年(1780)又一次发生重大变化,其标志是民政事务从理事同知的职掌中分离,转入新设立的抚民同知之下。促成这一转变的契机,则是乾隆四十四年(1779)伊犁绿营屯兵的携眷永驻。

绿营兵进入伊犁的历史基本上与八旗兵同步,乾隆二十六年(1761)时,伊犁绿营屯兵人数1 000名,乾隆三十四年(1769)增到2 500名,分配在各处屯所从事农业生产。只是这时的绿营虽然执行屯田任务却不携眷,官兵单身赴任,每五年更代一次,任务完毕后即返回原来的陕甘军营,不在当地居留。乾隆四十三年(1778),伊犁将军伊勒图提出,维持绿营兵换防制度的成本过大,且换防士兵奔波劳顿,得不偿失,应该效仿八旗,将绿营兵从换防制改为携眷永驻。他的提议很快得到朝廷的认可。乾隆四十四年(1779)正值换防之年,清廷下令,本次派出的绿营官兵一律携眷永驻,除了3 098名官兵(官98名,兵3 000名)外,其家属(妻子、儿女、父母、兄弟)也一起前往伊犁,就此定居当地,总计移居人数达到11 825人。②

按照清朝的规定,跟随绿营移驻的家眷子弟均归入民籍管理,于是在伊犁出现了一个前所未有的局面,那就是民籍人口激增,原来的理民体制已经跟不上管理的需要。将军伊勒图为此奏称:

> 伊犁十数年以来,兵民商贾较前数倍,更兼现在移驻三千绿营兵,其随带子弟俱应归入民籍,自此户民益多,地方事务以及刑名案件较前倍增,原设理事同知一员,管理实难周到,今应遵照部议,将理事同知仍循旧制,另行添设抚民同知一员,分司地方事务。③

要而言之,内地商民在伊犁渐增固然加大了地方管理的压力,但绿营携眷后其子弟归入民籍,导致"户民益多,地方事务以及刑名案件较前倍

---

① 中国第一历史档案馆藏:《官中档朱批奏折》,乾隆三十七年二十三日舒赫德奏、乾隆三十九年二月十八日伊勒图奏。
② 永保:《总统伊犁事宜·绿营》。
③ 《官中档朱批奏折》,乾隆四十五年七月二十四日伊勒图奏。

增",才是推动民政管理体系进行调整的直接原因。乾隆四十五年(1780),清廷批准伊犁添设抚民同知一员,设衙署于惠远城西门,与设在东门的理事同知衙门遥相呼应,又将抚民同知下属的巡检人数从理事同知兼管民事时的两员增为四员,分别驻扎于民人集中的惠远、惠宁、绥定、霍尔果斯(即拱宸)四城,抚民同知衙署的吏役为书吏四名,税书四名,门子二名,皂快八名,仵作二名,禁卒二十名,①巡检之下则有攒典一名,皂隶二名,马夫一名及弓兵四名。②

抚民同知和巡检的职责,主要包括了如下内容:征收各项租税,如九城房契税银、煤税银、九城房租银两、牲畜税银及各种粮税;负责地方治安,巡检"专司逃缉""稽查分管地方";管理民人及为民遣犯等,发给商民赴乌鲁木齐等地的路照;办理诉讼,兼管监狱,"管理商民及绿营命盗脱逃并词讼案件",并会同理事同知处理"旗下及各部落(指四营)与民人交涉事件";兼管宝伊局,监督铸币事务。很显然,经过这次调整,伊犁的民政管理系统较之前大为完备,抚民同知衙门全面担负起了当地的行政、治安、税收、司法等方面的民政职能。③ 嘉庆初年成书的《总统伊犁事宜》第一次将商民人数纳入了伊犁九城的人口统计,绿营眷兵和民人相加总计达到21 000余口(含屯田官兵3 000余名)。与此同时,不再理民的理事同知职掌归于简约,"专司各旗及各部落命盗案件"及查拿逃人,也会同抚民同知处理涉及旗民或者涉及回屯民众与民人纠纷的各类案件。该同知衙门原设的巡检和禁卒等都归入抚民同知衙门之下。④

四、官缺规定与满汉员的任用

以上所说东路道、州、府、县各级正职长官以及北路伊犁的抚民同知,虽然其职能是理民,属于文员,但在新疆,他们都无一例外地被归入"边远满缺"的范畴。这和新疆被整体上看作将军体制之下的区域,以及这个地区在

---

① 永保:《总统伊犁事宜·抚民同知应办事宜》。
② 《清高宗实录》卷一一二〇,乾隆四十五年十二月壬子。
③ 永保:《总统伊犁事宜·抚民同知应办事宜》;《伊犁低册》(现藏美国哈佛大学燕京图书馆,书名的"低"或为"底"字之误)。
④ 永保:《总统伊犁事宜·理民同知应办事宜》。

国家的西北版图中占据突出地位有直接关系。

先来看东路乌鲁木齐等地官员任用的情况。

乾隆二十五年(1760),乌鲁木齐初议设同知一员管理地方,经军机大臣奏议,即将此缺定为满缺。① 同时,派驻巴里坤的粮务道员,亦系从陕甘两省拣选满洲道员一人充当。② 乾隆三十七年(1772)三月,乌鲁木齐改设参赞大臣,其下属民政官员亦有调整,移民较多的奇台设通判,东吉尔玛太设巡检,这两个职缺也被明确规定为"繁难边远紧要满缺","嗣后缺出,应由内地满员内调补"。③ 一个月后,朝中大臣在议及巴里坤时指出,巴里坤"同城既有满兵,且统辖哈密等处,时有清文事件,而所辖丞倅,又俱满缺,应请将巴里坤道,于陕甘两省满员内拣调"④。乾隆三十八年(1773)二月,设立府州县的工作全面展开,乌鲁木齐的同知升格为直隶州的知州,巴里坤则设知府,上谕再次指示:"现议改设府州县沿边各缺,定为繁难最要,令该督于陕甘两省满员内拣调。"⑤

关于东路府州县的正职均为满员,可以从乾隆四十四年(1779)前后成书的《乌鲁木齐政略》一书中得到证实。笔者根据该书"文员"条所记载内容,将有关官员姓名、出身旗分或籍贯制成简表(表1)。从表1可知,关于东路的一道、一府、一直隶州及其所属各县,除了阜康县知县以外,其他各处的最高行政长官均为旗员,其中蒙古旗人和汉军旗人各占一人,其他均为满洲旗人。同时该表表明,正职以下的佐贰官员,则都由汉员出任,其原籍虽然分布于内地各省,但应当均是从陕甘调任到此。这些官员任职东路后,或照广东儋州例五年俸满后,或照广东崖州、福建台湾等缺之例三年俸满后,再返回内地,获得"分别题咨升用"的机会。⑥ 总的来说,能够获知这个时期东路州县以下官员任转情况的史料少而又少,《乌鲁木齐政略》的记载弥足珍贵。笔者设想,如果能够在档案文书中进行爬梳而加以对照补充,或许可以有更深入全面的认识,只是这个工作尚要留待来日。

① 《清高宗实录》卷六一二,乾隆二十五年五月丙午。
② 《清高宗实录》卷六〇四,乾隆二十五年正月庚戌。
③ 《清高宗实录》卷九〇四,乾隆三十七年三月戊戌。
④ 《清高宗实录》卷九〇七,乾隆三十七年四月壬午。
⑤ 《清高宗实录》卷九二六,乾隆三十八年二月癸亥。
⑥ 《清高宗实录》卷一二七六,乾隆五十二年三月乙亥。

表1　乌鲁木齐道府州县职官列表①

职官名称	官员姓名	旗分或原籍
分巡镇迪粮务道	巴彦岱	蒙古正蓝旗人
分巡镇迪粮务道理事通判	广玉	满洲正白旗人
镇西府知府	崧柱	满洲镶黄旗人
镇西府教授	马休成	直隶绥德县人
镇西府经历	王定国	山西太原府人
辟展同知	—	—
辟展巡检	曹梦箕	安徽南陵县人
哈密通判	经方	满洲正黄旗人
哈密巡检	赵复清	杭州仁和县人
宜禾县知县	瑚图里	汉军镶蓝旗人
宜禾县训导	郝坪	陕西西安府人
宜禾县典史	王鹤鸣	江苏沭阳县人
奇台县知县	窝什浑	满洲镶蓝旗人
奇台县巡导	萧克明	西安府咸阳县人
古城巡检	詹煌	江宁府上元县人
古城典史	罗䌽	苏州府元和县人
直隶迪化州知州	德平	满洲正白旗人
直隶迪化州学政	张翰	陕西宝鸡县人
直隶迪化州吏目	张传心	苏州府长洲县人
直隶迪化州巡检	黄廷柱	江苏震泽县人
昌吉县知县	傅明阿	满洲镶白旗人
玛纳斯县丞	徐维绂	江西新建县（又作奉新县）人
玛纳斯巡导	李嵩乔	陕西潼关县人

① 本表据《乌鲁木齐政略·文员》制，缺载部分据和宁《三州辑略》卷二《官制门》补充。

续表

职官名称	官员姓名	旗分或原籍
呼图壁巡导	黄月英	徽州休宁县人
呼图壁典史	姚焕	浙江归安县人
阜康县知县	王喆	江苏元和县人
济木萨县丞	伍彩雯	江西新建县人
济木萨巡导	陈鹤龄	兰州府皋兰县人
济木萨典史	夏廷书	顺天府大兴县人

再来看北路伊犁等地的情形。

乾隆三十一年（1766）奏准设立的理事同知，①自然是作为满缺。不过出于伊犁的重要性，以及移驻军队由满蒙八旗及四营等多种民族成分组成，在考虑该职人选时，清廷强调"地方新定，员缺紧要，必须明白敏练，熟悉满洲、蒙古言语之员，始可胜任"，是否通晓蒙古语言，也被作为不可或缺的条件，并规定"照边缺三年应升之例升用，其养廉、公费较内地加增"，予以优待。②

乾隆四十五年（1780），伊犁添设抚民同知。此项官职也明确定为"边远紧要满缺"，"每遇缺出，即于陕甘二省满员同知内拣选调补，三年俸满，照苗疆例升用，无则奏请部选"，抚民同知下属的四员巡检也定为边缺，从内地拣选，统归抚民同知管辖。③

从以上规定可以看出，伊犁也采取了与乌鲁木齐同样的办法：民政官员的正职由满员出任，佐贰官员由汉员担任，由陕甘总督从内地属员内拣选调往。然而如果细考官员调补时的来源，就会发现，伊犁的上述民政官员，特别是理事、抚民同知以及惠远城巡检的三个职缺，曾经屡次从废员当中奏补，这也可以看作伊犁用官的一个特色。

在清代，凡因罪或因过被革职的官员叫作废员。乾隆中期以后，新疆不

---

① 据格琫额《伊江汇览·衙署》载："兼管伊犁抚民理事同知一员，系三十一年奏准添设。"

② 《清高宗实录》卷七一四，乾隆二十九年七月甲子；卷七一六，乾隆二十九年八月丙戌。

③ 《清高宗实录》卷一一二〇，乾隆四十五年十二月壬子。

但成为民间犯罪者的主要服刑流放地,也成为发遣安置废员的主要地区,其中又以有将军驻节的伊犁地区人数最为集中。用洪亮吉的话说,伊犁废员"自巡抚以下至簿尉,亦无官不具,又可知伊犁迁客之多矣"①。这也意味着当时在伊犁聚集着大批有能力的官僚人才,而其中过失罪责较轻者,便可能经将军保奏而担任一定的民政职务。《总统伊犁事宜》的"抚民同知应办事宜"条,一方面规定从内地属员中拣选同知为三年俸满,另一方面规定如果从废员中补授,则须改为五年俸满,说明两种情况同时存在。可与此规定相互印证的记载还见诸《伊犁低册》,如该书"粮饷处"条下:

抚民同知,岁支俸公养廉工食银二千五百七十八两零,口粮一万二千九百斤,茶叶十二斤,系废员奏补,不支俸廉,岁支公费工食银一千六百九十八两。

理事同知,岁支俸公养廉工食银二千九十两零,口粮五千七百斤,茶叶十二斤,系废员奏补,不支俸廉,岁支公费工食银一千二百一十八两。

惠远城巡检,岁支俸公养廉工食银六百五两零,口粮三千六百斤,茶叶十二斤,系废员奏补,不支俸廉,岁支工食银二百七十三两,口粮三千六百斤。②

从上引史料可知,伊犁实行以废员办理各项政务的做法,有一石二鸟之效。一则可以利用废员工作上的能力,二则可以为将军衙门节省经费。因为废员不支俸廉,且很多废员为了争取早日返回内地和开复官职的机会,还情愿自掏腰包捐助公务,以邀"恩典"。这种经济上的利益大概也是当地任用废员成为风气的一个原因。当然,这里所说的废员包括满员和汉员,满员可以补到同知以上的职缺,汉员则很受局限,能补授的职位较低。由于利益的交换不可避免地会带来徇情包庇的弊端,所以到了乾隆五十七年(1792),乾隆皇帝曾经降旨,明令禁止再从废员中补授伊犁的同知和粮员。③

需要指出的是,尽管汉人废员即便被奏补也很少能担任较高的官职,但他们在新疆的政治事务中并非无足轻重。除了民政系统以外,将军和都统衙门所属机构对汉人废员也有相当大的需求,因为他们有良好的文化素养,

---

① 洪亮吉:《天山客话》。
② 该史料的惠宁、绥定、拱宸三巡检之处不见有关废员奏补的内容。
③ 永保:《总统伊犁事宜·抚民同知应办事宜》。

熟悉官场情形,故多委任其承办日常事务,例如粮饷的收支保管、汉文章奏的起草修改、印房杂务等。因电视剧走红而家喻户晓的纪昀(纪晓岚),就曾被派在乌鲁木齐都统衙门的印房分办汉房事务,①直到两年后捐资回籍,他也因这段经历写下了亦诗亦史、脍炙人口的《乌鲁木齐杂诗》。又如近代史上因禁烟抗英而名垂青史的林则徐,被流放伊犁后协助将军布彦泰兴修水利、勘垦农田,对南北疆的开发都做出了重要贡献。对于人才缺乏的新疆来说,这些废员在保障当地军政事务的正常运转上起到了重要作用。不过,无论是纪昀还是林则徐,虽然参与政务,但毕竟都是戴罪之身,并非正式任用,也没有独立职权,所以本文不将其作为重点来讨论。

五、小结

伊犁将军在清代八旗驻防体制中设立最晚而领兵最多,权责独重。将军名号前被冠以"总统"二字,突出表现了伊犁将军作为最高军政长官统辖全疆的重要地位,不仅统领军事,也兼治民事。但是由于伊犁将军所辖地域极其广袤,远超过其他任何一处边疆驻防将军,受节制的高级军政官员数量庞大,且当地民族成分众多,又是清朝锐意经营、移民开发的西陲重地,这些条件都决定了伊犁将军府无法对全疆简单实行一元化的直辖管理,不能不对辖下地域实行区域划分,让其他高级军政长官来分担管理任务,并在理民治政的政策和制度上加以灵活变通,以收控制之实效。

从理民体制的角度看,州县体系较为完备的是由乌鲁木齐都统直辖,受伊犁将军节制的东路。伊犁将军直辖的北路经历了从理民同知到抚民同知的民政体制变化,但直到同治初年,尚未发展到州县阶段。值得注意的是,无论东路或北路,民政官员的配置大多遵循了正职——满员(旗员),佐贰——汉员的原则,处理政务时上承都统或将军的指令,兼受陕甘总督的制约。因此,新疆军府制下的理民体制表现出其他地方所未见的独特格局,即官员中满汉混合,满主汉副,管理上军府(含都统)为主,督抚为辅,这从又一个角度体现了清廷在治理西陲新疆上的"因地制宜"。

(原载《清史研究》2010 年第 4 期)

---

① 佚名:《乌鲁木齐政略·印房》。

从档案记载看清代伊犁社会中的内地商民

18世纪中叶,古称西域的天山南北广大地区进入清朝版图,定名"新疆"。这不仅最终奠定了清帝国的疆域格局,也对后来的中国版图产生了深远影响。为稳固西陲,乾隆皇帝设伊犁将军总统天山南北两路,屯驻八旗重兵,构建了体系庞大的军府体制,同时鼓励内地人口向新疆流动迁徙,务农经商,从而造就了大一统格局下新疆地区不同于前代的社会和经济文化面貌。

伊犁作为统领全疆的伊犁将军驻节之地,在政治上具有"首重之区"的突出地位。由于多种移民的进入,作为一个地域社会,伊犁也呈现出独特的多元化结构。根据人口来源及迁徙特点,笔者将其概括为以下四个部分:奉清政府之命携眷驻防的满洲、蒙古八旗和察哈尔、锡伯、索伦、厄鲁特四营官兵及其家眷;为执行屯田任务从陕甘调集的绿营官兵及其家眷;负有屯田使命,自天山南路举家迁徙的突厥语系穆斯林农民,清代文献称其为"种地回人"(以下称维吾尔),即回屯;来自内地各省自发迁徙的民人,其主体乃是被称作"商民"的群体。

在本文中,笔者将着重考察活跃于伊犁社会中的内地商民。如上所述,新疆甫定,内地民人便源源西来,时称"出口"或到"口外"。"口"即指嘉峪关。不过,细观人口流动的过程就会发现,在伊犁地区,内地民人的聚集一直以自发迁徙的商民为主,有别于东路乌鲁木齐地区经大规模农业移民而形成的移民社会。鉴于现有的相关研究尚多停留在对人口迁移态势的一般性描述,缺少对内地移民人群的细致探讨,①笔者拟运用在中国第一历史档案馆收集到的大量档案史料,配合以政书、乡土志文献的记载,对乾隆至道光年间内地商民在伊犁地区的聚集过程、经济活动和生活方式做尽可能翔实的实证性考察,力图在还原这一移民群体历史面貌的同时,深化对清代伊犁地域社会形成及其特点的认识。

一、军政中心伊犁的初期建设与内地商民的聚集

乾隆二十四年(1759)末,随着天山南路的军事行动宣告结束,清政府开始将注意力转向如何建设和经营伊犁这一重大议题,身在前线的许多官员投入讨论,献计献策,但看法却各有不同。

时任叶尔羌办事参赞大臣的舒赫德认为,战事既然已经结束,集结在南路的清军可以就此调往伊犁,全面开展屯田驻兵,具体方案为"派出满洲、索伦兵四千名,建筑城堡,亦派绿旗兵四千名,……第一年派回人三千户前往屯田"②,也就是说,乾隆二十五年(1760)即向伊犁派出1万人以上。陕甘总督杨应琚也附议此方案。③

与前两人不同,在阿克苏办事大臣任上的阿桂另有见地。他认为,伊犁的驻防屯田固然紧要,但步骤上要有轻重缓急。鉴于平定准噶尔战争之后伊犁地区元气大伤,人口散尽,农田荒废,骤然派大军进驻,第一大难题便是军粮无从筹措,势不能支。为此在办理顺序上要"酌派回人先往屯田,再添驻官兵,增派回众,即易为力"④。作为屯田驻兵的第一年,其合理的规模是派兵500名,回人300户,以后视当地收成情形,逐步增加。乾隆皇帝肯定了阿桂的方案,谕称"看来驻兵屯田,惟当渐次扩充"。此后舒赫德一度情绪低落,"嗣于会议

---

① 目前关于清代伊犁的研究成果,大多围绕伊犁将军府的设立及其管辖体制,其中虽然也涉及八旗、四营及绿营的移驻,以及屯田制度中的兵屯、回屯等问题,但主要着眼于清朝的边疆治理体制和政策,从地域社会史的角度进行研究,关注由内地民人组成的移民社会群体的论考尚属鲜见。
② 《清高宗实录》卷五九九,乾隆二十四年十月癸卯。
③ 《清高宗实录》卷六〇九,乾隆二十五年三月癸亥。
④ 《清高宗实录》卷六〇四,乾隆二十五年正月辛酉。

屯田折内遂不参一语",在遭到乾隆皇帝训斥后才重新与阿桂联手办事。①

细考舒赫德与阿桂的意见,不难看出,两人的分歧主要表现在驻防屯田的推进步骤上,而就如何充实伊犁人口以建设当地这个问题,双方的见解不啻是彼此吻合的。两人都赞同派满蒙八旗兵进行驻扎镇守,调绿营兵并迁徙天山南路的维吾尔农民从事屯种以保障军粮。② 这里值得特别注意的是,双方中任何一方的方案里都不包括组织内地农民到伊犁从事民屯(即户屯)的设想。事实上,就在阿桂等人着手经营伊犁之时,东路的乌鲁木齐地区已将招募甘肃等省无业贫民来新疆开办民屯提上了日程。该计划于乾隆二十六年(1761)正式启动,乾隆四十五年(1780)结束,在二十年间,由官方资助的集团式农业移民累计达到一万数千户,由此奠定了东路农业生产的基础力量,也使得被称为"户民"的民屯生产者成为当地移民社会的主体。③ 相比之下,伊犁地区从其经营之始,就没有采取类似东路的方式,这是因为什么呢?

从档案等相关记载来看,主要有以下两个方面的原因。

第一,地理上的原因。伊犁乃"西陲极边"之地,且不说与内地相距遥远,仅从乌鲁木齐到伊犁的路程就有千余里之遥。此时正值开拓之初,条件未备,人员与物资的转运皆面临极大的困难,"巴里坤以西山路崎岖,不惟车辆难行,即车路可通,拉车骡马必须料豆饲喂,始可前往,计转运裹带,所费更巨"④。从巴里坤到乌鲁木齐尚且交通艰难,远至伊犁的转运成本就更高,也更难于实施。

第二,从伊犁地区的农业历史看,准噶尔汗国时期曾从南疆各城迁移维吾尔农民前来耕种,时称这类农民为"塔兰奇"(突厥语及蒙古语中为"种田者"之意),并形成了相当的规模。虽然战乱后塔兰奇农民大多逃回了天山

---

① 《清高宗实录》卷六〇六,乾隆二十五年二月癸未;卷六一〇,乾隆二十五年四月丁丑。

② 自内地移驻八旗和锡伯、察哈尔、索伦、额鲁特等四营以及自天山南路各城移住回屯人户的活动在乾隆三十七年基本结束。据格琫额《伊江汇览·户籍》(载马大正等编:《清代新疆稀见史料汇辑》,全国图书馆文献缩微复制中心1990年版)记载,乾隆四十年伊犁的定居人口为惠远、惠宁两城满洲蒙古官兵共计6 584户,大小27 092名口,四营官兵共计7 388户,大小23 992口。回屯伯克并回民6 406户,大小20 556口,以上总计71 600余人。

③ 华立:《清代新疆农业开发》第三章,黑龙江教育出版社1995年版。

④ 中国第一历史档案馆藏:《宫中档朱批奏折·农业屯垦类》,乾隆二十三年四月二十三日黄廷桂奏。

以南,但基于上述历史,清政府很自然地想到借鉴准噶尔的成例,从南疆征调维吾尔农民前来屯田,并依靠此类回屯来解决伊犁的军粮供应问题。在地理距离上,南疆与伊犁之间虽然有天山梗阻,需要翻越天险穆素尔达坂(汉文又作"冰岭"),但路程上比内地到伊犁则大为缩短,加之可以通过行政命令要求南路各城承担回屯人众迁徙的部分费用。因此,对于清政府来说,较之从内地移民,后一种方案显然更为可行。

了解了上述背景,我们便能够理解,为什么从一开始在伊犁地区就没有出现有组织的以民屯为目的的移民,而是自发流入的内地商民成为民人的主要来源。"商民"一词在当时不仅指商人,还包括手工业者、雇佣劳动者等类型的移民,较之户民群体,他们与移入地城市的经济关系更加密切。

目前所见言及内地商民在伊犁聚集的最早记载为乾隆二十八年(1763)二月的一份满文奏折。据伊犁将军明瑞在此处领衔奏称:

> 去年奴才等曾奏闻,伊犁商民渐增,寻找城外地方自力建筑房屋,然时遇隆冬,尚未竣工,鼓励众商人明年开春建成开铺,故以其用价多寡,酌定房基租银数目征收。等语。今春商民分别建成房屋开铺。查得,商民自力建成大小房屋共计二百五十八间半,未开店铺,除七十四间原已开铺者征收房基银外,现又有一百八十四间半开店,其中头等房二十七间,二等房四十三间,三等房一百一十四间半。估得,头等房每间征银三钱,二等房征银二钱,三等房征银一钱。每月扣除官建房租银,共可征收房基租银二十八两一钱五分,此项银两于本年二月起,每月按月征收外。其间仍请奖励商民等开垦园子种菜。为此谨具奏闻。①

这份奏折包含了许多重要信息。第一,文中的"去年"为乾隆二十七年(1762),这一年距第一批清军及回屯人户进入伊犁只过去了短短两年,此时的伊犁已经出现了"商民渐增"的现象。商民开始在官兵驻扎的城外自力建房并相继建成二百五十余间,而伊犁当局也鼓励他们尽快安顿下来。第二,随着商民分别建成房屋,开铺经营,当局开始实施相应的税收政策,分三等征收房基租银。虽然乾隆二十七年所征得的银两只有二十八两之数,但其作为一项政策的开始,意义重大。第三,除了允许商民搭建铺面房,开展商

---

① 中国第一历史档案馆藏:《军机处满文录副奏折》,乾隆二十八年二月十七日明瑞奏。本条史料由中国第一历史档案馆张莉女士提供并译为汉文,谨致谢忱。

业外,当局还鼓励商民开园种菜,在多种经济活动中发挥作用,以供驻军之需,而这一方针后来也延续下来。

乾隆二十八年(1763)以后,每年正月由伊犁将军向中央汇报本地税收情况成为定例。循着历次报告中的数字,我们不难看出商民在伊犁日渐活跃的轨迹。

表1 伊犁地区税收情况表

单位:两

税别或出典	乾隆三十六年	乾隆三十七年	乾隆三十八年	乾隆三十九年	乾隆四十三年	乾隆四十七年
惠远城官盖铺面房四百间所收租银	4 582	4 375	4 567	3 909	4 191	3 683
惠宁城官盖铺面房二百三十二间所收租银	2 296	2 391	2 164	2 002	2 144	1 620
惠远、惠宁、绥定、宁远等四城并屯所所收商民自盖铺房地基银	6 735	6 772	7 130	6 596	6 837	6 926（九城）
商民开种菜园粮地租银	675	584	624	630	660	940
民户耕种地亩租银	—	—	144	213	106	196
收获房产税契银	—	47	300	66	117	118
收获牲畜税银	—	2 070	6 493	4 951	4 362	3 587
煤窑抽收税银	—	—	—	—	—	324
出典	《军机处满文录副奏折》,乾隆三十七年正月二十八日舒赫德奏	《军机处满文录副奏折》,乾隆三十八年正月初十日舒赫德奏	《军机处满文录副奏折》,乾隆三十九年正月十四日伊勒图奏	《军机处满文录副奏折》,乾隆四十四年正月十八日伊勒图奏	《军机处满文录副奏折》,乾隆四十五年正月十五日伊勒图奏	《军机处满文录副奏折》,乾隆四十八年正月十九日伊勒图奏

表1显示,乾隆二十八年(1763)以后的10余年间,商民在伊犁的自盖铺面房数有了显著的增长。因为数字有空缺,我们无法逐年计算增长速度,但从乾隆二十八年(1763)二月的区区28两起步,到乾隆三十八年(1773),这项税收已经达到银6 735两之多,并在此后基本维持了这一水准。在伊犁将军驻节并有满蒙八旗兵驻防的惠远、惠宁两城,更是动用公帑盖铺面房以吸引安置外来商民,此项房基租银的收入也分别达到一年4 000多两和2 000多两。之后伊犁还开征了牲畜税银,使之成为当地的又一项重要税源。据乾隆三十八年(1773)舒赫德奏称:

> 臣等查得,伊犁地方商贾日增,旗民杂处,驼、马、骡、驴、猪、羊、牛只各项牲畜,请照内地分设牙行,征收落地税银。惠远、宁远等城及关厢内商民自盖铺面或转相售买,亦照例纳税,统归入房租案内,于年底一并奏报,等因,奏准遵行在案。①

由上述史料可知,此税确定征收于乾隆三十七年(1772)。税入随年份而有变动,多时6 000两,少时2 000两。

以上几个大项再加上商民经营"菜园粮地"带来的小宗税收,可知伊犁每年从商民处征得的税银总计有一万数千两之多,足见商民在当地经济生活中已经占据了重要地位。

与上述数字相呼应的,还有乾隆四十年(1775)撰成的《伊江汇览》一书中的记载。该书"赋税"条称:"自伊犁之设兵驻防也,商贾往来,军民辐辏,数城寰市,鳞次雁排,附郭郊坰,星罗棋布。"又称:"至于所集民人,半系雍凉秦晋,其以贸易来者,各安其业,以技艺至者,亦自食其力,嗜好无殊,狡诈者少。"这些文字也清楚地表明,内地商民在伊犁地区已相当活跃,且其原籍多为山西、陕西、甘肃等省,所事生业或为经商或靠手艺谋生,其足迹已经遍布当时的伊犁各城。

二、商民人数的增加与民政管理体系的完善

商民进入伊犁后,虽然对活跃当地的经济生活起到了很大作用,但在早

---

① 《军机处满文录副奏折》,乾隆三十八年正月初十日舒赫德奏。
② 格琫额:《伊江汇览·风俗》。收入马大正等编:《清代新疆稀见史料汇辑》,全国图书馆文献缩微复制中心1990年版。

期,清朝当局只把他们看作流动性暂居人口,并未将其列入本地户口的统计对象。如前述《伊江汇览》的"户籍"部分,主要统计惠远、惠宁两城之满蒙八旗,锡伯、索伦、察哈尔、厄鲁特四营,以及回屯人口数字,仅在最后提到还有"招募民人七十一户,大小二百零九名口"。此处的"招募民人",系指跟随移防的八旗官兵眷车从内地来到伊犁,后于乾隆三十七年(1772)、乾隆三十八年(1773)吁请"认种升科以为土著"的一部分民人。当局因他们落地务农而将其纳入本地户口数字,而对于人数众多的广大商民则完全排除在统计之外。

不过上述统计原则并非一成不变。乾隆后期到嘉庆初年,很多迹象表明,有更多的内地商民在伊犁的居留趋向稳定。随着社会情况的变化,统计对象的规定也发生了重大改变。嘉庆初年成书的《总统伊犁事宜》集中地反映了这一变化。下面先引述原文,之后再稍做分析。

  查伊犁所属九城,有眷商民三百三十四户,男女大小共一千四百五十名口。眷兵分户七十八户,男女大小共三百七十五名口。西堡户民五十五户,男女大小共二百一十四名口。只身商民户民共七千九百六十名。以上商民户民男女大小共计九千八百五十四名口,内妇女七百三十三口。①

这段记述是迄今为止唯一能见到的,具体记录了乾嘉之交伊犁地区民人构成的史料,十分珍贵。② 笔者尤其关注这样几点:

第一,在乾隆四十年的《伊江汇览·户籍》中,商民不作为统计对象,而在嘉庆之初的《总统伊犁事宜》里,商民不仅作为主要统计对象,并被明确区分为"有眷商民"和"只身商民"两大类。

第二,就数字来看,有眷商民 334 户,男女大小共 1 450 名口,约占此时商民人口总数的 1/6。所谓"有眷"和"男女大小"是指商民的家眷,即同在伊犁居住的他们的妻儿父母。一般来说,商民和户民比起来,其流动的可能性相对较大,但如果携有家眷,在移入地的稳定性就大大增强了。

第三,按本条史料,乾隆末年至嘉庆初年,伊犁的民人数目达到 9 999 人

  ① 永保:《总统伊犁事宜·抚民同知应办事宜》。收入马大正等编:《清代新疆稀见史料汇辑》,全国图书馆文献缩微复制中心 1990 年版。
  ② 史料中的"只身商民户民"一语令人费解,"户民"原指携眷移居并从事农业的人口,何来只身?是转抄过程中有笔误,还是其他原因,尚待考证。笔者在此处权且当作"只身商民"理解。

(此数字系笔者将各单项人数相加后所得,高于原文的"商民户民男女大小共计九千八百五十四名口"之数),其中商民(有眷加只身的合计)9 410 人,占民人总数的94%。这再次凸显了伊犁民人人口中商民占据重要比重的这一事实。

第四,本时期伊犁地区各项人口之总和约为 121 300 余人(表2),而商民与户民的合计达到 1 万人,约占总人口的1/12。虽然在当时的总人口中仍为少数,但与初期的统计数字相比,是非常可观的增长,成为当地社会中不容忽视的组成部分。

表2 伊犁地区人口情况表

类别	人口数/人	出典①
惠远城满营	22 274	《总统伊犁事宜》,第 183 页
惠宁城满营	12 458	《总统伊犁事宜》,第 197 页
锡伯营	7 392	《总统伊犁事宜》,第 199 页
索伦营	4 057	《总统伊犁事宜》,第 200 页
察哈尔营	10 059	《总统伊犁事宜》,第 202 页
厄鲁特营	22 729	《总统伊犁事宜》,第 205 页
绿营	11 825	《总统伊犁事宜》,第 207 页
回屯	20 556	《伊江汇览》,第 41 页
民人	9 999	《总统伊犁事宜》,第 249 页
合计	121 349	

在商民人口增加的同时,伊犁地区的民政管理体系也得到进一步的完善。商民进入伊犁之初,当局只在八旗系统中设立理事同知,负责旗民交涉,兼管治安,没有正式的民政官员。然而到了乾隆四十五年(1780),随着绿营屯兵实行携眷永驻,促使当地的民政系统发生重大变化,这一变化又直接推动了伊犁移民社会的发展。

绿营兵进入伊犁的历史基本上与八旗兵同步,乾隆二十六年(1761)伊

---

① 《总统伊犁事宜》和《伊江汇览》均收在马大正等编《清代新疆稀见史料汇辑》。《总统伊犁事宜》对回屯人口缺载,关于该项,笔者采用了《伊江汇览》中的数字,虽然这一数字在时间上略早于其他各项,但对了解人口总体状况并无大碍,故采用。

犁绿营屯兵人数为1 000名,乾隆三十四年(1769)增到2 500名,分配在各处屯所从事农业生产。这时的绿营虽然执行屯田任务,却不携眷,官兵单身赴任,每五年换防一次,任务完毕后即返回原来的陕甘军营,不在当地居留。乾隆四十三年(1778),伊犁将军伊勒图提出维持绿营兵的换防成本过大,且换防士兵奔波劳顿,得不偿失,应该将效仿八旗,将绿营兵也从换防改为携眷永驻。他的提议很快得到朝廷的认可。乾隆四十四年(1779)正值换防之年,清廷下令,将本次派往的绿营官兵一律作为携眷永驻对待,除了3 918名官兵(官98名,兵3 000名)外,其家属(妻子、儿女、父母、兄弟)也一起前往伊犁,在当地定居,总计迁徙11 825人。

乾隆四十五年(1780),携眷绿营兵到达伊犁。由于所有的绿营家眷按照清朝定例均归入民籍管理,伊犁的民籍人口一下子增加了近万人。而民籍人数的急剧膨胀,又势必将如何完善民政管理的问题提上日程。将军伊勒图这样指出:

> 伊犁十数年以来兵民商贾较前数倍,更兼现在移驻三千绿营兵,其随带子弟俱应归入民籍,自此户民益多,地方事务以及刑名案件较前倍增,原设理事同知一员,管理实难周到,今应遵照部议,将理事同知仍循旧制,另行添设抚民同知一员,分司地方事务。①

同年七月,清廷批准伊犁添设抚民同知一员,建衙署于惠远城西门处,作为边远紧要满缺,"三年期满,照例升用"。理事同知兼管民事时曾辖巡检二员,至此增为四员,惠远、绥定、惠宁、霍尔果斯(即拱宸)四城各驻一员,均归抚民同知统辖。②

伊犁筑城有一过程。乾隆三十七年(1772)时,当地已先后修筑了惠远、惠宁(又称巴燕岱或巴彦岱)、绥定、塔勒奇和宁远(又称固勒扎或固尔扎)五城。其中惠远和惠宁驻扎满营,即满洲、蒙古八旗官兵,惠远城是伊犁将军衙署所在地,宁远城是回屯的行政中心,绥定和塔勒奇则是换防绿营兵的驻地。随着绿营实施携眷永驻,伊犁于乾隆四十五年(1780)再建四座新城,即惠远城北方和西方的广仁、瞻德、拱宸三城,及惠宁、宁远两城之间的熙春城。伊犁河谷中被后世称为"伊犁九城"的军政城市群的分布格局也由此奠

---

① 中国第一历史档案馆藏:《宫中档朱批奏折》,乾隆四十五年七月二十四日伊勒图奏。
② 永保:《总统伊犁事宜·抚民同知应办事宜》。

定。九城中,新建的四城和先建的绥定、塔勒奇二城都被用来安置新到的绿营官兵及其家属。

清廷还具体规定了抚民同知和巡检的职责,主要包括如下内容:征收各项租税,如九城房契税银、煤税银、九城房租银两、牲畜税银及各种粮税;负责地方治安,巡检"专司逃缉""稽查分管地方";管理民人及为民遣犯等各类人口,给商民发放赴乌鲁木齐的路照;办理诉讼,兼管监狱,"管理商民及绿营命盗脱逃并词讼案件",亦会同理事同知处理"旗下"及各部落(即锡伯等四营)与民人交涉的事件。

很显然,经过这次调整,伊犁的民政管理系统较之前大为完备。至此,抚民同知全面负起了当地的行政、治安、税收、司法等方面的民政职能。

三、商民在伊犁的经济活动

内地商民来到伊犁后如何在当地从事经济活动,他们的生活方式和生活状况如何,这些都是研究伊犁移民社会实态所不可缺少的部分。然而受文献记载严重不足的局限,长期以来,研究者一直难得其详。笔者经过爬梳,在中国第一历史档案馆里先后找到五十余件有关乾隆至道光时期伊犁内地商民的档案文书(尚有进一步发掘的余地),涉及一百数十人,极大地丰富了我们对这一移民人群和当地社会的认识。为了行文叙事的方便,笔者将这些史料整理成表格,置于本文末尾(附表1),在文中根据附表1的内容具体加以分析,以下所举例子皆来自附表1。

总的来看,商民在伊犁的经济活动可以区分为农业和非农业两大类,而以非农业为主,他们或开店经商,或采煤伐木,或经营各种作坊,或赶脚运输,其活动大都围绕着伊犁九城军民的各种日常需要,真正从事农业的只是其中少数。

(一)开店经商

伊犁九城普遍有商民开设的大小店铺,而惠远、惠宁两城更加集中,其经营内容十分广泛,除了销售杂货、绸缎、茶叶及其他林林总总来自内地的商品外,也卖肉(多为牛羊肉)、卖药,以满足居民日常的副食和医药之需,还有许多人开设饭铺、歇店(旅店)、茶铺、酒铺等,提供餐饮和住宿的服务。

先看开杂货铺的例子。如甘肃民人谢有起,从乾隆四十九年(1784)起在熙春城开杂货铺(例34);陕西渭南县回民赵世文和长安县回民马天喜,于嘉庆年间共同出资在伊犁大城即惠远城开杂货铺(例12),同在嘉庆时期的,还可见陕西咸宁民人郝镜(例17)、直隶宛平民人张五在固尔扎即宁远城开杂货铺(例26)等。

开饭铺、茶铺、歇店的事例中,较早的有来自陕西长安县的唐世华,于乾隆三十七年(1772)来伊犁,在惠宁城开饭铺,曾雇用佟奇贵为伙计。后来佟奇贵也独立开了饭铺,又雇张德福为伙计(例3)。嘉庆年间记载更多,可见高俊、李永昌、王钧重、徐永仁、薛贵等多人的事例(分别见例19、例20、例27、例43)。

开办三义号、经营杂货绸缎的山西右玉商人贾有库(例1),可视为晋商由旅蒙商进而向新疆发展的一个案例。贾有库于乾隆十二年(1747)在归化城(今呼和浩特)创办该商号,而后不断扩大,在新疆的阿克苏、乌鲁木齐等处设分号,到乾隆四十年(1775)前后,伊犁也有他的"发货寓所一处",贾有库雇用伙计来打理业务。从"发货寓所""发货房"的叫法来看,伊犁的这一处大概属于货栈性质,有可能是用于存放及批发从归化城经蒙古草原运到伊犁,再从伊犁转售往新疆各地的各种货物。

伊犁周边草原广阔,牧业人口不在少数,故九城的牲畜交易也十分活跃。如前引舒赫德所奏称:"伊犁地方商贾日增,旗民杂处,骡、马、驼、驴、猪、羊、牛只各项牲畜,请照内地分设牙行,征收落地税银。"官方设立牙行进行中介交易,并负责征税,嘉庆时期各城的经纪牙行达到26人,年征牲畜税银四千六七百两。①

除了坐贾,也有许多以行商方式奔走于伊犁和其他地区之间的内地商民。与叶尔羌办事大臣高朴联手私贩玉石,事发后被问罪的陕西渭南县回民赵钧瑞就是其中之一(例2)。他早在乾隆二十一年(1756)就随清军大营进入新疆,乾隆二十五年(1760)以后主要在南路阿克苏、叶尔羌等地经商,也往返于天山南北。如他曾于乾隆三十年(1765)将南路出产的棉花,拿到伊犁出售,一年后再返回南路。

(二)采煤与伐木

采煤与伐木也是商民在伊犁从事较多的行业。伊犁多产煤炭,煤炭是

---

① 《钦定新疆识略》卷九《财赋》。

伊犁军民每日炊煮及取暖所不可缺少的燃料。当局最初曾派军队开采,但很快就交给商民办理,经营者称"窑户"。早期主要采自惠远城北的空鄂罗俄博山,为祈求神佑矿苗旺盛,窑户们还出资在煤山修建了老君庙。据《伊江汇览》记载:"煤窑距城仅十余里,往返最为近便,迩年商民开之数十窑,日可出煤数千车。"产煤的售价由官方定,"其八旗官兵以车赴山拉载者,每车山价银三钱七分五厘,是为官价,而民人购买,则每车价值五钱,四城军民炊爨皆仰给焉"①。

煤税开征始于乾隆四十七年(1782),系将军伊勒图所奏请。当时空鄂罗俄博山的大山头、石人子、甘沟三处共有24处煤窑,"长年挖取者十六座,冬春两季挖取者八座"。至嘉庆中,煤窑数增至34处,年征煤税银437两。② 笔者在档案中也看到嘉庆、道光年间的具体事例。如嘉庆十八年(1813)将军晋昌奏报,甘肃武威民人马智在伊犁石人子地方煤山"佣趁",因酒醉与另一民人周某发生口角,导致对方受伤(例32)。又如道光十年(1830),窑主康泳兴在石人子经营煤窑,曾雇用陕西民人李伏积、乔廷相、吕文明等多人挖煤(例47)。道光二十一年(1841),甘沟煤窑有李燕等人挖煤,并雇用把头监工(例56)。嘉庆以后,惠宁城北的辟里沁煤山也渐被开采,当局还在煤山设立乡约,以管束挖煤民人(例50)。

关于伐木业,嘉庆十一年(1806)将军松筠上奏称:

> 驻防满洲官兵及商民人等生齿日渐繁多,营造室庐必须材木,向来俱听民人于伊犁南北山场自行砍伐售卖,趋利之徒日久丛集山林僻处,不无藏匿逃人,……惟有即于伐木民人内,择其老成妥实者,设为商头,官给验票,管束民人采伐,按名造册备查。③

据此史料可知,商民很早就在伊犁河南北两侧的山中伐木并贩卖木材。木材主要用于各城搭建兵舍和民房,是重要的建材。当局原来听任民人伐木,到松筠时提出要强化管理,遂在伐木民人中设立商头,责令其管束民人并征收木税,按"每木百根抽分七根"定例,当年共征收大小木植板片7 499件,从这个数字也可看出伐木业已有一定的规模。嘉庆十七年(1812),民人王弼义"久在伊犁伐木营生,每逢入山伐木,携带烟茶等货,卖与近山游牧额

---

① 格琫额:《伊江汇览·土产》。
② 《钦定新疆识略》卷九《财赋》。
③ 《钦定新疆识略》卷九《财赋》。

鲁特各户觅利"①。这说明民人在伐木之余也兼做其他小买卖。还要注意的是,王弼义的交易对象不是一般的伊犁九城居民,而是在山里游牧的厄鲁特营,他把交易活动的范围扩大到了游牧各旗(例29)。

(三) 手工业和运输业

先看档案中手工业者的事例,按时间顺序列出。

例6,甘肃靖远回民王之得,乾隆四十年(1775)牵骆驼运官茶到伊犁后留在当地跟皮匠学手艺。

例7,甘肃兰州民人戴五云,在伊犁开银匠铺,后于乾隆四十九年(1784)收山西民人王银晓为徒。

例9,山西交城民人贾成凤,乾隆四十八年(1783)到伊犁,在绥定城开成衣铺。

例11,陕西民人萧贵和同乡王金山,乾隆五十四年(1789)时在惠宁城合开磨坊。

例23,甘肃武威民人朱友和陕西临潼民人杨国炳,在伊犁合伙做木匠营生,嘉庆十一年(1806)时给索伦营前锋哈拉勒岱打制窗桌。

例24,民人刘宗才,嘉庆十一年(1806)雇陕西富平县民人张增祥为其扫碱,后在惠远城北关开纸坊,仍雇张增祥为伙计。

例25,山西临县民人刘广禄,嘉庆二年(1797)到伊犁后在惠宁城开酒坊,后因亏本一度关张,嘉庆十二年(1807)与同乡民人朱希元合伙重新开业。

例38,甘肃武威民人蔡生瑞,嘉庆九年(1804)来伊犁,直到嘉庆二十三年(1818)都在宁远城外当铸铁炉匠。

例53,民人张万喜,道光二十年(1840)时在巴燕岱开毡坊。

以上虽然只是众多事例中的一部分,但已足以看出当时伊犁汇集了具有各项技能的工匠,酿酒、磨面、制毡、造纸、木工、缝纫成衣、皮革加工、铸造铁器、打造银器等均有涉及。其经营内容的多样,正是对应了伊犁九城军民在日常生活中的种种需求。

赶脚运输也是商民在伊犁所从事的重要行业。例20的陕西蒲城县民人薛建文、例22的路世朝、例43的祖籍甘肃灵州而"生长伊犁"的回民马如

① 《宫中档朱批奏折》,嘉庆十七年十月三十日晋昌奏。

海、例49在固尔扎城居住的甘肃灵州回民吴浓、吴宽堂兄弟,以及例26的甘肃固原回民马伏等,都是车户,靠赶车度日。

伊犁对车户的需要,一方面来自常年的数量巨大的官方物资运输,另一方面也来自商民本身的经济活动和九城居民出行往来的需要。在这个行业里,甘肃出身的回民明显占有突出比重,且有集中于该省灵州籍回民的倾向。车户根据雇主的要求,有时也在伊犁和其他地区之间进行长途转运,不过附表1中的事例主要反映的还是车户在伊犁本地的活动。比如,采煤和伐木民人为了将煤炭和木材运出山外,就必须倚赖车户的运送,双方结成协作关系。嘉庆十一年(1806)在伊犁河南岸山林伐木的山西民人贾孟贵和陕西民人宁五就同时雇用了车户路世朝的车辆,宁五还提前付下订金,以保证自己的木材可以优先运出山外(例22),却也因此与贾孟贵发生冲突。又如例28中的民人王得,每每受雇为官府拉运货物,常往返于惠远城和绿营屯驻的各城之间,一般居民也借便搭他的车出行,这种现象在当时应该十分普遍。

(四)经营农业

从经营内容看,内地民人在伊犁从事的农业活动,主要有菜园、稻地、粮地三种。对此附表1中所收事例也有反映,如例24的民人洪致义、例41的民人惠四和张有,均经营菜园或果园,而例40的回民马良功一家以及例48的回民马科一家则是种稻农户。菜园和稻地应属于商业性经营,粮地则是户民认种时划给的土地,需按定例纳粮。菜园大都分布在城的近郊,出产蔬菜瓜果,供应九城军民日常餐食之需,至于稻地所产稻米的去向,虽然未见到十分明确的记载,但推测也应进入市场流通,以满足驻防八旗官兵及其他城市人口的食米需要。关于驻防八旗日常食用稻米,从嘉庆中满营一度实行的旗屯(以八旗闲散人丁为劳力的屯田)曾耕种过数处稻地,产米用以自食一事上可以得到旁证。此外,从征税规定也能看出农地经营性质的差别,菜园和稻地每亩征银一钱,粮地则每亩征银五分,或征实物税,每亩纳小麦八斗。

前已提到,伊犁并未实行有组织的内地农业移民,但这并不意味着当局不赞成自发进入伊犁的商民从事农业。早在乾隆二十八年(1763),当局就表示鼓励商民自主开园种菜。乾隆三十七年(1772),跟随满洲八旗眷兵的搬迁车辆一同到达伊犁的民人庄世福等48户以"居住数载,妻室子女日渐繁衍,吁求垦地升科,以为土著居民",将军舒赫德当即允准。① 舒赫德将此事上报后,乾隆皇帝闻知更是大加赞许,亲自写下《伊犁将军舒赫德奏客民愿入屯田户籍事诗以志慰》诗一首,又在该诗的序文中表示:

  乃有庄姓四十八家之众,到从乾隆二十九载之前,请依郭外以受廛。固已市通哈萨,祈指河湾而荷锸,何须畔让诸回。从兹衔轭假官牛落业,永资人口,抑且粪田回走马,起科弗俟三年,彼边氓不待夫招徕,将荒服旋臻乎富庶。②

从序文可以看出,乾隆皇帝明确希望更多的自发流入人口也就是文中的"客民"能够不必等待国家招徕(招徕往往伴随国家出资),就自愿转入"屯田户籍",以使伊犁土著日增,"荒服"变为富庶之区。

继庄世福等之后,有更多商民陆续主动认垦屯地。如相关记载中出现的,经营麦地面积达到 39 618 亩的张子仪等 32 户,以及经营菜园、稻地达 10 668 亩的张尚义等 200 户,均为自愿按例升科,永为土著。③ 比之一般客民,商民的经济力量相对雄厚,农业经营的规模也远超前者。正因为如此,有关史书在提到伊犁民屯时,有"户屯者,商民之屯"之类的表述。④ 所以,如果因为看到"户屯"字样,就简单认为伊犁实行的是与东路乌鲁木齐同样形式的农业移民,将二者等量齐观,那无疑是一种误解。

不过,尽管可以肯定伊犁户屯的主体实际是商民,但这些农田究竟如何分布,方位如何,官方记录言之不详。所幸嘉庆十七年(1812)获罪遣戍伊犁的清地理学家徐松,曾历时七年踏查当地的山川地形,并在他的《西域水道记》里为我们留下了重要线索。

据徐松记述,从惠宁城向西行至惠远城东,可见大片的"民稻田",为商民张尚义等 200 户所经营,面积约 10 668 亩。这一带水田蜿蜒,宛如江南,目睹此景,徐松发出了"左右水田,新禾䆉稏,宾鸿白鹭,远近翱翔,宛成江乡风景"的感叹。⑤

过惠远城后,沿惠远城北的乌哈尔里克河进入山间,徐松又先后经过了

---

① 《宫中档朱批奏折》,乾隆三十七年十一月二十三日舒赫德奏。
② 《清高宗御制诗文集·御制诗四集》卷九。
③ 《钦定新疆识略》卷六《屯务》。
④ 祁韵士:《西陲总统事略》卷一《伊犁兴屯书始》。
⑤ 徐松:《西域水道记》卷四。

香房沟、烧房沟、白杨沟、新沟的多道山谷,那里也有"民田",但规模渐小,户数分别为20余户、50余户、8户、6户。

沿乌哈尔里克河南下,绥定城东至惠远城北一带是比较开阔的平野,这里可见大片麦田,乃户民庄世福等48户、张成印等23户、王巳兴等30户所经营。徐松形容这一带是"一望平畴,隐藏村落,熙熙皞皞,太古成风"的田园风光。① 不过,离开此地从塔勒奇城再向西北去,"户民"或"客民"就越来越稀少,农田也难得看到了。根据这些记述我们可以判断,至少在嘉庆末年,伊犁民人耕种的农田仍以绥定城和惠远城一带为中心分布。

(五)雇佣劳动者

除了从事上述各项活动的商民,史料中还提到"佣工"或"佣趁"这个身份。

自发流入伊犁的内地民人,很多人最初只靠出卖劳力为生,受雇于商家、手工作坊或煤窑木场等,但当他们聚集到一定资本,也会转而开业,雇用伙计,成为商人或店主;反之,如果经商失败,亏了本,他也会沦落为伙计或帮工,两者之间存在着一定的流动性。因为事例极多,不逐一列出,可从附表1探知具体内容。大概正是基于这样的现实,当时的"商民"一词含义比较宽泛,其中包括了商人、手工工匠及佣工身份的劳动者。

五、商民的社会关系与日常生活
——以回民事例为中心

商民来自内地,落脚伊犁,入民籍管理,统称"民人"。一些研究者见其原籍为内地,便往往笼统将其当作汉族,以"民人"概念径与"汉人"概念等同或互换,其实并不妥当。因为清代西来新疆的内地移民中,包含了众多的内地穆斯林,即文中的"回民",满文史料中作"hoise irgen",即"回民"一词的对译。

伊斯兰教在唐、宋时期传入中国,早期多经由海上,由阿拉伯商人带来,从沿海进入,逐渐向内地扩散。元代是伊斯兰教在中国大发展的时期,由于蒙古帝国的开疆拓土,有大批西方穆斯林经内陆中亚通道东来,元代"色目

---

① 徐松:《西域水道记》卷四。

人"中有很大一部分就是这批人。由陆路进入的西方穆斯林也向内地各省扩散,但较多集中于西北地区,经过岁月积淀,逐渐成为当地人口的组成部分。他们因为长期与汉族杂居,受到同化,日常主要使用汉语,着汉装,取汉姓,相貌也与汉族日渐接近,因此在当时也被称作"汉回"。但从宗教信仰和心理层面来说,他们仍保持着作为穆斯林的自觉与族群认同,生活习俗与社会规范也都遵循伊斯兰的教义,是有别于汉族的群体。明代以后,内地各省的回民居住区域基本形成,而靠近新疆的甘肃(清代甘肃省的辖境不仅包括现在的甘肃省、宁夏回族自治区,还包括青海省的一部分)、陕西两省更是拥有大量的回民人口,甚至有"陕则民七回三,甘则民三回七"的说法。① 所以,乾隆中期,当清朝将新疆纳入版图的时候,具有地缘之便利的甘肃、陕西等省民人接踵西来进入伊犁,回民在其中表现活跃,占据重要比重,便是很容易理解的现象。

  日本学者佐口透很早就关注到居留新疆的内地回民,他于20世纪60年代即指出,内地回民大量聚集新疆,最终成长为本地人口中的一大势力,并具有了左右政治局势的力量。只有了解这个事实,我们才能够理解19世纪60年代那场导致清朝在新疆的统治陷于崩溃的大规模穆斯林武装反清起义,何以会是伊犁、库车等地的回民率先发难,烽火进而燃遍全疆。不过,囿于当时的史料条件,他只能将考察范围局限于天山南路地区,对天山北路的伊犁等地则不得不付之阙如。② 近年来,随着资料环境的改善,特别是受惠于档案文献的不断整理和公布,我们终于有了掌握更多线索和做更具体考察的可能。继上一节中考察了商民(汉族和回民)的经济活动之后,在这一节里,笔者试图对商民在伊犁的社会关系和日常生活面貌略做探讨。考虑到回民在该群体中的重要位置而迄今未见有人明确述及,笔者拟重点观察回民事例,既注意他们作为内地移民与一般民人(汉族)的共通之处,更留意他们作为穆斯林族群的某些特质。

  先看迁徙和落脚方式。内地移民要在异乡伊犁开拓自己的生存空间,势必面临种种艰难。一般来说,商民于打拼之初,多是单身男性个人或几人结伴先来闯天下,在相对安定后,一部分人便开始搬接家眷同居,其他亲友乡党也会络绎来寻,依附发展,进而结成更广泛的血缘和地缘人际网络,彼

---

① 余澍畴:《秦陇回务纪略》卷一。
② 佐口透:《新疆民族史研究》,吉川弘文馆1986年版,第292—306页。

此照应，甚至合伙营生。这种渐次迁移的方式以及对亲族和乡党纽带的依赖，无论在汉族移民抑或回民身上都同样可以看到。一些人自述来伊犁的经过时，常用到"寻亲"一词，指的就是后续者前来投靠已在伊犁的亲属，以求安身的情况。比如甘肃灵州回民杨子福，因为父亲在伊犁贸易，他于乾隆四十八年（1783）前来寻父，父亲病故后他没有返乡，继续留在固尔扎城的磨坊，以拉脚送面粉为生（例8）。陕西长安县回民马印，来伊犁年久未归，其子马玉花来"寻亲"，父子二人遂在惠宁城一寇姓歇店内居住度日（例12）。

嘉庆以后，以家族形式居留在伊犁的商民增多。据前引《总统伊犁事宜》书中记载，乾嘉之交伊犁的有眷商民达到334户，男女大小共1 450口。这一趋势也体现在回民当中。如嘉庆二十四年（1819）惠远城东庄一个因讨欠引起互殴致伤人命的案件，就发生在不出五服的回民大家族里（参见例40）。肇事者马环系甘肃回民马良功次子，马良功携长子马海先来伊犁，种稻营生已有多年。一年前马环追随而来，亦同居务农。死者马进才系马环族叔，平日亦同院居住，同在城东种稻为生。当日，双方因发生口角，由叫骂而致群殴，马环将马进才殴伤后，马进才不治身亡。审案时被传讯的证人达六七人，也都是马家亲族或同乡回民。① 道光以后，随着商民定居当地，在伊犁出生的第二代日渐增多，例43的马如海，祖籍甘肃灵州但本人长于伊犁，常年赶车为生；再如例49的回民车户吴宽，不仅与嫡堂兄吴浓在固尔扎城同居一处，而且家中有妻吴杨氏、养子阿束拉之媳黑氏等不少女眷，说明早已定居当地。笔者还注意到，回民之间也有类似汉族移民的"同姓联宗"现象，即通过与非血缘关系的同姓回民联宗认亲来强化自身的社会网络。如例2的陕西渭南县回民赵钧瑞，就与肃州的回民赵金海联宗，共同经商。

对于内地移民来说，在他乡求生存，除了需要亲族、同乡的帮助，还需要宗教和乡土文化在精神上给予支持与慰藉。作为穆斯林，同教之间声气相通，彼此扶助，是支撑他们的又一大力量，清真寺更是信仰的中心。因此，当他们来到伊犁后，便致力建造清真寺，维系和强化穆斯林移民社会的宗教纽带，对此《伊江汇览》有如下记载：

> 清真寺即回民之礼拜寺，五城均有之，乃内地回民所建，并无邪说惑人，只以早晚虔奉礼拜者。寺中初无所供，亦无塑像，惟以

---

① 《官中档朱批奏折》，嘉庆二十四年闰四月初八日晋昌奏。

虔洁礼拜,非其教者殊未易入也。①

乾隆四十年(1775)时伊犁尚只建成惠远、惠宁、宁远、绥定、塔勒奇五城,文中"五城"即指此五城。也就是说,此时伊犁凡有内地回民居留的城内都已建起了清真寺,他们拥有了自己的精神"圣域"。研究清末西北回民反清起义的高文远曾指出,西北各地清真寺严格排除教外之人,纯为"穆斯林自己活动的中心,对外绝不开放"②。而上引史料称回民在伊犁早晚入寺礼拜,十分虔诚,"非其教者殊未易入",似乎也表明了类似倾向。笔者曾于2007年造访伊宁市(宁远城所在地)内的陕西大寺(又称宁固寺或回民清真大寺),坐落于今日新华大街的该寺大殿及宣礼楼均为中国传统的重檐歇山顶建筑,斗拱飞檐,庄重典雅,寺顶竖有新月标志,院内古木苍郁。我到时礼拜方散,礼拜者正陆续走出殿来。据寺内的介绍性文字称,该寺至今已历经两个半世纪的风雨,是伊犁地区现存历史最久的清真寺,始建于乾隆二十五年(1760),乃当局考虑绿营中回民官兵的宗教信仰而允其兴建,后得到商民中的回民大力参与,集资扩建,数年后初具规模。回民们心系家乡清真寺的式样,曾特意从内地聘请工匠,据说连大殿的砖雕、绿瓦等建材也是千里迢迢从陕西担挑车载而来。③

关于回民们的宗教生活,档案中多可见他们自述身在伊犁而仍遵循戒律,按时礼拜。如嘉庆十八年(1813)的一条记载称,上年十一月某日恰逢礼拜,惠远城回民彼此邀约,纷纷"入寺行礼"。④ 又如道光四年(1824),住在绥定城的回民马观奇等人因当年七月十三日是回民节日,最为隆重,故各家男子皆入寺行礼,只留女眷在家。⑤

当然,除了内地回民为信仰需求而建清真寺,属于汉族传统信仰的一些庙宇,如关帝庙、八蜡庙、城隍庙、火神庙、老君庙、风神庙,也在伊犁相继出现。如一些研究者所指出,这些汉族移民供奉的坛庙多集中于惠远、惠宁两城,⑥但也有例外,如从事采煤业的商民(窑户)在惠远城北的煤山空鄂罗俄

① 格琫额:《伊江汇览·坛庙》。
② 高文远:《清末西北回民之反清运动》,学海出版社1988年版,第57—58页。
③ 见陕西大寺主殿外墙的说明文字。
④ 《宫中档朱批奏折》,嘉庆十八年四月二十日晋昌奏。
⑤ 《宫中档朱批奏折》,道光二十一年七月二十七日庆祥奏。
⑥ 贾建飞:《清乾嘉道时期新疆的内地移民社会》,社会科学文献出版社2012年版,第215—218页。

博山上,集资兴建老君庙,以祈求矿苗兴旺。

除了宗教场所,伊犁九城的众多茶馆、饭馆、酒铺等,既是餐饮设施,同时也具有重要的社会功能,成为商民日常的社交场所。他们或在这里寒暄问候,联络情谊,或在这里商谈生意,有时则排解纠纷。透过以下几例,我们可以窥其一斑。

第一例,嘉庆元年(1796),在惠远城合伙开杂货铺的回民赵世文和马天喜为了讨债前往惠宁城,在那里遇到多日未见的熟人回民蓝福洪,蓝福洪十分高兴,特邀两人到饭馆吃饭叙旧。①

第二例,嘉庆五年(1800),家住惠远城北关的回民马三贵和民人单奇等三人于傍晚无事,一同上街,不巧天降大雨,三人遂到附近一家茶馆喝茶避雨。雨停后回家路上,遇到一醉酒民人辱骂回民,马三贵因气愤而动手,致对方死亡。②

第三例,道光七年(1827),车户回民马如海到惠宁城拉脚,在城内遇到熟识的民人吴得林,邀其入薛贵的茶馆一同喝茶。适逢茶馆内有吴得林的另一熟人王某也在喝茶,吴得林遂上前问候,因王某应答简慢,马如海前去责难,双方先发生口角进而动手,致伤人命。③

利用茶馆等设施休憩、联谊或洽商,是商民中汉族或回民常见的习惯,但是伊犁的回民在遇到纠纷、寻求和解时,似乎更有一套"斟茶赔礼"的做法;而此时担任调停的往往是回民中的教长或耆老,如下面的两个案例。

第一例发生在道光二十一年(1841),居住固尔扎城的回民吴三才之孀居伯母病故,吴三才因与死者娘家素不走动,未将死讯通知对方亲属,引起亲属强烈不满。吴三才自认"缺礼",便请求阿訇和回民乡老出面调解,在某回民茶馆内进行说合,由吴三才赔礼息事。④

第二例发生在道光三十年(1850),回民赵进泉与同为回民的马正喜因金钱借贷发生争执,赵进泉动手打伤马正喜,事后悔恨,特请马正喜到茶馆"斟茶赔礼","助给四百文令其缓养"以示歉意,马正喜亦接受,却不料马正

---

① 《军机处满文录副奏折》,嘉庆元年八月初二日保宁奏。
② 《军机处满文录副奏折》,嘉庆五年闰四月十二日保宁奏。
③ 《宫中档朱批奏折》,道光七年闰五月二十七日德英阿奏。
④ 《宫中档朱批奏折》,道光二十一年六月初四日布彦泰奏。

喜缓养不愈,数日后伤势转重,终致身亡。①

伊犁偏处西陲,辖域广阔,居民混杂,民风强悍,盗窃命案时有发生。为了加强对移民的控制,清朝在抚民同知和巡检之下还普遍设立"乡约"一职,将内地的乡里组织形式导入了边陲伊犁。从档案中的事例看,在伊犁担任乡约的既有汉民,也有回民,因其管辖地段和对象不同,或被冠以不同的称呼。如人烟稠密、商铺云集的惠远城北关地区,有"北关乡约",惠远城东关外种稻农户聚居的村庄,有"稻地乡约",煤窑所在地有"煤山乡约"等。明清时期内地乡约的职责,原在于承担对乡里民众的教化和道德约束,后来也配合保甲组织执行一部分治安任务。而在伊犁,乡约的职责似乎更加偏重治安维护方面。比如,回民杨子福(例8)于乾隆五十一年(1786),因被回民李成一家骗婚诈财,愤而杀死李氏一家四口。此案发生后,被害人家属和左右邻居首先向本地乡约通报,再由乡约报到抚民同知衙门。道光十二年(1832),辟里沁煤山发生佣工民人图奸同宿民人徐添恩,遭拒后将对方杀害一案,亦由煤山乡约张鉴报到同知衙门(例50)。此外,有关协助官府追拿逃犯,处理当事人遗留的财物以及被害者的赔偿等问题的具体执行,也都属于乡约的职责范围。比如开酒坊的山西临晋县民人刘广禄扎死合伙人同乡朱希元一案,刘广禄伏法后,经乡约之手,将"酒坊遗存器具什物折变,照数付给朱希元胞兄朱鹏科收领"(例25)。

五、结语

以上,笔者运用第一手的清代档案史料,从不同侧面对乾隆至道光时期活跃于伊犁地区的内地商民进行了具体考察,第一次较为详尽地揭示了这一移民群体在当地的生成过程与活动实态。在此基础上,我们可以就这一时期伊犁民人社会的形成得到如下认识:

第一,乾隆中期以来,内地移民进入伊犁的主要方式是自发流动,原籍山西、陕西、甘肃的内地商民构成其主体,未出现类似东路乌鲁木齐的大规模农业移民。早期的内地商民流动性较大,但随着时间的推移,家族形式的居留增多,内地商民日渐成为当地社会结构中稳定的组成部分。

第二,以惠远城为中心的伊犁九城作为军政城市群,拥有大量由满洲、

---

① 《军机处录副奏折》,咸丰元年四月二十五日奕山奏。

蒙古等八旗官兵及其家眷组成的城市人口。他们的日常生活离不开内地商民的各项经济活动，同时，庞大的城市人口的需求也给内地商民在伊犁经商提供了广泛的活动空间。

第三，内地商民中除了汉族，还包括大量回民，后者带来了内地穆斯林社会特有的族群意识和社会行为方式，也奠定了此后伊犁社会人口结构的基本格局。至今国内外一些研究文章仍习惯于将这些来自内地的移民笼统称为"汉人移民"，忽略了回民的穆斯林身份和这一移民群体的特色，容易导致认识上的一些偏差，应该提起注意。

本文将研究的时间下限定在道光后期，是考虑到受咸丰及同治以后伊犁地区以及全国形势变化的影响，内地移民在伊犁的状态也因此发生着重要变化。一方面，道光后期至咸丰年间，随着清朝为了解决日益窘困的新疆财政问题而大力倡导土地开垦，农业生产在伊犁民人的经济活动中所占的比重明显提高，农业移民的涌入也改变了原来以商民为主的人口格局；另一方面，随着清朝与内地穆斯林社会对立的不断加剧，咸丰末年陕甘两省爆发了回民大规模武装反清起义，并于同治初年波及新疆，伊犁、乌鲁木齐等地回民率先发难，天山南路的维吾尔民众继而响应，动摇了清朝在新疆的统治。虽然光绪初年清军最终收复新疆，并收回了被沙俄趁机侵占达十年之久的伊犁，但就伊犁的内地移民社会而言，已无法恢复当年的格局。

附表1 档案所见伊犁商民事例表①

序号	姓名	原籍	回民或民人	经历	年龄	史料出处
1	贾有年	山西右玉	民人	买卖杂货，在归化城、阿克苏、乌鲁木齐开分号，在伊犁设发货铺所一处，由伙计管理	—	《乾隆朝惩办贪污档案选编》第一册，第750页
2	赵钧瑞	陕西渭南	回民	在阿克苏，叶尔羌开杂货铺，乾隆三十年买了一些棉花到伊犁去卖，乾隆三十一年十二月又回到阿克苏	—	《乾隆朝惩办贪污档案选编》第一册，第676页
3	唐世华	陕西长安	民人	乾隆三十七年来伊犁，在惠宁城开饭铺	—	《军机处满文录副奏折》，乾隆四十年四月二十一日伊勒图奏
	佟奇贵	—	—	先受雇丁唐世华，后自己开饭铺	—	
	张福德	—	—	佟奇贵饭铺的伙计	—	
4	党明志	陕西蒲城	民人	惠远城商人，见商民讨账发生争执，上前劝阻	—	《军机处满文录副奏折》，乾隆四十四年四月十六日伊勒图奏
	游政齐	陕西渭南	民人	惠远城商人，指责党明志多管闲事，两人交恶，后被党明志殴仿身死	—	
	李廷耀	—	民人	在惠远城开铺	—	

① 史料为汉文时，根据汉文原文摘出，史料为满文时，译为汉文后摘出；原籍，民人或回民，年龄等项，凡有记者记入；姓名一栏，原文为满文的译成汉字，并加下线，以示区分。档案史料除注明《军机处满文录副奏折》者外，皆为汉文档案。

续表

序号	姓名	原籍	回民或民人	经历	年龄	史料出处
5	刘世兴	山西孝义	民人	在惠远城北关开店铺	—	《军机处满文录副奏折》，乾隆四十六年闰五月十八日伊勒图奏
	蔡耀宗	甘肃兰州	民人	先受雇于刘世兴，后因酗酒闹事被辞退	—	
6	王之得	甘肃靖远	回民	乾隆四十年牵骆驼拉官茶到伊犁，后跟皮匠学手艺	33岁	《军机处满文录副奏折》，乾隆四十九年八月八日伊勒图奏
	戴五云	甘肃兰州	民人	在惠远城开银匠铺	—	
7	王银晓	山西临晋	民人	乾隆四十九年起跟着戴五云学银匠手艺	—	《军机处满文录副奏折》，乾隆五十年三月八日伊勒图奏
	成代青	—	民人	王银晓表兄，出本银四十两请戴五云与王银晓合伙，教其手艺	—	
8	杨子福	甘肃灵州	回民	因父亲在伊犁贸易，于乾隆四十八年来伊犁寻父。后雇给固尔扎磨坊做工。一年后父病死，本人赶车拉面到清水河发卖。因被李成诓骗，愤而杀其一家五口	32岁	《军机处满文录副奏折》，乾隆五十一年五月八日奎林奏
	李成（又名李四九）	—	回民	为民遭犯李三长子，伊犁出生，在清水河南关开歇店	20岁	
	李母	—	回民	李成母	44岁	
	李仓（又名伊斯玛）	—	回民	李成大弟	15岁	
	李文敖（又名奴斯儿）	—	回民	李成幼弟	10岁	
	李郭氏	—	回民	李成妻	—	

续表

序号	姓名	原籍	回民或民人	经历	年龄	史料出处
9	贾成凤	山西交城	民人	乾隆四十八年到伊犁,在绥定城开成衣铺	—	《军机处满文录副奏折》,乾隆五十二年十一月一日奎林奏
10	乔观光	陕西宝鸡	民人	乾隆四十九年出口,在伊犁佣工度日。乾隆五十四年由伊犁赴阿克苏寻亲未果,遂在彼种菜为生	—	《宫中档乾隆朝奏折》第73辑,乾隆五十四年十月三日
11	萧贵	陕西	民人	在伊犁与王金山在惠宁城合开磨房	41岁	《军机处满文录副奏折》,乾隆五十四年十月二日保宁奏
	王金山	陕西	民人	正蓝旗闲散旗人西力图等常来赊买面粉,后因口角被西力图行凶,两人一伤一死	40岁	
	赵世文	陕西渭南	回民	在伊犁伙开杂货铺	—	《军机处满文录副奏折》,嘉庆元年八月二日保宁奏
	马天喜	陕西长安	回民	与赵世文伙开杂货铺	—	
12	马玉花	陕西长安	回民	因父马印久不回家,来伊犁在巴燕岱(即惠宁城)寻得父亲,一起在寇姓店里居住	—	
	马印	陕西长安	回民	马玉花父,来伊犁年久	—	
	蓝福洪	—	回民	与马玉花父子同店居住,图奸马玉花遭拒	—	
	孙福山	—	—	开茶馆	—	

续表

序号	姓名	原籍	回民或民人	经历	年龄	史料出处
13	白盛才	陕西长安	回民	在伊犁开肉铺，八旗兵特克新常来店里买肉	—	《军机处满文录副奏折》，嘉庆元年二月五日保宁奏
14	马贵	—	回民	向刘虎借银二两	35岁	《军机处满文录副奏折》，嘉庆二年三月二十日保宁奏
	刘虎	—	回民	向马贵索债，被扎伤后身死	40岁	
	马三贵	甘肃灵州	回民	来伊犁惠远城北关，与同姓不宗的马孝住在马良店内，佣工营生	34岁	
	马孝	—	回民	与马三贵同店居住	—	《军机处满文录副奏折》，嘉庆五年闰四月十二日保宁奏
15	单奇	—	民人	与马三贵同店内另房居住	—	
	赵文	甘肃秦州	民人	来伊犁北关居住，做木匠	52岁	
	姬伏成	甘肃秦州	民人	赵文表兄，来伊犁寻张姓店内居住，活计营生	—	
16	兰富	新疆迪化州	民人	来伊犁寻觅生计，受雇给李成在清水河屯附近采挖青草，又受雇于绿营外委张大智代筛胡麻	—	《宫中档朱批奏折》，嘉庆八年五月一日松筠奏
	李成	—	民人	兰富雇主	—	

— 245 —

续表

序号	姓名	原籍	回民或民人	经历	年龄	史料出处
17	郝镜	陕西咸宁	民人	向在伊犁贸易,因正黄旗步甲贵勒赫向通回民译语,是年三月在宁远城伙开茶货铺营生	—	《宫中档朱批奏折》,嘉庆九年五月十六日松筠奏
	吴添伏	—	—	郝镜母舅	—	
	杨伏照	—	—	吴添伏之雇工	—	
18	赵管儿	山西寿阳	民人	受雇给八旗佐领喂马,晚间聚众押宝赌钱	33岁	《宫中档朱批奏折》,嘉庆十年五月二日松筠奏
	段连	—	民人	磨坊雇工,参与赌钱	—	
	张鼎威	—	民人	磨坊雇工,参与赌钱	—	
19	高俊	甘肃宁夏	民人	至伊犁惠远北关,开茶馆为生	—	《宫中档朱批奏折》,嘉庆十年十一月四日松筠奏
	李永昌	—	—	在惠远城开歇店	—	
	刘克功	—	民人	刘克明兄,同在伊犁	41岁	
	刘克明	—	民人	刘克功弟,同在伊犁	—	
20	薛建文	陕西蒲城	民人	至伊犁赶车为生,在王钧重铺内居住	—	《宫中档朱批奏折》,嘉庆十一年三月二十九日松筠奏
	王钧重	—	民人	开茶铺	—	

续表

序号	姓名	原籍	回民或民人	经历	年龄	史料出处
21	乔运生	陕西富平	民人	嘉庆元年来伊犁用工度日,嘉庆七年受雇给故遣犯林辰之子林碧雇用工一年,林碧向其借贷已久其工钱并欠	63岁	《宫中档朱批奏折》,嘉庆十一年十一月三日松筠奏
	王日进	甘肃武威	民人	林碧家雇工	42岁	
	林碧	—	—	乔运生雇主,其父遭犯,有妻王氏	—	
	曹新宗	—	民人	林碧家邻人	—	
22	贾孟贵	山西闻喜	民人	来伊犁佣工度日,在伊犁河南山内伐木贩卖,得银寄回家养母	—	《宫中档朱批奏折》,嘉庆十一年十一月三日松筠奏
	宁五	陕西合阳	民人	车户,受雇贾孟贵和宁五,各自雇车拉木头	40岁	
	路世朝	—	—	与贾孟贵同处伐木,各自雇车运木	—	
23	朱友	甘肃武威	民人	与杨国炳在伊犁合伙做木匠生意,本年三月受雇给索伦营前锋做窗桌	—	《宫中档朱批奏折》,嘉庆十一年四月五日松筠奏
	杨国炳	陕西临潼	民人	与朱友合伙做木匠生意	—	
	魏天福	甘肃武威	民人	朱友同乡,为索伦营前锋赶车运柴	—	

续表

序号	姓名	原籍	回民或民人	经历	年龄	史料出处
24	张吉祥	陕西富平	民人	来伊犁佣工度日，上年十一月受雇于民人刘宗才扫碱	—	《宫中档朱批奏折》，嘉庆十二年四月十二日松筠奏
	孟吉珍	陕西长安	民人	在洪致义菜园佣工	38岁	
	刘宗才	—	民人	先雇工扫碱，后在惠远城北开设纸坊，仍雇张增祥佣工	—	
	洪致义	—	民人	经营菜园	—	
25	刘广禄	山西临县	民人	嘉庆二年来伊犁，向在惠宁城开设酒坊营生	—	《宫中档朱批奏折》，嘉庆十二年五月二十四日松筠奏
	朱希元	山西临晋	民人	刘广禄亏本歇业后，朱希元与其合伙，复开酒坊	35岁	
	张大学	—	—	酒坊雇工	—	
26	马伏	甘肃固原	回民	向在固尔扎赶车为生	—	《宫中档朱批奏折》，嘉庆十二年八月二十六日松筠奏
	张五	直隶宛平	民人	在固尔扎开设杂货小铺，在伊犁并无亲属	58岁	
	吴三得	—	民人	为马伏、张五劝架	—	
	王丕石	—	民人	为马伏、张五劝架	—	
	卢成	—	民人	常向许修贵买水烟，在徐永仁酒铺与许修贵共饮	—	
27	许修贵	四川汉州	为民遣犯	在北关龙王庙卖水烟	36岁	《宫中档朱批奏折》，嘉庆十二年十月十日松筠奏

续表

序号	姓名	原籍	回民或民人	经历	年龄	史料出处
28	雷建堂	—	民人	小本买卖，被遣犯黄时中诈骗钱财	—	《宫中档朱批奏折》，嘉庆十二年十一月二十九日松筠奏
	乔乃升	—	民人	小本买卖，被遣犯黄时中诈骗钱财	—	
	雷廷献	—	民人	小本买卖，被遣犯黄时中诈骗钱财	—	
	李贵	—	民人	小本买卖，被遣犯黄时中诈骗钱财	—	
	黄时中	广东合浦	遣犯	会行医，开药铺	32岁	
	王得	—	民人	常由北关向左营拉脚，曾代黄时中给人送药	—	
29	王朔义	—	民人	久在伊犁伐木为生，每逢入山，携带烟茶等货卖给游牧厄鲁特各户觅利	—	《宫中档朱批奏折》，嘉庆十七年十月三十日松筠奏
30	马汉虎	甘肃灵州	回民	久在伊犁收卖羊皮为生	62岁	《宫中档朱批奏折》，嘉庆十九年四月二十日晋昌奏
	马四	—	回民	马汉虎同曾祖小功服弟，于嘉庆九年单身投靠马汉虎谋生，马汉虎收留同住，令共佣工攒钱寄家养亲	33岁	
31	金作良	甘肃灵州	回民	曾充抚民同知衙门差役，被革退后在伊犁做小本生意	72岁	《宫中档朱批奏折》，嘉庆十八年八月一日晋昌奏
	吴玉	甘肃灵州	回民	曾充抚民同知衙门差役，被革退后在伊犁做小本生意，有子定下婚期即将迎娶	—	

续表

序号	姓名	原籍	回民或民人	经历	年龄	史料出处
32	马智	甘肃武威	民人	向在伊犁石人子地方煤山佣工，一日酒醉后路遇民人周一贵，向其索债，两人发生口角，扎伤对方致死	—	《宫中档朱批奏折》，嘉庆十八年十月十五日晋昌奏
33	李开伏	河南南阳	民人	向在伊犁卖杂货为生	—	《宫中档朱批奏折》，嘉庆十八年十一月十八日晋昌奏
	成玉文	河南武安	民人	在伊犁售卖药料。李开伏向成玉文赊买核桃二百个，成玉文不允，两人交恶	—	
	成聚德	河南武安	民人	成玉文之子，向在别城分卖药料	—	
34	谢有起	甘肃灵州	民人	乾隆四十九年来伊犁熙春城肉开杂货小铺，嘉庆十七年与退兵马俊之妻顾氏成奸	—	《宫中档朱批奏折》，嘉庆二十一年十月十六日长龄奏
	王世廷	甘肃宁夏	回民	在熙春城卖羊肉，亦与顾氏成奸	—	
35	张林	甘肃武威	民人	在伊犁佣做小本生意	41岁	《宫中档朱批奏折》，嘉庆二十一年三月二十九日松筠奏
	叶智	—	民人	酒醉后与张林发生口角，被张林殴毙	—	
	萧志	甘肃武威	民人	张林同乡，佣工为生，与张林同居处，亦与叶智往来交好	—	
36	李有孝	陕西乾州	民人	与杨信合伙做生意，卖货给厄鲁特营闲散策伯克，因至游牧地追债被策伯克谋杀	—	《宫中档朱批奏折》，嘉庆二十三年三月二十日晋昌奏
	杨信	—	为民遣犯	与李有孝合伙做生意	—	
	董士魁	—	民人	李有孝表弟，亦在伊犁	—	

续表

序号	姓名	原籍	回民或民人	经历	年龄	史料出处
37	敖玉	甘肃宁夏	民人	向在伊犁佣工，每年春秋季赴厄鲁特牧放羊厂收剪羊毛度日	—	《宫中档朱批奏折》，嘉庆二十三年十月十八日晋昌奏
	萧文佐	—	民人	同在厄鲁特牧放羊厂收剪羊毛	—	
38	蔡生瑞	甘肃武威	民人	嘉庆九年来伊犁，在宁远城外当铸铁炉匠	—	《宫中档朱批奏折》，嘉庆二十三年十一月十七日晋昌奏
	杨顺	甘肃武威	民人	木匠，嘉庆十二年和嘉庆十九年两次向蔡生瑞借钱未还	46岁	
39	马成	甘肃固原	回民	来伊犁摆摊剃头度日	—	《宫中档朱批奏折》，嘉庆二十三年五月一日晋昌奏
	傅光信	—	民人	剃头度日，因马成患病，向马成借用其家具篷帐	22岁	
	马良功	甘肃灵州	回民	惠远城东庄垦种稻地。因讨账与杨彪发生口角，在院内彼此叫骂，进而形成群殴	—	《宫中档朱批奏折》，嘉庆二十四年闰四月八日晋昌奏
	马海	甘肃灵州	回民	马良功长子，随父来伊犁	—	
	马环	甘肃灵州	回民	马良功次子，一年前自原籍来投父亲，将马进才殴伤致死	—	
40	马进才	甘肃灵州	回民	马良功服弟，同院居住。因加人口角对骂，并执棒欲殴马海，被马环打伤后不治身死	41岁	
	马进怀	甘肃灵州	回民	马良功服弟，同院居住，同庄种地	—	
	马一灌	甘肃灵州	回民	马良功同乡，同院居住，同庄种地	—	
	杨彪	甘肃灵州	回民	马良功表兄弟，同院居住，同庄种地	—	
	马得胜	甘肃灵州	回民	院内寓居养病	—	

续表

序号	姓名	原籍	回民或民人	经历	年龄	史料出处
41	张有	陕西长安	民人	嘉庆十年来伊犁,在绥定城佣工,得钱寄回家养亲。道光三年租民人惠四果院,种植菜蔬瓜果	—	《宫中档朱批奏折》,道光五年一月二十七日庆祥奏
	王进奉	—	回民	入张有园内偷桃	34岁	
	黄成	—	—	张有雇工	70岁	
42	马义成	甘肃奇台	回民	道光五年来伊犁佣工度日,时寄银回家养母。与马添禄先后雇给回民马成,做伐木工作	—	《宫中档朱批奏折》,道光六年九月三十日德英阿奏
	马添禄	—	—	与马义成先后雇给回民马成,做伐木工作	—	
	马成	—	回民	马义成、马添禄之雇主	—	
43	马如海	甘肃灵州	回民	长子伊犁,父存母故,后有继母,赶车营生	—	《宫中档朱批奏折》,道光七年闰五月二十七日德英阿奏
	吴得林	—	民人	与马如海熟识,邀往薛贵茶馆喝茶	—	
	王廷贵	—	民人	与吴得林相识,也到茶馆另席喝茶	—	
44	马如林	陕西武功	民人	因家贫出口前来伊犁佣工,上年十月雇给开店民人曹伏禄店内佣工,与曹伏禄同房住宿	—	《宫中档朱批奏折》,道光七年六月十三日德英阿奏
	曹伏禄	—	民人	开店	—	

续表

序号	姓名	原籍	回民或民人	经历	年龄	史料出处
45	杨发有	甘肃武威	民人	原籍有父母,娶有妻室,道光七年来伊犁拉煤,酒醉无故扎死遣犯	—	《宫中档朱批奏折》,道光八年八月二十二日德英阿奏
	李永杰	—	—	惠远城北关乡约	—	
	周兴伏	—	—	三道河子地户	—	
46	张可希	甘肃中卫	民人	周兴伏雇工	—	《宫中档朱批奏折》,道光八年十一月二十一日德英阿奏
	贾积善	—	民人	周兴伏雇工	—	
	李伏积	陕西渭南	民人	惠远城北乡石人子地方煤窑雇工。前来伊犁雇工觅食,本年正月雇给北乡石人子康泳兴煤窑佣工	36岁	
	康泳兴	—	—	在石人子开煤窑	—	
47	马自喙	—	回民	驮煤为生	—	《宫中档朱批奏折》,道光十年三月十六日玉麟奏
	马马氏	—	回民	马自喙母,在伊犁居住	—	
	马自伏	—	回民	马自喙兄,在伊犁居住	—	
	乔廷相	—	民人	与李伏积同处佣工	—	
	吕文明	—	民人	与李伏积同处佣工	—	

续表

序号	姓名	原籍	回民或民人	经历	年龄	史料出处
48	马科	甘肃灵州	回民	来伊犁年久,种地度日,本年三月向马海借稻种,因马海推诿,双方发生口角	—	《军机处录副奏折》,道光十年四月二十六日玉麟奏
	马海	甘肃灵州	回民	马科小功堂弟,来伊犁年久,种地度日	—	
	马泷	甘肃灵州	回民	马海胞弟	—	
	马泷元	甘肃灵州	回民	马科堂妹	—	
	丁丁	—	—	稻地乡约	—	
49	吴浓	甘肃灵州	回民	在固尔扎城东门外居住,赶车度日	70岁	《宫中档朱批奏折》,道光十一年二月十六日玉麟奏
	吴宽	甘肃灵州	回民	吴浓嫡堂弟,与吴浓同居,赶车度日	62岁	
	吴杨氏	—	回民	吴宽亲子	—	
	阿束拉	—	回民	阿束拉妻	—	
	黑氏	—	回民	吴宽外甥	—	
	吴添喜	—	—	当地乡约,向官府报案	—	
50	马虎	—	民人	辟里沁煤山佣工	28岁	《宫中档朱批奏折》,道光十二年六月二十八日玉麟奏
	孙吉庆	—	民人	辟里沁煤山佣工	58岁	
	徐添恩	—	—	煤山乡约	—	
	张鉴	—	—		—	

续表

序号	姓名	原籍	回民或民人	经历	年龄	史料出处
51	马生虎	乌鲁木齐所属呼图壁	回民	道光十三年来伊犁佣工,后与兵丁梁年、退兵赵明又马成伙开茶酒馆	21岁	《宫中档朱批奏折》,道光十四年八月二十七日特依顺保奏
52	马成	—	回民	与马生虎等人伙开茶酒馆,负责管柜	19岁	
	萧义	陕西渭南	民人	早年携眷来伊犁做银匠生理。妻已故,有女出嫁,后续娶,有继子	—	《宫中档朱批奏折》,道光十四年十月二十四日特依顺保奏
	萧智	陕西渭南	民人	萧义族弟,嘉庆二十三年至伊犁,跟萧义学艺。其弟萧三星儿亦来,三人一同租店做生意	—	
53	赵进发	—	回民	在伊犁佣工度日	—	《宫中档朱批奏折》,道光十四年十一月十六日布彦泰奏
	张万喜	—	民人	在固勒扎开毡坊	—	
	张万廷	—	民人	张万喜胞兄,同在伊犁	—	
54	刘添喜	陕西长安	民人	与子刘英在伊犁巴燕岱城外种菜为生	—	《宫中档朱批奏折》,道光二十一年十一月九日布彦泰奏
	刘英	陕西长安	民人	刘添喜子	29岁	
	张万庭	—	民人	向刘添喜索债	—	
55	李三海	陕西蒲城	民人	在伊犁做土工度日	—	《宫中档朱批奏折》,道光二十一年五月十七日布彦泰奏

续表

序号	姓名	原籍	回民或民人	经历	年龄	史料出处
56	李燕	—	民人	在甘沟开挖煤窑	41岁	《宫中档朱批奏折》,道光二十一年六月十八日布彦泰奏
	周吉科	甘肃平番	—	道光十五年来伊犁佣工,本年赴李燕煤窑帮工挖煤,充当把头	—	
	李兴乐	—	—	李燕煤窑雇工	—	
	李进兴	—	—	李燕煤窑雇工	—	
	沈吉楼	—	—	李燕煤窑雇工	—	
57	马正合	—	回民	马正喜堂兄	—	《军机处录副奏折》,咸丰元年四月二十五日奕山奏
	马正喜	—	回民	马正合堂弟	—	
	赵进泉	陕西渭南	回民	来伊犁在固勒扎贸房居住,做苦工,与马正喜熟识,平时互相告贷	—	
	海六伏	—	回民	马正喜表弟	—	

(原载《覆案的历史:档案考掘与清史研究》下册,中国台北"中央研究院"2013年版)

从档案史料看清代吐鲁番的移民社会

自从乾隆中期清朝平定天山南北后,内地人口开始源源西来。除了奉命移驻新疆的八旗及绿营官兵外,大批内地民人前来务农、佣工及经商,他们或流动往返,或携眷定居。在西北诸省,"出口""到口外"成了流行一时的字眼,达到高峰时,岁出嘉峪关者数以万计。清朝为了安定西陲,保障当地经济之需,对人口的移动持欢迎鼓励态度,但在移动方式和前往地区上有所限制,对于北路和东路,清廷基本上采取开放政策,对天山以南的回疆则长期实行只准单身者前往,不得携眷的政策。然而,如笔者在既往的研究中所指出,尽管内地人口前往天山以南较之前往天山以北有更多的困难,但仍然有大批的内地商人或佣工劳动者活跃于这一地区,他们以各种方式与当地土著居民发生这样那样的联系。

近些年来,清代新疆的治理与开发一直是颇受关注的课题之一,笔者自身也长期致力于这方面的研究。就18世纪中叶以来内地向新疆的人口迁徙史而言,内地人口进入新疆的迁徙过程及其发展阶段已大体清晰;但是大量涌入新疆的内地移民究竟如何在当地构筑自己的群体社会,移民社会的构成及其与土著的维吾尔社会之间的相互关系如何?这一过程中出现了怎样的文化上的冲突与融合,对日后的新疆社会又产生了怎样的影响?关于这些问题,现在还存在着许多有待深入探讨的空间。

在本文中,笔者拟着重考察乾隆中期至咸丰初年吐鲁番的内地移民社会。吐鲁番位于天山南路之东端,地当天山南北来往要道,虽然这里的土著人口也是维吾尔族,但因地理及历史上的种种原因,在行政管理上被划入东路,由乌鲁木齐都统辖治,与喀喇沙尔以西的南八城有较大差别。不仅清朝在此地驻军屯田,内地民人也往来频繁,大量聚集,随着时间的推移,在当地形成了颇具规模的移民社会。在中国第一历史档案馆所藏宫中档、军机处档和上谕档中,保存着相当数量与当地有关的记载。笔者拟就所掌握的档案史料,分阶段对其加以考察,以期比较具体地揭示清代吐鲁番地区移民社会的形成过程及其特点。

一、清代吐鲁番的行政建制与内地民人的流入

位于天山支脉南侧东端的吐鲁番盆地,绿洲农业的历史十分悠久。魏晋时期至唐朝,这里曾兴起过著名的高昌王国,后来为唐朝所灭,改设西州。9世纪,高昌回纥在这里建国;13世纪,察合台汗国占据此地,此后当地的统治者一直是伊斯兰化的察合台汗家族后裔。明朝年间,吐鲁番部兼并柳城、火州两部,建立了地方政权——吐鲁番王国,其王自称速檀(苏丹),但到了17世纪,吐鲁番盆地开始遭受日益强盛的准噶尔部的军事压迫。①

清朝对吐鲁番盆地的经营要追溯到康熙末年,为了对抗准噶尔部,清朝着手在军事前沿的巴里坤—吐鲁番一线屯兵并开设屯田,②饱受准噶尔侵扰之苦的吐鲁番部也积极予以配合。雍正初期,随着清廷与准噶尔议和情况的变化,屯田一度撤而复设,但终因准噶尔军加强攻势,清军疲惫难支而不得不放弃该地。就在此时,吐鲁番部众请求随清军内附避难,获得允准后,被安置在甘肃的肃州、瓜州等地居住。乾隆十年(1745),清廷对该部众编旗,实行札萨克制管理。

乾隆二十年(1755),清朝大军西进平定天山南北,在内地寓居达20年之久的吐鲁番部众也终于得以重返故地。用兵期间,清朝曾于吐鲁番重开屯田,供应军粮,但随着全疆底定,原在吐鲁番的屯兵很快便奉命移往伊犁和乌鲁木齐,裁屯后的土地交给刚刚从内地返乡的吐鲁番人耕种。该部首领额敏和卓则因随清军远征伊犁有功,被册封为郡王,在盆地东部的鲁克沁建郡王府,管理本部人众。

自乾隆二十七年(1762)屯兵全部北上后,有近20年的时间,整个吐鲁

① 关于吐鲁番土著的世系沿革,参见佐口透:《新疆民族史研究》第2部第1章,吉川弘文馆1986年版。

② 康熙六十年,清廷决定开屯,翌年正式派兵进行生产。参见华立:《清代新疆农业开发史》,黑龙江教育出版社1995年版,第45—46页。

番盆地实际处于额敏和卓家族的控制之下,①既无兵屯,也无民屯。但是到了乾隆四十四年(1779),一个契机使这里的行政建制发生了重要变化。

乾隆四十二年(1777),额敏和卓病故,次子素赉璊承袭王爵。然而不久便有人举报素赉璊"向回人科敛银两,挑选幼女","虐所部众且私害其属",多有不法之举。清廷据此将其革职,送京拘留,改命其弟伊斯堪达尔袭爵,同时削减了吐鲁番郡王的领地,收回旧日属于莽噶里克的领地,设直隶厅,驻扎领队大臣。② 据《三州辑略·官制门》:

> 乾隆四十四年,将吐鲁番回人分别居处,中立界址,自哈喇和卓迤东回人一千六百余户归额敏和卓之子管束,吐鲁番领队大臣统辖,自吐鲁番迤西回人七百五十余户归札奇鲁克齐呼达巴尔第管束,吐鲁番领队大臣专管。③

上文内的"自吐鲁番迤西回人七百五十余户"就是原来属于莽噶里克,在其叛清被诛后划归额敏和卓管辖的人户,此时划归吐鲁番领队大臣专管。翌年,清廷在盆地中部的吐鲁番筑广安城,由乌鲁木齐派出满洲八旗官兵五百余名携眷驻守,此即吐鲁番满营之始。清廷又裁撤原来的辟展同知,在吐鲁番设同知一员,行政上隶属镇迪道管辖。素赉璊的入官地亩被用来重开兵屯,先在托克逊、安展、哈喇和卓、阿斯塔纳、和色尔图喇、胜金、辟展设七屯,后增加到九屯,由陕甘绿营派出的700余名屯田兵耕种,定期更换。④

这次的行政建制调整具有如下特点:

(1)将吐鲁番盆地东西分治,吐鲁番郡王的领地集中在盆地东半部,西半部则成为领队大臣专管之区。

(2)加强州县体制的民政能力。乾隆三十六年(1771),辟展曾设同知一员,系从甘肃平番县苦水驿裁设。在此次调整中,清廷除在领队大臣驻扎的吐鲁番设同知外,还增补多名文员,并在辟展保留巡检一员。"吐鲁番驻扎满兵,既有旗民交涉事件,应安设同知作为满缺,兼管理事通判事务,至辟

---

① 额敏和卓返乡之初,曾一度与一直留在吐鲁番盆地、乾隆二十年降清的莽噶里克所部划分疆界,伊拉里克至阿斯塔纳归莽噶里克管辖。后因莽噶里克叛清被诛,该部亦纳入额敏和卓管辖范围。
② 办理经过见《清高宗实录》卷一〇七一,乾隆四十三年十一月癸卯;卷一〇七三,乾隆四十三年十二月甲申;卷一〇七六,乾隆四十四年二月甲子。
③ 和宁:《三州辑略》卷二《官制门》。
④ 和宁:《三州辑略》卷四《屯田门》。

展,原设巡检一员,该处商民广聚,各种田园,而回人等种田安业,仍留巡检在彼弹压。其吐鲁番管理仓库缉拿盗贼,同知一人难以周顾,应增设巡检一员,责成专管"①。

(3) 满营携眷驻扎,但绿营屯田官兵的设置则参考了南路的惯例。清朝规定当地各项行政须受乌鲁木齐都统辖治,但屯兵却未采取与北路同样的携眷制度,而是定期换防,"与各回城同"。

我们知道,统一新疆后的清朝对新疆的治理格局是:以伊犁盆地为全疆军政中心,设立伊犁将军,驻扎重兵,统领全疆。伊犁和塔尔巴哈台一带也称北路。东路则以乌鲁木齐地区为中心,受乌鲁木齐都统节制,驻兵屯田,并采用内地州县制度来管理各种移民人口。对于天山南路的回疆,鉴于当地乃伊斯兰文化圈,清廷实行因俗而治的间接方式,借用并改造原有的伯克制度来治理当地的维吾尔民众,同时在各城驻扎官兵进行弹压。乾隆三十年(1765)乌什发生维吾尔民众的武装暴动后,清朝限制官兵及内地民人与各城民众的相互接触以减少事端,不但驻军、屯兵一律实行定期换防,还禁止民人携眷到回疆定居。吐鲁番地在天山南路东端,一方面与喀喇沙尔以西的南八城②同属回疆,文化相通;另一方面,又因地处天山南北交通枢纽,为回疆通往内地之门户,且与乌鲁木齐相去不远,加之早在雍正年间即请求内附,与清朝的关系十分密切。以上种种因素,都使得清代吐鲁番的行政管理呈现出介乎南八城与东路的中间状态,而这一特点也直接对当地移民社会的形成产生了影响。

从各方面的记载来看,乾隆中到嘉庆初,吐鲁番已有一定数量的内地民人聚集居住,他们中的多数人从事贸易或种植菜园,供应吐鲁番城内官兵人等的日常生活所需。表1开列了《三州辑略》中记载的关于乌鲁木齐各地征收租税的一些数字。③

---

① 和宁:《三州辑略》卷二《官制门》。
② 南八城指天山南路的喀什噶尔、英吉沙尔、叶尔羌、和田、阿克苏、乌什、库车、喀喇沙尔八城,习惯上又称喀什噶尔到和田的四城为"西四城",阿克苏以东到喀喇沙尔的四城为"东四城"。
③ 和宁:《三州辑略》卷三《赋税门》。

表1 《三州辑略》中乌鲁木齐征收租税情况表

地区	园户数/户	园地亩数/亩	园地租银/两	房租银/两	牲税银/两
迪化州	112	1 806	180.6	6 642	3 226
昌吉县	35	1 036	103.6	1 727	803
绥来县	121	9 106	910	816	880
呼图壁	32	757	75.7	241	101
阜康县	13	366	36.6	308	233
济木萨	81	1 841	184	610	454
吐鲁番·辟展近城	16	230	80.5	1 254	392
辟展东西呵呵雅尔、齐克腾木等处	12	480	48	—	—
库尔喀喇乌苏	99	134顷23亩	1 342	166	
精河	45	1 243	124	35	—

表1中的"园户"即指在近城地区种植蔬菜的民户,他们向官府交纳地租银。房租银征自从事贸易,需要租赁铺面和库房的商民,牲税银来自牲畜交易活动。从园户数量和菜园面积来看,吐鲁番和辟展的数字相加,大于阜康而接近呼图壁;从所纳园地租银来看,两处的数字相加,也大于阜康、呼图壁、昌吉,而与精河相当。再就房租银看,吐鲁番仅次于迪化州和昌吉,排在第三位。各地的菜园地租银的征收标准不同,每亩征地租银一钱至三钱五分不等,而房租银的数额与对房屋等级的判定相关,亦受人为因素影响,故不能简单进行比较。但综合各项数字,似乎可以印证上文中的"该处商民广聚,各种田园"之语,也表明吐鲁番的商民贸易活动达到了一定的规模。

二、内地商民与吐鲁番植棉业的发展

嘉庆年间,吐鲁番的内地移民较前一阶段有更明显的增长,促成这一增长的重要因素之一是商业性棉花种植在当地的兴起。

吐鲁番盆地气候炎热,日照充足,雨量稀少,很适合棉花的生长,唐代前后就已有种植棉花的记载,但在清初,产量似乎不高。嘉庆以后,当地的植棉业出现了长足的进步。嘉庆十年(1805)遣戍新疆的祁韵士目睹吐鲁番种棉业的兴盛,在其《西陲竹枝词》中写下了吟咏棉花的篇章:"白棉衣被利无穷,裘褐稀勤纺绩功。贩竖业非洴澼絖,牵车包甋日朝东。"并加注称:"吐鲁番产棉花甚多,但宜作布,不宜作线,贩入关内络绎不绝。"①

嘉庆十九年(1814)四月,伊犁将军松筠转引该地同知之语称:"吐鲁番地气温和,宜种木棉,从前产花无多,近来种植甚广。"②松筠又奏称:

> 查喀喇沙尔有布古尔、库尔勒两回庄……土地肥饶,利于耕植,播种棉花,尤易繁衍。又吐鲁番一城天气最为温暖,亦宜农稼。无如回民不谙树艺之法,近年来遂有牟利商人巧于愚弄,岁以贱价租赁其地亩,广种棉花,收成后运至内地贩卖,收获倍之利息。又以所得赢余另行设法盘剥回民,以致回民财地两空,因而涉讼。而售卖棉花又及争价论秤,纷纷控诉。奴才恐年及一年,回民积怨日深,商民又必有捏造讹言吓制回民者。倘其时办事大臣听信通事一面之词,酿成事端,所关非细。奴才冒昧之见,与其任民人私行售卖,致启事端,莫若官为经理,令该管官颁给牙帖,按例抽税,即将所得税银酌量赏给各城军台当差回子并吐鲁番所属四佐领回子官兵。③

松筠的奏报有几个值得注意的内容:①嘉庆年间在南疆东部的吐鲁番、喀喇沙尔一带,种棉逐渐发展成为一项普遍的商业性生产活动;②从事此项农业生产活动的人主要是来自内地的商民,他们用低价租赁当地维吾尔人的土地种棉,收获后运往内地销售,从中获取厚利;③一些内地商民在租地种棉的过程中上下其手,致使本地维吾尔农民的利益受损,本地维吾尔农民有生计窘困之虞;④为了减少争端,平息来自维吾尔农民方面的不满,松筠建议对售卖棉花实行"官为经理",按例抽税,用收入的税款酌量补贴当差维吾尔人的生活。

内地民人租用维吾尔人土地种棉的现象由来甚久,也相当普遍。如同

---

① 祁韵士:《万里行程记(外五种)》,山西人民出版社1992年版,第238页。
② 中国第一历史档案馆藏:《军机处录副奏折·民族事务类》,嘉庆十九年四月九日松筠奏。
③ 《军机处录副奏折·民族事务类》,嘉庆十九年(无月日)松筠奏。

年嘉庆皇帝的上谕中也提道:"吐鲁番种棉花,均系回子地亩出租招种。"①但由此也产生一些民、维农户之间的纠纷。《军机处录副奏折》就记载了一起维吾尔农民状告租地民人的案件。告状人约尔打什等人在诉状中称:

> 我们众回子,感大皇上恩典,顶户交粮。如今水缺,挖的卡尔越发深了。我们没钱挖卡尔,不得吃不得穿,恳求施恩赏给地亩,就有了吃穿了。头里牙木什有渠水,众回子吃了自己的饭,挖下渠浇地,谁想把地给了汉人耕种。只求把牙木什地亩要回来赏给我们穷回子,大家分种,就是天大的恩了。雅尔湖有地一块,(嘉庆)十二年上,大皇帝赏给穷回子耕种。我们都住得远,没钱开地挖卡尔,回明苏扣,禀知玉大人与我们办的,租给汉人,开地挖卡尔耕种,我们年年领取租钱,养活家口。如今回子都穷了,养的小回子多了,缺吃缺穿,我们都情愿把地要回来自己耕种。求大人把所有的地全给我们耕种,与大皇上上粮坐塘,养活我们家口,就是恩典了。②

"卡尔"即坎儿井,因系暗渠,在地下延伸,可以减少蒸发,有效利用水源。"卡尔"是"火洲"吐鲁番常见的灌溉设施,但为农业生产所不可或缺的基础设施,但由于开挖成本较高,一些维吾尔农民因无力承担相关费用而将土地转租给内地商民。关于约尔打什诉状里提到的"牙木什地亩"和"雅尔湖地亩",从档案留下的记载来看,所谓"牙木什地亩"给了汉人耕种,事在乾隆五十二年(1787)。据载,时任领队大臣的伊江阿为了补贴吐鲁番满营的需用,"奏明开垦,招商耕种取租,赏给满营作为义学束脩并鳏寡孤独养赡之用"③。但约尔打什为何说回众"吃了自己的饭,挖下渠浇地,谁想把地给了汉人耕种",目前尚不清楚缘由。有一种可能性是该地原为维吾尔农民私开,后来被官府收回,又拿来招商取租,故有此说。另一块土地,即约尔打什说的"雅尔湖有地一块",则属于前面提到的内地商民租赁维吾尔人土地。雅尔湖在吐鲁番城附近,地势低洼,嘉庆六年(1801)以来陆续有人在此开垦。嘉庆十二年(1807)经官方丈量清查,将一部分荒地分给20余户维吾尔

---

① 《清仁宗实录》卷二九〇,嘉庆十九年五月乙未。

② 《军机处录副奏折·民族事务类》,嘉庆十九年九月(无日)伊犁额折之附片内所收阿牙斯等人之原词译文。

③ 中国第一历史档案馆藏:《军机处录副奏折·农业屯垦类》,嘉庆十九年九月二十八日刘芬奏。

农民作为恒产,"按名均分,自行开种,报名存案"。而事实上,领地认种的维吾尔人后来又将土地转租给了内地商民,自己坐收租钱。租地的是魏良灏等十余家商民。据《三州辑略》载:

  民人魏良灏十五家情愿认种雅尔湖潮地一千三百四十亩,堪垦卡尔地二百五十一亩,潮地每亩交纳租银四钱,卡尔地每亩交纳租银六钱,交同知衙门存贮,每年饬令苏门章京具领,分给回户提依普等一百二十家,养赡家口。①

  民人租赁回田的行为在当时虽不符合朝廷的规定,却作为既成事实,所在多有,不仅如此,这些民人还搬眷同住,有定居之势。本地官员对此多不干预,除非发生纠纷。在这个案件中,原告约尔打什等②以家口增多,租钱不敷养家为由要求收回土地,但事实上醉翁之意不在酒,其真正用意是借诉讼来提高租银。而被告的商民魏良灏等也再三申述,称自己费尽工本,历经数年才开成此地,又盖房屋,"从口里搬来家眷同住",如果退还地亩,势必人财两空,无以为生。审断结果,商民在原来的地租总额上再增加银233两4钱,凑成1 020两之数,秋后交同知衙门转给田主,"今后商民不得借口增租添开荒地,回民亦不得妄生贪念"③。

  进入道光朝后,"商民远来栽种者"日众,棉花种植面积进一步扩大。由于吐鲁番的棉花品质优良,胜于西部喀什噶尔等地所产之棉,其作为产棉区的地位日见重要。④ 鸦片战争后被遣戍新疆的林则徐在其《乙巳日记》里多处描述路经吐鲁番、喀喇沙尔时所见植棉景象,如道光二十五年(1845)正月十九日记:"此处(指吐鲁番)田土膏腴,岁产木棉无算,皆卡井水利为之也"。二月初四日记:喀喇沙尔所属曲惠地方见有人耕种,"闻土人云,此处则吐鲁番李姓一家包种也"。再如七月初四日记:由连木沁军台到石窑子,"过此则皆腴田,有满篝满车之稔,在田内者,高粱[梁]、棉花亦皆丰腴"。⑤

------

  ① 和宁:《三州辑略》卷三《赋税门》。

  ② 据《三州辑略》载,嘉庆六年在雅尔湖偷种地亩的是"回子阿卜甲伊斯等二十二名",但档案所见诉状的领诉人为约尔打什,一起具名控诉并写诉状的人有阿牙斯等。

  ③ 和宁:《三州辑略》卷三《赋税门》。

  ④ 库罗帕特金著,中国社会科学院近代史研究所翻译室译:《喀什噶尔》,商务印书馆1982年版,第65、72页。

  ⑤ 林则徐:《乙巳日记》,载《林则徐奏稿·公牍·日记补编》,中山大学出版社1985年版,第149—150、153、191页。

植棉的兴起和内地民人前来聚集是相互促进的。种棉、贩棉的丰厚利润吸引了众多内地商民前来逐利,而内地与新疆之间经济往来的密切,又给吐鲁番等地生产的棉花提供了广阔的销路。关于此时的棉花产量,因缺少数字记载而不能得其详,但从当地官员因其销路甚广而视为一大利源,竞相征税,可以想象这项生产所占据的重要地位。嘉庆后期,清朝开始在吐鲁番、布古尔、库尔勒三处征收贸易棉花税,将所收税银归入经费项下。咸丰七年(1857),哈密与吐鲁番争夺税收利益,要求对自吐鲁番入境,准备贩运进关的茶布棉花等货物"增添税课,以备供支",遭到吐鲁番方面的坚决抵制:"吐鲁番借此棉花税银为每岁采买之需,势不可以更易,应移咨哈密办事大臣,嗣后凡遇吐鲁番棉花到境,务饬该官役人等,免其抽税,即验照放行,庶商贩得以流通,无所借口。"乌鲁木齐都统则试图调和双方:

> 据吐鲁番商民禀称,吐鲁番地处回疆,均系客民,惟种棉花为宜,商民远来耕种,诚以销路甚广,冀获微利。近因南省军务未竣,道路梗塞,棉花销路大不能如从前充畅,商民等探知哈密地方于往返客货设立税课,棉花亦在其列,商贩实难支持,恳请免哈密之棉花税银,仍归番城交纳,抑或免番城之税,仅由哈密征收,庶税额较轻,于买卖两有裨益。

由于利益攸关,当事双方争持不下,户部一时无所适从,讨论再三,最终还是劝说吐鲁番让出一部分税利给哈密,以解对方经费支绌之急。①

三、道光年间的招民开垦和吐鲁番的"裁屯改户"

如前所述,与乾隆以来对天山北路的积极经营相比,清朝对天山南路特别是南八城地区长期采取谨慎而相对消极的治理方针,不仅宣布"民人之居处宜别",内地民人不得"与回人杂处",还规定赴南疆贸易商民只许单身前往,不得携眷安家。所以终乾嘉之世,天山以南的兵屯仅有哈密、吐鲁番、喀喇沙尔、乌什、阿克苏五处,民垦地仅喀喇沙尔所属的曲惠一处,兵屯民垦地

---

① 中国第一历史档案馆藏:《宫中朱批奏折·民族事务类》,咸丰七年四月二十二日存诚奏。

亩相加仅4万亩上下,相当于同期迪化州民屯地亩数的1/5。① 但是在经历了前后绵延十年之久的白山派和卓余孽势力的侵扰后,清廷的上述既定方针逐渐发生了动摇。

嘉道之际清朝在南疆遭遇了乾隆年间以来最大的统治危机。嘉庆二十五年到道光八年(1820—1828),流亡浩罕的波罗尼都之孙张格尔先后三次率兵进犯南疆,攻陷喀什噶尔、英吉沙尔、叶尔羌等城,南八城全线告警。为平定叛乱,清廷不得不从内地调集大军会剿。张格尔被擒处死后不久,其兄玉素普又在浩罕唆使下犯卡,致使南疆再次遭受战乱破坏。

张格尔、玉素普之乱平定后,清朝君臣痛定思痛,开始重新思考其南疆治理政策的缺失。在讨论善后之策时,魏源等人竭力主张加强开发南疆,移民屯种,以实边强边:

> 勘定新疆,经画善后之计,北路详于南路,故屯田二十八万余亩,而南路不及五分之一,其官兵则北路驻防,而南路仅换防,商民则北路挈眷,而南路不得挈眷,夫固畛域视之矣。……诚使仿伊犁、乌鲁木齐移眷驻防之例,以回疆戍兵改为额兵,屯田裕饷,并许内地商民挈家垦种,以渐升科……不数年兵民愈衍愈炽,外足以控回户,内足以分中国生齿之蕃,利可殚述哉!②

魏源把南路的"回户"笼统看作应加以控制的对象,反映了封建时代的民族偏见,但他指出清政府对南疆畛域视之,不事开发,导致局面失控,是一大失策,则是很有见地的。

道光十一年(1831),清廷接受长龄、武隆阿等人的建议,宣布"将西四城可种之地招民开垦,有愿携眷者听之,其回子地亩亦不禁其租给民人耕种"③。首先在喀什噶尔的喀拉赫依及叶尔羌管辖的巴尔楚克等地试办,并鼓励商民参与。④

西四城在开垦初期并不顺利,曾几经周折,但招民开垦之上谕的发布本身仍具有重要意义,它标志着已往时代的结束,为更多的内地民人进入天山

---

① 华立:《19世纪前中期清政府南疆农业政策的转变》,载《清史研究集》第8辑,中国人民大学出版社1997年版,第255—259页。
② 魏源:《圣武记》卷四《道光重定回疆记》。
③ 《清宣宗实录》卷一九七,道光十一年九月戊寅。
④ 事见《平定回疆剿擒逆裔方略》卷五五。

南路打开了通路,尤其是地理位置距北疆较近,又正当孔道的吐鲁番和喀喇沙尔,出现了"民人日聚"的兴盛气象。吐鲁番在嘉庆年间已有少数商民从内地搬眷居住,道光十五年(1835),清廷正式批准喀喇沙尔的铺户商民回籍搬眷。① 这样,原籍山西、陕西、甘肃、四川等地,以及已在北疆乌鲁木齐落户的民人相继前来,不仅使两城首先实现了大规模招民开垦,还促成了当地兵屯的"裁屯改户"。

道光十九年(1839),内阁抄发了升任乌鲁木齐都统廉敬所上的"吐鲁番地方酌拟裁屯改户以节经费,裁兵归伍以足营额"一折:

> 新疆各处由内地营分拨兵屯田,无事则安于耕作,有事则资其捍卫,原系筹划安边,以收寓兵于农之效。乾隆四十四年于吐鲁番地方设立屯田官兵七百余员名,由陕甘提标各营调派,五年换班一次,历久遵行在案。今据该都统奏称,数十年来,时和岁稔,鸡犬桑麻不殊内地,原安户民近复生齿繁衍,每年由陕甘四川出口谋食者岁以万计。昔时民户不足,今则地少人多,昔时须壮兵威,今则须足民食。伏思当初口内设立营制,系因地方大小定兵数多寡,若以口内之兵远赴口外屯田,则营兵不能足额,抑且往返换班,徒劳跋涉,兼之日事耕种,致荒操演,而现在口外户民无地耕种者甚多,转令游荡闲居,各荒本业,两失其宜。且该处现招集户民设法开垦,将来以本地农户杂外来屯兵,其争渠夺水,彼此不能相安,势所难免。查吐鲁番屯田官兵七百余员名,每次换班需用盐菜银二千四百余两,尚须口粮面斤,到屯后按月应支盐菜,并因收成分数稍多,又复加赏盐菜银两及石工纸张等费,每年共需银八千余两……今若改令户民承种,则一切籽种农具马牛盐菜口粮石工纸张等项,皆可节省……今吐鲁番地方相距乌鲁木齐仅止四百余里,声势甚为联络,该处有驻防满兵五百余名,尚有备差汉兵三百余名,且有领队大臣及同知巡检等官,足资弹压。莫若将此项种地官兵全行裁撤,各归原伍,所遗地亩,即令该同知赶紧招户认种。

奏折内容较长,但中心意思是明确的,即裁撤原来设在吐鲁番的700余

---

① 《军机处录副奏折·民族事务类》,道光十五年四月二十四日勒尔锦奏。

② 中国第一历史档案馆藏:《军机处上谕档》,道光十九年十月二十九日引乌鲁木齐都统廉敬所奏。

名绿营屯兵,使其返回口内各自的原营,进而将土地分给民人认种,以达到节省经费、调剂民生的目的。廉敬指出,吐鲁番的兵屯长期实行换防制,不但兵丁奔波劳累,还伴随治装、路费、津贴等大笔额外开支,维持兵屯也要动用国家经费,耗费甚大。过去实行兵屯是因为地广人稀,劳力不足,又急需军粮,故不得不调兵为之,现在的情形早已与往昔不同,不仅"时和岁稔,鸡犬桑麻不殊内地",而且"现在口外户民无地耕种者甚多",已出现地少人多的问题。当年要壮兵威,如今却要解决民食问题。既然如此,又何必让兵丁"日事耕种,致荒操演",而民人"游荡闲居,各荒本业"呢?所以,他坚决主张在吐鲁番实行裁屯改户,在屯兵撤退后将土地尽数招民认种,两得其宜。

裁屯的建议很快得到批准。但在执行过程中,原方案有了一些调整。屯兵离屯东去后,所遗屯地原拟全部招徕户民,但经勘查,证实胜金、辟展、阿斯塔纳三地,或与回户地亩毗连,或与回户共用渠水,"实与回地均有牵涉",故应吐鲁番郡王阿克拉依都之请,将这部分土地拨给郡王属下的贫苦维吾尔人户认种,在其他地方安置"内地眷户"。①

这些地亩一共安置了多少户民,目前尚未找到具体数字。按照北路安户的习惯,通常以30亩地为一份,安置一户,但因为吐鲁番"裁屯之地本系垦成熟地,其殷实之家,工本饶裕,情愿多认耕种者,自不乏人",所以放宽限制,准许每户最高认种90亩。据官方计算,即使每户认地三份即认种90亩,裁屯之后的土地仍可安顿400户之多。作为吐鲁番入清以来第一次大规模招民认垦,经办官员还提出,"吐鲁番地方向无眷户,今既安设户民,自应酌议章程,以期垂诸久远,永无流弊",其中重要一条,就是建立基层乡里组织。在认种户民内"择其家道殷实、老成可靠"之赵九逵等六名,"于每工责成一人,作为户长,令其承总具领,其余各户愿种某工地亩者,即归某工户长名下出具保结,所有地亩按则升科,即于道光二十年起如数交纳,如有欠粮等事,惟该户长是问"②。这样,随着安户的进程,内地的保甲乡里体制也在吐鲁番的农业移民当中逐步建立起来。

---

① 《军机处录副奏折·农业屯垦类》,道光二十年五月二十七日惠吉奏。
② 《军机处录副奏折·农业屯垦类》,道光二十年五月二十七日惠吉奏。

四、从咸丰二年的汉民、回民械斗案看当地的移民社会

咸丰二年(1852)三月,吐鲁番发生了一起大规模的移民械斗案。构衅双方都来自内地,大多数来自陕甘等地,一方为汉民,另一方为回民。起衅之由是汉族移民在城外的山陕社庙举办酬神活动,汉、回民商贩在庙前争夺摊位,由口角而至动手互殴。随着对立情绪的愈演愈烈,械斗一发而不可收拾,导致了两方移民各伤亡十数人的惨痛结局。

清代内地向新疆的移民中,回民始终是一支重要力量。笔者曾致力研究乾隆以后内地回民向新疆的迁徙史,发现来自甘肃者最多(清代行政区划的甘肃省辖境包含了今天的宁夏以及青海东部一些地区),其次为陕西。内地各省中,甘肃毗邻新疆,向新疆的迁徙流动也最频繁。该省自明代以来就是西北回民的主要聚集地,回民在当地人口中占据突出比重,文献称"陕则民七回三、甘则民三回七",①反映的就是这一状况。天山南路同为伊斯兰文化圈,宗教信仰相通也成为吸引回民西来的一种力量。据笔者研究,回民进入新疆的过程与汉族移民大体同步,其足迹遍布天山南北各地,除了少数从事宗教修行的游学者外,其余大多从事经商、佣工、务农、运输等职业,还有籍隶军伍者随绿营调动而进疆驻防或屯田,或在官府充当衙役。② 总的来说,借助档案史料的帮助,迄今为止我们对乾隆年间内地回民如何进入新疆,以及迁入早期的情形已经有了比较多的了解。但是随着移民活动的全面展开和持续进行,汉、回等不同民族的内地移民如何在新疆构建起自己的群体社会,不同移民群体之间以及移民群体与土著居民之间具有怎样的相互关系,又如何影响到新疆社会的大局等问题,则尚缺少足够的探讨,这其中一个重要的原因便是囿于史料不足。也正是因为如此,下面要谈到的保存在《军机处录副奏折》里的一份关于吐鲁番发生械斗的奏报,内容详尽具体,涉及咸丰初年当地移民社会的各个方面,堪称珍贵。

---

① 余澍畴:《秦陇回务纪略》卷一。
② 华立:《清代甘肃・陕西回民の新疆進出——乾隆期の事例を中心に》,载《民族の移動と文化の動態——中国周縁地域の歷史と現在》,风响社2003年版,第21—65页。

首先来看事件的发生经过。①

(1) 山陕社庙前的冲突。吐鲁番城外旧有山陕社庙一座,每年三月间各铺户酬神。又隔里许另有八蜡庙,亦系山陕人的公所。咸丰二年(1852)三月二十九日,山陕社庙照例举行酬神活动。中午时分,摆摊卖粽子的民人纳发祥与推车卖羊肉的回民裴天有因摊位发生争执。回民杨卖木沙子出来劝架,而纳发祥认为理劝不公,遂与其揪扭,并互相殴打。民人石怀玉和董重天上前拉劝,数名汉民也在场帮同呵斥。

回民差役马有获知情形,他素与杨卖木沙子的母舅牛仓等三兄弟交好,恐杨卖木沙子吃亏,便向牛仓等人报信,令彼等赶往现场帮打。牛仓等人听从,分别手持棍棒、石块,赶到庙前将各汉民乱打,殴伤石怀玉、董重天等人,并高声谩骂对方,致使山陕汉民心俱不服。这一场面被同知厅署的伙役孙义伏看到,喝令众人退散。

石怀玉和董重天心中不平,与纳发祥一起到八蜡庙内,石怀玉令董重天、纳发祥二人拿铜锣上街叫人,却被牛仓之弟牛全看见,与其他回民一道夺下铜锣,又要殴打董重天等。董重天等跑回庙内,其他汉民亦纷纷踵至,要与回民理论。就在此时,吐鲁番城内巡城官兵出面弹压,将牛仓等人带到同知厅署拘押,众人散去。

(2) 调解未果,群情汹汹。三月三十日,担任同知厅总役的回民白凤岐担心牛仓拘留过久,回民不满,遂有意将其交给回民乡约马泷,令其调解此案。回民伙役孙义伏带牛仓前去,但当日未能找到马泷,仅将牛仓放回。汉民以为此举乃回民差役心存纵容,愈加不服。

四月一日马泷得知此情,仍将牛仓送回厅署看管,但双方群情汹汹,冲突一触即发。

(3) 山陕社庙前冲突再起,进而演成大规模械斗。四月一日中午,回民白四娃子(又名白五举)前赴山陕社庙闲逛,顺手抢了卖凉粉的李二货担上的钱文。李二喊同社首杨忠等人追拿,搜出赃物,一时哗然。各汉民赴庙观看,人越聚越多。社首韩瑞林、杨忠,伙同在庙酬神的李受典等人将白四娃子捆绑,意欲送官,而回民疑心诬陷,双方相持不下。乡约和社首禁阻不能,赶忙进城分赴各衙门禀报。然而未等他们返回,双方已经交手,各持刀棍石

① 以下有关事件的叙述均根据《军机处录副奏折·民族事务类》,咸丰三年八月十二日乌鲁木齐都统乐斌所奏,为叙事方便稍有归纳。

块,在古尔扇把街口混战,导致汉民四死十一伤,回民十一死六伤。

(4)事件发生后,清廷命同知萨斌泰严缉要犯,惩办肇事者,同时查明起衅根由。经过调查,有关官员将案件定性为突发性的汉、回民互斗,因日常纠纷,"一时各动公忿,两不相下,人多势众,以致激成事端",基本上排除了"敛钱约期械斗"及"听人纠约,有心欲杀"的可能性,械斗案相关人员情况如表2、表3所示①。

表2 械斗案汉民情况一览表

姓名	职业或身份	原籍地	死伤情况及其他
窦长年	猪屠户	陕甘地区	用屠刀格打
傅成	弹花或佣工	陕甘地区	—
赵学儒	弹花或佣工	陕甘地区	—
魏得观	弹花或佣工	陕甘地区	—
杨得倡	弹花或佣工	陕甘地区	用刀扑砍
符正才	弹花或佣工	陕甘地区	拿木棍
石怀玉	弹花或佣工	陕甘地区	—
董重天	弹花或佣工	陕甘地区	—
焦俊用	弹花或佣工	不知籍贯	死
赵忠魁	弹花或佣工	不知籍贯	死
房玉	弹花或佣工	不知籍贯	拿木橛,死
纳发祥	摆摊卖粽	—	持棒,伤
葫芦王四	社首	陕西	—
韩瑞林	社首	陕西	事后向张学仁诈钱
杨忠	社首	陕西	在逃
李二	卖凉粉	—	—
李受典	在庙酬神	—	—

① 表2中内容均根据《军机处录副奏折·民族事务类》,咸丰三年八月十二日乌鲁木齐都统乐斌所具奏折及其附件整理而成,"原籍地"一项,凡原文有载者照录,谓"不知籍贯"者亦从原文,凡未见记载者空缺。

续表

姓名	职业或身份	原籍地	死伤情况及其他
张学仁	商民乡约	—	—
潘芝	—	—	徒手观看,伤
李自有	—	—	徒手观看,伤
刘玉和	—	—	徒手观看,伤
王伏	—	—	徒手观看,伤
崔元吉	—	—	徒手观看,伤
杨长有	—	—	徒手观看,伤
郭金魁	—	—	徒手观看,伤
王兴	—	—	徒手观看,伤
韩献章	—	—	持棍打架
傅奎	—	—	持棍打架
尚大用	—	—	持棍打架,伤
丁信	—	—	持棍打架,伤
高世太	—	—	持棍打架,伤
韩喜	—	—	持棍打架,伤
雷凤实	—	—	自行跌伤后身死

表3　械斗案回民情况一览表

姓名	职业或身份	原籍地	死伤情况及其他
索老二	弹花或佣工	不知籍贯	持棍扑殴,死
马贤	弹花或佣工	不知籍贯	死
黑太四	弹花或佣工	不知籍贯	死
马金玉	弹花或佣工	不知籍贯	举棍,死
妥伏焕	弹花或佣工	不知籍贯	持刀扑砍,死
槐殿沅	弹花或佣工	不知籍贯	死
柯化孝	弹花或佣工	不知籍贯	死

续表

姓名	职业或身份	原籍地	死伤情况及其他
马成美	弹花或佣工	不知籍贯	死
李老二	弹花或佣工	不知籍贯	死
郭麻立	弹花或佣工	不知籍贯	死
杨得清	弹花或佣工	不知籍贯	死
杨卖木沙子	—	—	
牛仓(牛大)	杨卖木沙之舅		
牛倡(牛四)	杨卖木沙之舅		用刀伤人
牛全(牛六)	杨卖木沙之舅		用刀伤人
毛成(毛大)	—	—	
马世太	—	—	砍扎
马兴	—	—	砍扎
魏保官	—	—	—
白四娃子（白占举）	山陕社庙前闲逛		抢李二钱文
马有	厅差役		—
白凤歧	厅差役		
孙义伏	厅差役		
裴天有	推车卖羊肉		
张三	—	—	在逃
王振和	弹花或佣工	陕西	持木椽
贾万银	弹花或佣工	陕西	拿短木杆
马泷	回民乡约	—	—
王天秀	—	—	伤
马礼德	—	—	伤
毛老二	—	—	在逃
毛老三	—	—	在逃
米万魁	—	—	伤

续表

姓名	职业或身份	原籍地	死伤情况及其他
米万贵	—	—	伤
王天朋	—	—	—
马魁	—	—	—
柯化忠	开店铺	—	呵斥汉民,伤
刘倡			

所谓械斗,指不同地缘、亲缘或民族的群体因利益冲突而对立乃至动武,造成多人死伤。这种情形在清代各省都时有发生。正因如此,一场械斗也往往折射出一个多元的地域社会的组织体系。就本案当事人的汉族一方来看,经过上百年的移民聚集,当地显然已建立起相对稳定的乡籍组织,其标志之一就是吐鲁番城外的山陕社庙和八蜡庙。

乾隆四十五年(1780)吐鲁番筑城时,官方曾在城内修建关帝庙,而随着山陕省籍移民的增多,又在城外兴建了山陕社庙、八蜡庙。山陕社庙由社首数人管理,定期举办酬神活动,联络同乡移民。八蜡庙供奉有关农业的神祇,也用作山陕人的公所。械斗案中,石怀玉等人因心中愤愤不平,便相邀到八蜡庙内商议对策,就是利用了这里的公所功能。在白四娃子抢夺了李二的钱文后,由山陕社庙的社首韩瑞林、杨忠出面捉拿送官,也体现了社首的社会地位和组织功能。正如有关研究者所指出,一般来说,除了家庭人口的共同迁徙外,同宗及同籍乡亲的相互牵引,是移民过程中的重要因素。① 在吐鲁番地区,由于前述的种种原因,成批安置眷户的时代开始较晚,"客民"也即单身的流动性人口在当地始终占据很大比重,对于他们而言,同乡组织无疑是维系横向社会关系的重要纽带。

从回民一方来看,作为穆斯林群体,遇事结伙互助,同样表现出了强烈的同属意识。在穆斯林社会,清真寺通常同时承担社会组织功能,与吐鲁番相去不远的哈密,在乾隆时期即有内地回民建寺礼拜。② 笔者推想吐鲁番也可能存在同样的情况,只是史料缺载,无从详求。这里值得注意的是"回

① 曹树基:《中国移民史》,福建人民出版社1997年版,第107页。
② 中国第一历史档案馆藏:《军机处满文录副奏折》,乾隆四十六年九月十五日哈密办事大臣佛德奏。

役",即吐鲁番直隶厅的回民差役所扮演的社会角色。

清代西北地方官府及军伍中有许多回民当差是一个周知的事实,而新疆移民社会也沿袭了这一传统。吐鲁番厅的回民差役既代表官府执行公务,有维持地方治安之权限,又有借助权限保护同教移民利益的一面,因此不免在很多场合为回民群体所仰赖。我们看到,差役马有为了素来交好的牛仓兄弟而维护杨卖木沙子,指示众人赶往帮打;身为总役的白凤岐虽然执行公务拘押了肇事的牛仓,又担心引起回民不满,有意设法放人;伙役孙义伏并未找到回民乡约马泷,未经调解,就擅自开释牛仓。凡此种种,都反映了回役的双重性格色彩。

这里还应提到乡约一职。乡约是官方认定的基层管理人员,与保甲制互为一体,但职能偏重教化,也调解诉讼纠纷。目前所知的新疆在移民中设置乡约的最早事例,是高朴玉石案中被揭发的陕西渭南县回民商人赵钧瑞,他乾隆二十五年(1760)就在库车被任命为乡约,管理贸易事务。① 另据纪昀记载,乌鲁木齐在乾隆三十年代也普遍设立乡约,"官衙有事,亦多问之户头乡约,故充是役者,事权颇重";又曰:"蒙古商民,别立蒙古乡约统之,稽防较密"。从本案的奏报来看,咸丰初年的吐鲁番亦是区分汉民和回民,分别设立乡约,管理汉民者称"商民乡约",管理回民者称"回民乡约"。冲突初期,调处说合,息事宁人,冲突激化后报官弹压,消弭事端,都属于乡约的职责,如果失察或办理不力,他们就要受到责罚。大概就是这个缘故,械斗发生后,社首韩瑞林曾串通他人向商民乡约张学仁讹诈"七数钱一百三十两",后遭到揭发。

综上所述,我们可以就咸丰初年吐鲁番的移民社会得到如下结论:

首先,这是一个由汉、回两族移民共同构成的多元社会,日常杂居共处,山西、陕西、甘肃等省籍者居多。

其次,除了务农种棉,许多移民还从事商贩、弹花或佣工,流动人口仍占很大比重。

再次,在对移民群体的管理上,属于基层组织的乡约,民间的社庙、公所等维系同乡关系的设施,以及厅署的回民差役等都各自扮演着重要角色,支

---

① 中国第一历史档案馆编:《乾隆朝惩办贪污案件选编》第一册,中华书局1994年版,第536页。

② 纪昀:《乌鲁木齐杂诗》。

撑着移民社会的运转。

又次，移民群体在数量上和组织程度上都有进一步的提高，一个初具规模的内地移民社会已经在吐鲁番盆地形成。

（原载中国第一历史档案馆编：《明清档案与历史研究论文集》下册，新华出版社2008年版，收入本书时有增补。）

乾隆年间甘肃新教回民起义后清政府对新疆回民政策的变化

乾隆后期甘肃省先后两次爆发的新教回民起义即乾隆四十六年(1781)的苏四十三起义和乾隆四十九年(1784)的田五起义,成为清政府对回民政策的重要转折点,也使得清代回民社会的状况由此发生重大改变。这一系列变化的后果之一,是回民群体与清政府之间的对立关系加剧,导致双方出现更大规模的冲突。同治年间连锁式的回民大起义席卷了中国西部的陕西、甘肃、新疆、云南等地,大大动摇了清朝统治的根基,这些都是众所共知的事实。

长期以来史学界对于回民起义已有相当多的研究,其中最受关注的当推清末的回民大起义,次之为清代回民问题之发端的乾隆朝甘肃新教回民起义。① 不过就后者而言,研究者的注意力多集中在两次起义的史实本身,至于发生在甘肃的这两次起义如何改变了清廷的回民政策,其影响又是如何波及甘肃以外各地,它与清末震动全国的回民起义风潮有着怎样的直接或间接的关联等,则尚少涉及。然而,探讨并回答上述问题,无疑是清代回民研究以及清代民族政策研究中不可缺少的一环。

---

① 如吴万善《清代西北回民起义》(兰州大学出版社1991年版)、高文远《清末西北回民之反清运动》(中国台北学海出版社1998年版)、霍维洮《近代西北回族社会组织化进程研究》(宁夏人民出版社2000年版)、张中复《清代西北回民事变:社会文化适应与民族认同的反思》(中国台北联经出版事业公司2001年版)等,都是近些年涌现的重要成果,对笔者多有启发。此外,中田吉信《回回民族の諸問題》(アジア経済研究所1971年版)、佐口透《18—19世纪新疆社会史研究》(新疆人民出版社1983年版),及《新疆民族研究史》(吉川弘文馆1986年版)等,也有相关章节涉及西北回民起义,笔者亦加以参考。

笔者在研读清代新疆地区史时注意到，在大量进入新疆的内地移民当中，除了汉族人口外还包含了数量众多的西北回民，他们在迁入地新疆的社会生活中扮演了十分重要的角色。由于这些回民多数来自与新疆毗邻的甘肃省，当新教回民在甘肃起事，新疆也首当其冲地成为清政府弹压防范的重地，而且随着新教回民与清廷冲突的逐渐升级，新疆的回民社会受到的来自清政府的压制与迫害也日趋严重。不过，由于一般官书对这些情形缺乏记述，人们也很少能获知其详。

近年来，清代档案整理的不断推进，大大拓展了研究资料的来源，使得我们有可能利用档案文书来弥补一般典籍记述之不足，从而更加走近历史事件的真相。在本文中，笔者主要利用中国第一历史档案馆（北京）收藏的军机处满、汉文录副奏折，辅以其他官私文献，一方面尽可能详尽地揭示清政府所采取的一系列弹压措施，说明两次起义如何波及新疆；另一方面分析由此引起的在新疆之回民群体的处境变化，进而考察新疆回民与清朝当局之间对立关系的形成与加深的轨迹。

一、西北回民的大量出关与清廷早期的回民观

"回民"通常指在中国内地居住，日常使用汉语的，信仰伊斯兰的穆斯林人群，也称内地回民，英文多译作 Chinese-speaking Muslim 或者 Chinese Muslim。在清代，这个称谓的概念比较宽泛，不但包括当代的回族，还可以包括撒拉、东乡、保安等信仰伊斯兰的其他内地穆斯林民族。清代文献中的"回民"有时还用来指称新疆土著的突厥语系穆斯林民族，如今天的维吾尔族等，容易让人产生误解。因此，首先需要说明的是，本文中所称的"回民"，专指清代籍隶陕甘等内地省份的穆斯林民众，其主体是今天的回族而不单指回族，同时不包括新疆土著的突厥语系穆斯林民族在内，对于后者本文除了使用维吾尔这一称谓，涉及文献时也酌情借用清代文献中的称呼，以便区分。

外来穆斯林人口进入中国西北定居的历史相当久远，可以追溯到唐宋时期，而以元代为大发展阶段。随着西来的穆斯林人口逐渐在中国社会内落地生根，到了明代，各省的回民居住区基本形成，特别是西北的甘肃、陕西两省，拥有大量的回民人口，其中又以甘肃为全国之最。清代文献称"甘肃

汉回错处,综稽民数,本汉少而回多,汉弱而回强",①指的就是这一现象。有人分析清后半期陕甘两省的回族人口加起来应不少于200余万,陕西在70万至80万之间,甘肃则不下150万。② 这虽然是时间偏晚的数字,但也可推知前期情况之大概。不过由于明王朝长期对嘉峪关以西地区采取守势,极少沟通交流,有明一代内地回民与西域联系不多。清初甘肃曾经爆发回民米喇印、丁国栋为首的反清活动,并得到哈密一带地区的响应,但随后即归于沉寂。所以直到18世纪中叶,我们看不到内地回民频繁西行的现象,换言之,大批内地省份的回民出入新疆并在当地谋生定居,以致当地出现以陕甘回民为核心的穆斯林移民群体,乃是清乾隆朝平定天山南北之后时代的产物。

乾隆二十七年(1762),清政府在新疆设立伊犁将军统领全疆军政事务,同时征调满蒙八旗及绿营兵进驻各地。清政府为了加强当地的经济能力,又多方进行农业移民,开展各种屯田活动,并倡导内地商人前来新疆从事贸易,这一切都为内地人口移居新疆创造了契机,特别是紧邻新疆的甘肃省,很快就出现了大举出关的移民热潮。

陕甘等省的回民是与汉族移民一道踏上西来之路的。据笔者研究,回民进入新疆的方式、渠道与汉族类似,大体分为三种:第一,作为军事移民,即作为陕甘绿营的兵弁奉调赴新疆驻防或携眷屯垦;第二,作为农业移民参加户屯(也称民屯),主要落户到北疆开荒种地;第三,作为商人或手工工匠进入新疆各地,从事经商、贩运、加工业等活动,而史料中最多见的是第三种。他们当中有人早在乾隆二十年(1755)就开始就跟随清军的西北大营在新疆东部活动,当清朝在新疆的统治稳定后,其足迹更是深入到天山南北各地。虽然我们目前还无法具体估算这些回民的数量,但从其事例大量散见于档案记载这点来看,西北回民在当时新疆的移民人口中占有相当比重应是毫无疑义的。

---

① 陶模:《陶勤肃公奏议》卷六。清代甘肃省的辖境较广,今天的宁夏以及青海东部一些地区都归属甘肃,本文的甘肃省亦以当时的行政区划为准。
② 霍维洮:《近代西北回族社会组织化进程研究》,宁夏人民出版社2012年版,第4页。
③ 关于乾隆年间陕甘回民向新疆流动之大势,请参考华立:《清代甘肅、陕西回民の新疆進出——乾隆期の事例を中心に》,载塚田誠之编:《民族の移動と文化の動態——中国周縁地域の歴史と現在》,風響社2003年版。

西北回民积极向新疆迁徙有各种原因为其背景。除了与汉族人口同样的出于谋生方面的需求,以及地理位置相对来说与新疆比较接近等因素外,对于内地穆斯林来说这里同为穆斯林人群的聚居地,更接近西方的伊斯兰文化源头,有亲近感,也是必须考虑的一个因素。时至清代,生活在中国内地的穆斯林民众由于长期与汉族杂居,日常语言变为通用汉语,甚至逐渐淡化了容貌体态上的特征,但并未失去自身特有的宗教文化和民族认同意识,对于这一点我们可以通过下面的事实得到印证。

不过,这一时期内地回民的西行并没有引起清廷的特别关注,在政策上清政府并不区分移居者是汉族或回民,而把他们都当作内地迁徙人口,也即作为"民人"来对待,这种处理原则与清廷当时所持的回民观是相一致的。

研究清代西北回民社会组织化进程的霍维洮曾经指出:在清前期,"清政府对回族并没有多少关注,不存在专门针对回族的政策,它对回族的政策与其对待汉族基本相同。清政府根本不认为回族在政治上有什么特殊性,对待回族犹如对汉族一样,实行直接的专制统治。"笔者也大体同意这一见解。康雍两朝,先后有一些地方督抚具折密奏,指斥回民的宗教信仰为异端邪教,要求取缔,而皇帝并不以为然,如雍正皇帝就在谕旨中明确指出:

> 直省各处皆有回民居住,由来已久。其人既为国家之编氓,即俱为国家之赤子,原不容以异视之。数年以来屡有人具折密奏回民自为一教,异言异服,且强悍习顽,肆为不法,请严加惩治约束等语,朕思回民之有教,乃其先代留遗家风土俗,亦犹中国之人籍贯不同,嗜好方言亦遂各异。是以回民有礼拜寺之名,有衣服文字之别,要亦从俗从宜,各安其习,初非作奸犯科惑世诬民者比,则回民之有教毋庸置议也。

关于治理回民的原则,雍正皇帝称:"要在地方官吏不以回民异视,而以治众民者治回民,为回民者亦不以回民自异,即以习回教者习善教,则赏善罚恶,上之令自无不行,悔过迁善,下之俗自无不厚也。"①乾隆皇帝也表示过类似的看法:"内地回民,自其祖先以来,食毛践土,蒙国家豢养深恩者已百数十年,同隶编氓,毫无区别。"②从这些文字可以看出,这时候的清朝最高统治者虽然在一定程度上看到了内地回民在宗教信仰上的不同,但总体

---

① 《清世宗实录》卷八〇,雍正七年四月辛巳。
② 《清高宗实录》卷一二一一,乾隆四十九年七月丙子。

上不承认这个群体与汉族有明显差异,而仅简单视为风俗习惯上的差别。对于伊斯兰教,雍正皇帝的基本看法是,它不会危害自己对回民的统治,所以虽然不鼓励,却也不予禁止,听其自然发展。所谓与民人"同隶编氓,毫无区别",固然表现出清廷要求地方官员不歧视回民,与汉族一体对待,但同时也表明清廷对于回民作为穆斯林群体所具有的性质特点,还缺少足够的认识和相应的对策,只是力图对回民实行与汉族同样的直接政治统治,而这一做法本身就隐含了深刻的内在矛盾。

内地穆斯林与清政府之间相对平和的关系在进入18世纪中叶即乾隆朝后半期后开始发生变化。随着回民群体出现本民族内部的整合与社会组织化倾向,其与清政权的对立也逐渐加深和加剧,最终导致了乾隆四十六年(1781)和乾隆四十九年(1784)甘肃新教回民与清政府先后两次的严重冲突,其余波震荡扩大,延及新疆,改变了居留此地的内地回民的处境。

二、苏四十三起义后清政府对新教的取缔 与对新疆回民政策的变化

乾隆四十六年(1781)的苏四十三起义爆发于撒拉族聚居的甘肃循化地区,导火线是撒拉族回民内部新老教派的教争纠纷,而清政府措置失当,以致引发回民武装起义,使其矛头直接指向清廷,这成为清朝建立全国统治后遭遇的第一次大规模回民反清斗争。

循化地区的回民教争由来甚久,早在雍正后期,就有回民马来迟创立花寺门宦与老教格底目派争雄,并发展成强大的势力。到了乾隆初年,从西域游学归来的回民马明心又创立了新教哲赫忍耶,与花寺门宦分庭抗礼。由于马明心的哲赫忍耶不赞成教权世袭制,又简化宗教仪式少收布施,对贫困回民多有周济,得以后来居上,信徒日众。乾隆二十七年(1762),马明心与花寺教主马国宾在循化因讲经发生争执,互讼于循化厅,官府各打五十大板,将双方逐回各自原籍,但数年后教争复起。教争反映了回民社会内部走向组织化的倾向,不同教派因此而产生对立,特别是已有的老教不能容忍新教的发展,摩擦不断。清廷不理解教争频发的内在原因,也没有制定稳妥的对策,地方官府在处理纠纷时因循惯例,多偏袒花寺老教,使得新教回众不服,埋下了对抗的种子。乾隆四十六年(1781)初,新老教双方因事发生械斗,各有死伤,经月不息。这本来属于回民之间的教派冲突,老教方面势不

能敌,转向官府寻求庇护,地方官府不明就里轻率介入,以致"激而生变"。河州协副将新柱带兵前往弹压,苏四十三为首的撒拉新教回民装成老教前去迎接,听到新柱公开扬言要帮助老教镇压新教,遂愤然将其杀死,竖起反清大旗。起义军先攻河州,继而直逼省城兰州,攻打兰州失利后退守华林山,坚持到当年七月,最后全部壮烈战死。哲赫忍耶教主马明心并未参加起义,也在兰州遭到杀害。

这次起义成为清廷对回民政策的重要转折点。苏四十三等率领新教哲赫忍耶反清,与清政府公开对立,被视为大逆不道。余惊未定的清政府随即宣布坚决取缔新教。乾隆皇帝声称:"凡新教之人,皆系贼党","盖旧教相沿已久,回人等耳濡目染,习惯成性,今欲去之,势有不可,而新教则如白莲等邪教,平日虽亦拜佛念经,而惑众滋事,其名目断不可留"。① 把新教与白莲教相提并论当然不妥,这说明乾隆皇帝对回民的教派问题缺少理解,似是而非,但根除新教、防其复燃的方针就此确立下来,它贯穿于乾隆后期,构成此后清廷对回民政策的基调。

乾隆四十六年(1781)七月,根除新教的各项措施全面推进。由阿桂、李侍尧制定的《办理兰州军务善后事宜》,着眼两个方面来铲除新教势力。首先,加强对甘肃特别是循化撒拉族地区的控制。规定如下:改组循化地区的撒拉十二工,限制一般内地回民与其交往;不准撒拉回民复充循化及河州衙役和营伍兵丁,不准其到内地行走,责成各关口严加盘查;强迫新教回民一律改从旧(老)教,将新教礼拜寺概行拆毁,如查有私行传习阳奉阴违者,照邪教律从重办理;改用精干旗员治理撒拉地区,在甘肃省增添兵额,添置炮位,加强防范。其次,干预并控制回民的日常宗教生活,如下令革除回民中的总掌教、掌教、阿訇等名目,禁止清真寺(礼拜寺)收留外来过往回民,以削弱回民群体的横向联系,并防止新教势力流向甘肃省外的地区。② 后一部分措施不仅针对甘肃,更扩大到全国,而陕甘回民大量往来聚集的新疆首当其冲地成为清政府防范戒备的重点目标。

同年五月上旬,华林山的战事还在继续,乾隆皇帝就两次通过军机处向乌鲁木齐都统奎林发出指示,命其在当地严查新教发遣人犯贺麻鲁虎。贺麻鲁虎也是循化撒拉回民,自乾隆二十六年(1761)起追随马明心的哲赫忍

---

① 《钦定兰州纪略》卷七。
② 《钦定兰州纪略》卷一六。

耶在循化大力传教,在当地颇有影响力。乾隆三十四年(1769),他因与花寺老教的教争纠纷向官府控告,却被"以诬告反坐",判处从重发往乌鲁木齐给兵丁为奴。苏四十三就是在他遭流放后成为循化新教回民首领的。从贺麻鲁虎被发遣到苏四十三起义爆发,在长达十余年的时间里,清政府并不曾留意过远在新疆服刑的贺麻鲁虎,但此时突然意识到他的新教头目身份具有极大的潜在威胁。在第一道谕旨中乾隆皇帝告诉奎林,如果贺麻鲁虎有"谣言惑众"即宣传新教的行为,则就地将其处死,如果没发现特别的不轨举动,则严密监视。而这道谕旨发出一天后,乾隆皇帝就觉得尚不稳妥,立即追发第二道谕旨加以修正。后一道谕旨中,乾隆皇帝称贺麻鲁虎乃当年邪恶犯首,即便现在安静度日,也绝不可将其留于乌鲁木齐一带,应挑选能干可靠之官兵,立即将其解送来京。如果取道通常行走的"哈密—吐鲁番—兰州"路线,乾隆皇帝担心在经过甘肃时有被新教回民中途劫走的危险,因此特下令绕道北上,经乌里雅苏台取道蒙古境内而行,以确保万无一失。①

经奎林等人调查,被流放到芦草沟的贺麻鲁虎已于乾隆四十二年(1777)因病死亡,解送京城的命令当然也就失去了执行对象。但是从这件事情的前后经过,我们可以清楚地看到清廷已经把目光投向新疆,其焦点就是居留当地的新教回民,特别是有影响力的重要人物。乾隆皇帝在三天中连降两旨,甚至亲自为押送一事指定路线的做法也不同寻常,足见这时清政府的神经已经处在高度紧张的状态。

清政府在与苏四十三起义军作战时还得知,马明心在创立新教哲赫忍耶之前曾游学到阿拉伯世界,并取道西域即新疆而返回甘肃传教,这使清廷第一次明确意识到新疆及其以西的伊斯兰世界,与甘肃的哲赫忍耶教派的形成有着重要的内在联系。《办理兰州军务善后事宜》称"回教相沿已久,而新教则自马明心口外回家,妄谓西域得有真传,愚回厌故喜新,俱为煽惑,以致苏四十三等肆逆不法"。就反映了这一认识。

为了切断新疆与新教哲赫忍耶的关系,清廷采取了一系列措施,首先是禁止内地回民前往新疆学经:

新疆各城回众以墨克(即麦加)地方为回教之宗主,而内地回

---

① 中国第一历史档案馆藏:《军机处满文录副奏折》,乾隆四十六年五月二十六日奎林奏。

② 《钦定兰州纪略》卷一六。

民又以新疆等处经典多而流传为较真。前奉谕旨,俟将来事竣,传
谕新疆各路办事大臣,严密查访,毋许内地回民在彼习学回经,致
生事端,实为杜渐防微之至计。①

同年八月二十一日在给新疆各城大臣的满文上谕中,乾隆皇帝再次强调这一措施的重要性,责令各城用心筹划执行,不得稍有疏忽:

新教回子马明心供词内称以前曾往边外回子处行走,学得回
子之真经。如此看来,可恶逆贼马明心因曾在新疆回子处另习异
经,回来后即煽惑撒拉回子创立新教名目之事已属显然。此等撒
拉回子素日恶贯满盈,故经马明心一人煽惑即入邪教,以一人之过
即陷数千之回民于死地,岂非天欲灭之也哉。即使马明心所谓往
边外回子处学得真经之语乃无妄之谈,新疆各地所居回子不在少
数,其中若再有如马明心之内地回子至彼兴邪教,煽惑愚回创立教
派滋生事端,皆属难以预料,故必防患未然,于事先周密筹划用心
对应。……(各城官员)若于各自管辖地内遇到内地回子前来妄立
邪教,立即抓捕,明白具奏,必重典惩治以儆示众人。②

不仅如此,清廷还决定改变以往将天山南路居民中的罪犯发遣到内地省份的做法,因为"各城将缘事回民发至内地,此等大概皆不安本分之徒,与内地回民皆系同教,倘因其自西而来,以为得有真传,或又相煽惑,均未可定"。此后改为在回疆各城相互易地安插,这有利于减少新疆对内地回民的宗教影响,"于杜绝新教根株之法,更为周备"。③

从《军机处满文录副奏折》的记载看,新疆各城于奉旨之后即以清查为名展开全面调查,并逐一向朝廷汇报。在做法上,除了用历来的路票制度掌握回民行踪,查看其动静外,清廷更加强了对内地回民聚集礼拜的清真寺的监视,防止内地回民与土著回民借礼拜诵经之机而有所交往。如表1所示,从乾隆四十六年(1781)九月到乾隆四十八年(1783)一月的一年半左右的时间里,共有来自伊犁、塔尔巴哈台、库尔喀喇乌苏、乌鲁木齐、南八城及哈密、吐鲁番等地的查报新教回民的22份奏报送达清廷。这次访查虽未对寓居新疆的内地回民造成直接伤害,但是一张强化监视的大网已经拉起,内地

① 《钦定兰州纪略》卷一六。
② 《军机处满文录副奏折》,乾隆四十六年九月十五日佛德奏。汉文系笔者翻译。
③ 《钦定兰州纪略》卷一六。

回民在新疆已不能像从前一样拥有相对宽松的生存环境了。

表1　乾隆四十六年至乾隆四十八年新疆各城具奏情况表①

上奏日期	事由	缩微胶片号
乾隆四十六年九月十五日	查哈密等处是否有撒拉回民传播邪教	122—2367
乾隆四十六年九月十九日	查哈喇沙尔有无撒拉回民传播邪教	122—2491
乾隆四十六年九月二十七日	奏查伊犁有无撒拉回民传播邪教	122—2923
乾隆四十六年九月二十八日	遵旨查报塔尔巴哈台是否有撒拉回民传播邪教	
乾隆四十六年十月十五日	查库车有无撒拉回民传播邪教	123—0056
乾隆四十六年十月十五日	遵旨晓谕库车、沙雅尔等处回民伯克等缉拿传播邪教之撒拉回民	123—0067
乾隆四十六年十月二十一日	喀什噶尔、英吉沙尔等处查禁撒拉回民传播邪教	123—0374
乾隆四十六年十月二十一日	查乌鲁木齐、吐鲁番等处有无撒拉回民传播邪教	122—3544
乾隆四十六年十月二十一日	查库尔喀喇乌苏等处有无撒拉回民马明心传播邪教	122—3577
乾隆四十六年十月二十七日	查叶尔羌、和阗有无撒拉回民传播邪教	123—0474
乾隆四十六年十一月十五日	查禁乌什等处撒拉回民传播邪教	123—0893
乾隆四十六年十一月十六日	奏哈喇沙尔地方回民安居乐业并无邪教	123—1019
乾隆四十七年一月六日	奏乌什、阿克苏等处回民并无传习邪教之事	123—2305
乾隆四十七年一月十二日	查和阗并无传播邪教者	123—2643
乾隆四十七年一月十五日	查报塔尔巴哈台并无传邪教之人	123—2524
乾隆四十七年一月二十一日	奏报伊犁回子并无传播邪教之人	123—2743

① 本表据《军机处满文录副奏折》有关部分编制。

续表

上奏日期	事由	缩微胶片号
乾隆四十七年一月二十六日	哈密回民内并无传播邪教之人	123—2775
乾隆四十七年三月十七日	遵旨严查塔尔巴哈台有无传播邪教之人	123—0877
乾隆四十七年十二月二十二日	遵旨汇报乌鲁木齐等处回民并无兴邪教之人	124—0851
乾隆四十八年一月十九日	奏报乌什等处内地回民并无传播邪教之人	126—1601
乾隆四十八年一月十九日	奏请派员密查乌什等处内地回民做礼拜处	126—1609
乾隆四十八年一月二十九日	伊犁奏行商内地回民无邪教事	126—1799

三、乾隆四十九年新疆对"从逆回民"亲属的大搜捕及其影响

乾隆四十九年(1784)四月,甘肃又一次爆发了新教回民的反清起义。起义者在盐茶厅举事,先后攻略靖远、安定、会宁、伏羌、隆德、静宁、秦州、秦安、华亭、庄浪等地,最后在通渭县石峰堡与清军对峙,历时两个多月而失败。因为起义军以盐茶厅小山地方新教阿訇田五及马明心之妻弟张文庆等为核心,所以该起义也称为田五起义或田五、张文庆起义。这次起义持续的时间短于三年前的苏四十三起义,但给清廷造成的震动却远胜过前次。在清廷看来,前一次起义由教争而至反清,事后又查出该省布政使王亶望等有冒赈贪污、鱼肉百姓的严重问题,还算得上是"事出有因"。而这一次则不同,既没有表现出教争的性质,也没有明显的天灾人祸或吏治方面的原因可以用来解释,起义军一开始就把目标对准清廷,打出为教主马明心复仇的旗号,这属于公然的直接对抗。再者,上次的起义群众的主体是循化、河州的撒拉回民,清廷把他们视为地处一隅、未尽开化的"番回",而这次却是甘肃的一般回民即以今天的回族群众为主体反清,不但有新教教徒,连一些老教回民也参与其中,比前一次更加具有普遍性和广泛性,对清朝统治的威胁也

更大。

乾隆皇帝在给围剿第一线的清军将帅的谕旨中称:

> 朕于此事再四思维,反躬自问,自临御以来数十年,兢兢业业,不敢稍存满假,于民生疾苦,无不时时厪念,务期得所,而于甘省尤加意抚恤。该省连年以来并未闻水旱灾歉,断无贫黎失所,致匪徒得乘机诱惑,或地方官有勒索苛派,苦累百姓,因而贼人倡乱滋事。……以上种种各情节,思之总不得其故,究竟因何而起,不得不彻底根究。

其实,正是这几年来对新教的残酷镇压导致了甘肃回民再度揭竿而起,只是乾隆皇帝本人不愿意面对这一事实罢了。由于上述原因,乾隆皇帝对新教回民再度起事十分痛恨,"邪教回民业经两次滋事,不可稍存姑息,务净根株"①。

面对这第二次起义,乾隆皇帝反复强调"概行洗剿""不留根株"。"此次逆回滋事,敢于攻扰城池,伤害官兵,实属罪大恶极,其遗孽即予以寸磔,亦所应得",甚至宣布"将来查办时,凡属先已从逆,后始投降之匪徒,年在十五岁以上者,俱应骈诛"②。这一切使得整个镇压过程变得空前惨烈。清军先后数次大规模屠戮起义群众,在一些地方如隆德的底店,甚至"一面点名一面正法",到了令人发指的程度。 据粗略计算,此次被屠杀的回民人数超过万人,其中包括妇女一千余名。尽管如此,乾隆皇帝仍然意犹未尽,再三指示严密搜捕起义者亲属归案,一并惩治,不得遗漏。正是这一指令,把寓居新疆的内地回民也卷入到这场血雨腥风之中。

乾隆四十九年(1784)八月,清廷查出起义核心人物之一、大通阿訇马四娃的胞兄苏万成(又作苏旺成)在伊犁绿营携眷屯田,遂当即移咨伊犁将军,要求逮捕归案。尽管马四娃自幼就过继给马姓回民为养子,与生身家庭联系很少,苏万成本人又在外当兵多年,但仍不能逃脱押回原籍处死的命运,其妻子及年幼的一双儿女也被充军流放。④

另一方面,清廷得知"从逆"回民中,有很多人的父兄子侄在新疆谋生,

---

① 《钦定石峰堡纪略》卷一一。
② 《钦定石峰堡纪略》卷一一。
③ 《钦定石峰堡纪略》卷一五。
④ 日本东洋文库藏:《奏稿》第17册,乾隆四十九年十月二十八日折。

便加紧了对寓居新疆的一般甘肃回民的全面搜捕。兹将档案中见到的主要事例列举于下:

是年六月二十四日,阿克苏办事大臣国栋报告在本城抓获起义首犯田五的胞弟田奇(又作田七)。①

七月十六日,国栋再奏报于阿克苏城外的旅店内逮捕了靖远回民拜有之父拜一相,哈光德之叔哈治娃子。②

八月二日,喀什噶尔方面奏报抓获马四辈子之父马奉举及张文孝等二人,并查出拜一相于乾隆四十八年从阿克苏前来喀什噶尔贸易后返回阿克苏的路票记录。③

八月七日,哈密办事大臣巴延三奏报抓获在当地居住的靖远"从逆回民"沙重文之父沙一珍、弟沙重武,以及胡刚的胞弟胡魁、胡四(又作胡鳌)等四人。④

八月十六日,陕甘总督福康安奏报,与田五合谋攻城的靖远县哈文、哈光德、拜有及黄彩等人在新疆贸易的亲属在乌什被捕。⑤

八月十八日,伊犁将军奏报抓住伊犁行商之靖远县回民妥应得、妥阿利子、妥举娃子、王之得等四人,均系起义回民的亲属。⑥

九月二日,塔尔巴哈台领队大臣惠龄就押解当地的经商回民赴甘一事行咨陕甘督抚。⑦

十月十八日,哈密办事大臣巴延三奏报沙一珍、沙重武、胡魁、胡鳌、胡德及其他"从逆回民"家属已经押往兰州。⑧

十一月二十四日,福康安奏称塔尔巴哈台、乌什、乌鲁木齐等地后续抓获"缘坐犯属"黄宣、哈礼、铁阿都子、铁印、哈明、穆升荣、妥江、妥六十五、刘天俸、马宗、马中相、马腮呼子等多人。⑨

---

① 《军机处满文录副奏折》,乾隆四十九年六月二十日国栋奏。
② 《军机处满文录副奏折》,乾隆四十九年七月十六日国栋奏。
③ 《军机处满文录副奏折》,乾隆四十九年八月初二日保成奏。
④ 《军机处满文录副奏折》,乾隆四十九年八月初七日巴延三奏。
⑤ 《奏稿》第16册,乾隆四十九年八月十六日折。
⑥ 《军机处满文录副奏折》,乾隆四十九年八月十八日伊勒图奏。
⑦ 《军机处满文录副奏折》,乾隆四十九年九月初二日惠龄奏。
⑧ 《军机处满文录副奏折》,乾隆四十九年十月十八日巴延三奏。
⑨ 《奏稿》第18册,乾隆四十九年十一月二十四日折。

以上因连坐而在新疆被捕的甘肃回民,大多是乾隆三十年至乾隆四十年(1765—1775),有些甚至早在乾隆二十五年至乾隆三十年(1760—1765)间就离开家乡西来谋生,在当地已有一定的生活基础。尽管各有关官员也都承认他们"系出口谋生,并不知伊子及伊兄弟在籍随同谋逆情事",却仍然坚持"律应缘坐","请即行正法"。① 这使他们也成为清政府屠杀政策下的牺牲品。

　　全疆范围的大搜捕很快就出现了严重扩大化的态势。陕甘总督福康安在前述十一月二十四日的奏报中承认,同期从新疆押解到甘肃的"缘坐人犯"中,并非通缉对象者占了近半数。② 一部分驻扎大臣为了积极表现,邀功请赏,宁枉勿漏,对那些本不在通缉名单的甘肃回民也擅自拘留和审问,造成了人人自危的恐怖局面。分别在喀什噶尔和叶尔羌遭到逮捕的马廷相和铁文喜为首的两组贸易回民的遭遇就是典型的例子。

　　靖远县出身的贸易商民马廷相、马文禄、马如能、马苍四人于十月在喀什噶尔遭到逮捕,随即被解至阿克苏,准备押送回籍。然而经过阿克苏官员的再度查核发现,原来对于此四人,"甘省并无咨缉之文",仅仅因为其原籍是被通缉人数最多的靖远县,就被视同罪犯,受此无妄之灾。③ 无独有偶,时在叶尔羌的靖远县商民铁文喜等八人也遭到类似的蛮横对待。并非通缉对象的他们在叶尔羌被无端拘押,随即被分成两批押解上路。因为记载不详,我们不能完全了解其中的细节,但从八人之一的商民马士品不堪拘押,在看守期间上吊身亡来看,有理由认为他们曾经受到了非人的待遇。④

　　扩大化的蔓延给寓居新疆的内地回民造成了巨大的压力,导致社会不安,人心惴惴。连乾隆皇帝本人后来也不得不承认"所办过当","殊属错谬",要求对马廷相和铁文喜等人于查明后"即时释放","或欲在该处贸易,或欲回原籍,听其自便"。⑤ 此后,大肆搜捕的势头才有所减弱。

---

① 《钦定石峰堡纪略》卷二〇。
② 《奏稿》第18册,乾隆四十九年十一月二十四日折。
③ 《军机处满文录副奏折》,乾隆四十九年十月十八日国栋奏。
④ 《军机处满文录副奏折》,乾隆四十九年十月二十六日阿扬阿奏。
⑤ 《清高宗实录》卷一二一八,乾隆四十九年十一月壬戌;《清高宗实录》卷一二一九,乾隆四十九年十一月辛巳。

四、从回经事件看回民在新疆的宗教生活

回经事件发生在乾隆四十九年(1784)九、十月间,正值大搜捕的后期,它从一个侧面反映了清廷的日益收紧的回民政策,及其对内地回民在新疆的宗教生活的影响。

事件的经过大体如下:

正逢年班的喀什噶尔伯克莫罗尔咱为进京朝觐而雇用了西宁回民车户韩得(又作韩德)为其赶车。行至库车时,从韩得车内搜查出两部回字经卷,这使得库车官宪警觉万分,顿时如临大敌,不仅当即扣押韩得,移咨各方将其供出的有关人员解来紧急审讯,又不顾违规,未经请示即将年班进京的伯克莫罗尔咱的行李也逐一打开检查。

经审讯得知,两部回经分别为甘肃灵州籍回民马起蛟和秦安县籍回民马德辉所有。马起蛟早年寄籍肃州,乾隆三十二年(1767)即出关,先后在阿克苏、库车、乌鲁木齐等地经商,携有祖传回经七本。乾隆四十六年(1781)初一度回乡时因行李较重,曾托居住在阿克苏的"同姓联宗"之侄马国英代为收存。后本人于乾隆四十九年(1784)再度出口,欲将经书从马国英处要回,马国英便托素来相识的车户韩得转交。另一部回经的主人马德辉,乾隆四十九年(1784)五月来到阿克苏贸易,随身带有回经四本。因为途中过河,书遭水湿,恐其破损,遂托车户韩得带到哈密给开皮坊的熟人马应见代为收存。①

如前已述,清政府对于回经流传的防范并不始于此时。鉴于回经诠释教义,对于穆斯林的信仰具有指导意义,清廷从一开始就把阻止新教哲赫忍耶传布其经书作为取缔手段之一。但是由于该教派回民的全力保护,经书的收藏十分隐秘,并不轻易为外界人所知。而一些官员捕风捉影,曾制造出若干莫须有的冤案,其一即是稔为人知的乾隆四十六年(1781)广西海富润回经事件。②

---

① 《军机处满文录副奏折》,乾隆四十九年九月二十六日雅满泰奏。
② 海富润,回民,广东崖山人,曾游学广西、湖广、陕西等地。乾隆四十六年(1781),海富润自陕西返乡途中在桂林被搜出阿拉伯文经书及《天方至圣实录年谱》《天方字母解义》等汉字书籍,后被捕并牵连多人。其后经审明并无违碍,获旨释放。

实际上,这次回经事件最后也以类似的结果而告终。据陕甘总督福康安事后奏报:"四犯讯非马明心徒党,平时贸易营生,别无不法情事,其携带经卷实系寻常诵习之经,本不在查禁之列。"①不过审讯的供词为我们了解回民在新疆的日常宗教生活以及清政府对此的警戒心态,提供了难得的第一手资料,值得细加品味,兹将该记录的一部分引述于下(诘问部分有省略),再略做分析。②

1. 审讯马起蛟记录

诘问:你是内地回民,将这经带到新疆地方,必是有心惑乱回子,滋生事端。况你从前在南疆各城贸易多年,其中有无与本处及各城回子交涉之处亦未可定。逐一据实供来。

马起蛟:小的虽在各城往来,不过贸易为生,小的这经只是闷来时看诵,他们回子并不知道我有经的,小的并未与他们交涉。

诘问:你既是贸易回民,又为何有伊底尔斯回子之名,他们又为何称你阿浑?

马起蛟:我们回民规矩,但是通达经卷者,即呼阿浑,是以他们俱以阿浑相称小的。小的因不敢当,亦曾向他们再三辞过的。再伊底尔斯原是小的自幼起的乳名。

诘问:你带这经虽未与本处及各城回子交涉,而内地回民在各城贸易者居多,其中曾否与何人交接传习?但这经既是你祖上遗留,有何凭据?

马起蛟:小的在口外贸易,原是安分生理,不敢为非与内地回民交接生事,况各城稽查甚是严谨,若果有滋事之处岂有查不出来的。小的祖上遗留这经,原籍地方先有小的姐夫李治,妻兄武生周尚志都是知道的。

2. 马国英供词

讯据由阿克苏解到回民马国英,乳名依斯玛依尔供,年三十七岁,系固原州人。

小的于三十二年出门,在阿克苏贸易生理。小的叔父马起蛟亦在阿克苏贸易。于四十六年间因小的叔父回家、将大小经七本

---

① 《奏稿》第20册,乾隆五十年三月二十九日折。
② 《军机处满文录副奏折》,乾隆四十九年九月二十六日雅满泰奏,供单为汉文。

寄留小的处,今年马起蛟又来口外,在库车贸易,七月内寄信前来要取经卷,适有自喀什噶尔来的车户韩得往哈密去,小的就托他将经带到库车交给叔父马起蛟查收。但马起蛟原系小的联宗之叔,并非同堂伯叔,这经实系马起蛟自内地带到口外的,其是否系伊祖上遗留,小的相隔甚远,实是不知情是实。

3. 马德辉供词

讯据由阿克苏解到回民马辉德供,年三十五岁,系秦安县人。

小的于本年五月内到阿克苏贸易生理,原来时带有经四本,因路途过河曾被水湿一次。小的原是在各处往来贸易为生,惟恐复被水湿磨破,甚属可惜,是以托车户韩得带到哈密,交给小的朋友马应见处查收的。但这经原系小的自幼在学房抄录的,随身带着,闲时看诵,并无别故是实。

从以上问答可以看出:

第一,内地回民在出关谋生以后也仍然遵循伊斯兰教义,保持着作为穆斯林的日常宗教生活,像马起蛟和马德辉这样随身携带回经、日常诵习者当不在少数。乾隆四十六年(1781)来自哈密的奏报也说,当时该地已有两座由内地回民自行修建的清真寺,日常于此聚集礼拜,但与当地土著穆斯林不在同一处。

第二,回经的来源不尽相同,如马起蛟为祖上遗留,马德辉则系"自幼在学房抄录"的,但两人显然都受过一定程度的伊斯兰经学教育,特别是马起蛟因为"通达经卷"而被他人呼为阿訇,足见其学问为其他穆斯林所敬重,甚至不排除具有宗教身份的可能性。虽然本人坚决否认,但他对周围回民具有影响力这一点是显而易见的。不仅如此,因转交回经受到严讯的车户韩得也供认被人呼为韩阿浑。从他原籍西宁,地近河州,又是韩姓来看,不排除为撒拉回民,甚至具有一定宗教身份的可能性。库车官宪闻风而色变,立即出动搜捕,与这一点或不无关系。

第三,从诘问内容可以看出,清廷戒备的重点乃是内地回民之间,以及内地回民与各城土著穆斯林之间的横向联系,包括日常往来和宗教性质的交往。而被捕回民都深知其中利害,对此矢口否认。但事实上,内地回民之间的横向交往是显而易见的。韩得等人往返传送交递回经一事本身表明,他们之间存在着相当密切而频繁的联系,这种联系除了移民社会里常见的,因宗族或乡贯地籍而形成的血缘、地缘关联外(如此案中的马起蛟和马国英二人彼此联宗,互认叔侄),在更大程度上来自内地穆斯林的同教意识,并由此形成强大的凝聚力。这是清廷最不愿意看到,却又最无可奈何的情况。

正是由于上述原因,审讯结果虽然承认韩得、马起蛟、马国英、马德辉四人并未携带违禁回经,而均属于"寻常经卷",却仍不肯无罪开释。初拟为"均发往云南、广西烟瘴地方安插管束",仅哈密的马应见因"并不知情,实系无干,请免置议"。后经福康安再度奏请,量刑稍有减轻,但仍判为"改发乌鲁木齐管束",理由是"携带寻常经卷出口,虽不在查禁之例……然竟从宽贷,亦不足儆"。① 清廷最终还是剥夺了这些回民恢复正常生活及进行正常宗教信仰活动的权利。

五、结语

乾隆后期甘肃爆发的两次新教回民起义成为清政府对徙居新疆之内地回民在政策上的转折点。这一转变集中表现为对回民群体的穆斯林信仰的压制与迫害,了解穆斯林社会特点的人都知道这一举措关系重大而且危害深远。况且,从上述事实可以看出,所谓弹压取缔新教,是通过对回民的人身迫害以及对其原有正常生活的破坏来进行的,这就大大恶化了回民移居者在新疆的处境,逐步把新疆社会中的回民群体也推向了清朝的对立面。

同时,受到两次重创的新教哲赫忍耶虽然暂时转入沉默,但组织上并未解体反而更加坚韧。由于甘肃不易生存,很多回民选择了西来谋生,促进了新教回民在新疆境内的聚集。同时,清廷在乾隆四十六年(1781)镇压新教时对起义者的妻女幼子实行充军流放,其中规定"女充西",即将女眷发到新疆伊犁给察哈尔、厄鲁特、索伦兵丁为奴。这些被流放的妇女中包括了马明心的妻子张氏、两个女儿以及其他哲赫忍耶重要成员的家属,她们的去向也为其教众所关注。 随着时间的推移,这些回民逐渐在新疆构筑起自身的生

---

① 《清高宗实录》卷一二二八,乾隆五十年四月己丑。
② 据《钦定兰州纪略》卷一三记载:"马明心、张汉、张怀德、张明得之妻妾子女等共二十六名口分别发遣,其妇女发往伊犁给与厄鲁特、索伦、察哈尔兵丁为奴,幼男发往云南之普洱、广西之百色极边烟瘴充军。"另据张承志《心灵史》(湖南文艺出版社 1999 年版,第 71 页)记述,民间传说张氏在伊犁手刃清朝官吏为夫报仇,然后从容赴死。其拱北至今尚存于霍城县境内,为哲赫忍耶派回民所朝拜敬仰。

活基础,但同时与原籍地甘肃的同教保持各种形式的联系。因此在研究新疆回民群体的发展变迁时,将其与内地特别是甘肃回民社会的互动关系置于视野之内是必不可少的。

80年后的同治初年,新疆继陕甘之后也爆发了大规模的穆斯林民众武装反清活动。蔓延十多年的动乱由留居当地的内地回民率先发难,史称"东干之乱",随后得到各城维吾尔民众的群起响应,使烽火燃遍全疆,清朝的新疆统治体系因此全线瓦解。回民揭竿而起的原因应该是多方面的,但乾隆后期以来因屡遭迫害而种下的对立与仇恨情绪无疑是不应忽略的。研究同治、光绪年间新疆穆斯林事变的张中复指出,本次回民起事的导火线之一是当时新疆各地盛传"洗回"的流言。① 不论此流言真相如何,是来自清朝方面的命令,抑或回民内部有人故意散布以煽动人心,达到聚众起事的目的,但流言在新疆各地的回民中引起了广泛而强烈的震动与恐慌,促使他们为求生存而拿起武器,铤而走险,这一点是无可怀疑的。

(原载陈捷先等编:《清史论集》下册,人民出版社2006年版)

 张中复:《清代西北回民事变:社会文化适应与民族认同的反思》,第119页。

嘉庆四—五年哈萨克王位承袭问题与清廷的对应方针

在研究清王朝对西北边疆的治理时,其与哈萨克各部的关系及其治理政策是不可缺少的重要内容。清朝和哈萨克各部的正式接触始于乾隆二十二年(1757),通常把阿布赉向清廷递交归诚表文看作双方政治关系建立的标志。不过对于这种政治关系的性质,历来有"藩部"说与"属国"说的差别。近年的一些研究注意到这一关系中的某些特殊性,提出哈萨克属于"外藩的外缘国",为"准外藩性质的存在",或者采用"名义藩部"一词来表述其状况。① 关于这些见解,当然还有进一步深入探讨的必要,但是研究者意识到清朝与哈萨克各部的关系不能简单套用通常所说的"藩部"或"属国"概念来界定,强调该项关系中存在着多元的、相互交错的因素,而这也正是满族出身的清王朝在治理西北内陆边疆上的特色之一,显然是有见地的。只是现有研究尚多属于对该关系的总体勾勒,而要更准确并动态地加以把握,还需要从双方政治交往的各个环节,如朝觐、入贡、册封、致祭、边界纠纷及其处理等多个方面入手,针对不同时期的不同个案具体剖析并进行横向的

---

① 如片冈一忠在《朝貢規定からみた清朝と外藩・朝貢国の関係》(载《駒沢史学》第25号,1998年)一文中指出,哈萨克王公不仅享受与外藩蒙古王公同样的封爵体系,朝贡、赐宴时的座次也仅次于外藩王公,与座次排在百官行列末尾的朝鲜、琉球等国使臣明显不同,因此主张把哈萨克部视为"外藩的外缘国"及"准外藩性质的存在"。另一方面,张永江在《清代藩部研究 – 以政治变迁为中心》(黑龙江教育出版社2001年版)一书中注意到清廷对哈萨克的政策因时期而有变化,有时近乎属国,有时则更类似藩部,因此在书中使用了"名义外藩"的概念来对其加以区分。此外,小沼孝博的《论清代唯一的哈萨克牛录之编设及其意义》(朱诚如编:《清史论集 – 庆贺王钟翰教授九十华诞》,紫禁城出版社2003年版)也论及这个问题。

比较,才可能使研究得到进一步细化和深化。

基于上述认识,笔者在本文中,拟以嘉庆四年到嘉庆五年(1799－1800)哈萨克王杭霍卓之爵位的继承问题为例,具体考察清廷处理这一问题的经过,探讨清朝在哈萨克部汗、王的封爵问题上的基本立场、对应方针,以及从中反映出来的双方关系的性质和特点。

要说明的是,由于本文的史料原文多为满文,笔者在引用时进行了汉译。同时考虑到读者参照史料原文的需要,在相关的各条注释中附上了满文的罗马字转写。汉译史料中的"( )"内为笔者的补充说明。①

一、哈萨克王杭霍卓的世系及与清廷的关系

哈萨克自16世纪末起分为三部,也即是史料中的"三玉兹",分别为乌拉克玉兹、鄂图尔玉兹和奇齐克玉兹。俄文文献作大帐、中帐、小帐,有些清代文献称右部、左部、西部。其中乌拉克玉兹(大帐、大玉兹、右部)位于哈萨克草原最东部,与伊犁地区毗邻,鄂图尔玉兹占据哈萨克草原的中北部(中帐、中玉兹、左部),奇齐克玉兹则位于哈萨克草原的最西部(小玉兹、小帐、西部)。

一般认为16世纪末叶到17世纪早期,活动于广大哈萨克草原的哈萨克三部政治上并不互相统属,准噶尔时代中玉兹和大玉兹曾臣服于准噶尔汗,小玉兹则较早地寻求了沙俄政府的庇护。乾隆二十二年(1757)清军讨平准噶尔,哈萨克各部才开始与清廷发生关系。中玉兹即左部的阿布赉最先接受清廷招抚,遣使朝贡,而后大玉兹即右部的阿布勒比斯也向清朝"遣使入贡",②这个阿布勒比斯就是杭霍卓的父亲。

根据《钦定新疆识略》的哈萨克世次表,阿布勒比斯乃阿布勒班毕特汗之次子,是脱卜柯依家族的成员。阿布勒班毕特汗曾经统辖中玉兹,他死后

① 本文所引用的满文史料系由笔者译成汉文,在翻译过程中得到了中国第一历史档案馆满文部专家吴元丰先生、张莉女士及神户大学萩原守教授、京都大学承志博士的诸多指点,在此谨致衷心的谢忱。限于笔者的满文能力,翻译或有错讹,尚祈方家指正。在进行罗马字转写时,行与行的间隔用"/"表示,省略了抬头等格式。转写规范参考了河内良弘的《满洲语文语典》(京都大学学术出版会1996年版)。

② 据《钦定新疆识略》卷一二,阿布勒比斯向清廷遣使之事在乾隆二十三年。

长子博罗特继承汗号,但因遭到阿布赉的排挤而丧失了在中玉兹的权力,阿布勒比斯则接受清朝封号为王,为大玉兹首领。乾隆四十八年(1783)阿布勒比斯死后,杭霍卓以长子身份承袭王爵。次子卓勒齐得授公爵。然而事实上,杭霍卓并非阿布勒比斯亲生之子,其生父乃是小玉兹(西部)的首领巴喇克,因巴喇克病故后其母改适阿布勒比斯,阿布勒比斯遂养以为长子。当时杭霍卓年仅两岁,几年后又生下卓勒齐,因此他和卓勒齐是异父同母的兄弟。① 这样一种复杂的亲缘关系,后来成为本次袭爵之争的起因。

哈萨克各部处于俄罗斯与清朝两大势力之间,为求自保,长期采取对双方都通使称臣的"两属"方针,但由于地理位置等关系,亲疏远近的程度各不相同。小玉兹更多地成了俄罗斯的朝贡国,与清廷几乎没有联系,而大玉兹和中玉兹都长期保持了与清廷的藩属关系,其中游牧地紧邻塔尔巴哈台地区的大玉兹与清朝的关系要更加密切。

杭霍卓管理本部游牧事务达16年,清廷对他的评价是:"凡事均明白事理,尽力奋勉,非常恭顺"。嘉庆四年(1799)正月,乾隆皇帝去世,在举哀过程中,他与其弟卓勒齐执阿勒巴图(albatu)之礼,各尽笃诚之意,受到清廷褒奖,特命塔尔巴哈台参赞大臣派出护军参领齐克唐阿携带缎匹、荷包、玉扳指等物前往赏赐。然而奉命前去的齐克唐阿在接近该部游牧地时,得到了杭霍卓病故的传闻,随后这一消息被该部派出的报信人所证实,于是该由谁来接替杭霍卓成为下一代右部哈萨克王的问题被提上了日程。

清王朝与哈萨克各部的日常事务,主要通过驻扎西陲的伊犁将军和塔尔巴哈台参赞大臣来进行。众所周知,长期以来西北方面的封疆大吏均由满蒙出身的八旗官员担任,有关军政事务的奏折文书也以满文为第一公用语,塔尔巴哈台甚至长期未设专职的汉文书写人员。因此要深入了解边政处理的具体细节,满文档案是必不可少的基本史料,在许多场合更是一般汉文文书无法替代的宝贵原始记录。本文拟探讨的哈萨克王杭霍卓死后的爵位承袭问题,在《清仁宗实录》中见于嘉庆四年(1799)十一月丁丑(二十三日)条,仅用"以故哈萨克王杭和卓子江和卓袭爵"一语带过;而《钦定新疆识略》卷十二《外裔》则将此事列入第二年,称"嘉庆五年,杭霍卓病故,(江霍卓)奉旨袭王爵",并提到袭爵时其叔父、身为公爵的卓勒齐曾"呈递夷禀、欲袭王爵,经伊犁将军保宁奏驳在案",但是语焉不详。

---

① 事见《钦定新疆识略》卷一二《外裔·哈萨克世次表》。

江霍卓究竟何时袭爵,为什么《清仁宗实录》与《钦定新疆识略》所载时间出入甚大,所谓卓勒齐"欲袭王爵"一事的前因后果如何,清廷又曾如何对应解决?围绕这些问题,笔者查阅了日本的天理图书馆所藏满文档册抄本《塔尔巴哈台奏稿》,从中找到了相当明确的答案。

二、从《塔尔巴哈台奏稿》看江霍卓袭爵经过

天理图书馆又称天理大学图书馆,位于奈良县天理市内,是日本国内屈指可数的藏有大量满文图书资料的图书馆之一。据1980年代后期进行图书整理时的统计,该馆收藏有约300种满文文献,其中15种为档册,即清代奏折的抄本,这里要提到的《塔尔巴哈台奏稿》(书号:829.44/263)便是其中之一。①

该奏稿为蓝布封套线装本,一函六册,抄录了上起嘉庆元年(1796年)四月,下迄嘉庆二十五年(1820年)十一月的60余篇与塔尔巴哈台政务有关的奏折文书,包括奏折、片、单及相关朱批,计约250叶。书中除了极少量的清单为汉文书写外,其他全为满文,故该馆将其归类在满文档册抄本。根据加盖在书上的藏书印,人们判断它原为治蒙古史的日本学者中岛竦氏之旧藏,后来流出,最终被天理教本部收购,赠送给该图书馆收藏。该书的各册封面题有"塔尔巴哈台奏稿"的汉字书名,但据函套内整理者留下的说明,此题签应出自收藏人中岛竦之手而非该书原有。②

《塔尔巴哈台奏稿》中涉及江霍卓袭爵的奏折及片共有6篇,详见表1。其中3篇系塔尔巴哈台参赞大臣贡楚克札布所奏,另有3篇转录了伊犁将军保宁所具奏文,时间最早的1篇为贡楚克札布于嘉庆四年(1799)十月十九日所具奏折,最迟的为保宁于嘉庆五年(1800)七月十二日的上奏,也有个别奏折(保宁具奏)只有正文而未抄具奏时间。

① 河内良弘、赵展编:《天理图书馆藏满文书籍目录》,载天理图书馆刊《ビブリア》第84号,1985年。
② 加藤直人:《天理图书馆所藏〈伊犁奏摺〉について》,载《史丛》第32号,1983年。

表1 《塔尔巴哈台奏稿》中涉及江霍卓袭爵文书一览①

文书序号	具奏时间/朱批时间	具奏人	内容概要
09	嘉庆四年十月十九日/未抄朱批②	参赞大臣贡楚克札布	奏闻哈萨克王杭霍卓病故情形
10	嘉庆四年十月十九日/同年十二月八日③	参赞大臣贡楚克札布	奏报哈萨克公卓勒齐早已协助杭霍卓办事
12	嘉庆五年六月二十五日/同年八月十二日	参赞大臣贡楚克札布	奏报卓勒齐承认争抢王位之非
13	未抄日期/未抄朱批④	伊犁将军保宁	奏请准许援引前例，由杭霍卓之长子江霍卓承袭王位
14	嘉庆五年四月二十一日/同年闰四月十二日⑤	伊犁将军保宁	奏报杭霍卓弟卓勒齐派人来伊犁递呈，请求由其承袭王位，保宁业已札饬批驳
15	嘉庆五年七月十二日/未抄日期	伊犁将军保宁	奏报领队大臣珠勒刚阿前往哈萨克致祭杭霍卓、宣读册封江霍卓为王敕谕，并察看当地情形后返回伊犁

这些奏折抄件，大体上反映了哈萨克王杭霍卓死后清朝处理该部王位承袭问题的全过程，可以与中国第一历史档案馆藏《军机处满文录副奏折》类中现存的有关文件互相印证。笔者曾就上述抄件与档案做过核对，发现有3篇可以在后者中找到完整的原档，有2篇则未能在后者中发现，还有1篇的部分内容与原档近似而不尽相同。

从可以比对的文件看，本书抄件与《军机处满文录副奏折》原档不仅在文字内容上彼此相符，还抄有针对该件的朱批谕旨，说明前者是在经过皇帝御览批示，将奏折发还给具奏人后才被抄录的，而抄录工作很可能就是塔尔

---

① 文书序号指该文书在《塔尔巴哈台奏稿》书中的排列顺序，为笔者所加。凡能查到原档的文书都在注释中注明原档出处，即缩微胶片号(盒号－拍号)；具奏人为参赞大臣者均为塔尔巴哈台参赞大臣。
② 与《军机处满文录副奏折》(166－1980)互见。
③ 与《军机处满文录副奏折》(166－2000)互见。
④ 部分内容与嘉庆四年十二月十九日保宁具奏的《军机处满文录副奏折》(166－2737)相同。
⑤ 与《军机处满文录副奏折》(167－0227)互见。

巴哈台参赞大臣衙门内的笔帖式所为。抄件与原档的主要差异在于每页的格式。抄件的书写格式不甚规范，没有完全遵循原文书的抬头与换行，并大大增加了每行的抄写字数，因此不仅字迹偏小、偏密，也每每因字迹过于拥挤而增加了认读的难度。在涉及具奏人姓名时，抄件大多只有略称，如"贡"或"保"等，而原档的不少地方会出现当事人的全名。此外，抄件也发现少量的错字漏字。但总体来说，抄件忠实体现了原文书的内容，作为原始资料利用的可信性是无须怀疑的。

根据上述奏折，我们可以清楚地看到此次哈萨克王位继承问题一波三折的发展经过。

如前已述，第一个带回关于杭霍卓可能已经病故之消息的是清朝护军参领齐克唐阿，当时他正携带着朝廷给王杭霍卓、公卓勒齐的赏赐物品从塔尔巴哈台前往哈萨克游牧地，走到喀通郭勒附近时，从哈萨克牧民处听到了有关传闻。但因传闻内容纷歧，或云病重或云病故，齐克唐阿无从判断，只好先将消息传报给塔尔巴哈台参赞大臣贡楚克札布，请示下一步如何行事。到了十月十日，巴库托卡伦的官兵护送着卓勒齐、江霍卓所遣家仆，五品顶戴的玛拉尔齐和六品顶戴的吉牙燕胡尔等来到塔尔巴哈台。来人禀报杭霍卓已于九月十一日因病身亡，要求给予少量稻米以便为亡故的杭霍卓办"善事"，又呈上卓勒齐的回字禀文。贡楚克札布满足了对方的要求并款待以饭食，为来人替换下疲惫不堪的马匹，使其能够重新返回游牧地，同时将禀文译成满文，连同原文上奏。禀文内容大意为：

<blockquote>
恭请统率天下之大圣主万安。多年多月以来，台吉、阿勒巴图人等、整个牧场，自丑年（丁丑年，1757年）以来，属民成为臣仆，寡者变众，贫者变富，牧场全体无不太平富足度日。公卓勒齐等致书管辖塔尔巴哈台之参赞大臣巴图鲁大臣，吾王杭霍卓业已亡故，我等乃参赞大臣附近之人，如有我等善恶之言，汝（大臣）定有所闻，
</blockquote>

  如何办理之处也唯汝(大臣)自己知之。①

  这份禀文没有明确涉及王位承袭问题,但文中的"吾王杭霍卓业已亡故,我等乃参赞大臣附近之人,如有我等善恶之言,汝(大臣)定有所闻,如何办理之处也唯汝(大臣)自己知之"等语,似乎在暗示请由贡楚克札布来推荐奏请新王袭爵事宜。贡楚克札布也似乎体察了卓勒齐的用心,在将杭霍卓的死讯奏报朝廷的同时,他又具片奏称卓勒齐早已协助杭霍卓办事,说自己曾派人询问在塔尔巴哈台逗留的哈萨克人,"伊等大多尊重卓勒齐,远近之哈萨克也多敬服之","按其哈萨克之例,居长者能理事,伊等听从,居长者如若不能理事,则由为弟之人理事"云云,②话里话外,俨然是在推荐卓勒齐。

  嘉庆皇帝接到此奏,当即下令派专人前去致祭已故的哈萨克王杭霍卓,向其家人及部众传达皇帝对一贯竭诚尽忠的哈萨克王杭霍卓的追念之情,以示抚慰,并特别嘱咐伊犁将军保宁,要选派一名优秀干练的良能之员担当此任。另一方面,他对贡楚克札布在上奏中偏袒卓勒齐的做法颇不以为然。而且,从针对此奏的朱批即可看出,嘉庆皇帝这时对于该哈萨克王爵的新人选已经有了自己的想法。虽然如此,但他并没有急于公开自己的态度,而只是训饬贡楚克札布说:

    哈萨克乃外藩,今杭霍卓亡故,欲以何人为王,亦由彼等意愿而已,若即由我处命卓勒齐管理哈萨克游牧事务,则除杭霍卓弟卓勒齐之外,尚有杭霍卓之长子江霍卓也二十余岁,加之尚有弟五人,万一都不心服,此后该当如何处理?……著将此谕寄与贡楚克札布,哈萨克游牧以何人来掌管其事务,我等勿加干预,据伊等意愿(办理),待彼哈萨克之中就何人总管游牧事务(一事)向我方奏报后,我方但与该管事之人好生处理边境上的事务即可,切不可稍

---

① 天理图书馆藏:《塔尔巴哈台奏稿》之九。abkai fejergi be kadalara/enduringge ejen han de elhe baimbi, labdu aniya labdu biya, taiji albatu sa/ nuktei gubci ihan aniya ci ebsi, albatu aha oho, emtelingge labdu oho,/yadahūn ningge bayan oho, nuktei gubci taifin bayan banjimbi, tarbagatai be/kadalara hebei amban baturu amban de bithe alibuha, gung jol-ci meni wang hanghojo/inu akū oho, be hebei amban i hanci bisire niyalma, meni sain ehe gisun/bici, sinde donjibumbi, si adarame icihiyara babe beye sambi.

② 天理图书馆藏:《塔尔巴哈台奏稿》之一〇。

存偏袒之心。①

就在此时,也已接到杭霍卓病故消息的伊犁将军保宁,对哈萨克王的继任人选作出了不同于贡楚克札布的判断。

原来,杭霍卓在世时,曾命长子江霍卓来伊犁问安,与保宁见过面。保宁认为江霍卓为人聪明,有福相,平时就随其父杭霍卓学习办理游牧事务,堪以承袭王爵,又援引乾隆年间"(哈萨克)汗阿布赍、王阿布勒比斯病故后,该汗、王之爵位俱着伊子等承袭"的成例,力主嘉庆皇帝册封江霍卓为该部新王。②

保宁的建议恰与嘉庆皇帝本人的心意吻合,被当即采纳。《塔尔巴哈台奏稿》之十三提到了这个情况。但因该抄件缺少日期,使我们难以确切判断皇帝究竟在什么时候作出了这个决定。所幸《军机处满文录副奏折》里保宁的一篇奏文保留了这方面的记载。保宁在该奏文中称自己接到了嘉庆四年十一月二十二日的朱批,皇帝在该朱批中除了称赞保宁的建议"正合朕意",命有关部门"就此事给江霍卓另外拟旨"外,还指示保宁将派领队大臣前往哈萨克致祭杭霍卓一事稍缓数日再办,为的是等待册封江霍卓为王的敕谕送到伊犁后,由该人一并携带上路,在致祭的同时也执行宣读袭爵敕谕的任务。③ 也就是说在十一月二十二日时,嘉庆皇帝已经做出了命江霍卓袭爵的决定。《清仁宗实录》将下令袭爵一事记入嘉庆四年十一月丁丑条(十一月二十三日),也就是上述朱批下达后的第二天,显然是以此为依据的。

袭爵问题到此似乎已经有了结论,那么,《钦定新疆识略》又何以将此事

---

① 天理图书馆藏:《塔尔巴哈台奏稿》之一〇的朱批部分。hasak oci/ tulergi aiman, te hanghojo nimeme akū oho, webe wang obuki seci, inu ceni/cihai dabala, te musei baci, uthai jolci be hasak i nuktei baita be/icihiyabuci, hanghojo i deo jolci ci tulgiyen, kemuni hanghojo i ahūngga jui/giyanghojo inu orin funcere se oho, geli kemuni sunja deo bi, talude gemu/gūnin daharakū oho manggi adarame icihiyambi,/…erebe/guncukjab de jasifi, hasak i nukte de we be baita icihiyabure babe,/muse baci ume danara, ceni cihai okini, sirame ceni hasak i dorgi we be/ilibufi gubci nuktei baita be icihiyabure babe, muse de boolanjiha manggi,/muse damu ere baita icihiyara niyalmai baru saikan jecen i baita be icihiyaci/wajiha, heni majige urhure haršara gūnin tebuci ojorakū sehe.

② 天理图书馆藏:《塔尔巴哈台奏稿》之一三。

③ 《军机处满文录副奏折》,嘉庆四年十二月十九日伊犁将军保宁奏(166 - 2737)。

记入第二年内呢？原来，奉派执行致祭及宣旨任务的伊犁察哈尔营领队大臣珠勒刚阿在敕谕到达后迟迟未能上路。由于当时已入严冬，风雪阻道，保宁请求等到春天冰雪消融后再命大臣启程，得到了皇帝的允准。在此期间，卓勒齐不甘心失去袭爵的机会，加紧了他的游说活动。除了再派家仆到塔尔巴哈台会见贡楚克札布外，又派人到伊犁来向将军陈情。

嘉庆五年（1800）四月，卓勒齐派出的阿哈拉克齐达尔札等人借交伯勒克马的机会来到伊犁，呈递了卓勒齐的禀文。伊犁将军保宁在奏折里引述了卓勒齐的说辞：

> 阿布勒比斯病故后，因杭霍卓年长，王位给了杭霍卓。（然）杭霍卓乃巴喇克之子，今杭霍卓病故，王位勿予江霍卓。奈曼鄂托克游牧事务由我管理，王位、游牧阿勒巴图均勿交江霍卓，（勿）因王（位）之事令我等内部兴起纷争。①

卓勒齐此时已不再闪烁其词，而是单刀直入地挑明了来意，那就是杭霍卓乃小玉兹首领巴喇克之子，是父亲阿布勒比斯的养子而没有血缘关系，自己才是父亲的亲生诸子中的长子，所以理所当然有权承袭本来属于父亲的爵位，而江霍卓作为养子杭霍卓之子则不具备袭爵的资格。

种种迹象表明，卓勒齐对王位的争抢不单是他一个人的行为。据前来送信的达尔札称，自从杭霍卓病故，卓勒齐的几个弟弟及属下的阿哈拉克齐们都对江霍卓可能继位啧有烦言，极力怂恿卓勒齐乘机夺回王位继承权，防止原属于阿布勒比斯家族的爵位从此旁落到他人手中。在写呈交给伊犁将军的禀文时，他的五个弟弟以及许多重要部下都到场旁观，以示监督。卓勒齐甚至暗地告诉送信人达尔札，自己此举乃是受了来自周围的压力才勉为其难。由此看来，当时大玉兹内部可能存在着某种围绕因权力而来的利益分配的争夺，卓勒齐的行为代表了与阿布勒比斯具有血统关系的同父兄弟及部众们对权力回归的冀求。

---

① 天理图书馆藏：《塔尔巴哈台奏稿》之一四。abulbis nimeme akū oho manggi, hanghojo ahūcilaha ofi, wang ni/ hergen be hanghojo de buhe, hanghojo oci barak i jui, te hanghojo nimeme akū oho, wang ni hergen be giyanghojo de burakū,/naiman otok i nuktei baita be bi kadalame icihiyambi, wang ni hergen, nukte albatu be gemu giyanghojo de burakū/wang ni baita i jalin, meni dolo ume becen jaman i baita dekdebure sere jergi gisun arahabi.

面对卓勒齐的争辩,保宁的态度是:

>伏思,太上圣主施恩册封杭霍卓为王以来,所有交办诸事均恭敬办理。这些年来,该哈萨克中全无异言,即使伊兄弟之中也未闻有争议之事。杭霍卓病故后……(奴才)请圣主睿鉴,即降旨施恩将杭霍卓之王位由伊长子江霍卓承袭,等语。奉到圣旨,奴才处旋即谨遵谕旨,派领队大臣珠勒刚阿赍捧致祭杭霍卓和封王之敕谕,以及赏赐绸缎,由伊犁出发,前往彼等游牧地,宣布册封江霍卓为王等,奴才保(宁)业已具奏在案。现卓勒齐特地派人来伊犁与我会面,就该王位事如此胡言乱语妄自具呈请求,实为不敬,显然妄存侥幸而故意试探,理应严加训斥晓谕,消除其妄求之念。①

为此他首先告诉达尔札:"我素知杭霍卓为阿布勒比斯长子,至于伊乃巴喇克子之事,非但大圣主不知,我本人迄今亦全未得知。倘若果真如此,阿布勒比斯病故时,卓勒齐年纪已不小,却未将此情呈出,且卓勒齐这些年来又为何恭顺地协助杭霍卓,亲密地办事呢?"先把发生争议的责任推到卓勒齐身上,接下来又以颇为严厉的口吻训谕对方:

>按我天朝之例,无论何人但无过失,亡故后,父之官爵俱由其子继承,无令他人继承之例,若无子嗣,于伊兄弟中选人承袭之例,想必卓勒齐也早知晓。去年塔尔巴哈台参赞大臣将杭霍卓病故之事报告我,我向大圣主奏闻,大圣主洞鉴杭霍卓这些年来恭顺效

① 天理图书馆藏:《塔尔巴哈台奏稿》之一四。gimcime gūninci,/ten i dorgi enduringge ejen kesi isibume hanghojo be wang fungnehe ci yaya afabuha baita de gemu ginggun ijishūn i /hing seme facihiyašame icihiyaha bime, ere utala aniya ceni hasak sai dorgi umai encu gisun akū, uthai/ceni ahūn deo i dorgi inu umai temšere lulecere be fuhali donjihakū, jakan hanghojo nimeme akū oho manggi,/…ejen gengiyen i bulekušefi , uthai/kesi isibume hanghojo i wang ni hergen be ini ahūngga jui giyanghojo de sirabukini seme/hesei bithe wasimbuha ofi, aha i baci/ hese be gingguleme dahame meyen i amban jurgangga be tucibufi, hanghojo de hisalabume, wang fungnere jalin wasimbuha/hese bithe, šangnaha suje be suwaliyame tukiyebufi, ili ci jurambufi, ceni nukte giyanghojo be wang fungneme unggihe babe jakan aha boo gingguleme/donjibume wesimbuhebi, te jolci cohome niyalma takūrafi ili de jifi, aha be acafi, ere/wang ni hergen be kiceme uttu balai hūlhi/ lampa i baime bithe alibuhangge, jaci ginggun akū, iletu jabšan be kiceme balai erehunjeme cendekušeme yabuhabi, giyan i ini balai/ erehunjere gūnin be musebume ciralame neileme ulhibume tacibume afabuci acame ofi.

力,即施天恩降旨著将杭霍卓之王位着伊长子江霍卓承袭,并降谕奖赏卓勒齐,为此赏给绸缎。近日我处谨遵圣谕,为办理致祭杭霍卓以及江霍卓承袭王爵事,业已派遣大臣珠(勒刚阿)赍捧敕谕自伊犁出发,前往尔游牧处所宣示。大圣主即天,尔哈萨克王位之缺乃大圣主施恩,降旨着何人继承即由何人继承,不但卓勒齐不得妄求,也非我能擅自办理之事。现在业已奉有谕旨,而卓勒齐仍呈请杭霍卓乃巴喇克之子,此王位应由伊来承袭等语,甚为不敬。显系侥幸妄求,任意冀求,实属非是。倘若我将卓勒齐如此妄自糊涂具呈之事向大圣主奏闻,大圣主得知后,必定降旨责怪:'哈萨克人等虽生性愚昧,然卓勒齐乃多次进京朝觐领受深恩之人,何以也如此糊涂耶!'则卓勒齐岂能承受?我岂敢代你奏闻大圣主。①

在措辞强硬的上面一段话后,保宁转缓口气,又说了下面的一段话:

---

① 天理图书馆藏:《塔尔巴哈台奏稿》之一四。meni abkai gurun i kooli de, yaya jai niyalma, waka endebuku akū oci, akū oho manggi, ama i hafan i hergen be gemu jui de/sirabumbi, gūwa niyalma de sirabure kooli akū, aika enen lakcifi juse akū oci, teni ahūn deo i dorgici sonjofi/sirabure kooli be gūnici jolci inu sambidere, tuleke aniya honghojo nimeme akū oho babe tarbagatai i hebei amban i/baci minde jasinjiha nerginde, mini baci/amba enduringge ejen de/donjibume wesimbuhede,/amba enduringge ejen, hanghojo ere utala aniya umesi ginggun ijishūn i fašašame yabuha be/genggiye i bulekušefi, uthai/abkai kesi isibume hanghojo i wang ni hergen be ini ahūngga jui giyanghojo de sirabukini seme/hesei bithe wasimbuha bime, kemuni jolci be sainšame hese wasimbufi, ede suje šangnaha, jakan mini baci emgeri / hese be gingguleme dahame hanghojo de/hisalabure, giyanghojo be wang sirabure jalin, meni ju amban be tucibufi,/hesei bithe be tukiyeme benebume ili ci jurambufi, suweni nukte de unggihe,/amba enduringge ejen uthai abka, suweni hasak wang ni oron be/amba enduringge ejen kesi isibume wede sirabume/ hese wasimbuci, uthai wede bahabumbi, jolci balai baici ojorakū sere anggala, inu umai menisalifi icihiyaci ojoro baita waka, ne emgeri/ hese wasimbuha bime, jolci, hanghojo be barak i jui ere wang ni hergen be giyan i inde sirabuci acambi seme baime alibuhangge jaci/ginggin akū, iletu jabšan be kiceme balai erehujeme cedekušeme yabuhabi, umesi waka oho, mini baci jolci i uttu/balai hūlhi lamba i alibuha babe aika /amba enduringgu ejen de donjibume wesimbuci,/amba enduringge ejen genggiyen i bulekušehe manggi, ojorakū hasak sai bani udu hūlhi bicibe jolci ududu muda gemun hecen de dosifi / genggiyen be haragašafi ujen kesi be aliha niyalma, ainu inu uttu hūlhi ni seme/wakašame hese wasimbure oci, jolci alime muembio, bi inu gelhun akū ini funde/amba enduringge ejen de donjibume wesimbuci ojorakū.

大圣主所降谕旨,内有"江霍卓年纪尚少,未大经事,而卓勒齐较江霍卓年长晓事,为令卓勒齐协助江霍卓办理游牧事务,不但特意施恩赏给缎匹,还必因卓勒齐尽心办事甚好而格外加恩"等语。据闻杭霍卓、卓勒齐二人,乃一母所生,杭霍卓在时,对卓勒齐甚为疼爱,卓勒齐也很尊重杭霍卓,……现伊兄杭霍卓身死,卓勒齐理应怜爱照看伊侄儿江霍卓,好生教导培养才是,岂能为图王(位)而忽然变心,生出(分别)你我之心耶。若卓勒齐如此行事,如何能使汝等哈萨克人众心服而不被人耻笑呢?卓勒齐诚能感激大圣主之恩,恭顺办事,与伊侄儿江霍卓一道,如同伊兄杭霍卓在世时一样彼此协商和睦,办好游牧事务,对属下哈萨克人约束管理,全体安静度日,不使稍有事端,大圣主洞鉴后,必定对汝另施重恩,赏赐较江霍卓更有加。……再,卓勒齐又称奈曼鄂托克不交江霍卓等语,此等均为伊等家事,伊等由何人掌管何鄂托克及如何划分游牧阿勒巴图等事,不仅大圣主不为过问,这等琐屑小事即我本人亦从未过问,卓勒齐对此也深知不是吗?①

---

① 天理图书馆藏:《塔尔巴哈台奏稿》之一四。amba enduringge ejen i wasimbuhe hesei dorgi giyanghojo be se asigan asuru baita dulembuhekū,hono jolci be giyanghojo ci se ahūcilaha baita/ulhimbi seme,jolci be giyanghojo de aisilame nuktei baita be icihiyabure jalin,kesi isibume cohome jolci de suje/šangnaha teile akū,jolci be facihiyašame yabuhangge sain oci,kemuni inde encu kesi isibumbi seme,/hese wasimbuhabi,donjiha bade hanghojo jolci juwe niyalma emu eme i banjihangge ofi,hanghojo bisire fonde,jolci be umesi gosime/tuwambi,jolci hanghojo be inu umesi kunduleme…/te ini ahūn hanghojo i beye wajifi,jolci giyan i ini jalahi jui giyanghojo gosime/tacibume yarihūdame hūwašabuci acara dabala,ai jembi wang be kiceme gaita uttu gūnin kūbulifi si bi sere gūnin/tebuci ombini,jolci i uttu yabuci,suweni hasak sai gūnin be,ai adarame dahabume mutembini,niyalma de basuburaku ,jolci unenggi/amba enduringge ejen i kesi be hukšeme ginggun ijishūn i yabume,ini jalahi jui giyanghojo i emgi,ini ahūn hanghojo i bisire fon i adali/ishunde hebenggei hūwaliwasun,nuktei baita be sain i icihiyame,fejergi hasak sabe bargiyatame kadalame yooni ekisaka banjime heni baita sita akū obume muteci,/amba enduringge ejen genggiyen i bulekušehe manggi,urunakū inde encu ujen kesi isibume giyanghojo ci kemuni dere/šangname aculeme gosime tuwambikai,/…jai jolci /geli naiman otok be giyanghojo de burakū sehengge,ere gemu ceni booi baita,ce we ya ai otok be kadalara/ nukte albatu be adarame dendere jergi baita be /amba enduringge ejen darakū sere anggala,ere jergi buyasi baita be uthai mini beye daci inu umai daha ba akū be,/jolci inu tengkime sambikai sere.

保宁不仅命达尔札将上述训谕口头转达给卓勒齐,还写成札文命人译成回字交达尔札带回。早在达尔札等到来之前珠勒刚阿出发上路时,他就未雨绸缪,预见到珠勒刚阿有可能遭遇卓勒齐执意要求袭爵,阻挠宣布敕谕的局面,详细交代了应对办法,告诉他见到卓勒齐后务须见机行事,如果对方不再提及由自己袭爵,就佯装不知此节,如果提及,就一定要按照上面的精神严正训导对方。

事情果然如保宁所预料。由于途中往返花费时日,达尔札与珠勒刚阿恰好彼此错过。达尔札等人于珠勒刚阿到达之前就已离开了游牧地,不等他从伊犁带着札文返回,珠勒刚阿已经到达了该部的游牧地。据珠勒刚阿事后汇报说,他刚一抵达爱古斯,卓勒齐就率领众人出迎,随即提起袭爵问题,称已遣人给伊犁将军送信并请将军把这一要求转奏朝廷,意在阻拦宣布江霍卓为王的决定。由于早有准备,珠勒刚阿当即遵照保宁吩咐,用上述原则和利害关系来批驳训饬卓勒齐。卓勒齐原本就对清朝方面的反对心存顾忌,在受到训饬后逐渐软化了态度,最终承认所为不妥,表示愿意接受江霍卓承袭王位的决定,并与其一道接受赏赐,叩谢天恩。

嘉庆五年五月八日,从哈萨克游牧地返回伊犁的珠勒刚阿具折奏闻致祭杭霍卓及宣诏封江霍卓为王的情形,与他一同到来的还有奉父兄之命前来谢恩的卓勒齐之子萨喇特和江霍卓之弟苏万胡里。

围绕袭爵的这场风波,最终以卓勒齐表态承认争抢之非,接受清廷对江霍卓的册封而告了结。清廷成功地化解了一场争端,但其中的周折也使得整个册封工作迁延数月,直到第二年五月才最后完成。前面提到《钦定新疆识略》将此事记入嘉庆五年而非嘉庆四年,其原因也当在此。

三、对清廷处理方针的几点评析

册封爵位是藩属关系的重要环节,也是据以判断双方关系性质的重要指标。笔者初涉这一课题领域,无意遽下结论,但以为清朝此次处理哈萨克王爵继承问题确实有其值得仔细玩味之处,从中可以窥见满族出身,具有内陆亚洲文化传统之背景的清王朝在处理西北边疆事务中的某些特色。

---

① 《军机处满文录副奏折》,嘉庆五年五月八日伊犁领队大臣珠勒刚阿奏(167-0796);天理图书馆藏:《塔尔巴哈台奏稿》之一五。

目前已经知道,哈萨克内部原有汗、苏丹等称号,而清朝在此基础上按照清朝封爵体制规范之,进一步形成了汗、王、公、台吉等封号等级。在前任汗或王公去世后,哈萨克各部会奏请清廷颁给敕书,正式授予袭爵者封号。但是这种册封究竟仅仅是对既成事实在形式上加以追认,还是具有实质内容的授受,却似乎因时因部落而有所不同。

前面已经提到,大玉兹即右部较之其他两部与清朝的关系历来比较密切,如佐口透即指出:"大玉兹和俄国打的交道比中玉兹少,它在政治上也分裂着,受中玉兹和小玉兹的汗王公们的控制,据霍渥斯的说法,他们大部分成为准噶尔的,其后成了清朝的附庸"。① 因此在该部的册封问题上,清朝皇帝所具有的权威性也更显而易见。

先来看双方在上下关系中的定位与称呼。通观所有满文奏折,对嘉庆皇帝的称谓是"大圣主"(amba enduringge ejen),ejen 即"厄真",在很多场合被汉译为"皇帝",但考虑到词义内涵的差异,本文采取了更接近本意的"主"的译法,或者"大圣厄真汗(amba enduringge ejen han)",与此对应的哈萨克方面的称谓则是"阿勒巴图(albatu)",意为属民,也写作阿尔巴图,常被汉译作"臣仆"。也就是说,在清朝皇帝与哈萨克汗、王公之间的政治关系上,具有一个"大圣主(厄真·汗)"对"阿勒巴图"的主从关系模式。这种主从关系模式曾相当广泛地存在于蒙古帝国时代以来的内陆亚洲各游牧社会内,在清代,也成为清廷与哈萨克上层集团之间主从关系的一个重要特征。它既与中国传统的"君-臣"政治模式有共性,在文化上又不能完全等同。了解这种"厄真-阿勒巴图"的政治模式的特点和文化背景,对于理解和分析清廷与哈萨克统治集团的相互关系,解释双方关系上那种看起来界乎于藩部与属国的第三状态,将是很有帮助的。

在江霍卓袭爵一事上,由于出现卓勒齐争位,清方主要经办人伊犁将军保宁多次强调了册封权限的绝对性。如他再三表态:"大圣主即天,尔哈萨克王位之缺乃大圣主施恩,降旨着何人继承即由何人继承,不但卓勒齐不得妄求,也非我能擅自办理之事";清晰地表达了册封之权力非"大圣主"即清

① 见佐口透:《18-19世纪新疆社会史研究》,新疆人民出版社 1983 年版,第 338-339 页;又如野田仁在《露清の狭間のカザフ·ハン国-スルタンと清朝の関係を中心に》(《东洋学报》87 卷第 2 号,2005 年)一文中也认为大玉兹基本上只与清朝保持关系。

朝皇帝莫属,不容他人置喙。而这一立场似乎也普遍为该部哈萨克人所接受。如到塔尔巴哈台贡马并递送禀文的台吉集牙拜转引其兄苏格对王爵之争的看法时就说,苏格认为"该王之爵位乃大圣主施恩,令逐次承袭,我等别无可为之事"。① 卓勒齐再三派人向将军、参赞大臣陈情,并欲通过他们上达天听,以达到承袭王爵的目的,这一做法本身也说明他十分了解册封权限之所在,所以竭力争取清廷的认可。从这一点看,我们可以认为清廷对哈萨克大玉兹的册封具有实质性的内容,不同于对一般属国的单纯形式上的追认性册封。

然而,在维护清王朝之册封权威的同时,面对哈萨克内部的不同意见,清廷又表现出相当谨慎的态度和有弹性的对应办法。

杭霍卓病故后,对于由谁来充任下一任新王,嘉庆皇帝并非没有主张,他考虑了后来保宁进言所说的子袭父爵的原则,并且乾隆朝也已留下了这样的成例。然而,当卓勒齐有意角逐王爵,身为塔尔巴哈台参赞大臣的贡楚克札布在人选推荐上也明显偏袒之,保宁关于以江霍卓承袭王爵的提案又未送达朝廷时,嘉庆皇帝的表态相当委婉。即使在已经拟旨册封江霍卓为王,而卓勒齐等人仍设法从中作梗时,也没有强行干预,而是设法以威抚结合的方式来平息事端。

这里值得注意的是嘉庆皇帝训饬贡楚克札布时的那段话:"哈萨克乃外藩,今杭霍卓亡故,欲以何人为王,亦由彼等意愿而已";以及"哈萨克游牧以何人来掌管其事务,我等勿加干预,据伊等意愿(办理),待彼哈萨克之中就何人总管游牧事务(一事)向我方奏报后,我方但与该管事之人好生处理边境上的事务即可,切不可稍存偏袒之心"。还有保宁针对卓勒齐请求不将奈曼鄂托克交给江霍卓掌管一事做出的答复:"此等均为伊等家事,伊等由何人掌管何鄂托克及如何划分游牧阿勒巴图等事,不仅大圣主不为过问,这等琐屑小事即我本人亦从未过问"。

这些话都清楚地表达了清廷处理哈萨克事务的基本方针:①处理与哈萨克的关系,重在维护双方毗邻地区的和睦安定;②清廷对哈萨克汗、王公的基本要求是,能够约束属下,听从清廷的号令,妥善处理各项事务,特别是防止越境游牧、盗窃牲畜及其他纠纷的发生,即所谓"恭顺办事";③以前两项为前提,清廷对哈萨克的内政不予干预,允许其享有充分的自治权。

---

① 天理图书馆藏:《塔尔巴哈台奏稿》之一二。

那么,既然原则上不干预哈萨克内政,清廷又为何最终否定了卓勒齐的要求而坚持以江霍卓承袭王爵呢?笔者以为有以下几个因素可以考虑:

第一,清廷已经在哈萨克的汗、王爵继承问题上建起子袭父爵成例,也得到哈萨克部的贯彻,如果仅因该部某些上层的一时反对就轻易更张,不仅有损清朝的权威,也会给哈萨克内部觊觎权力之人造成有机可乘的印象,导致纷争加剧,从而失去安定的局面,危及清朝西北边疆的大局。

第二,杭霍卓在任十余年,从得到的评语看,他一直态度恭顺,努力配合清方办事,对内也统治有方,在他治下大玉兹与清廷的关系比较稳定。出现在哈萨克世次表里的众多汗和王公,唯有他得到了"极其恭顺"这样的褒语,足见其与清廷的亲密程度非同一般。因此,在他去世之际,清廷选择由其子江霍卓承袭王爵,勉励他遵循其父的路线,也是顺理成章的安排。

事实上,清廷并非如保宁回答卓勒齐时所说的,对于杭霍卓的出身情况一无所知,那只是出于策略考虑的一种遁词而已。早在乾隆四十八年(1783)册封杭霍卓为王时,乾隆帝就清楚地知道他实为巴喇克之子而有意不肯说破罢了。因为杭霍卓长期随同阿布勒比斯办事,部众也多敬服,命其袭爵合乎清廷的利益,故乾隆帝谆谆告诫伊犁方面的官员,对内情一概佯装不知,万一事后哈萨克内部发生争议,揭露此事,也可以超然事外来处理,掌握主动权。 这次对卓勒齐争抢王爵的处理沿袭了乾隆年间的对应策略,加之经验丰富的保宁处理巧妙,他所选派的领队大臣珠勒刚阿熟悉哈萨克情形,办事得力,终于取得了预期的效果。

有关嘉庆四年至嘉庆五年(1799—1800)的哈萨克王位承袭风波叙述到此,还需要回到那个重要而基本的问题,那就是为什么清廷对西北边外的哈萨克部落采取了这样一种灵活、变通,看起来界乎藩部和属国之间的治理方式?这是一个很大的题目,以笔者目前的研究积累还不足以圆满回答,但愿提出一点不成熟的思考以就教于各位专家。

一个经常被提到的理由是当时中亚地区的国际环境,具体讲,就是俄罗斯的南进政策。沙俄蓄意蚕食哈萨克草原由来已久,一直对哈萨克各部施加压力和影响,为了不使哈萨克离心,以致失去这个重要的外缘地带,清廷在明知哈萨克实行"双重朝贡"的两属方针的情况下,仍然以温和有弹性的态度处理与它的各种事务,以牵制俄方。

---

① 天理图书馆藏:《塔尔巴哈台奏稿》之一四。

笔者也承认国际环境方面的因素起了很大作用，但认为回答应该不仅止于此，要完整认识清廷对哈萨克的方针，还应当将其置于清朝治理西北内陆边疆的全局中来加以把握。

通观清代新疆，整个边疆行政实由三大区域组成，一为以乌鲁木齐为中心，内地移民大量聚集的东路，清朝在这里采用了类同内地的治理手法，设州县以理民政；一为天山以南的回疆即南路，鉴于这里是突厥语系穆斯林人口，即今天的维吾尔族聚集之区，采取尊重当地特点与传统，因俗而治的办法，驻扎大臣，沿用并改造原有的伯克体制。再一则为伊犁、塔尔巴哈台为中心的北路。这里是众多游牧民族生息活动的广袤舞台，也是当年准噶尔汗国的势力范围，自西而北，在卡伦内外，分布着哈萨克、布鲁特、土尔扈特等游牧部落和察哈尔、厄鲁特等游牧八旗，并在阿尔泰一线与科布多参赞大臣辖下的蒙古部落相接。逐水草而居的游动的生活方式、毗连的游牧地域、相通的文化背景，决定了他们之间无法断然切割，必须视作这个西北内亚游牧社会中的一员。满族出身的清王朝在平定新疆后，正是顺应了这一特点，把这个地域作为一个彼此关联的有机整体来加以对待。

对于最外缘的哈萨克，清廷一方面运用游牧社会中常见的厄真－阿勒巴图的主从模式建立相互关系，使其臣服听命，与卡伦内的游牧社会彼此相安，以稳定整个西北大局；同时鉴于其在外缘更具独立性，对待方式也更灵活和不拘泥，允许其以"藩属国"的方式往来。事实上，在乾隆二十到三十年代，清廷在考虑对哈萨克方针时，曾经探讨过有无将其直接纳入藩部体系的必要和可能，但经过权衡最终放弃了这个设想，①同时也拒绝了哈萨克人关于占有伊犁、塔尔巴哈台边外之准噶尔旧有牧地的要求。但另一方面，对于紧邻伊犁、塔尔巴哈台的哈萨克部落因季节和自然灾害而产生的向卡伦线内越界游牧的需要，又始终适当地给予满足，并抽取税马以示管理，再配合以卡伦巡查，加以弹压。在这里，我们很难把卡伦线简单比定为国与国的疆界，正如曾担任伊犁将军多年的松筠在《百二老人语录》中指出，伊犁、塔尔巴哈台与哈萨克游牧之间的卡伦线，原则上应该看作警备线而不是国境线。否则就不能解释为什么清廷能够同意让卡伦线季节性地扩展和收缩，以满

---

① 如乾隆帝在致阿布赉的敕谕中有"据将军等奏，尔既归降，应加封号，并查明游牧，朕谓不必过拘，尔等僻处遐方，非可与喀尔喀诸部比"等语，见《清高宗实录》卷五四三，乾隆二十二年七月丁未。

足哈萨克牧民越境入内游牧的需求。① 换言之,既然清廷对西北内亚游牧社会中的哈萨克的治理,从一开始就没有袭用东亚礼治体系下的属国或藩属的套路,那么,其形式相对于前者表现出某种居间和模糊的状态也就不足为奇了。

(原载《故宫博物院八十华诞暨国际清史学术研讨会论文集》,紫禁城出版社2006年版,收入本书时有修订)

---

① 松筠:《百二老人语录》卷八。又如佐口透也指出,清朝设卡伦以阻止哈萨克牧民南下,1760年清朝在其占领区内设置这种边境线,但"不是严格意义上的国境线"(佐口透:《新疆民族史》,吉川弘文馆1986年版,第376页)。有关卡伦巡查的具体情况参见厉声:《清代新疆巡边制度研究》(马大正等主编:《西域考察与研究》,新疆人民出版社1994年版)。

《军机处满文录副奏折》与居留新疆之内地回民研究

一、回民移民研究是清代新疆史的重要课题

在审视清代新疆历史的时候,有两个问题常会首先引起人们的关注:第一,清王朝如何在广袤的内陆亚洲地区有效地建立起他们的统治秩序,这个统治机制具有怎样的特色?第二,被置于这个统治秩序之下的当地突厥语系穆斯林也就是维吾尔社会呈现出怎样的面貌,有哪些变化?毫无疑问,这两个问题都是解读这段历史的关键。但是笔者还以为,要充分认识清代新疆历史的特点,除了上述维吾尔人和清朝的军政举措等问题,关注有清一代从内地各省源源不断地进入新疆的内地移民群体也是不可或缺的。内地人口向新疆的迁徙几乎在清朝对新疆统治体制的建立(18 世纪 60 年代中叶)之后立即展开,并一直持续到近代以后。这种人口运动改变了新疆居民结构的版图,对当时乃至后来的新疆社会各个方面都产生了重要影响。需要指出的是,人们往往会将内地移民与汉族移民简单地画等号,这是不确切的。清代西进的人流里不仅有汉族,还包括了人数众多的,与汉族具有不同族群特征的内地回民,他们构成新疆移民群体中独具特色而又举足轻重的一部分。然而迄今为止人们对他们的关注仍然不够,研究也相对薄弱。

清代的回民概念较为宽泛,包括今天的回族及其他居住在西北的信仰伊斯兰的民族如东乡族、撒拉族等,汉文史料通称他们为"回民"或"汉回"等,见诸满文档案时多作"hoise irgen"或"dorgi ba i hoise",与汉文的语义基本对应。一些西方文献中称回民为"东干"(Dungan 或 Tungan),但该称谓的语源尚不确定。

回民的起源是多样化的,最早可以追溯到唐、宋时期,来自西方的阿拉

伯人和波斯人进入中国,元、明时代又加入了大批被称作色目人的、皈依了伊斯兰的中亚穆斯林,这使在中国定居的回民人数大量增加,形成自己的社区,集中聚居在西北的甘肃、陕西等省。由于长年和占人口绝大多数的汉族杂居,回民受到汉族文化的影响,逐渐以汉语作为日常生活语言,穿着与汉族相同的服装,加之允许娶改宗伊斯兰的汉族女子为妻,这使得他们的体貌特征逐渐淡化。但是另一方面,回民群体始终保持作为穆斯林的宗教信仰,以及伊斯兰教义所规定的社会生活方式,即使杂居于汉族之中,也具有鲜明的族群意识,并因此对同为伊斯兰文化圈的新疆地区产生亲近感。

回民移民不仅进入天山北路,也大量分布于天山南路,在各行各业中都十分活跃,务农、经商、从事手工业、充当雇佣劳动者或长途运输,也有不少人作为绿营兵弁驻扎各城,或在当地的清朝行政机构中服务。集中体现回民移民这一群体之存在的代表性事件是19世纪60年代新疆发生的穆斯林民众反清起义,这场全疆规模的动乱使得清朝在当地的统治几乎崩溃。也因为是回民移民率先发动反清,而后得到本地维吾尔人的响应,该起义也被称作"东干起义",这表明回民移民不仅在经济上,也在政治上成长为对新疆具有影响力的社会力量。

长期以来,要想深入研究新疆社会中的回民群体,我们在资料来源上一直面临很大的困难。由于回民说汉语着汉装,在各省和汉族杂居,乾隆中期以后又是和汉族人口一起从内地流向新疆,很多情况下史料记载只把他们笼统地归入"民人"(满文作 irgen 或 dorgi ba i irgen)。这一概念过于宽泛,使他们被埋没在汉族人群当中。一般来说,只有遇到某些事件,特别是触犯法律被追究时,其回民身份特征才会凸显出来,亮相于历史舞台的前方。在官修史书里,如《清实录》(即大清历朝实录)、各种官修方略等,即便偶有记载,也多零星分散,语焉不详。正如一些学者所指出,仅根据已经刊行的文献资料,尚难于完全搞清回民的迁移经过和其实际状况,因为官方记录很少把回民在新疆的活动作为重要事项,仅仅在当其引起清朝统治者的关切时才会被提到。①

不过近些年,随着第一手史料的清代档案被不断整理并公布,回民资料的来源也出现了很大转机。笔者在2001年到2003年,为了完成受日本学术振兴会资助的科研项目"清代回民新疆迁移史研究",曾连续三年在北京

---

① 佐口透:《新疆民族史研究》,吉川弘文馆1986年版,第296页。

的中国第一历史档案馆和台北的故宫博物院图书文献馆进行资料调查,结果有很多意外的发现,尤以在中国第一历史档案馆藏《军机处满文录副奏折》(以下简称满文录副)里的收获最为丰硕。鉴于回民研究中满文录副的重要史料价值还很少为人注意,下面,笔者就根据自身的调查和运用该类档案史料的心得,着重对满文录副中回民移民的资料情况加以介绍。

二、清代奏折的分类体系与满文录副的特点

(一)什么是满文录副

在具体讲述满文录副之前,让我们先来概观一下中国第一历史档案馆所藏奏折文书的分类体系。

大家都知道,奏折是清代官员向皇帝汇报请示,皇帝向臣下发布指示的重要方式。雍正朝以后奏折的上呈下发由军机处负责办理。皇帝用朱笔批阅过的奏折称"朱批奏折",是奏折正本,在正本发还给上奏者之前,军机处要照朱批奏折抄录一部副本存档,这就是"录副奏折"。下发给各地官员的朱批奏折要定期回收,称缴回。朱批奏折收回后存放在宫中,而录副奏折则一直存留在军机处。① 根据上述两类奏折存放地点的区别,在分类上,朱批奏折被归入宫中档全宗,录副奏折则被归入军机处全宗。

录副奏折既然是朱批奏折的抄本,理论上两者内容应当相同,然而事实却不尽然。为什么呢?原来,第一,朱批奏折经历了发还上奏者再重新回收的过程,其间难免会出现毁损或散佚,不如一直留在军机处的录副奏折保存完整。第二,正本的朱批奏折上只出现上奏人和报告日期,不出现皇帝朱批的日期,而录副奏折在照录朱批奏折后,还特别注明皇帝朱批的日期并对该奏折的内容作简短概括,即"摘由",所以信息量要比前者更丰富。第三,官员上奏时,除了奏折本身还常附加一些附属文件,如夹片、单(清单、供单),图(含图册)等,也都包含极其重要的信息。这些附属文件在皇帝阅后并不退还上奏人,而是将原件随着录副奏折一起保存,所以原来附在朱批奏折之下的附件原件只有在录副奏折里才能看到。以上种种原因都决定了录副奏

---

① 中国第一历史档案馆编著:《中国第一历史档案馆馆藏档案概述》,中国档案出版社1985年版,第46、60页。

折的史料价值在很多时候会超过朱批奏折。

录副奏折通常是按月(后期是按半个月)捆成一包存放,因此得名"月折包"。根据奏折所使用的语言又区分为汉文录副和满文录副两大部分,分别打包保管,内容上各有侧重。就有关新疆的回民移民问题而言,满文录副的重要性远远高于汉文录副。因为清廷非常重视帝国的内陆边疆地区,尤其是在西北和北方地区,清廷长期坚持主要任用满洲八旗或蒙古八旗人员来管理军政事务的方针,并要他们用满文来奏事。这一要求既是为了保证传递军政情报时的机密性,也有弘扬"国语骑射"传统的考虑。当然到了清朝后期,由于满洲八旗整体上满语能力每况愈下,这一规定渐渐地难以维持而流于形式,所以时间上越是靠前,边疆地区奏折主要使用满文的倾向就越突出。

(二) 利用满文录副的最佳指南:《清代边疆满文档案目录》

根据中国第一历史档案馆的公布,满文录副的总数超过18万件,其中约15万件与边疆事务有关,占总数的76%。① 我们不难想象对满文录副进行整理、分类和编制目录是一个多么浩大的工程。所幸的是近十几年来这项工作不断取得重大进展。首先,录副奏折的缩微胶片化已经完成。其次,与之对应的大型目录《清代边疆满文档案目录》,也在1999年问世。该目录的编制由中国第一历史档案馆满文部的工作人员完成,而出版得到了中国边疆史地研究中心和中国人民大学清史研究所的襄助。毫不夸张地说,这部目录是指引我们在满文录副中查找所需档案的最佳指南。

作为深深受惠于该目录的一名档案利用者,我想对其价值再多做一些强调。目前,满文录副的利用方式主要为胶片,很少允许利用原件。缩微胶片没有进行地区分类,一概按编年体排列,其顺序为朝代—年—月—日。看起来"日"是一个很小的单位,其实不然,因为同一个日期下会有大量的、来自不同边疆地区的奏报未经分类地混杂在一起,所以单凭时间顺序这一点是很难准确地找到每个读者自己所需要内容的,只有借助《清代边疆满文档案目录》的帮助。

《清代边疆满文档案目录》共收入大约12万件档案,时间上至雍正八年(1730),下至宣统三年(1911),共编成12册。先按地区分类,各地区内再

① 《清代边疆满文档案目录》序。

按奏折形成的时间(档案术语称"具奏时间")排列顺序,用汉文进行著录。对于每一件档案,依次注明上奏人(含职衔和姓名),奏折内容的简短提示,有附件时加注附件情况(附件种类及件数),最后注明该档案的档号。档号是提阅档案的依据,有两个系列,并列注明,排列在前的是原件档号,在后的是缩微胶片号(胶片卷号—拍号①),这样,尽管一般情况下只允许利用胶片,但如果出现需要直接查阅原件的情况,也可以据此而按图索骥。

12册目录的详细构成:第1册盛京卷;第2册吉林、黑龙江卷;第3册内蒙古卷;第4—5册乌里雅苏台卷;第6—11册新疆卷;第12册综合卷,内含西藏、海疆(东南沿海诸省和台湾)及西南疆(广西、云南)。也就是说,该目录中新疆部分多达6册,占总数的一半,著录的档案件数达63 682件,单凭这些数字也可看出满文录副对新疆研究的重要性。

就新疆部分而言,笔者这几年来重点检索了乾隆、嘉庆、道光、咸丰四朝的满文录副,发现乾隆朝在其中所占比重最大,超过一半,嘉庆朝次之。乾隆朝的满文录副不仅数量多,内容也丰富而详细,史料价值最高。道光朝以后,汉文奏事的比例逐渐增大,满文录副的数量明显减少,其内容也日趋简略,与此同时,后期的汉文录副中发现与回民有关的史料的机会大大增加。有鉴于此,我们对录副奏折不能简单地一概而论,应该说满文录副对于乾隆朝新疆问题的研究尤其具有重要意义,而对于清代后期的新疆问题,汉文录副的史料价值有可能超过前者。

还要指出的是,说到满文录副,不熟悉它的人常常以为其中不会出现任何用汉文记载的史料,这其实是一种误解。如前面所说,满文录副除了奏折本身外还包含数量丰富的附属文件,这些附属文件有相当一部分是用汉文来书写的,特别是记录口供的供单之类。如果当事人为内地移民,不管他是汉人或回民,一般都用汉文笔录后上报。正是这些涉及社会生活细节部分的宝贵资料,使得我们所看到的历史事件或者历史过程变得有血有肉,十分鲜活。

(三)满文月折档:月折包之外的满文奏折副本

满文月折档原名奏折档,是军机处根据满文录副奏折(即月折包)而汇抄的档册,每月一本,按月装订成册,故又通称"月折档",现存2480册,也已

---

① 此处的拍号只注第1拍的号码。

经制成缩微胶片。据介绍,档册原件的页面尺寸为 40cm×28cm,①但因为目前只提供缩微胶片,笔者无缘看到原件。

由于月折档是对录副奏折的再次抄录,内容上两者大体相同,但并非完全等同,有一些差异是值得注意的。

第一,在排列顺序上,月折档是按照皇帝给奏折写朱批的日期排列的,又称朱批时间,抄件上不出现奏折本身的上奏日期,而录副奏折在按照奏折日期排列的同时,还注明了朱批日期。

第二,月折档不仅抄录了奏折本身,也抄录了奏折的附件,并一道装订成册,不容易出现和主体文件分离的现象。经笔者与回民有关的部分进行比对,发现有些奏折的附件原件在录副奏折里已经看不到,而在月折档里还可以看到它的抄件,所以月折档对于录副奏折的内容起着重要的补充作用,应当两者配合使用。但是利用满文月折档会遇到的问题是,目前档案馆制作的目录十分粗略,仅仅是以月为单位对档册进行排序,并加上编号,既不显示上奏人姓名也无内容提示,对读者没有实质性的帮助。所以,利用者最好先从录副奏折入手,锁定要查找的奏折,确认其朱批日期,再来月折档查找,会是比较有效可行的方法。

三、在满文录副里能发现什么?
——档案所见回民事例举要

前已指出,在通常的情况下,新疆的清朝官员并不严格区分内地移民中的"汉"与"回",如没有特别的理由,他们只把其笼统当作"民人"来对待。遇到这种情况,研究者要想将研究目标锁定在回民群体时,就常常苦于史料之不详,而不能不借助一些其他的线索,如对象人的姓名和职业是否具有回民特征(因为有些姓氏是中国回民特有的,如火、黑等,他们还常有自己的经名,在职业上,内地移民中的回民多从事屠宰牛羊或贩卖羊肉等职业)等,由相关迹象来加以辨别,而这往往难度较大。不过,围绕一些特定的主题,回民移民的身份属性不但会被明确言及,还可能在该主题下形成一组或数组比较集中且详细的系列报告,为我们提供丰富的第一手的研究素材。根据

① 吴元丰:《军机处满文月折包内新疆史料及其研究价值》,载《西域研究》2000 年第 1 期。

笔者研读乾隆朝满文录副的经验,后一类情况多围绕着以下几个主题:

(一)违禁私贩玉石

回民社会素有经商的传统,回民也多具有商业才干。清代蒙古地区的皮毛生意几乎为回民商人所垄断,①来到新疆的回民也多进行买卖活动或从事与商业关系密切的长途运输及开饭馆、旅店等职业,不过他们似乎多为小本经营,难得看到财力雄厚者。

乾隆年间最吸引内地商人的热门商品是新疆和阗、叶尔羌出产的玉石。由于乾隆皇帝本人酷爱玉石,受此影响,清朝高官及上流社会当中也出现了前所未见的玉石热。苏州、扬州等地的玉器作坊大量高价购入新疆玉石,使得商人们争先恐后地投身于从新疆向东南沿海贩卖玉石的活动。但是到了1778年,由于叶尔羌办事大臣高朴利用职权之便与伯克及内地商人勾结倒卖玉石牟取暴利一事曝光,皇帝下令禁止民间的玉石贸易行为。然而重利之下,私下的玉石贩卖从未真正停止。一方面是商人们千方百计地私运私卖,另一方面是地方官员奉命对这些人员多方取缔,由此留下了许多相关的记录。

说到私卖玉石的回民商人,人们会首先想到曾经与叶尔羌办事大臣高朴勾结,最终和高朴一道被治罪的陕西省渭南县回民商人赵钧瑞。20世纪30年代出版的档案汇编《史料旬刊》和后来的若干同类资料集都收录了查办此案时的档案文书,尤以中国第一历史档案馆编《乾隆朝惩办贪污档案选编》(中华书局1994年版)第一册汇集得最为完整,所以赵钧瑞及相关人员的事情广为人知。其实在满文录副中可以见到的回民买卖玉石的事例很普遍,以人名计,至少还可以举出上百人之多。这些事例发生在乾隆三十年到嘉庆初年之间,回民们来自陕西、甘肃、山西等省,私卖玉石的手段形形色色,从中反映出来的个人经历和社会关系也各具特点。

事例1:乾隆四十六年(1781)闰五月二十二日,喀什噶尔参赞大臣景福奏,于英吉沙尔抓获回民商人伊士耀等四人,胶片号122—0067,满文奏折,无供单。

此案共涉及四人,两人为回民,两人为民人,这则史料不仅使我们了解到他们买卖玉石的前后经过,还进而了解到他们是何时进入叶尔羌,在当地以何为生,与本地维吾尔人有无接触等情况。其中,伊士耀是陕西渭南县回

---

① 今永清二:《中国回教史序说——その社会史的研究》,弘文堂1965年版。

民,一年前到叶尔羌卖羊肉为生,马云是甘肃阶州回民,三年前到叶尔羌卖羊头肉为生。邹谋和肖有伏是民人,同村老乡,原籍不详。邹谋卖饼为生,肖有伏为受雇佣工。他们都供称系从城外的维吾尔人处买下玉石,因资本微薄,所买玉石数量不多,成色亦差。他们原想带到阿克苏去出售,却在路过英吉沙尔时被官兵跟踪乃至被抓。此案在《清高宗实录》中未见记载,但因为四人后来被押送回内地原籍,所以陕甘总督也用汉文上报相关情况,该奏折收入《宫中档乾隆朝奏折》①。但加以比较就会知道,汉文奏折远不及满文详细,甚至没有提及伊士耀和马云的回民身份,对于试图聚焦于回民的研究者来说,这个省略不啻是致命的缺陷。

事例2:乾隆五十年(1785)八月初九日库车办事大臣阳春保奏,拿获偷带私玉进关路经当地之商人赵世洪等多人,胶片号135—0115,满文奏折,汉文供单。

此案涉及人数众多,具有集团违禁走私的特点,很值得关注。常年经商并从事运输业及开旅店的陕西长安县籍回民赵世洪、回京官员特通额的家丁回民郭三,以及回民乡约闫自勇是谋划此次行动的核心。他们得知叶尔羌办事大臣特通额因病回京,趁特通额病重无力管束手下,将自己买进的玉石暗藏在特通额车队的行李车上,企图偷带进关。赵世洪、陈来贵等人不仅自己托带私玉,还透过各自的社会关系传出消息,不断接受他人转托,收取好处费。路过阿克苏后,货主已扩大到四五十人,装车的玉石达到5 700余斤,最后在库车被查获。涉案人中不仅有回民,还有许多汉族商人,他们在供单里详细供述自己的出身、经历,可谓是了解活动于南疆的商民社会关系网的绝好材料。

关于此案,《清实录》里有一条简略的记载,仅提到特通额家人郭三一个人的名字。② 日本东洋文库所藏抄本《奏稿》的乾隆五十一年(1786)四月二十一日折,引述了库车办事大臣阳春保对本案的报告,并奏报后来在各地拿获相关人犯及判刑情况,③但未能详及各个商人的年龄、出身、经历等。笔者在这里之所以能够完整地讲出上面的那个故事,得益于档案留下的详尽记载,特别是满文奏折的附件,一份记录了十数人口供的长篇汉文供单(人名

---

① 《宫中档乾隆朝奏折》第49辑,第784页。
② 《清高宗实录》卷一二四一,乾隆五十年十月丁酉。
③ 《奏稿》第24册,乾隆五十一年四月二十一日折。

等参见表1,由于未能见到月折包里的供单原件,笔者这里利用了月折档里的该供单抄件)。①

表1 库车办事大臣阳春保奏偷带私玉案商人情况表

姓名	年龄	籍贯	职业
赵世洪	41岁	陕西长安	开旅店、经商
陈来贵	44岁	甘肃武威	车户
郭三	30岁	不详	大臣家丁
郭玉龙	44岁	甘肃肃州	商人
刘琮	43岁	山西太原	商人
徐渭	53岁	陕西西安	商人
常大业	44岁	山西太原	商人
李昌统	39岁	山西太平	商人
张士明	40岁	陕西邠州	商人
员孔昭	56岁	山西太原	商人
高丹吾	57岁	浙江秀水	商人
卢文彩	39岁	山西太原	商人
曹玉庆	34岁	陕西邠州	商人
董良能	37岁	陕西西安	商人
石如积	30岁	山西太原	商人
王东山	42岁	山西泽州	商人
王大邦	40岁	山西太原	商人
姚泰	32岁	山西太原	商人
李士龙	35岁	山西太原	商人
李秀	38岁	甘肃肃州	商人
杨国孝	40岁	甘肃河州	厨师

① 《军机处满文月折档》,乾隆五十年九月初一日(朱批时间)库车办事大臣阳春保奏折所附供单。

续表

姓名	年龄	籍贯	职业
张甲魁	46岁	甘肃武威	车户
马维	44岁	甘肃固原州	车夫
张得	39岁	甘肃武威	车夫
杨大魁	40岁	陕西同州	车夫

事例3：乾隆五十三年(1788)三月十六日叶尔羌办事大臣塔琦奏，回民商人蓝贵宝在叶尔羌勾结安集延商人私贩玉石，胶片号141—1723，满文奏折，汉文供单。

陕西渭南县出身的回民蓝贵宝经常往来于阿克苏和叶尔羌之间，贩卖茶叶和杂货等物。在叶尔羌时，他就投宿在同乡回民郝廷彦开的旅店里。为了赚取更大的利润，他想到购买成色上等的玉石贩往阿克苏以高价出售，于是找到在当地巴扎尔(集市)上一同摆摊的、从中亚来的安集延商人阿拉拜第合伙，设法从住在叶尔羌城外的一个维吾尔村民和一个巴达克山人手里买下两块大玉石(其中一块重达120多斤)。为了平安地运出去，蓝贵宝又雇用了两个自己熟悉的维吾尔人，替自己绕道把玉石偷运到阿克苏城外埋藏，等自己到达后伺机挖出带进城里。不料这两个人才到半路就被其他当地人发现，所有人都被捉拿归案。

这个案例里向我们展示了活动于天山南路的回民商人所构筑的社会关系网的又一个侧面。蓝贵宝的商业和交往圈子里不仅有许多本地的维吾尔人，更有寓居当地的安集延人、巴达克山人等。很显然，内地回民在这个圈子里活动的时候，更多的是借助了他们作为穆斯林的这样一个身份来接近对方。笔者推测他应该是用维语和对方沟通，因为很多史料表明回民经商者中通晓"回语"(即维语)的不在少数。①

(二)日常生活中的刑事案件

数年前，甲南大学堀直教授曾尝试通过清朝档案里的刑事案件记录来

---

① 蓝贵宝案在《清高宗实录》卷一三三八，乾隆五十四年九月己丑条中有记载，但仅为"蓝贵宝串通回子偷贩私玉至一百余斤之多，违禁蔑法，即与盗窃满贯无异"短短数语。

解读清代南疆的维吾尔社会,①他的做法对笔者具有启示意义。居留新疆的回民因日常生活中的冲突而导致人身伤害的刑事案件屡有发生,有关奏报在满文录副里占有一定的比重,这些记录能够帮助我们窥见新疆的回民生活的某些侧面。

回民中的农业移民大多分布在天山以北,携有家室,居处相对固定。而从事商业、运输业或受雇打零工的劳动者大多为单身,流动性很强,足迹遍及新疆各地。驻扎新疆的绿营中的回民士兵将校也占一定比重。所以,和回民有关的刑事案件会以各种形式发生,当事人的情况也多种多样。

事例1:乾隆四十五年(1780)六月二十六日乌鲁木齐都统奎林奏,迪化州杀死回民商人案,胶片号119—0960,满文奏折,汉字人名为笔者翻译所加。

这是一起发生在汉、回移民或回民移民之间的伤害致死案件,从事件经过可以看到乌鲁木齐地区移民生活的一些特点。凶手杨仲福,是否回民不详,被害人韩忠是回民,两人为邻居,都在乌鲁木齐的南山伐木出售,属于商民身份。是年正月,杨仲福宰羊,邀朋友一起吃饭,韩忠认为杨仲福没有招呼自己,便过来谴责,双方发生口角,杨仲福用木棒打伤韩忠,数日后韩忠不治身亡。当时与死者韩忠同居,并与他一起伐木为生的还有其堂兄弟、侄子及伙计等多人,这反映了移民中常见的亲族乡党聚集谋生的现象。

事例2:乾隆四十九年(1784)九月二十七日叶尔羌办事大臣阿扬阿奏,回民在叶尔羌讨债致杀人案,胶片号132—2563,满文奏折,汉文供单。

此案当事双方为回民和维吾尔人,是一个反映回民与本地穆斯林关系,特别是经济上往来的重要案例。凶手为24岁的甘肃陇西县回民肖旺,被害人为城外某村的维吾尔人迈玛雅尔。肖旺会维语,随姑父张成从阿克苏到该地贩卖茶叶、瓷器和杂货等,他以赊账方式将货批给迈玛雅尔拿到城外村里零售。后因迈玛雅尔长期拖欠货款,肖旺追讨欠账,双方由口角到动手,肖旺拔刀扎对方致死。

透过本案始末,有三点现象值得我们注意:第一,回民肖旺随他姑父张成在叶尔羌经商,张成已经58岁,有商业经验却不会维语,而肖旺会维语,张成说自己是依靠肖旺才得以和当地维吾尔人沟通并做生意的。第二,在

---

① 堀直:《回疆犯科帳:清代漢籍史料からみたる社会の一断面》,载《甲南大学纪要》文学编第105号,1997年,第24—43页。

这个案例中,肖旺等是在叶尔羌城里和进城来的维吾尔人交易,他们贩来的内地商品是通过买方贩往城外乡村的。第三,回民商人与维吾尔人之间经济关系的密切也不可避免地伴随了纠纷和冲突,这场因讨账而起的纠纷最终导致命案的不幸发生。

事例3:乾隆五十一年(1786)二月初二日乌鲁木齐都统永铎奏,回民马仲良奸杀绿营兵之妻案,胶片号136—1454,满文奏折,汉字人名为笔者翻译所加。

此案凶手是回民商贩马仲良,被害人是屯田兵回民马天福的妻子。总的来说,具体涉及天山以北屯田回民士兵及其家庭的事例并不多见,而这份记录具有典型性,内容翔实,堪称珍贵。凶手马仲良在库尔喀喇乌苏做小生意,与屯田兵马天福熟识。后者因为长年在屯点种地,遂托马仲良照顾家小,而马仲良却与其妻私通。马天福知情后痛责妻子不得再与之来往。而马仲良又来求奸,遭拒绝后将马妻扎死。从18世纪60年代起,清朝陆续从陕甘的绿营中调兵到新疆北部驻防屯田。在陕甘绿营中,回民占有很大比重是不争的事实,但是我们很难见到反映新疆绿营回兵的具体史料,涉及屯田回兵及其家属的个例就更加稀少。

根据录副奏折著录时的提示,本奏折应附有汉文供单一件,但事实上缩微胶片里见不到供单,不知何时散失。类似情况在其他奏折里也有出现。也就是说,并非所有归入《军机处满文录副》的附件原件都能完整地保存至今,哪怕著录时曾存在的供单,后来也可能因故分离,甚至遗失。

事例4:乾隆五十一年(1786)五月初八日伊犁将军奎林奏,回民杨子福杀死李成一家四口案,胶片号137—0575,满文奏折,汉文供单。

这是一起回民之间因婚约纠纷导致杀人的案件。案情除了反映回民移民之间的相互关系、婚姻问题外,还提供了不可多得的有关回民遣犯的信息。凶手杨子福32岁,甘肃灵州回民,因父亲在伊犁贸易而前来投靠,在某家磨坊做工。被害人是回民李成一家。李成的父亲乾隆三十年(1765)因犯罪被发遣伊犁,刑满后留在当地,开车马店为生。父亲死后,杨子福在磨坊做工,因为拉车到清水河卖面粉,常在李家店内住宿,因而熟识。李家曾表示可将女儿嫁给杨子福,为此多次要其拿钱或物以补贴家用,杨子福都照办。但当杨子福要求兑现婚约时,李家却反悔,杨子福一怒之下杀死李成及其母亲、弟、妹等四人后到衙门自首。该奏折附有四份汉文供单,分别取自杨子福本人和被害人李成之妻、二妹及小弟,以上具体情节主要依据上述供单。

总的来说,与皇帝下令严禁的玉石走私案之类事件相比,回民日常生活中发生的刑事纠纷在统治者的眼里更显得微不足道,《清实录》一类的官修史书里几乎没有它们的位置。但从社会史研究的角度来看,这些第一手资料的重要性却是不言而喻的。这就要求我们去大量地接触原始的档案记载,不断地积累充实。除了这里介绍的满文录副,汉文录副的民族事务类和刑部档案也都有开拓的空间,是笔者今后的课题之一。

(三)取缔和镇压新教回民

乾隆四十六年(1781)和乾隆四十九年(1784),甘肃省两次发生新教哲赫忍耶派回民的武装抗清事件。当时,随着苏菲主义自西方传入中国西北地区,回民社会内的新老教派之争日趋激烈,多次发生冲突,而清朝当局未能妥善把握事态,对新教一派处理不当,造成了新教回民与清政府的对立。第一次起义由循化地区(当时归辖甘肃,今天属青海省)的撒拉族新教回民发动,新教教主马明心虽未参与也被清廷处死,这使得新教回民的反清情绪更加高涨。距第一次起义被镇压不到3年,第二次更大规模的反清起义在甘肃的中心地区爆发。

为了彻底根绝新教,清政府定新教为邪教,严禁传播。以往关于新教回民起义的研究多把注意力放在甘肃省,其实西北回民社会中新教的兴起与当时在新疆盛行的苏菲派思潮关系密切,而清廷的镇压措施也很快就扩大到新疆。第一次起义后,清廷即下令严密监控在新疆的回民的动向。镇压了第二次起义后,清廷大肆搜捕起义人员在新疆的亲属,株连治罪,一时间形成白色恐怖,人人自危,所以满文录副里保存下来一大批有关新教回民及其家属在新疆的记录。

事例1:乾隆四十六年(1781)五月二十六日乌鲁木齐都统奎林奏,查报新教发遣人犯贺麻留虎已死,胶片号121—2758,满文奏折。

贺麻留虎曾是循化的新教头目,乾隆三十四年(1769)因为与老教的纷争被官府判罪流放乌鲁木齐。此后他的情况不见于任何史料。根据这份满文奏折,我们知道他被放逐到芦草沟,并在乾隆四十二年(1777)因病死亡,这些信息对于该人物的研究有很大帮助。同时可以看出,在第一次新教回民反清起义爆发不久后,清廷就意识到要切断新教人物与新疆的关系,曾十万火急地命令查报贺麻留虎的动静,并考虑立即将其从新疆押送北京。乾隆皇帝在给奎林的满文上谕中写道:贺麻留虎以前是新教的罪恶头目,如果此人还在当地,即便他老老实实地生活,也绝不能再照旧留在乌鲁木齐,要立即挑选能干可靠的官兵押送来京。乾隆皇帝甚至考虑到,如果取道"哈密—吐鲁番—兰州"一线由内地行走,难保不被新教回民途中劫走,所以随即追发第二道上谕,命令奎林指示官兵经由乌里雅苏台,绕道蒙古草原兼程赶路,以确保万无一失。这个计划最终因为当事人已经死亡而失去了实施的必要性,但从上谕的字里行间,不难看出这个已被发遣新疆的新教首领的存在让乾隆皇帝感到多么紧张和不安。

事例2:乾隆四十九年(1784)七月十六日阿克苏办事大臣国栋奏,在阿克苏拿获并审问回民拜一相等,胶片号132—0088,满文奏折,汉文供单。

此案真实地反映了清廷在新疆大肆搜捕起义回民亲属的情况。如国栋所奏,他接到通缉6名犯属的命令后,立即调取并核对阿克苏的商人名册,发现了起义回民拜有之父拜一相和哈光德之叔哈治娃子两人的踪迹,随即带领城守营游击及官兵赶到城外二人住宿的旅店对其加以逮捕。此外,还查出通缉名单上的另外两人,即起义回民张文孝之弟张三娃子和哈文之兄哈阿利子的行踪,前者于乾隆四十一年(1776)八月从叶尔羌返回兰州,后者于乾隆四十二年(1777)五月从阿克苏去了乌什,也作为线索上报。由于被捕时两人都住在由回民开的旅店里,查办官员同时录了回民乡约赵进海、旅店店主黑成仓、田养贤的证词。拜一相、哈治娃子、赵进海、黑成仓、田养贤五人的供述见诸汉文供单,但逮捕与搜查经过等重要细节,只有通过详读满文奏折才能了解。

这份奏折除了对研究甘肃回民起义后的新疆回民的境况有重要帮助,还为研究清代边疆地区的路票制度提供了十分翔实可信的资料。我们从中可以看到商人名册的存在和路票制度的运用,还可以了解回民移民往往投宿回民经营的旅店,以及新疆各地设有回民乡约以配合官府对其进行管理等多方面的内容。从研究新疆基层统治体制及其运作实况的角度来看,这份奏折也十分值得重视。

事例3:乾隆五十年(1785)九月二十五日伊犁将军奎林奏,拿获脱逃遣犯马氏正法,胶片号135—1973,满文奏折。

第一次新教回民起义失败后,许多参与者的家眷(主要是妇孺)被流放到伊犁。一个流传很广的故事是马明心的妻子被发遣伊犁后不肯忍受满洲官员的凌辱,在手刃对方后从容赴死。她在当地的拱北(坟墓,位于霍城县境内)至今为回民敬仰礼拜。但是对于其他遭到流放的一般回民妇女,她们的流放生活与种种苦难,几乎一直不为人所知,直到这次我们与满文录副里的记载相遇。①

本案中的马氏为河州回民马五十四之妻,流放后被分给察哈尔营兵丁为奴,从事放牧,生活十分艰苦。据她供称,那天因为放牧迟到,担心遭到主人鞭打,从而出逃,但不幸被抓回,随即被正法。奎林还报告说,鉴于这类逃跑事件已经发生多起,而伊犁各地的牧场里有不少这样的遣犯回妇,为了杀一儆百,他下令将马氏押赴察哈尔牧场,把遣妇们召集起来,当着她们的面处死马氏。

事例4:乾隆四十九年(1784)九月二十六日库车办事大臣雅满泰奏,从车户韩得处搜出回经,胶片号132—2271,满文奏折,汉文供单。

本案的回民车户韩得(也写作韩德),31岁,原籍西宁,也被其他回民称为韩阿浑。他很多年前随父亲到新疆,中间一度回过老家,后再次出关。这次他承揽了从喀什噶尔去北京朝觐的伯克的行李车。因为受其他回民之托,要将两部回经分别转交给库车的马起蛟和哈密的马应见,从而被怀疑有传递邪教(新教)经典之嫌,于是韩得及有关之人均被捕。此案在《清实录》里有记载,②但只是概略性的,而录副奏折则详细叙述了事情的来龙去脉。最值得关注的是附件供单,该供单以问答形式分别记述了韩得等四人与审问官员的对话,从官员的发问可以得知,由于接连两次发生新教起义,清朝当局对此高度紧张,为了切断新教扩张的通道,特别关注新教经卷的流传,故提问都紧扣这一中心;而回民们在回答时,除了矢口否认自己与新教有关,还仔细讲到各自回经的来历,以及他们在旅居异乡的环境中如何保持作为穆斯林的宗教生活,均可为研究者提供许多有价值的信息。③

比如,根据被捕者的回答,我们知道马国英手里的回经系马起蛟祖传之

---

① 根据《钦定兰州纪略》卷一三,可知新教教主马明心的妻子及其两个女儿均被发往伊犁。关于其妻为夫报仇后从容赴死的传说,见张承志的《心灵史》,湖南文艺出版社1999年版,第71页。

② 《清高宗实录》,乾隆四十九年十月辛丑。又,《奏稿》第20册收录了乾隆五十年三月二十九日的一份汉文奏折,概述此事经过,较实录内容稍详,但因没有供单,所提供的信息量仍远不及满文录副。

③ 关于此案的详情参见华立:《乾隆年间甘肃新教回民起义后清政府对新疆回民政策的变化》,载《清史论集》,第807—822页。

物,他来新疆多年一直随身携带诵读,因为乾隆四十六年(1781)一度回乡,暂时寄存在马国英处。又因为马起蛟通晓经书,被周围的回民呼为二阿訇。马德辉也在贸易途中随身携带回经,因为跋山涉水,担心经书损坏,想托在哈密的马应见代为保管。回民们都坚称自己的回经与新教毫无关系。当局最后也只能表示他们携带"寻常经卷"并不违禁,但仍不肯无罪开释,而下令将其送到乌鲁木齐进行监管,以示对其他企图传递回经者的警告。

四、结语

语言特征上与汉族接近,而在宗教信仰上与维吾尔等同为穆斯林的回民移民,逐渐成长为新疆社会里的一支重要力量。不过,新疆之回民群体的形成是一个历史的过程,在他们迁移并融入新疆社会的过程中,有哪些值得注意的特点,在与不同民族的交往中,他们又如何保持和发展着自身的民族特性,这些问题都还有待于今后的进一步研究,而有效地发掘和利用档案资料,会为揭开上述问题的谜底提供新的可能性。

由于档案资料的开掘是一项艰苦费力且需要持之以恒的大工程,任何一点进展都来之不易,为了充分发挥已有资料资源的作用,笔者认为有必要提倡学界同仁之间经常性的资料信息交流和学术资源的共享,而不是资料的独占或信息封锁。笔者在满文档案的利用上起步不久,见闻有限,但在实践中深深感到满文档案对于清代边疆史研究的不可或缺。如果本文的信息能够对同行们起到一点有益的作用,则笔者幸甚。

笔者还要报告一个令所有研究者欣喜的消息。近 64 000 件的新疆部分满文录副奏折的影印出版工作目前已经在进行中。①

(以"Materials in the Manwen Iufu regarding Hui Muslim Migrants to Xinjiang"为题首发于《Studies on Xinjiang Historical Sources in 17—20th Centuries》,日本东洋文库 2010 年版,原文为英文)

---

① 此项工作业已完成,由中国第一历史档案馆编辑影印的《清代新疆满文档案汇编》(共283册),于2012年由广西师范大学出版社出版问世。又据悉,汉文翻译工作也在着手中。特此说明。

《塔尔巴哈台奏稿》与嘉庆时期新疆北部边政研究

一、天理图书馆与《塔尔巴哈台奏稿》

位于奈良县天理大学校园内的天理图书馆,是日本国内为数不多的,藏有相当数量满文图书资料的图书馆之一。根据20世纪80年代后期整理时的统计,该馆收藏有约300种满文图书,其中15种为档册即清代奏折抄本①,本文要介绍的《塔尔巴哈台奏稿》便是其中之一。

这部奏稿为蓝布封套线装本,一函六册,抄录上起嘉庆元年四月,下迄嘉庆二十五年(1820)十一月有关塔尔巴哈台的数十篇奏折及相关上谕。全书绝大部分为满文,仅有几篇为汉文。从其形式来看,它应当属于清代官员的私抄本。每册封面分别用汉文题写"塔尔巴哈台奏稿",并标注自某年至某年。

根据书中的馆藏章可知,该书乃昭和二十八年即公元1953年4月28日,由天理教本部赠送给该图书馆,从而成为该图书馆馆藏的一部分,但对于在此之前的来龙去脉则鲜知其详。不过至今保留在封套内的一张早期整理者留下的便条上写着"题签玉振道人自笔"等字样,加上书上盖有一种形状特殊的收藏印都提示我们,本奏稿与天理图书馆收藏的其他几部奏折抄本如《伊犁奏折》等,同属一个来源,而"玉振道人"则是收藏人中岛竦的别

---

① 河内良弘、赵展:《天理図書館藏满文书籍目録》,载天理图书馆馆刊《ビブリア》第84号,1985年。

号。据《抚山中岛先生略年谱》①的记载,中岛竦出身于有汉学渊源的家庭,父亲中岛抚山也是汉学家,他本人生于1861年,卒于1940年,曾于1902—1915年旅居北京。不过由于事隔久远,又缺少记述,我们现在已经很难对中岛氏本人是如何成为这些奏折抄本收藏人的经过做更进一步的追踪。②

塔尔巴哈台地处清代新疆最北部,西控哈萨克,北扼俄罗斯,东北接壤科布多,东南连接乌鲁木齐辖境,西南紧邻新疆军政中心的伊犁,有"为伊犁乌鲁木齐之屏藩,实新疆西北之雄镇"之称,驻扎参赞大臣一员,领队大臣两员。地理位置的特点决定了有关边防的事务占据塔尔巴哈台政务的中心,而如何管理好辖境内外的各种游牧部族,如哈萨克、厄鲁特、察哈尔、土尔扈特等,保证卡伦沿线和境内外地区的安宁,又构成其政务最关键的部分。同时,从边疆行政时空上的前后延伸看,嘉庆朝的塔尔巴哈台事务,上承开创局面的乾隆朝,下与走向动荡的道光、咸丰时期相连接,是一个走向成熟同时又孕育着种种变化的中间阶段,有许多值得关注的地方。

迄今为止,人们在论及清代塔尔巴哈台时,大多主要依据有限的几种汉文典籍,如《清实录》《钦定新疆识略》及《塔尔巴哈台事宜》等。③ 然而《清实录》和《钦定新疆识略》并非专论塔尔巴哈台的典籍,相关内容有限,且比较分散。《塔尔巴哈台事宜》虽然针对当地公务,但成书于嘉庆十年(1805),之后的情况不包括在内。还要强调指出的是,当地与清廷的公文往来至少到道光时期仍以满文为主,所以满文史料的发掘和运用对于这方面

① 《抚山中岛先生略年谱》,1941年私家版;又参见日本久喜市公文书馆编《中島撫山の生涯》《中島敦とその家系》等图录。

② 根据日本学者加藤直人在新近出版的《清代文書資料の研究》书中的介绍(汲古书院2016年版,第116—117、135—137页),笔者于此对中岛竦的生平再做些补充。首先,旅居北京期间,他在京师警务学堂任职,与川岛浪速过从甚密。其次,他本人为蒙古学家,亦通蒙古语,在京期间撰写了《蒙古通志》一书,民友社于1916年出版。在该书前言中,他提到自己利用了《奏稿》等史料,这或许有助于了解他与天理图书馆所藏奏折抄本结缘的由来。再次,他另撰有《清朝史谈》(《善隣書院支那語講義録》第7号,1918年),有迹象表明他还略知满文。最后,他有诗作传世,见村山吉广等著《玉振道人詩存》,明德出版社2012年版。

③ 此外还可举出吴丰培私藏的《乾嘉道哈萨克史料》和《塔尔巴哈台志略》等油印本。不过前者收入的汉文奏折主要是乾隆朝的,嘉庆朝仅一篇,后者为光绪年间所撰,内容侧重建省时期。

的研究无疑是至关重要的。

近年,中国第一历史档案馆对馆藏满文录副奏折的整理取得很大进展,加之出版了《清代边疆满文档案目录》,给研究者打开了一条接触和利用满文档案的通道,造福学林,功不可谓小。但是对于一般研究人员来说,要想经常接触深藏馆内且浩如烟海的档案文书,谈何容易。从这个意义上来说,藏于天理图书馆且几乎全为满文的《塔尔巴哈台奏稿》,作为嘉庆年间第一手原始记录的抄本,就有了不容忽视的宝贵价值。

据笔者所知,天理图书馆收藏的多种清代奏折抄本中,只有《伊犁奏折》和《(固庆)奏折档》曾被介绍过。① 而富含重要史料内容的《塔尔巴哈台奏稿》至今仍很少为学界所知,更谈不上研究利用,令人遗憾。因此,笔者不揣谫陋,愿勉力尝试,做一初步的介绍,目的是抛砖引玉,引起同行学者对这部奏稿以及此类资料的重视,使其得以发挥应有的作用。本文将着重介绍该奏折抄本的构成特点与篇目概要,同时摘译部分文书来举要说明其史料价值,至于更深入的史料分析和专题论述则拟留待今后。

二、《塔尔巴哈台奏稿》内容简介

(一) 关于题名、具奏人和抄写格式

在进入正题之前,首先应就这部抄本的题名、具奏人以及抄写格式稍做说明。

奏稿一词通常的含义,应指一份奏折尚处于起草阶段,未经正式成文上奏的状态,但严格说来并不符合本书的情况。因为本书中抄写的是业经奏出的奏折以及后来奉到的朱批,而非草稿,或许叫奏牍更为妥当。但是事实上目前可见的不少类似的清代奏折私抄本均被题作"奏稿",这也许是一种约定俗成的用法。

关于具奏人,也就是奏折的作者,本书不是某一位而是多位官员奏折的汇集,其中既有嘉庆年间历任塔尔巴哈台参赞大臣,如伍弥乌逊、贡楚克札

---

① 如加藤直人《天理大学所藏〈伊犁奏摺〉について》,载《史丛》第32号,1983年;《天理大学藏、グキン(固慶)の奏摺について——とくに科布多参赞大臣时代の奏摺を中心として》,载神田信夫编:《日本所在清代档案史料の诸相》,东洋文库1993年版。

布、策巴克、果勒明阿、兴肇、达庆、爱星阿、祥保等直接具奏朝廷的奏折,还转抄了伊犁将军保宁、松筠、晋昌等人的部分奏折,但主题都围绕着塔尔巴哈台。嘉庆一朝的25年中,先后有14人被任命为此地的参赞大臣,但唯一先后三度受命,总计在任时间长达10年之久的是贡楚克扎布[嘉庆元年至嘉庆七年(1796—1802)、嘉庆十五年至嘉庆十六年(1810—1811)、嘉庆二十一年至嘉庆二十四年三(1816—1819)度就任],其他人的任期,长或两年,短则数月,而抄本中收录最多的也正是贡楚克扎布的奏折。作为一种揣测,此书也许是他命人抄集成册保存,而后又辗转流出的。贡楚克扎布在嘉庆二十四年(1819)卸去塔尔巴哈台参赞大臣之职后调任乌鲁木齐都统,直到嘉庆二十五年(1820)十月才奉召由新疆返回北京,因此他最有可能来主持这件事情。①

共计六册的抄本原未标页,抄写格式为每半页八行。因年久退色,纸张的格式已经不太清晰,但大体可以辨认为单线竖行,每页上部有三道横行,行距较近,是用来书写抬头格式的。不同于奏折正本,抄写人在这里没有完全遵循上奏时的书写格式。如省略了有具奏人姓名的第一行而直接从第二行抄起,这就需要通过内容来判定具奏人姓名;抄写成于多人之手,不同文书的抄写,字迹大小不齐,有时字迹非常密集,甚至到了不易辨认的程度,书体也不尽一致;多数文书在结尾处开列具奏时间和奉到朱批的时间(年月日),但也有少数欠缺。笔者曾经将抄本与中国第一历史档案馆的满文录副的目录进行对照,发现有相当一部分可以互见,但也有少部分在档案馆的目录中不见记载。

(二)文书篇目概要

为了便于了解这部抄本的内容全貌,笔者制作了下面的文书篇目,如表1所示。不同于其他一些清代新疆奏折的私抄本的体例,比如 Nicola Di

---

① 贡楚克扎布,蒙古镶白旗人,历任科布多参赞大臣、塔尔巴哈台参赞大臣、察哈尔都统、乌鲁木齐都统等职,嘉庆二十五年十月自新疆还京。参见章伯锋编:《清代各地将军都统大臣等年表(1796—1911)》,中华书局1965年版;阿拉腾奥其尔等编著:《清代新疆军府制职官传略》,黑龙江教育出版社2000年版。

Cosmo 和堀直两位教授先后介绍过的《嘉庆十一年七月起至十二年清汉奏档》,①本书各册封面不具目次,又省略了正式奏折中开篇第一行的具奏人姓名,所以表中的具奏人名系笔者根据文中内容判断,而"标题或内容大要"一栏,凡满文折片系笔者根据内容概括,汉文折片采用了文书原来的标题。"具奏人"及"具奏日期/朱批日期"栏中加"( )"者系笔者根据相关内容推断,无从推断者空缺,文书序号也是笔者为了方便说明而附加。限于笔者的满文能力,其中或不免有所错漏,尚祈方家指正。

表1 《塔尔巴哈台奏稿》文书篇目一览表②

文书序号	所在册	具奏日期/朱批日期	具奏人	标题或内容概要	与其他史料之互见
01	1	嘉庆元年四月十一日/同年六月十一日	伊犁将军保宁	奏请准许伊犁、塔尔巴哈台之察哈尔、额鲁特营官员未出痘者取道北路赴热河入觐	《军机处满文录副奏折》
02	1	嘉庆元年五月十八日/同年七月二十六日	参赞大臣伍弥乌逊	奏报派兵驱赶达尔达木图、乌兰托洛盖山中私挖金矿之民人	《清仁宗实录》
03	1	嘉庆二年四月二十四日/同年六月十九日	参赞大臣贡楚克札布	察哈尔官兵随绿营官兵学习种田已满三年请准其返回游牧	《军机处满文录副奏折》
04	1	嘉庆二年十一月二十日/嘉庆三年一月二十四日	参赞大臣贡楚克札布	本地犯兵人数减少挖煤人手不足请招民采煤	《军机处满文录副奏折》
05	1	嘉庆三年一月二十四日	军机大臣	遵旨议复塔尔巴哈台犯兵减少请招民挖煤事	—

---

① 见堀直《回疆社会经济史研究とマンジュ語史料—佐口透氏所蔵の一文書の紹介》,载《满族史研究通信》第10期,2001年。

② 表1中具奏人为参赞大臣者均是塔尔巴哈台参赞大臣。

续表

文书序号	所在册	具奏日期/朱批日期	具奏人	标题或内容概要	与其他史料之互见
06	1	嘉庆三年六月十一日/同年九月十三日	参赞大臣贡楚克札布	请照伊犁之例每年一度查看塔尔巴哈台孳生牧场，变卖老残不育牲畜	《军机处满文录副奏折》
07	1	嘉庆四年二月一日/同年三月十七日	不详	遵旨封禁达尔达木图等产金之地并查看当地情形	—
08	1	嘉庆四年六月二十二日/同年八月九日	参赞大臣贡楚克札布	本地察哈尔人众生活改善，请停止立产银两一项，分别情形酌赏（附汉文清单）	《军机处满文录副奏折》
09	1	（嘉庆四年十月）	参赞大臣贡楚克札布	奏闻哈萨克王杭霍卓病故情形	《军机处满文录副奏折》
10	1	嘉庆四年十月十九日/同年十二月八日	参赞大臣贡楚克札布	奏报哈萨克公卓勒齐早已协助杭霍卓办事	—
11	2	嘉庆五年闰四月二十六日/同年六月十四日	参赞大臣贡楚克札布	奏报与科布多该管大臣商定，于今春各派官员至交界处共同建立鄂博	—
12	2	嘉庆五年六月二十五日/同年八月十二日	参赞大臣贡楚克札布	奏报卓勒齐承认争抢王位之非	《军机处满文录副奏折》
13	2	（嘉庆五年四月）	伊犁将军保宁	奏请准许援引前例由杭霍卓之长子江霍卓承袭王位	《军机处满文录副奏折》

续表

文书序号	所在册	具奏日期/朱批日期	具奏人	标题或内容概要	与其他史料之互见
14	2	嘉庆五年四月二十七日	伊犁将军保宁	奏报杭霍卓弟卓勒齐派人来伊犁递呈请求由其承袭王位,保宁业已札饬批驳	《军机处满文录副奏折》
15	2	嘉庆五年七月十二日	伊犁将军保宁	奏报领队大臣珠勒刚阿前往哈萨克致祭杭霍卓,诏封江霍卓为王并察看当地情形后返回	《军机处满文录副奏折》
16	2	嘉庆五年八月二十八日/同年十月十六日	参赞大臣贡楚克札布	奏报哈萨克公库库岱派人递呈,控告沙尔珠墨特鄂托克人抢其牲畜情形(附塔尔巴哈台参赞大臣致哈萨克公库库岱札文)	《军机处满文录副奏折》
17	2	嘉庆五年十二月二十八日/嘉庆六年二月十九日	参赞大臣贡楚克札布	奏报已在与科布多交界处建立鄂博,请分别赏赐土尔扈特、阿尔泰乌梁海人等	—
18	3	嘉庆六年三月十八日/同年五月六日	参赞大臣贡楚克札布	请赏给在塔尔巴哈台办理汉文算写事务的前知县叶阳八品顶戴	《军机处满文录副奏折》
19	3	嘉庆六年三月十八日/同年五月六日	参赞大臣贡楚克札布	本地官仓积粮多达八年,请照例准许每年每石报减损耗粮一斗	《军机处满文录副奏折》《塔尔巴哈台事宜》
20	3	嘉庆六年十一月二十一日/嘉庆七年一月十日	参赞大臣贡楚克札布	从小抄得知皇帝为桑干河决口而赋诗伤叹,赞颂皇恩浩荡	—

续表

文书序号	所在册	具奏日期/朱批日期	具奏人	标题或内容概要	与其他史料之互见
21	3	嘉庆七年九月六日/同年十月二十七日	参赞大臣策巴克	奏报命令塔尔巴哈台各卡伦严防哈萨克人私入卡伦内游牧及盗窃牲畜等事	《军机处满文录副奏折》
22	3	(嘉庆七年)	—	酌添台卡兵丁以敷差遣等事(汉文片)	—
23	3	嘉庆七年十月八日/同年十一月二十八日	参赞大臣策巴克	塔尔巴哈台事务繁多,请准许管理游牧领队大臣特克慎协理	《军机处满文录副奏折》
24	3	嘉庆八年一月二十五日/同年闰二月十七日	参赞大臣兴肇	恭贺军营大功告成剿灭白莲教匪	《军机处满文录副奏折》
25	3	嘉庆八年闰二月二日/同年三月二十四日	参赞大臣策巴克	请赏授发遣塔尔巴哈台效力之叶阳县丞再留任三年	《军机处满文录副奏折》
26	3	嘉庆九年三月二十五日/同年五月十六日	参赞大臣兴肇	奏请对塔尔巴哈台委笔帖式年满后酌情赏罚	《军机处满文录副奏折》
27	3	嘉庆九年六月二十七日/同年八月二十一日	参赞大臣兴肇	请增赏塔尔巴哈台察哈尔、额鲁特爱曼蓝翎	《军机处满文录副奏折》
28	4	嘉庆十年一月二日/同年三月二日	伊犁将军松筠等	奏请将塔尔巴哈台东北一带卡伦交专责领队大臣硕云保管理,另命管理额鲁特领队大臣巡查南边七卡伦	《军机处满文录副奏折》

续表

文书序号	所在册	具奏日期/朱批日期	具奏人	标题或内容概要	与其他史料之互见
29	4	嘉庆十年六月二十四日/同年七月十九日	伊犁将军松筠等	奏报会议卡伦管理并塔尔巴哈台哈萨克游牧征收租马等事	《军机处满文录副奏折》
30	4	嘉庆十年六月二十四日/同年七月十九日	伊犁将军松筠等	奏报哈萨克公博普派人来塔尔巴哈台递呈请安	《军机处满文录副奏折》
31	4	嘉庆十年九月九日/同年十月二十八日	伊犁将军松筠等	议定会勘塔尔巴哈台科布多交界卡伦	《军机处满文录副奏折》
32	4	嘉庆十年九月九日/同年十月二十八日	伊犁将军松筠等	奏报土尔扈特亲王车凌乌巴什请求明年亲自入藏熬茶事	—
33	4	嘉庆十一年一月二十六日/同年三月二十五日	参赞大臣达庆	奏报前知县叶阳中风后病重身亡	《军机处满文录副奏折》
34	4	嘉庆十一年五月二十四日/同年九月十八日	—	请于伊犁乌鲁木齐商民百姓内雇觅能看煤苗之人前来(汉文折)	—
35	4	嘉庆十二年四月二十八日/同年六月十八日	参赞大臣达庆	为奉旨申饬无限恐惧,叩谢天恩遵办事	《军机处满文录副奏折》
36	4	嘉庆十二年九月六日/同年十月二十七日	参赞大臣达庆	奏报与后任大臣爱星阿交接事	—
37	4	(嘉庆十二年)	参赞大臣达庆	遵旨办理哈萨克互控案	—

续表

文书序号	所在册	具奏日期/朱批日期	具奏人	标题或内容概要	与其他史料之互见
38	4	嘉庆十二年九月二十二日/同年十一月十四日	伊犁将军松筠等	奏为钦遵谕旨详审哈萨克控案,分别诫饬两造输服并查参历任失察之参赞领队大臣恭折奏请圣鉴事(汉文折)	《钦定新疆识略》《清仁宗实录》
39	4	—	—	哈萨克公卓勒齐、台吉罕巴尔等遵照圣谕在将军参赞大臣前具禀	—
40	4	嘉庆十二年九月二十二日/同年十一月十四日	—	土尔扈特亲王车凌乌巴什由藏返回叩谢天恩并请求明年赴热河朝觐	《军机处满文录副奏折》
41	4	嘉庆十二年十一月二十三日/嘉庆十三年一月十六日	—	奏报核查仓廪事	—
42	5	嘉庆十三年三月五日/同年四月二十三日	参赞大臣爱星阿	请将年满主事德兴再留任两年办理粮饷	《军机处满文录副奏折》
43	5	嘉庆十三年闰五月六日/同年六月二十四日	参赞大臣爱星阿	为得赐御制木兰记叩谢天恩	《军机处满文录副奏折》
44	5	—	伊犁将军松筠等	奏报哈萨克台吉等遣人前来请安	—
45	5	嘉庆十三年八月十五日/同年十月六日	伊犁将军松筠等	奏为遵旨会议塔尔巴哈台加屯事宜酌定章程事(汉文折)	—

续表

文书序号	所在册	具奏日期/朱批日期	具奏人	标题或内容概要	与其他史料之互见
46	5	（嘉庆十三年）	参赞大臣祥保	土尔扈特墨尔根哈屯请将属下不安分之人逐出	《军机处满文录副奏折》
47	5	嘉庆十四年一月四日/同年二月二日	参赞大臣祥保	请将捉拿哈萨克盗马贼有功之察哈尔骁骑校补授佐领	《军机处满文录副奏折》
48	5	嘉庆十四年四月十一日/同年五月二十八日	参赞大臣祥保	为缉拿浦大芳等三十一名罪犯有功得旨交部议叙叩谢天恩	《军机处满文录副奏折》
49	5	嘉庆十四年七月十一日/同年八月二十九日	参赞大臣祥保	为得赐皇帝御笔叩谢天恩	《军机处满文录副奏折》
50	5	嘉庆十五年四月二十七日/同年六月十七日	伊犁将军晋昌	奏为遵旨议定塔尔巴哈台额鲁特等应解乌鲁木齐官兵口食羊折银交付恭请睿鉴事	—
51	5	嘉庆十五年五月六日/同年六月二十四日	参赞大臣祥保	土尔扈特公贡格车凌及其母墨尔根哈屯请求邀科布多活佛来牧地念经	《军机处满文录副奏折》
52	5	嘉庆十五年十二月十三日/嘉庆十六年二月二日	伊犁将军晋昌等	奏报土尔扈特亲王来城交伯勒克马并请安	—
53	6	嘉庆十六年三月十八日/同年四月九日	参赞大臣贡楚克札布	为佐领希拉布错译托忒文呈文请交部议处并自请处分	《军机处满文录副奏折》

续表

文书序号	所在册	具奏日期/朱批日期	具奏人	标题或内容概要	与其他史料之互见
54	6	嘉庆十六年四月二十四日/同年六月十三日	参赞大臣贡楚克扎布	请就办理侍卫扎拉芬阿一案与新任参赞大臣那彦宝交接	《军机处满文录副奏折》
55	6	（嘉庆十六年）	伊犁将军晋昌	哈萨克公卓勒齐病故，请准其子台吉萨喇特袭爵	—
56	6	嘉庆二十二年二月一日/同年三月二十四日	参赞大臣贡楚克扎布	奏报经由伊犁返回塔尔巴哈台	—
57	6	嘉庆二十三年三月二十七日/同年五月十四日	伊犁将军晋昌	奏报哈萨克公库库岱请求拨给牧地并赏给属下顶戴（附军机大臣寄来上谕）	《军机处满文录副奏折》
58	6	嘉庆二十三年五月一日/同年六月十六日	参赞大臣贡楚克扎布	奏报库库岱经驳饬承认其非	—
59	6	嘉庆二十三年八月十七日/同年十月十五日	伊犁将军晋昌	仰承训谕再奏，库库岱经申饬业已谢罪，不予深究	《军机处满文录副奏折》
60	6	嘉庆二十五年五月十二日	伊犁将军晋昌	遵旨查办额鲁特孳生官牛倒毙事	—
61	6	嘉庆二十五年十一月十一日/道光元年一月五日奉到嘉庆二十五年十二月十日所降谕旨	—	请以伊犁、塔尔巴哈台之察哈尔、额鲁特两营所牧放官牛赏给贫困者	—

(三)篇目统计

(1)根据笔者的计算方式,全书共 61 件文书,包括奏折、来文、片等,该奏折所奉到朱批及所附清单未单独计算,其中用汉文书写的有奏折四件,片一件和附在满文奏折后的清单一件,其他全为满文。

(2)奏折的上奏时间始于嘉庆元年(1796)四月十一日,止于嘉庆二十五年(1820)十一月十一日,大体涵盖嘉庆一朝[除嘉庆十七年到嘉庆二十一年(1812—1816),以及嘉庆二十四年(1819)以外]。其年代分布如下:嘉庆元年(1796)2 篇,嘉庆二年(1797)2 篇,嘉庆三年(1798)2 篇,嘉庆四年(1799)4 篇,嘉庆五年(1800)7 篇,嘉庆六年(1801)3 篇,嘉庆七年(1802)3 篇,嘉庆八年(1803)2 篇,嘉庆九年(1804)2 篇,嘉庆十年(1805)5 篇,嘉庆十一年(1806)2 篇,嘉庆十二年(1807)6 篇,嘉庆十三年(1808)4 篇,嘉庆十四年(1809)3 篇,嘉庆十五年(1810)3 篇,嘉庆十六年(1811)3 篇,嘉庆十七年至嘉庆二十一年(1812—1816)无,嘉庆二十二年(1817)1 篇,嘉庆二十三年(1818)3 篇,嘉庆二十四年(1819)无,嘉庆二十五年(1820)2 篇,时间不详 2 篇。

(3)各册封面用汉字标注本册内容的年代起止(如前所述,当系收藏者玉振道人即中岛氏题),但与实际内容未尽相符,第一册内容起于嘉庆元年(1796),止于嘉庆四年(1799),而封面标注作"至嘉庆三年",其他各册也依次错位,需要注意。

三、《塔尔巴哈台奏稿》文书举要
——兼谈本书特色与史料价值

清王朝主要依靠满蒙等八旗官员办理边疆事务,有关军政事务的奏折文书曾长期以满文为第一公用语,这一点已经成为治清代边疆史者的共识。在塔尔巴哈台这样的西北边陲,甚至长期未设立专职的汉文书写人员。因此,要深入了解当地边政治理的过程细节,满文档案不仅是必不可少的基本史料,还往往是一般汉文文献史料所无法替代的宝贵原始记录。为了充分发挥满文史料对清史历史的作用,在整理利用现存档案的同时,努力发掘各种奏折的私抄本,也是不容忽视的重要环节。就本书而言,有如下特点值得重视:

第一，虽然抄写中有少量错字和漏字，以及未保留具奏人姓名等缺点，但其总体上保存留奏折文书所具有的特性，其中相当一部分可与中国第一历史档案馆所藏《军机处满文录副奏折》互见，可视同现存档案的"副本"，属于第一手资料。

第二，因为所收奏折的时间跨度为嘉庆一朝，许多奏折在内容上前后衔接，有连续性，紧扣当地的各项政务。它不像更晚时期形成的一些满文奏折抄本，大量为谢恩折，变得程式化，内容也多雷同，缺少史料价值。

第三，若从内容上粗做区分，则全书中有关哈萨克者最多，达19篇以上，几近1/3，涉及爵位承袭、收取租马、进卡越冬、请求赏赐等事项，以及处理哈萨克与额鲁特、土尔扈特之间频繁发生的草场纠纷和牲畜盗窃案件；关于驻守当地的察哈尔、额鲁特等营游牧官兵的管理，包括执行军务及解决各营生计问题，计8篇；有关土尔扈特牧场、入藏熬茶、延请活佛念经等事项的6篇；涉及官员人事的8篇；有关卡伦巡查挪移及划界问题的4篇；有关采金挖煤等涉及内地民人的4篇；其他为杂项，如公务交接、蒙赐谢恩等。全书内容明显地偏重处理境内外各游牧部族事务，以及与此紧密关联的卡伦边防问题，这既表现出本书编者对政务关心的重心之所在，也符合塔尔巴哈台地方行政的特点。

第四，满文奏折常能提供一些汉文文献或档案所不能反映的详细而重要的情节，从而为我们揭示出当地社会对外关系的深层次状况，一个极好的例子就是嘉庆四年到嘉庆五年（1799—1800），围绕哈萨克右部首领杭霍卓死后王位承袭争议的处理而形成的一系列奏折。下面就以有关此事件的记载为例，做些具体介绍。①

早在17世纪，哈萨克草原已分为三部，也称三玉兹。进入18世纪后，各部为在沙俄和清朝两大帝国之间谋求自保，采取对两方都通使的所谓"两属"方针，但地理位置不同，各部与两方的亲疏程度也不同。小玉兹又称西部，位置最西，更靠近沙俄，其他两部则与清廷长期保持密切关系。乾隆二十二年（1757）清军讨平准噶尔后，中玉兹即左部首领阿布赉最先接受清军

① 有关此事件全过程的研究，参见华立：《嘉庆四—五年哈萨克王位承袭问题与清廷的对应方针》，载《故宫博物院八十华诞暨国际清史学术研讨会论文集》，紫禁城出版社2006年版。

招抚，遣使朝贡，而后大玉兹即右部首领阿布勒比斯也向清廷遣使入贡，①这个阿布勒比斯就是杭霍卓的父亲。乾隆四十八年（1783）阿布勒比斯死后，杭霍卓以长子身份承袭王爵，次子卓勒齐得授公爵。然而事实上，杭霍卓并非阿布勒比斯亲生之子，其生父乃是小玉兹首领巴喇克，因巴喇克病故后其母改适阿布勒比斯，阿布勒比斯遂养以为长子，几年后生下卓勒齐，杭霍卓和卓勒齐二人是异父同母的兄弟，这种复杂的亲缘关系后来成为本次袭爵之争的起因。②

杭霍卓管理右部事务达16年，嘉庆四年（1799）病故，清廷多次称赞他办事"尽力奋勉，非常恭顺"。由谁来接替他的位置，能否平稳过渡，事关今后境内外之安定大局，但恰恰在这件事上，出现了卓勒齐与杭霍卓之子江霍卓相争，各自要求清廷做主的局面。如何妥善处理此事，涉及清廷治理哈萨克的基本方针，也考验清朝的外交和管理手法，不可谓不重要。然而关于这个问题，如果仅看汉文史料，就可能因为过于简略而被忽略。比如《清仁宗实录》，关于此事概略到只有嘉庆四年十一月丁丑（二十三日）条的一句话："以故哈萨克王杭和卓子江和卓袭爵"，一语带过；再如《钦定新疆识略》卷一二的《外裔》部分，记载也很简略，而且将此事列在了下一年，称"嘉庆五年，杭霍卓病故，奉旨袭王爵"，虽然提到其叔父卓勒齐曾"呈递夷禀，欲袭王爵，经伊犁将军保宁奏驳在案"，透露出这当中经历了曲折，但完全未涉及详情。因此，江霍卓究竟何时袭爵，为什么上举两书的记载时间出入甚大，所谓卓勒齐欲袭王爵却遭到奏驳的前因后果如何，清廷和直接负责边疆事务的伊犁将军等人又如何应对了这件事，凡此种种，笔者在汉文史料中均未能求到任何具体线索，却通过《塔尔巴哈台奏稿》的一组满文奏折找到了明确答案（见《文书篇目一览》中的09、10、12—15号文书），厘清了事件全貌，现简述于下：

据09和10号文书，可知嘉庆四年（1799）十月十九日塔尔巴哈台参赞大臣贡楚克札布首先闻讯并向朝廷奏报了杭霍卓病故一事，但他同时接到了卓勒齐的回字禀文，将大意译出附在自己折后呈报，又称赞卓勒齐早已协助杭霍卓办事，能服众，可以继承其兄管理本部事务，推荐之意明显。嘉庆

---

① 据《钦定新疆识略》卷一二《外裔》，阿布勒比斯向清廷遣使之事在乾隆二十三年（1758）。
② 《钦定新疆识略》卷一二《外裔·哈萨克世次表》。

皇帝对贡楚克札布的人选推荐很不以为然,但朱批上没有直接指定其他人选,只是警告他不得擅自介入哈萨克内部事务,偏袒一方是大忌。

13—15号的三份文书为伊犁将军保宁的奏文和所奉到的朱批。可知保宁就此事上奏的时间略迟于贡楚克札布,而其意见也与贡楚克札克完全相左,他全力推荐杭霍卓的长子江霍卓袭爵,理由是应沿用乾隆朝在阿布勒比斯去世后时处理王位承袭问题的成例,以杜绝其他人的觊觎和由此而来的各种纷争,以求得平稳过渡。他的建议完全符合了嘉庆皇帝的心意,嘉庆皇帝随即降旨以江霍卓袭爵。

谕旨在嘉庆四年(1799)十二月发出,然而正值冬季,风雪阻路,宣旨人员无法前往右部,所以当众宣布江霍卓袭爵一事拖延到了第二年,中间相隔约半年,这就解释了为什么《清仁宗实录》和《钦定新疆识略》的记载在时间上有较大出入,其实前者是颁旨时间,而后者是向哈萨克部众宣布的时间。

更有意味的是,在等候宣旨的几个月中,卓勒齐不甘坐等失败,曾以强硬态度派人再到伊犁进行游说活动,而保宁为了确保清廷旨意的贯彻,对卓勒齐遣来之人采取既压又拉的态度,示以威严又晓以利害,最终使卓勒齐就范听命。据12号文书中贡楚克札布奏报,宣旨之后,来塔尔巴哈台贸易的哈萨克人对江霍卓袭爵一事表示悦服,卓勒齐亦无异议,风波得到平息。以上的整个过程,为了解清朝在治理西北边疆特别是处理哈萨克事务上的方针与手法提供了一个具体而生动的实例。

14号文书最能体现保宁为贯彻清廷意图而采取的交涉手法,但因全文过长,这里仅作节译,将其中一部分进行满汉文对译。史料的汉文为笔者所译,()为补充文字,下附满文原文的罗马字转写,原文的换行用"/"号隔开表示,省去了抬头等格式,转写规范参考了河内良弘的《满洲语文语文典》。①

14-1:据大学士、伊犁将军、公保(宁)奏,为奏闻事。顷有哈萨克公卓勒齐差遣阿哈拉克齐达尔札等前来伊犁,向奴才交伯勒克马,并带来一封回字信。奴才接信令译出大意后阅看,该信所言甚为不清,大意为阿布勒比斯死后,因杭霍卓年长,王位给了杭霍卓,(然)杭霍卓乃巴喇克之子,今杭霍卓

----

　① 河內良弘著《滿洲語文語文典》,京都大学学术出版会1996年版。又,这部分满文史料的汉译承蒙中国第一历史档案馆满文部张莉女士审阅,多有指教,在此谨致谢忱。

病故,王位勿予江霍卓,奈曼鄂托克游牧事务由我管理,王位、游牧阿勒巴图均勿交江霍卓,勿因王位之事令我内部兴起纷争,等语。

　　aliha bithei da ili i jiyanggiyūn gong boo ini baci/wesimbuhengge,/donjibume wesimbure jalin. jakan hasak gung jolci ahalakci darja sebe ili de takūrafi,aha de /belek morin alibunme,emu afaha hoise hergen alibuha be,aha afabufi murušeme ubaliyambufi tuwaci/bithede arahangge hon getuken akū,amba muru abulbis nimeme akū oho manggi,hanghojo ahūcilaha ofi,wang ni/hergen be hanghojo de buhe, hanghojo oci barak i jui, te hanghojo nimeme akū oho, wang ni hergen be giyanghojo de burakū,/naiman otok i nuktei baita be bi kadalame icihiyambi, wang ni hergen, nukte albatu be gemu giyanghojo de burakū,/wang ni baita i jalin, meni dolo ume becen jaman i baita dekdebure sere jergi gisun arahabi.

　　14-2:查得,乾隆四十八年塔尔巴哈台参赞大臣惠龄处就哈萨克王阿布勒比斯身故后其子杭霍卓遣人来报之事上奏时,太上圣主所降谕旨内称,此王位应着其长子杭霍卓承袭。此后,关于杭霍卓乃阿布勒比斯养子等情由,全然不必提及,但作不知,不使知觉了事。日后倘伊弟们和阿勒巴图等因不肯心服前来控告,再视情况办理可也,钦此钦遵,等语……俱记录在案。

　　baicaci,abkai/wehiyehe dehi jakūci aniya de tarbagatai i hebei amban hoiling ni baci hasak wang abulbis nimeme akū/oho manggi, ini jui hanghojo niyalma takūrafi, inde boolajiha babe/wesimbuhede,/ten i dergi enduringge ejen i wasimbuha/hesei dorgi,ere wang ni hergen be giyan i ini ahūngga jui hanghojo de sirabuci acambi, ereci hanghojo abulbis i/ujiha jui sehe jergi turgun be fuhali jonoro be baiburakū,damu sarakū arame sereburakū oci wajiha, talude/amaga inenggi ini deote albatu sa gūnin daharakū turgun be tucibume habšaha manggi, jai acara be tuwame icihiyakini sehebe/gingguleme dahafi … gemu dangsede ejehebi.

　　14-3:因此奴才保(宁)、领队大臣等与卓勒齐遣来之阿哈拉克齐达尔札等见面问话。据达尔札言称:卓勒齐为该王位承袭之事派伊等前来伊犁,向大圣主呈奏,趁便给将军请安,并交伯勒克马,亦将此事禀告。达尔札口头所言与呈文中所写相同。伏思,太上圣主施恩册封杭霍卓为王以来,所有交办诸事均恭敬办理。这些年来,该哈萨克中全无异言,即伊弟兄中也未闻有争议之事。杭霍卓病故后,塔尔巴哈台参赞大臣贡(楚克札布)处写信给奴才，奴才以杭霍卓这些年来，较之其父阿布勒比斯更加恭顺诚心，极为奋勉尽力行事，杭霍卓之长子江霍卓平日已经跟随其父学习办理游牧事务，且人聪颖，有福相等情，谨具奏闻，请圣主睿鉴，即降旨施恩将杭霍卓之王位由伊长子江霍卓承袭，等语。奉到圣旨，奴才处旋即谨遵谕旨，派遣领队大臣珠尔刚阿赍捧致祭杭霍卓和封王之敕谕，以及赏赐绸缎，从伊犁出发，前往彼等游牧地，宣布册封江霍卓为王等，奴才保（宁）业已具奏在案。

ede aha boo meyeni ambasai sasa jolci i takūraha ahalakci darja / sebe acafi fonjici, darja i gisun jolci i baci ere wang ni hergen be sirabure baitai jalin mimbe takūrafi,/ ilide jifi,/ amba enduringge ejen de wesimbure bithe alibure ildun de, jiyanggiyūn i saimbe fonjime, belek morin alibume, ere/baita be donjibume jihe seme alambi. darja i anggai alaha gisun i muru inu bithede arahangge adališambi. kimcime gūninci,/ten i dergi enduringge ejen kesi isibume hanghojo be wang fungnehe ci yaya afabuha baita de gemu ginggun ijishūn i/hing seme facihiyašame icihiyaha bime, ere utala aniya ceni hasak sai dorgi umai encu gisun akū, uthai/ceni ahūn deo i dorgi inu umai temšere leolecere be fuhali donjihakū, jakan hanghojo nimeme akū oho manggi,/tarbagatai i hebei amban guni baci aha de jasinjiha nerginde, aha i baci hanghojo ere utala aniya ini/ama abulbis ci kemuni ginggun ijishūn i hing seme umesi kiceme fašašame yabuha. hanghojo i ahūngga jui/giyanghojo an i ucuri uthai ini ama hanghojo be dahalame nuktei baita be tacime icihiyambime, hono/sure getuken hūturingga banjiha babe gingguleme/donjibume wesimbufi/ejen genggiyen i bulekušefi , uthai/kesi isibume hanghojo i wang ni hergen be ini ahūngga jui giyanghojo de sirabukini seme/hesei bithe wasimbuha ofi, aha i baci/ hese be gingguleme dahame meyen i amban jurgangga be tucibufi, hanghojo de hisalabume, wang fungnere jalin wasimbuha hesei bithe, šangnaha suje be suwaliyame tukiyebufi, ili ci jurambufi, ceni nuktedegiyanghojo be wang fungneme unggihe babe jakan aha boo gingguleme/donjibume wesimbuhebi.

14-4：现卓勒齐特地派人来伊犁与我会面，就该王位事如此胡言乱语妄自具呈请求，实为不敬。显系妄存侥幸而故意试探，理应严加训斥晓谕，消除其妄求之念。为此奴才札饬达尔札等，我素知杭霍卓为阿布勒比斯长子，至于伊乃巴喇克子之事，非但大圣主不知，我本人迄今亦未得知，倘若果真如此，阿布勒比斯病故时，卓勒齐年纪已不小，却未将此情呈出，卓勒齐这些年来又为何恭顺地协助杭霍卓,亲密地办事呢?

te jolci cohome niyalma takūrafi ili de jifi, aha be acafi, ere wang ni hergen be kiceme uttu balai hūlhi/lampa i baime bithe alibuhangge, jaci ginggun akū, iletu jabšan be kiceme balai erehunjeme cendekušeme yabuhabi. giyan i ini balai/erehunjere gūnin be musebume ciralame neileme ulhibume tacibume afabuci acame ofi, aha i baci darja de hanghojo oci abulbis i/ahūn jui seme mini beye sahangge goidaha, barak i jui sehengge /amba enduringge ejen sarkū sere anggala, tetele meni beye fuhali bahafi sarkū, unenggi uttu oci, abulbis nimeme akū oho nerginde,/jolci inu se ajigen akū, ainu ere turgun be tucibume alibuhakū. jolci ere utala aniya aiseme hanghojo de/ginggun ijishūn i aisilame haji halhūn i baita icihiyaha ni.

14－5:按我天朝之例,无论何人但无过失,亡故后,父之官爵俱由其子继承,无令他人继承之例。若无子嗣,于伊兄弟中选人承袭之例,想必卓勒齐也早知晓。去年塔尔巴哈台参赞大臣将杭霍卓病故之事报告我,我奏闻大圣主,大圣主洞鉴杭霍卓这些年来恭顺效力,即施天恩降旨著将杭霍卓之王位着伊长子江霍卓承袭,并降旨奖赏卓勒齐,为此赏给绸缎。近日我处谨遵圣旨为致祭杭霍卓以及江霍卓承袭王爵事,业已派遣大臣珠(勒刚阿)赍捧敕谕自伊犁出发,前往尔游牧处所宣示。大圣主即天,尔哈萨克王位之缺乃大圣主施恩,降旨着何人继承即由何人继承,不但卓勒齐不得妄求,也非我能擅自办理之事。现在业已奉有谕旨,而卓勒齐仍呈请杭霍卓乃巴喇克之子,此王位应由伊来承袭等语,甚为不敬。显系侥幸妄求,任意冀求,实属非是。倘若我将卓勒齐如此妄自糊涂具呈之事向大圣主奏闻,大圣主得知后,必定降旨责怪:哈萨克人等虽生性愚昧,然卓勒齐乃多次进京觐见领受深恩之人,何以也如此糊涂耶! 则卓勒齐岂能承受? 我岂敢代你奏闻大圣主。

meni/abkai gurun i kooli de, yayaai niyalma, waka endebuku akū oci, akū oho manggi, ama i hafan i hergen be gemu jui de/sirabumbi, gūwa niyalma de sirabure kooli akū, aika enen lakcafi juse akū oci, teni ahūn deo i dorgici sonjofi/sirabure kooli be, gūnici jolci inu sambidere. tuleke aniya honghojo nimeme akū oho babe tarbagatai i hebei amban i/baci minde jasinjiha nerginde, mini baci/amba enduringge ejen de donjibume wesimbuhede,/amba enduringge ejen, hanghojo ere utala aniya umesi ginggun ijishūn i fašašame yabuha be/genggiye i bulekušefi, uthai/abkai kesi isibume hanghojo i wang ni hergen be ini ahūngga jui giyanghojo de sirabukiniseme/hesei bithe wasimbuha bime, kemuni jolci be saišame hese wasimbufi, ede suje šangnaha, jakan mini baci emgeri /hese be gingguleme dahame hanghojo de hisalabure, giyanghojo be wang sirabure jalin. meni ju amban be tucibufi,/hesei bithe be tukiyeme benebume ili ci jurambufi, suweni nukte de unggihe./amba enduringge ejen uthai abka, suwenihasak wang ni oron be/amba enduringge ejen kesi isibume wede sirabume/hese wasimbuci, uthai wede bahabumbi. jolci balai baici ojorakū sere anggala, inu umai menisalifi icihiyaci ojoro baita waka. ne emgeri/hese wasimbuha bime, jolci, hanghojo be barak i jui ere wang ni hergen be giyani inde sirabuci acambi seme baime alibuhangge jaci/ginggun akū, iletu jabšan be kiceme balai erehunjeme cendekušeme yabuhabi. umesi waka oho. mini baci jolci i uttu/balai hūlhi lampa i alibuha babe aika/amba enduringge ejen de donjibume wesimbuci, /amba enduringge ejen genggiyen i bulekušehe manggi, urunakū hasak sai banin udu hūlhi bicibe jolci ududu muda gemun hecen de dosifi /genggiyen be hargašafi ujen kesi be aliha niyalma, ainu inu uttu hūlhi ni seme/wakašame hese wasimbure oci, jolci alime mutembio, bi inu gelhun akū ini funde/amba enduringge ejen de donjibume wesimbuci ojorakū.

14-6：顷接大圣主所降谕旨，内有"江霍卓年纪尚少，未大经事，而卓勒齐较江霍卓年长晓事，为令卓勒齐协助江霍卓办理游牧事务，不但特意施恩赏给缎匹，还必因卓勒齐尽心办事甚好而格外加恩"，等语。据闻杭霍卓、卓勒齐二人，乃一母所生。杭霍卓在时，对卓勒齐甚为疼爱。卓勒齐也很尊重杭霍卓，同在一处度日，卓勒齐凡事对其倾心听从行事。现伊兄杭霍卓身死，卓勒齐理应怜爱照看伊侄儿江霍卓，好生教导培养，何能为图王（位）而忽然变心，生出（分别）你我之心耶。……再者，我因知卓勒齐聪明有福相等，故对其颇为体恤，卓勒齐对我也向来恭敬行事，为此我特意缮札饬给他，开导他明了是非，令其醒悟。

jakan/amba enduringge ejen i wasimbuha hesei dorgi giyanghojo be se asiganasuru baita dulembuhekū, hono jolci be giyanghojo ci se ahūcilaha baita/ulhimbi seme, jolci be giyanghojo de aisilame nuktei baita be icihiyabure jalin, kesi isibume cohome jolci de suje/šangnaha teile akū, jolci be facihiyašame yabuhangge sain oci, kemuni inde encu kesi isibumbi seme/hese wasimbuhabi.

donjiha bade hanghojo jolci juwe niyalma emu eme i banjihangge ofi, hanghojo bisire fonde, jolci be umesi gosime/tuwambi. jolci hanghojo be inu umesi kunduleme sasa emu bade banjimbime, jolci eiten de gemu imbe hungkereme gūnin/dahame yabuhai jihe. te ini ahūn hanghojo i beye wajifi, Jolci giyan i ini jalahi jui giyanghojo sebe gosime tuwašatame sain i/tacibume yarhūdame hūwašabuci acara dabala. ai jembi wang be kiceme gaitaiuttu gūnin kūbulifi si bi sere gūnintebuci ombini. …jai jolci i sure getuken hūwašara muru bisire be bi daci same ofi uthai imbe /umesileme gosimbime, jolci inu mimbe umesi kundulenhei jihe be dahame. te bi cohome afabure bithe arafi, inde/uru waka be ilegame getukeleme neileme tacibume jorišame ulhibume afabuha.

四、结语

现有的研究成果中虽然不缺乏对清朝治理新疆政策的宏观考察,但同在新疆,不同地区的治理对象不同,边疆行政也各有特点,研究者需要因地因时地具体探讨,才能对清王朝的边疆治理有更深刻的认识。清朝在乾隆中期将新疆纳入版图后,参考准噶尔游牧王国时代的治理布局,把军政中心放在北疆伊犁,同时在乌鲁木齐、喀什噶尔和塔尔巴哈台三处设置参赞大臣,其中乌鲁木齐于乾隆三十八年(1773)将参赞大臣改为都统,喀什噶尔的参赞大臣则经历了乾隆三十年(1765)乌什事变之后一度移置乌什,以后重新移回原处的变迁。笔者以为,这三处参赞大臣的设置,实际上反映了清廷对治理新疆的一种行政布局。在伊犁将军之下,以乌鲁木齐参赞大臣和后来的乌鲁木齐都统治理有大批内地民人移居,与内地联系密切的东路地区;以喀什噶尔参赞大臣治理天山南路的回疆,处理回部事务;以塔尔巴哈台参赞大臣坐镇伊犁北方,保障西北边防并处理各种游牧民族事务。因此,研究嘉庆时期塔尔巴哈台的边疆行政,需要立足于一个更广大的视野来看待其意义,把它当作考察清中期新疆边政管理的一个重要窗口。而本史料所包含的丰富的满文史料将帮助我们打开这扇窗口,并勾勒出立体生动的场景画面。

(原载《西域历史研究集刊》第9辑,科学出版社2017年版,收入本书时有修订)

经济文化篇
JINGJI WENHUA PIAN

清政府与新疆农业开发
——兼谈国家政权在边疆开发中的地位和作用

清代是我国封建时代统一多民族国家发展的高峰,对边疆地区的经营开发,成为这一时期特别突出的历史现象。在开发活动中,作为行为主体的两大力量——国家政权力量(其人格代表为皇帝及各级官吏)和民众自发群体力量,都对开发进程起着重要作用。就新疆而言,清政府对这一地区以农业为重点的开发方针和措施,与当地民众的开发实践相结合,取得了超越前代的显著成效。考察清政府在新疆农业开发中的决策、组织、管理活动,不仅有助于了解新疆开发的历史特点,还能为认识国家政权在清代边疆开发中的地位和作用提供生动例证。

一

乾隆二十四年(1759),清政府经过历时数十载的不懈努力,最终完成了统一天山南北的大业,不但结束了新疆长达数百年的分裂状态,还将这一地区前所未有地直接置于清中央政府的控驭之下,造就了"拓疆万里,中外一统"的盛况。随着新疆与祖国内地更加紧密地结为整体,如何认识西北边疆的战略地位,如何制定切实的经营方针,成为清政府面临的重大课题。对这一问题的回答,关系到该地区今后的发展趋向。在事关长远的重大决策上,以乾隆皇帝为首的清政府以其对西北边陲的高度重视,做出立足久远、大力经营的决定,为积极开发新疆奠定了思想基础。

重视边疆少数民族地区是清朝统治者的既定国策,统一多民族国家的发展,使每个边疆局部都与全国大局息息相关。在这当中,新疆"东捍长城,北蔽蒙古,南连卫藏,西倚葱岭",①恰处于西部和北部边疆的结合点上,战略位置格外重要。新疆的形势动向、安危盛衰,对这一地区及相邻蒙古、青海、西藏等地都有举足轻重的影响,进而牵动全国政局。从国际环境来看,统一后的新疆也处于保卫国家安全和维护疆土完整的的国防第一线。早在17世纪下半叶,沙俄就已向我国东北和北疆发动扩张,遭到阻遏后又将侵略矛头指向新疆北部,当清政府完成统一,便不可避免地直接面对沙俄咄咄逼人的扩张势头,"北边万里,与俄罗斯为邻"的新疆首当其冲地处于国防前沿,成为"西北屏障,北门锁钥"。

乾隆皇帝深知巩固西北边陲的重大意义,阿睦尔撒纳之乱刚刚平定,他即表示"伊犁全部,悉入版图,徐谋耕牧,缵承皇祖皇考未竟之绪"②;又指出"伊犁既归版章,久安善后之图要焉,已定者讵宜复失"③! 为了新疆的长治久安,他要求"次第经理,不可懈弛",一应事宜"必期熟筹可久"。④ 善后方案要政治、经济双管齐下,政治上设官驻兵,建立军府体制,以伊犁将军总辖全疆军政事务,加强中央的直接管理,经济上则屯垦开发,以边养边,为政治上的治理奠定相应的物质基础。

值得注意的是,当时在清统治集团内部,对于是否要大力经营新疆,认识颇不一致。乾隆皇帝及部分官员如曾参与西北之役的兆惠、阿桂、舒赫德、黄廷桂等持坚决支持态度,但官僚士大夫中犹豫观望,甚至上疏反对者也不乏其人。反对派的主要理由是新疆"取之虽不劳,而守之或太费","长驾远驭,不无多耗内地物力",⑤连中枢要臣中也有人持"耗中事西"之疑。因此,当朝廷举行廷试,便有人公开声称西北屯垦乃"劳民"行为。

面对阻力,身为清政府最高决策人的乾隆皇帝表现出了清醒果决的态度。他一方面指出,守之太费,得不偿失,是胸无全局、目光短浅的偏狭之见,忽视了"西北塞防乃国家根本"的这样一个基本事实。因此有必要澄清混乱,强调和重申经营新疆的重要性;与此同时,"耗中事西"的顾虑也从另

---

① 钟广生:《新疆志稿》卷一《新疆建置志序》。
② 《清高宗实录》卷五五五,乾隆二十三年正月丙午。
③ 《御制平定准噶尔后勒铭伊犁碑文》,载《钦定皇舆西域图志》卷一二《疆域五》。
④ 《清高宗实录》卷六〇一,乾隆二十四年十一月甲戌;《清高宗实录》卷六〇九,乾隆二十五年三月壬申。
⑤ 魏源:《圣武记》卷四《乾隆荡平准部记》;《清高宗实录》卷六四九,乾隆二十六年十一月甲子。

一角度提示人们,要长期经营新疆,经济上的开发建设必不可少,要在幅员广阔、扼守国防而又远离内地的新疆保持强大的政治、军事力量,不能没有足够的经济实力作为后盾。简而言之,要把"屯垦开发,以边养边"确定为经济上立足久远以经营新疆的基本方针。由乾隆皇帝钦定成书的《钦定皇舆西域图志》完整地概括了这一方针:"指顾二万余里中,扫荡廓清,归我皇化。包戈偃伯以来,非建置服属无以善其后,然地大物博,惟是戍代往来之孔亟,即善后者又将何以为继。我皇上圣谟广运,集大勋于五载之中,即为策永定于亿万斯年之后。……凡皆以西域治西域,而经费不取于中土。"①此段话不仅道出了"屯垦开发,以边养边"的中心思想,也使农业开发作为一项基本任务列入清政府在新疆的施政计划。

二

一个地区的农业开发,除必须具备适宜农作物生长的水土光热条件,劳动力的数量和质量是最重要的因素。为了满足新疆农业开发所需要的劳动人手,清政府对农业人口向新疆的迁移,一贯实行倡导和鼓励的政策。北疆是清政府设官驻兵的重点所在,而历史上新疆农业区集中分布于天山南麓塔里木盆地周缘,北疆地旷人稀,以牧为主,农业基础薄弱。为了尽快改变这一地区千里空虚、耕垦乏人的状况,清政府亲自出面组织农业人口向北疆迁移,将移民与大规模兴垦结合起来,在新疆移民史上写下了前所未有的一页。

清政府确定的迁移对象为来自内地的绿营屯兵、户民、流遣人犯、移驻伊犁的部分八旗兵以及南疆各城维吾尔人户等多种农业人口。乾隆二十二年(1757),上谕宣布:"军营屯田,事关最要"②,调陕甘绿营兵率先进入哈密、巴里坤、乌鲁木齐、辟展等地设屯;乾隆二十五年(1760),第一批南疆维吾尔人户被徙至伊犁落户建屯;次年秋,清政府趁乌鲁木齐兵屯丰收,传令陕甘总督杨应琚等招募甘肃无业贫民携眷出关垦种;又下令恢复内地军流人犯发遣新疆条例,令其力耕自给。稍后,驻防伊犁的锡伯等营亦奉命开

---

① 《钦定皇舆西域图志》卷三一《兵防》。
② 中国第一历史档案馆藏:《宫中档朱批奏折·农业屯垦类》,乾隆二十三年正月二日黄廷桂折。

屯,投入农业生产。

汉唐以来,历代强大的中央政权多在新疆兴办军屯,清政府在汲取前代经验、组织兵屯的同时,更加广泛地扩大移民来源,大大拓展了移民规模。在各类人口中,清政府特别强调迁移民间人户的重要性。乾隆皇帝指出,内地民人赴边疆落户垦种,一经与土地结合,便可转化为当地稳定的农业人口,"成家室而长子孙,其利甚溥"。这既缓和了内地人口过剩的压力,又大量补充了边疆劳动力,形成了持久的农业生产能力,做到"边隅旷土日开,内地资生亦足",①一举两得,功效兼收。黄廷桂、兆惠等认为,南疆维吾尔农户的作用也不容忽视。北疆伊犁地处西极之地,距内地窎远而与南疆有捷径可通,准噶尔时期曾徙维吾尔农民在此垦种,如继续借助南疆农户来恢复和开发这一地区,将取得事半功倍的效果。但是,民户迁移是一项难度较大的工程。为提高迁移成功率,清政府针对其与屯兵调遣的不同特点,就招募、转送、安置各个环节妥善制定对策,采取了相当周密的措施。

在内地移民方面,清政府首先选择与新疆壤境相接、农业生产自然条件较差的甘肃省作为出关移民的主要来源地,并规定了携眷贫民"自愿应募"的原则,要求地方官"悉心体察,随民情所愿,设法开导,善为经理"②,不得强制,避免强制移民一遇变故即大量逃亡的情况。其次,清廷对应募者实行官费资送,发给口食银、车价银、御寒皮衣及铁锅等生活用品,代雇车辆。根据现存奏销题本可知,仅乾隆二十九至乾隆三十五年(1764—1770),为办理供赴乌鲁木齐、木垒户民的盘费,即动用库帑28万余两,平均每户近90两。③ 移民起程,所在原籍州县派员带队,沿途驻军接替护送,协助解决食宿困难问题。再次,新疆官员为移民提供落户所需基本条件。除分给土地(一般每户30亩),按水田例六年起科,还借给耕畜、农具、籽种、口粮,代建住房,保证移民"到屯即有房间栖止,又有口粮度日,得领地亩、马匹、籽种,尽力田亩……不致周章"④,可尽快走入生产正轨。对南疆维吾尔移民也采取类似措施,由驻扎大臣与各城伯克筹划安排,分批移徙;移驻所需口粮、农具、籽种、牲畜由各城伯克捐办或清朝官方资送,官兵护送上路,定地设屯。

---

① 《清高宗实录》卷六一二,乾隆二十五年五月壬子。
② 《清高宗实录》卷七一六,乾隆二十九年八月辛巳。
③ 中国社科院经济研究所藏:《地丁题本·甘肃二》,第155页。
④ 《宫中档朱批奏折·农业屯垦类》,乾隆四十二年八月十二日索诺穆策凌折。

有组织的移民得到国家财力、物力的支持,其结果是大大加速了农业人口进入北疆的过程。到乾隆四十七年(1782)前后,天山北麓已聚集屯兵1万余名,内地户民72 000余口,维吾尔农民6 000余户,连同遣犯及锡伯诸营,其农业人口不少于11万人,兵、户、遣、回、旗各类屯垦东起巴里坤,西达伊犁,北至塔尔巴哈台,沿天山北麓延伸,第一次在北疆形成了农业的整体布局。

乾隆四十五年(1780)以后,大规模有组织的迁移活动逐渐停止,但自发移民的热潮方兴未艾。有组织移民"阡陌广辟,堡舍日增"的事实鼓舞吸引着自发出关的内地户民,清政府遂将政策重点从官助资送转到鼓励投亲靠友、自行流迁上来。一方面,清廷谕令有关方面"官为查照存案,听其自行前往"①,简化出关手续,禁止留难阻遏;另一方面,清廷提倡业已进入北疆的眷兵家属、户民成丁子弟、商贾等照依民户例认地承种,转为农业生产人口。这项政策一直持续到清末。光绪年间为重新聚集一度因战乱失散的人口,落户待遇更为优越,给地加多一倍,口粮之外增给盐菜银两。随着各类人口源源而来,北疆农业人口持续增长,以乌鲁木齐、巴里坤两地册载户民数为例,嘉庆末为18万,道光初超过20万,咸丰中达30万。 同治中遭遇动乱,人口一度严重损耗,但至光绪末,重新恢复到20余万。这支农业大军的稳定存在,是北疆新兴农业区得以巩固发展的基本保证。

三

重视基本生产活动的组织管理,是清政府积极推进新疆农业开发的又一重要方面。清政府不仅从政策上加以指导,还要求当地官员运用行政管理职能,采取具体措施给以保障。在众多生产环节中,清政府着重强调了以下几点:

(一)结合开屯兴垦的水土资源进行调查

清政府为农业开垦而移入人力,视水土条件择定屯点。乾隆中为了确

---

① 《清高宗实录》卷一一〇一,乾隆四十五年二月丙子。
② 数字见严中平:《中国近代经济史统计资料选辑》,北京科学出版社1955年版,第363—367页。

定屯址和安户规模,先后派出努三、德昌、明山、文绶等人专程或顺道查勘巴里坤、木垒、乌鲁木齐、玛纳斯等地,"勘明地脉厚薄,考验天时寒暖,酌量收成分数",再按地土广狭,水泽大小,酌定开垦规模,"绘图贴签,恭呈御览"。① 陕甘总督杨应琚还奉命遍历天山南北。他每到一处,都详细记载当地的地理形胜、人口户数、水土特点,为指导开垦工作积累了大量第一手资料。道光二十四年(1844),为了解南疆各城报垦方案的可行性,清政府又派正在伊犁戍所的林则徐与喀喇沙尔大臣全庆会办履勘事宜。林则徐和全庆既从生产的角度相度地形水利,又从经营的角度考察认种形式,经过半年的实地调查,在确认开垦可行性的基础上,拟定垦田分配方案,终于促成了南疆各城的全面兴垦。

(二) 组织兴办多种形式的水利工程

新疆属于典型的干旱地区,终年少雨,人工灌溉是农业生产的基本前提。但是较大规模的水利工程,只有在有组织的情况下,集中足够的人力物力,才能取得成功。正是在这一点上,清政府体现了组织者的重要作用。

乾嘉时期,由国家投资兴办的水利工程多见于兵、旗屯方面。如乾隆二十二年(1757)修复巴里坤南山水利,为解决水道漏沙问题,清政府于屯兵之外再从内地调去工匠物料,保证"乘时修理"②;嘉庆初,经伊犁将军松筠亲自踏勘,令锡伯营在原屯地南开渠,历时6年竣工,即有名的察布查尔大渠。户屯水利原则上民户自办,但当落户伊始,为不误生产,也常命屯兵代为挑挖。清中叶以后,清政府多结合定向垦荒开展大规模水利建设,以议捐集资的办法筹集经费,由当地官员或伯克负责组织。伊犁将军布彦泰一向留意农垦水利,曾"与文武员弁加意讲求"③,为开垦三棵树、阿勒卜斯等处,他首倡捐办10万工修渠,并发动所属及效力废员相继捐资备办。捐资人员承包工段,负责招雇工匠、挑夫及组织施工,届时官府派员验收,合格者奏请奖励。至道光二十四年(1844),共在伊犁开渠700余里,得地45万余亩。同时期南疆的全面兴垦,也都有大型水利工程与之并行。如库车和喀什噶尔,分别引渭干河和铁列普曲克河之水,又在叶尔羌修正渠80余里,支渠六七

---

① 《军机处录副奏折·农业屯垦类》,乾隆三十一年三月二十八日德昌折。
② 《宫中档朱批奏折·农业屯垦类》,乾隆二十二年十月四日黄廷桂折。
③ 《清代七百名人传·布彦泰》。

道,动用人工16万工之多,改变了过去距水较远的大段荒地因所需器具口粮民间人户"力难措办"而无力垦种的现象。①

光绪建省后,鉴于同治年间新疆农田水利遭到严重破坏,把"兴水利以除民患"列为"最为切要之务"。②巡抚刘锦棠、布政使魏光焘接连下令全面整修各地渠道网系,掀起全疆范围水利建设的热潮,水利工程相应采取了多种组织方式。修治水利,不单是对旧有设施的恢复,还包括改造改建、调整渠网、配套组合等内容。这一活动中,涌现了一批事迹突出的官吏将弁,如统带库尔喀喇乌苏、精河营的提督戴宏胜,"屯驻本境,凡渠道废弛,率勇时常修筑,不遗余力,地利赖以一兴"③。于阗署知县孙志焄,"导引山泉,灌溉有资,人争辟地"④。据不完全统计,光绪末期天山南北至少拥有干支渠两千数百条,总溉田能力超过1 100万亩。⑤

(三)服务于农业的商业、牧业、矿业措施

农业不是孤立的生产部门,农业生产所必需的耕畜、农具,离不开其他各业的支持。从这一认识出发,清政府在商、牧、矿业等方面实施了相应的举措。

首先,以丝绸易马,补充耕畜。开屯之初,清政府逐渐认识到从当地哈萨克部落购买牲畜的必要:"哈萨克前来贸易者量收牲只,以备屯田。"⑥丝绸易马始于乾隆二十三年(1758),清政府以内地所产丝绸及南疆棉布(即"回布")易换哈萨克部落的马、牛、羊。据《钦定新疆识略》载:"哈萨克部落每年四月后,分起赶运马匹、牛羊至伊犁,将军委派章京、协领前赴贸易处所,眼同该台吉头人等,估看牲畜等第,官定价值,将官库绸缎、布匹合定价值,公平购买。"⑦乾隆年间每年自内地调解的绸缎,少则四五千匹,多则一万数千匹,购进马牛上千匹(头),足见这一商业活动对补给耕畜和军用的重要性。

---

① 《军机处录副奏折·民族事务类》,道光二十八年三月十六日奕山折。
② 《刘襄勤公奏稿》卷二。
③ 《库尔喀喇乌苏直隶厅乡土志·政绩录》。
④ 《于阗县乡土志·政绩录》。
⑤ 据《新疆图志》卷七三至卷七八《沟渠志》统计。
⑥ 《清高宗实录》卷七二三,乾隆二十九年十一月庚午。
⑦ 《钦定新疆识略》卷一〇《厂务》。

其次,设置牧厂,就地繁衍。与哈萨克部落首次贸易之后,清政府即指示新疆官员:"现今乌鲁木齐等屯田处所,亦皆需马",应设厂牧放,"就近拨用"。① 从乾隆二十四年至嘉庆十二年(1759—1807)在北疆巴里坤、乌鲁木齐、伊犁等地先后设立大小七处官牧厂。在伊犁、塔城,官牧厂马匹交察哈尔、厄鲁特等营牧放,巴里坤牧厂由绿营兵丁管理。各厂均有规定的取孳标准,每三至五年清点核对。官牧厂的设置有力地保障了农业耕畜的供应。乾隆后期仅伊犁牧厂马牛存栏数已达 5 万匹(头),不仅调拨兵屯,还供应户、回、遣、旗各屯使用,出关移民到屯后领到的生产用畜,基本调自伊犁、塔城两地。

最后,采铁冶铸,打造农具。设屯初期,农耕器具亦仰赖内地或南疆,犁铧损耗较快,而其运送极为不便。清政府遂责成新疆官员筹办铁厂。乾隆中,办事大臣旌额哩首先在乌鲁木齐山中设厂采铁,初用兵丁,后改用遣犯,另雇民匠进行技术指导。伊犁亦派回屯人户入山挖铁,从阿克苏调拨熟悉冶铁的维吾尔工匠来厂。清中期,北疆铁厂生产的农具除用于本地之外,还兼供南疆部分地区,并为民间铁铺供应生铁。

四

"屯垦开发,以边养边"是清政府的既定方针,但在实施上,不同时期对不同地区又有轻重先后之别,故而发展不平衡。其总的趋向,是从重北轻南到南北兼顾,再到全疆一体。这种政策倾向的演变与政治、经济、社会等多种因素有关,受其影响,新疆农业开发的进程也呈现出三个发展阶段。

第一阶段为乾隆中至嘉庆末。

这一时期清政府农业开发的注意力集中在天山北路,对天山南路以"抚绥恢复","随宜经理"为原则。这种"重北轻南"的农业政策与多种因素有关,如南疆有优于北疆的良好农业基础,北疆是清代新疆军政中心,地位重要等。除此之外,南疆是维吾尔民众聚居地,清政府对当地民族关系敏感而戒备,力图减少不同民族间的接触,也是不容忽视的因素。乾隆三十年(1765)乌什事变后,清廷的防范意图进一步具体化为隔离措施,从而在事实上关闭了内地民人进入南疆落户耕垦的大门。因此,这一阶段的农业开发

---

① 《清高宗实录》卷六二○,乾隆二十五年九月己酉。

主要表现为以多种形式的移民屯垦为手段,大力开拓天山北麓,建立新兴农业区。

第二阶段为道光至咸丰年间。

道光初,南疆接连发生张格尔、玉素甫之乱,引起很大震动。不少人从中看到清政府以往治理政策上的缺失,指出对南疆"畛域视之",消极防范,不事开发,是一大失策,亟应改变。与此同时,随着南疆人口的增多,人口与耕地不足的矛盾增大,来自当地民间和部分官员的开垦呼声日益强烈。随着形势的变化,清政府意识到前一阶段政策上的失误,遂逐步调整自己的农业政策,一方面继续垦拓北疆,另一方面着手有意识地经营南疆,从重北轻南转向南北兼顾。道光十一年(1831)上谕宣布,解除隔离限制,"将西四城可种之地招民开垦,有愿携眷者听之";①道光二十五年(1845),清政府采纳林则徐等人勘垦方案,大力兴垦,将垦田分给民户和维吾尔人户耕种,使南疆各传统绿洲农业区在耕地面积、粮食产量、种植结构诸方面都发生了显著的变化。

第三阶段为光绪年间收复新疆,建立行省以后。

同治中,新疆遭到阿古柏及沙俄入侵势力的野蛮蹂躏,动乱长达十四年之久,直到光绪三年(1877)才由左宗棠西征之师重新收复。为确保西北疆土,左宗棠、刘锦棠等力主在新疆设立行省,加强治理,为新疆农业的重建与发展创造了有利条件。新疆建省后,全疆建立道府州县,废除南疆伯克制度,实现了事权一元化,也使农业开发建立在全疆一体的新格局上。这一时期的新疆主政者,一方面提倡本省人口区内流动,另一方面在全省范围推进水利建设,并鼓励扩大省内外农产品的流通,对于近代农学知识与农业技术的传入也持欢迎和推广的态度。事实上,清末新疆农业能够从同治大乱的破坏中较快恢复并走上发展的道路,显示出某些具有近代色彩的新因素、新动向,与建省后全疆一体的开发格局是分不开的。据估算,经过乾隆中期以来一百数十年的努力,清末新疆人口较之统一初期增长约六倍,耕地面积增加十余倍。 笔者认为,这一时期新疆农业生产所达到的水平,不仅是入清以来的最高点,也是迄清为止的历史最高点。

---

① 《清宣宗实录》卷一九七,道光十一年九月戊寅。
② 参见殷晴《新疆的隐忧——开发建设与生态环境变迁的历史思考》(载《新疆社会科学》1988年第7—8期)中对清初人口及耕地的估算。

开发是人类对自然资源的利用,没有适当的环境条件、政策措施、方式手段,开发的成功便无从谈起。回顾清代新疆农业开发的历史过程,总结清政府在这一活动中的作用表现,我们可以清楚地看到国家政权力量在边疆开发中的重要地位和作用。

第一,开发活动中,国家政权力量和民众群体力量均作为行为主体作用于开发过程,但由于政权力量处于上层建筑的较高层次,其参与开发的方式和干预倾向更加具有举足轻重的作用。正确的方针决策,能够使国家政权出于国防的考虑与人民群众基于生存需求、以经济目的为原动力的开发实践有机地统一起来,尽管这两种力量之间不无这样或那样的摩擦,但在大的方向上基本保持顺应一致,互为促进,减少或避免了不必要的内耗和阻力,加速了开发进程。

第二,政府的积极干预能够使一个地区的开发活动成为有意识、有指导、有组织的行为,减少自发开发的盲目性和分散性。国家政权亲自出面参与开发步骤和具体措施,从全国大局统筹部署,以政权力量保证开发所需的人力、财力、物力,可以大大提高边疆开发的成功率,这也是自然条件不甚优越、地理位置较其他众多边疆地区更为偏远的新疆,农业开发反而较为顺利的重要原因。

第三,国家政权干预开发的主要手段是政策、法令、措施。一项政策的形成既是政治、经济、社会多种因素综合作用的产物,也与决策人本身的认识、素质有关,政策法令的制定和执行是国家政权力量发挥干预作用的全过程。政策法令的正确制定与执行,能够有效地推动开发的进程,反之则将出现曲折、延误甚或失败。在清代新疆农业开发中,既有正面的经验,也有反面的教训,都值得我们汲取和借鉴。

(原载《清史研究》1991年第2期)

清代新疆屯垦方式重心的转移及其意义

在农业开发史的研究中,生产方式或开发方式的演替是一个值得重视的课题。这是因为,任何一种农业开发活动都要在一定的生产方式中进行,与开发需要相适应的开发方式能够促进开发的进程,反之则将阻碍这一进程。清代是新疆农业获得长足发展的时代,大规模的农业屯垦写下了开发史上喧阗壮观的一页。在开垦进程中,各类屯垦所占地位及其比重并非一成不变,一个引人注目的趋向是屯垦方式的重心从早期以清朝国家直接经营的兵屯为主,日益转向以民间人户自行经营的民屯为主(民屯的主体是内地移民组成的户屯,广义上也包括伊犁地区维吾尔族的回屯)。是什么原因造成了新疆屯垦方式重心的这一转移,其转移的方式、途径怎样,在农业开发史上有什么意义。本文试图对以上问题略做探讨。

一

清政府在乾隆中期完成对新疆的统一后,决心对当地立足久远,加强治理,在经济上以北疆为重点大力推行屯垦开发,以边养边的方针,以兵、户、回、遣、旗屯五种形式广兴屯垦,发展农业。五种屯垦形式的生产经营制度各有特点,表现为不同的屯垦方式。

(1)兵屯,即军事化屯田组织。屯兵从陕甘绿营各提镇派出,在营官统带下从事农业生产,通常以副将或参将为总理屯务大员,游击、都司、守备等人副理其事,千总、把总督课耕种。屯兵每三年或五年更代一次,称为"换班",后又实行携眷到屯。其土地为国家所有,耕畜、农具、籽种等生产资料及屯兵的生活费用由国家供给。屯兵按名领地,屯粮如数上交,各屯有法定的交粮定额即收成分数,超额者奖励,歉收者惩罚。

(2)遣屯,即以内地发来的流遣人犯为劳动人手的屯田形式。为便于役使和防止逃亡,遣屯一律依附兵屯而设,由屯兵及主屯官员监督管理。重罪犯人给兵丁为奴,随兵耕作,"督课取力";① 情节轻的"补耕屯缺额",② 领种地亩。遣屯土地亦为国有,官给生产资料及口粮,获收屯粮上交官仓,但因清朝统治者要求对遣犯"折磨当差",劳其筋骨,遣犯的生活和生产条件低下,故生产能力也较差。

(3)户屯,也称民屯,是以内地移民为劳动力的民间开垦活动。户屯没有特别的组织形式,以内地乡村通行的里(保)甲组织编管户屯人户,选立里长、渠长、约保等执事人员负责基层的行政、赋税、生产、治安,上统以文员。移民到屯认垦,按户拨给土地,承种即为己业。屯地照水田例六年升科,交纳田赋。为扶助移民走上生产正轨,到屯当年由官府贷给一定数量的生产资料和生活口粮,其中耕畜及房屋作价于升科后分年征还,口粮、籽种于当年秋收后归还。

(4)回屯,由南疆各地移来的维吾尔农民组成。回屯采用与南疆相同的社会组织形式,每一屯点构成一个维吾尔族聚落——"回庄",设阿奇木等各级伯克治理,"分职与回部同"。③ 移徙当年官给籽种、口粮,第一年收获后即停止。耕畜初为官给,以后一半靠回屯人户自牧补充,另一半从官牧厂马牛中拨给。回屯的受田方式沿袭南疆传统习惯,"论籽种,不计顷亩",纳粮额按第一年法定下种量所获的40%即16石粗粮计,作为定额上交官府,以后多种不限,"余则听收以资养赡,与世业无异"。④

(5)旗屯,其生产者为移驻伊犁的部分八旗兵丁,又分为满洲八旗和锡伯、索伦、察哈尔、厄鲁特四营两种。满洲八旗使用闲散余丁耕种,用以改善本旗人丁的口粮供应,锡伯等四营则属于"自耕自食",国家在生产资料方面给予一定帮助,开屯时耕畜从军营乘骑马匹或官牧厂牲畜中拨给,筹给农具籽种,收获物由本旗(营)支配,建公仓存贮。

通观以上各类屯垦的生产经营制度,我们可以把当时新疆的屯垦方式

---

① 中国第一历史档案馆藏:《官中档朱批奏折·农业屯垦类》,乾隆三十一年十二月十六日吴达善奏。
② 《清高宗实录》卷一〇九〇,乾隆四十四年九月乙未。
③ 《钦定皇舆西域图志》卷二九《官制》。
④ 《钦定皇舆西域图志》卷三二《屯政一》。

大致划分为两种类型:一类为由封建国家出面经营的屯垦活动,兵、遣、旗屯大体属于此类,而以兵屯最为典型;另一类为民间人户自行经营的屯垦活动,户屯是其主体,回屯虽带有一定的国有屯田色彩,但从劳动者身份、屯庄组织形式、生产管理及粮赋征纳规定来看,更接近民间屯垦,故也应划入此类。本文所说的屯垦方式重心的转移,就是指的这两种生产方式在清代新疆农业开发中的演替。

兴屯的早期阶段,兵屯作为清朝国家直接经营的屯田组织,在各类屯垦中明显占据主导地位。

首先,在各类屯垦中,兵屯是开办最早的一种屯垦形式,而且发展迅速。乾隆二十二年(1757)清军刚刚平定阿睦尔撒纳的叛乱,结束了北疆地区的战事,乾隆皇帝即谕令西北将帅:"军营屯田,事关最要,随时鼓舞屯田兵丁,令其筑墙建造土房,俾伊等各得栖身之所,由是开辟地亩,渐加宽广,将来收获自必充裕,可以无须自内地运粮,此永远可行之事也。"当年二月,来自陕甘的 200 名屯兵率先进入哈密塔勒纳沁,以此为始,兵屯规模不断扩大,屯点迅速增加。乾隆二十三年(1758),吐鲁番、巴里坤、乌鲁木齐设屯兵 3 600 名,又议加派屯兵 1.3 万名,后因南疆军事吃紧而暂停。乾隆二十五年(1760),乌鲁木齐一处新旧屯兵即达 5 000 名。至乾隆三十年(1765),兵屯的范围西抵伊犁,北至塔尔巴哈台,东起巴里坤的天山北麓沿线,加上天山南路的喀喇沙尔、乌什等地,已初步形成整体格局,屯兵逾万人。

其次,在大力完善兵屯的同时,清政府又以兵屯为基础,带动其他屯垦形式的设置。可以说其他各类屯垦的开办都不同程度地依赖于兵屯的发展。乾隆二十三年(1758),廷议批准内地军流人犯发遣新疆条例,同时规定遣犯必须到屯随兵丁耕作,即以兵屯的存在为设立遣屯的前提,实行"兵犯合屯"。乾隆二十五年(1760),清政府在调拨乌鲁木齐等地屯兵赴伊犁设屯的同时,做出了迁移南疆维吾尔人户至伊犁兴屯的决定。次年,乌鲁木齐兵屯大获丰收,"谷石极丰",清政府认为移民出关发展户屯的时机也已经成熟,立即传谕陕甘总督杨应琚将甘肃无业贫民迁移至乌鲁木齐垦种立业,至此揭开了大规模移民出关活动的序幕;同时,清政府又抽派当地屯兵为移民赶造房屋,代挖水渠。户民初到之年的口粮籽种,也责成兵屯负责提供,保证户民"到屯即有房间栖止,又有口粮度日,得领地亩、农具、马匹、籽种,尽

---

① 《宫中档朱批奏折·农业屯垦类》,乾隆二十三年正月二日黄廷桂折。

力田亩"①，顺利走上生产正轨。

兵屯的发展势头大体持续到乾隆三十七年（1772）前后。在这之后，清政府的注意力开始向以户屯为代表的民间开垦方式转移，新疆官员中要求集中力量发展民屯的呼声日益强烈。在此期间，乌鲁木齐都统索诺穆策凌两次上奏的内容最有代表性。乾隆四十一年（1776）他在奏疏中表示："乌鲁木齐一带地方，比年以来招户驻兵，安设郡县，烟村城郭，居然内地，田土肥沃，历获丰收，民食充足，已成乐土。"又说"迨至户民既多，升科后交粮充裕，则可抽撤屯兵，专事操演，更为边疆有益之事"②。乾隆四十二年（1777），他又一次重申以上意见，称"现今尽有可耕之地，其移驻之民愈多，愈为有益。……此项户民若能多多移驻，将来纳粮既多，即可酌量渐次抽撤屯兵，俾边疆营伍得以常川专事操演，所遗屯地又可安插民户，如此办理，将来日益繁盛，诚一劳永逸之盛举"③。

二

乾隆后期新疆屯垦方式的重心从兵屯向户屯转移，受多方面因素的影响和推动，从根本上说，这是因为以兵屯为代表的国有屯垦和以户屯为代表的民间屯种在生产方式上存在明显差异，具有不同的内在发展机制。

不可否认，兵屯在新疆的屯垦开发中有其历史地位。作为国有制军事化屯田制度，兵屯编制严整，劳力强健，能根据清政府的需要随时调遣部署，将大批兵丁投入农业开垦，又有国家的财力、物力作为保障，容易形成生产能力，见效迅速。这些特点使得兵屯在一定时期（通常是屯垦开发的初兴阶段）有着其他屯垦形式不可比拟的优越条件，从而充当农业屯垦的先行者，首先得到广泛设置，并为其他屯垦形式的发展打开了局面。但是随着时间的推移和其他屯垦形式特别是户屯为代表的民间屯种方式的兴起，兵屯生产的内在矛盾和制约因素也日益暴露，这又决定了其发展程度是有限的，不可能长期在新疆农业开发中占据主导地位。

首先，兵屯的全部生产资料和兵屯生活费用由国家提供，开支浩大，成

---

① 《宫中档朱批奏折·农业屯垦类》，乾隆四十二年八月十二日索诺穆策凌奏。
② 《军机处录副奏折·农业屯垦类》，乾隆四十一年十月二十七日索诺穆策凌奏。
③ 《宫中档朱批奏折·农业屯垦类》，乾隆四十二年八月十二日索诺穆策凌奏。

本高昂。按规定,每100名屯兵额给马或牛80匹(头),每3名屯兵给农具1全副,并可以按规定年限补充和更新。屯兵的生活费用分往返支领和在屯需费,前项为往返途中开销,"除例给车辆、盐菜、口粮外,尚须接济制装等项";后一项包括在屯口粮及例支月饷外的副食津贴,又称"盐菜银两"。屯兵从换班改为携眷后,往返支领部分被节省,而其他开支依旧。乾隆三十一年(1766),陕甘总督吴达善就兵屯生产费用做过如下计算:"就现派兵六百名筹计经费,……官兵赴屯沿途支领暨在屯五年所费并自屯所换回本营支领等项,总共估需银五万六千四百七十余两,又需京斗细粮一万五千六十七石零。按屯种五年,以节年岁收之数折中,约计可收获细粮四万二千余石,内抵去官兵口粮、马料一万五千余石,尚存细粮二万六千九百余石。每一京石照前卖给赴伊犁满兵一两六钱计算,可值银四万三千九十余两。又加以马、步兵各半派拨,内马兵三百名,扣缺马三百匹,停支料草乾银,五年节省二万一千五百两零,通共银六万四千六百五十两零,内抵除官兵赴屯各需用银五万六千四百余两,统计五年尚余银八千一百八十余两。"①据他所计,600名屯兵五年的生产成本为银56 470余两,口粮15 060余石,而5年屯垦收入约为细粮42 000余石,扣除成本开销,加上节省的停支兵丁草料乾银,实际盈余为银8 180余两。

应指出的是,吴达善的计算不尽完整而且偏于乐观。第一,成本费用未计入屯兵的月饷开支。据规定,当时新疆绿营兵丁饷银支放例为步兵年支8个月的饷银12两,马兵年支8个月的饷银16两,另4个月支放折色粮石。照600名屯兵马、步各半计算,兵丁饷银一项5年累计即达4.2万余两,远远高于8 180两之数,这其中还不包括定额数倍于兵丁的官员俸银。第二,盈余8 180两的前提是余粮照每石粮价一两六钱折算,而事实上市场粮价变动不一,乾隆三十五年(1770)以后大都低于吴达善开报的水平。是年,乌鲁木齐市场上"每小麦一石,减至价银五钱,尚难售卖"。纪昀也说:"其昌吉、特讷格尔诸处,市斛一石,仅索银七钱,尚往往不售。"③因此,屯粮扣除口粮折算得来的43 090两要大打折扣。如果再考虑年成丰歉的浮动,出入将会更大。可以认为,即使在正常年景下,兵屯生产也很难做到完全意义上

---

① 《官中档朱批奏折·农业屯垦类》,乾隆三十一年十月七日吴达善奏。
② 《清高宗实录》卷八六七,乾隆三十五年八月庚寅。
③ 纪昀:《乌鲁木齐杂诗》。

的收支相抵略有赢余,而必须由清政府在财政上给予补贴。

其次,兵屯的土地国有制及军事化管理体制也有多种弊端,阻碍生产。由于土地为国家所有,屯粮全数上交,生产者与生产资料、生产成果相脱离,其生产积极性必然会受到影响。在换班制度下,屯兵三年或五年,应征调而来,定期更代而去,人员频繁流动,与屯地不能形成稳定密切的联系。"初到时俱不能熟悉耕种,适指教方熟,又届换班之期,其新换班之官兵到屯,一时不能有效"①,也削弱生产效果。管理上因任用非人而弊病丛生、干扰生产的情形屡有可见,最突出的问题是:"屯员顾恤处分,自必虚报分数,兵丁惧于责处,又必多方弥补,既将加赏盐菜银两贴补赔偿,又将应关月饷存仓扣折,甚至终岁勤劬,无以养赡家口。"②如乾隆三十一年(1766),哈密道员萨瀚、亢保为了邀功,逼迫屯兵勒加分数,虚报收成,以致亏短屯粮2 171石,"无可垫补",只得借银求哈密营员代买京石小麦,赊支应解营粮,以抵屯粮。③乾隆四十九年(1784),吐鲁番又发生不顾各工实际强令摊报平均收成分数事件,屯兵"有摊银买粮赔交者,有并不摊银赔交且少有余剩者,以致兵丁苦乐不均"④。

与兵屯相比,户屯从建立到稳定,所需周期较长。新疆地理位置偏远,与内地有高山戈壁阻隔,交通不便,当地又处在战事甫定、百废待兴的阶段,一般民间人户在没有人接应的情况下,很难仅靠个人力量完成从内地至新疆的举家迁徙。即使有少量人口自动流徙,其规模、速度、居留方式也都受到各种局限,一时难以满足农业发展的需要,因此户屯的发展是一个渐进的过程。但是,一旦户屯得到稳定并初具规模,它在经营方式上优于兵屯之处就显而易见地表现出来。

其一,户屯的性质是募民开垦,人户一经得到土地,就成为自耕农民,"取结给照,久远管业"⑤。这使他们与垦地的结合相当紧密。户屯的生产目的是满足和改善自身的生计需要,必然"尽力田亩",积极致力生产条件的改善和生产规模的扩大,推动生产不断发展。

① 佚名:《乌鲁木齐政略·玛纳斯眷营》。
② 和宁:《三州辑略》卷四《屯田门》。
③ 《军机处录副奏折·农业屯垦类》,乾隆三十二年五月十六日吴达善奏。
④ 《宫中档朱批奏折·农业屯垦类》,乾隆五十年(无月日及具奏人,残件)。
⑤ 《清高宗实录》卷九〇九,乾隆三十七年五月戊午。

其二,国家无须负担户屯人户的生产资料和生活费用。落户之初虽有所扶持,如供给农具1全副,籽种1石2斗,马或牛1匹(头)及秋收前8个月的口粮及代建房屋等,但除农具外均系"借支",并非无偿提供,要求限期归还。如乌鲁木齐规定,耕畜作价8两,房屋作价2两,于六年升科后分年征还,口粮及籽种当年秋收后交还归款。① 伊犁户民承种土地,官借牛只、籽种、口粮,"自开垦之次年,分作三年,每亩带征"②还款,不会对政府财政造成压力。相反,农户在具备生产能力,按限升科后,却可以源源不断地向国家交纳田赋及其他形式的赋税,成为政府稳定的财政来源。

其三,户屯生产由农户自行经营,政府不加干预,这有利于生产按经济活动本身的要求进行,减少非经济力量的人为破坏。所以,就一个地区农业的长远发展而言,户屯方式比兵屯方式无疑具有更强的适应性和生命力。

除了两种生产方式的内在差异和不同发展机制,屯垦方式重心的转移还取决于外部社会条件的发展程度。换言之,屯垦方式重心的转移与内地向新疆移民的速度、规模成正比。在这方面,清政府自统一以来对内地人口移徙新疆的鼓励倡导政策发挥了至关重要的作用。

清政府早在筹划善后措施的讨论中就明确了要立足久远经营新疆的基本方针,为了保证政治上的有效治理,必须以一定的经济力量为后盾。从"以裕边储,以垂永久"的目标出发,清政府在发动屯垦之始,就将这项活动置于统一多民族国家高度发展的大背景下统筹考虑,不是将眼光局限于兵屯一种,而是力图在兵屯的带动下通过多种形式的农业人口迁移,建立多种屯垦并举的格局,尤其提倡内地民人迁徙至新疆从事开发活动。乾隆二十四年至乾隆二十六年(1759—1761),乾隆皇帝连续发布上谕,阐述移民实边的可能性和必要性。他指出:"国家承平日久,生齿繁庶,小民自量本籍生计难以自资,不得不就他处营生糊口,此乃情理之常。……西陲平定,疆宇式廓,辟展、乌鲁木齐等处在在屯田,而客民之力作、贸易于彼者日渐加增,将来地利愈开,各省之人将不招自集,其于惠养生民,甚为有益。"③ 从而把移民开垦、满足边疆劳动力的需求同促进全国范围人口流动、缓和内地人口压力联系起来。当有人怀疑西北屯垦是"劳民"行为,他又痛加批驳,强调"我

① 《宫中档朱批奏折·农业屯垦类》,乾隆四十二年八月十二日索诺穆策凌奏。
② 《钦定皇舆西域图志》卷三四《贡赋》。
③ 《清高宗实录》卷六〇四,乾隆二十五年正月庚申。

朝四十八部,子弟臣仆,视同一家,沿边内地民人前往种植,成家室而长子孙,其利甚溥"①。强调这一措施是让"边隅旷土日开,内地资生亦足",一举两得。通过一系列上谕,乾隆皇帝有力地澄清了朝野上下的错误思想,从政策上为民户迁移开辟了通路。

在倡导的同时,清政府又以切实措施帮助内地民人完成向新疆的迁移。乾隆二十六年(1761)着手实行有组织的移民出关时,有关方面对招募、转送、安置及落户后的生产等各个环节做出了妥善周密的安排。例如,规定携眷贫民自愿应募,不得强制,官府出资供给途中盘费及其他必需的生活用品,由招募州县委派"妥干文武官员"分批护送上路,沿途绿营协助照料,"以资买食";在指定屯区代建房屋,借给牛种,从优安置,放宽起课年限,六年升科等,这都有力地保证了应募户民在迁入地"安置耕地,年获丰收,俱各得所"②。乾隆四十三年(1778),据乌鲁木齐都统索诺木策凌奏报,"节年搬眷前来"的内地贫民已有11 854户,天山北路"阡陌广辟,堡舍日增"。③ 受有组织移民的吸引和鼓舞,自发流移进入新疆的人口也与日俱增,原来只身出关经商或佣工的民人纷纷呈请移眷来屯。乾隆四十一年(1776),乌鲁木齐的只身民人1 540名禀恳搬接眷口,认地耕种;乾隆四十三年(1778),甘肃各州县的1 400余户造具户口清册,要求移眷安插新疆;而更多的人则是不待招募,"闻风而往"。这一局面表明,户屯取代兵屯作为农业开发主导形式的条件已近成熟。

道光年间喀喇沙尔办事大臣联顺曾总结兵屯产生的时代条件说:"口外地方,从前开辟之始,因疆圉甫定,商民鲜少,是以不惜盐粮,不恤兵力,由口内各营拨兵屯田,无事则安于耕作,有事则资其捍卫,系镇边安疆一时权宜之策。"④他的话讲得相当透辟。他指出兵屯是统一之初"疆圉甫定,商民鲜少"的特定时代条件下的产物,由于当时尚不具备发展其他屯垦形式的条件,为了镇边安疆,筹措军粮,政府有必要"不惜盐粮,不恤兵力"。然而,正因为维持兵屯要以高昂成本为代价,又决定了兵屯只是"一时权宜"的过渡之策,一旦有更适合于当地的农业开发形式出现,屯垦方式重心的转移便不

---

① 《清高宗实录》卷六一二,乾隆二十五年五月壬子。
② 《宫中档朱批奏折·农业屯垦类》,乾隆三十五年九月五日明山奏。
③ 《宫中档朱批奏折·农业屯垦类》,乾隆四十三年闰六月四日索诺穆策凌奏。
④ 《军机处录副奏折·农业屯垦类》,道光二十三年三月十日联顺奏。

可避免。

三

概括起来,屯垦方式重心的转移大体通过以下途径进行:

(一) 裁减兵屯,变兵屯土地为户屯土地

乾隆三十四年(1769),木垒应移民户招募齐全,清政府命原派屯兵撤退,将原兵屯土地 7 000 亩和部分农具移交内地移来的户民使用。① 这是裁屯的初步尝试。

乾隆四十年(1775)以后,大规模裁屯的时机已趋于成熟。乾隆四十七年(1782),伊犁将军伊勒图以伊犁"积贮粮石过多,恐致霉变"为由,奏明从 25 屯内减撤屯兵 1 000 名,以后基本维持在 15 屯上下。② 乾隆五十年(1785),玛纳斯左、右营兵屯地共 25 900 余亩,全行裁撤;5 年后,吉木萨营屯地 13 419 亩亦全行裁撤,从此当地不复设立兵屯。③ 嘉庆四年(1799),乌鲁木齐左、中、右三营及库尔喀喇乌苏、精河屯兵分别裁减 2/5 到 1/2,共计裁兵 1 338 名。④ 裁屯后,屯兵"归营差操",所遗土地交民户认种,照熟地例次年升科。仅此一项即为户屯增加耕地 61 000 亩以上。只有伊犁兵屯保留屯地,暂时休耕,备日后必要时复垦。

(二) 增加户屯人手,扩大户屯规模

户屯人手的增加有多种形式,除内地民人继续出关承垦外,还有眷兵子弟分户认垦、户民子弟分户和商民就地认垦等。

1. 内地民人继续出关承垦

这里说的内地民人,主要指除有组织移民以外,以自发流动方式进入新疆的内地人口。在移民出关活动终止后,这类人口构成内地出关承垦人户的主要来源。针对这类人户大多投亲靠友、自发流动的特点,清政府饬令新

---

① 《清高宗实录》卷八四七,乾隆三十四年十一月。
② 《钦定新疆识略》卷六《屯务》。
③ 《钦定新疆识略》卷二《北路舆图》。
④ 和宁:《三州辑略》卷四《屯田门》。

疆各地官员将"可耕地亩指明地名,晓谕无业之民自行前往承垦",同时简化西出嘉峪关的盘验手续,延长开放关门的时间,"辰开酉闭,进关者仍行盘诘,出关者听其前往,不得阻遏",又官修通往乌鲁木齐的大道,以利行旅。①据嘉峪关吏奏报:"内地民人出关者岁以万计,而入关者不过十之一二。"②乾隆末至嘉庆末,北疆户民总人数持续增长。乾隆四十七年(1782),天山北部各地(含伊犁)在册纳粮户民为7.2万余人,乾隆六十年(1795),仅乌鲁木齐、巴里坤即达12.9万余人,嘉庆十二年(1807)两地又上升到15.2万人。25年中人口至少增加了1倍。

2. 眷兵子弟分户认垦

乾隆二十七年(1762),乌鲁木齐部分屯兵首先改为携眷永驻。③此后,"未及携家者,得请费于官,为之津送,岁岁有之"④。乾隆四十三年(1778),伊犁屯兵亦获准改为眷兵。嘉庆十一年(1806),乌鲁木齐所属绿营眷兵家口多达四万数千人。对于数以万计的眷兵家口,清政府鼓励他们落户认垦,改入民籍。当索诺穆策凌奏称:"如该兵父兄子弟之中堪膺耕作,请愿分户认地承种者,照依户民定例,拨给地亩。……在兵丁子弟,力勤耕作,多收粮石,日渐丰盈,于兵丁生计大有裨益,在国家按额征赋,仍与招徕户民无异,自属两得之举。"乾隆皇帝当即批复:"甚好,如所议行。"⑤这种由军士子弟认垦的人户,在清代新疆文献中被称为"兵户"。这一称谓在纪昀的诗中已有反映⑥,后来则更加普遍。笔者从档案中看到,仅乾隆四十二年至乾隆四十五年(1777—1780)就有眷兵子弟900多户请求分户垦种,脱离军籍,转为民屯人口,均获批准。⑦

3. 商民认垦和户民子弟分户

新疆统一后,关外安定,道路日渐通畅,出关贸易营生者络绎不绝。纪

---

① 《皇朝经世文编》卷八一,文绶《陈嘉峪关外情形疏》。
② 和宁:《三州辑略》卷三《户口门》。
③ 《清高宗实录》卷六六九,乾隆二十七年八月丙辰。
④ 纪昀:《乌鲁木齐杂诗》。
⑤ 《宫中档朱批奏折·农业屯垦类》,乾隆四十二年正月四日索诺穆策凌奏。
⑥ 纪昀:《乌鲁木齐杂诗》中对"户籍题名五种分"有注释云:"由军士子弟认垦者,谓之兵户"。
⑦ 参见《宫中档朱批奏折·农业屯垦类》《军机处录副奏折·农业屯垦类》及《钦定新疆识略》有关部分。

昀的《乌鲁木齐杂诗》注云:"商民流寓,往往不归,询之则曰此地红花,红花者,土语繁华也。"移民出关前期,对自愿认垦的商民照户民例安插;随着自发流动人口的不断增多,清政府进一步明确了吸引商民就地转营农业和鼓励第一代出关移民的成丁子弟再分户认垦的政策。乾隆四十三年(1778)的一份奏报说:"向例户民内有子弟,力堪耕作,应行分户,以及商民内有情愿认地垦种,入于民籍,俱于每年春耕前详细查明奏请,照例指给地亩耕种。"①据此可知这项政策已遵行有年,成为定例。这方面的具体事例还可以举出很多。如乾隆四十三年(1778),迪化州昌吉县、吉木萨及镇西府奇台县有户民子弟应行分户者及贸易商民情愿认地垦种者267户;次年,上述几处并玛纳斯成丁分户子弟640户,商民入民籍认垦196户;乾隆四十六年(1781)分户子弟366户,商民认垦201户。仅以上几项累计就有1 600多户。②

(三)"遣犯为民"和"民佃旗地"

在兵屯向民屯转化的过程中,原来附属于兵屯的遣屯及旗屯中带有较多国家经营色彩的满营旗屯也发生相应变化,以不同形式向民间屯种方式发展。

遣屯的变化主要表现在屯地生产者的身份改变,也即"遣犯年满为民"上。清政府规定:流遣人犯"能改过者,拟定年限,给与地亩,准入民籍"③。遣犯一经入籍为民,即脱离原属阶层,成为民屯的劳动人手,所种土地也成为民屯的一部分。遣犯为民的条例始定于乾隆三十一年(1766),当时只限于乌鲁木齐一地的携眷种地遣犯,适用范围较小。乾隆三十五年(1770),清廷修订前例,改为"凡有过及耕作懒惰者,虽有眷属不准为民,实有悔过迁善,尽心屯种,照前定年限,与有眷者一体为民"④。以屯种表现为衡量标准,使年满为民的规定可适用于更多遣犯。在年满期限上,分为三年、五年

---

① 《官中档朱批奏折·农业屯垦类》,乾隆四十三年三月三日索诺穆策凌奏。
② 《官中档朱批奏折·农业屯垦类》,乾隆四十四年四月十一日索诺穆策凌奏及乾隆四十六年四月三日奎林奏。
③ 《清高宗实录》卷七五九,乾隆三十一年四月庚申。
④ 《清高宗实录》卷八五一,乾隆三十五年正月甲辰。

不等,视罪情轻重定其长短。纪昀在其诗:"鳞鳞小屋似蜂衙,都是新屯遣户家"①中就描写了遣户屯居务农的景象。另据《乌鲁木齐政略》载,乾隆四十三年(1778),当地共有为民遣犯1 200余户。②

民佃旗地指旗屯土地由户民佃种纳租,是屯地民田化的又一表现形式。开设旗屯时,清政府曾三令五申,严禁租佃和买卖土地,理由是"地亩一经佃出,可以安坐收租,在旗人不劳而获,罔识艰苦","地亩佃于他人,恐不免影射典卖,辗转易手……而旗人生计依然竭厥"。但这一禁令并未被认真执行。由于旗人多不谙农事,亦不习劳苦,满营旗屯建立不久,就有大量土地被私下租佃。至嘉庆后期,"公中稻田麦田,间多废弛","旧分屯地尽已租给民人"。③尽管伊犁将军松筠下令整顿,命旗人如前耕种,但民佃趋势实际上已无法扭转。道光初清政府不得不明文宣布:"准其将该处两满洲营屯地另议佃种","准其雇人耕种,俾收租息,以裕生计",④公开接受了这一既成事实。

(四) 发展回屯

伊犁地区"地处西极",受地理位置限制,内地民人移入速度较慢,而早年自南疆迁来的维吾尔农户落户耕垦,发展稳定,人丁增长很快。从"伊犁屯务,惟回子最能负苦,以故习农事而谙水利者居多"⑤的认识出发,清政府视维吾尔农户为伊犁农业的中坚力量,在屯垦方式重心的转移中,因地制宜,给回屯以更多的重视和扶持。乾隆四十一年(1776)规定,6 000回户有缺额,即从回屯成年子弟内拨补,鼓励其分户承种。乾隆五十九年(1794),伊犁将军保宁决定从已有回庄抽出500户另组一屯,于达尔达木图建庄开垦,将原来的八屯扩为九屯。嘉庆九年(1804),将军松筠奏称,回屯人户"遍觅余水,设法开渠,冀垦戈壁旷土,殊属急公",应就势利导,将屯种有名无实的遣屯土地转交回屯耕垦,"俾应纳官粮盈余,即可养赡家口",获得了嘉庆皇帝的允准。松筠遂将哈什河南遣屯土地、乌兰库图勒铜铅厂地及厄

① 纪昀:《乌鲁木齐杂诗》。
② 佚名:《乌鲁木齐政略·遣犯》。
③ 《钦定新疆识略》卷六《屯务》。
④ 《清宣宗实录》卷一六八,道光十年闰四月戊申;卷一六九,道光十年五月戊午。
⑤ 《宫中档朱批奏折·农业屯垦类》,道光二十年四月二十二日奕山奏。

鲁特营部分屯地一并拨给回屯耕种,并准其于呢勒哈、乌里雅苏图、春稽等处加种土地,使回屯规模不断扩大。①

两种屯垦方式的消长转移,在移民集中的乌鲁木齐、巴里坤地区表现得特别明显。表1是这两个地区不同年代的兵屯与户屯的亩数对照表,笔者根据表1又制成图1,如下所示。

表1　乾隆、嘉庆年间乌鲁木齐和巴里坤地区兵屯户屯情况表

年代	兵屯亩数	户屯亩数	兵屯与户屯比例	出处
乾隆三十二年	128 239	17 618.5	1:0.137	据《钦定皇舆西域图志》卷三二、卷三四统计,大部分数字为乾隆三十二年,个别数字为乾隆三十一年
乾隆四十年	149 744	273 866.8	1:1.588	据《钦定皇舆西域图志》卷三二、卷三四统计,参考了书中"如今额"的年份
乾隆六十年	89 510	987 789.3	1:11	据《乌鲁木齐事宜·户口地粮》《乌鲁木齐事宜·屯兵地粮》统计。该书成于乾隆六十年,且书中多处可见"至乾隆六十年底止"之字句,故据此标注年代
嘉庆十二年	60 580	954 761.7	1:15.76	据《三州辑略》卷三、卷四及《钦定新疆识略》卷二统计。《三州辑略》成于嘉庆十二年,权据此标注年代。又,兵屯亩数阙载者,根据屯兵人数及每名种地亩数算出

---

① 永保:《伊犁事宜·回务处》,北京大学图书馆藏本;《钦定新疆识略》卷六《屯务》。

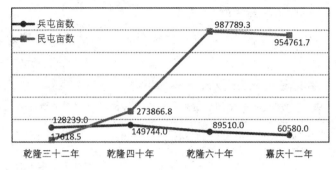

图1　乾隆、嘉庆年间乌鲁木齐和巴里坤地区兵屯户屯变化图

这些数字和图表表明了一个事实:在新疆统一后的前十年,由于移民活动实施未久,户屯创办伊始,兵屯是当时农业的主导形式,并呈进一步发展的趋势。但随着移民出关走向高潮,各个屯区渐次形成,户屯亩数迅速上升,很快就超过兵屯而占据首要地位。嘉庆十二年(1807)悬殊的数字对比表明,屯垦方式重心的转移已经完成。户屯成为北疆农业生产的基本形式。

四

任何一种农业开发活动都要在一定的生产方式下进行,生产方式的优劣差异、得当与否,会对开发进程产生直接影响。乾嘉时期屯垦方式重心的转移,在新疆农业开发史上有十分重要的意义。

第一,屯垦方式中心的转移促成了北疆新兴农业区的建立和巩固,并引起新疆经济结构的相应变动。

在新疆历史上,由中央政府主持的屯垦活动由来已久,甚至可以上溯到西汉武帝时代,此后几乎历代比较强大的中央政权都在这一地区大开屯田,有所建树。但是无论两汉、盛唐还是宋元时期,屯田活动始终未能超出以兵屯为主体的基本模式,因而这类农业开发也就不可避免地表现出兵进屯设、兵退屯撤的发展规律。一方面,兵屯的设置多不固定,一旦军队调动或军事行动中止,屯点往往随之转移或废弃;另一方面,兵屯以保障军粮为目的,当军粮满足需要,其规模就不再扩大甚至趋向缩小,难以与当地形成紧密的生产联系,留下持久的农业生产力。在乾隆中期完成统一后兴起的以北疆为重点的大规模屯垦中,清政府第一次打破了上述传统模式,不失时机地将屯垦方式推进到以民间垦种为主的新阶段,使农业开发能够以前所未有的深度和广度持续展开,劳动人手逐年增加,生产规模不断扩大,天山北路的经济面貌由此发生根本性变化,成为一个新兴的农业区域。

北疆农业区形成的第一个标志,是大片农耕土地的出现。历史上北疆以牧为主,地旷人稀,农业基础十分薄弱。统一之初其因遭受战乱破坏,一度耕牧俱废。经过广大移民近40年的辛勤垦拓,乾嘉之交各类耕地面积达到一百数十万亩,拓出四个相互联系的垦区,即以宜禾县为中心的巴里坤垦区、镇西府属奇台垦区,以迪化州为中心的乌鲁木齐垦区和伊犁垦区,在天山以北史无前例地建立起农业生产的整体布局;同时,粮食总产量增长、仓储丰盈也是农业区形成的重要标志。乾隆末年乌鲁木齐户民每年纳粮达7万余石,加上民间采买所得及兵、遣屯粮,"一岁共得粮十九万四千四五百石",除供应官食军粮外仍有盈余。① 伊犁岁收回屯纳粮10万石和其他各项屯粮6万余石,足敷支用。② 惠远城、固尔扎等五大仓因贮粮过多而有霉变之虞。在村落聚居发展的基础上,北疆涌现出一批城堡乡镇。伊犁原为空旷之地,兴垦后建起九城,"阡陌纵横,余粮栖亩"。③ 乌鲁木齐"安堵盈宁,渐成内地景象","繁华富庶甲于关外"。④ 迪化州所领昌吉、绥来、阜康、吉木萨各县,人口规模均在一万数千人上下。更重要的是,北疆农业区的出现和稳定,改变了新疆"北牧南农"的传统经济格局,使在全疆范围内建立以农业为主、各业兼举的混合经济结构形式成为可能,整个经济配置更加趋向合理。

第二,屯垦方式重心在北疆的成功转移,显示了民垦为主的生产方式所具有的发展潜力,立足民垦从此成为清代新疆农业开发的基本指导思想。在这一思想指导下,清政府及有关官员不断对开发方式中不相适应的部分加以调整,保证了全疆农业发展进程的顺利有效。

道光初期平定张格尔之乱后,清政府对南疆农业政策做出调整,从原来的"重北轻南"转向"南北兼顾",力图加强对这一地区的治理开发。围绕如

---

① 达林、龙铎:《乌鲁木齐事宜·仓贮粮石》。
② 永保:《伊犁事宜·粮饷处》。
③ 《钦定新疆识略》卷二《北路舆图》。
④ 椿园:《西域闻见录》卷一。

何推进南疆农业,一部分人提出兴置兵屯,但更多的官员主张立足于充分发挥民间力量,特别是根据当地社会特点,采取外来移民与土著农业人口即维吾尔农户相结合的形式发展生产。道光十一年(1831)上谕宣布:"将西四城可种之闲地招民开垦,有愿携眷者听之。"① 又批准东四城中的库车、阿克苏、喀喇沙尔的商民回籍搬眷认种。在出口谋生者纷至沓来的形势下,道光十九至道光二十四年(1839—1844),吐鲁番、喀喇沙尔和乌什相继奏请撤去兵屯,裁屯改户,以所遗地亩转交内地户民或维吾尔农户耕种。② 道光二十四年(1844),南疆各城普遍掀起兴垦热潮。奉命亲历履勘的林则徐等人深入实地后奏称,正确的开垦方案是"因地制宜,毫无成见",既不能阻挠内地人民进入南疆,也不能因为南疆曾经发生动乱,就对维吾尔人民百般猜忌,无视他们的垦种能力和生产需要,"应给回户者,仍不能强招民人",无论是普通民户耕种还是回户耕种,都是适当的形式,终于合理解决了开垦方式和土地分配的问题,使新疆传统绿洲农业区在开垦热潮中达到"百余年入版图未有之盛"。③

光绪四年(1878),左宗棠率师收复被外来侵略势力蹂躏十几年之久的新疆后,为恢复遭到严重破坏的农业经济,清廷又一次面临着重建方案的选择和制定。针对朝廷大兴屯政的要求,左宗棠、刘锦棠等人指出,由于形势的变化发展,已不能照搬乾隆朝兴垦初期以兵屯为主、五种形式并举的模式,而应直接把就地重新聚集农业人手、培植和发展民间农业生产能力放在首位。左宗棠还进一步提出"划兵农为二"的明确主张,指出寓兵于农且耕且战的兵屯方式已成为历史。一方面,在饷源匮乏、边防吃紧的情况下,利用士兵屯种来发展农业,在财政上是很大的浪费;另一方面,兵士名列伍籍又令其从事耕耘,"譬犹左手画圆,右手画方,两手相兼,必致一无所就",结果是"且战之兵不暇战,且耕之兵不能耕",不如择其中精壮"束以营制",其余"弱不任战者"散之为农,既可精兵节饷,又可为急需劳动力的农业输送人员。④ 因此,这一时期农业人口的再聚集及农业生产的重新开展,采取了当地农户复归本业、改造兵屯汰勇归农、内地户民出关承垦、助垦人犯携眷实

---

① 《清宣宗实录》卷一九七,道光十一年九月戊寅。
② 华立:《道光年间天山南路兵屯的演变》,载《新疆社会科学》1988年第2期。
③ 《续碑传集》卷二四《林文忠公传》。
④ 《左宗棠全集·奏稿》卷四七。

边及新疆人户小区域迁移等五种办法,使近代新疆农业经济在民间生产方式的推动下从复苏走向发展。

(原载《西域研究》1991 年第 4 期)

清中叶新疆与内地的贸易往来

清代是我国统一多民族封建国家高度发展并最后形成的时期。中原内地与边疆地区政治、经济、文化联系的空前紧密,大大加速了边疆地区的开发进程,对中原内地社会经济的活跃、发展和统一多民族国家的进一步巩固,也都产生了积极有益的影响。而在这一发展过程中,贸易往来作为沟通促进边疆与内地经济交流的基本手段和媒介,起着特别重要的作用。

新疆与内地的贸易往来有着悠久的历史。乾隆中期以后,这种贸易关系由于清朝对新疆的统一,得到了前所未有的发展。不仅贸易规模非以往所能比拟,在广度和深度上也有新的突破,因此所产生的影响也更加深远。

对于清初准噶尔时期与内地的贸易关系,近年来已有不少文章详细论及,但对乾隆以后的情况研究尚少。因此本文拟着重讨论乾隆以后新疆与内地的贸易往来及其特点、作用,同时也对清初情况略做回溯。

一

清代新疆与内地的贸易往来,自清初就已开始,当时主要以"贡""赏"交换和贡外互市的方式进行。

顺治年间,活动于天山北路的卫拉特蒙古和天山南路的叶尔羌汗国及所属吐鲁番地区,分别与清廷建立并保持着通贡贸易关系。卫拉特四部之首的和硕特部顾实汗,早在清朝入关之前就已遣使至盛京(今沈阳)进贡马匹,并得到清统治者回赐的甲胄、腰刀、缎布诸物。清朝定鼎北京后,又接连上表请安并贡方物。在顾实汗的带动下,卫拉特其余各部也相继入贡。随着来往交换的增多,清廷于顺治八年(1651)颁布"贡使赏例",正式规定了"答赏"物品的种类和数量。与此同时,天山南路的贡使也多次进京。清廷援引明代成例,除回赏物品外,还准许贡使在京少量置买茶叶、瓷器、纱罗绸缎等货物及于归途在甘肃兰州进行"牛羊犁铧铁锅"等项商品的交易。①

康熙十年(1671),噶尔丹夺取准噶尔汗位并控制了天山以北地区。不久其势力向南发展,于康熙十七年(1678)吞并叶尔羌汗国,占领了天山南路地区,自此以后直到清统一新疆以前,新疆与内地的贸易活动便主要在准噶尔地方政权和清中央政府之间进行。

在此期间,双方的贸易往来曾两度出现高潮。第一次是康熙十一年至康熙二十七年(1672—1688),即噶尔丹统治新疆的前半期。当时清廷正值"三藩之乱",需要驼马的补给,噶尔丹则希望借助贸易交流,改善准噶尔的经济状况,这就促成了贸易往来的活跃。起初准噶尔贡使每年或隔年一至,后发展为每年一次或两次,队伍规模相当庞大,"常至数百人",甚至"千余人,或数千人,连绵不绝"。② 贡使携来大量驼马、皮张。仅以康熙二十二年(1683)的一次纳贡为例,就有马400匹,驼60头,貂皮300张,银鼠皮500张,沙狐皮100张及活雕、鸟枪等物。③ 贡赏交换的同时,商队还在北京、张家口、古北口等地进行贡外的互市贸易,用驼马等畜产品交换内地出产的布匹、茶叶、大黄等生活必需品。

第二次是雍正十三年至乾隆十六年(1735—1751),即噶尔丹策零父子统治时期。由于准噶尔与喀尔喀勘分游牧界达成协议,贸易也呈现繁荣。除了继续以往的贡赏交换,清廷还开展了以肃州为主要场所的定期互市贸易和进藏熬茶途中的互市贸易,准噶尔商队频频进入内地。据初步统计,从乾隆四年至乾隆十三年(1739—1748),各种形式(包括进京纳贡、肃州互市、熬茶贸易等)的贸易活动达21次之多,贸易额最高时曾达16万余两。

贡赏交换的活跃和肃州定期互市的出现,反映出新疆与内地的经济联系日趋密切,推进和扩大这种联系是新疆与内地人民的共同需求。但是,由于当时准噶尔政权尚处在清中央政府的直接统一管辖之外,贸易的发展不

---

① 《清世祖实录》卷二六,顺治三年五月甲子。
② 《清圣祖实录》卷一一二,康熙二十二年九月癸未。
③ 《清圣祖实录》卷一一一,康熙二十二年七月戊戌。
④ 关于这一时期贸易的详细情况,可参看蔡家艺:《十八世纪中叶准噶尔同中原地区贸易往来略述》,载《清史论丛》第4辑;张羽新:《肃州贸易考略》,载《新疆大学学报》1986年第3期。

能不受到双方政治关系的影响和制约。一方面,清中央政府力图通过经济贸易来羁縻和约束对方,另一方面,准噶尔地方政权的割据倾向、对邻近地区的武装侵扰及与清廷的军事冲突,也阻碍贸易正常进行。第一个贸易活跃期只持续了10余年,即因康熙二十七年(1688)噶尔丹率兵进攻喀尔喀蒙古而遭到破坏。康熙皇帝在诏书中警告:"噶尔丹倘不奉诏,则绝尔等每年进贡贸易之路。"①噶尔丹不顾清廷劝告,事隔年余,再次侵扰喀尔喀并深入到距北京数百里的乌兰布通,清廷终于正式下令阻绝贡道,停止了与准噶尔部的贸易。② 在这之后的40多年中,双方关系起落不定,贸易也时断时续,规模和往来次数都大为缩减。雍正十三年(1735)以后,贸易关系虽然又一次得到恢复,并开办了肃州的定期互市,但清廷出于戒备防范的心理,在互市年限、贸易人数、货物数量诸方面,对准噶尔商队一再加以限制。开始规定"定期四年,自备资斧,由内地至京,贸易一次,人数毋过二百;其至肃州贸易,亦定期四年,毋过百人,还期悉定限八十日","凡贸易之年,先期以启程之日与何日可入境,报知驻边大臣,转达部院"。③ 清廷后来虽在商队人数和携货数量上有所放宽,但始终拒绝将事实上每年一次的贸易往来作为定例。乾隆十五年(1750)后,清廷又以准噶尔部"内乱日炽"为辞,下令限制经济来往,对此后到来的商队严加查点,凡货物逾额者一律勒令带回。

从以上事实可以看出,尽管清初以来新疆与内地的贸易关系在逐步发展,但总的来说一直受到各种因素的束缚和局限。而其中最大的障碍,就是新疆与内地之间政治上不统一的状态。

乾隆二十年(1755),清廷决定出兵伊犁,完成对新疆的统一。历时四年,清廷终于在乾隆二十四年(1759)彻底平定了天山南北的动乱,最终结束了新疆地区长期以来的割据状态,使之归于清中央政府的直接行政管辖之下。这一重大的历史转折不仅具有深远的政治意义,也为新疆与内地的贸易往来打开了新的局面,这一变化首先在大臣的奏疏和乾隆皇帝本人的上谕中反映出来。

清军第一次进占伊犁不久,前任甘肃巡抚陈宏谋即上疏提出在关外推广贸易和变官办为民间客商自由交易的建议:"(准噶尔部)今既内附,自须

---

① 《清圣祖实录》卷一四〇,康熙二十八年三月己卯。
② 《亲征平定朔漠方略》卷六。
③ 《清高宗实录》卷一〇九,乾隆五年正月甲子。

推广,一年一次,或一年两次,不必官为经理,亦不必令进关抵肃。于哈密以东之布隆吉地方,招集商贾,同通事评定物价……其牛羊听客商交易,惟马匹归官,将茶易换。"廷议时,得到军机大臣赞同:"准噶尔需用货物,自应量为流通。"①

继陈宏谋之后,陕甘总督黄廷桂又具疏请示西北两路民间官物商贩流通问题,这一次清廷在批复中明确肯定了"伊犁平定以后,与从前应防范情形迥异",同意敞开新疆与内地的流通渠道。"如该督所奏,行文军营大臣,速谕两路官民,凡有贩运牛羊货物,往来贸易者,许……给印票,照验放行"。②

乾隆二十五年(1760)全疆平定后,乾隆皇帝在筹划新疆善后事宜、部署驻兵屯田等经营措施时,更进一步谈到了开展贸易对新疆经济建设和巩固西北边防的重要性。他多次指出,"新疆驻兵屯田,商贩流通,所关最要"③;"西陲平定,疆宇式廓,辟展、乌鲁木齐等处在在屯田,而客民之力作,贸易于彼者,日渐加增,将来地利愈开……其于惠养生民,甚为有益"。④ 因而再次谕令有关人员设法"酌通新疆商贩",鼓励民间商人进入天山南北广大地区进行贸易。

乾隆二十七年(1762)永贵提出:"自回部荡平,内地商民经由驿路及回人村落,彼此相安……沿途水草丰饶,行旅并无阻滞。若晓示商民不时前来贸易,即可与哈密、吐鲁番一体,于官兵亦有裨益。"乾隆皇帝立即欣然赞同:"新疆贸易自应流通,但须听商人自便……有愿往者即给以印照,毋使胥吏需索,人自乐于趋赴矣。"⑤

上述一系列奏疏和上谕清楚地表明,由于统一的完成,新疆与内地之间的政治藩篱已不复存在,新疆作为西北的边陲,其战略地位正日益受到重视,清政府对于贸易往来的基本政策也随之发生了深刻变化。为了加快新疆的经济建设,为设官驻兵奠定坚实的物质基础,清政府不仅鼓励而且大力提倡充分开放新疆与内地的贸易流通。正是由于这一变化,乾隆以后新疆

---

① 《清高宗实录》卷四九四,乾隆二十年八月庚戌。
② 《清高宗实录》卷五一三,乾隆二十一年五月丙申。
③ 《清高宗实录》卷六一〇,乾隆二十五年四月己卯。
④ 《清高宗实录》卷六〇四,乾隆二十五年正月庚申。
⑤ 《平定准噶尔方略续编》卷一六,乾隆二十七年三月甲子。

与内地的贸易往来进入了一个空前繁荣的新时期。

二

乾隆中后期至道光年间,新疆与内地的贸易通过官方、民间等多种渠道在天山南北全面展开,无论在流通地域的广泛性、交换形式和交换对象的多样性和贸易关系的持续稳定性上,都大大超过了以往任何时期。为了便于说明,笔者拟分为两大部分加以讨论,先讨论官方贸易活动,再讨论民间贸易活动。

(一) 清政府主持的官方贸易

这一时期最主要的官办贸易,是在清政府主持下,以内地丝绸与天山北路哈萨克部及天山南路各城进行农畜产品交易的活动,其中又以与哈萨克的丝绸易马贸易最为重要。

1. 与哈萨克的贸易

哈萨克部位于伊犁西北草原地带,在清朝彻底统一新疆前,由于准噶尔部的阻隔,没有机会东来贸易。乾隆二十二年(1757),哈萨克中玉兹首领阿布赉在协助清军追捕阿睦尔撒纳时,表示了与清廷开展贸易,"将马匹易换货物"的愿望。① 清廷很快接受了这一请求,"约于明年七月在额林哈毕尔噶、乌鲁木齐等处交易"②。并立即委派谙于贸易事务的洮州同知范清旷等人着手准备。

乾隆二十三年(1758)九月,由哈巴木拜之子额德格率领的第一支哈萨克商队到达乌鲁木齐。据档案记载,商队由57人组成,携马300余匹。经过交易,清廷方面以各色缎布换获"骟马、儿骡马、碎小马"等219匹。③ 同年十二月,阿布赉兄长之子鄂罗斯苏勒通等再率商队至乌鲁木齐,以102匹马换得价值约银543两的各种绢缎200匹。④

两支商队的先后到来,拉开了丝绸易马活动的序幕。其后,乾隆二十

---

① 《平定准噶尔方略正编》卷四四,乾隆二十二年十月丙寅。
② 《清高宗实录》卷五四八,乾隆二十二年十月丙寅。
③ 中国第一历史档案馆藏档案,乾隆二十三年九月二十四日努三等折。
④ 中国第一历史档案馆藏档案,乾隆二十三年十二月二十八日定长等折。

年至乾隆二十五年(1759—1760),又有 16 支商队分七批与清廷进行贸易,总计换马 4000 余匹。①(详见文章末尾附表 1)

清政府对贸易关系的发展十分重视。从贸易实施之初,作为最高统治者的乾隆皇帝就亲自过问进展情况,要求经办官员一方面积极从事交换,另一方面"留心细察"哈萨克人民的民族习尚和需求特点,以对内地的丝绸产品及时做出相应调整。经过几年的努力,清政府逐渐在产品货源、花色品种、制办调取、运解收贮乃至销售各个环节上,形成了一套完整的行之有效的制度措施,从而保证了这一活动的顺利进行。

乾隆二十三年(1758)贸易之初,用于交换的缎布大部分是从巴里坤及邻近的陕甘两省库储中临时拨解或采买运来,另有一小部分调自京师内府或交织造赶办而成。但这种做法遇事仓促,多有不便,货源也不能充分保证。为此,清廷采纳陕甘总督杨应琚的"及早预为筹备"②的建议,从乾隆二十五年(1760)起,动用官帑,发交江南的苏州、江宁、杭州三织造提前统一制办。起初规定,贸易用丝绸"常年预备一分,以待咨取"。然而"每岁需用各色绸缎之盈缩,与应行织办之色样均难预定","既虑色样不合,且多办则徒至堆积,少办又不敷应用",经杨应琚奏请,改为凡下年应需绸缎,由新疆官员"于本年将各项数目、色样先期奏明,敕下三织造照依办送"③,从此成为定制。

关于丝绸的色样,贸易官员在实际接触中发现,"哈萨克人等,要上好缎匹者少,唯计多得数目,多有要中等缎匹者"④。特别是苏素缎、苏花缎、荆花绢及里绸、濮院绸等数种,最受哈萨克人众欢迎,此外氆氇和白串绸也一度畅销。⑤ 这使清廷认识到,"如有价贱平常缎匹绢绸等物,搭配好缎,随伊多得之性情,交易易于办理"。于是在后来的生产和办解中,清廷着意增加了中等以下绢缎丝绸的数量,并强调丝绸以青、兰、大红、酱色、古铜、茶色、棕色、驼色、米色、库灰、油绿为主,力求色泽鲜明,质地厚重,"酌照各该

---

① 王熹、林永匡:《清代新疆的丝绸贸易》,载《新疆社会科学》1988 年第 6 期。
② 中国第一历史档案馆藏档案,乾隆二十四年五月二十八日杨应琚折。
③ 中国第一历史档案馆藏档案,乾隆二十八年十月二十九日彰宝等折。
④ 中国第一历史档案馆藏档案,乾隆二十五年三月十二日吴达善折。
⑤ 中国第一历史档案馆藏档案,乾隆三十一年九月初八日吴达善折。
⑥ 中国第一历史档案馆藏档案,乾隆二十四年十二月初二日吴达善折。

处风土好尚,随宜备用"①。同时为避免丝绸夏季在途经雨霉变,规定每年十月内起程,解赴甘肃,起解时和运到后分别开箱检验,失职者赔补处罚,以专责成。②

在清政府支持下,贸易迅速地以更大规模发展起来。乾隆二十八年(1763)乌鲁木齐办事副都统旌额理奏称,以往"乌鲁木齐岁易哈萨克马数不过三千余匹,本年九月至十二月已得四千二百匹"③。乾隆二十五年(1760),伊犁被确定为与哈萨克交易的又一地点,并以其优越的政治、地理条件,逐渐取代乌鲁木齐成为与哈萨克贸易的中心。乾隆三十年(1765),雅尔(以后为塔尔巴哈台)驻扎办事大臣后,也辟为贸易地点,次年即向内地赶调各种缎绢2 700匹。④

贸易中心转到伊犁后,交易更加频繁。每年三月以后,前来贸易的哈萨克人驱赶畜群,"陆续进卡"⑤。夏秋之际,水草丰美,畜群膘壮,羊马遍野。《钦定新疆识略》记载:"每年夏、秋,其台吉头目等各率所属,分运牛、羊、马匹,并由安集延所贩毡片、牛皮等物,至伊犁贸易,以绸缎、布匹偿之。塔尔巴哈台亦然。"⑥贸易商队进卡时,均携带本部王公台吉牌禀,由守卡人员验明人数、牲畜及货物包裹数目,送至贸易处所居住。交换时,"委派章京、协领前赴贸易处所,眼同该台吉头人等,估看牲畜等第,官定价值",再"将官库绸缎布匹合定价值,公平购买"⑦。又,据永保《伊犁事宜》载,乾隆年间当地像这样的大宗牲畜交易每年至少三到四次,零星分散进行者尚不在内,仅羊只一项多时一年可达七八万头。⑧另据乾隆三十六年(1771)伊犁将军伊勒图奏称,该年四月一次交易"换获马三百一十二匹,牛四十四只,羊六百只"⑨。再以乾隆三十七年(1772)为例,自八月至十月,哈萨克商队共贩马

---

① 中国第一历史档案馆藏档案,乾隆二十六年五月十七日彰宝等折。
② 中国第一历史档案馆藏档案,乾隆三十一年正月初六日萨载折。
③ 《清高宗实录》卷六七九,乾隆二十八年正月戊寅。
④ 中国第一历史档案馆藏档案,乾隆三十一年十一月十一日永泰折。
⑤ 《筹办夷务始末》(咸丰朝)卷一。
⑥ 《钦定新疆识略》卷一二《外裔》。
⑦ 《钦定新疆识略》卷一○《厂务》。
⑧ 永保:《伊犁事宜·驼马处》。
⑨ 中国第一历史档案馆藏档案,乾隆三十六年五月二十一日伊勒图折。

4 575匹,牛1 078头,羊23 434只。① 贸易数额之大,于此可以看出。塔尔巴哈台的交换也相当活跃,只是清政府为维护伊犁的贸易中心地位,对塔尔巴哈台的交易规模有所限制,故总额不及前者,牛马每岁通常为数百头(匹),羊约35 000只左右。②

贸易的发展从内地丝绸的销售量上同样明显地反映出来。根据乾隆二十八年至乾隆四十六年(1763—1781)历年新疆自江南三织造办解的丝绸数额一览表(见文章末尾附表2)可知,直到乾隆三十五年(1770),运往新疆伊犁、塔尔巴哈台两处的江南丝绸数量不断增加,从每年8 000匹增加到一万数千匹,最高时接近2万匹。乾隆三十六年到乾隆四十六年(1771—1781),数额略有下降,但也保持在5 000匹左右,有时超过1万匹。虽然这只是运解数目而并非最后成交额,但因历年的调解清单都是在参考当年实际贸易和库贮情况下,对下年加以预测后制定的,随时有所增减,因而当与实际情况相去不远。

2. 与天山南路各城的丝绸贸易

清政府与天山南路的丝绸贸易始于乾隆二十四年(1759)。当时清军尚未结束南疆的战事,为了筹集军粮,有关官员便以随军运去的内地丝绸、布匹,向阿克苏的维吾尔居民"易换米粮"。从永贵给朝廷的奏疏中可知,交易在这年三四月间已经开始,到五月初共"用过整布三千余匹"③。为了在五、六月小麦成熟时再次交易,清廷又从哈密和内地加调来大批缎绸布线等物。据有关记载称,这次贸易采取了先将实物以银分别定价,再按价折算交换的办法。或许是由于调入的缎布数量不足,而当时又急需粮食,这批缎布作价相当高昂,远远超过实际成本。据清单中的数字可知,缎、布两项合计7 800余匹,连同现银3万两,共采买粮食11 600石。④

南疆平定后,贸易活动继续开展。乾隆二十五年(1760),陕西抚巡钟音奏报:"阿克苏等城交易应备绸缎、瓷器等项,经肃州军需局议令陕省购备,

---

① 中国第一历史档案馆藏档案,乾隆三十七年十月二日、十月三十日、十一月七日舒赫德折。参见蔡家艺:《清中叶哈萨克族与内地各族人民贸易关系浅探》(载《中国民族关系史论集》,青海人民出版社1988年版)。

② 永保:《塔尔巴哈台事宜·孳生》。

③ 中国第一历史档案馆藏档案,乾隆二十四年五月二十一日吴达善折。

④ 据王熹、林永匡《清代新疆的丝绸贸易》(载《新疆社会科学》1986年第6期)中所引档案数字统计。

杂色绫三百匹,纺丝绸四百匹,濮院绸二百匹,二细瓷碗、盘碟、茶盅一千件,并采买骡八十头,驮送到肃出口。"①同年十二月,阿克苏办事大臣舒赫德以"各城贸易所需绸缎等项现在不敷",咨请再办运摹本缎、府缎、各色绫绸、姑绒褐子等共两千匹,"即由内地……轻驮缓站,委员运送前往"②。乾隆二十六年(1761),清廷又行文从内地调取红、绿、蓝、月白、真紫、花绫数百匹。

　　南疆丝绸贸易的对象,主要是当地的维吾尔居民。如乾隆二十九年(1764)江宁织造的一份呈文,就明确提到该处承办的八庹宁绸"系阿克素(苏)为卖给回人"的,同时承办的还有元青、石青宁绸等种。③此外布鲁特商人有时也前来购取。乾隆二十五年(1760)曾有一批布鲁特商人欲携银前赴哈密贸易,购置内地丝绸及片金、针线、纽扣等物,得到清廷同意,命哈密官员"仿照哈萨克贸易之例,善为妥办"④。在这之后,布鲁特商人经常往来于游牧山区与喀什噶尔、叶尔羌、乌什诸城之间,在贩卖牲畜的同时,也购买包括丝绸在内的各种生活用品。⑤

　　乾隆二十九年(1764)以前,天山南路与内地的丝绸贸易由阿克苏大臣主持,其后贸易地域渐次扩大,喀什噶尔、叶尔羌、乌什三城成为主要交易场所。在各城大臣开报的调取清单中,我们注意到,在南疆销售的丝绸品种中不仅有江南三织造的产品,还有相当一部分出自山西、山东和陕西等省。其中秦纱"系西安土产",潞缎、双泽丝绸"俱系晋省出产"。沉香色茧绸则是山东特产(上述几种,后来伊犁等地亦有调取)。从附表2可以看出,三城每年可以调解的各种丝绸数量为200匹至400匹不等,其中还包括赏赉用缎,因此总体来说,南疆的丝绸贸易规模远远小于北路。

(二) 官铺贸易

　　官铺由新疆各驻防营集兵饷开设。每年派员至内地购货转售给本处官兵及居民,借以调剂各营日用。这种商业活动既不同于民间贸易,又与清政

---

① 中国第一历史档案馆藏档案,乾隆二十五年十一月二十八日钟音折。
② 中国第一历史档案馆藏档案,乾隆二十五年二月十三日杨应琚折。
③ 中国第一历史档案馆藏档案,乾隆二十九年十月十九日彰宝折。
④ 中国第一历史档案馆藏档案,乾隆二十六年二月十一日杨应琚折。
⑤ 如乾隆三十年正月初三日杨应琚折内即有"赏赉回子、布鲁特人贸易需用绸缎不敷,拟调各色绸缎绫纱七百八十四"等语。

府主持下的官办贸易有所区别。虽然与民间贸易、官办贸易相比，官铺贸易在贸易活动中不占主要地位，但作为新疆与内地经济交流的又一渠道，也有加以阐述的必要。

在新疆开办官铺的设想，是伊犁将军明瑞首先提出的。乾隆二十八年（1763）他在办理凉州、庄浪满洲兵移驻伊犁事宜时表示："预备开设店铺，按月查访市价，酌平增减，每年所得余利，一体均散各兵，以为买补马匹，修理器具之用。"①清廷准许驻防各营设立官铺，"原因初经创立，商贩稀少，借此以利兵丁"②。这里所说的"以利兵丁"，包括三个方面：其一，官兵新近移驻，而商贩流通不足，借助官铺来保证官兵日常生活中对内地商品的需求；其二，官铺货物由公家运转，售价略低于市价，可使官兵免受商人敲剥；其三，提取官铺的商业利润以补贴兵丁盐菜和办公费用。

就目前所见材料可知，各城中伊犁惠远城官铺开设最先，始于乾隆三十一年（1766），其次是惠宁城，始于乾隆三十五年（1770），均系集移驻兵丁的"原领制装银"作本，"由内地置货带来"。③ 又从乾隆四十年（1775）上谕称"伊犁、乌鲁木齐等处驻防满兵，现俱开设官铺，分派贸易……开铺已久"④来看，乌鲁木齐的官铺在此之前便已存在。只有塔尔巴哈台一处出现较迟，直到嘉庆七年（1802）才由该处大臣策拔克会同伊犁将军松筠奏定设立。⑤官铺经营的商品，主要是日常生活必需的布匹、茶叶和药材，此外还有各种杂货，"一切食用等物亦均自行置买"，并因经销重点不同而有官布铺、官茶铺、官药铺、官当铺等名称。其中，伊犁惠远城官布铺规模最大，拥有本银五六万两，"每二年派官兵由内地置货一次"，进货价值连同脚价成本每次约为6万两。随着经营规模的扩大，惠远城又从布铺领本开设"官药铺一座"，"随布铺于内地置买药材丸散"。 惠宁城的情况与惠远城大致相同，布、药两铺加当铺的商业利润一项每年有七千余两。⑦ 官铺购货多在陕西、甘肃两省。乾隆四十七年（1782），"伊犁满洲两城官铺内所售货物不能接济"，将

---

① 《清高宗实录》卷六九九，乾隆二十八年十一月己巳。
② 《清高宗实录》卷一一四九，乾隆四十七年正月戊午。
③ 永保：《伊犁事宜·两城满营》。
④ 《清高宗实录》卷九七九，乾隆四十年三月戊辰。
⑤ 兴肇：《塔尔巴哈台事宜》卷二《库藏仓庾积贮》。
⑥ 永保：《伊犁事宜·两城满营》。
⑦ 永保：《伊犁事宜·两城满营》。

军伊勒图即奏请"照例派弁兵赴兰州、西宁等处贩买"①。道光六年（1826），吐鲁番、乌鲁木齐二城亦"借饷"到内地置货，共动用"饷银六万八千两"②。塔尔巴哈台因地处偏远，其官布铺有时就在乌鲁木齐购买自内地运来的"布匹、杂货并大小斤茶，给官员领买"。买茶"多者千余斤，少则数百斤不等"，最高额曾达大小斤茶各9000余斤。③

尽管设立官铺的主要目的是调剂本营官兵生活，但其实际作用并不局限于此。道光十年（1830）达凌阿回顾本城官铺历年经营情况时即说，买茶之人包括"官兵民人并蒙古人等"④。又如嘉庆十七年（1812），伊犁惠远全城"连染瘟疫"，官药铺赊售大批药料，合银计6800余两，帮助官民人等渡过危难。⑤ 因此，官铺贸易不仅扩大了内地商品在新疆的销售，也便利了当地人民的生活。

道光八年（1828），那彦成在南疆的喀什噶尔、乌什、叶尔羌，一度仿北疆伊犁之例试办官铺，以内地茶布与布鲁特商人易羊，用"茶布价息"补贴官兵。但只开办一年有余，即因"销路不畅，羊只绝少"，无法实行而中止。⑥天山北路的各处官铺则一直保持到道光末年。

三

民间贸易是随内地商人大量进入新疆而兴盛起来的。自乾隆二十年（1755）清廷用兵伊犁以来，巴里坤、哈密等处已有少量商贩随军贸易。全疆平定后，在清政府的鼓励倡导下，内地商民纷纷领取印照，携资出关，活动足迹很快遍布天山南北。

内地商人来自全国许多省份，通常由两条路进入新疆：一路从张家口、归化城，经蒙古草地至巴里坤，再前赴乌鲁木齐、伊犁等处，也即人们常说的"北路"。经由北路而来的，以直隶、山西省商民居多，其中不乏资本殷实者，

---

① 《清高宗实录》卷一一四九，乾隆四十七年正月戊午。
② 《清宣宗实录》卷一三四，道光八年三月己酉。
③ 中国第一历史档案馆藏档案，道光十年（无月日）达凌阿等折。
④ 中国第一历史档案馆藏档案，道光十年（无月日）达凌阿等折。
⑤ 中国第一历史档案馆藏档案，嘉庆十九年十一月初九日松筠折。
⑥ 中国第一历史档案馆藏档案，道光九年十一月初九日扎隆阿等折。

人称"北套客",并有"大贾多从北套来"①的说法。蒙古商队也在这条路上不时往返。纪昀《乌鲁木齐杂诗》中有"敕勒阴山雪乍开,辎汗队队过龙堆。殷勤译长稽名字,不比寻常估客来"的诗句,就描写了蒙古商队到来时的情景。② 另一路由河西走廊经肃州出嘉峪关,至哈密后分道进入天山南北,被称为"西路",是陕甘、江浙、湖广、四川等省内地客商进入新疆的必由之路。

乾隆、嘉庆年间,新疆的内地商民人数增长很快。乾隆三十七年(1772),陕甘总督文绶奉命出关,沿途目睹了天山北路"年来商贾贸易,佣工艺业,民人日多一日"的兴旺气象。在巴里坤,"城关内外,烟户铺面比栉而居,商贾毕集,晋民尤多";奇台一带"内地商贾、艺业民人俱前往趁食,聚集不少";乌鲁木齐商贾辐辏,"比之巴里坤城内,更为殷繁"。由于出关商民源源不断,文绶特别奏请将嘉峪关的关门"每日晨开酉闭",以利行旅。③ 到乾隆末年,仅乌鲁木齐各属商民已达 11 545 户,"男妇子女共四万三千七百九十一名口"④。

关于天山南路的内地商民,以往普遍强调从乾隆三十年(1765)清政府镇压乌什起义的维吾尔群众后,即实行隔离政策,对于内地商人进入南疆有严格限制。但从我们接触到的材料来看,乾隆中后期到嘉庆中期,南路各城的内地商民人数及其铺面规模也呈不断扩大的趋势。以喀什噶尔为例,乾隆二十八年(1763)前后有商民铺房、堆房 28 处,乾隆三十二年(1767)增加到 44 处 138 间,嘉庆十五年(1810)再增至 96 处。在叶尔羌,乾隆二十八年(1763)仅商民 19 名,建铺面房 44 间,嘉庆十五年(1810)已增加到 180 余处。英吉沙尔向无铺面房间,乾隆五十九年(1794)前后"始有小铺五处",嘉庆中也扩展为 33 处,10 余年中增加了 5 倍以上。⑤ 道光七年(1827)张格尔之乱被平定后,清廷宣布解除南疆商民不得携眷的限制,从此内地商民在天山南路的人数有了更大的增长。

各路商贩所经营的商品项目,多因人、因地、因其资本财力而有差异,但

---

① 纪昀:《乌鲁木齐杂诗》。
② 纪昀《乌鲁木齐杂诗》之"民俗"其三十八,该诗下注:"蒙古商民,别立蒙古乡约统之,稽防较密"。
③ 《皇朝经世文编》卷八一,文绶《陈嘉峪关外情形疏》。
④ 达林、龙铎:《乌鲁木齐事宜·户口(商民附)》。
⑤ 此处数字分别见于中国第一历史档案馆藏档案,嘉庆十六年一月十日、四月五日铁保折,嘉庆十六年一月十日铁保折附片,嘉庆十六年二月二十四日那彦宝折。

总的来说,品种繁多,相当丰富。他们一方面把内地或其他边疆地区的货物输往新疆,另一方面将新疆的农牧土特产品贩入内地,以盈补缺,互通有无。诸如牲畜、茶叶、绸缎、布匹、药材、日用器物等,都是他们日常经营的基本商品。

(一) 买卖牲畜

乾隆年间,喀尔喀蒙古各部牧民常将牛羊由游牧地送至巴里坤贸易,但他们不愿与官方进行交易,"一闻官买,即非情愿,往往藏匿"。清廷只得下令停止官方直接采买,"俟伊等与商民交易,再向商民买取"①。由于前来出售牲畜的蒙古牧民颇多,巴里坤成为畜产品的重要集散地,内地商民在此先向蒙古牧民购进牲畜,再转手售于当地官兵或居民。从乾隆二十五年(1760)礼部侍郎五吉奏称"购办巴里坤商贩羊只二千余……合之从前所购共羊一万四千余只……以五百只为一群,加意牧放"等语来看,交易规模相当可观,以后又增加了牛只的买卖。②

内地商民与哈萨克部及伊犁地区其他游牧民族也存在牲畜交易,有关记载很多。起初清廷担心会影响当地的官办贸易,试图加以禁止,但实际上禁而不绝。如乾隆四十四年(1779)有商民赵良载、蓝文炳等从哈萨克购买马匹③。乾隆五十九年(1794),有关官员又查出"哈萨克……与民人私换羊只"④。嘉庆以后,上述政策有所改变,在塔尔巴哈台,除官方购买的官兵口食羊及办公羊只,其余牲畜及货物"准商民以绸缎、布匹交换"⑤;在伊犁,道光年间亦准许商民"以绸缎、茶叶自行易换"。交易时,无论官民,均在贸易亭易换,"不准互相赊欠"⑥。

(二) 茶叶

茶叶是西北少数民族的重要日用饮料,"伊、塔、镇迪汉、蒙、哈、回均以

---

① 《清高宗实录》卷五七八,乾隆二十四年正月丙申。
② 《平定准噶尔方略续编》卷八,乾隆二十五年十二月丁酉。
③ 《清高宗实录》卷一〇七五,乾隆四十四年正月丁未。
④ 《清高宗实录》卷一四六〇,乾隆五十九年九月戊戌。
⑤ 《军机处录副奏折》,道光十一年五月八日巴哈布奏,转引自蔡家艺:《清中叶哈萨克族与内地各族人民贸易关系浅探》。
⑥ 《筹办夷务始末》(咸丰朝)卷一。

茶为养命之源"①。需求量大,容易获利,故商贩都乐于经营。有人认为这种茶叶贸易同丝绸贸易一样,纯为官办商业,"承担这项贸易的主要是军队"②。其实这是一种误读。由官方组织运入新疆,交官兵领买的那部分官茶,是作为兵饷搭放的,只供当地驻军自用,茶价即在应领饷银内扣除。③ 其之所以用茶抵饷,一是考虑搭放"较之买自商人尚属减省,于官兵有益",二来可借此推销甘肃藩司的库贮陈茶。

至于天山南北民间食用的大量茶叶,有附茶、杂茶、大茶、斤茶等。附茶也即甘肃官茶,由西路运来;杂茶、大茶、斤茶均为北路商人兴贩。大茶、斤茶又统称"砖茶","兵民买食,最称便利"。④ 道光八年(1828)那彦成在回顾乾隆以来新疆茶叶贸易之情形时说:"(除)伊犁、塔尔巴哈台、乌什三城向例兵饷搭放茶封外,其余十二城均系甘司引地。……向系官商运至凉州发庄,听来往客贩转运出关,随地销售。""北路商人由北路归化等处兴贩杂茶,领票行销……大约均至巴里坤、乌鲁木齐后由吐鲁番地方行走,向来未有章程稽考。"⑤据道光初年的统计,北路砖茶在古城的销量每年高达7000余箱,⑥兰、凉及口外各城岁行附茶,"通计四五十万封,较额销官引竟多至倍余"。⑦

(三) 日用器物

日用器物包括缎、布、铜铁制品、食品、药材及其他什物。

绸缎、布匹均为官办贸易的大宗商品。但作为民间日用所需,内地商人也自行置办运销。成书于乾隆末年的《塔尔巴哈台事宜》载,该处有"如每年哈萨克牲畜过多,布匹不敷,即采买商民杂色梭布添用"⑧的规定,说明当地有商人从事一定规模的布匹贸易。嘉庆年间开放与哈萨克的贸易交换后,民间贸易中的缎、布所占比重应当有更大增加。这一时期南疆的内地商

---

① 《新疆图志》卷三三《食货志二》。
② 刘志霄:《维吾尔族历史》,民族出版社1985年版,第526—527页。
③ 永保:《伊犁事宜·粮饷处》。
④ 《平定回疆剿擒逆裔方略》卷六八,道光八年七月丙寅。
⑤ 《那文毅公奏议》卷七七。
⑥ 《清宣宗实录》卷六○,道光三年十月丁巳。
⑦ 《那文毅公奏议》卷七七。
⑧ 永保:《塔尔巴哈台事宜·仓库》。

人也开始经销丝绸。如嘉庆六年(1801)喀什噶尔大臣富俊就说:"现在各城市集俱有货卖绸缎",其价格适中,较之官卖丝绸更受欢迎。①

关于铜铁制品。新疆统一前,清政府对内地铁器贩往西北向有禁例,特别是熟铁制品及各种兵器。乾隆中,禁令渐弛,到乾隆五十八年(1793),清廷则采纳伊犁将军奏请,对"新疆应用钢铁铜锡等物",将禁止出关之处停止,准令贩卖,惟"不可使哈萨克、布鲁特等外夷转相贸易"②。此禁一开,各种熟铁制成的生产工具及铜、铁、锡制的日用器皿的贩卖活动便随之发展起来。

关于食品。进入新疆的内地食品种类繁多,诸如酒类、果品、水产海鲜、风味吃食等,不一而足。纪昀谪居乌鲁木齐时,曾惊叹这里的内地食物种类之多及内地客商生意之兴隆。据他说,"每岁酒商东归,率携银二三万而去";又说"一切海鲜,皆由京贩至归化城,北套客转贩而至",连"朱橘黄柑"之类南国水果也时可见到。③ 在天山南路,陕甘商民兼营风味小吃者也为数不少,如喀什噶尔城内商民开设的一些小店铺,乾隆中,"所有售卖者俱系吃食、碎小器用物件,并非大本商人"④。

内地药材以大黄为主,南北疆均有出售。仅以乾隆五十四年(1789)为例,阿克苏有商民马成孝等人原存、新贩大黄870余斤;叶尔羌有维吾尔人贩买吐鲁番商民老三的大黄600余斤;并有哈密商民由甘肃私贩大黄5000余斤前赴乌鲁木齐,⑤数量都很惊人。不过应当指出的是,新疆本地居民对大黄的需求量不是很多,运入新疆的大黄有很大一部分又经过转手贸易,被贩入中亚和俄国境内。

(四) 玉石

新疆盛产玉石,南疆叶尔羌、和阗的玉石尤负盛名。从乾隆年间起,这里就吸引着为数众多的玉商,当时规定,采玉石之后除挑选上品进呈,其余

① 中国第一历史档案馆藏档案,嘉庆六年八月二十五日富俊奏。
② 《清高宗实录》卷一四三七,乾隆五十八年九月丙午。
③ 纪昀:《乌鲁木齐杂诗》。
④ 中国第一历史档案馆藏档案,嘉庆十六年(无月日)铁保附片。
⑤ 《清高宗实录》卷一三二〇,乾隆五十四年正月辛酉;卷一三二二,乾隆五十四年二月乙未;卷一三二三,乾隆五十四年二月癸丑等。

玉石可发卖变价,阿克苏即为"回城售卖玉石之地","玉石皆聚于彼"。有不少内地商人在此"开铺收买",①也有人先从内地贩运绸缎,销售后再以货款购买,如乾隆四十三年(1778)商人吴芭洲等人运入关内的 1 000 余斤玉石,即是用这一方法购置的。② 乾隆四十三年(1778)后,因叶尔羌大臣高朴串通内地商民私鬻玉石案发,一度玉禁趋严。直到嘉庆四年(1799)开禁,交易才重新活跃起来,并很快再次形成热潮。由于"内地商民趋利,携银踊跃而来",以银兑换当地的普尔钱使用,竟致使叶尔羌一时间"钱价腾踊"。③

(五)棉花

棉花也是新疆输入内地的重要商品。这项贸易是在嘉庆年间发展起来的。输入内地的棉花产区集中在南疆东部的喀喇沙尔和吐鲁番。喀喇沙尔"土地肥饶,利于耕植,播种棉花,尤易繁衍"④。所辖布古尔、库尔勒两城回地,"租与内地汉民种植棉花"⑤。吐鲁番"地气温和,宜种木棉,从前产花无多,近来种植甚广"⑥。据松筠说,棉花收获后运至内地贩卖,"收获倍之利息"。因而他曾于嘉庆十九年(1814)奏请对输入内地的棉花征税,"于商贩经过处所,如嘉峪关等处酌量抽税"⑦。

(六)粮食

道光三年(1823),乌里雅苏台将军果勒丰阿奏称:"查明该处各项商价,及蒙古人等所食口粮,向系商民等驮载茶货,前赴古城兑换,其古城商民,亦常川贩运米面,来营兑换砖茶,赴西路一带售卖"⑧。由此可知,随着天山北路农业区的开拓,新疆已经在自给之余,具备了向外地输出的能力。这项粮食在当时已成为乌里雅苏台一带蒙古牧民食粮的基本来源,从"每年驮运砖茶七千余箱,前赴古城兑换米面"的记载来看,粮食的销售量应十分可观。

① 《清高宗实录》卷一〇七〇,乾隆四十三年十一月己丑。
② 《清高宗实录》卷一〇七〇,乾隆四十三年十一月丁亥。
③ 中国第一历史档案馆藏档案,嘉庆六年八月二十五日富俊奏。
④ 中国第一历史档案馆藏档案,嘉庆十九年(无月日)松筠折。
⑤ 《清仁宗实录》卷一八四,嘉庆十二年八月戊寅。
⑥ 中国第一历史档案馆藏档案,嘉庆十九年四月初九日松筠折。
⑦ 中国第一历史档案馆藏档案,嘉庆十九年(无月日)松筠折。
⑧ 《清宣宗实录》卷六〇,道光三年十月丁巳。

四

如果把清中叶的贸易往来活动与清初相比较就会发现,这一时期新疆与内地贸易关系的发展,不只是交往规模的简单扩大和交往程度的频繁,还在流通渠道、交易方式上,表现出不同于以往的发展趋向,标志着新疆与内地的经济交往由此进入了一个更高的历史阶段。

首先,开放的多渠道贸易代替了传统的通贡贸易。

如前所述,清初新疆与内地的贸易往来,是在遣使朝贡的政治关系基础上建立起来的,其基本交换形式是贡赏交换与贡外的互市贸易。虽然后期出现了较为灵活的肃州定期贸易,但就其性质而言,仍是贡外互市的一种变通和补充。在通贡贸易关系下,清朝统治者为加强对新疆地区的控制,总是把贸易作为工具和手段,使之服务于自己的政治和军事需要。或开通贸易以示笼络,或关闭贸易以示惩戒,贸易关系随政治形势起落不定。即使在正常交往时期,贸易也每因入贡年限、次数、人数、地点、规模等方面规定的限制,不能持续和广泛地进行。因此,对于新疆与内地的经济交流来说,通贡贸易是一种有限的远未充分的形式。

乾隆中期以后的情形就大不相同。由于新疆与祖国内地的政治联系空前紧密,清政府对开展贸易的着眼点,已从政治需要更多地转向经济需要本身,强调商贩云集,懋迁有无,可使"货物流通""活跃生计""更于新疆有益"。清廷主动撤销了以往人为设置的各种障碍,从而实现了开放的多渠道贸易。这时的贸易场所,从原来限定的关内少数地点,一变而扩展到天山南北广大地域。随着数以万计的内地人口接踵而至,商业交换的多种形式、多种途径,在不同的方面和层次同时展开。在官办贸易中,有清政府主持的丝绸贸易,也有地方驻军经营的官铺交换;在民间贸易中,有殷富商贾,也有小本商贩,他们或携眷,或只身,或开店坐贾,或流动贩卖,而清政府面对上述各种活动,均持欢迎鼓励态度。不言而喻,这种贸易关系所达到的广度和深度,是通贡贸易所无法比拟的。

当然,这里所说的"开放",是较之通贡贸易而言,因而只具有相对意义。事实上,清统治者没有也不可能完全放松对贸易的控制,如在倡导民间贸易的同时,又制定了一整套严格的印照盘验制度。道光三年(1823)喀喇沙尔办事大臣徐锟回顾乾隆年间的规定说:"平定新疆之后,凡内地民人出关,定例赴肃州知州衙门领取印票,到关查验放行,至南北各城验收前票,另换各大臣印票。"①对于经过者,"俱查验年貌,询明姓名注册,方得开关放行"②。南疆还曾一度限制商民携眷和与当地维吾尔人民杂居共处。但是上述规定与其说是限制贸易本身,不如说是出于维护封建治安和减少事端的考虑,在开放贸易的前提下,力求有所稽查。因此,乾隆二十五年(1760),清廷曾特别谕令对赴新疆贸易旗民,地方官就近给照行走,将北路商民的领照地点从乌里雅苏台改为沿途"各该地方官及扎萨克等,按其道里,给与印照",大大方便了商民的往来。③

其次,在交易方式上,民间贸易兴起并逐步取代官方贸易而占居主导地位。

民间贸易的兴起是随开放贸易而来的。在通贡贸易阶段,清政府为了掌握贸易交换的主动权,总是竭力将一切活动纳入官办的轨道,对民间的交往设法限制甚至严禁。直到乾隆中期以后,民营贸易才第一次取得了与官营贸易同等的合法地位,从此日盛一日地发展起来。乾隆后期,官营贸易从盛极一时的高峰,逐渐下降收缩,而民营贸易却方兴未艾。大约在嘉庆后期,民营贸易已经成为新疆与内地进行贸易交换的主要方式。

民营贸易在整个贸易活动中地位的上升,具有积极意义,是一种历史的进步。在清中叶新疆与内地的贸易交往中,官营贸易对活跃新疆与内地的经济联系,起过不容忽视的作用。其优点在于能借助国家的财力、物力,及时和大规模地在边疆地区开展急需的贸易交换,这一点在清政府主持的丝绸贸易中表现得十分明显。然而作为购、运、销各流通环节都由封建官府掌握的商业活动,它在推进贸易交流方面又带有很大的局限性,因为其不可避免地会以封建政权力量干预、强制商业活动。诸如强买强卖、价质不符等内地官办商业常见的弊端,在这里也时有表现。如在与哈萨克部的丝绸贸易中,清廷多次查出丝绸商品有"质地浇薄,丈尺短少以及霉点等弊",而哈萨克商人因对方代表官府,"虽物料稍次,亦不敢过为争执"。虽然乾隆皇帝一再严令对有关人员罚赔处分,但始终不能杜绝上述现象。喀尔喀蒙古在

---

① 《清宣宗实录》卷五三,道光三年六月戊午。
② 《皇朝经世文编》卷八一,文绶《陈嘉峪关外情形疏》。
③ 《清高宗实录》卷六一〇,乾隆二十五年四月己卯。
④ 《清高宗实录》卷七一九,乾隆二十九年九月辛未。

牲畜交易中,"一闻官买,即非情愿,往往藏匿"①的情景,更表明了他们的恐惧和反感心理。道光初年,南疆喀什噶尔的官铺贸易在一度试办之后不得不宣告停止,其重要原因之一就是商茶价贱,官茶价高,布鲁特商人因交易"无利","畏难不前",以致"羊只进卡渐少",贸易无法进行。② 与前者相比,民营贸易更能够顺应商品经济的内在规律,有利于商业交换的持续扩大和深入。因此,从这个意义上说,当民营贸易取代官办贸易成为占主导地位的交换方式后,新疆与内地的经济联系也获得了更为广阔的发展前景。

再次,在交换商品的构成上,也有值得注意的变化,主要是商品类别的丰富及日用民生所需物品比重的增加。

清初,准噶尔方面用于与内地交换的商品主要是牲畜(包括羊、马、牛、驼)和各种毛皮,此外,还有少量葡萄、硇砂、羚羊角等土特产品和革制品。从内地换回的商品中占比重最大的是供准噶尔贵族专用的各种上等丝绸及其制品,日用必需品以针线、茶叶为主。③

乾隆至道光年间,交换商品的种类较前一时期有很大发展。就输入新疆的内地商品而论,传统的绸缎、布匹、茶叶几大项,花色品种日益繁多,产品来源也更加广泛。除此之外,多种多样、形形色色的日用杂货、铜铁器具、食用物品等与人民生产、生活更为密切的商品种类不断出现,而缎布的销售也更侧重于满足广大农牧民的穿着需要,如在与哈萨克的丝绸贸易中,中等以下绸缎的销售量一直持续上升。这表明新疆与内地贸易往来正日益成为当地的社会经济生活中不可缺少的组成部分。从新疆运入内地的商品货物来看,除牲畜皮张以外,农副产品和经济作物如粮食、棉花、干果的输出比重不断增加,这反映出当地经济生产部门的扩展和生产水平的提高。

五

贸易往来的活跃繁荣和贸易关系的稳定深入,对新疆及内地社会经济的发展,都产生了十分重要的影响。在这里,我们打算着重探讨一下贸易往来的发展对新疆地区开发建设的作用。

---

① 《清高宗实录》卷五七八,乾隆二十四年正月丙申。
② 中国第一历史档案馆藏档案,道光九年十一月初九日扎隆阿等折。
③ 蔡家艺:《清前期准噶尔与内地的贸易关系》,载《中亚学刊》第 1 辑。

清代新疆的开发建设是以大兴屯垦、发展农业为中心环节的,持久不衰的丝绸易马贸易为农垦活动的大规模兴起,提供了充足的生产用畜。乾隆二十二年(1757),当清与哈萨克的贸易还在筹备之中,副将军兆惠就提出:"乌鲁木齐地方堪以驻兵屯田,与哈萨克交易马匹,更属有益。"①可见这项贸易从一开始,便与当地的屯田需要联系在一起。当时,如何保证屯田用畜是困扰清政府的一大难题。就在这年十二月,乾隆皇帝曾下令从甘肃、山西、四川三省抽调或采办耕畜解赴新疆。然而"甘省耕牛难购,骒马、菜马亦属无多"②,"川省既无黄牛,而晋省骒马多老不堪用"③。即使采购到少量牲畜,长途运解,"更虞伤损"④。而在贸易活动全面展开之后,这一难题便迎刃而解了。乾隆二十五年(1760),乾隆皇帝以满意的口吻说到此事:"屯田所用马匹,现又取给于哈萨克贸易,其价值较之甘省购办,已属悬殊,兼就水草牧放,更非内地拴喂,需用刍豆可比。"⑤次年三月,当地官员以"内地购办牛驴,较之哈萨克马价,一牛可值马四匹,一驴可值马二匹,现在伊犁、乌鲁木齐贸易马匹既多,且耕作原属可用,请将内地购办牛驴之处停止"⑥,得到清廷同意,从此哈萨克贸易牲畜成为新疆补充屯田役畜的基本来源。

在清中叶,几乎每年都有数以千计的哈萨克牛、马,通过伊犁和塔尔巴哈台调拨到屯田生产第一线,不仅用以补充兵屯所需,也大量提供给民屯和回屯役用。据《伊犁事宜》记载,每年额拨"回户屯田补缺马五百匹","屯田补缺牛四百头"。⑦另据档案所见,在乾隆四十二年至乾隆四十五年(1777—1780)乌鲁木齐所属各营屯及民屯,共从伊犁、塔尔巴哈台两处解到"换获哈萨克马牛"5 443匹(头),其中为安置出关认垦的内地户民,一次就调来马牛1 600匹(头)。⑧这些牛马保证了新到户民春耕生产如期进行。除此之外,哈萨克马还大量用作军台卡伦的乘骑工具,推动了当地的台站交

---

① 中国第一历史档案馆藏档案,乾隆二十二年十月十三日黄廷桂折。
② 《清高宗实录》卷五五三,乾隆二十二年十二月甲戌。
③ 《清高宗实录》卷五五四,乾隆二十三年正月己丑。
④ 《清高宗实录》卷六二○,乾隆二十五年九月己酉。
⑤ 《清高宗实录》卷六一四,乾隆二十五年六月丁丑。
⑥ 《清高宗实录》卷六三三,乾隆二十六年三月丙寅。
⑦ 永保:《伊犁事宜·驼马处》。
⑧ 中国第一历史档案馆藏档案,乾隆四十二年十月十五日、乾隆四十三年十月二十一日、乾隆四十四年十月初九日索诺穆策凌等折,乾隆四十五年十月十八日奎林折。

通建设。

内地商人在新疆地区的商业活动,给天山南北的商品经济注入了极其活跃的因素,大大密切了新疆本地各区域之间的经济联系。在天山南路的叶尔羌等城,商民"年来年往,常川贩货"①,随处销售,沟通着各城之间的商品交换活动;在天山北路,大批商人从事远途的跨区域贸易的同时,还兼营短区间的转手贸易。以牲畜贸易为例,除将来自喀尔喀蒙古的牛羊贩入新疆,他们还在伊犁、塔尔巴哈台等地向游牧部落或当地官牧厂采购牲畜,转运到乌鲁木齐等城出售。乾隆三十七年(1772),伊犁将军舒赫德因转手贸易日多,"兼之民人五方杂处……往往偷盗牲畜,辗转售卖,或经宰杀,或系远扬",特奏请将各项牲畜"仿照内地分设牙行,征收落地税银"。② 他上疏的本意是要加强对贸易的控制,但却使我们看到天山北路各地区商业交换的日益兴盛。还有不少商人在经商的同时兼营农副业,租种菜地果园,再将产品投入市场流通,当地称这种商户为"园户",又叫"菜床"。③

商人在天山南北"云集辐辏",促进了新疆城市体系和商业中心的形成。天山北路的巴里坤、奇台、乌鲁木齐、玛纳斯、伊犁、塔尔巴哈台等一批城镇的相继涌现,都与内地商人的贸易活动分不开。乌鲁木齐在乾隆二十三年(1758)以前地广人稀,后因"屯田民人陆续前来,其贸易人等亦接踵而至","开设市肆五百余间",④很快在乾隆二十七年(1762)发展成为初具规模的城镇。其他各处也都"诸物辐辏,贸易倍增,其牲畜车辆之凑集,与内地无异"⑤。到乾隆后期,随着与内地贸易的进一步开展和新疆本地商品交换程度的提高,这些城市更加繁荣。如乌鲁木齐,"字号店铺,鳞次栉比,市衢宽敞,人民辐辏,茶寮酒肆,优伶歌童,工艺技巧之人,无一不备,繁荣富庶,甲于关外"⑥。伊犁既是军政中心,又是商业中心。赵翼在其《皇朝武功纪盛》中曾盛赞该城的繁华景象:"内地之民争趋之,村落连属,烟火相望,巷陌间羊马成群……商贾辐辏。"⑦巴里坤因"当驰道之冲,关中商人所聚会",成为

---

① 中国第一历史档案馆藏档案,嘉庆十五年十二月二十二日那彦宝折。
② 中国第一历史档案馆藏档案,乾隆三十七年二月二十九日舒赫德折。
③ 纪昀《乌鲁木齐杂诗》之"民俗"其二十九,诗下注:"𦺃菜者谓之菜床"。
④ 《清高宗实录》卷六七四,乾隆二十七年十一月戊辰。
⑤ 中国第一历史档案馆藏档案,乾隆四十九年四月二十八日和珅折。
⑥ 椿园:《西域闻见录》卷一。
⑦ 赵翼:《皇朝武功纪盛》卷二。

新疆与内地商品货物的重要集散地,"粟麦山积,牛马用谷量"。① 天山南路的叶尔羌、喀什噶尔、阿克苏等城,原来就是重要的商业城市,此时更为繁盛。在阿克苏,"内地商民,外番贸易,鳞集星萃,街市纷纭,每逢八栅尔会期,摩肩雨汗,货如雾拥"。在叶尔羌,"中国商贾,山陕江浙之人,不辞险远,货贩其地,而外藩之人,如安集延、退摆特、郭酣、克什米尔等处,皆来贸易"。②

互通有无、以盈补缺的商品流通还极大地改善和丰富了当地各族人民的物质生活。不论是哈萨克牧民、维吾尔农民,还是各城官兵,都借此获得了生活必需的各种物品。正如嘉庆十六年(1811)那彦宝在奏折中所说:"现在……商民、回户俱各安居乐业,所有内地商民往来贩货,回民取用者亦多,而民人亦可藉获利息,是以彼此相安,络绎不绝。"③不仅如此,各族人民之间经济往来的密切,还促进了彼此之间的相互了解,增强了思想、文化、感情上的交流和融合,从而为开发活动的深入提供了更加有利的社会环境。

---

① 《新疆图志》卷二九《实业二》。
② 椿园:《西域闻见录》卷二。
③ 中国第一历史档案馆藏档案,嘉庆十六年二月二十四日那彦宝折。

附表1　乾隆二十三年至乾隆二十五年乌鲁木齐易马情况表

时间	地点	商队名称	易马总数/匹	资料来源
乾隆二十三年九月	乌鲁木齐	额德格、托穆泰等57人	219	乾隆二十三年九月二十四日努三等折
乾隆二十三年十二月	乌鲁木齐	鄂罗斯勒通等	102	乾隆二十三年十二月二十八日定长等折
乾隆二十四年七月	乌鲁木齐	先后四队	1 150	乾隆二十四年七月二十三日满泰等折
乾隆二十四年七月二十四日	乌鲁木齐	章克图等40余人	158	乾隆二十四年八月三日满泰等折
乾隆二十四年十月六日	乌鲁木齐	额德棱、托那哨克巴图鲁等	144	乾隆二十四年十月永德折
乾隆二十四年十月二十八日	乌鲁木齐	两队	454	乾隆二十四年十一月十一日永德等折
乾隆二十四年十一月二十四日	乌鲁木齐	哈萨克霍鼎等50人	390	乾隆二十四年十一月十一日永德等折
乾隆二十五年一月一日	乌鲁木齐	两队	437	乾隆二十五年一月十三日安泰等折
乾隆二十五年九月	乌鲁木齐	呼图拜、阿塔来等	49	乾隆二十五年九月安泰、定长折
乾隆二十五年十一月	乌鲁木齐	乌孙、阿里色特等两队	1 068	乾隆二十五年十二月五日安泰等折
乾隆二十五年十二月五日	乌鲁木齐	克特和卓、哈尔噶拜等两队	379	乾隆二十五年十一月二十七日安泰等折
合计			4 550	

附表 2　乾隆二十九年至乾隆四十六年新疆各地自江南办解的丝绸数额一览表

单位：匹

时间	江南总调数	伊犁	塔尔巴哈台	哈密	喀什噶尔	叶尔羌	乌什	备注	出处
乾隆二十九年	9 500	—	—	—	—	—	—	乌鲁木齐等处	—
乾隆三十年	7 700	6 200	—	1 500	—	—	—	—	乾隆三十年西宁折
乾隆三十一年	14 150	—	—	—	—	—	—	新疆等处	乾隆三十一年三月永泰奏折；乾隆三十一年吴达善折
乾隆三十二年	19 235	—	—	—	—	—	—	伊犁、雅尔	乾隆三十二年吴达善折
乾隆三十三年	13 852	11 312	1 000	—	300	1 240	—	—	乾隆三十三年舒赫德折
乾隆三十四年	12 050	3 370	666	—	—	34	—	—	乾隆三十四年舒赫德折
乾隆三十五年	11 300	9 300	2 000	—	—	—	—	—	—
乾隆三十六年	7 030	4 900	1 500	—	200	200	230	—	—
乾隆三十七年	5 200	5 000	—	—	—	200	—	—	乾隆三十七年舒赫德折

续表

时间	江南总调数	伊犁	塔尔巴哈台	哈密	喀什噶尔	叶尔羌	乌什	备注	出处
乾隆三十九年	4 550	2 600	1 300	—	450	200	—	—	—
乾隆四十年	4 990	2 800	1 500	—	200	200（含和阗）	400	—	乾隆四十年舒赫德折
乾隆四十一年	14 200 △11 900	12 000	1 500	—	—	300	400	—	乾隆四十一年舒赫德折
乾隆四十二年	11 650 △6 850	11 000	—	—	450	250	200	—	乾隆四十二年舒赫德折
乾隆四十三年	6 650	6 000	—	—	400	250	200	—	乾隆四十三年舒赫德折
乾隆四十四年	3 630	3 000	—	—	210	200（含和阗）	200	—	乾隆四十四年舒赫德折
乾隆四十五年	2 900	—	—	—	—	—	—	伊犁等处	乾隆四十五年舒赫德折
乾隆四十六年	6 200（含山西、陕西,山东绸缎270匹）	5 000	300	—	400	300（含和阗）	200	—	乾隆四十六年舒赫德折

（原载《清代边疆开发研究》,中国社会科学出版社1990年版）

道光年间天山南路兵屯的演变

道光中后期天山南路兵屯的演变,是清代新疆农垦史上一个值得注意的现象,它从一个方面反映了新疆屯垦形式的演替趋向,以及清代天山南路农业发展的阶段特点。近年来,有不少文章先后接触到这个问题,但受文献资料所限,尚未能做出具体说明,某些推断亦有疵谬。最近,笔者在中国第一历史档案馆查阅到的部分档案,为搞清这些基本事实提供了第一手资料。本文即以这部分档案为主要依据,探讨、阐述道光年间天山南路兵屯演变的始末及其影响,以期对深入认识这一现象有所裨益。

在讨论兵屯演变问题之前,有必要先对天山南路兵屯的设置由来及制度特点略作介绍。

清朝在天山南路开办兵屯的历史,最早可以追溯到康熙朝用兵准噶尔时期。为了减少远征中的军粮转输负担,清政府于康熙五十五年(1716)下令,在天山北部的巴里坤和南路靠东的哈密兴办屯田,派绿营兵丁从事耕种。① 康熙六十年(1721)清军收复吐鲁番后,又在该地设兵屯垦。② 但是,由于在康雍两朝西北局势多次发生变化,这些兵屯持续的时间都不长久,于雍正中和乾隆初年被相继放弃,仅哈密的蔡巴什湖一处保留了少量由防兵

---

① 《清圣祖实录》卷二六八,康熙五十五年二月乙丑。
② 《清圣祖实录》卷二九五,康熙六十年二月。

耕种的屯地。① 乾隆二十年至乾隆二十四年(1755—1759),清政府再次出兵西域,完成了对这一地区的统一。随着统一进程的发展,天山南路兵屯也由恢复转向扩大推广,并进入正式建置阶段。

乾隆二十二年(1757),清政府首先派兵垦复哈密原屯地塔尔纳沁,第二年推进到吐鲁番地区的托克逊、辟展、哈喇和卓及其西的喀喇沙尔。② 乾隆二十六年(1761),蔡巴什湖原设防兵撤回,地亩交新来屯兵正式建屯,几年后又增置牛毛湖屯地。③ 乾隆二十七年(1762),阿克苏酌设稻屯田150亩。④ 乾隆三十年(1765),清政府于镇压乌什维吾尔族农民起义后,在当地派驻重兵,随即兴屯。⑤ 同时,乾隆二十七年(1762)以后,为安置自甘肃瓜州迁回吐鲁番的维吾尔人众,清廷一度曾将辟展、托克逊、喀喇和卓各屯点全部裁撤;至乾隆四十四年(1779),吐鲁番郡王素赉璊因事获罪,"籍其私产、地亩",自辟展至托克逊重又开设兵屯,分作七工(屯点又称工)。⑥ 至此,天山南路共建立兵屯五处,自东而西为哈密三屯、吐鲁番七屯、喀喇沙尔三工、乌什四工,阿克苏稻屯一处,屯田格局基本确立。

南路兵屯的屯种规模,随时间不同而稍有变动,现据文献及档案史料所载开列于下(见表1),以见其大概。

以上各处兵屯中,哈密地当新疆门户,"扼南北两路咽喉要道",连通甘肃,经营较久,其制度接近北路而与吐鲁番以西诸屯有所不同。这里的屯兵由哈密协标属营就地拨派,定期轮换,⑦很早就实行携眷屯种。其余吐鲁番、喀喇沙尔、乌什、阿克苏四处屯所,则长期实行换班屯兵制。屯兵来自口内陕西、甘肃各绿营提标,只身赴屯,每届期满(初为三年一班,后改五年),由原派各营另调人员前来替换,如此更代往复,轮替不已。

---

① 中国第一历史档案馆藏:《宫中档朱批奏折》,乾隆二十六年八月二十七日杨应琚奏。
② 《宫中档朱批奏折》,乾隆二十二年十月十三日黄廷桂奏。
③ 《宫中档朱批奏折》,乾隆二十六年八月二十七日杨应琚奏。
④ 《钦定皇舆西域图志》卷三三《屯政二》。
⑤ 《清高宗实录》卷七四七,乾隆三十一年十月己未;卷七四八,乾隆三十年十一月癸未。
⑥ 《钦定新疆识略》卷三《南路舆图》。
⑦ 《宫中档朱批奏折》,乾隆二十四年十一月杨应琚奏。

表1 乾隆年间天山南路兵屯情况表

兵屯名称	屯地分布	建置始年	乾隆四十四年 人数/人	乾隆四十四年 亩数/亩	嘉庆二十五年 人数/人	嘉庆二十五年 亩数/亩	道光十九年 人数/人	道光十九年 亩数/亩
哈 密	塔尔纳沁	乾隆二十四年	170	7 030	170	7 030	170	7 030
	蔡巴什湖	乾隆二十七年	100	4 065	100	4 065	100	4 065
	牛毛湖	乾隆三十二年	10	205	10	205	10	205
吐鲁番	七工（后分九工）	乾隆二十四年	700	14 700	700	14 700	700	14 700
喀喇沙尔	三工	乾隆二十三年	362	7 440	302	6 040	302	6 040
乌 什	四工（后分三工）	乾隆三十一年	400	8 000	250	5 000	340	6 800
阿克苏	稻屯一处	乾隆二十七年	15	150	15	150	15	150
合 计			1 757	41 590	1 547	37 190	1 637	38 990

注：①建置始年以《钦定皇舆西域图志》为准。②表中数字分别引自《钦定皇舆西域图志》卷三二、卷三三；《钦定新疆识略》卷三；《军机处录副奏折》，道光二十四年九月十六日维禄折。

应当指出，乾隆年间广开兵屯，目的在于"屯田裕饷"，以边养边，为设官驻兵奠定经济基础。针对不同地区的具体特点，屯点配置的疏密轻重也不尽相同。天山以北是全疆军政中心所在，但农业水平低下，又兼多年战乱，人口亡散殆尽；天山以南是传统的绿洲农业区，"素习农功，城村络绎，视准疆数千里土旷人稀，形势迥别"①，又系维吾尔族聚居之区。这些都决定了兵屯在总体布局上呈现出"北重南轻"的特点。另外，就天山南路而言，东西两部分的经济发展水平又不平衡。西部的喀什噶尔、叶尔羌、和阗等城，拥有大部分南疆耕地和农业人口，其经济实力为东部各城所不及；而从声势联络、有利控制的战略考虑出发，清政府需要在东部地区也保持相当的兵力。这样，通过兴置兵屯来保障东部各城驻军的兵糈，就成为势所必然。南路兵

---

① 《钦定皇舆西域图志》卷三一《兵防》。

屯的建置之所以集中分布在哈密至阿克苏之间,这是一个重要原因。以吐鲁番、喀喇沙尔、乌什三城情况为例,乾隆四十年(1775)当地人户每年交纳的赋粮总数仅6 415石,①而其时三城兵屯的年产量至少在2万石以上,有时还能超过2.4万石。② 因此,即使扣除屯兵口粮,也应有一万数千石上交,是当地纳粮数的3倍左右。

二

南路兵屯的上述格局持续了60余年,在进入道光中期以后却逐步发生改变,引起和推动这一变化的是一系列"裁屯安户"活动。

道光十九年(1839)九月,乌鲁木齐都统廉敬首先上疏,请求"将吐鲁番屯田兵丁裁撤回营,改设户民"③。他在疏中详细陈述了自己关于改变现有兵屯制度的意见。

> 新疆各处,由内地营分拨兵屯田……原系筹划安边,以收寓兵于农之效。……数十年来,时和岁稔,鸡犬桑麻不殊内地。原安户民近复生齿繁衍,每年由陕甘四川出口谋食者岁以万计。昔时户民户不足,今则地少人多;昔时须壮兵威,今则宜足民食。……若以口内之兵远赴口外屯田,则营兵不能足额,抑且往返换班,徒劳跋涉。兼之日事耕凿,致荒操演。而现在口外户民无地耕种者甚多,转令游荡闲居,各荒本业,两失其宜。……莫若将此项种地官兵全行裁撤,各归原伍,所遗地亩即令该同知赶紧招户认种……于兵丁技艺、民人生计均有裨益。④

廉敬的奏疏上达以后,受到朝廷的重视,当即批交军机大臣会同兵部议

---

① 《钦定皇舆西域图志》卷三四《贡赋》。其中辟展3 423.2石,喀喇沙尔982石,乌什2 010石。

② 喀喇沙尔及吐鲁番屯粮产量见《乌鲁木齐事宜·屯兵地粮》和《钦定新疆识略》卷三《南路舆图》的喀喇沙尔及吐鲁番屯务部分。其中吐鲁番岁收9 000—12 300石,喀喇沙尔为5 952石。乌什屯粮产量参见《那文毅公奏议》卷七六《清查地粮》,以400名屯兵计,交粮6 500石。

③ 中国第一历史档案馆藏:《军机处录副奏折》,道光二十年六月二十四日惠吉奏。

④ 中国第一历史档案馆藏:《军机处上谕档》,道光十九年十月二十九日。

奏。经廷议认为所奏俱"系实在情形",同意照此办理。翌年三月,吐鲁番的700名屯兵正式裁撤,东行返回口内的各自原营。按最初设想,屯地应全部招徕户民垦种。但接任都统惠吉在派员勘丈后发现,胜金、辟展、阿斯塔纳三工地界,或与回民地亩毗连,或与回户共用渠水,实与回地均有牵涉,遂应吐鲁番郡王阿克拉依都之请,将此三工土地拨给该郡王属下穷苦维吾尔人户认种,"照依户民一体纳粮",以其余六工安置内地眷户。①

道光二十三年(1843),喀喇沙尔办事大臣联顺继廉敬之后,以"节省经费以便民生而足兵额"的相同理由,也奏请裁屯安户。他在分析了喀喇沙尔的具体情况后强调:"今昔情形既有不同,欲求于国计民生两有裨益,不得不通权达变,酌筹办理",获得允准。② 由于联顺不久调任,裁屯事宜由接替他的办事大臣全庆主持。据全庆奏称,事情进展得十分顺利。道光二十四年(1844)二月,屯兵离屯东去,三月底,户民安插足额,"业已全行认种","力田劝课,如服先畴"。秋后开征,户民"争先完纳",不出40天就全数入仓。③

吐鲁番、喀喇沙尔两屯的裁撤,对南路其他兵屯不能不产生直接影响。喀喇沙尔实施安户的当年,南疆各城在北疆伊犁的带动下,纷纷掀起踏勘兴垦热潮。是年九月,乌什办事大臣维禄从本地实际出发,明确提出裁屯设想,并建议将"所遗工地连新勘地八万三千余亩,就续增回户中挑选一千户"认种。④

与前两次不同的是,维禄的意见没有立即得到采纳。军机大臣与户部的议复认为:"该处屯田兵丁原为慎重边防起见……扫数裁撤,事关军务","未可轻议";对于"拨地给回"的方案亦顾虑重重,并指责其所奏对开垦工作的准备情况"未予声叙",要求"饬下伊犁将军详加履勘,妥议章程",再做定夺。⑤ 十月,道光皇帝决定委派正在伊犁戍所的林则徐,代替因病开缺的达洪阿,前赴南疆考察各城报垦情况和制定安户方案,随将维禄原折及部复文字一并抄寄给他,令其顺道往勘,从而将乌什兵屯的去留问题,摆到了林

---

① 《军机处录副奏折》,道光二十年五月二十七日惠吉奏。
② 《军机处录副奏折》,道光二十三年三月初十日联顺奏。
③ 《宫中档朱批奏折》,道光二十四年十一月二十一日全庆奏。
④ 《军机处录副奏折》,道光二十四年八月十三日维禄等奏。
⑤ 《军机处上谕档》,道光二十四年十月初六日。
⑥ 《清宣宗实录》卷四一〇,道光二十四年十月壬戌。

则徐面前。

林则徐于道光二十五年(1845)二月三十日抵达乌什,经过深入实地逐屯查看,和与维禄等人"查案商办"①,反复推敲,他提出了自己的解决意见。

首先他指出,"乌什三面环山,地气寒冷,连连冰雹,收成甚欠。一年之亏,遂贻数年之累。又,屯防兵丁派出时,并不分别屯操,大抵不谙耕作者居多","禁之则恐误官粮,听之则已乖名实,是以屯务不得不改"。从兵屯现状来看,结论是肯定的,即裁屯势在必行。但是,在兵屯的裁撤方式和裁后去向上,林则徐考虑到乌什"地处临边",有加强防务的必要,"非如喀喇沙尔等堪以裁撤屯兵者可比"。根据嘉庆年间乌什曾酌减屯兵归入本城城守营训练防守的先例,可以"援照前案,将屯兵归城操演",而不是直接撤回口内。"所有三屯分驻之地,拟于骆驼巴什等处,既以屯房作为汛地,派弁带兵分驻,原设屯兵即可改为汛兵,所遗牛具等物,量予变价添补军械"。至于各屯工留下的熟田和新勘出的荒地,经进一步丈量,共有 10 万余亩。虽然朝廷意在招募户民,但乌什"僻在边隅,人民稀少,无户可招",而当地维吾尔人户又殷切盼望增加耕地。因此应根据实际情况,"拨与回户耕种纳粮"。②

林则徐的这个方案,综合了各方面的合理意见,既支持了维禄的裁屯主张,又弥补和完善了不足部分。伊犁将军布彦泰接到呈文,称赞其"细核各条,均属妥协"。以穆彰阿为首的军机大臣也承认林则徐所拟各条,"系为因地制宜,随时变通起见。其于抚驭边氓,整饬营伍,不为无益",同意付诸施行,仅对税粮科则一项稍有修改,从原拟亩征三升酌改为五升。③

安户一事与改屯兵为汛兵同时进行,至道光二十六年(1846)秋,乌什共安置回户 1 300 户。每户种地 79 亩有零,纳粮 5 150 石。④

关于道光年间天山南路兵屯的演变,以往有一种比较普遍的看法:变化始于道光二十五年(1845)林则徐履勘南疆时的"请改屯兵为操防"之议,其意图是"将固定的屯兵制改为当地驻军分期分批轮流进行种地和训练的操

---

① 林则徐:《乙巳日记》,二月三十日、三月朔日。
② 《军机处上谕档》,道光二十五年六月初七日。
③ 《军机处录副奏折》,道光二十六年十二月十七日维禄奏。
④ 《军机处录副奏折》,道光二十六年十二月十七日维禄奏。

防制"①。此说何据,论者未予说明,笔者无从悬揣。但从上面的叙述可以清楚地看到,事实并非如此。其一,天山南路兵屯的演变早在道光十九年(1839)即由吐鲁番的裁屯活动首肇其始,前后三次裁屯改户构成了演变的全过程。林则徐的贡献在于促成了乌什裁屯的实现,而不是所谓"首倡"之功。其二,兵屯演变的真实趋向并非"合兵农为一",而是相反,使兵农分离,即撤销兵屯,屯地转给民户或维吾尔人户垦种,屯兵回营(口内原营或当地城守营),专事操演防守。尽管三次裁屯的处理细节略有差异,但就趋向而言,则一脉相承,全无二致。其三,在保留下来的天山以南两处兵屯建置中,规模较大的哈密早在乾隆年间就已实行携眷屯种和定期就地轮换制,而阿克苏仅有屯兵15名,为数寥寥。因此可以认为,吐鲁番、喀喇沙尔、乌什三屯的裁撤,不单是兵屯规模的缩减,还标志着换班屯兵制在天山南路的基本结束。

三

为什么道光年间天山南路兵屯会呈现这样一种演变趋势?笔者认为,一种屯垦形式的演替兴衰,与其本身及外界条件多方面的制约和影响是分不开的。道光年间天山南路发生的一系列裁屯改户活动,是兵屯方式的内在矛盾、清政府的财政状况、南疆地区人口的增长及农业生产力的恢复发展等多种因素综合作用的结果。

如前所述,清政府在天山南路设立兵屯,是针对统一初期的地方实际而采取的一种对策。作为以兵士为主体的军事性屯田组织,它具有人员整齐、劳动力较强、便于调遣安设的特点。用这种方式解决经济残破、人口稀少而战略地位重要地区的军粮供应,收效较快,对当地农业的恢复亦有推动。正如前引联顺所说:"口外地方从前开辟之始,因疆圉甫定,商民鲜少,是以不惜盐粮,不恤兵力,由口内各营拨兵屯田,无事则安于耕作,有事则资其捍卫,系镇边安疆一时权宜之策。"②但是,"不惜盐粮,不恤兵力",也道出了兵屯尤其是换班兵屯发展中的内在矛盾,即费用的高昂和人员的更换不定。

---

① 如来新夏《林则徐年谱》(上海人民出版社1981年版)、蒋世弟《林则徐》(上海人民出版社1981年版)以及一些有关林则徐西戍活动的文章均持类似说法。

② 《军机处录副奏折》,道光二十三年三月初十日联顺奏。

按照清代规定,兵屯的生产费用由国家负担。举凡屯务所需,大至马牛耕畜的补缺、农具籽种的发放,小至仓储粮袋扎绳、账簿纸张,无不取给于官,"种种繁费甚多"。屯田兵丁除自身口粮从所产粮石内扣出留用外,每月还须例支盐菜银、羊价银,遇到收成较优,再额外加赏一至两月。作为换班兵屯,每届五年更代之期,还要另外治给行装、车价、途次盐菜银和口粮,开支更巨。廉敬、联顺和维禄等人,曾分别就本处兵屯算过一笔细账(表2)。

表2　吐鲁番、喀喇沙尔、乌什兵屯费用情况表

兵屯名称	屯兵人数/人	在屯每年费用/两	五年换班费用/两	平均每年需费/两	每年实交粮/石	每石粮食平均成本/两
吐鲁番①	700	8 000	2 400	8 480	6 500	1.3
喀喇沙尔②	302	5 200	1 000	5 400	4 000	1.35
乌什③	340	6 000	8 000	7 600	2 700	2.81
合计	1 342	192 000	11 400	21 480	13 200	1.627

统计结果表明,三处兵屯的各项费用,每年合计达2万余两,平均每石粮食的生产成本在1.6两以上。此外,由于实行换班,人员频频更替,收成丰欠与屯兵切身利益缺少有机联系,也会影响到生产效果。如果出现类似乌什屯兵"不谙耕作""佣工回户"等有名无实的情况,就更加费而无益。乾嘉时期,由于客观需要和清朝国力强盛,财政上尚能够支持,上述矛盾还不明显。道光以降,随着社会矛盾日趋尖锐和内忧外患的加剧,清朝国势渐衰,财政支绌,对维持数额庞大的新疆经费开支,日益感到力不从心。道光八年(1828)平定张格尔叛乱后,清政府多次要求新疆官员另辟途径,"开源节流",以减轻内地财政负担,换班屯兵的弊病由此越来越引人注意。正是在这种形势下,裁屯改户"以节经费而足兵额"的主张应运而生。

同时,兵屯所在的南路各城,经过六七十年的休养生息,社会经济面貌较统一初期大为改观,"人民日聚,土地日辟","鸡犬桑麻不殊内地"。据道光八年(1828)那彦成在南疆清查地粮时的调查称,喀喇沙尔维吾尔人户垦地面积和乌什岁纳额粮,分别比乾隆年间增加1.5倍和1.1倍,达到8.8万

---

① 本行数据来自《军机处上谕档》,道光十九年十月二十九日。

② 本行数据来自《军机处录副奏折》,道光二十三年三月初十日联顺奏。

③ 本行数据来自《军机处录副奏折》,道光二十四年八月十三日维禄奏。

亩和4 200石。① 农业生产能力的恢复和发展,为裁屯改户的实施提供了有利条件。

当时南路人口的增长来自两个方面。首先,当地维吾尔人户"孳生日繁"。乾隆三十一年(1766),起义被镇压后的乌什仅有人户600家,10年后增至810户,道光八年又较前数"倍蓰"。喀喇沙尔的土著居民则从乾隆四十年(1775)前后的1 130户,发展到道光八年(1828)的2 000余户,也几乎翻了一番。其次,内地人口络绎进入天山南路。乾隆以来,清政府为减少不同民族间的接触,避免事端,巩固统治,曾限制内地人民在南疆地区携眷定居,对驻防及屯田官兵亦实行换班更替。② 但是随着形势的变化,这一政策也逐渐松动。如吐鲁番地区,嘉庆年间已开始招商垦种,"原安户民近复生齿繁衍"。喀喇沙尔自从道光十五年(1835)准令商民携眷贸易,"现今眷户日增,人烟日众","近年由陕甘一带出口谋食者纷至沓来"。人口的迅速增加,一方面为农业生产提供了充裕的劳动人手,另一方面也对进一步开发和合理利用南疆土地提出了要求。这种因人口压力而不断增长的对耕地的需求,在嘉庆末年就已显露端倪,到廉敬等人上疏前后,则更加突出和迫切。廉敬等人奏折中有关"今昔情形不同","昔时户民不足,今则地少人多,昔时须壮兵威,今则宜足兵食"的议论,都反映了这样一种事实。因此,道光年间实行裁屯安户,不仅对清政府具有财政上和军事上的意义,还具有社会经济方面的意义,解决当地人民生计,使"无业游民俱得各有恒产,安心耕作"的重要途径,于国计民生两有裨益。

裁屯的客观效果也证实了这一点。

裁屯之后,每年用于南路换班兵屯的2万余两经费开支"归于节省",而官兵口粮仍有保证,这对于日趋紧张的清廷财政不无小补。屯兵回营专事操防,也充实了战斗兵员。乌什屯地骆驼巴什添设营汛,按时查界巡边,提高了防御外来侵扰的能力。

---

① 据《那文毅公奏议》卷七六《清查地粮》载:喀喇沙尔所属布古尔回城原额地1.9万亩,新增2.7万亩;库尔勒回城原额地1.6万亩,新增2.64万亩。又,乌什原额征粮2010石,新增赋粮2250石。

② 《清宣宗实录》卷二六七,道光十五年六月己丑条,军机大臣议奏时引用喀喇沙尔办事大臣额勒锦所奏称:"前因回疆甫经戡定,恐民回交涉生事,是以不准商民携眷安家。"

③ 钦宪保达:《新疆孚化志略》。

屯地改为民田,使民间劳动力得到充分的利用,耕地面积成倍扩大,推动了南疆农业的发展。在兵屯制度下,屯工占地虽多,却因人力不足,垦种有限,大片土业长期荒闲,且碍于兵民之别,禁止民间人户垦种,地利未尽。裁屯安户后,限界既除,情形大不相同。如喀喇沙尔,原兵屯常年额种地仅6 000余亩,安户后种至10.4万亩;乌什所遗屯地并新勘荒地共垦成10.3万亩,都是先前的十数倍。吐鲁番的增长幅度稍小,但也从1.4万亩上升到4万余亩(表3)。农业产量亦"有盈无绌"。屯兵耕种时,每年实交粮1.3万余石,此时达到1.5万余石,"供支官兵廉粮外,尚有赢余,存贮在仓"①。与此同时,在裁屯活动中,有两千数百户维吾尔人和内地民人分到土地,这一基本生产资料的获得,无论对于改善他们的生产条件抑或生活状况,都有积极作用。

表3 裁屯安户前后耕种及交粮情况表

地区	兵屯占地面积/亩	兵屯实种面积/亩	每年实交粮数/石	安户后耕种面积/亩	安户数量/户	安户后每亩征粮科则/石	安户后岁交粮/石
吐鲁番②	39 700	14 700	6 500	41 744	400余户	0.096 3	4 019.95
喀喇沙尔③	100 000	6 040	4 000	104 000	635	0.065	6 760
乌什④	20 400	6 800	2 700	103 000	1 300	0.05	5 150
合计	160 100	27 540	13 200	248 744	2 335户以上		15 929.95

(原载《新疆社会科学》1988年第2期)

---

① 《宫中档朱批奏折》,道光二十四年十一月二十一日全庆奏。
② 《军机处录副奏折》,道光二十年五月二十七日惠吉奏。
③ 《宫中档朱批奏折》,道光二十四年三月二十六日全庆奏。
④ 《军机处录副奏折》,道光二十六年十一月十五日维禄奏。

道光年间伊犁的水利与开垦

天山北部各地中,伊犁谷地河流纵横,地平水足,土壤肥沃,气候湿润,农业条件较好。但在乾隆年间,由于地处西极,人口移入不易,加之清廷仅强调其作为军事重镇的地位,农业生产上的潜力远未得到发挥。道光初年,驻防官兵生齿繁衍、口粮不敷支付的问题日渐突出,内地辗转流入伊犁就食的人口不断增多,更加重了粮食紧缺之感,而一向在伊犁农业中充当中坚力量的回屯人户,也从移入之初的2万余口发展到3.4万余口,凡此种种,都表明"开垦事务关系于伊犁生计者甚大",进一步开发当地农业已经刻不容缓。

伊犁地处中央欧亚大陆腹地,属于干旱农业区,开垦必须以水利为先。早在乾隆年间实施屯田之时,主管官员就积极搜寻水源,根据水源来决定垦地。经过数十年的开垦,地势相对平坦、得水较易地带的农田相继垦成,而地势较高处,则因水源难题而迟迟未能得到开发。根据伊犁的开发现状和水土条件特点,这次开垦采取了有组织的定向垦荒和大规模水利工程建设相结合的方式,开垦活动自道光十八年(1838)发轫,于道光二十三年到道光二十四年(1843—1844)间达到高潮,先后开拓出四块垦地,即塔什图毕及三道湾、三棵树(含红柳湾)、阿勒卜斯、阿齐乌苏,至咸丰初年,各垦区均实现升科纳粮。

关于这一时期伊犁的开垦,有不少学者先后撰文述及,但受文献资料的限制,仍有若干史实未能充分明晰。本文旨在借助第一手的档案史料,加以必要的辨析考订,力求对四块垦地的水利和开垦经过做出比较准确且具体的说明。

一

道光十八年（1838）闰四月，伊犁将军奕山首先筹划对塔什图毕的荒地进行开垦。他在参赞大臣渊多布查勘后向朝廷上"豫筹添垦地亩"折，称此地"颇可耕种，开渠引水，足资灌溉"，得到道光皇帝嘉许，称"该处既有可耕地亩，自宜设法开垦，多多益善"①，开垦事宜随即展开。不过《清宣宗实录》中对于该地的所在方位并无具体记载，仅知其原为厄鲁特蒙古游牧之地，"系沙毕那尔所属"。笔者经翻检档案，有了重要收获，不仅找到有关人员的一系列奏报，还发现了《呈塔什图毕开渠全图》《呈塔什图毕地图》两图（均为中国第一历史档案馆藏），使该地的方位、地界、水渠走向等问题都有了明确答案。

根据上述档案的记载，可知塔什图毕位于伊犁河以南的厄鲁特营游牧地界内，靠近南山中的沙尔博霍奇岭，原系该营沙毕那尔所属，后交出"归公"。按今日地图，应即巩留县塔斯托别一带。塔什图毕的南、东、西三面环山，特克斯河从南面山中流来，折而向北，顺东侧山势而下，蜿蜒汇入伊犁河中。待垦荒地被山环抱，长约30里，宽约五六七里不等，西北面与回屯的村庄、田地相邻近。两图中，《呈塔什图毕开渠全图》②较为简略，意在说明龙口地点与渠道走向，而《呈塔什图毕地图》③则详细绘出了垦地周围的村庄分布，还标注了塔什图毕到固尔扎的路程里数：塔什图毕至山口50里，塔什图毕向西至滚柏寺30里，滚柏寺至哈提额尔格30里，哈提额尔格至巴尔托海60里，巴尔托海至固尔扎（即宁远城）60里。由于地近回屯，开垦之初有关方面就明确了动用回户兴工开渠，事竣后安插回户承种纳粮的构想。

---

① 《清宣宗实录》卷三一〇，道光十八年五月癸卯。
② 中国第一历史档案馆藏：《军机处录副奏折》，道光十九年九月二十六日关福奏折附图(03—3553—010)，档案著录时误作十月二十六日，特此说明。
③ 《呈塔什图毕地图》亦为《军机处录副奏折》的附图(03—9551—090)，文件共三页，首页仅写"塔什图毕地图"六字，第二页为此图，第三页为档案馆著录人员备注，不见年月日及奏报人。著录时将此文件的年代标注为道光二十八年（1848），题作"呈塔什图毕地图"。鉴于该地垦成于道光二十年（1840），是年四月时任伊犁将军的布彦泰已具奏为"出力及捐工协同出力者"请功，笔者推测此图的年代也应在道光二十年（1840）前后，而非著录者标注的道光二十八年（1848）。

回屯的历史要追溯到乾隆中期。乾隆二十五年到乾隆三十二年（1760—1767），清朝当局借鉴准噶尔汗国用塔兰奇农民从事农业的先例，从南路八城迁徙6 000回户来伊犁兴屯，是为回屯之初设，对保障伊犁驻军的粮食供应起到了关键性作用。自此以后，回屯一直是伊犁农业的中坚力量，当地官员对此有伊犁回户"最能负苦，以故习农事而谙水利者居多"的评价。这次兴工修渠，从周边的各个回庄调集大批人工，"由六十玉子内，每玉子匀拨二十五名，计共一千五百名，每日赴工兴作"。在工者以十日为一班，各玉子至期轮替更换，"既可不误挑挖，又可不误耕种"。为使被征用者踊跃从公，当局又宣布勤奋出力者优先授田，"查其勤奋出力者，登名存记，作为新安户口人数"①。

经过查勘，开渠路线确定为在东侧山中开龙口引特克斯河水。"是河夹乎南北两山之中，水自东来，转而向北，为势最猛。今乘河流之转注旁引入渠，使之趁流而进"。自龙口以下，"历乎托固斯塔鲁之小卜隆尔岱、大卜隆尔岱，逶迤而周于塔什图毕正界"②。

渠工历时近两年，第一阶段自道光十八年（1838）开挖龙口，至冬初停工，计自龙口以下开挖3 594丈，合计19里。之后湍多布赴塔尔巴哈台任参赞大臣，奕山丁忧，所有开垦事务由关福接手，仍照原议进行。第二阶段于道光十九年（1839）初重开，是年八月完成，除了大渠本身，还配套修建了闸坝堤岸等设施。《呈塔什图毕开渠全图》清楚地显示，整个大渠呈 S 形盘旋延伸，在龙口到小卜隆尔岱之间修筑了拦水闸和泄水渠各两道，越山而过后，从大卜隆尔岱起，地势渐平，进入垦地界内。③ 关福还奏报称，为了防止出现水势不畅的问题，施工人员在水渠下游采取了"卷草筑埽"的办法，"俾埽首直伸于河水之中，逼而成溜，直进渠口"。渠口建立大闸，因时启闭，以备屯间水利缓急之需。④ 除支渠不计外，正渠全长25 744丈，合计143里（以180丈为1里）有余，得可耕之地164 753亩。

---

① 中国第一历史档案馆藏：《宫中档朱批奏折》，道光二十年四月二十二日奕山奏。

② 《军机处录副奏折》，道光十九年九月二十六日关福奏。

③ 从近年印制的巩留县地图可以看到引特克斯河水灌溉塔斯托别乡的团结渠，该渠至今保持着与当年的塔什图毕大渠基本相同的走向。

④ 《军机处录副奏折》，道光十九年九月二十六日关福奏。

随着水渠完工,安户事宜提上日程。道光十九年(1839)末,关福会同复任的奕山处理回户安置和次年春天试种事宜。他们参照以往设立回屯时的成例,以回民一百户为一回庄,即一玉子(即百户之意),设立玉子伯克一名,共设十庄,计安置一千回户。在此之上,再设立五品商伯克一员,六品密拉普伯克一员,七品明伯克一员总管其事。其他如爱里巴什、温巴什等,也皆依旧例设置,"以资弹压,而专责成"。与此同时,鉴于水渠初建,需要随时维护,又专设管水密拉普伯克一名,分拨回民一百户"听其随事调度",并为各处水口每设一管水回民,共计十名,皆听用于密拉普伯克。① 关于可耕土地的分配,虽然回户种地"向来不论亩数多寡,只以播种之斛数若干为凭",但为了便于分配,奕山等人还是将待垦的 16.475 万余亩土地划分为 1 287 份,种地回户各得 1 份,合 128 亩,各级伯克也相应获得土地份数,如商伯克得地 20 份,密拉普伯克得地 15 份,又留出 50 份作为培筑渠工备地。新安回户的农具、房屋等由回务处理事同知督率各户自行制造,牛只和籽种则官为筹划,每回户拨给牛一头,籽种用粮一石,均由伊犁当地官员捐资筹措,无须扣还。②

塔什图毕大渠虽然顺利竣工,但此地原为蒙古地,尽管厄鲁特营交出归公并立有甘结,但为了顾及厄鲁特营的利益,奕山、关福等人提出将垦地每岁收成的一部分拨给厄鲁特营作为口粮,以示奖励。经过进一步考察,奕山等人发现塔什图毕大渠以南的山泉附近尚有可开之地,上下计 2 万余亩,"此地上引山泉之水,下分大渠之水,两面夹流,足资灌溉",遂决定追加开垦。垦地仍由回户承种,但每岁所出之粮须拨给厄鲁特营沙毕那尔 1 000 石,上三旗和下五旗每旗 200 石,通共拨给 2 600 石,以资蒙古生计。③ 这应当就是后续奏报中出现的"续垦三道湾地亩"的由来。

续垦三道湾在已经告竣的塔什图毕一事的基础上进行,"一面开渠,一面安户试种",很快便安足 500 户,且当年即有不错的收成。此时奕山已经调任,升科事宜由接替他的布彦泰负责。乾嘉以来的成例规定,回户每岁交粮 16 石 6 升有零,因系三色杂粮,还要求每石外加 3 升斛面。塔什图毕的升科标准虽也参考此例,但因系征收小麦,定为每户交粮 15 石,不加斛面。

① 《官中档朱批奏折》,道光二十年四月二十二日奕山、关福奏。
② 《军机处录副奏折》,道光十九年十二月二十日奕山奏。
③ 《官中档朱批奏折》,道光二十年四月二十二日奕山、关福奏。

道光二十一年(1841),据布彦泰奏报,"新垦塔什图毕地亩所安一千回户,每年交小麦一万五千石,续垦三道湾地亩新安五百回户,每年交小麦七千五百石,均自今年升科"①。

二

新任伊犁将军的布彦泰原在伊犁任职多年,历任领队大臣、参赞大臣等职务,为人通达,办事明练,对于开垦事务也很热心,曾利用操兵查马之便,留心相度伊犁各城旷地。布彦泰上任后,一边接手实施塔什图毕安户升科章程,一边继续筹划扩大开垦。他指出,查勘可垦土地,应看是否具备以下条件:一是"土膏滋润",二是"灌溉有资",此外还要兼顾对回庄生计有益无损,才为妥善。根据这一原则,他于道光二十二年(1842)呈请开垦惠远城东的三棵树和阿勒卜斯。他在"筹办开垦地亩"折中详细介绍了这两块荒地的有关情况。②

查有惠远城东附近之三棵树地方旧稻地一段,向曾官为种植,后经停止。道光十二年复请派员动款耕种,议定收获之粮搭放兵丁口食,即以省出口食羊价银两归还动用之款,如有赢余,添补八旗养赡。无如每年收获之粮,除归还公款外,赢余无几,辗转抵扣,徒费周章,并无实济,且须役使回子五六百名终岁供差,实形苦累。是以奕山于道光十九年改将此地招佃收租。数年以来,缘渠道逐渐淤塞,堤埂亦皆坍平,有地无水,佃户多不愿承种,每年仅收租钱一百余串。该处本属膏腴,且毗连荒地甚多,但得渠道深通,不难再加开拓。附城地方若不设法筹划,任其荒芜,殊觉可惜。

又,惠远城东二百里之博罗布尔噶苏回庄北界处阿勒卜斯地方闲地一段,计南北约宽自四五里至十二三里不等,东西斜长七十余里,地面宽广,形势稍高,因其难于得水,荒弃至今,自应觅水开渠以收地利。

从以上奏报可以看出,三棵树位于惠远城东不远的地方,原是满营旗屯

---

① 《军机处录副奏折》,道光二十一年二月十三日(缺具奏时间,此为朱批时间)布彦泰片。

② 《军机处录副奏折》,道光二十二年九月初七日布彦泰奏。

稻田旧址。关于让伊犁的驻防八旗兴办旗屯,寓兵于农一事,早在乾隆时期清廷便有此意,但真正着手却是在嘉庆初年伊犁将军松筠的任上。这时的驻防八旗迫于生计日益艰难,不得不响应将军的要求兴办旗屯,然而旗丁不谙农事,也缺少劳动意愿,旗屯的进展并不顺利。当时在惠远城东及城北等处设法开垦,曾先后得地约 12 万亩,分为 14 处,授予惠远、惠宁两城满营耕种,或作为各旗的已分之田,自行管业,或作为未分之田,即八旗公田。三棵树一带的稻田旧址,就是八旗公田的一部分。后因旗丁不能耕种,此处遂停止种植,改为"派员动款耕种",由五六百回户供差,以收获之粮搭放口食,添补八旗养赡,但事实上赢余无几,徒费周章。道光十九年(1839)后,此地改为招佃收租,又因渠道失修,渐至无人承种。布彦泰认为此处土地膏腴,四周毗连生荒,有拓展余地,如果修治水利,不仅原稻田可以垦复,还可广加开拓。相比而言,阿勒卜斯的情形与三棵树又有不同。该地距惠远城东 200 里,在博罗布尔噶苏回庄北界之外,属于闲荒之地。① 未经开垦的原因在于其北部近山,为北高南低的缓坡,得水不易,如能觅得水源,地利也能发挥。

根据两段荒地的水土条件和地形特点,布彦泰等分别制定了如下修渠引水方案。

> 三棵树地处伊犁河北岸,所有大渠龙口即开挖于北岸哈尔莫多地方,大河自东而来,至是水势侧注,即就其转湾之处旁引入渠,复于正河下游搭埽筑坝,使之蓄水成溜,畅进口门。并于渠口建立大闸,龙口之下安设泄水栅口,平时则启闸以引水入渠,水涨则开栅以放水归河。正渠迤逦西行三十余里,转向西北至所垦三棵树正地界内绵延四十余里,并于(惠远)城北乌合里克渠内,泄入大沟。

阿勒卜斯因地势较高,就近无可引之水,经探查,找到 50 里外的乌兰格台水。"是河界乎东西两山之间,水自北来,折向西注,其势甚猛,迎溜开渠,最为得势,建瓴而下,直达渠门。由此前进,随山盘绕,其间横崖断岸,石工居多。……迤至阿勒卜斯正地界内,则源泉四达,灌陇盈畴,向西转南,直至

① 据伊犁地方史家赖洪波考订,阿勒卜斯即今伊宁县国营阿热博斯农场以东至墩麻扎的北部山前地带(见赖洪波:《伊犁史地文集》,香港银河出版社 2005 年版,第 217 页)。又,华立《清代新疆农业开发史》中曾将"阿勒卜斯"误写为"阿卜勒斯",特此更正。

济尔噶朗回庄东界,并入大渠,泄于该处河内。"①

该水利工程于道光二十二年(1842)五月开工,至九月,三棵树开渠13 544丈,合计75里有奇,渠身面宽3丈5尺,底宽2丈5尺,深1丈至1丈5尺不等,阿勒卜斯开渠21 995丈,合计122里有奇,渠身面宽2丈8尺,底宽2丈,深八尺至1丈5尺不等。道光二十三年(1843)春暖后,为整治地内水渠网系,当局继续挑挖。三棵树垦地续开副渠一道,长3 780丈,合21里,供距正渠较远处的农田使用,又从北岸上游10里之外觅得水泉四处,挖引渠1 890丈,也导引入渠。阿勒卜斯水渠渠身依山盘绕,其间横崖断岸,石土相间,水势又湍急异常,为加强防护,又添设减水闸座,以资分泄。"其迎溜出湾之处,又复续饬添工,倍加堵筑,并于沿岸遍植柳株,使之日久根深,保护堤岸"。

关于三棵树与红柳湾的关系,过去不大为人明了。笔者从档案中得知,红柳湾是与三棵树毗连的一片土地,有镶白旗原分地一段3 000余亩,"向由该佐领等招佃收租,因为不能得水,佃户不愿承种,荒废已久",地东还有大片未垦荒滩。初议开垦三棵树时,并未将红柳湾包括在内,当渠工大体完成时,负责这一带的八旗协领提出应趁此开垦红柳湾,"多挖支渠,俾通水利"。此地原为八旗产业,如果旗地与民地共用一渠,难免滋生事端,当局遂请求将此地归入三棵树开垦案内一并办理,另外改拨惠远城西二道河地与之易换,仍作为镶白旗管业。②

这样,到道光二十三年秋,三棵树(含红柳湾)及阿勒卜斯共垦出荒地194 350亩。其中三棵树得地25 350亩,红柳湾及迤东荒滩新垦之地8 000亩,"土脉肥腴,洵称沃壤"。由于惠远城附近向无回屯,垦地距城密迩,遂决定从本地民户选择安设,种地输粮。以50亩为1份,共667份,每户授田1份,遇到家口众多,皆能力作者,量加1份或半份,共计安设正户民人571户,房屋牛具皆由认垦农户自置,官府量借籽种,收成后征还。其纳粮科则酌照成案,定为每亩小麦8升,从第二年起试种,量征一半,至道光二十五年(1845)全额征收,每年应征小麦2 668石,运纳贮仓,补贴八旗口食。阿勒卜斯实共得地16.1万余亩,因地在老回庄北界,故添设回庄五处,安置回民500户。其中,拿出27 400亩充作各级伯克的份地,另留3万亩供"歇乏换

---

① 《军机处录副奏折》,道光二十二年九月初七日布彦泰奏。
② 关于松筠经办旗屯时的分布方位,详见《钦定新疆识略》卷六《屯务》,其中记载镶白旗五佐领旗地,位于惠远城东南红柳湾,与布彦泰所奏相符合。

种"之用,以 10 万亩分给种地回户,每户给地 200 亩。科则照回屯向例,每户征收三色粮 16 石,每石加斛面 3 升,共计岁征粮 8 240 石。① 至于管理章程等,一切都参照塔什图毕的成案。

三棵树、阿勒卜斯的顺利开垦使道光皇帝十分高兴。道光二十四年(1844),他连下两道谕旨,称赞布彦泰"开垦地亩,迭著成效,洵属忠诚为国之举",加太子太保衔,交部从优议叙。对他奏报的开垦有功人员,也一一"破格施恩,以昭激劝"②。道光皇帝还进一步指示,新疆"当以开垦为第一要务","此外及各城地方,如有旷地,可以招垦者,仍著该将军详细饬查,一律奏办","凡著有成效者,必当量加鼓励"③。在朝廷的督促鼓励之下,开垦热潮很快扩展到新疆其他各地,也把伊犁近年来的开垦推向又一个高潮。

三

道光二十四年(1844)四月,布彦泰再筹开垦,这次拟对惠远城东 60 余里处的阿齐乌苏废地先筹引水,重新开垦。阿齐乌苏废地也属于八旗公田,位于惠远城东到惠宁城即巴彦岱城西之间,初垦于嘉庆八年至嘉庆九年(1803—1804)间,垦成未久即废,原因是当时垦田急功近利,所筹水利并未远溯来源,仅就巴彦岱等处绿营屯田所用辟里沁山泉暂时分灌。由于未增辟水源,而引流加多,水势较旺之年尚能勉强支持,一遇天时干旱,水量微弱,即"无涓滴可沾",以致渠道淤堵,有地无水,不得不舍弃抛荒。所以在这次筹垦阿齐乌苏的过程中,另辟水源便是关键。经过仔细勘查,布彦泰等人拟定了引注哈什河之水入阿齐乌苏的开垦计划。

哈什河是伊犁河主要支流之一,自哈喇沙尔西北面的山中发源,经阿布喇勒山,由北注入伊犁河。奔流凡 600 里,水量充足,"贯注永不可穷,迥非以前仅引山泉可比"④。然而欲在水量充沛的哈什河上引水,工程浩大而艰

---

① 《军机处录副奏折》,道光二十三年十一月初九日布彦泰奏。又,《清宣宗实录》卷四〇〇,道光二十三年十二月丁未条作"应征粮八千一百四十石",恐误。此处采用了档案中的数字。
② 《清宣宗实录》卷四〇〇,道光二十三年十二月丁未。
③ 《清宣宗实录》卷四〇二,道光二十四年二月丙午、己酉。
④ 《军机处录副奏折》,道光二十四年六月二十七日布彦泰奏。

巨。自阿齐乌苏之东到哈什河西岸,长300余里,阿齐乌苏新垦地内又有60余里,加上修渠必须"绕越山崖,迂回旋转",勘查时即估计开渠长度将在400里以上,倍于此前三棵树、阿勒卜斯两处开渠总长,更非塔什图毕的渠道长度所能同日而语。

由于国家经费紧张,不能提供兴垦所需费用,伊犁当局从开垦塔什图毕起,就采取议捐集资的办法。塔什图毕的议捐,从督工的领队大臣、总兵到各级员弁不等,筹得款项或用于支付修渠时所用人夫的日给盐菜及口粮,或用于渠成后新安回户试种所需的牛具籽种。① 开垦三棵树及阿勒卜斯时,动用人夫工匠计53 400余工,布彦泰首捐倡办10万工并木料运脚、籽种等后,发动其他文武员弁及效力废员捐资备办,才凑足了工费。② 阿齐乌苏的修渠规模超过前两次,经费问题更难解决。经过商议,当局采取了"一切应办工程俱系捐资人员分段承修"的做法。③ 也就是说,捐资人员不仅要出资,还要承办修渠的工段,负责招雇工匠、挑夫、议定、发放工价,组织施工和保证有关物资的供应。官府不派专人具体主持,届时只要验收合格,即由伊犁将军奏明朝廷请求奖励。这种分段承包的施工方法,解决了地方官府人手不足无法具体经管的困难,也减少了工程组织的层次,有利于提高效率,节省开支和调动承修人员的积极性,同时也决定了承修者的能力才干将直接影响到工程质量和进度本身。

哈什河引水工程最重要也最艰巨的部分,是从哈什河引水入阿齐乌苏大渠的龙口。而龙口首段的承修人,正是鸦片战争中坚持抗英却无罪遭贬,被流放到新疆的著名官员林则徐。林则徐于道光二十二年(1842)十一月到达伊犁惠远城戍所,这时三棵树、阿勒卜斯的开垦尚未完全告竣,布彦泰等当地官员对他敬重有加,经常一起商谈,有人因此推断林则徐在此时已经参与开垦事宜,但因看不到具体事例,尚难做确论。林则徐在伊犁亲自承办的开渠工程,是道光二十四年(1844)的阿齐乌苏大渠龙口首段。这段工程地势险要,"北岸系碎石陡坡,高二三丈至八九丈不等,水傍坡流,须刨挖石坎;南岸坐在河流之中,必须建坝筑堤,钉桩抛石,方免冲刷之虞,应修要工渠宽三丈至三丈七八

---

① 《官中档朱批奏折》,道光二十年四月二十二日奕山、关福奏。
② 《军机处录副奏折》,道光二十三年十一月初九日布彦泰奏。
③ 《官中档朱批奏折》,道光二十三年(月日不详)布彦泰片。

尺不等,深五六尺至丈余不等,长六里有奇"①。河水既要能够顺利入渠,又要能够根据水势涨落,适时泄退回河以保护渠身和垦地,林则徐运用自己在内地指导治水的经验,选择水势较缓、易于引流的最佳地点,凿开引水道,钉桩抛石,龙口之下修筑滚水石坝一道、退水闸一座、闸桥两座,历时四个多月,用工10万有奇,终于完成这一艰巨工程。布彦泰前往查验,十分满意,称赞所办"一律完竣,委系十分坚固"。②

在龙口首段完工的情况下,其他各段也依次开挖连通。同年九月查验工程情况时,伊犁已是秋末冬初,正值"水落力绵之际",但启坝放水后,分溜入渠,极为顺畅。布彦泰驻足龙口处观看放水后,又折回沿渠查看:自龙口至渠尾,沿途测验,"皆已盈科递进,洵为水到渠成","灌溉十万余亩田地,尽可绰绰裕余",充分说明水源充沛。③ 由于渠身极长,途中弯转曲折,而各处地势起伏,开挖质量也不尽相同,他要求有关人员"必须再挑宽深,以期多为容纳"。这年冬天伊犁雪大,考虑到春融时山水汹涌,新开渠道多半傍山,凡迎山沟之处,难免遭受冲激,布彦泰又下令在山水下流处对堤岸进行加固并设法"开港以泄横流"。实施这些措施后,阿齐乌苏大渠安然渡过了道光二十五年(1845)春天接连数次山水陡发的险关,是年四月,布彦泰再次逐段详勘,确信所有渠道、桥梁、闸坝均已一律周备,遂向朝廷上奏,正式报告工程完竣。④

根据布彦泰奏报,这次开垦阿齐乌苏,实得膏腴地100 300亩。他还具体说明了该垦地的四至地界:其地东至巴彦岱,西至惠远城,北至山根(即空鄂罗俄博山麓),南至三棵树新垦地界,介乎两满城之间,与三棵树所安民户毗连。鉴于地亩所在的位置,布彦泰决定和三棵树一样,按地分段(共分17段),安置民户承种。方案为:

> 酌定以五十亩为一分,共分地二千零六分,就本地户民中选择有家室而勤耕作者,准其领地承种,取具连环保结,注册存案。每户授地一分,其家口众多,力能耕作者,量加一二分或二三分不等,通共安设正户民人一千二百一十八户,房屋牛具皆其自置,惟无籽

① 《官中档朱批奏折》,道光二十三年(月日不详)布彦泰片。
② 《官中档朱批奏折》,道光二十三年(月日不详)布彦泰片。
③ 《军机处录副奏折》,道光二十四年九月二十八日布彦泰奏。
④ 台北故宫博物院图书文献馆藏:《官中档奏折》,道光二十五年四月二十八日布彦泰奏。

种者,量行由仓借给麦种,每户五石,俟收成后征还。

以上可知,阿齐乌苏安户,大体遵照三棵树成案办理。唯一不同之处在于,此前各处新垦荒地均系按亩征粮,而对阿齐乌苏所安1 218户,则定为收取地租,按照"每禾地一亩,征银五分",共计地100 300亩,每年应征银5 015两。初种之年量征一半,自道光二十七年(1847)全数征收。理由是前面三处垦地升科后,每年新增粮3万余石,伊犁仓储数量已十分充裕,为避免陈积相因,导致辗转出粜的麻烦,故对阿齐乌苏地亩实行征银。① 当然,垦地的情况也存在反复。阿齐乌苏试种不到一年,第11段至第16段即出现"经水浇灌,碱气上蒸,以致禾苗枯萎"的盐碱化现象。第17段则因为地势低洼,夏热水涨时节渠水横溢,致使土地被水冲刷,无法播种。一部分认种民户不得不申请退耕,故实际垦成熟地为8.3万亩,豁免1.7万亩,征银额减为4 165两。为补足缺额,有关官员再于阿齐乌苏附近的大榆树、荒草湖、红山嘴、麻秆桥等地陆续勘垦了1.2万亩,招户承领,于道光二十九年(1849)升科。②

修成的阿齐乌苏大渠以正渠计算,全长77 450丈,合430里有奇,随地形高下定渠底之深浅,自9尺至1丈6尺不等,浅处开宽,深处收窄,面宽自1丈9尺至3丈3尺不等。共用夫匠144.8万人。自渠首至渠尾,工程组合十分复杂,共计建滚水石坝1道、拦水闸4道、退水闸1道、进水闸5道、退水石坝5道、分水闸34道、大小桥梁28座。布彦泰数次亲自验看,对渠工的艰难体会至深,对此渠的意义也感受深刻。他特别指出,这条大渠的修成,不仅使阿齐乌苏垦地本身足资灌溉,另一个重要作用是给回屯带来了利益。③

从台北"故宫博物院"图书文献馆收藏的《开垦阿齐乌苏地亩渠道全图》可以清楚地看到,该渠从龙口地段开始,先向南大幅延伸,再向西而后折向北,先后经过伊犁回屯的博罗布尔噶苏、塔什鄂斯塘和济尔噶朗三大回庄,走了一个大的倒U字形,在U字形的终了处继续逶迤西行,再经过辟里

---

① 台北故宫博物院图书文献馆藏:《宫中档奏折》,道光二十五年四月二十八日布彦泰奏。
② 《军机处录副奏折》,道光二十六年十月十五日萨迎阿奏,同日萨迎阿片。
③ 台北故宫博物院图书文献馆藏:《宫中档奏折》,道光二十五年四月二十八日布彦泰奏。

沁回庄,才到达阿齐乌苏东界。① 换言之,大渠走向中这个 U 字形的产生,是为了能够连接沿途的各回庄并拓展和利用其旧有渠道。

以塔什鄂斯塘回庄为例,该庄贴近哈什河,原有旧渠一道,为引河灌田之用。但开渠历经 80 年,渠底多有淤垫,而回庄自身无力修浚。这次乘开修阿齐乌苏大渠之便,当局组织人力将这段长 90 里的旧渠拓宽加深,两端再连接新渠,使旧渠成为新开大渠的一部分,既节省了工力,又造福回屯,一举两得。疏浚旧渠得到回庄人众的大力支持,"该屯伯克常川驻工照料,并自捐面石,按名散给挑夫,以资犒劳。凡遇运送木植,搭桥安栅等事,不时饬令伊等名下燕齐回子随同出力"②。对于回屯来说,大渠修成带来的好处不只是有利于农田灌溉,还使得运粮交仓有了船运的可能性,从而使运输更加便利。正如布彦泰所言:

> 查向来回子运粮交仓,俱用牛马驮载,每粮一石,需用牲畜一头,仍须回子一名驱策照料。路近者往还约须二三日,远者竟至七八日十余日不等。沿途口食刍牧,到城租店盘缠,殊多耗费。是以回户不以纳粮为苦,而以运粮为艰。此等情形,奴才久任伊犁,知之最悉。今见此渠如此宽深,水流极为畅旺,若令回户用船载运,则顺流而下,利益实多。当饬在工之原任参将国勒明阿督工制造长二丈四尺宽八尺样船二只,每只约装粮七八十石。奴才于此次验收去时,即由龙口将样船试放渠内,水势顺流,船行如驶,毫无窒碍。众伯克等无不顶感欢欣,旁观之众回子均同声称便。奴才即将样船发交阿奇木伯克等,转谕回子听其自行照样制造应用。③

---

① 台北故宫博物院图书文献馆著录本图时将其归类在军机处档折件,日期仅作"道光",不具年月日,事由题为"开垦阿齐乌苏地亩渠道全图",档号 074261 号。但因注称"系 074205 号折附件",根据 074205 号折的具奏日期,可知其日期为道光二十五年四月二十八日。本图原为彩图,尺寸为 42cm×78.5cm,图上清楚地标示了此次渠工地亩的相关位置,十分宝贵而重要。该图在保存和提供阅览过程中似乎受到了轻微损伤,图上原粘贴黄签以书写地名,但个别地名似曾脱落,如现在图上的"熙春城"签,位置明显错误,应是脱落后被任意再贴上的。

② 《军机处录副奏折》,道光二十四年十一月十三日布彦泰奏。

③ 台北故宫博物院图书文献馆藏:《宫中档奏折》,道光二十五年四月二十八日布彦泰奏。

四

　　道光年间的水利和开垦活动在清代伊犁农业史上占有重要地位。如上所述,开垦发轫于塔什图毕,经过三棵树、阿勒卜斯的开垦,至垦复阿齐乌苏而臻于高潮。这四块垦地告竣后,局部的勘垦、报垦还时有所见,一直持续到咸丰年间。经过近20年的大规模水利建设与安户认垦,伊犁当地的农业得到了极大发展(参见篇末附表1)。据笔者推算,以耕地面积论,乾隆、嘉庆时期伊犁的各类屯垦合计,最高当不超过30万至40万亩;而至咸丰初年,通共计地723 200余亩,①增长了一倍左右。以纳粮情况论,仅据附表1的数字,道光以来回屯和民屯增纳赋粮33 400余石,纳银4 165两,当地的财政与民食状况均大为改善。

　　道光年间的开垦之所以取得巨大成功,与大规模兴修水利密不可分。还要指出的是,这些水利设施不仅在当时,还对后世产生了重要而深远的影响。比如塔什图毕大渠,虽然经历同治大乱,一度农地荒废,渠道淤塞,但清朝规复伊犁后,即以重组的练军八旗在伊犁河之南的特古斯塔柳(即塔什图毕一带)开办屯田,通过修复当年旧有的渠道,使农业生产很快走上正规,开种第一年即收获十五分。② 此后,特古斯塔柳旗屯情况一直较好。光绪二十九年(1903)伊犁将军马亮赴屯区视察,见"渠道整齐,屯堡、仓廒尚称坚固";年底再度奏报称:"自光绪二十二年开办以来,历年收获各粗粮已有三万七千七百石有余,陈陈相因,恐有霉变。"因为贮备充裕,他建议今后按年出陈易新,使仓粮无红朽之虞。 笔者据当代地图观察,今日横贯巩留县塔斯托别乡的团结渠,仍是自东引特克斯河之水至山前冲积扇后向西北平原地带蜿蜒而行,其S字形渠道走向与当年的塔什图毕大渠几乎完全一致,只是下游部分大大延伸,自塔斯托别乡以下与316省道并行,最终折向伊犁河。这一特点也充分说明团结渠的前身即是塔什图毕大渠,且至今仍在有效使用。

　　又一个有代表性的事例是知名度更高的阿齐乌苏大渠,也即后世所称

---

① 佚名:《伊江集载·屯务》。
② 《宫中档朱批奏折》,光绪二十三年九月初一日长庚奏。
③ 《伊犁将军马亮广福奏稿》,光绪二十九年十二月二十七日奏。转引自王希隆:《清代西北屯田研究》,兰州大学出版社1990年版,第98页。

皇渠。伊犁回屯从哈什河引水的历史虽然可以追溯到嘉庆年间甚至更早,但道光年间由林则徐直接参与修建的阿齐乌苏大渠,在兴修新渠的同时加宽并连接回屯旧渠,使极东之哈什河水畅流入渠,曲折奔流430余里,第一次实现了从哈什河引水贯通至惠远城西北的乌合哩里克河,是清代伊犁兴屯以来最大规模的水利工程。同治大乱结束后,伊犁将军组织人力重新整修该渠。光绪三十三年(1907),因林则徐主持修建的老龙口历时数十年,已经毁损失修,署伊犁知府许国桢等人在上游处"另凿龙口,改挑新渠,以通老渠",于宣统元年(1909)末告成。① 此后,历经民国至新中国,维修皇渠一直都是关乎伊犁农业根本的大事。20世纪60年代以后,皇渠更名人民渠。今天的人民渠,经市区北部由东向西流过,仍然享有"新疆历史上最大的水利设施,灌区面积全疆第一"的美誉。

① 《宫中档朱批奏折》,宣统元年十二月十九日联魁奏。

附表 1　塔什图毕等新垦地亩安户情况表

垦地名	方位	开垦始年	水渠长度	垦成土地	安户数	每户给地额	科则	征粮额
塔什图毕	伊犁河南额鲁特游牧地内	道光十八年	25 740 丈/143 里	164 753 亩	回户 1 000 户	128 亩	15 石/户	15 000 石
三道湾	塔什图毕南	—	—	95 493 亩	回户 500 户	128 亩	15 石/户	7 500 石
三棵树	惠远城东附城	道光二十二年	13 544 丈/75 里	25 350 亩	民户 571 户	50 亩	8 升/亩	2 668 石
红柳湾	惠远城东附城			8 000 亩				
阿勒卜斯	惠远城东 200 里	道光二十二年	21 955 丈/120 里	16 100 亩	回户 500 户	200 亩	每户三色粮 16 石加面 3 升	8 240 石
阿齐乌苏	惠远城东 60 里	道光二十四年	77 450 丈/430 余里	100 300 亩	民户 1 218 户	分 17 段认垦, 酌定 50 亩为 1 份	银 5 分/亩	4 165 两（豁免受次地亩后）

（本文系在《清代新疆农业开发史》第五章第二节,以及《中央ユーラシア环境史 2 国境の出现》第三章第一节的基础上增补修订而成,部分内容以《道光年间伊犁垦复阿齐乌苏地亩事再考》为题发表于《吉林师范大学学报》（人文社会科学版）2018 年第 5 期。）

19世纪前中期清政府南疆农业政策的转变

农业开发是人和自然相互作用的过程,其中,人类作为能动的一方,对开发进程起主导作用。在有清一代开发边疆的活动中,广大劳动群众(包括土著及后来移入的各族群众)始终是开发活动的主体力量,但是国家政权制定的方针、政策作为人类行为的另一种表现形式,也对农业及其他经济开发活动起到推动或制约作用,值得予以重视。19世纪前中期,清政府对新疆天山南路即南疆地区的经营方针经历了一次重大转折,从早期的"重北轻南"转向"南北并举",并逐步确立起较为完善合理的南疆农业政策,给此后的农业开发乃至南疆社会经济的发展带来深远影响。因此,研究清政府南疆农业政策的转变过程,探讨促成转变的内在动因及这一转变的作用、影响,应是新疆经济开发史研究的一项重要课题。

一

清代称新疆天山以南地区为南疆,这里是维吾尔族群众聚居之地。自乾隆中期平定准噶尔部割据势力和大小和卓之乱后,清政府即着手对这一地区进行治理,但因在指导思想和经营方针上,与天山以北的北疆地区有着很大差别,反映到农业开发的有关政策上,呈现出"重北轻南"的明显倾向。

乾隆二十五年(1760),乾隆皇帝在与群臣讨论新疆善后事宜时,提出了政治上设官驻兵、经济上屯垦开发双管齐下的治理方针,以期为巩固西北边陲,从政治和经济两方面奠定坚实基础。但他所说的屯垦开发,在当时并非指全疆范围而言,而是以北疆地区为着眼点。为了尽快满足北疆地区对农业开发的需求,清政府在完成统一之后立即大力组织和倡导多种人口向天山北麓各地迁徙,掀起农业屯垦热潮。乾隆二十二年至乾隆二十五年

(1757—1760),来自陕甘的绿营屯兵率先进入哈密、巴里坤、乌鲁木齐等地设屯,随后,清廷下令将内地军流人犯发遣新疆,随屯兵耕地以自给。乾隆二十六年(1761),乌鲁木齐兵屯大获丰收。乾隆皇帝接到奏报,即令陕甘总督杨应琚把握这一发展民屯的大好机会,招募甘肃无业贫民携眷出关,在北疆垦种落户。与此同时在伊犁地区,清廷组织南疆维吾尔族农户前往屯种,建立回屯,又命移驻当地的锡伯、察哈尔等营开屯,投入农业生产。

在移民兴屯的过程中,清政府充分发挥了作为国家政权力量的组织、引导、扶持作用。为确定屯址和设屯规模,清政府多次派人实地查勘,进行水土资源调查;对携眷搬迁的内地户民和南疆维族农户,官方提供必要的生活资料和生产工具,甚至实行官费资送、护送上路、代建房屋、从优安置等一系列鼓励措施,使其早日走入生产正轨。在生产活动中,兴建水利、推广作物、冶铸农具,开展丝绸易马以补充屯田耕畜,等等,清政府也都有相应举措。凭借国家财力、物力的支持,到乾嘉之际,北疆已拓出各类耕地一百数十万亩,农业人口超过 15 万人,形成新兴的农业区。

与清政府在天山北路全力开拓的积极姿态相比,同期对天山南路的经营却是以"抚绥恢复""随宜经理"为基调的。

乾隆二十五年(1760)四月,陕甘总督杨应琚参照北疆的兴垦活动,建议在南疆巴尔楚克、恒额拉克等地"招散处回民,听其垦艺",以成聚落,"有贫乏不能自立者,官为借给口粮籽种"。而清政府的回答是:"查回部地方,耕作乃其恒业,此时以回民垦种回地,本属便宜应办之事……若如该督所请,借给籽种口粮,则购运转输,仍所不免。或其中实有情愿出力垦种者,不必全赖官为经理者,则招集垦种,为因利乘便之举,亦属可行。"①不久,乾隆皇帝就南疆农业谕示臣下,重申"西陲戡定,回部悉平,朕之初念岂务为好大喜功,今亦不过辑其旧部,复其本业而已。……今当扫穴之余,在残众自营生计,不过还其所固有,而驻防大臣等循行劝垦,亦惟用其人以垦其地"。乾隆皇帝又说:"总督杨应琚前此酌筹屯务,于派驻兵丁,采买牲畜,部署颇涉纷繁,朕以其未得此事要领,屡降谕旨,令其从容随宜经理。"②上述答复和谕示清楚地表明了清政府对南疆农业的基本态度,即以"惟用其人以垦其地","从容随宜经理"为经营原则,招集垦种只须"因利乘便",不必"官为经理"。

---

① 《清高宗实录》卷六一〇,乾隆二十五年四月己丑。
② 《清高宗实录》卷六一二,乾隆二十五年五月壬子。

这说明清政府对这一时期南疆的农业发展没有明确设想,并不主张由国家投入人力、物力加以开发,只是听其自然,这与当时北疆有组织有计划的大规模移民开垦恰好形成了鲜明的对比。

清政府农业政策的"重北轻南",与多种因素有关。首先,历史上南疆有悠久而良好的农业基础,战争中遭受破坏较少,而天山以北原本地旷人稀,农业基础薄弱,统一战争结束时原住此地的卫拉特蒙古人口非亡即散,耕牧俱废,故清政府认为南疆可以依赖当地民间力量恢复农业生产,无须动用国家力量。其次,历代经营新疆,有"以北制南"的传统。清政府沿袭了这一传统,以北疆为军政中心,设伊犁将军总统天山南北,因而对北疆的重视程度远远超过南疆。除这两点之外,还有一个至关重要的因素,即南疆作为维吾尔族聚居之区,在民族关系和社会环境上有较大的特殊性。清朝统治者对当地的民族关系敏感而戒备,担心不同民族之间的接触来往和杂居共处,会滋生事端,妨碍自己对这一地区的统治,因而力求维持当地原来的面貌,减少所谓的纷更。如果说统一之初这种担心与防范意识还只作为潜在因素影响决策,那么到乾隆三十一年(1766)时,这已正式成为有关政策的一部分。

乾隆三十年(1765),南疆乌什发生了维吾尔族群众武装反抗驻扎该城清朝官员及阿奇木伯克的事件。事变起因于乌什副都统、办事大臣素诚盘剥回众,狂纵妄行,及伯克阿布都拉横征暴敛、虐害乡民。起义被镇压后,清政府一方面承认起义乃官逼民反,应从整饬吏治、消除积弊入手,进行善后,另一方面又把部分原因笼统归咎于驻防官兵与维吾尔族民众的杂居共处。为此,除规定清军驻防要定期更代,与维吾尔族民众分城居住,还限制内地人民与当地群众的交往接触。伊犁将军明瑞草拟、清廷批准的《乌什善后章程》明令宣布:"民人之居处宜别。"后来的《回疆则例》还规定:"若听其随意栖止,与回人相杂,不免易滋事端,请交该大臣等彻底清查,俱令赴驻兵处所贸易。若仍与回人杂处,即行治罪。"① 为避免民回交涉生事,内地赴南疆贸易商民只许单身前往,不准商民携眷安家。② 又规定凡在各城"觅食佣工"的"内地汉民","如无原籍、年貌、执业之印票及人票不符,即行递解回籍"。③ 这种层层设防的措施,不仅限制了内地商民在南疆的居住、活动,更

---

① 《回疆则例》卷三。
② 《清宣宗实录》卷二六七,道光十五年六月己丑。
③ 《回疆则例》卷三。

直接阻碍了屯垦活动在南疆的开展,在事实上关闭了内地民人进入南疆落户耕垦,与维吾尔族人民一起进行开发活动的大门。因此,终乾嘉之世,在南疆从事农业生产的内地人口始终寥寥无几。至嘉庆末年,天山以南的正式兵屯建置仅有哈密、吐鲁番、喀喇沙尔、乌什、阿克苏五处,民垦地仅喀喇沙尔所属曲惠一处,兵民屯垦地亩相加仅4万亩左右,相当于同期北疆迪化州一州民屯地亩数的1/5。

二

为了集中力量优先发展重点地区,在一定时期内实行有倾斜的开发政策是必要与合理的,但这并不意味可以忽略非重点地区应有的政治、经济建设。至于消极的防范分离政策,更不能给南疆乃至整个新疆带来长久的安定。原本凭借南疆已有的农业基础和当地民间深厚的农业生产潜力,如果能够及时有效地加以引导和扶持,当地可以创造出更加可观的成就,不但会推动当地社会向前发展,也使得南疆与北疆的开发进程同步并行,互为促进。然而清政府指导思想上的偏差,在很大程度上局限了南疆农业的发展步伐,从而影响到当地政治、经济、社会生活等各个方面。从根本上说,农业政策的"重北轻南",是清政府整个经营方针上"重北轻南"的集中表现,随着时间的推移,到嘉道之际,这一方针的偏颇失误之处,也愈来愈多地暴露出来。

首先,在政治方面,由于清政府轻视对南疆的经营,不事开发,削弱了其对这一地区的控制能力,在突然爆发的事变面前,无力应付,出现局面失控的情况。

嘉庆二十五年(1820),在英帝国主义及浩罕、布鲁特封建势力的策动下,流亡浩罕的南疆白山派大和卓波罗尼都之孙张格尔发动叛乱,先后三次率兵进犯南疆,攻陷喀什噶尔、英吉沙尔、叶尔羌、和阗四城,纵兵烧杀抢掠,致使"田园房舍,蹂躏殆尽"。张格尔继而攻打阿克苏、乌什两城,造成天山以南全线告警。为平定叛乱,清廷从内地赶调吉林、黑龙江、陕西、甘肃、四川五省兵前来会剿。道光八年(1828),张格尔被擒,被解京处死。但时隔年余,其兄玉素普又在浩罕唆使下犯卡,围攻喀什噶尔、叶尔羌等城,南疆又一次遭受战乱的破坏。张格尔、玉素普的叛乱,前后绵延10年之久,为清乾隆中期统一新疆以来所仅见,对清廷震动极大,一时之间议论纷纷,成为人们关注的焦点。当时,有少数人借机重弹"守不如弃"的陈年老调,主张置西四城于不问;但更多的人则从此次动乱看到清政府以往治理南疆的弊病缺失,要求及早匡正弥补。道光十年(1830),伊犁将军玉麟上奏批驳轻视南疆的错误论调,指出:"回疆自入版图,设官驻兵,不惟西四城为东道藩篱,南八城为西陲保障,即前后藏及西北沿边蒙古、番子部落,皆赖以巩固。"若以地利而论,西四城"为回疆殷实之区,舍沃壤而守瘠土,是借寇兵而赍盗粮也"。①稍后,继任将军恩特亨额也阐发上说,论证天山南北休戚与关,表里相依。他说:"自我朝勘定回部,分城镇守,星罗棋布,匪仅为拓土开疆,盖所以重立屏藩,藉资捍卫。……南路八城与伊犁、乌鲁木齐等处相为表里,处处有径可通。若南疆不守,则自伊犁至巴里坤各城,不啻断其右臂,偶有蠢动,北路必守御维艰。"②经过张格尔之乱,那些对新疆问题较有见识的封疆大吏都已注意到,全疆是一个有机整体,没有南疆的稳定,北疆的建设和全疆的安定也无从谈起,而要南疆保持稳定,必须变消极防范为积极建设,以农业为中心的开发是至关重要的一环。魏源更一针见血地指出:"勘定新疆,经画善后之计,北路详于南路,故屯田二十八万余亩,而南路不及五分之一。其官兵则北路驻防,而南路仅换防;商民则北路挈眷,南路不得挈眷,夫固畛域视之矣。……诚使仿伊犁、乌鲁木齐移眷驻防之例,以回疆戍兵改为额兵,屯田裕饷,并许内地商民挈家垦种,以渐升科……卤莽为之,事半功倍。不数年,兵民愈衍愈炽,外足以控制回户,内足以分中国生齿之蕃,利可殚述哉!"③在这番话里,魏源把南疆"回户"笼统看作应加以控制的对象,反映了封建时代狭隘的民族偏见,但他指出清政府对南疆各城"畛域视之",一味防范,不事开发,是一大失策,是导致动乱中局面失控的重要原因,亟待改变,却是卓有见地,十分深刻的。

其次,在经济方面,由于封建势力的盘剥和缺少应有的开发,人口增长与耕地不足的矛盾日益突出,民生困苦,这在客观上提出了如何开发南疆土地以满足人口生计需要的紧迫课题。

乾隆中期以后,南疆的农业由战争甫定时的一度萧条逐步走上正常发

---

① 《清史稿》卷三六七《玉麟传》。
② 中国第一历史档案馆藏:《宫中档朱批奏折·民族事务类》,道光十八年五月初二日恩特亨额奏。
③ 魏源:《圣武记》卷四《道光重定回疆记》。

展的轨道,乾隆二十七年(1762),各城纳粮数都达到或超过定额水平,"各处有收,粮价益贱"①。但是由于和平环境中人口不断繁衍而土地开发不力,人口增长与耕地不足的矛盾加剧。与北疆相比,天山南路的人口密度(指绿洲人口)原来就比较大,从乾隆后期起,各城"成丁余回"(即成丁的维吾尔族人口)相继增长,人口压力日渐沉重。据有关研究,乾隆四十年(1775)至道光中期的近50年间,南疆维吾尔族人口增长率达1.35%—1.36%。② 也就是说,以《钦定皇舆西域图志》记载的乾隆四十七年(1782)南疆人口数66 882户、262 068口为基准,至道光中期,户口数已增长一倍有余。再考虑到申报时隐匿、漏报等因素,该研究认为,到道光十一年(1831),南疆维吾尔族总人口已接近65万。

南疆素以"物产丰富,土地膏沃"著称西陲;然而在封建势力的层层盘剥之下,加之缺少应有的开发建设,人民生活十分困苦。嘉庆年间已有奏报称各城回民"生齿日繁,原种田亩收获交差之外,其孳生人口难于养赡"③;"喀什噶尔地方户口日增","粮价较各城昂贵"。④ 道光中林则徐记述自己的南疆见闻时说,八城民众"仅以冷饼两三枚便度一日","其衣服褴褛者多,无论寒暑,率皆赤足奔走"。⑤

为了谋求生存,维持生活,广大维吾尔族农民首先以自发方式扩大开垦,于原额地亩之外大量垦占隙地和官荒地。道光七年(1827)、道光八年(1828)间屡见记载的"私垦地亩",就是这一活动的产物。道光八年(1828),那彦成奉命"清查地粮",在奏折里全面详尽地汇报了各地维吾尔族人户的私垦情况:"臣等查回疆隙地,逐渐开垦成熟,其隐匿粮赋,不止喀、叶二城,复又咨行各城大臣,督饬阿奇木等亲历回庄,逐细清厘"。⑥经过清理的私垦地亩,被列为新增纳粮地,根据那彦成奏折所载数字,我们将南八城旧额及新增私垦粮赋制表(表1)对照于下:

---

① 《清高宗实录》卷六六八,乾隆二十七年八月壬辰。
② 苗普生:《清代维吾尔族人口考述》,载《新疆社会科学》1988年第1期。
③ 《钦定新疆识略》卷三《南路舆图》。
④ 中国第一历史档案馆藏:《军机处录副奏折·民族事务类》,嘉庆二十年五月二十四日成宁奏。
⑤ 《林则徐集·奏稿》下册,中华书局1965年版,第892页。
⑥ 《那文毅公奏议》卷七六。

表1　南八城旧额及新增私垦粮赋对照表

地区	乾隆年间旧额/石	道光八年新增私垦粮额/石	备注
库尔勒	560	400	—
轮台（即布吉尔）	560	400	—
库车	1 105	1 900	—
沙雅	497	三处合计 5 013	—
赛里木	782		—
拜城	364		—
阿克苏	3 945		—
乌什	2 010	2 250	已从所报数字中扣除了兵屯屯粮 2 400 石
喀什噶尔	21 200	20 016	—
英吉沙尔		4 100	—
叶尔羌	14 952	18 130	—
和阗	10 600	2 070	—
合计	56 575	54 279	

从表中数字可知，嘉庆以来，民间私垦的规模十分可观。经查报升科的新增私垦粮赋竟至5.4万余石之多，几与原报土地的粮额相等，其中库车、叶尔羌、乌什的新增税粮甚至高于原额数字，这充分显示了新增人口对土地的迫切需求。

在维吾尔族农民自发开垦的同时，一些官员也想到通过鼓励垦殖、发展生产来缓和社会矛盾，改善民众生计。嘉庆中松筠在伊犁将军任上时，即要求驻扎大臣督饬阿奇木伯克，查明所属各庄穷苦回民数量和可垦荒田数量，"应由何处开渠引水灌溉，官借口粮，用资辟垦"①。喀什噶尔办事大臣成宁也表示开垦地亩是改善回民生活的根本大计。他还具体分析了官方出面的优越性，认为这样做可改变过去距水较远的大段荒地，因民间人户对所需器

---

① 《钦定新疆识略》卷三《南路舆图》。

具、口粮"力难措办"而无法利用的现象,进而克服自发开垦的不足之处。①和阗、叶尔羌、阿克苏、喀喇沙尔等城,也纷纷采取拨给官荒,令无业回民耕种,以资养赡的做法,分别给地2万余亩至5 000余亩不等。②

总而言之,嘉庆以来南疆各地的民间开垦和官给土地,虽然以自发方式或由某地官府分散局部地进行,却以不同形式反映着一个共同的客观要求:充分利用南疆水土资源和农业劳动力,积极开垦,发展生产,改善民生。这一要求随着时间的推移而不断得到强化,成为冲击"重北轻南"既定政策的又一力量。

再次,嘉道以后清朝国力下降,新疆饷源不足,重北轻南,对南疆不事开发,既加重了清政府的财政负担,也加剧了南疆的经费困难。

自统一以来,清朝对新疆的财政原则是"量入为出","以边养边"。为省却内地输挽之烦和减轻财政负担,清廷一直力求就地解决设官驻兵的粮饷经费。但在事实上,能够就地解决的主要是兵粮供应问题。在北路依靠各类屯垦,在南路屯垦外主要取诸各城田赋。至于官兵俸饷、办公费用等大宗经费,仍须由内地筹措支给,称为"协饷"。协饷来源要有两个途径:内地各省关协济;由中央动帑拨给。两者当中,又以地方各省关协济为常年例拨"协饷银"的主要来源。乾隆二十六年(1861)十二月,清廷就办理新疆经费事宜宣谕中外说:"现在伊犁、回部马兵三千一百十名,步兵一万一千三百四十七名,台站卡伦兵二千六百二十三名……所需粮食料豆八万二千八百余石,俱由屯田支给。大臣养廉、官兵盐菜银,岁需三十三万三千四百余两,计叶尔羌等城所交腾格作价五万八千余两,每年内地添用银二十七万五千余两。"③这里的27.5万余两,只是统一初年的数字,随着各地设官置守、调兵驻防的常态化,协饷数额也在逐渐增加,到了乾嘉之交,已经增加至180万两。④

---

① 《军机处录副奏折·民族事务类》,嘉庆二十年五月二十四日成宁奏。
② 《清仁宗实录》卷一二七,嘉庆九月三月戊申;《清仁宗实录》卷一二九,嘉庆九年五月辛丑条。是年分别"赏阿克苏、赛里木贫回地五千三百亩","赏喀喇沙尔贫回地千顷"。又据《宫中档朱批奏折·农业屯垦类》,嘉庆五年五月二十八日恩长等奏,和阗将支出的"官荒二万零六十四亩",全数拨给有粮无地之回民。
③ 《平定准噶尔方略续编》卷一五,乾隆二十六年十二月丙寅。
④ 魏源《圣武记》卷一一《武事余记》云:"各省解甘肃出关之饷,岁止有百八十万,并无三百万之多。"另据《新疆事宜三种》所载及档案数字合计,亦与此数相符。

乾隆时期,清朝正处于鼎盛阶段,社会安定,经济发展,政府财政丰裕。乾隆三十三年(1768)以后,户部库储银两长期保持在7 000万两上下,创清代历史上最高纪录,①各省关税收入亦有保证,因而对于承担新疆经费尚不觉困难。嘉庆时期,清王朝从盛世的巅峰下滑,国势由盛而衰,财政状况逐渐恶化。嘉庆十八年(1813)上谕说"近年国家经费不充,通筹国用,不得不加撙节",无奈道出了财政上的力不从心。为减轻内地负担,嘉庆皇帝指示松筠、长龄,"将新疆南北各城及镇西、迪化二府州所属每年出纳大数通盘核计,并就该处情形悉心筹划,其耕牧工虞,地利所产,人力所生,是否岁有增益,不须取资内地者约可若干,即不能以该处岁入给该处之用,但能使新疆经费岁有所减,则于国用不无稍裨"②。然而事与愿违,道光以来边境不宁,新疆所需经费非但未减,反而不断上涨。以南疆为例,八城岁调经费,道光六年(1826)以前为9万余两,道光八年(1828)加增7万余两,道光十二年(1832)又增8万余两,较之旧额已近三倍。③之后,为平剿张格尔、玉素普之乱,清廷特拨解内帑800万两作为军兴专饷,国家财政愈感困窘。上述种种使得清朝当局比以往更强烈而迫切地要求开拓新疆利源,筹措兵饷,折抵经费;而当时看来最为现实可行的办法,就是大兴开垦。正如道光皇帝所说:"西陲地面辽阔,隙地必多,果能将开垦事宜实心筹办,当可以岁入之数,供兵食之需,实为经久有益!"④

　　一种政策的变化,往往是政治、经济、社会等多种因素综合作用的结果。嘉道年间边防、人口、财政三方面形势的变化,来自民间发展经济的要求及部分官员的开垦呼声,相互联系,交互作用,终于促使清政府调整自己的经营方针和农业政策,从"重北轻南"转向"南北并举"。道光十一年(1831),清政府接受武隆阿等人关于仿照伊犁、乌鲁木齐之例,允许八旗官兵"移眷驻防",同时招募内地民人认垦土地,商民携眷前来亦听其便的建议,⑤宣布"将西四城可种之闲地招民开垦,有愿携眷者听之",⑥正式解除以往的禁

---

① 赖福顺:《清代前期户部存银的变动提要》,台北"中国文化大学"复印稿。
② 中国第一历史档案馆藏:《宫中档朱批奏折·农业屯垦类》,嘉庆十八年(无月日)长龄奏。
③ 《宫中档朱批奏折·民族事务类》,道光十八年五月初二日恩特亨额奏。
④ 《清宣宗实录》卷四○二,道光二十四年二月丙午。
⑤ 《平定回疆剿擒逆裔方略》卷五五,道光七年十二月癸酉。
⑥ 《清宣宗实录》卷一九七,道光十一年九月戊寅。

限,向着有意识地经营和开发南疆迈出了重要一步。

三

从"重北轻南"转向"南北并举",是清政府在治理南疆总方针上迈出的一大步,也是清政府在南疆农业指导思想上的一大变化。但是要把指导思想的改进具体转化为适应南疆农业开发需要的政策、措施,却还有一段很长的路程,远不能一蹴而就。由于南疆独特的民族人文环境,农业开发有着不同于北疆的特殊需要和社会条件,而清政府对上述特点在认识上的犹疑反复、把握不定,使得政策的制定经历了颇为曲折的过程。这中间大体分为三个阶段,即道光八年至道光十八年(1828—1838);道光十九年至道光二十二年(1839—1842);道光二十三年至咸丰元年(1843—1851)。清政府在认识上每前进一步,农业开垦的局面都有相应的发展。

道光八年(1828),御史钱吉仪、将军长龄、武隆阿等筹划在喀什噶尔以东、傍依乌兰乌苏河的大河拐地带兴垦。在由哪一类生产者开垦的问题上,几人意见略有不同。钱吉仪主张兴置兵屯,长龄拟就地招募维吾尔族士兵试垦,武隆阿则建议于利用"回兵屯种"的同时兼办民屯。从后来那彦成奏报大河拐一带"本年春间派拨回兵等播种杂粮,均已一律成熟,交纳粮石"来看,实际移入垦种的应当是本地维吾尔族士兵。

道光八年(1828)兴起的开垦,在道光十年(1830)因玉素普之乱而遭到破坏。玉素普之乱被平定后,代之而起的是喀什噶尔的喀拉赫依及巴尔楚克(叶尔羌辖)的毛拉巴什、赛克三的招民兴垦。叶尔羌参赞大臣璧昌亲自主持了巴尔楚克的毛拉巴什、赛克三的垦拓,并在其《叶尔羌守城纪略》中留下了生动的记述:"有浑河一道,河之南名巴尔楚克……空无人烟,密树乱草遮蔽天日。余带领副将唐奉,驰往踏勘。令兵一千名,周围放火,烧开树林。……发给银一万两,纠工筑城,开渠引水,招民种地。……不数月而成街市。近又搬眷民,生聚已成。"

道光十三年(1833),两处屯田都初具规模。喀拉赫依有垦成地20 200余亩,认种民人506名。巴尔楚克的毛拉巴什、赛克三也垦出 24 000 余亩,

---

① 《清宣宗实录》卷一四五,道光八年十月癸未。

招民360余人,试种收成良好,"水畅土肥,夏秋二禾收成均在九分以上"①。

正当这两处垦地顺利发展之时,情况忽然发生了变化。道光皇帝一改前态,声称:"以荒地招民试垦,俾贫民既可谋生,兵食亦可有赖,固属筹边要务,然亦必当计及久远。民人日聚日众,必有室家妻孥,即耕种无碍于回田,人既众多,回民能否相安,亦当豫为料及……将来内地无业贫民纷至沓来,易滋扰累,不但回民生计日蹙,恐至别生事端,不可不防其渐。"为此,他提出可否"以回易民",即由维吾尔族农民就近承种已垦之田,而将认垦民人陆续妥遣回籍。②随后道光皇帝又连下两旨,促令将赴伊犁参赞大臣之任的苏清阿"即亲赴该处,详细履勘现在试垦屯田,于回民生计有无妨碍","日后有无流弊"③。

苏清阿起程不久,道光皇帝从兴德的复奏和陛见来京的叶尔羌总兵唐俸处得知喀什噶尔所开之地早已立定界牌,并未侵占回地,赛克三一带俱系开垦荒地,距回庄在数百里以外,无从侵占,其意向遂有所改变。但奉命查勘的苏清阿仍一味迎合皇帝前旨,硬以"现虽依界耕种,并未侵占回田,恐久后不无纠葛"为词,奏请将喀拉赫依屯田"乘兴办之始,早为裁撤"。④ 事过几月,道光皇帝感到屯民甫招即撤,未免不妥,且屯民"室家聚处,安为世业,即有缓急,究属内地人民,各顾田庐,自知捍卫,于边务亦大有裨益,较之拨给回民,自更妥协",又指示有关人员"不可拘泥前奏",照旧办理,无庸更张。⑤ 然而经过这场反复,原招户民或去屯经商,或请票回籍,已遣散大半,仍留在喀什噶尔当地的屯民仅剩237人了。⑥

巴尔楚克屯田没有发生上述撤而复办的变故,但因章程未备,管理不善,也发生种种周折。最严重的一次是道光十八年(1838),因"房间衣食不能散给充足,且屡报屡催不理",屯民田世英等15户76口,"挟男携女徒步

① 《清宣宗实录》,道光十四年二月丙申。
② 《清宣宗实录》卷二五二,道光十四年五月丁亥。
③ 《清宣宗实录》卷二五五,道光十四年八月辛酉。
④ 《清宣宗实录》卷二六〇,道光十四年十一月丙子。
⑤ 《清宣宗实录》卷二六七,道光十五年六月己酉。
⑥ 《宫中档朱批奏折·民族事务类》,道光十五年五月十六日、八月二十七日(缺具奏时间,此为朱批时间)兴德奏。

逃奔",引起全屯哄动,人心惶惶,屯务陷入混乱。①

屯垦政策与清政府对南疆的统治方针密不可分。屯垦政策的出尔反尔,变化不定,反映了统治者在这一问题上的矛盾心理,既希望移民实边,又担心移民进入南疆,民回杂处能否相安。从这种矛盾心理背后反映出来的是统治者对各族人民聚集开发南疆的重重疑忌和深切不安。在这种思想状态下,清政府很难不带偏见地看待南疆开垦中不同于北疆的特点,也无法恰当地把握边疆地区的民族关系,往往从一个极端走向另一个极端,使开垦难以取得显著进展。

喀拉赫依和巴尔楚克的开垦虽然一度受挫,但招民开垦一事本身仍有重要意义,它标志着清政府南疆农业政策的初步转变,为更多的内地民人进入南疆打开了通路,尤其是地理位置距内地较近的吐鲁番和喀喇沙尔,出现了"民人日聚"的景象。道光十五年(1835),籍隶晋、陕、甘及北路乌鲁木齐,在喀喇沙尔从事贸易的铺户商民,以巴尔楚克已有北路民人携眷认垦为由,请照其例回籍搬眷获准。② 此后,"眷户日增,人烟日众","出口谋生者纷至沓来"。③ 不仅使两城首先实现大规模招民开垦,还促成了当地兵屯的"裁屯改户"。

招民认垦与裁屯改户是结合在一起进行的。道光十九年(1839),乌鲁木齐都统廉敬上疏朝廷,请求将吐鲁番屯兵"裁撤回营,改设户民"。理由是"新疆各处由内地营分拨兵屯田……原系筹划安边,以收寓兵于农之效"。但"数十年来时和岁稔,鸡犬桑麻不殊内地,原安户民近复生齿繁衍",今昔情况已有很大不同,"昔时民户不足,今则地少人多,昔时须壮兵威,今则宜足民食"。如果继续实行换班屯种,"往返换班,徒劳跋涉,兼之日事耕凿,致荒操演,而现在口外户民无地耕种者甚多,转令游荡闲居,各荒本业,两失其宜"。所以他建议,应将种地兵丁撤归原伍,令当地招户认种,"于兵丁技艺,民人生计,均有裨益"。清廷很快批准了这一建议。翌年三月,吐鲁番的

---

① 《军机处录副奏折·民族事务类》,道光十八年九月二十七日(缺具奏时间,此为朱批时间)金和奏。

② 《军机处录副奏折·民族事务类》,道光十五年四月二十四日额勒锦奏。

③ 中国第一历史档案馆藏:《军机处录副奏折·农业屯垦类》,道光二十三年三月初十日联顺奏。

④ 中国第一历史档案馆藏:《军机处上谕档》,道光十九年十月二十九日。

700名屯兵撤回口内各自原营,所遗屯地大部分用来安置内地携眷农民,少部分与回庄毗连或与维吾尔族农户共用渠水的屯地拨给了吐鲁番郡王属下的穷苦维吾尔族人民。① 在廉敬之后,喀喇沙尔办事大臣联顺以"节省经费以便民生而足兵额"的同样理由,获准实行裁屯安户。至道光二十四年(1844)二月,屯兵东归,户民安插足额,"力田劝课,如服先畴"。②

裁屯改户的完成,不只是开垦形式的转换,或者说屯垦者身份的变更,还取得了合理利用土地资源、扩大土地开垦的效果。原来初建兵屯时,各屯大都占地广阔,实际占有的土地面积远远超过载在册籍的地亩数,而实耕面积受兵屯人力所限,仅为其中一小部分。以喀喇沙尔兵屯为例,占地多达10万亩,常年额种仅6 000余亩,相差极为悬殊;而这部分闲地碍于兵民之别,禁止民间人户占种,以致长期荒闲。裁屯改户后,界限既除,情况大不相同,喀喇沙尔"计可垦十万数千余亩,较原种地亩多至十数倍"③;吐鲁番屯地的实耕面积从1.4万亩上升到4.1万亩,认种时以30亩为1份,"其殷实之家,工本饶裕,情愿多认耕种者"可承领3份,共90亩。④"不分民回",享受同样待遇。耕地的增加和劳动人手的合理调配,使吐鲁番、喀喇沙尔的农业产量明显增长,除解决当地人口的生活所需外,上交额粮与兵屯时相比,亦"有盈无绌,供支官兵廉粮外,尚有赢余,存贮在仓"⑤。这样,裁屯改户既成为这两个地区入清以来大面积开垦土地的新契机,也为招民开垦提供了成功的范例。

受吐鲁番、喀喇沙尔的鼓舞,南疆其他各城的开垦呼声也日益高涨。道光二十四年(1844)八月,阿克苏办事大臣辑瑞经过踏看荒地,筹划水源,捐集资金等,率先上报"查出荒地,捐廉开垦,酌给回户"⑥;九月,乌什以"酌拟裁屯撤兵",上奏请旨;九月,和阗、库车分别查出可垦荒地,拟请"招集回户承种",并报告"捐廉开挖渠道兴工日期";十二月,查出喀什噶尔"闲荒地亩,堪以开垦";次年四月,叶尔羌参赞大臣奕经奏报"查出霍尔罕可开荒地,

---

① 《军机处录副奏折·农业屯垦类》,道光二十年五月二十七日惠吉奏。
② 《宫中档朱批奏折·农业屯垦类》,道光二十四年十一月二十一日全庆奏。
③ 《宫中档朱批奏折·农业屯垦类》,道光二十四年十一月二十一日全庆奏。
④ 《军机处录副奏折·农业屯垦类》,道光二十年五月二十七日惠吉奏。
⑤ 《宫中档朱批奏折·农业屯垦类》,道光二十四年十一月二十一日全庆奏。
⑥ 《宫中档朱批奏折·农业屯垦类》,道光二十四年八月初一日辑瑞奏。

试验水利充裕"。①

面对南疆各城正在兴起的开垦热潮,道光皇帝却又一次表现出迟疑和动摇,在给阿克苏的批复中,他极为不满地指斥辑瑞:"本年所降谕旨,原系查明一律奏办,何以并未具奏,即定有章程,业于六月内兴工矣?!"②"所办实属冒昧,辑瑞著交部严加议处,该处开垦事宜著暂行停工。"③对和阗、喀什噶尔等处也以与阿克苏"事同一律"为由,一概下令停工候旨。

兴垦一事中途受阻,看起来是辑瑞等人"未经具奏,率即兴工"所致,实际上,是长期以来清政府对南疆农业开垦迄无定策的再暴露。道光二十五年(1845)五月,道光皇帝曾这样表示他个人对开垦的见解:"因思回疆各城开垦荒地,朕意原以内地民人生齿日繁,每有前往各城营生谋食者,如能将此项荒地招致户民承种,则地无旷土,境鲜游民,日久可成土著……原非为该处回户另筹生计。"④这番话显示,他的着眼点在于疏散内地过剩人口,多安民户,充实边疆,而辑瑞等人请求将垦地主要拨给维吾尔族人户耕种,不可避免地与皇帝的意愿相抵牾。然而这两种不同意见,究竟何者更合乎南疆实情,应当如何处理为妥,其实道光皇帝自己也心中无数,难于决断。我们从他指示派员履勘的一系列上谕中可以清楚地看到其复杂而矛盾的心情。如道光二十四年(1844)九月丁亥日上谕说:"喀什噶尔等处开垦,向系招集眷户认种。此次该大臣等声请毋庸招觅眷民,所奏情形果否属实?……何以与喀什噶尔情形不同?其招来内地眷户,认地垦种,何以碍难办理之处,务当详细体察。"⑤十月壬戌日又强调:"阿克苏等城民回杂处,现在开垦荒地,若令民户认种,究竟能否相安,及酌给回户承种,日后有无流弊之处,必须另行派员亲历各该城,体察情形,熟筹定议。"

由上述上谕可知,此时的南疆开垦正处在微妙而关键的当口。由于道光皇帝决定委派专人前赴南疆"将可垦之地逐加履勘",能否打破开垦僵局,在很大程度上取决于受命履勘者的态度。履勘者是像以往许多奉派官员那

---

① 《清宣宗实录》卷四〇九、卷四一〇、卷四一二、卷四一五、卷四一六的有关部分。
② 《宫中档朱批奏折·农业屯垦类》,道光二十四八月初一日辑瑞奏。
③ 《清宣宗实录》卷四〇九,道光二十四年九月丁亥。
④ 《清宣宗实录》卷四一七,道光二十五年五月己巳。
⑤ 《清宣宗实录》卷四〇九,道光二十四年九月丁亥。
⑥ 《清宣宗实录》卷四一〇,道光二十四年十月壬戌。

样揣摩上意,敷衍了事,还是亲历考察,针对南疆地区地理、社会、民族状况的具体情况,拟定切实可行的农业政策和开垦方案,并说服皇帝采纳实行,将直接关系到兴垦的成败。

道光二十四年(1844)十月,正在伊犁戍所的林则徐奉命赴南疆与喀喇沙尔办事大臣全庆会办勘垦事宜。两人通力合作,不辞辛苦地奔走于各城之间,除相度地形水利,查核土地的可垦性外,还将主要力量放在研究和拟定新垦之田的分配方案上,力求从政策上做出明确而合理的规定。接读历次谕旨,久任疆吏的林则徐早已洞悉道光皇帝的个人意向,但他抱着"明诏筹边要至公"的态度,①不肯随便苟合,作违心之言。在他看来,隔绝不同民族的交往,阻挠内地民人进入回疆固然不可取,但如果因为南疆曾有动乱,就对维吾尔族民众百般猜忌,无视其垦种能力和生产需要,也是错谬不当。正确的态度是"因地制宜,毫无成见,惟应给回户者,仍不能强招民人"②。他认为,只要对当地发展生产和改善人民生活有利,不论"民垦""回垦",都是适当的形式。

本着这一原则,林则徐对各城情形做了深入的实地调查,提出将各城垦地依据当地特点,分别实行"全部给回""民回兼顾"及"全部招民"三种方案。对于库车、乌什、阿克苏、和阗四城,林则徐主张"全部给回",理由是库车、乌什、和阗均属偏小之城,内地民人数目有限,招募困难,而当地"无田、田少之人,则皆欣欣然希图承种"③。阿克苏虽为南疆大城,但在此内地人口以贸易商民居多,新垦荒地距城较远,故商民难以兼顾耕田。这种情况非一时所能改变,应俯就民情,因地制宜,全给维吾尔族农户承种。喀什噶尔和叶尔羌,都是道光初年曾经招户兴屯之地,已有一定数量内地民户在此定居,故林则徐建议将垦地分别给予民户或维吾尔族人户耕种。喀喇沙尔、吐鲁番及哈密,地当天山南北要冲,民人往来及定居者众多,又有裁屯改户的基础,因此他主张将垦地全部安置内地民户。

林则徐等人所拟方案,充分考虑了南疆地区的实际情况,因地制宜,既有益于生产,也有益于民生,还能节省国家用于垦务的财政支出,应当说是正确积极且妥善可行的。然而上述意见并没有立即得到朝廷应有的支持。

---

① 林则徐:《云左山房诗抄》卷七《次韵寄酬高樨庵(步月)》。
② 林则徐:《衙斋杂录》(抄本)。
③ 《军机处上谕档》,道光二十五年七月初八日。

"库车地亩折稿"是林则徐履勘中发出的第一份折稿,对于"给回给民"的利弊得失,稿文有极透辟的剖析。但军机处会同户部的议复"虽已准予给回耕种,而语意甚为勉强",①"挑剔责备之处,不一而足",又借口成例,将粮赋强定为按亩平分入官,以压制维吾尔族人户的积极性,并指责各处捐办开垦有勒派苦累之事,借题发挥,"仍令陆续招民",实际是向他们表示异议。②

林则徐等人与朝廷的意见分歧,关键在于如何看待南疆的广大维吾尔族群众。是一视同仁、公允对待,还是无端猜忌、处处限制。林则徐在给长子次舟的信里,强烈批评少数人把"只招民户不准给回"的做法说成是"为边防计",指出边防乃"防卡外之浩罕、布鲁特、安集延而已,若八城回民,何防之有"?至于那种"田地给回,恐致内占"的论调,实际是不辨内外。"如以田与浩罕,始有内占之患",以本城回户耕本城地亩,何云内占?广大维吾尔族群众世居南疆,是开发建设当地、保卫祖国边疆的基本力量。如果离开这支主要力量而谈开发戍边,或"恐其富强而生反侧,此隔壁账而又隔壁账者也"。③从这一鲜明认识出发,林则徐坚决表示,所有折稿已"全行奏出,此时势难再改"。非但不改,还要"缕析登答,声请复奏"。④在他的大力陈请下,这一合理意见终于得到朝廷认可,决定如其所奏,付诸实施,既提倡内地民人赴南疆务农,也鼓励当地维吾尔族农民发展农业,并同样给予必要的扶持。从道光二十六年(1846)起,关于开垦的谕令不断下达,农业开发的热潮很快席卷了天山南麓各个绿洲。

四

林则徐、全庆履勘之行的成功,给道光初年以来长期争论不休的南疆农业政策问题画上了圆满的句号。随着这一转变的最后完成,南疆农业进入了一个前所未有的喧阗壮观的发展阶段。统计数字表明,道光、咸丰时期,

---

① 林则徐:《乙巳日记》,六月二十四日。
② 道光二十五年六月十八日林则徐致奕经书,转引自来新夏:《林则徐年谱》,上海人民出版社1985年版。
③ 黄德泽编:《林则徐信稿》,福建人民出版社1985年版,第138页。
④ 道光二十五年六月十八日林则徐致奕经书,转引自来新夏:《林则徐年谱》,上海人民出版社1985年版。

南疆的农田面积至少扩展了将近100万亩,这个成绩不仅是南疆入清以来所未有,与同期北疆各地开垦总和相比,也堪居榜首。与此同时,绿洲水利建设和作物结构亦有相应发展。在喀什噶尔、叶尔羌、喀喇沙尔、吐鲁番等地,各族人民同地居处,共事垦拓,社会呈现出新的面貌。清人金安清曾高度评价林则徐南疆之行及这一时期的开垦活动,称赞"大漠广野,悉成沃衍,烟户相望,耕作皆满……为百余年入版图未有之盛"。说这时的南疆"悉成沃衍""耕作皆满",未免有所夸大,但南疆农业在开垦热潮中达到"百余年入版图未有之盛",则言之有当,符合历史的事实。

回顾19世纪前中期清政府南疆农业政策的转变,笔者认为有以下几点启示值得重视:

第一,一个地区的农业政策是国家政权治理该地总方针的具体体现,因此,农业政策的调整必然以治理和经营方针的调整为前提,从方针的转变进而落实到具体政策的修正完善,这是一个带有规律性的过程。

第二,一个地区的农业发展步伐快慢,固然受当地自然地理及社会人文条件的制约,同时也受国家政策法令的干预或指导。适合当地实际的政策法令能够促进农业开发的进行,反之则会起阻碍作用。道光后期至咸丰中南疆农业的迅速发展,与乾嘉时期南疆农业开发进展迟缓恰成对照,正好为我们提供了正反两方面有说服力的实例。

第三,对于南疆这样少数民族聚居的边疆地区,封建统治者囿于阶级偏见和时代局限,在经营方针和农业政策上常常发生摇摆和反复,故一项政策的转变和确立会经历颇为曲折的过程,甚至几起几落。在这当中,政治、经济、社会形势的发展变化以及由此产生的客观需要,是推动这一进程的内在力量,同时,统治集团中有识之士的奔走努力也起着不容低估的作用。

(原载《清史研究集》第8辑,中国人民大学出版社1997年版)

清季新疆建省后农业经济的复苏与发展

同治年间中亚浩罕阿古柏势力和沙俄势力的相继入侵,在新疆造成了长达十数年之久的大动乱,也由此中断了新疆自乾隆中期以来农业开发的进程。直到光绪初年清政府收复天山南北,设立行省,重振经济,新疆农业才重新走上复苏发展的道路,成为新疆农业开发史上继乾嘉道时期之后的又一个重要阶段。鉴于以往的研究大多偏重同治以前的时期,本文试图对建省后新疆农业经济的复苏发展略做描述,既考察这一时期新疆农业生产能力的恢复和提高,也指出本时期农业经济结构中值得注意和重视的新动向、新进展。

一、从田赋征收看农业生产能力的恢复

同治年间的浩劫,给新疆的社会经济造成极其严重的后果:人口丧亡,土地荒芜,水利堙废,城乡残破。乾隆以来百余年经营建设的成果损失殆尽,天山南北满目疮痍,这一局面决定了新疆的农业已无法在动乱以前的基础上继续发展。当光绪三年(1877)左宗棠的西征之师收复新疆后,清廷首先面临的是如何医治战争创伤,重建社会经济,进而获得发展的问题。经过左宗棠、刘锦棠等人设立行省、招徕流亡、大兴水利、移民开垦等一系列努力,重建农业的努力取得了成效,农业生产日见起色。耕地的垦复与农业产量的回升,从田赋征额的逐年增加中反映出来。

同治动乱前,清政府在北疆的田赋收入为每年征本色京斗粮9万余石。① 在南疆按维吾尔族传统习惯,征收收获量的1/10即"十分之一税",

---

① 《新疆图志》卷三〇《赋税一》。

每年额征粮 7 万余石，①此外还有来自兵屯和伊犁回屯的屯粮收入，每年不下十数万石。② 动乱中，田土荒芜，农业凋敝，旧章无可遵循。光绪四年（1878），即清军收复新疆的第二年，在大力安抚流亡、积极垦复土地的基础上，清政府开始恢复农业税的征收。鉴于战乱结束未久，无法明确规定征收科别，左宗棠与刘锦棠、张曜等人函牍相商，决定暂按民间收粮实数，"十一分而取其一"。据他在奏折中开报，是年征粮254 004石，另征折色地课银两若干。同时，他宣布清丈全疆土地，确定科则，以便尽快"按地科粮"。光绪五年（1879），丈量尚未结束，当局仍按上年例十一分取一征收，这时，上年因"久经兵燹，流亡未复"而未征粮的喀喇沙尔也开始交纳田赋。至十一月，在征收尚未最后截止的情况下，南北两路上纳的额粮已达到折合京斗粮261 900余石，超过了前一年。③ 如果按照田赋为总产量的 1/11 的税率来推算，则当年粮食总产量应不低于 288 万石，考虑到此外尚有部分垦地折色征银，实际总产量水平应更高于此数。光绪六年（1880），额粮再次增加，共征各色京斗粮347 200余石，比前一年提高 8 万余石。④

年征粮超过 34 万石，这个数字在新疆历史上是空前的，而且征粮地区还不包括向称富庶却迟迟未能收复的伊犁。即使拿光绪五年（1879）的 26 万余石与同治以前的粮额相比，也已大幅超过后者。不过，由于前后期征收标准不同，对这个数字不宜简单理解为纯系垦地恢复和拓展所致，但毋庸置疑，农业生产的逐步恢复是粮赋增长的重要原因；同时，建省前后开始的南疆政治、经济制度的变革，使广大燕齐农民摆脱了对王公伯克的人身依附，成为国家的编户齐民，开始直接向政府交纳田赋，也是额粮能够大幅度增长的原因之一。

光绪十三年（1887），对镇迪、阿克苏、喀什噶尔三道的大规模土地清丈工作基本完成，共丈出各等荒熟地 1 148 万亩。同时制定的田赋章程规定：耕地分上、中、下三等，北疆大部分州县及吐鲁番，上地每亩征粮七升，中地四升，下地三升，皆不征草。南疆上地征四至五升不等，中地三升，下地一升至一升五合，各地分别征草二至五斤。这次丈出的1148万亩土地，绝大部

---

① 《同治户部则例》卷六。
② 伊犁回屯岁纳粮 10 万石，兵屯因设置规模前后不一。
③ 《左文襄公全集·奏稿》卷五六。
④ 《刘襄勤公奏稿》卷三。

分是已经垦复的熟地,也包括少量已招垦尚未耕种或丈出可垦而未垦的土地。根据这个新定的田赋章程,扣除上述未耕或未垦的土地,当年已垦熟地额征粮为本色粮20.3万余石,草1390万余斤,粮草折色及地课银等57 952两。①

宣统三年(1911),清政府再次清丈新疆地亩确数。经过查核,共有熟地1 055万亩,额征京斗粮30.2万余石,草2 800余万斤,粮草折色银90 490两。② 这个数字基本上代表了光绪以来新疆耕地面积和农业产量恢复发展的最高水平。它表明,自确定赋则的光绪十三年(1887)以来,农业生产的总趋势是继续缓慢上升,基本规模是耕地1 000余万亩,纳粮20万至30万石。

需要指出的是,农业经济恢复的速度,在不同地区还有很大差别,总的来说,天山北路比天山南路要缓慢和艰难得多。

南疆各城是重建农业经济过程中恢复最快、进展最大的地区。光绪八年(1882),刘锦棠加以比较后明确指出,农业生产在"新疆南北两路情形不同,丰欠亦异"。历年上交的20万至30万石粮食,主要来自南疆各城,故他说纳粮"南路最多"。光绪十三年(1887),南路已经"缠民繁庶,荒地尚属无多",而北疆镇迪道各属"已垦熟地不过十分之二三,田赋缺额既多,闾阎亦形凋敝"。③ 北疆农业之所以进展缓慢,首先是因为战乱期间遭受破坏更甚,人口聚集不易。虽然至光绪十三年(1887),新疆人口总数已超过战乱之前,但大幅度增长的主要是维吾尔族人口,即原来世居南疆的土著人口,至于来自内地的汉、回等族移民,此时总共不过9万至10万人,仅相当咸丰七年(1857)乌鲁木齐、巴里坤册报户民数的三分之一弱。 故刘锦棠在上报户口总数的同时即表示:"逐加查核,内以北路户口为最稀,尚须极力招徕抚辑,以期生齿日盛,额赋日增。"⑤这一方面说明在光绪以来的农业重建和开发活动中,广大南疆维吾尔农民发挥了比前一时期更加重要的作用,另一方面也表明北疆农业长期处于劳动力紧缺状态。劳动力既然不足,垦复垦拓

---

① 《刘襄勤公奏稿》卷一二。

② 《新疆图志》卷三〇《赋税一》。

③ 《刘襄勤公奏稿》卷一二。

④ 据严中平的《中国近代经济史统计资料选辑》所列清代乾隆、嘉庆、道光、咸丰、同治、光绪六朝人口统计表得出。

⑤ 《刘襄勤公奏稿》卷一二。

也就难以进行。除此之外,光绪初年以来,自然灾害频频发生,也干扰了农业恢复的进程。刘锦棠在谈到天山北路灾害频仍的情形时说:"关外久经兵燹,民多流亡,田地鞠为茂草。肃清后,前督臣左宗棠饬各地方官散给牛籽,招徕开垦……无如地旷人稀,迄未一律认垦,即已垦者收成亦甚歉薄,其间或被旱灾,或被蝗灾,或被冻萎。"①

战乱造成的经济残破和民生凋敝,使个体农户极易受到天灾的侵袭。灾害造成田地欠收,反过来又破坏了认垦农户的稳定性,进一步削弱其生产能力,形成一种恶性循环。"兵燹之后,民鲜盖藏……今岁遭此大祲,秋成失望,匪特额粮无出,抑且日食维艰,待哺嗷嗷。"②于是弃地逃亡,时有发生,北疆农业在相当长的一段时间里举步维艰。经过多方面的努力,北疆大部分地区的农业生产在光绪十三年(1887)以后逐渐走上正轨。是年三月,刘锦棠为通省田赋户籍造册咨部立案事上奏朝廷。关于北疆他奏报说:"据各属清查科算,除去兵屯荒熟,并计应征粮石,均与原额相若。"③这里的原额指动乱前的征收额,应征田赋粮既与原额相若,表明垦复面积已接近往日水平。

至光绪末年,北疆农业渡过凋敝困窘的艰难时期,再次兴盛起来。光绪三十三年(1907),安徽人裴景福被人诬告坐罪,谪戍新疆。他从兰州起程,经镇西至迪化,目睹沿途多处"夹道村庄烟树","左岭村树蔚然,右平野沃壤,树林麦地","田畴耕种颇盛"。④与他大约同时前赴迪化的方希孟也讲到,"自木垒以西,颇臻富庶",自古城至孚远(济木萨)再至古牧地途中,"村树连绵,居民多沿天山北麓,雪消土润,麦陇青青","长林丰草,弥望无涯,土地肥饶,农业最盛"。⑤这时北疆大部分州县的粮食生产都已实现自给,有些州县则自给有余。如绥来,每年产米8千至9千石,小麦约1.2万石,连同其他杂粮作物,总产量在3万石上下。奇台所属古城每年约产出小麦5万余石,"繁盛为新省冠"⑥。但也有少数地区尚不能自给,如伊犁的绥定

① 《刘襄勤公奏稿》卷八。
② 《刘襄勤公奏稿》卷一〇。
③ 《刘襄勤公奏稿》卷一二。
④ 裴景福:《河海昆仑录》卷四。
⑤ 方希孟:《西征续录》下。
⑥ 裴景福:《河海昆仑录》卷四。

县,嘉庆年间产粮丰饶,而在遭受沙俄侵略和洗劫后,到光绪末年仍然"树艺尚未蕃滋","动物、植物之属不足供民间之用"。①

二、农作物种类与地域分布的新动向

如果说垦地面积和农业田赋的回升表现了建省以来新疆农业经济的复苏,那么农作物的种类与地域分布的变化则体现了这一时期开发活动和农业经济发展的新动向。

为了明了本时期新疆农业作物的种类和地域分布,笔者根据各种记载对各地作物加以整理归类,列为附表1(见本篇文章末尾)。

据附表1可知,本时期新疆主要粮食作物品种有一大变化,即除传统的小麦、稻谷、高粱以外,增加了玉米(又称苞谷、玉黍)这个高产耐旱的新品种,并被广泛种植。据有关研究考证,玉米引进新疆,始见于乾隆中后期,《伊江汇览》的"土产"门中记载的"玉秫"即玉黍,②但此后很长的一段时间里,没有得到推广。迟至道咸之际,把玉米作为主要粮食作物之一加以种植,并见于文字记载的,仅有哈密、库车两处。③ 而从附表1来看,光绪末年南疆和东疆的26个府州县厅中,有21个种植玉米,占绝大多数。其中,喀什噶尔地区种植最多。如疏勒府,年产苞谷11万石,小麦13万至14万石,稻米2万至3万石,玉米在三大作物中排位第二;④又如伽师县,年产小麦11万至12万石,苞谷8万余石,总产量与小麦亦相去不远。⑤ 其他如库车州的沙雅,和阗州的于阗,也都以苞谷、小麦并为"大宗出产","民间种植极繁"。

其次,在传统农作物中,稻谷的种植比重有所提高。这一点在天山以北更为明显。乾嘉时期,北疆的稻产地集中于迪化(乌鲁木齐)附近的阜康和伊犁河谷农业区,此时则普遍推广,迪化、昌吉、呼图壁、绥来、库尔喀喇乌苏、精河所属博尔塔拉都出现稻产区。其中迪化的三个泉和绥来、库尔喀喇乌苏三处产米最负盛名。因库尔喀喇乌苏俗称"西湖",人称这里出产的水

① 《绥定县乡土志·商务》。
② 齐清顺:《玉米在新疆的种植和推广》,载《新疆社会科学》1988年第1期。
③ 钟方:《哈密志》卷二三;《庆固奏稿·库车回子聚众滋事》。
④ 《疏勒府乡土志·物产》。
⑤ 《伽师县乡土志·物产》。

稻为"西湖稻米"。①

本时期农业结构的又一个变化,是出现了比较明显的农作物地域性分布特征。

附表1所列显示,除小麦为全区普遍种植外,其他作物大都已表现出相对的地域分布趋势。

(1)稻米产区的分布,部分前面已述,就北疆而言,一在伊犁河谷到库尔喀喇乌苏之间,一在迪化以西到玛纳斯即绥来县之间。就南疆而言,焉耆(喀喇沙尔)、库车、阿克苏、叶尔羌、和阗均有种植,东疆的吐鲁番、哈密则因干旱炎热及土性不宜而不见栽种。

(2)玉米大量分布于南疆和东疆,北疆则种植无几。北疆各类乡土志的物产记载几乎都不曾提到玉米,只有《伊犁府乡土志》和《库尔喀喇乌苏直隶厅乡土志》中有种植苞谷的记载,但在顺序上前者为"小麦、大麦、稻谷、豌豆、高粱、苞谷",后者为"大米、小麦、苞谷、高粱",排列在后,显示并未取得主粮的地位。

(3)高粱与玉米的地域分布相反,高粱的种植集中在北疆及东疆的吐鲁番、哈密地区,南疆各州县中仅库车州一处物产中列入了高粱。高粱本是新疆地区传统的主要杂粮作物之一,而光绪以后呈现出来的这种农作物地域分布特点,很可能与玉米的广泛种植取代了高粱的地位有关,因此凡是玉米大量引种之地,高粱便逐渐消失了。

(4)本时期吐鲁番已成为全疆最重要的产棉区。"植物以棉、葡为大宗"②,粮食作物反而不占重要地位。日野强的《伊犁纪行》也说当地物产以棉花为最,每年产量达一百数十万斤,③无论棉花的质量还是生产量都远远超过传统生产区喀什噶尔、叶尔羌、和阗等处。

农作物品种构成的变化和地域分布的扩大,是农业开发活动向深入方向发展的一种表现。不同的农作物因其生长特性,对水土、光热等条件有不同程度的需求差异。越是注意按照这种需求差异来配置作物,使作物布局趋向合理,就愈能够充分利用土地及其他农业自然资源,提高农业生产的经济效益。促成这一时期作物配置合理调整的因素来自多方面,除了自然地

---

① 《新疆图志》卷二八《实业一》。
② 《吐鲁番直隶厅乡土志·物产》。
③ 日野强著,华立译:《伊犁纪行》,黑龙江教育出版社2006年版,第113页。

理条件外,社会经济条件的变化也至关重要。以玉米的推广为例,就与下述三种因素有关。

其一,南疆人口增长迅速,粮食消耗增多。经过光绪初年以来30余年的休养生息,到宣统元年(1909),南疆总人口已达到180余万,比道光中期大约65万的人口数字增长了近两倍。虽然农田的垦复垦拓,水利的全面修治在一定程度上扩大了粮食生产总面积,但仍赶不上人口增长带来的粮食需求。玉米是高产作物,收获率高于小麦,据光绪末年在新疆活动的俄国人鲍戈亚夫连斯基说,喀什噶尔的玉米收获量是种子的30—40倍,而小麦、大麦、水稻分别依次为9—15倍、12—16倍、8—18倍。① 在同样面积的土地上种植玉米比小麦可增加产量一倍以上,因此,玉米理所当然地受到维吾尔农民的欢迎。

其二,从玉米本身的作物习性看,也很适于在南疆种植。玉米属耐旱作物,生长期间对水的需求少于小麦,南疆的喀什噶尔、和阗等地深秋初春常出现枯水现象,小麦生产受到很大限制,而玉米则不受这方面因素影响,这也是为什么玉米种植地集中于上述两个地区的原因之一。

其三,新疆玉米种植的推广还与清中叶以后我国北方各省普遍大面积引种有关。据今人研究,玉米在我国的传播过程中,各地不甚平衡,但至少在嘉道之际,甘肃、陕西、四川诸省已大量种植,其中甘肃、陕西都是种植发展较快的省份。② 以上几省都与新疆邻近,建省后清政府为增加农业劳动力,进一步号召和鼓励内地人口移居新疆,各族群众携眷承垦,络绎不绝,促进了不同地区农作物品种与生产技术的交流,这也是本时期玉米种植得到广泛推广的重要动力。水稻生产的发展也存在类似情况。大米是内地各省居民尤其是南方各省的主要粮食品种,建省后,全国各省移民在新疆云集辐辏,一方面带来了内地的水稻种植传统和技术,同时也从生活上大大刺激了对大米生产的需求。迪化县三个泉稻产区就是在这种形势下,于光绪十三年(1887)后,由留居新疆务农的湖南士兵开拓出来的,故史载"其地执业者尽属湘人"。他们引乌鲁木齐河水贯注,辟地数千顷,使"省城谷米半仰给焉"。③

---

① 鲍戈亚夫连斯基:《长城外的中国西部地区》,商务印书馆1980年版,第138页。
② 郭松义:《玉米、番薯在中国传播中的一些问题》,载《清史论丛》第7辑。
③ 《新疆图志》卷二八《实业一》。

三、农业产品区域流通体系的建立及其意义

农产品进入商品流通领域,并形成一定范围的区域流通,是一个地区农业经济开发程度提高的又一标志。

新疆农产品的商业流通,清前中期已在进行,天山北路多通过官方采买或民间自行出售以实现交换。在天山南路,定期的巴扎尔是农产品的主要集散场所,其历史可以追溯到很久远的时期。但是总的来说,这些都是小规模、近距离、不稳定的流通活动。而到光绪时期,一个大体完整的农产品区域流通网络已经形成。农业产量的增长、作物种类的演变和地域分布的明晰,为区域流通体系的建立奠定了前提;建省以来全疆政区的划一管理和打破地区界限,也在客观上为农产品的流通提供了有利的条件。现综合新疆乡土志稿有关记载,将天山南北各府州县进入流通的农产品种类及其流向,列附表2于本文末尾。

据附表2可知,进入流通领域的农产品,粮食类有小麦、大米、高粱、玉米、黍谷、豌豆等;经济作物有棉花、胡麻、芝麻;果蔬类有葡萄、甜瓜、杏干等各类干鲜果品和四季蔬菜。以上农产品依其进入流通领域的方式,又可分为两类:一类直接进入生活资料市场,以满足民间的日常生活需求;另一类则充当手工业加工的原材料的成品或半成品再度进入市场进行流通,满足社会的生活性或生产性需求。有些农产品既有一部分以第一种方式进入流通领域,也有一部分以第二种方式进入流通领域,棉花即是如此。

小麦、大米、玉米是以第一种方式进入流通领域的大宗农产品。据新疆乡土志记载,北疆的奇台县,每岁销行麦面六七十万斤,居全省之冠。① 绥来县小麦、大米并产,两种粮食合计,每岁销行八九千石。② 昌吉产的大米、小麦、豌豆以及煤炭,"此四者实为本境一大利源"。③ 库尔喀喇乌苏和精河,每年输出大米约200石。④ 南疆的乌什、叶城、于阗也是重要的粮食输出地。乌什的小麦、苞谷运销阿克苏;叶城运往各城销售的各色粮食,每年约20余

---

① 《奇台县乡土志·商务》。
② 《绥来县乡土志·商务》。
③ 《昌吉县乡土志·货运》。
④ 《库尔喀喇乌苏直隶厅乡土志·商务》。

万秤;于阗所产小麦,每年本境销售 8 万余石,运销外境约 1.5 万余石,苞谷本境销行 9 万余石,外境 2 万余石,数量也很惊人。①

棉花和果菜也是以第一种方式进入流通领域的重要农产品。以吐鲁番为例,当地岁产草棉 300 余万斤,葡萄 200 余万斤,皆陆运销售,进入商品流通领域。② 鄯善县的葡萄、棉、麻"运出本境,在本省各府厅州县销行,芝麻亦然"。其中葡萄和棉花两宗"并销行关内甘凉与兰州、西安等处及俄罗斯,每岁约百万斤"。③南疆的伽师、巴楚、叶城、和阗,也盛产棉花。叶城产棉运往喀什、阿克苏、省城乌鲁木齐及伊犁,伽师产棉除在本境内销售外还运往俄国。和阗州的情况与叶城相仿,岁销棉花十数万斤。④

以后一种方式进入流通的农产品,有胡麻、芝麻、高粱及棉花等。胡麻、芝麻都是油料作物,用于榨油食用,但产量和销售规模各地不等。北疆绥来岁产胡麻四五千石,芝麻一百数十石,榨油销行本境 20 余万斤,奇台的胡麻籽油销在本境的也有 20 万斤,与绥来不相上下。伊犁的胡麻油少量输出,岁运精河 20 余担。⑤

南疆各州县大多就地以胡麻榨油,有的县年产油可达 20 余万斤。⑥ 高粱则是酿酒的原料。前已指出,高粱的分布遍于北疆,故加工地也主要在北疆一带,其中阜康酒最负盛名,"西运省城,东运古城"。奇台的烧酒产量每年高达十四五万斤。 棉花为当地纺织原料。事实上前面说到的直接进入流通领域的大量棉花,绝大部分最终仍用于纺织加工,而不是直接用于生活需求,之所以放入前一类,是因为它在那一类流通中是以农产品的本来面目运销,而这里,则是被加工为棉布以后再进入市场。叶尔羌、喀什噶尔、和阗地区素有大量加工棉布(亦称土布)的传统,这一时期规模不减。如叶城,除销售棉花,还运销棉布,每年 2 万余匹;伽师每年出布 15 万至 16 万匹,其中运至俄境的 11 万至 12 万匹;和阗州出产的土布,岁有 12 万至 13 万匹,分

---

① 《乌什直隶厅乡土志》《叶城县乡土志》及《于阗县乡土志》的商务部分。
② 《吐鲁番直隶厅乡土志·商务》。
③ 《鄯善县乡土志·商务》。
④ 《伽师县乡土志·商务》;《和阗直隶州乡土志·商务》。
⑤ 以上数字均见该地乡土志。
⑥ 《于阗县乡土志·商务》。
⑦ 《奇台县乡土志·商务》。

销本境、省内其他地方及国外。① 只有把土布生产消耗的棉花与直接贩运的棉花数量结合起来,我们才会清楚地看到这一时期棉花生产的总规模。

附表2还显示,各种农产品的流通范围已相当广泛。在天山南北的42个府以下级别的政区单位中,有28个卷入了农产品流通体系,占政区单位总数65%。② 流通体系还呈现多层次、多方位、多流向的特点。所谓多层次,指流通活动既有新疆本省内各地之间的近距离小区域流通,又有超越本省范围的,与其他省或他国的远距离流通。就本省内的小区域流通而论,也存在两个层次,即与相邻地区的区际流通,如只限于天山南路各地之间或只限于天山北路各地之间的流通,以及超越了天山界限的南路与北路之间的区际流通。所谓多方位或多流向,是指某一产地的农产品并非只向一个地区输出,而可能同时提供给多个地区,包括同一层次和非同一层次的各个地区;同时,对于某一特定地区来讲,农产品的流通往往是双向的,即在本地农产品运销各地的同时,各地外来的农产品也进入本地,互通有无。可以看出,凡是农业生产比较发达的地区,其农产品流通大多同时具备上述特点。笔者对表中列出的28个行政区稍做分类:同时存在本省内区域流通和跨省远途流通活动的府厅州县有奇台、吐鲁番、鄯善、疏勒、伽师、叶城、莎车、于阗8处,其余为省内流通;从流向看,具有双向流通性质的有16处,为昌吉、绥来、奇台、乌苏、精河、鄯善、温宿、焉耆、若羌、轮台、库车、疏勒、伽师、于阗、和阗、洛浦。

多层次、多流向的区际农产品流通网络的形成,意味着新疆地区农产品商品化程度的提高,意味着农业经济中商品经济成分较以往有了新的发展,而农业经济中自然经济与商品经济所占比重的消长,后者的逐渐增加,又是农业经济结构向近代化过渡的表现。它的存在和繁荣,对于有效吸收剩余农产品,促进各地农业的专业化分工,从而更加合理地利用土地及人力资源,以提高农业生产力和生产的经济效益,同时密切全区各农业区域的经济联系,都具有积极的意义。虽然近代新疆农产品的区域流通,在规模和数量上都远不能与同时期的内地发达省份相比,但与其自身的历史相比较,不难看到显著的时代进步。

---

① 据叶城县、伽师县、和阗州各乡土志有关部分。

② 《新疆图志》卷一《建置一》称新疆全省共设立府以下级别的政区单位43个,但实际可确认其名称的只有42个。

附表 1　清季新疆农业作物的种类和地域分布情况表

地区	粮食作物										经济作物				瓜果蔬菜									
	小麦	稻谷	高粱	苞谷	黍谷	糜子	大麦	青稞	豌豆	其他	棉花	胡麻	罂粟	其他	葡萄	梨	甜瓜	西瓜	苹果	桃	杏	沙枣	石榴	其他
迪化县	✓	✓	✓																					扁豆
昌吉县	✓	✓	✓		✓	✓			✓	糜谷		✓			✓	✓								辣椒、南瓜、松
呼图壁	✓	✓	✓		✓	✓				糜谷、绿豆		✓		烟叶						✓				
绥来县	✓	✓	✓		✓	✓				糜谷														东瓜
阜康县	✓	✓	✓		✓				✓	糜		✓	✓	芝麻	✓		✓	✓	✓					
镇西厅	✓							✓				✓		芥菜										
奇台县	✓	✓	✓	✓	✓	✓			✓	小米			✓	菜子			✓	✓				✓		
库尔喀喇乌苏厅	✓		✓	✓			✓							大豆	✓	✓		✓	✓					萝卜、韭菜、白菜
绥定县	✓	✓	✓	✓	✓	✓		✓	✓				✓			✓	✓	✓	✓	✓				瓜菜
宁远县	✓	✓	✓			✓	✓												✓	✓	✓			
精河厅	✓	✓	✓			✓	✓									✓			✓					木瓜、樱桃

(北疆)

续表

地区	粮食作物										经济作物				瓜果蔬菜									
	小麦	稻谷	高粱	苞谷	黍谷	糜子	大麦	青稞	豌豆	其他	棉花	胡麻	罂粟	其他	葡萄	梨	甜瓜	西瓜	苹果	桃	杏	沙枣	石榴	其他
东疆 吐鲁番厅	✓		✓	✓	✓				✓		✓				✓		✓	✓	✓	✓	✓		✓	李、桑
鄯善县	✓		✓	✓										芝麻	✓	✓								桑、辣末、柳花
哈密厅	✓	✓	✓	✓	✓	✓								大豆										桑
南疆 温宿府	✓	✓	✓	✓	✓	✓	✓	✓	✓		✓	✓		芝麻			✓	✓	✓	✓	✓			核桃、山药
温宿县	✓	✓		✓		✓		✓			✓	✓		苜蓿			✓	✓	✓	✓	✓	✓		
柯坪分县	✓	✓		✓			✓	✓	✓		✓							✓		✓	✓	✓		
拜城县	✓	✓		✓			✓				✓			油菜子				✓				✓		蘑菇、皮皮草
焉耆府	✓	✓	✓	✓													✓	✓						南瓜、菜子
新平县	✓	✓		✓								✓		芥菜										白菜
婼羌县	✓	✓		✓					✓															萝卜

续表

地区	粮食作物										经济作物				瓜果蔬菜									
	小麦	稻谷	高粱	苞谷	黍谷	糜子	大麦	青稞	豌豆	其他	棉花	胡麻	罂粟	其他	葡萄	梨	甜瓜	西瓜	苹果	桃	杏	沙枣	石榴	其他
南疆 轮台县	✓			✓									✓	菜子	✓				✓	✓				沙果、桑
库车州	✓	✓	✓	✓							✓	✓		苜蓿		✓	✓	✓	✓	✓	✓		✓	胡桃、榅桲
沙雅县	✓	✓		✓							✓								✓	✓	✓			胡桃
乌什厅	✓	✓		✓								✓	✓											
疏勒府	✓	✓		✓								✓												
疏附县	✓			✓																	✓			桑
伽师县									✓															
英吉沙尔厅				✓							✓	✓		麻、烟										
莎车府	✓	✓		✓							✓	✓		麻、烟										桑
蒲犁分防厅	✓	✓							✓															
巴楚县											✓	✓												芦竹、胡桐
叶城县	✓	✓		✓							✓	✓												各种瓜果

续表

地区	粮食作物										经济作物				瓜果蔬菜									
	小麦	稻谷	高粱	苞谷	黍谷	糜子	大麦	青稞	豌豆	其他	棉花	胡麻	罂粟	其他	葡萄	梨	甜瓜	西瓜	苹果	桃	杏	沙枣	石榴	其他
南疆 皮山县	✓	✓		✓			✓			绿豆	✓	✓		芝麻	✓		✓	✓		✓				胡桃、桑、李、葫芦、冬瓜、南瓜、木瓜
和阗县	✓	✓		✓				✓			✓	✓			✓						✓	✓	✓	各种瓜果
于阗县	✓			✓				✓			✓	✓									✓	✓		瓜果
洛浦县	✓			✓							✓	✓											✓	瓜果

附表2　天山南北各府州县进入流通的农产品种类及其流向情况表

地名	输出农产品	流向地	输入农产品	来源地
昌吉	大米、小麦、豌豆	省城	布、棉、干果	吐鲁番
呼图壁	米麦等	省城	—	—
绥来	大米、麦、芝麻、高粱、豌豆、杂粮、烧酒	省城、塔城	棉花	吐鲁番
阜康	酒	省城、古城	—	—
奇台	麦面、胡麻油、烧酒、甜酒	本境、科布多、乌里雅苏台	棉花、棉布	—
库尔喀喇乌苏	大米	塔城	酒、胡麻油	精河、绥来
绥定	—	—	棉花、葡萄	吐鲁番
塔城	—	—	大米	绥来、乌苏
精河	大米、烧酒	塔城、库尔喀喇乌苏	胡麻油、棉花	胡麻油来源于伊犁,棉花来源不详
吐鲁番	草棉、葡萄、葡萄干	由伊犁运往俄国,由归化运往内地,亦运本境、省城及轮台	—	—
鄯善	葡萄、棉、麻、辣末	本省各府厅州县、关内甘凉、兰州、西安,及俄罗斯	大米	省城
哈密	瓜	—	—	—
温宿府	大米	伽师、本境	小麦、苞谷	乌什
温宿县	布	省城	—	—
柯坪	杏干	本境	—	—
焉耆府	杂粮	轮台	布	轮台
婼羌	小麦、苞谷、胡麻、棉花等	零星运销库尔勒	小麦、苞谷	于阗

续表

地名	输出农产品	流向地	输入农产品	来源地
轮台	小麦、苞谷、棉花、葡萄、布、胡麻油、菜籽油、各项杂粮及干菜	本境、省城、库车、焉耆	大米、葡萄干、杏干、菜籽油、各项杂粮	阿克苏、库车、吐鲁番、焉耆
库车	梨、大米、菜籽油、布	疏勒、轮台	布	轮台
乌什	小麦、苞谷	阿克苏	—	—
疏勒	棉布	本境、外地及俄国	梨、清油、各色杂粮	库尔、阿克苏、莎车
伽师	棉花、棉布	本境、俄国	各色杂粮、大米	莎车、阿克苏
巴楚	棉花	喀什噶尔	—	—
叶城	棉花、棉布、干果、各色杂粮	喀什、阿克苏、省城、伊犁等，转手运销英俄	—	—
莎车	小麦、苞谷、布、棉花	伽师、省城、伊犁、安集延、疏勒	—	—
和阗	棉花、大米	省城、阿克苏、于阗	小麦、苞谷	于阗
于阗	小麦、苞谷、葡萄、棉花、胡麻油、杏仁、烟叶、杂粮、干果	本境、和阗、婼羌、洛浦，干果运销关内敦煌等处	大米	和阗
洛浦	蚕丝、棉花	由洋商运出者2/3	粮食	于阗

（原载《中国边疆史地研究》1992年第3期）

日野强和他的《伊犁纪行》评述

1906年,日俄战争在远东地区的硝烟刚刚散去,一位少佐军衔的日本军官从东京出发,踏上了赴中国大陆、西行考察新疆的旅程。他,就是本书《伊犁纪行》的作者日野强。

19世纪末到20世纪初,新疆所在的亚洲腹地,也就是古代丝绸之路上连接东西方的枢纽地段——中亚一带,云集了来自世界各国的探险家和旅行家。经过15世纪以来历时两百多年的"地理大发现",当西方列强在海外大肆开拓,把一块块本不属于他们的土地当作殖民地分割侵占殆尽之后,他们的目光对准了被他们称作"地理上最后的空白"的内陆亚洲地区。正是在这个背景下,中亚探险成了西方各国关注的热点。来自德国、英国、法国、瑞典、俄国、美国的一支又一支探险考察队,纷至沓来地涌入我国新疆及中亚各地,留下了一部惊人心魄、纷繁多彩,又打着浓重时代印记、颇多争议的探险史。这其中有不少我们今天已经熟悉的名字:李希霍芬、斯坦因、伯希和、斯文赫定、普尔热瓦尔斯基、华尔纳等。

与西方各国相比,列强队伍中属于后起者的东瀛日本,在中亚的探险起步较晚,规模也远不能与前者相提并论。在日野强西行之前,日本只有京都西本愿寺法主大谷光瑞发起的、人称"大谷探险队"的这一支队伍,曾经在1902年从英国伦敦出发取道俄罗斯前往中亚,经撒马尔罕、浩罕,进入新疆南路的喀什噶尔,又分路考察了和田、阿克苏、库车等地的古迹。这也是"大谷探险队"前后三次新疆考察中最早的一次。

距"大谷探险队"第一次中亚探险后四年,日野强只身出发,踏上旅途。更重要的是,与清一色由佛教僧侣组成、抱着弘扬佛法,亲临实地探求佛教传播历程之宗旨的大谷探险队员不同,日野强是一名职业军人,他的西行具有明确的政治、军事方面的动机,这一背景使得他的考察旅行不同于其他以学术为主的探险团队或个人,属于在当时的考察热中要提到的另一种类型。

一、日野强其人

日野强不是一个广为人知的人物,关于其生平,只在葛生能久的《东亚先觉志士记传》(东京黑龙会,1936 年 10 月刊行)下卷中有一段不算长的记述,其人其事,均难得其详。所幸 1973 年因为重印《伊犁纪行》,日本防卫厅防卫研修所战史室曾向有关方面公布过他的详细履历,据此,我们才有可能比较清楚地了解到他的生平经历。

日野强,1866 年(日本庆应元年)1 月 23 日出生于日本爱媛县伊予小松町(现在的周桑郡小松町),是家里的次子,其父名日野常吉。少年时代就读于爱媛县立师范学校,后来也一度担任过小学教员的日野强,最终却投笔从戎,选择了一条当军人的道路。

1886 年,年方弱冠的日野强进入陆军士官学校学习,毕业后被授予陆军步兵少尉军衔,不久又升任中尉。1894 年中日甲午战争爆发后,他所在的步兵第十二连队编入大岛义昌率领的混成第九旅,在朝鲜釜山登陆并转战各地,直到次年 7 月才由大连港乘船回到原来的驻防地。1897 年,日野强 31 岁,已经晋升为大尉,就在这一年,他出任侵台日军的台湾守备步兵第十一大队中队长。

1900 年,沙俄借义和团事件为名出兵占领中国的东北三省,随即加紧扩张,巩固自己的势力范围。这使得早已垂涎中国东北却不得下手的日本恼恨交加。随着双方的对立愈演愈烈,战争已如箭在弦上。1902 年 7 月,日野强奉命调到日本参谋本部工作,直至两年后日俄战争在中国东北爆发,他的基本任务就是在中朝边境地区侦察俄方动向,并利用当地人做间谍来迷惑扰乱俄方的视听,这件事成了他后来长达十余年的特务生涯的开端。

日俄战争期间,日野强亲身参战,他所在的军团参与了在辽阳和沙河的两次大会战,他本人也因战功而受嘉奖,晋升少佐军衔,并被授予功四级金鹰勋章。

1906 年 7 月,回到参谋本部供事的日野强接到了一项命令,这就是他在本书开篇处提到的来自"某方面"的秘密指令,这里的"某方面"是用隐讳的提法指称参谋本部。该指令要求他前往中国的新疆进行所谓的"视察",也就是搜集有关该地各方面的军事、政治情报。

与许多因仰慕新疆的名声而萌生旅行念头的人不同,奉军部指令行事的日野强在赴新疆之前,对那里的风土历史几乎一无所知。虽然他曾经在中国东北活动并作战,但中国西部对他来说,仍然是一片未知的天地。既然这样又为什么单单选上了他呢? 这也许是一个朴素的疑问,却没有资料能够直接给以回答。笔者能够指出的是,日野强在这之前的特工经历和经验,以及对于中国东部有一定程度的了解这一点,很有可能被看作自东向西穿行中国大陆,进而在新疆从事调查时的一个有利条件。据说日野强身体强健,意志坚韧,生性不善饮酒,这正是一个特工人员所应具备的良好的素质。同时还应知道,在20世纪初的那段时间里,很少有日本人前往中国的西陲,要寻找一个对新疆既有相当了解,又具有可靠军人身份的人来执行这项任务,大概那想法本身就近乎奢求。当然还有必须指出的第三点理由,那就是日俄战争的胜利,大大地刺激了日本对抗俄国进而在亚洲扩张称霸的欲望。新疆所在的地方是日本的宿敌沙俄在亚洲扩张的西线,虽然远在万里之外,日本也绝不能坐视。为了遏制沙俄,寻求对策,对军部来说,派人前去搜集情报就变得刻不容缓。总之可以认为,日俄战争后的时局形势加上日野强自身的经历和素质,把身为军人的他推到了前往考察新疆的第一线。

　　一个戏剧性的巧合是,与日野强进入新疆几乎是同年同一时期,一位芬兰籍的俄国军官马达汉受俄军总参谋部的委托也来到新疆探察。他们两人一个自东而西,一个自西而东,行进方向相反,考察目的也针锋相对,即为各自服务的国家提供扩张侵略所需要的情报。仅此一点就可以看出,当时不但英俄角逐,日俄在中亚也处于互不相让的对立态势。马达汉甚至接到指令,要他警惕并监视当时正在南疆的日本人(应当指日野强)的活动。还有一点不同的是,马达汉在俄国总参谋部的指示下进行了身份伪装,作为法国伯希和探险队的一名成员出现,日野强却不同,他虽然一直单独行动,却似乎并未掩饰自己的日本军官身份。

二、日野强的新疆行程

　　日野强1906年9月7日离开东京,于同月20日到达北京,即此次西行的起点。据他自己说,受命后原本打算在东京多用一些时间来搜集有关新疆的文献资料,做好准备再出发,然而经过一段时间的调查后发现,日本国内可供参考的资料寥寥无几,根本没有日本人自己的著述,仅有的零星记载还都是欧美人十几年前写下的东西,即便努力翻译和整理,对新疆的印象也显得朦胧模糊。不得已只好就此结束前期准备工作而起程,打算到北京后再寻找机会补充一些有关本次旅行必不可少的知识。

和那个时代的许多日本人一样,日野强尽管身为军人,却有着颇为深厚的汉学功底,甚至还有吟诗作赋、附庸风雅的情致与才华,使得他能够通过大量阅读汉文史籍来汲取所需要的一部分信息。同时日本驻北京公使馆的两位武官青木宣纯和坂西利八郎,以及参加过第一次中亚探险、当时正在北京逗留的本愿寺派僧侣堀贤雄也给了他许多切实的建议。后来日野强在陕西境内邂逅大谷探险队的主帅、西本愿寺法主大谷光瑞本人,这件事令他兴奋不已,他把面晤这位学识渊博的探险先驱者,并得以聆听其指点,视为该次行程中最大的幸事之一。

日野强的行程历时一年四个月,论日算 474 天,如不包括最后归途从印度加尔各答登船后的那段海路的话,陆路行程 10 392 英里,也可以称作"行程万里"了。其中他在新疆境内停留了 9 个月,经历了从严冬、春、夏再到初秋的季节变化,两度翻越天山,天山南北的各重要地点几乎都留下了他的足迹。如果要简单概括他的旅行全程,可以大体分为三段,即进入新疆之前、在新疆境内和走出新疆之后。

第一阶段,1906 年 10 月到 1907 年 1 月,北京到甘肃。

日野强从北京出发时乘坐火车,沿京汉铁路南下,先到直隶首府保定,再到河南郑州。在保定时他遇到了正在陆军武备学堂任教官的日本人上原市多(中国名原尚志),遂邀他与自己一同西行。除了上原市多,据说到兰州为止的同行者中还有蒙古旗人允升和身为革命党的湖北人吴贞禄。

从郑州向西去,交通工具变为骑马,行李则交给中国仆人托马车代为运送。11 月 6 日到达西安后停留了 10 天,以准备西去所需的物资给养,特别是筹办防寒用品。

从西安再次登程后,兼程 25 天,到达兰州。此时已届严冬,故兰州以西改为乘马车旅行。日野强在到达甘肃省山丹县时迎来了 1907 年元旦。1 月 25 日,日野强告别甘肃进入目的地新疆省,也就是今天的新疆维吾尔自治区境内。

第二阶段,1907 年 1 月到同年 9 月,新疆省内。

1 月 30 日,日野强来到新疆东部重镇哈密,2 月 7 日到达吐鲁番,向西北行越过天山,同月 25 日进入新疆省首府乌鲁木齐。从吐鲁番前往乌鲁木齐途中,他还意外地邂逅了上海东亚同文书院的毕业生林出贤次郎。日野强在省城盘桓了 27 天,是他停留时间最长的一处。

3 月 24 日,从乌鲁木齐出发经绥来(今玛纳斯)、库尔喀喇乌苏(又称西湖,今乌苏)前往北方边镇塔尔巴哈台(今塔城),而后返回到库尔喀喇乌苏再折向伊犁。这段行程乘用三匹马拉的俄式四轮马车,前后费时一个半月有余,于 5 月 12 日进入距伊犁将军驻节的惠远城仅有数里的绥定城。日野强在伊犁七城共逗留了 17 天。

5 月 30 日,日野强结束对伊犁的考察,告别同来的上原市多转向东南,并再一次翻越天山。通过裕勒都斯河谷时,他得到伊犁将军所派官兵及哈萨克人的护送,并会见了土尔扈特汗王之母老福晋,6 月 21 日到达位于天山南路东部的喀喇沙尔(今焉耆)。

接下来他沿天山南麓西行,经库车到阿克苏,并在那里停留了一周左右。从阿克苏出发后,他于 8 月 8 日到达南路西部的商业及政治中心喀什噶尔(今喀什),停留了 16 天,然后经由英吉沙尔前往另一座南路大城叶尔羌(今莎车),直到 9 月 15 日离开。

第三阶段,1907 年 9 月到 12 月,离开新疆进入印度,而后由海路回国。

9 月 15 日,日野强告别叶尔羌向印度进发,途中翻越了喀喇昆仑山并在喜马拉雅山系中跋涉,历尽险阻后于 10 月 27 日到达斯利那加,11 月 3 日到拉瓦尔品第。此后他乘火车旅行,10 日后抵达印度港口城市加尔各答,同月 23 日从加尔各答登船,经新加坡、香港、上海,于 12 月 24 日回到日本神户港。到达日本神户港的第二天,他就取道京都回东京复命。

三、《伊犁纪行》述要

漫漫长途,跋涉于戈壁高山的行程是何等艰辛,我们从日野强远行归来后的记述中可以有所体会。除了严冬酷暑、黄沙风暴的肆虐,匮乏困苦的磨难,攀绝顶过冰川的生死之险外,荒漠孤旅的难耐也是对行人意志的挑战。日野强竭其所能地完成了这次新疆之行,而集其见闻与心得之大成的,就是这部数十万言的《伊犁纪行》。

《伊犁纪行》全书分上、下两卷,上卷为"日志",也就是日野强的旅行日记,下卷为"地志",是他根据各方史料汇编的有关新疆各地地理、历史、风土人情的记载。

"日志"中,日野强逐日记述了他在旅途中的各种见闻。凡到一处,不论其地大小,是城镇或村落,必有提及。作为负有特别使命的军人,他对中国各地的考察也有不同于一般学问家的视角。正如大谷探险队员之一的橘瑞超在《西行记》中所说:"日野少佐和我旅行的目的不同,对我来说不重要的东西,在日野少佐看来也许非常重要。"

大体说来,他每到一地,首先关心当地的地形地貌、地质、土壤、状况,气候气温、物产植被、饮水、燃料、四至及里程等自然状况,其次是人口、民族、城池布局、行政设施、军事防务、交通通信、宗教信仰、民居民风等社会状况。留意周到,巨细不遗,这个特点是和他的身份与任务的性质分不开的。

他的记述或者来自直观的考察,或者先得自典籍再经过印证,或者访寻当地各方人士,包括官宪、将校、平民百姓、少数民族人士,还有外国官员和侨民,都有相应的出处和依据。那些看似细碎纷乱的见闻,经他梳理,变得条理明晰,平实好读。日野强在该书的自序中这样表示:"我以无能之身缀录为时短暂的考察见闻,而定其名为《伊犁纪行》,又公开刊行,自知难免有僭越之谤。何况我本一介武弁,全无农工商方面的知识,故我在书中的表述不免有判断失当之处。但就见闻本身而言,可以说皆为事实,毫无欺伪,这是我不揣冒昧要在此言明的。"

研究西域的专家、已故日本学者护雅夫先生也认为,作者用严谨的态度处理庞杂的资料,明确区分亲闻和传闻,凡属自己的见解,用推断的口吻写出,有疑问则存疑,对传闻之说则记作"据说云云",因此"可以毫不夸张地肯定地说",此书对事实的记述是值得信赖的。

相对于许多西方人写的考察记来说,《伊犁纪行》的"日志"在文字风格上也有特点。因为是日记的形式,读者可以随着作者西行的脚步,跟着他观望的视线,去逐步探求不断移动变化中的西部风情,展开想象,由远而近,对新疆由不识而识,仿佛自己也进行了一次时光倒转的长途实地旅行,也正因为是日记形式,又因为作者具有一定的汉学素养,每每随当时当地的感受,时或征引典故,时或赋诗寄怀,更有随历史而驰骋思绪、议古论今的精彩之笔,所以尽管书中没有某些考古探险记的那种大跌大宕的激烈,或者扑朔迷离的神秘感,却不乏对读者的感染力。

上卷"日志"部分记述的地理风土见闻片段,在下卷的"地志"部分中得到了进一步的征引补充。

"地志"由13章及附录组成。举其章名,为地势、风土、居民、风俗、宗教、教育、产业、交通、行政、兵备、历史概要、俄国人在新疆的现状、新疆所感。附录"新疆琼瑶"是停留新疆期间当地官员文人赠给他的诗作。其中"地势"一章下分地理位置、广袤、山脉、河流、湖泽、沙漠、居民点、森林各节,"居民"一章下分人口、人种,及缠(维吾尔)、蒙、汉、满、回、哈等民族各条,又于"风俗"和"宗教"两章下分述服装饮食、住宅庭园、婚丧习俗、节庆礼仪、历法文字、男女及家庭关系、喇嘛教(藏传佛教)、回教(伊斯兰教)、基督教、民间道教等内容,在"产业""交通"两章下介绍有关农林、工商、矿产、畜牧各业以及道路通信等设施问题,在"行政""兵备"等章中介绍行政体系、财政、军备的状况。

很显然,日野强编写"地志"的用意,是企图给日本以后插手经营新疆提供一部"百科全书"式的入门读物。日野强所采用的文献资料,除了来自中国的正史、《大清会典》等典章志书外,还包括了19世纪后期欧洲探险家、汉学家们的有关著述。如德国地理学家李希霍芬的代表作《中国》等。他在凡例中这样说:"书中所记均出自我的实地考察,而人种、宗教、历史等方面内容,则有选择地采用了东西方著述中我以为确实可信者,并经过向前辈请教,而后才付诸笔端。"

其实,说"地志"是一部百科全书,也许还不足以使读者完全明了其特点。须知日野强并非机械地摘抄各种资料,将其排比堆砌成一个"大拼盘",而是融个人见解于情况介绍,条分缕析,自成体系。他既评议时势,也力陈对策。"新疆琼瑶"中与他唱和的清朝官员,屡屡提到日野强"腹在汉唐三代事,胸藏瀛海九州图","安邦上策指挥里,阅世浮云变态中",虽不无溢美之嫌,但也反映出他是一个具有政治头脑的军人,而不仅仅是所谓的"一介武夫"。

日野强对新疆的政局和经济、民族、宗教给予高度关注,也做出了自己的评估。比如对于新疆经济发展的前景,他一再表示新疆实乃西陲一大资源宝库,只是尚未得到开发,沉睡至今,殊堪可惜。出于对本国利益的关切,他对俄国在伊犁及南北疆各地的侵略扩张多有揭露,为大清国在西陲统治衰微、失去抵御沙俄的能力而忧心忡忡。他也强调了解新疆必须具备对当地人种、民族以及宗教方面的基本知识,认为开发民智、兴办教育才能促进新疆的文明进步,才能有助于兴办各项实业。在与新疆地方官员交往时,他多次呼吁改良军队,移民开垦,提出铺设铁路使内地与伊犁联通乃当前首要之急务。当然,书中也有不少夸大日俄战争胜利对新疆的影响、美化日本在新疆民众心中形象的文字。有关历史、宗教、人种的解说,囿于日野强个人的专门知识,存在若干明显的错误或遗漏(第二版时业经时任东京外国语大学助教授的冈田英弘校注,附于各相关章节之后),对某些情况特别是各民族习俗的说明也有先入为主、偏颇失当的地方,需要请读者留意辨别。

四、版本与流传

　　日野强回到日本两年后,《伊犁纪行》由东京的博文馆付梓刊行(即本文所说的第一版),时为1909年(日本明治四十二年)5月。除了文字部分,书中附加了大量实地拍摄的照片,还有日野强本人绘制的素描和地图、行程图。这次探险旅行在日本被视作传奇之举,甚至受到明治天皇的关注,他也因此获得了在御前进讲的荣幸。

　　几个月后,日野强晋升为中佐军衔。被看作"中国通"的他在辛亥革命后还几次受命赴中国,最后一连几年住在山东青岛,从事实业方面的经营。1919年,中国爆发反对日本帝国主义"二十一条"的五四运动,已是大佐的日野强受在青岛居住的日本人推举,回国陈述与归还青岛居留地有关的问题。这时他的身体似乎已经出现问题,因而对大本教的教义产生了共鸣。回日本后,他住在京都的丹波绫部,放弃原来的事业而作为大本教的干部开始了新的生涯。一年后的1920年,日野强去世,终年56岁。

　　初版后经过60余年,《伊犁纪行》的修订再版提上了日程。1973年新版即第二版由芙蓉书房刊行。考虑到旧版发行较早,过去的文体与现在有很大差异,使用的日本汉字也多经过简化,为便于现在的读者阅读,对文字进行了一定的技术处理,旧版的一些错讹也在此时得到更正。新版《伊犁纪行》将上、下卷合为一册,并省略了下卷末尾的附录"新疆琼瑶"。与此同时,为了有助于日本读者对内容的理解,东京外国语大学的冈田英弘先生在修订时增加了一些对术语和固有名词的解释,附在各有关章节的末尾。新版的问世,改变了旧版因岁月已久、陈旧破损而寻觅不易的状况。

　　直到今天,《伊犁纪行》仍然是了解20世纪初叶的新疆以及同时期日本人的新疆探险史时不可缺少的基本文献。该书在1980年曾经被摘译过个别部分,但从未被完整地介绍给我国的读者。这次我们邀请华立女士全文译出,在翻译过程中,采用新版为主、对照旧版的办法,并补入了被新版省略掉的附录"新疆琼瑶"以全其原貌。

21世纪初的新疆曾处在一个动荡的时代,众多外国的学者、官员、军人以及形形色色的探险家抱着不同目的,肩负各自使命走进中国新疆进行考察和探险,他们的身世背景、目的动机互不相同,他们的所作所为或可称道,或应遣责,留下的故事也因人而异,但每一个故事都能够折射出那个时代的某种色彩或某个侧面。但应该承认,他们为后人留下的数量可观的考察报告、探险实录,以及新疆历史、民族、宗教、地理等方面的札记和图像资料,今天都成为值得珍视的历史资料,日野强的《伊犁纪行》也不例外。日野强的新疆之旅和这本《伊犁纪行》与已有中译本的同时代许多知名人物的探险传奇相比,似乎显得不那么轰轰烈烈,但它却以其独特的视角与内容,向人们展现了熟悉而又新鲜的昨天的新疆。所有这一切,都将有助于我们更好地审视过去、面对今天和思考未来!

(原载《伊犁纪行》中译本,黑龙江教育出版社2006年版,本文系由笔者执笔,经马大正修改定稿)

附录

华立研究成果目录（1983—2016）

一、专著

四库全书纵横谈

            上海古籍出版社1988年版

清代新疆农业开发史

         黑龙江教育出版社，1995年初版，1998年再版

国耻备忘录——中国近代史上的不平等条约（合著）

             北京教育出版社，1995年

清代边疆开发（合著）

             山西人民出版社，1998年

清代西部开发（合著）

             山西古籍出版社，2002年

中央ユーラシア環境史 2 国境の出現（合著）

               臨川書店，2012年

二、译著（含译文）

清代名人传略（恒慕义著，合译）

            青海人民出版社1990年版

近代边塞诗文选译

              巴蜀书社1997年版

日清戦争と東アジアの政治（監訳）

          大阪経済法科大学出版部2003年版

伊犁纪行（日野强著）

            黑龙江教育出版社2006年版

满学家神田信夫教授（松村润著）

       《满学研究》第1辑，民族出版社1992年版

清代"公司"小考（松浦章著）

            《清史研究》1993年第2期

伊拉古克三考证（若松宽著）

《清代蒙古的历史与宗教》，黑龙江教育出版社1995年版

清代满洲人的民族主体意识与满洲人的中国统治（欧立德著）

《清史研究》2002年第4期

三、资料集（含索引）

清代边疆史地论著索引（合编）

中国人民大学出版社1988年版

满洲事变前夜における在間島日本総領事館文書（下卷，合编）

大阪経済法科大学出版部2006年版

四、论文

清代的满蒙联姻

《民族研究》1983年第2期

蒙古腾机思事件与清廷的解决政策

《中国历史大辞典通讯》1984年1－2期合刊

顺治年间清政府对蒙古的政策

《历史学刊》第6号，1986年

清代保甲的循环簿

《清史研究通讯》1986年第3期

论林则徐与南疆屯垦

《新疆社会科学》1986年第5期

乾隆年间移民出关与清前期天山北路农业的发展

《西北史地》1987年第4期
《清代新疆经济史研究》，新疆人民出版社1992年版

道光年间天山南路兵屯的演变

《新疆社会科学》1988年第2期

从旗人编查保甲看清王朝"旗民分治"政策的变化

《民族研究》1988年第5期

清代保甲制度简论

《清史研究集》第6辑，光明日报出版社1988年版

清代における满州贵族と蒙古王公との通婚関係

　　　　　　　　《大阪経済法科大学アジア研究所年報》創刊号,1988 年
清中叶新疆与内地的贸易往来
　　　　　　　　《清代边疆开发研究》,中国社会科学出版社 1990 年版
林则徐与南疆屯垦
　　　　　　　　《林则徐在新疆》,新疆人民出版社 1990 年版
清政府与新疆农业开发——兼谈国家政权在开发活动中的地位和作用
　　　　　　　　《清史研究》1991 年第 2 期
清代新疆屯垦方式重心的转移及其意义
　　　　　　　　《西域研究》1991 年第 4 期
官缺制度与清统治集团内部的满汉关系
　　　　　　　　《历史与社会》(圆光大学彩文研究所)第 7 号,1990 年
清季新疆建省后农业经济的复苏与发展
　　　　　　　　《中国边疆史地研究》1992 年第 3 期
新疆的军府制度
　　　　　　　　《清代的边疆政策》,中国社会科学出版社 1994 年版
18 世纪中国的人口流动与边疆开发
　　　　　　　　《清史研究》1993 年第 1 期
18－19 世纪中国的人口流动和边疆地区的发展变化
　　　　　　　　《大阪経済法科大学総合科学研究所年報》第 13 号,1994 年
乾嘉时期新疆南八城的内地商民
　　　　　　　　《西域研究与考察》,新疆人民出版社 1994 年版
从官缺制度看清统治集团内部满汉关系的演变
《成长中的新一代史学——1991 年全国青年史学工作者学术会议论文集》,山西人民教育出版社 1995 年版
从江户时代长崎贸易看清日两国的经济、文化交流
　　　　　　　　《日本学报》(庆尚大学日本文化研究所)第 2 号,1996 年
唐船风说书与流传在日本的乾隆南巡史料
　　　　　　　　《清史研究》1997 年第 3 期
19 世纪前中期清政府南疆农业政策的转变
　　　　　　　　《清史研究集》第 8 辑,中国人民大学出版社 1997 年版
从福康安《奏稿》看清代丝绸之路上的人口移动——乾隆年间甘肃回民迁移新疆 30 例浅析

　　　　　　　　　《西域研究与考察续编》，新疆人民出版社1998年版
　江戸期日本に所伝の清代史料—唐船風説書を中心に
　　　　　　　　　　　　　《東アジア研究》第22号，1998年
　甲午中日戦争（日清戦争）と近代東アジア
　《在日朝鮮人の歴史と展望—近現代朝鮮と日本の関係史》，大阪経済
法科大学出版部1998年版
　清代の天山南路に進出する内地商民—人口移動と辺疆地域の視点か
ら—
　　　《地域と社会 大阪商業大学比較地域研究所紀要》第2号，1999年
　日本唐船风说书与康熙朝史事研究
　　　　　　　　　《满学研究》第5辑，民族出版社2000年版
　民国期の間島と朝鮮人移民問題をめぐる史料調査-1920年代から
満洲事変前までを中心に-
　《近代中国東北における社会経済構造の変容-経済統計資料、並び
に、歴史文書史料からの分析-》（研究成果報告書），2000年
　清代甘肃・陕西回民の新疆进出—乾隆期の事例を中心に
　《民族の移动と文化の动态-中国周縁地域の歴史と現在—》，風響社
2003年版
　清代の玉石交易と新疆社会
　　　　《東アジアの国家と社会—歴史と現在》，お茶の水書房2004年版
　嘉庆四—五年哈萨克王位承袭问题与清廷的对应方针
　《故宫博物院八十华诞暨国际清史学术研讨会论文集》，紫禁城出版社
2006年版
　唐船風説書にみる長崎貿易と海上交易ネットワーク
　　　　　　　　　　　　　《東アジア研究》第46号，2006年
　乾隆年间甘肃新教回民起义后清政府对回民政策的变化
　　　　　　　　　　　《清史论集》，人民出版社2006年版
　乾隆朝の新教回民弾圧と新疆への波及
　　　　　　　　　　　　　《東アジア研究》第45号，2006年
　从档案史料看清代吐鲁番的移民社会
　　　　　《明清档案与历史研究论文集》下册，新华出版社2008年版
　清代トルファンの内地移民社会—乾隆～咸豊年間の事例を中心に

《清朝史研究の新たなる地平 フィールドと文書を追って》,山川出版社2008年版

清代イリにおける民人社会の形成とその諸相

《イリ河流域歴史地理論集—ユーラシア深奥部からの眺め—》,松香堂2009年版

中国文化圏としての東北アジア

《朝倉世界地理講座—大地と人間の物語—2・東北アジア》,朝倉書店2009年版

日本漂流民眼中的清代乍浦港

《江南与中外交流》,复旦大学出版社2009年版

从日本的"唐船风说书"看康熙二十九年乌兰布通之战

《中国边疆史地研究》2010年第3期

新疆军府制下的理民体制与满汉员的任用

《清史研究》2010年第4期

Materials in the Manwenlufu regarding Hui Muslim Migrants to Xinjian

Studies on Xinjiang Historical Sources in 17 – 20th Centuries, Toyo Bunko, 2010

清代洋銅官商范氏一族の軌跡

《大阪経済法科大学論集》第100号,2011年

清代洋铜贸易中的额商集团

《明清论丛》第11辑,2011年

清代新疆玉石交易中的商人与商路

《舆地、考古与史学新说—李孝聪教授荣休纪念论文集》,中华书局2012年版

从档案记载看清代伊犁社会中的内地商民

《覆案的历史:档案的考掘与历史研究》,"中央研究院"2013年版

「異郷」から「家郷」へ:清代新疆における内地移民社会の出現

《東アジア研究》第60号,2013年

清代新疆における発遣について

《東アジア研究》第62号,2014年

清代发遣制度在新疆的实施

《澹澹清川:戴逸先生九秩华诞纪念文集》,中国人民大学出版社2016

年版

五、研究动态、述评

《清代边疆政策研究》及《清代边疆开发研究》编纂工作会议纪述
  《西北史地》1987 年第 4 期
1988 年日本清史研究综述
  《清史研究通讯》1989 年第 4 期
中国人民大学举行鸦片战争 150 周年学术座谈会
  《清史研究通讯》1990 年第 2 期
拓展清史和蒙古史研究的一部力作——读《清代蒙古政教制度》
  《书品》1990 年第 21 期
日本所藏"間島史料"及其研究现状
  《中国边疆史地研究导报》1990 年第 5 期
最近十年来清代边疆开发史研究概况
  《清史研究》1991 年第 2 期
近年日本学界研究中国内陆边疆史概况
  《中国边疆史地论集》,黑龙江教育出版社 1991 年版
西域古今一线牵——记"20 世纪西域考察与研究"国际学术讨论会(合作)
  《清史研究》1993 年第 2 期,刊发时笔名冷土
"野尻湖库里路台"与日本阿尔泰学界
  《中国边疆史地研究》1995 年第 2 期
福康安の「奏稿」(東洋文庫所蔵)－を収めるにあたって
《大阪経済法科大学図書館レファレンス・レビュー》第 10 号,1995 年
戴逸主編《18 世紀的中國与世界》—18 世紀の中國を世界史の座標軸で考える—
  《満族史研究通信》第 9 号,2000 年
20 世紀の貴重な遺産を 21 世紀に:大空社刊行『アジア学叢書』(書評)
  《大阪経済法科大学図書館レファレンス・レビュー》第 15 号,2000 年
国際学術討論会「2000 年前の東アジア」日本の国家形成に連動
  《読売新聞》2000 年 12 月 30 日夕刊

近百年来日本学者的高句丽历史研究概况

     《古代中国高句丽历史丛论》,黑龙江教育出版社 2001 年版

2001—2002 年日本清史学界研究动态述要

              《历史档案》2003 年第 4 期

20 世纪世界满学著作提要(日本部分,合著)

                 民族出版社 2003 年版

台湾佛光大学《第一届清史学术研讨会》参加记

             《满族史研究》第 3 号,2004 年

TA TSING LEU LEE;the Fundamental Laws, and a Selection from the Supplementary Statues, of the Penal Code of China(1810 年)

   《大阪経済法科大学図書館レファレンス・レビュー》第 19 号,2005 年

《故宫博物院華誕 80 周年暨国際清史研究学術研討会》参加報告

             《满族史研究》第 5 号,2006 年

《海峡両岸清代伊犁将軍研究学術討論会》参加記

             《满族史研究》第 7 号,2008 年

中国・厦門大学所蔵「末次資料」について

         《大阪経済法科大学論集》第 94 号,2008 年

《清代満漢関係史国際学術研討会》と《満学:"歴史与現状"国際学術研討会》参加記

            《满族史研究》第 10 号,2011 年

近年中国における中東鉄道研究の動向

            《東アジア研究》第 61 号,2014 年

オーラルヒストリーと張学良研究

            《東アジア研究》第 67 号,2016 年

六、其他

察古知今与求真求实——治史心迹

        《我的史学观》,广东人民出版社 1997 年版

米兰寻古

        《中国边疆史地研究》1993 年第 1 期

流沙古道断想录

      《塔克拉玛干考察纪实》,新疆人民出版社 2013 年版

后　记

《清代新疆社会变迁研究》共收入论文24篇,分移民与流动篇、地域社会篇、经济文化篇三部分,又撰写了《学术自述:在清代新疆史里耕耘》,并编制了一份研究成果目录(1983—2016)作为论集的附录,以备检索。这些文字,记录了我自20世纪80年代后期从事清代新疆史研究以来的所悟所得。承蒙主编马大正先生提携和西北大学出版社信任,得以作为《中国西北边疆研究丛书》的五种之一出版,这是我的荣幸,在此谨表衷心的谢忱。

需要说明的是,因为是旧稿集结,我对选入的论文采取了以下的编辑原则:

1. 原则上各篇皆保持原貌,只做必要的文字修饰和订正错讹。

2. 于文后注明各篇的首发时间及刊发于何处。

3. 少数经过增补或做了较大修订的论文,于文后加以说明。又,原文发表时为日文或英文,现以中文收入本书的,也在文后予以说明。

4. 各篇论文原有的注释体例不尽一致,在编选时尽力做了统一,但仍有个别刊发年代较早的论文囿于条件只能存其旧貌,敬希理解。

5. 各篇内凡引用档案史料之处,属于近年能查到档案号者尽量注明(以加括号的方式),以利读者。所引为满文档案者,均加以注明,未特别注明者皆为汉文档案。

5. 为便于检索,引用文献中凡原文为日、英文者,皆标注原文献名称。附录亦遵循了这一原则。

整理和选定旧稿也是我对个人学术经历的一次回顾。三十多年来,从初涉史坛,到确立以清代新疆史为主攻方向,再到研究选题的逐步拓展,其间不仅得到了师长们的多方鼓励与指教,也从与国内外学术同仁的切磋交流中获益良多。一些研究成果于发表后得到学界肯定,给以好评,让我欣慰,但也有少数论文囿于当时的条件,今天看来未能尽善,这次结集出版,给了我修改补正的宝贵机会。一些原来以日文或英文发表的论文,这次改以中文形式收入书中，也更便于与国内同仁交流，得到指正。

  我知道,这套丛书从策划到出版并不容易。在此,我要向为此付出不懈努力的西北大学出版社表达深切的敬意。还要感谢编辑李华女士、琚婕女士和曹劲刚先生认真细致地处理拙稿。我在海外,越洋联络有所不便,感谢西北大学历史学院陈跃副教授的诸多帮助,在此一并表达衷心的谢意。

华 立
2021 年 10 月于大阪